Entscheidungen in Kirchensachen

seit 1946

Begründet von
Prof. Dr. Dr. Carl Joseph Hering und Dr. Hubert Lentz

Herausgegeben von
Prof. Dr. Manfred Baldus
Vorsitzender Richter am Landgericht Köln a. D.
und
Prof. Dr. Stefan Muckel
Universitätsprofessor an der Universität zu Köln

in Verbindung mit dem Institut für Kirchenrecht
und rheinische Kirchenrechtsgeschichte
der Universität zu Köln

Entscheidungen in Kirchensachen

seit 1946

58. Band

1. 7.–31. 12. 2011

DE GRUYTER

ISBN 978-3-11-037616-6
e-ISBN (PDF) 978-3-11-037657-9
e-ISBN (EPUB) 978-3-11-038728-5

Bibliografische Information der Deutschen Nationalbibliothek
Die Deutsche Nationalbibliothek verzeichnet diese Publikation in der Deutschen Nationalbibliografie; detaillierte bibliografische Daten sind im Internet über http://dnb.dnb.de abrufbar.

Druck und Bindung: Hubert & Co. GmbH & Co. KG, Göttingen
♾ Gedruckt auf säurefreiem Papier
Printed in Germany

www.degruyter.com

Vorwort und Benutzungshinweise

Die „Entscheidungen in Kirchensachen seit 1946" (KirchE) wurden im Jahre 1963 von Carl Joseph Hering, damals Ordinarius für Kirchenrecht an der Rechtswissenschaftlichen Fakultät der Universität zu Köln, und seinem Assistenten Hubert Lentz gegründet. Die Sammlung bietet einen Spiegel der Judikatur zum Verhältnis von Kirche und Staat und zu weiteren Problemkreisen, die durch religionsrechtliche Bezüge gekennzeichnet sind. Einbezogen ist die Spruchpraxis deutscher staatlicher Gerichte, des Europäischen Gerichtshofs (EuGH) und des Europäischen Gerichtshofs für Menschenrechte (EGMR). Aus der Judikatur des EGMR und des EuGH werden vornehmlich solche Entscheidungen ausgewählt, die aus Verfahren in Deutschland hervorgegangen oder sonst von grundsätzlicher Bedeutung sind. Die Veröffentlichung erfolgt in der Regel in einer Amtssprache, die der Gerichtshof für die amtliche Ausgabe der jeweiligen Entscheidung verwendet hat, weil jede Übersetzung auch eine Auslegung bedeuten würde. Eine von der deutschen Praxis abweichende Form der Entscheidungen und der Abkürzungen bleibt gewahrt. Einschlägige Entscheidungen des EGMR und EuGH aus der Zeit von 1965 bis 2001 sind in KirchE Bd. 42 (2007) dokumentiert.

In Fußnote 1 finden sich Angaben zu den Leitsätzen und Quellen in amtlichen Entscheidungssammlungen und Fachzeitschriften, ggf. auch Hinweise auf Parallelverfahren. Eine digitale Zugriffsmöglichkeit wird für BeckRS, HUDOC und *juris* nachgewiesen. Soweit ein Verfahren mit der hier abgedruckten Entscheidung nicht zum Abschluss gelangt ist, erscheint in Fußnote 1 ein Hinweis auf den weiteren Verlauf des Verfahrens. Etwaige weitere Entscheidungen aus dem Rechtsmittelzug etc., soweit sie wesentliche Ausführungen zu religionsrechtlichen Fragen enthalten, entnehme man späteren Bänden von KirchE. Kurzgefasste Rechtsmittelentscheidungen, die sich im Wesentlichen auf ergänzende Ausführungen beschränken, werden bei der Vorinstanz in Fußnote 1 referiert.

Entscheidungen, die Beschäftigungsverhältnisse mit kirchlichen Anstellungsträgern betreffen, werden nur dokumentiert, soweit religionsrechtliche Fragen relevant sind. Entscheidungen zum Asylrecht, die im Schwerpunkt religionspolitische Verhältnisse in den Herkunftsländern der Asylbewerber erörtern, werden in KirchE nicht mehr aufgenommen, da der Praxis anderweitige Zugänge offenstehen.

Die Herausgeber haben die Sammlung als Judikatur-Archiv konzipiert. Für die Aufnahme einer Entscheidung ist maßgebend, ob der Verfahrensgegenstand und die religionsrechtlichen Erwägungen, auch soweit diese in den Entscheidungen eines Rechtsmittelzuges voneinander abweichen, für Wissenschaft und Praxis von Interesse bleiben. Daher wurden auch instanzgerichtliche Entscheidungen berücksichtigt, die im weiteren Verlauf eines Verfahrens keinen Bestand hatten. Angesichts dieses breiten Themenkatalogs kann eine Vollständigkeit dieser Sammlung nur angestrebt werden, wenn man eine gewisse zeitliche Distanz in Kauf nimmt.

Soweit die als amtlich gekennzeichneten Leitsätze der Gerichte verwendet wurden, ist dies vermerkt. Im Übrigen wurden die Leitsätze möglichst am religionsrechtlich relevanten Inhalt der Entscheidung orientiert. Dasselbe gilt für die Fassung des Sachverhalts und der Prozessgeschichte und eine eventuelle Kürzung der Entscheidungsgründe. Der z.T. unterschiedliche Zitier- und Abkürzungsmodus ist nur angeglichen, wo Verwechslungen in Betracht kommen.

Eine in der amtlichen Fassung oder bei *juris* benutzte Randbezifferung ist, soweit sie sich nicht ausschließlich auf Belegstellen innerhalb des Fließtextes bezieht, in den Entscheidungsgründen (kursiv und in eckigen Klammern) berücksichtigt. Das Abkürzungsverzeichnis wurde im Wesentlichen auf Zeitschriften etc. und die vereinheitlichten Abkürzungen der deutschen Bundesländer beschränkt. Zur Auflösung von weiteren juristischen Abkürzungen wird auf Kirchner, Abkürzungsverzeichnis der Rechtssprache, 7. Aufl., Berlin 2012, verwiesen. Soweit in den Urteilen etc. auf andere Entscheidungen Bezug genommen wird, ist ggf. eine Fundstelle in KirchE beigefügt.

Über die den Bänden 1–25 erschienene Judikatur informiert zusätzlich ein im Jahr 1993 erschienener Registerband.

Zugänge zur Judikatur kirchlicher Gerichte, die in dieser Sammlung schon aus Raumgründen nicht berücksichtigt werden kann, eröffnen die Rechtsprechungsbeilage zum Amtsblatt der EKD (bis 2013 jeweils Beilage zu Heft 4 eines Jahrganges), danach das elektronischen Fachinformationssystem FIS zum Kirchenrecht (unter www.kirchenrecht-ekd.de Rubrik „Rechtsprechung"), ferner die Fachzeitschriften (insbesondere „Archiv für katholisches Kirchenrecht", „Kirche und Recht", „Die Mitarbeitervertretung", „Zeitschrift für Arbeitsrecht und Tarifpolitik in Kirche und Caritas", „Zeitschrift für evangelisches Kirchenrecht") und die Homepage der Deutschen Bischofskonferenz, Untergruppe Initiativen.

Seit seiner Gründung erscheint das Werk in Zusammenarbeit mit dem Institut für Kirchenrecht und rheinische Kirchenrechtsgeschichte der Universität zu Köln und wird dort auch redaktionell betreut. Den Mitarbeiterinnen und Mitarbeitern schulden die Herausgeber für ihren Einsatz herzlichen Dank.

Den Benutzern der Sammlung sei versichert, dass die Herausgeber auch weiterhin Hinweise auf bisher unveröffentlichte Entscheidungen sehr zu schätzen wissen.

Köln, im Frühjahr 2015 — Stefan Muckel — Manfred Baldus

Inhaltsverzeichnis

Abkürzungsverzeichnis

AA	Arbeitsrecht aktiv
AE	Arbeitsrechtliche Entscheidungen
AkKR	Archiv für katholisches Kirchenrecht
AktStR	Aktuelles Steuerrecht
amtl.	Amtlich
AP	Arbeitsrechtliche Praxis
AP Newsletter	Arbeitsrechtliche Praxis/ Newsletter
ArbN	Arbeitnehmer - Zeitschrift d. Arbeitskammer d. Saarlandes
ArbR	Arbeitsrecht aktuell
ArbRB	Der Arbeits-Rechts-Berater
ArbuR	Arbeit und Recht
AS	Amtliche Sammlung von Entscheidungen der Oberverwaltungsgerichte von Rheinland-Pfalz und Saarland
AuA	Arbeit und Arbeitsrecht
AuAS	Ausländer- und asylrechtlicher Rechtsprechungsdienst
BAGE	Entscheidungen des Bundesarbeitsgerichts
BauR	Baurecht
BayVBl	Bayerische Verwaltungsblätter
BayVGHE	Sammlung von Entscheidungen des bayerischen Verwaltungsgerichtshofes
BB	Der Betriebs-Berater
BB	Brandenburg
BE	Berlin
BeckRS	Beck-Rechtsprechung – Datenbank
BFH/NV	Sammlung amtlich nicht veröffentlichter Entscheidungen des Bundesfinanzhofs
BFH/PR	BFH-Richter kommentieren für die Praxis
BFHE	Sammlung der Entscheidungen des Bundesfinanzhofs
BGBl I	Bundesgesetzblatt Teil 1
BGHR	BGH-Rechtsprechung
BGHZ	Entscheidungen des Bundesgerichtshofs in Zivilsachen
BRS	Baurechtssammlung
BSGE	Entscheidungen des Bundessozialgerichts
BStBl	Bundessteuerblatt
BtPrax	Betreuungsrechtliche Praxis
Buchholz	Sammel- und Nachschlagewerk der Rechtsprechung des Bundesverwaltungsgerichts
BVerfGE	Entscheidungen des Bundesverfassungsgerichts
BVerfGK	Kammerentscheidungen des Bundesverfassungsgerichts
BVerwGE	Entscheidungen des Bundesverwaltungsgerichts
BY	Bayern
DB	Der Betrieb
dbr	Der Betriebsrat

DNotZ	Deutsche Notar-Zeitschrift
DokBer	Dokumentarische Berichte aus dem Bundesverwaltungsgericht
DÖV	Die öffentliche Verwaltung
DSB	Datenschutzberater
DStR	Deutsches Steuerrecht
DStRE	Deutsches Steuerrecht-Entscheidungsdienst
DStZ	Deutsche Steuer-Zeitung
DuD	Datenschutz und Datensicherheit
DVBl	Deutsches Verwaltungsblatt
EBE/BGH	Eildienst: Bundesgerichtliche Entscheidungen
EFG	Entscheidungen der Finanzgerichte
ErbBstg	Erbfolgebesteuerung
ErbStB	Der Erbschafts-Steuer-Berater
EStB	Der Ertragsteuerberater
EuGRZ	Europäische Grundrechte-Zeitschrift
EzA	Entscheidungssammlung zum Arbeitsrecht
EZAR-NF	Entscheidungssammlung zum Zuwanderungs-, Asyl- und Freizügigkeitsrecht
EzA-SD	Entscheidungssammlung zum Arbeitsrecht. Schnelldienst
EzTöD	Entscheidungssammlung zum Tarifrecht im öffentlichen Dienst
FA	Fachanwalt Arbeitsrecht
FamFR	Familienrecht und Familienverfahrensrecht
FamRB	Familien-Rechts-Berater
FamRBint	FamRB international
FamRZ	Zeitschrift für das gesamte Familienrecht
FF	Forum Familienrecht
FR	Finanz-Rundschau Ertragsteuerrecht
FS	Forum Strafvollzug
GesR	GesundheitsRecht
GewArch	Gewerbearchiv
GRUR-RR	Gewerblicher Rechtsschutz und Urheberrecht/Rechtsprechungs-Report
GuT	Gewerbemiete und Teileigentum
GWR	Gesellschafts- und Wirtschaftsrecht
HB	Bremen
HE	Hessen
HH	Hamburg
IBR	Immobilien- und Baurecht
Info BRS	Informationsdienst Öffentliche Baurechtssammlung
IPRax	Praxis des Internationalen Privat- und Verfahrensrechts
IPRspr	Die deutsche Rechtsprechung auf dem Gebiete des internationalen Privatrechts
iStR	Internationales Steuerrecht

JA	Juristische Arbeitsblätter
Jamt	Das Jugendamt – Zeitschrift für Jugendhilfe und Familienrecht
JR	Juristische Rundschau
juris	Juris Das Rechtsportal – Datenbank
JuS	Juristische Schulung
Justiz	Die Justiz
JZ	Juristenzeitung
KirchE	Entscheidungen in Kirchensachen seit 1946
KommJur	Kommunaljurist
Kommunal-Praxis BY	Zeitschrift für Verwaltung, Organisation und Recht Ausgabe Bayern
KritV	Kritische Vierteljahresschrift für Gesetzgebung und Rechtswissenschaft
KRS	Krankenhaus-Rechtsprechung
KuR	Kirche und Recht
LAGE	Entscheidungen der Landesarbeitsgerichte
LKRZ	Zeitschrift für Landes- und Kommunalrecht Hessen, Rheinland-Pfalz, Saarland
LKV	Landes- und Kommunalverwaltung
LS	nur Leitsatz
LSK	Leitsatzkartei des deutschen Rechts
LT-Drs.	Landtagsdrucksache
MDR	Monatsschrift für Deutsches Recht
Mitbestimmung	Die Mitbestimmung
MV	Mecklenburg-Vorpommern
NdsRpfl	Niedersächsische Rechtspflege
NdsVBl	Niedersächsische Verwaltungsblätter
NI	Niedersachsen
NJ	Neue Justiz
NJOZ	Neue Juristische Online Zeitschrift
NJW	Neue Juristische Wochenschrift
NJW-RR	NJW-Rechtsprechungs-Report Zivilrecht
NJW-spezial	NJW spezial: Die wichtigsten Informationen zu speziellen Rechtsgebieten
NordÖR	Zeitschrift für öffentliches Recht in Norddeutschland
NotBZ	Zeitschrift für die notarielle Beratungs- und Beurkundungspraxis
NStZ	Neue Zeitschrift für Strafrecht
NStZ-RR	Neue Zeitschrift für Strafrecht, Rechtsprechungs-Report
NW	Nordrhein-Westfalen
n.v.	nicht veröffentlicht in Entscheidungssammlungen und Zeitschriften
NVwZ	Neue Zeitschrift für Verwaltungsrecht
NVwZ-RR	Neue Zeitschrift für Verwaltungsrecht, Rechtsprechungsreport
NZA	Neue Zeitschrift für Arbeitsrecht
NZA-RR	Neue Zeitschrift für Arbeitsrecht, Rechtsprechungs-Report

NZM	Neue Zeitschrift für Miet- und Wohnungsrecht
NZS	Neue Zeitschrift für Sozialrecht
OLGR (mit Ortszusatz)	OLG-Report: Zivilrechtsprechung der Oberlandesgerichte
OVGE Bln	Entscheidungen des Oberverwaltungsgerichts Berlin
PERSONAL	Personal
PersF	Personalführung
PersR	Der Personalrat
PersV	Die Personalvertretung
PflR	Pflegerecht. Zeitschrift für Rechtsfragen in der stationären und ambulanten Pflege
RDG	Rechtsdepesche für das Gesundheitswesen
RdL	Recht der Landwirtschaft
REE	Recht der Erneuerbaren Energien
RiA	Recht im Amt
RJD	Europäischer Gerichtshof für Menschenrechte, Reports of Judgements and Decisions
RP	Rheinland-Pfalz
SAE	Sammlung arbeitsrechtlicher Entscheidungen
SH	Schleswig-Holstein
SL	Saarland
SN	Sachsen
SozSichplus	Informationsdienst zu Soziale Sicherheit – Zeitschrift f. Arbeit und Soziales
ST	Sachsen-Anhalt
StBW	Steuerberater Woche
StE	Steuern der Energiewirtschaft
SteuK	Steuerrecht kurzgefaßt
StraFo	Strafverteidiger Forum
StuB	Steuern und Bilanzen
StV	Strafverteidiger
TH	Thüringen
ThürVBl	Thüringer Verwaltungsblätter
TVöD	Tarifvertrag für den öffentlichen Dienst
Ubg	Die Unternehmensbesteuerung
UPR	Umwelt- und Planungsrecht
UV-Recht Aktuell	Unfallversicherungsrecht Aktuell
VBlBW	Verwaltungsblätter für Baden-Württemberg
VersR	Versicherungsrecht
VGHE BY	Entscheidungen des Bayerischen Verwaltungsgerichtshofs mit Entscheidungen des Bayrischen Verfassungsgerichtshofs
VR	Verwaltungsrundschau
WPg	Die Wirtschaftsprüfung
WRP	Wettbewerb in Recht und Praxis

ZEV	Zeitschrift für Erbrecht und Vermögensnachfolge
ZevKR	Zeitschrift für evangelisches Kirchenrecht
ZfB	Zeitschrift für Bergrecht
ZfBR	Zeitschrift für deutsches und internationales Bau- und Vergaberecht
ZFE	Zeitschrift für Familien- und Erbrecht
ZfF	Zeitschrift für das Fürsorgewesen
ZKF	Zeitschrift für Kommunalfinanzen
ZKJ	Zeitschrift für Kindschaftsrecht und Jugendhilfe
ZMR	Zeitschrift für Miet- und Raumrecht
ZMV	Die Mitarbeitervertretung
Zsteu	Zeitschrift für Steuern und Recht
ZTR	Zeitschrift für Tarifrecht
ZUM-RD	Zeitschrift für Urheber- und Medienrecht, Rechtsprechungsdienst

1

Art. 140 GG, 138 Abs. 1 WRV bietet nicht selbst eine Grundlage für Staatsleistungen, sondern ordnet lediglich an, dass bereits vor Inkrafttreten des Art. 138 Abs. 1 WRV bestehende, auf Gesetz, Vertrag oder besonderen Rechtstiteln beruhende staatliche Leistungen an die Religionsgemeinschaften bis zur ihrer Ablösung fortbestehen.
Zur Berücksichtigung der Mitgliederrelation (nach Verbreitungsgrad, Zahl der vorhandenen Ortsgemeinden und unterschiedlichem Rechtsstatus) und der Nichtanerkennung eines Sockelbetrages im Rahmen einer Ermessensentscheidung über die Verteilung von Zuschüssen aus Haushaltsmitteln an jüdischen Kultusgemeinden.

OVG Berlin-Brandenburg, Beschluss vom 8. Juli 2011 -OVG 10 N 73.08-[1]

Die Klägerin begehrt für die Haushaltsjahre 2001 bis 2004 eine über die bisher gewährten Zuwendungen in Höhe von ca. 85.000 € hinausgehende Förderung.

Die Klägerin wurde im Januar 1999 in Potsdam gegründet und im März 1999 in das Vereinsregister eingetragen. Nach ihrer Satzung versteht sie sich als Nachfolgerin und Vertreterin jüdischer orthodoxer Traditionen und jüdischer Kultur im Land Brandenburg. Neben der Klägerin existiert der - 1991 als Jüdische Gemeinde Land Brandenburg in das Vereinsregister eingetragene - Landesverband der jüdischen Gemeinden Land Brandenburg (im Folgenden: Landesverband), dem im November 1993 der Status einer Körperschaft des öffentlichen Rechts bestätigt wurde und der Mitglied im Zentralrat der Juden in Deutschland ist. Dieser wird vom Beklagten seit 1991 durch jährliche Zuwendungen unterstützt.

Die Haushaltspläne des Landes Brandenburg enthielten unter der Zweckbestimmung „Zuschüsse für jüdische Kultusgemeinden" für das Haushaltsjahr 2001 einen Haushaltsansatz in Höhe von 450.000 DM und für die Haushaltsjahre 2002 bis 2004 jeweils einen Haushaltsansatz in Höhe von 179.000 € (insgesamt gut 767.000 €). Dem Landesverband, der in den streitgegenständlichen Jahren wegen Überschuldung zeitweise handlungsunfähig geworden war, wurden in den betroffenen Haushaltsjahren (mittelbar) folgende Beträge zugewendet: Für das Jahr 2001: 83.000 DM, für das Jahr 2002: 500 €, für das Jahr 2003: 22.280 € und für das Jahr 2004: 153.003,20 €. Die Klägerin stellte in den Haus-

1 BeckRS 2011, 78190; Parallelverfahren (Förderung für das Haushaltsjahr 2000): VG Potsdam, Urteil vom 14.7.2008 -12 K 2462/05- (LKV 2009, 46) mit Beschluss des OVG Berlin-Brandenburg vom 8.7.2011 -OVG 10 N 72.08- n.v.

haltsjahren 2001 bis 2004 beim Beklagten Förderanträge in Höhe von insgesamt knapp 1.650.000 €, die teilweise abgelehnt und im Übrigen nicht beschieden wurden.

Mit Bescheid vom 5.9.2006 nahm der Beklagte die ablehnenden Bescheide zurück und gewährte der Klägerin für den Förderzeitraum von 2001 bis 2004 einen Zuschuss in Höhe von 85.330,62 €. Zur Begründung hieß es unter Bezugnahme auf das - das Haushaltsjahr 2000 betreffende - Urteil des OVG Brandenburg vom 10.5.2005 (-1 A 744/03- LKV 2006, 39, *juris*, KirchE 47, 175), für die konkrete Bestimmung der Zuschusshöhe sei ausschlaggebend gewesen, dass eine Bewilligung nur im Rahmen der zur Verfügung stehenden Haushaltsmittel in Höhe von insgesamt gut 767.000 € erfolgen könne, weshalb eine vollständige Antragsstattgabe von vornherein nicht in Betracht gekommen sei, zumal sich die Existenz anderer Begünstigter - des Landesverbandes - anspruchsmindernd ausgewirkt habe. Es sei eine Auswahlentscheidung zwischen den beiden Gemeinden zu treffen gewesen. Diese sei nicht schematisch erfolgt, sondern orientiere sich an der unterschiedlichen Bedeutung der Religionsgemeinschaften aufgrund von Größe, Verbreitungsgrad, Beständigkeit, öffentlicher Wirksamkeit, kultur- und sozialpolitischer Stellung in der Gesellschaft sowie des jeweiligen Rechtsstatus. Ein Anspruch auf Gewährung eines zur Absicherung der Gemeindearbeit einzusetzenden Sockelbetrages bestehe nach der genannten Entscheidung des Oberverwaltungsgerichts für das Land Brandenburg nicht. Eine gewichtige Bedeutung komme dem Mitgliederverhältnis der beiden jüdischen Gemeinden zu. Nach den jeweiligen Eigenangaben habe die Klägerin im Jahr 2001 in Relation zum Landesverband über 9,75%, im Jahr 2002 über 12,15%, im Jahr 2003 über 13,22% und im Jahr 2004 über 21,77% der Mitglieder verfügt. Soweit die Klägerin die Angaben des Landesverbandes bestritten habe, beruhe dies auf einem unterschiedlichen Verständnis des halachischen Rechts. Da dieses für den religiös und weltanschaulich neutralen, zur Auslegung halachischer Rechtsvorschriften nicht berechtigten Staat nicht maßgeblich sei, bestehe kein Anlass, von den Eigenangaben abzuweichen. Weitere Parameter zur Bestimmung der angemessenen Mittelverteilung seien der Organisations- und Verbreitungsgrad. Danach sei zu berücksichtigen, dass die Klägerin sich ausschließlich auf die Stadt Potsdam konzentriert habe, während der Landesverband an sieben verschiedenen Orten in Brandenburg Ortsgemeinden unterhalten habe. Dieser weise zudem eine deutlich höhere Bestandsdauer auf und habe als Körperschaft des öffentlichen Rechts einen privilegierten Rechtsstatus inne. Anderseits sei zu beachten, dass die Mitgliederentwicklung der Klägerin, die Fortdauer der örtlichen Gebundenheit und die schlechtere Infrastruktur auch auf die durch den unterschiedlichen Umfang der staatlichen Förderung ungünstigeren Startbedingungen zurückzuführen sein könnte. Es werde deshalb davon abgesehen, aufgrund des unterschiedlichen Organisations- und Verbreitungsgrades von den auf Grund der Mitgliederarithmetik ermittelten Verhältniszahlen zu Gunsten oder zu Lasten der Klägerin abzuweichen. Es sei angemessen, nicht das Volumen der tatsächlich an den Landesverband geleisteten Zuschüsse zugrunde zu legen, sondern den für diesen vorgesehenen Förderumfang, der jährlich 150.000 € betragen habe. Unter Zugrundelegung dieses Bezugspunkts und Anwendung des ermittelten prozentualen Mitgliederverhältnisses ergebe sich ein Förderbetrag von 85.330,62 €.

Die auf eine darüber hinausgehende Förderung gerichtete Klage hat das VG Potsdam (Urteil vom 14.7.2008 -12 K 2019/06- KirchE 52, 31) abgewiesen. Hiergegen wendet sich die Klägerin mit dem Antrag auf Zulassung der Berufung.

Mit Beschluss vom 12.5.2009 (-2 BvR 890/06- NVwZ 2009, 1217, *juris*, KirchE 52, 390) hat das Bundesverfassungsgericht Art. 8 Abs. 1 des bereits im Januar 2005 zwischen dem Land Brandenburg und dem Landesverband abgeschlossenen Staatsvertrages, der die Verpflichtung des Landesverbandes vorsah, alle jüdischen Gemeinden im Land Brandenburg angemessen an dem ihm jährlich zur Aufrechterhaltung jüdischen Gemeindelebens zugewendeten Betrag in Höhe von 200.000 € zu beteiligen, auf die Verfassungsbeschwerde der Klägerin für nichtig erklärt.

Das Zulassungsbegehren der Klägerin wurde zurückgewiesen.

Aus den Gründen:

Der auf alle Zulassungsgründe gem. § 124 Abs. 2 VwGO gestützte Antrag hat keinen Erfolg. Das Vorbringen der Klägerin, das den Prüfungsumfang für das Oberverwaltungsgericht bestimmt (§ 124 a Abs. 4 Satz 4 VwGO), rechtfertigt die Zulassung der Berufung nicht.

1. Gemessen an den Einwendungen der Klägerin bestehen keine ernstlichen Zweifel an der Richtigkeit des Urteils (§ 124 Abs. 2 Nr. 1 VwGO). Das Vorbringen ist nicht geeignet, einen tragenden Rechtssatz oder eine erhebliche Tatsachenfeststellung des angegriffenen Urteils mit schlüssigem Gegenvorbringen in Frage zu stellen (vgl. zu diesem Maßstab BVerfG, Beschluss vom 21.122009 - 1 BvR 812/09- NJW 2010, 1062, *juris*).

a) Entgegen der Auffassung der Klägerin steht ihr ein Anspruch auf Bewilligung von Staatsleistungen analog Art. 140 GG iVm Art. 138 Abs. 1 WRV und § 2 Ziff. 3 des Gesetzes zur Regelung des Kirchensteuerwesens der DDR vom 31.8.1990 -DDR.KiStG- nicht zu. Insoweit macht sie mit Blick auf den Zweck der Staatsleistungen, den Kirchen eine Entschädigung für vorangegangene Eigentumsverluste zu gewähren, geltend, die den jüdischen Gemeinden in der Zeit der nationalsozialistischen Diktatur zugefügten Schädigungen einschließlich der Zerschlagung allen jüdischen Lebens wögen weit schwerer als die - den Großteil der Staatsleistungen an die großen Kirchen rechtfertigenden - Säkularisationen von Kirchengut in Reformation, Westfälischem Frieden, Josephinischen Reformen und Reichsdeputationshauptschluss, weshalb als Ersatzleistung die zeitlich nicht begrenzte Übernahme neuer finanzieller Dauerverpflichtungen des Staates gegenüber den jüdischen Gemeinden zum Wiederaufbau und zur Aufrechterhaltung jüdischen Gemeindelebens in Deutschland geboten erscheine.

Zu den Staatsleistungen iSd Art. 138 Abs. 1 WRV zählen nach herkömmlichem Verständnis diejenigen, vor Inkrafttreten der Norm am 14.8.1919 begründeten, auf (formellem oder materiellem) Gesetz, Vertrag und besonderen Rechtstiteln beruhenden Leistungen des Staates, die in das historisch ausgebildete System der staatskirchenrechtlichen Beziehungen hineingehören. Mit den Staatsleistungen übernahm die staatliche Gewalt, die sich vorher - hauptsächlich während der Reformationszeit, durch den Westfälischen Frieden oder durch den Reichsdeputationshauptschluss von 1803 - kirchliches Vermögen und geistliches Territorium einverleibt hatte, die Gewähr für die finanzielle Ausstattung der betroffenen Kirchen. Diese historisch entstandene Verflechtung zwischen Kirche und Staat sollte durch die - bis heute nicht erfolgte - Ablösung der Staatsleistungen beseitigt werden. Staatsleistungen erhalten vor allem die beiden Großkirchen, die die Säkularisationsopfer erbracht haben, und deren Gliedkörperschaften und sonstigen Institutionen, daneben auch die Altkatholische und die Altlutherische Kirche, die Israelitische Synagogengemeinde, Freireligiöse Landesgemeinden und Deutsche Freigemeinden, gebietsweise auch die Methodistenkirche (vgl. von Campenhausen, Staatskirchenrecht, 4. Aufl. 2006, S. 281 f. und Korioth, in: Maunz-Dürig, GG, Band VII, Stand 2003, Art. 140 GG/138 WRV, Rn 3 ff., jeweils mwN). Mit dem bereits genannten Urteil vom 10.5.2005 (aaO, Rn 60 f.) hat das Oberverwaltungsgericht für das Land Brandenburg entschieden, dass der Klägerin keine Staatsleistungen iSv Art. 140 GG iVm Art. 138 Abs. 1 WRV zustehen.

Unabhängig davon, ob die Klägerin mit ihrem Vorbringen überhaupt einen Sachverhalt dargetan hat, der dem geschilderten historischen Ursprung der Staatsleistungen vergleichbar ist, bietet Art. 140 GG iVm Art. 138 Abs. 1 WRV schon deshalb keinen Ansatz für eine analoge Anwendung, weil diese Verfassungsbestimmung nicht selbst eine Grundlage für Staatsleistungen darstellt, sondern lediglich anordnet, dass bereits vor Inkrafttreten des Art. 138 Abs. 1 WRV bestehende, auf Gesetz, Vertrag oder besonderen Rechtstiteln beruhende staatliche Leistungen an die Religionsgemeinschaften bis zur ihrer Ablösung fortbestehen. Anhaltspunkte dafür, dass vergleichbare, analogiefähige und vor

1919 entstandene Ansprüche der Klägerin bestanden haben könnten, sind weder vorgetragen noch sonst ersichtlich (so schon OVG Brandenburg, aaO, Rn 61). Dies gilt insbesondere auch deshalb, weil die erst im Jahre 1999 gegründete Klägerin ungeachtet ihres Selbstverständnisses als in der Tradition des Halberstädter Verbandes stehende Gemeinde nicht als Rechtsnachfolgerin dieses Verbandes oder einer anderen durch Verfolgungsmaßnahmen geschädigten jüdischen Gemeinde anzusehen ist (vgl. hierzu OVG Berlin-Brandenburg, Beschluss vom 29.3.2011 -OVG 5 N 24.08- KirchE 57, 309 [314]), mithin selbst keinen nationalsozialistischen Schädigungshandlungen ausgesetzt war.

Die Auffassung der Klägerin wird auch durch die von ihr zitierten Fundstellen nicht belegt. Vielmehr beschäftigen sich alle von der Klägerin angegebenen Literaturnachweise mit Fragen der (staats-)vertraglichen Ausgestaltung von finanziellen Leistungen an jüdische Gemeinden, enthalten jedoch keinerlei Ausführungen zu einer möglichen analogen Anwendung von Art. 140 GG iVm Art. 138 Abs. 1 WRV und bejahen den von der Klägerin geltend gemachten Anspruch nicht. So behandelt Weber (Staatsleistungen an jüdische Religionsgemeinschaften, in: Festschrift für Peter Selmer, 2004, 259 ff.) Fragen im Zusammenhang mit dem Abschluss von Staatsverträgen zwischen jüdischen Gemeinden und den Ländern bzw. dem Bund und bezeichnet die durch diese Verträge gewährten finanziellen Leistungen als „Staatsleistungen". In der von der Klägerin in Bezug genommenen Passage (aaO, S. 278 f.) beschäftigt er sich damit, inwieweit der - durch Staatsvertrag erfolgenden - Neubegründung einer Pflicht zu Staatsleistungen gegenüber der jüdischen Religionsgemeinschaft das Ablösungsgebot des Art. 138 Abs. 1 WRV entgegensteht. Insoweit kommt er zu dem Ergebnis, dass selbst dann, wenn man der Mindermeinung folge, der zufolge Art. 138 Abs. 1 WRV eine Sperrklausel gegenüber neuen Staatsleistungen darstelle, im Falle der jüdischen Gemeinschaft in Deutschland eine verfassungsrechtlich zulässige, wenn nicht gar gebotene Ausnahme vorliege. Preuß (in: Alternativ-Kommentar zum GG, Band III, 2001, Art. 140 Rn 63) führt an der von der Klägerin in Bezug genommenen Stelle aus, vertraglich vereinbarte staatliche Leistungen an jüdische Kultusgemeinden stünden nicht im Kontext des Art. 138 WRV; ihre verfassungsrechtliche Rechtfertigung ergebe sich vielmehr aus der in Art. 74 Abs. 1 Nr. 9 GG enthaltenen Ermächtigung zur Wiedergutmachung der Schäden, die durch das nationalsozialistische Regime angerichtet worden seien. Weiß (Gleichheit oder Privilegien? - Zur Stellung öffentlich-rechtlicher Religionsgemeinschaften, KritV 83 (2000), 104 ff., 135) führt in der von der Klägerin bezeichneten Passage aus, der im Jahr 1992 zwischen dem Land Nordrhein-Westfalen und den als Regionalkörperschaft anerkannten Landesverbänden der jüdischen Gemeinden in Nordrhein-Westfalen geschlossene Vertrag, aufgrund dessen Zahlungen von jährlich - bezogen auf das Jahr 1995 -

3,5 Mio DM geleistet würden, werde zu Recht mit der Zerstörung jüdischer Einrichtungen und Gemeinden während der Nazidiktatur legitimiert.

Soweit die Klägerin unter Bezugnahme auf § 2 Ziff. 3 DDR.KiStG Rechte daraus ableiten will, dass sie eine Körperschaft des öffentlichen Rechts sei, steht dem bereits entgegen, dass das OVG Berlin-Brandenburg mit Beschluss vom 29.3.2011 (aaO) den Antrag der Klägerin auf Zulassung der Berufung gegen das Urteil des VG Potsdam vom 14.7.2008 (-12 K 2660/04- *juris*, Rn 18 f., 23 f.), in dem dieses ausgeführt hat, die Klägerin gehöre als Neugründung weder zu den altkorporierten Religionsgesellschaften noch lasse sich der von ihr in Anspruch genommene Körperschaftsstatus aus § 2 Ziff. 3 KiStG DDR herleiten, abgelehnt hat. Damit steht rechtskräftig fest, dass die Klägerin in den hier relevanten Haushaltsjahren nicht den Status einer Körperschaft des öffentlichen Rechts besessen hat.

b) Die vom Beklagten getroffene Ermessensentscheidung ist - anders als die Klägerin meint - rechtlich nicht zu beanstanden.

aa) Soweit die Klägerin geltend macht, die Ermessensentscheidung leide darunter, dass der Beklagte ursprünglich nur den Landesverband und nicht sie berücksichtigt habe, verkennt sie, dass Streitgegenstand nicht der ehemalige - ohnehin bereits durch das Urteil des Oberverwaltungsgerichts für das Land Brandenburg vom 10.5.2005 (aaO) rechtskräftig aufgehobene - Bescheid des Beklagten zugunsten des Landesverbandes ist, sondern der Bescheid vom 5.9.2006. Darin hat der Beklagte die beiden im Land Brandenburg bestehenden jüdischen Gemeinden in ein Verhältnis zueinander gesetzt und die unterschiedliche Bedeutung der Gemeinden herausgearbeitet, wobei er bezüglich der Höhe der Förderung nicht von dem tatsächlich geleisteten, sondern von dem für den Landesverband vorgesehenen Fördervolumen von jährlich 150.000 € als Bezugspunkt ausgegangen ist. Vor diesem Hintergrund kann keine Rede davon sein, es fehle an einer „gleichzeitigen" Entscheidung über die Förderung des Landesverbandes und der Klägerin.

bb) Die Auffassung der Klägerin, das Verwaltungsgericht sei zu Unrecht davon ausgegangen, im Rahmen der Ermessenentscheidung sei eine sog. Folgenbeseitigungslast nicht zu berücksichtigen, geht fehl. Das Vorbringen genügt bereits nicht den Darlegungsanforderungen des § 124 a Abs. 4 Satz 4 VwGO. (*wird ausgeführt*)

cc) Soweit die Klägerin geltend macht, die Ermessensentscheidung des Beklagten sei rechtswidrig, weil der für das Haushaltsjahr 2000 gewährte Betrag in Höhe von 15.000 € nicht ausreiche, um die nach dem Haushaltsgesetz der Förderung zugrundeliegende Zweckrichtung - die Wiederherstellung orthodoxen jüdischen Lebens im Land Brandenburg - zu erreichen, ist der Vortrag offensichtlich auf das das Haushaltsjahr 2000 betreffende Parallelverfahren (-OVG

10 N 72.08-) zugeschnitten. Da vorliegend die Haushaltsjahre 2001 bis 2004 streitgegenständlich sind, ist das Vorbringen irrelevant und vermag die Zulassung der Berufung nicht zu begründen.

dd) Die Ermessensentscheidung ist auch nicht deshalb zu beanstanden, weil der Beklagte bezüglich des von ihm ermittelten Mitgliederverhältnisses von unzutreffenden Zahlen ausgegangen wäre. Insoweit meint die Klägerin, im Mitgliederbestand des Landesverbandes würden auch solche Personen geführt, die keine Juden im Sinne der Thora seien; diese müssten „herausgerechnet" werden. Dieses Vorbringen genügt schon nicht den Darlegungsanforderungen des § 124a Abs. 4 Satz 4 VwGO. (*wird ausgeführt*)

ee) Ebenso wenig rechtfertigt das Vorbringen der Klägerin im Schriftsatz vom 20.7.2010 die Zulassung der Berufung. Dort macht sie geltend, die Ermessensentscheidung sei auch deswegen rechtswidrig, weil es vor dem Hintergrund der Entscheidung des Bundesverfassungsgerichts vom 12.5.2009 (- 2 BvR 890/06- aaO) fehlerhaft sei, allein ein rechnerisch ermitteltes Verhältnis der Mitgliederzahl zum Differenzierungsgrund zu machen. Unabhängig davon könne sie nicht nur einen Bruchteil der Wertigkeit des Landesverbandes haben. Sachgerechter Ermessensausübung entspreche es vielmehr, sowohl ihr als auch dem Landesverband eine Grundförderung zukommen zu lassen, die auf der Basis von Gleichwertigkeit und Gleichrangigkeit unter Berücksichtigung des Förderungszwecks die Funktionsfähigkeit sicherstelle und allenfalls bei einer darüber hinausgehenden Förderungshöhe nach Mitgliederzahl und unterschiedlichem Organisations- und Verbreitungsgrad differenzieren könne.

Soweit sich die Klägerin auf die von ihr erwirkte Entscheidung des Bundesverfassungsgerichts vom 12.5.2009 beruft, ist festzustellen, dass dieser Beschluss, der im Übrigen nur die - hier nicht streitgegenständlichen - Haushaltsjahre ab 2005 betrifft, hinsichtlich der Maßstäbe für die Verteilung von Fördermitteln zwischen konkurrierenden Religionsgemeinschaften keine neuen Vorgaben enthält. Vielmehr knüpft das Bundesverfassungsgericht auf S. 34 des amtlichen Abdrucks (*juris* Rn 194) an den von ihm aufgestellten - und vom Verwaltungsgericht zutreffend wiedergegebenen - Grundsatz der staatskirchenrechtlichen Parität an und bestimmt, dass das Land Brandenburg für den Zeitraum bis zur Neuregelung der Förderung der jüdischen Gemeinden der Klägerin unter Anrechnung der vom Landesverband bereits gewährten Mittel eine finanzielle Förderung zukommen lassen müsse, die gemessen an der dem Landesverband zugewandten Summe Paritätsgesichtspunkten entspreche. Hieraus lässt sich für das vorliegende Verfahren nichts herleiten.

Zu berücksichtigen ist weiter, dass der angefochtene Bescheid - anders als es die Klägerin darstellt - nicht allein auf die Mitgliederzahl, sondern im Rahmen einer Gesamtschau zusätzlich auf den Verbreitungsgrad, insbesondere die

Zahl der vorhandenen Ortsgemeinden, und auf den unterschiedlichen Rechtsstatus der beiden jüdischen Gemeinden abgestellt, mithin eine wertende und nicht eine schematische - etwa rein rechnerische - Betrachtung vorgenommen hat. Dem steht nicht entgegen, dass der Beklagte der Bemessung der Höhe der Zuwendung im Ergebnis das prozentuale Mitgliederverhältnis zugrunde gelegt hat. Denn er hat den größeren Verbreitungsgrad des Landesverbandes aufgrund der Überlegung, dass die Klägerin ungünstigere Startbedingungen als der Landesverband gehabt habe, gerade nicht zu einer weiteren Reduzierung der ihr gewährten Zuwendung herangezogen. Diese wertende Betrachtung hat das Verwaltungsgericht unter Bezugnahme auf die Entscheidung des Oberverwaltungsgerichts für das Land Brandenburg vom 10.5.2005 (aaO) gebilligt. Da die Mitgliederzahl Aussagen über Raumbedarf, Betreuungsaufwand und Veranstaltungshäufigkeit erlaubt und auch die Anzahl der für die Mitglieder vorgehaltenen Standorte für den finanziellen Aufwand in Form von Mietkosten und Kosten für Leistungen, die parallel angeboten werden, maßgeblich ist, sind die - neben der unterschiedlichen Rechtsform - zur wertenden Betrachtung angewandten Kriterien nicht zu beanstanden.

Soweit die Klägerin geltend macht, eine solche Differenzierung habe erst nach Gewährleistung einer Grundförderung erfolgen dürfen, verkennt sie, dass - worauf der Beklagte zutreffend hinweist - es dem Staat wegen seiner Neutralitätspflicht gegenüber den Religionsgemeinschaften nicht gestattet sein dürfte, den vom religiösen Selbstverständnis der jeweiligen Glaubensgemeinschaft abhängigen „Grundbedarf“ von sich aus zu definieren. Unabhängig davon ist Förderzweck - schon wegen des der Höhe nach begrenzten Haushaltsansatzes - nicht eine nach den Vorstellungen der Klägerin oder des Landesverbandes definierte „Grundsicherung“ oder die Herstellung der Funktionsfähigkeit der jeweiligen Glaubensgemeinschaft. Bereits der im Haushaltsansatz bestimmte Zuwendungszweck, der mit „Zuschüsse für jüdische Kultusgemeinden“ angegeben ist, lässt erkennen, dass der Förderung lediglich Ergänzungscharakter zukommen und keine vollständige Bedarfsdeckung erfolgen soll. Eine solche kann auch nicht verlangt werden, weil Religionsgemeinschaften - worauf der Beklagte zu Recht hinweist - grundsätzlich gehalten sind, die materiellen Voraussetzungen zur Erfüllung ihrer Aufgaben selbst sicherzustellen und die benötigten Mittel aus eigener Anstrengung aufzubringen. Zu berücksichtigen ist weiter, dass die Förderung nur im Rahmen des Haushaltsansatzes geboten war und selbst bei vollständiger Ausschöpfung desselben für die Haushaltsjahre 2001 bis 2004 zugunsten der Klägerin weniger als die Hälfte ihres Antragsvolumens von fast 1.650.000 € hätte bewilligt werden können, ganz abgesehen davon, dass die Bewilligung des gesamten Betrages an die Klägerin die Rechte des Landesverbandes verletzt hätte. Der Beklagte weist im Übrigen zutreffend darauf hin, dass auch der vom Landesverband als Grundbedarf qualifizierte Betrag nicht vollständig, sondern nur zu einem gewissen Prozentsatz befriedigt wird bzw. worden ist.

Ob vorliegend auch eine andere als die vom Beklagten getroffene Ermessenentscheidung rechtmäßig gewesen wäre, ist - worauf schon das Verwaltungsgericht zu Recht hingewiesen hat - wegen der gerichtlich auf die Feststellung von Ermessensfehlern beschränkten Überprüfungsmöglichkeit ohnehin unerheblich.

2. Der Zulassungsgrund der tatsächlichen und rechtlichen Schwierigkeiten (§ 124 Abs. 2 Nr. 2 VwGO), der von der Klägerin zwar behauptet, jedoch mit keinem Wort begründet wird, ist nicht in einer den Anforderungen des § 124a Abs. 4 Satz 4 VwGO genügenden Form dargetan.

3. Auch eine grundsätzliche Bedeutung der Rechtssache (§ 124 Abs. 2 Nr. 3 VwGO) hat die Klägerin nicht hinreichend dargelegt. Hierzu wäre erforderlich, dass eine bislang höchstrichterlich bzw. obergerichtlich nicht geklärte, konkrete und zugleich entscheidungserhebliche Rechts- oder Tatsachenfrage aufgeworfen und zudem erläutert wird, warum sie über den Einzelfall hinaus bedeutsam ist und im Interesse der Rechtseinheit oder der Rechtsfortbildung der Klärung in einem Berufungsverfahren bedarf (vgl. etwa OVG Berlin-Brandenburg, Beschluss vom 4.2.2010 -OVG 10 N 44.07- *juris* Rn 12 mwN). (*wird weiter ausgeführt*)

2

Die Verletzung der Verpflichtung, einen Arbeitsplatz nicht unter Verstoß gegen § 7 Abs. 1 AGG auszuschreiben, kann die Vermutung begründen, die Benachteiligung sei wegen des in der Ausschreibung bezeichneten verbotenen Merkmals (hier: Religion) erfolgt.
Bei der evangelischen Zusatzversorgungskasse handelt es sich nicht um eine einer Religionsgemeinschaft zugeordneten Einrichtung im Sinne von § 9 Abs. 1 AGG.

Art./§§ 9 Abs. 1, 15 Abs. 2 AGG, 4 Abs. 2 EGRL 78/2000
LAG Hessen, Urteil vom 8. Juli 2011 -3 Sa 742/10-[1]

---

1 BeckRS 2011, 78190; *juris*; EzA-SD 2012, Nr. 4, 9 (LS); LAGE § 9 AGG Nr. 1. In der Revisionsinstanz (-8 AZR 828/11 BAG-) wurde der Rechtsstreit durch Vergleich beendet.

Der Kläger verlangt von der Beklagten wegen Benachteiligung im Stellenbesetzungsverfahren Entschädigung und Unterlassung.

Bei der Beklagten handelt es sich um eine Einrichtung der evangelischen Landeskirchen in der Rechtsform einer Anstalt des öffentlichen Rechts, die Mitarbeiterinnen und Mitarbeitern im kirchlich-diakonischen Dienst betriebliche Altersversorgung anbietet. Sie beschäftigt 86 Arbeitnehmer. Ihre Satzung vom 18.4.2002 enthält u.a. die folgenden Regelungen:

> „§ 1 Zweck und Sitz der Kasse
> (1) Die Evangelische Zusatzversorgungskasse hat den Zweck, den privatrechtlich beschäftigten Arbeitnehmern (in dieser Satzung „Mitarbeiter" genannt) der an die Kasse angeschlossenen kirchlichen und diakonischen Arbeitgeber nach Maßgabe dieser Satzung eine zusätzliche Alters-, Berufsunfähigkeits-, Erwerbsminderungs- und Hinterbliebenenversorgung zu gewähren. Im Rahmen der betrieblichen Altersversorgung steht die Kasse den Beteiligten (§ 11), den Mitarbeitern sowie darüber hinaus den Kirchenbeamten und Pfarrern auch für eine freiwillige Versicherung in Anlehnung an das Punktemodell offen. Sie ist keine im Wettbewerb stehende Einrichtung.
> (2) Die Kasse kann im Zusammenhang mit der Altersversorgung der Mitarbeiter, Kirchenbeamten und Pfarrer weitere Leistungen erbringen. So kann die Kasse eine Rückdeckungsversicherung zu den Leistungen einer Unterstützungskasse durchführen, die Mitarbeitern, Kirchenbeamten und Pfarrern aufgrund von Versorgungszusagen der Beteiligten gewährt werden. Inhalt und Durchführung von Leistungen nach Satz 1 und 2 werden in Durchführungsvorschriften oder Allgemeinen Versicherungsbedingungen geregelt. Im Rahmen ihrer satzungsgemäßen Tätigkeit kann die Kasse Unternehmen gründen oder sich an Unternehmen beteiligen.
> (3) Das Vermögen der Kasse darf ausschließlich für die satzungsgemäßen Zwecke verwendet werden. Die Kasse darf keine Person durch hohe Ausgaben, die dem Zweck der Kasse fremd sind, oder durch unverhältnismäßig hohe Vergütungen begünstigen.
> ...
> § 2 Rechtsverhältnisse der Kasse
> (1) Die Kasse ist eine kirchliche Einrichtung mit eigener Rechtspersönlichkeit (Anstalt des öffentlichen Rechts).
> ...
> § 8b Mitarbeiter der Kasse
> Das Arbeitsverhältnis der Mitarbeiter wird durch Dienstvertrag geregelt. Auf das Arbeitsverhältnis finden die für die kirchlichen Mitarbeiter im Bereich der Evangelischen Kirche in Hessen und Nassau geltenden Bestimmungen in der jeweils gültigen Fassung entsprechende Anwendung.
> ...
> § 53 Kassenvermögen
> (1) Das Kassenvermögen dient ausschließlich zur Deckung der satzungsmäßigen Leistungen und der Verwaltungskosten der Kasse.
> ...
> § 54 Vermögensanlage
> Das Kassenvermögen ist nach den Grundsätzen des § 54 VAG so anzulegen, dass mög-

lichst große Sicherheit und Rentabilität bei jederzeitiger Liquidität und angemessener Mischung und Streuung erreicht werden..."

In den „Richtlinien über das Erfordernis der Kirchenzugehörigkeit bei der Einstellung von Mitarbeiterinnen und Mitarbeitern" vom 26.3.1995, die von der Kirchensynode der Ev. Kirche in Hessen und Nassau beschlossen wurden, ist auszugsweise Folgendes geregelt:

„§ 1. Voraussetzung zur Einstellung als Mitarbeiterin/als Mitarbeiter der EKHN ist die Mitgliedschaft in der EKHN oder in einer der Arbeitsgemeinschaft Christlicher Kirchen in Deutschland oder der Konferenz Europäischer Kirchen oder des Ökumenischen Rates der Kirchen angehörigen Kirche.

§ 2. Von den Erfordernissen der in § 1 genannten Zugehörigkeit kann nicht abgesehen werden, wenn für den Tätigkeitsbereich die Kirchenzugehörigkeit der Mitarbeiterin oder des Mitarbeiters bereits durch eine besondere Ordnung vorausgesetzt wird.

Im Übrigen kann ausnahmsweise von der in § 1 genannten Zugehörigkeit abgesehen werden, wenn

1. geeignete Bewerberinnen und Bewerber, die eine Zugehörigkeit nach § 1 haben, trotz angemessener Bemühungen nicht gefunden werden können.
2. die Besetzung erforderlich ist, um den Dienst in angemessener Weise fortführen zu können.
3. die vorgesehene Bewerberin oder der Bewerber auch die persönliche Eignung für den Dienst aufweist und
4. die vorgesehene Bewerberin oder der Bewerber verbindlich erklärt, in ihrem oder seinem Dienst das Christentum und seine Grundüberzeugung zu achten, wie sie in der Ordnung der Kirche festgehalten sind."

Der Kläger, der keiner christlichen Kirche angehört, ist Rechtsanwalt. Im November 2001 legte er das zweite juristische Staatsexamen ab. Von August 2002 bis Mai 2003 war er freier Mitarbeiter in einer Rechtsanwaltskanzlei mit Schwerpunkt im Arbeits- und Strafrecht. Anschließend war er bis Dezember 2005 als selbständiger Rechtsanwalt in Rosenheim tätig. Von Januar 2006 bis Juni 2007 war der Kläger Leitender Angestellter bei einer Rechtsschutzversicherung mit Personalverantwortung für fünf Volljuristen und drei Bürokräfte im Schadensmanagement. Nach sich hieran anschließender kurzer Arbeitslosigkeit absolvierte er im Jahre 2008 ein LL.M-Studium an der Universität A. in Südafrika. Vom 23.2.2009 bis zum 6.4.2009 nahm er an der Fortbildung „Wirtschaftsrecht/Steuerrecht im Modulsystem" an dem Modul Arbeitsrecht erfolgreich teil.

Nach seiner Rückkehr nach Deutschland bewarb sich der Kläger in der Zeit von Januar bis Juni 2009 bundesweit auf für Volljuristen ausgeschriebene Stellen, wobei zwischen den Parteien umstritten ist, wie viele Bewerbungen er versandt hat. Die Bewerbungen führten jedenfalls nicht zu seiner Einstellung. Ab dem 11.2.2009 schrieb die Beklagte bei der Bundesagentur für Arbeit über das Internet folgende Stelle aus:

> „Für unsere Abteilung „Vorsorge und Leistungen" suchen wir zum
> 01.04.2009 oder früher eine/n Volljuristin/Volljuristen
> Vorsorge und Leistungen (Kennziffer 01/2009):
> Ihr Aufgabengebiet umfasst
> - die Betreuung unserer beteiligten Arbeitgeber,
> - die Beratung zur Ausgestaltung der betrieblichen Altersversorgung beispielsweise im Rahmen von Umstrukturierungsmaßnahmen wie Ausgliederungen, Übernahmen oder Fusionen und
> - grundsätzliche Fragen zur Übertragung von Versorgungsanwartschaften.
> ...
> Die Zugehörigkeit zu einer christlichen Kirche ist Voraussetzung für die Einstellung.
> ...
> Rahmenkonditionen
> Unbefristet; Arbeitszeiten : Vollzeit; 40,0 Wochenstunden, Vergütungsangebot: nach Vereinbarung
> Informationen zum Arbeitgeber
> Betriebsgröße: zwischen 51 und 500
> Branche : Sozialversicherung"

Mit Schreiben vom 14.2.2009 wandte sich der Kläger wie folgt an die Beklagte:

> „Da ich mich von dem Stellenprofil angesprochen fühle und mich für diese Stelle sehr interessiere, darf ich Ihnen meine Bewerbungsunterlagen zukommen lassen.
> Als ehemaliger Mitarbeiter eines international tätigen Versicherungsunternehmens ist mir der Umgang mit Versicherten, Kunden und Geschäftspartner vertraut. Als Rechtsanwalt vor allem im Bereich des Arbeitsrechts habe ich umfassende Erfahrungen in der Betreuung von Arbeitgebern. Da ich als selbständiger Rechtsanwalt im Bereich des Arbeitsrechts auch mit Fusionen und Umstrukturierungsmaßnahmen betraut war, sind mir die in diesem Zusammenhang auftretenden Probleme der betrieblichen Altersvorsorge geläufig.
> ...
> Für den Fall, dass ich ein geeigneter Bewerber für Ihre offene Stelle sein könnte, so wäre ich über einen Vorstellungstermin bei Ihnen außerordentlich erfreut."

Einen Verweis darauf, dass er keiner christlichen Kirche zugehörig sei, enthält das Bewerbungsschreiben des Klägers nicht.

Mit Bescheid der Agentur für Arbeit B. vom 2.3.2009 wurde dem Kläger ab dem 23.2.2009 bis auf weiteres Arbeitslosengeld gem. § 117 SGB III in Höhe von 44,02 € täglich bewilligt. Nach einem weiteren Bescheid der Agentur für Arbeit B. vom selben Tag bezog der Kläger bereits in den Leistungszeiträumen 16.12.2008 bis 22.2.2009 einen Leistungsbetrag von insgesamt 2.993,36 €.

Mit Schreiben vom 4.5.2009 teilte die Beklagte ihm Folgendes mit:

> „Leider müssen wir Ihnen mitteilen, dass wir uns zwischenzeitig anderweitig entschieden haben.
> Ihre Bewerbungsunterlagen erhalten sie hiermit zurück. Wir danken für Ihr Interesse und wünschen für Ihre berufliche Zukunft alles Gute".

Die Beklagte stellte einen Bewerber ein, der über eine abgeschlossene Ausbildung zum Bankkaufmann verfügt und in der Folgezeit von 1997 bis 1999 und von 2002 bis zu seiner Einstellung durch sie bei zwei Banken tätig war. Von 1999 bis 2002 erstellte er zudem für die C. verschiedene Stellungnahmen und Ergebnispräsentationen zu rechtlichen Aspekten des Outsourcings im Kreditgewerbe. Neben diesen Tätigkeiten absolvierte der Bewerber ein rechtswissenschaftliches Studium mit wirtschaftsrechtlichem Schwerpunkt.

Mit Schreiben vom 30.6.2009 machte der Kläger Folgendes geltend:

> „Ich darf Sie auffordern, es ab sofort zu unterlassen bei der Stellenbesetzung nach dem Glauben der Bewerber zu differenzieren. Vor diesem Hintergrund möchte ich Sie bitten, mir eine strafbewehrte Unterlassungserklärung zukommen zu lassen, die geeignet ist, für die Zukunft die Wiederholungsgefahr zu verhindern.
> Ferner mache ich gegen Sie Ansprüche wegen immaterieller Entschädigung nach § 15 Abs. 2 AGG geltend. Die Höhe der zu erwartenden monatlichen Vergütung ist mir nicht bekannt. Ich gehe jedoch davon aus, dass Sie einem Juristen zumindest 3.000,- € im Monat gezahlt hätten. Als angemessen dürften hier drei Bruttomonatsgehälter zu betrachten sein, so dass ich eine immaterielle Entschädigung von 9.000,- € für die erlittene Benachteiligung geltend mache."

Mit Schreiben vom 13.7.2009 lehnte die Beklagte die Ansprüche des Klägers ab.

Mit seiner Klage nimmt Kläger die Beklagte auf Entschädigung nach AGG in Anspruch sowie auf Unterlassung, Stellenbewerber im Auswahlverfahren für eine Stelle als Volljurist wegen ihrer Religion zu benachteiligen.

Von Januar bis Juni 2009 habe er sich auf 70 bis 80 Stellen beworben und auch an Vorstellungsgesprächen teilgenommen. Wegen der Benachteiligung auf Grund seiner Nichtzugehörigkeit zu einer christlichen Kirche könne er eine Entschädigung nach § 15 Abs. 2 AGG mindestens in Höhe von zwei vermuteten Bruttomonatsgehältern verlangen. Eine Rechtfertigung für eine unterschiedliche Behandlung wegen der Religion nach § 9 Abs. 1 AGG scheide aus, denn eine solche sei nur möglich, wenn die zu besetzende Stelle dem „verkündungsnahen" Bereich der Religionsgemeinschaft zuzuordnen sei. Die Tätigkeit als Volljurist, für die er sich beworben habe, stehe in keinem Zusammenhang mit der Verkündung der christlichen Heilsbotschaft durch die Kirche. Eine Unterscheidung zwischen „verkündungsnahem" und „verkündungsfernem" Bereich sei vorzunehmen, um den Vorgaben von Art. 4 Abs. 2 der Richtlinie 2000/78/EG vom 27.11.2000 gerecht zu werden. Das nationale Recht sei richtlinienkonform auszulegen, um einen Widerspruch zum europäischen Recht zu vermeiden. Es sei offensichtlich, dass er besser qualifiziert gewesen sei als der letztlich eingestellte Bewerber, da dieser weder einen Fachanwaltskurs absolviert noch Erfahrungen im Arbeitsrecht gesammelt noch in einem Versicherungsunternehmen gearbeitet habe. Dies ergebe sich auch daraus, dass das Steuerrecht nicht zu seinem Pflichtprüfungsstoff gehört habe.

Die Beklagte macht im Wesentlichen geltend, die Nichtzugehörigkeit des Klägers zu einer christlichen Religion habe bei der Stellenbesetzung keine Rolle gespielt. Der Kläger versende auf Stellenausschreibungen, die in Bezug auf die Rechtslage nach AGG problematisch seien, Bewerbungen, um Entschädigungszahlungen nach § 15 Abs. 2 AGG zu verlangen. Ein solches Verhalten sei als rechtsmissbräuchlich einzustufen. Im vorliegenden Fall fehle es an einer subjektiv ernsthaften Bewerbung. Die gesamte Ausrichtung des bisherigen Werdegangs des Klägers gehe auch an den Anforderungen der ausgeschriebenen Stelle vorbei, da der Schwerpunkt der zu besetzenden Stelle in der Abteilung „Vorsorge und Leistung" gerade nicht im originär arbeitsrechtlichen Bereich gelegen habe, sondern im Versicherungs- und Steuerrecht sowie altersversorgungsspezifischen Fragen des Arbeitsrechts und bei der Beratung bilanzielle, versicherungsrechtliche und vertriebliche Fragen im Vordergrund gestanden hätten. Selbst wenn man davon ausgehen würde, dass die Nichtberücksichtigung der Bewerbung des Klägers eine Benachteiligung auf Grundlage seiner Religionszugehörigkeit gewesen sei, so wäre diese jedenfalls auf Grund der gesetzlichen Regelung in § 9 Abs. 1 AGG rechtlich zulässig. Eine richtlinienkonforme Auslegung von § 9 Abs. 2 AGG im Sinne einer Differenzierung nach verkündungsnahen und verkündungsferneren Positionen in der Organisation eines kirchlichen Arbeitgebers sei weder geboten noch erforderlich. Mit der Einführung des AGG habe der deutsche Gesetzgeber die bisherige Rechtslage nicht einschränken wollen. Die Beklagte sei als kirchlicher Arbeitgeber unstreitig Adressat der Ausnahmevorschrift in § 9 Abs. 1 AGG. Dies ergebe sich schon aus dem Wortlaut der Vorschrift („zugeordneten Einrichtungen ohne Rücksicht auf ihre Rechtsform") und auch aus dem Gesetzesentwurf der Bundesregierung, welcher zur Bestimmung des Adressatenkreises auf Art. 140 GG iVm Art. 136 ff. WRV verweise. Dass die Kirche nach wie vor selbst festlegen könne, für welche Bereiche sie die Zugehörigkeit zur Glaubensgemeinschaft fordere, ergebe sich auch aus der Entstehungsgeschichte des § 9 AGG, einer systematischen Betrachtung und dem Sinn und Zweck der Vorschrift. Art. 4 Abs. 2 der Richtlinie 2000/78/EG erlaube nach Wortlaut, Entstehungsgeschichte und primärrechtskonformem Verständnis der Mitgliedstaaten die Bewahrung des Selbstbestimmungsrechts der Kirchen nach ihren nationalen Maßstäben und mache das Selbstverständnis der Kirchen und Religionsgemeinschaften zum zentralen

Element des Rechtfertigungsmaßstabes. Inhaltlich erstrecke sich das Selbstbestimmungsrecht nach Art. 137 Abs. 3 WRV auf das „Ordnen und Verwalten“ der „eigenen Angelegenheiten“. Das „Ordnen“ beziehe sich dabei auf den gesamten Bereich der Rechtssetzung von Religionsgemeinschaften in eigenen Angelegenheiten. Von ihrem Selbstbestimmungsrecht habe die Kirchensynode der Ev. Kirche in Hessen und Nassau mit der Aufstellung der „Richtlinien über das Erfordernis der Kirchenzugehörigkeit bei der Einstellung von Mitarbeiterinnen und Mitarbeitern“ vom 26.3.1995 Gebrauch gemacht. Diese am Leitbild der kirchlichen Dienstgemeinschaft orientierten Richtlinien kämen gem. § 8 b ihrer Satzung zur Anwendung. Die Beklagte unterstütze das kirchliche Handeln durch die von ihr angebotenen Versorgungsleistungen gegenüber Mitarbeitern kirchlicher und diakonischer Arbeitgeber. Durch diese Unterstützungsleistung helfe sie mit, die Erfüllung des kirchlichen Auftrags zu ermöglichen.

Das Arbeitsgericht Darmstadt (Urteil vom 4.2.2010 -10 Ca 174/09-) hat der Klage stattgegeben. Der Anspruch des Klägers in Höhe von 6.000,- € ergebe sich aus den § 9 Abs. 1 und 2 AGG iVm §§ 7, 1, 2 AGG. Die Beklagte habe gegen das Benachteiligungsverbot in § 7 Abs. 1 AGG verstoßen, indem sie die Bewerbung des Klägers vom 14.2.2009 auf die Stelle des „Jurist/in Vorsorge und Leistungen“ wegen dessen fehlender Zugehörigkeit zu einer christlichen Kirche abgelehnt habe. Die Beklagte habe in ihrer Stellenanzeige einen Volljuristen gesucht, der einer christlichen Kirche angehöre. Damit lägen Indizien vor, die eine Benachteiligung des Klägers bei der Einstellung wegen fehlender Zugehörigkeit zu einer christlichen Kirche iSd § 22 AGG vermuten ließen. Der Beklagten sei es nicht gelungen, nachzuweisen, dass kein Verstoß gegen ein Benachteiligungsverbot vorliege. Der Anspruch des Klägers sei nicht deshalb ausgeschlossen, weil er rechtsmissbräuchlich gehandelt habe, indem er als „AGG-Hopper“ nie vorgehabt habe, eine Stelle bei der Beklagten anzutreten. Die Auslegung des § 9 Abs. 1 AGG unter Beachtung von Art. 4 Abs. 2 der Richtlinie 2000/78/EG führe zu dem Ergebnis, dass die Nichtberücksichtigung der Bewerbung des Klägers für die Position des „Jurist/in Vorsorge und Leistungen“ vom Ausnahmetatbestand in § 9 Abs. 1 AGG erfasst würde. Es sei eine richtlinienkonforme Auslegung durchzuführen, die zu dem Ergebnis führe, dass für eine Ungleichbehandlung wegen der Religion gem. § 9 Abs. 1 AGG ein Tätigkeitsbezug vorhanden sein müsse. Da das Selbstverständnis der Kirchen auch nicht ohne Ausnahme die ausschließliche Beschäftigung von Mitgliedern der eigenen Gemeinschaft voraussetze, sei auch die Wahrung des Selbstbestimmungsrechts der Kirchen gem. Art. 140 GG, Art. 137 Abs. 3 WRV im Hinblick auf ihr Selbstverständnis kein zwingendes Argument. Zwar gehe das kirchliche Selbstverständnis vom Bild der „Christlichen Dienstgemeinschaft“ aus, nach der alle Mitarbeiter mit Anstellungsverhältnis zur Kirche und Diakonie ungeachtet ihrer tatsächlichen Funktion in unterschiedlicher Weise dazu beitrügen, den kirchlichen Auftrag des Evangeliums in Wort und Tat zu bezeugen. Bei näherer Betrachtung ergebe sich jedoch, dass jedenfalls im Bereich der Ev. Kirche in Hessen und Nassau, deren Einstellungsrichtlinien die Beklagte zu Grunde lege, dieses Bild der Christlichen Dienstgemeinschaft nicht durchgehalten werde. Voraussetzung sei nach den Einstellungsrichtlinien vom 26.3.1995 die Mitgliedschaft in der Ev. Kirche in Hessen und Nassau oder in einer der Arbeitsgemeinschaft Christlicher Kirchen in Deutschland oder der Konferenz Europäischer Kirchen oder des Ökumenischen Rates der Kirchen angehörenden Kirche. Mitglieder höchst unterschiedlicher Christlicher Vereinigungen bildeten demnach die Christliche Dienstgemeinschaft. Abgestellt werde dabei auf die formale Zugehörigkeit ohne Ansehung, ob diese Zugehörigkeit in irgendeiner Form praktiziert werde, oder warum jemand Kirchenmitglied sei oder nicht sei. Hinzu komme, dass nach § 2 der Einstellungsrichtlinien vom 26.3.1995 noch nicht einmal die formale Zugehörigkeit in jedem Fall erforderlich sei, z.B. dann nicht, wenn geeignete Bewerber mit Kirchenzugehörigkeit nicht gefunden werden könnten. Die Nichtberücksichtigung der Bewerbung des Klägers wegen dessen fehlender Zugehörigkeit zu einer christlichen Kirche sei mithin nicht durch § 9 Abs. 1 AGG gerechtfertigt. Der Höhe nach stehe dem Kläger ein Anspruch von zwei von ihm geschätzten Bruttomonatsgehältern zu. Er könne auch die Unterlassung künftiger Benachteiligungen gem. § 1004 BGB verlangen, der neben § 15 AGG anwendbar sei.

Die Berufung der Beklagten hatte teilweise Erfolg. Das Landesarbeitsgericht weist die Klage hinsichtlich des Unterlassungsbegehrens ab und erkennt auf Herabsetzung des Entschädigungsanspruchs.

Aus den Gründen:

[93] In der Sache ist die Berufung zum Teil begründet. Der Unterlassungsantrag des Klägers (Klageantrag zu 1) ist bereits unzulässig. Dem Kläger steht dem Grunde nach aber ein Entschädigungsanspruch nach § 15 Abs. 2 Satz 1 AGG zu, weil es sich bei der Beklagten nicht um die einer Religionsgemeinschaft iSd § 9 Abs. 1 AGG zugeordnete Einrichtung handelt. Auf die Berufung der Beklagten ist der Entschädigungsanspruch der Höhe nach jedoch zu reduzieren. Im Einzelnen:

[94] I. Der Unterlassungsantrag (Klageantrag zu 1) ist unzulässig. Der Kläger kann von der Beklagten nicht verlangen, es zu unterlassen, Stellenbewerber im Auswahlverfahren für eine Stelle als Volljurist wegen ihrer Religion zu be-

nachteiligen. Der Antrag ist weder bestimmt iSv § 253 Abs. 2 Nr. 2 ZPO noch ist der Kläger prozessführungsbefugt.

[95] 1. Der Kläger verlangt von der Beklagten die Unterlassung der Diskriminierung von Stellenbewerbern im Auswahlverfahren für eine Volljuristenstelle. Mit diesem Inhalt ist der Antrag nicht hinreichend bestimmt iSv § 253 Abs. 2 Nr. 2 ZPO.

[96] a) Nach § 253 Abs. 2 Nr. 2 ZPO muss die Klageschrift neben der bestimmten Angabe des Gegenstandes und des Grundes des erhobenen Anspruchs auch einen bestimmten Antrag enthalten. Ein Klageantrag ist dann hinreichend bestimmt, wenn er den erhobenen Anspruch konkret bezeichnet, dadurch den Rahmen der gerichtlichen Entscheidungsbefugnis absteckt (§ 308 ZPO), Inhalt und Umfang der begehrten Entscheidung erkennen lässt (§ 322 ZPO), das Risiko eines Unterliegens des Klägers nicht durch vermeidbare Ungenauigkeiten auf den Beklagten abwälzt und schließlich eine Zwangsvollstreckung aus dem Urteil ohne eine Fortsetzung des Streits in dem Vollstreckungsverfahren erwarten lässt (BGH 14.12.1998 -II ZR 330/97- NJW 1999, 954; Müko/Becker-Eberhard 3. Aufl. § 253 ZPO Rn 88; T/P-Reichold 29. Aufl. § 253 ZPO Rn 11). Ein Unterlassungsantrag darf nicht so undeutlich gefasst sein, dass der Streitgegenstand und der Umfang der Prüfungs- und Entscheidungsbefugnis des Gerichts nicht mehr klar umrissen sind und im Ergebnis dem Vollstreckungsgericht die Entscheidung überlassen bleibt, was dem Beklagten verboten ist (BGH 4.5.2005 - I ZR 127/02- NJW 2005, 2550 mwN).

[97] b) Unter Anwendung vorstehender Grundsätze genügt der vorliegend gestellte Unterlassungsantrag wegen der Formulierung, „zu benachteiligen" nicht den Anforderungen an die Bestimmtheit von Klageanträgen. Es geht dem Kläger erkennbar nicht nur um das Unterlassen von Stellenausschreibungen, welche auch die Religion des Bewerbers zum Gegenstand haben, sondern um alle erdenklichen Formen von Benachteiligung in einem Bewerbungsverfahren. Mit der Formulierung „zu benachteiligen" greift der Kläger den Gesetzeswortlaut in § 7 Abs. 1 AGG auf. Danach dürfen Beschäftigte nicht wegen eines in § 1 AGG genannten Grundes „benachteiligt" werden. § 3 AGG enthält zwar Legaldefinitionen der verschiedenen Formen möglicher Benachteiligungen: Nach Abs. 1 Satz 1 liegt eine unmittelbare Benachteiligung vor, wenn eine Person wegen eines in § 1 genannten Grundes eine weniger günstige Behandlung erfährt, als eine andere Person in einer vergleichbaren Situation erfährt, erfahren hat oder erfahren würde. Nach Abs. 2 liegt eine mittelbare Benachteiligung vor, wenn dem Anschein nach neutrale Vorschriften, Kriterien oder Verfahren Personen wegen eines in § 1 genannten Grundes gegenüber anderen Personen in besonderer Weise benachteiligen können, es sei denn, die betreffenden Vorschriften, Kriterien oder Verfahren sind durch ein rechtmäßiges Ziel sachlich gerechtfer-

tigt, und die Mittel sind zur Erreichung dieses Ziels angemessen und erforderlich. Die Frage, ob ein vom Kläger beanstandetes Verhalten der Beklagten wie beispielsweise das Stellen einer Frage in einem Vorstellungsgespräch in einem Auswahlverfahren eine Benachteiligung im vorstehenden Sinne darstellt, würde allein durch einen Vollstreckungstitel, der den abstrakten Gesetzeswortlaut wiedergibt, aber nicht beantwortet werden. Denn dies bedürfte als Zwischenschritt noch einer weiteren rechtlichen Prüfung. Es bliebe mithin dem Vollstreckungsverfahren überantwortet, zu klären, ob ein konkretes Verhalten der Beklagten in einem Auswahlverfahren eine Benachteiligung iSd AGG darstellte und mit einem strafbewehrten Unterlassungsanspruch belegt ist oder nicht.

[98] 2. Selbst wenn der Antrag nicht unbestimmt wäre, so wäre der Kläger jedenfalls nicht prozessführungsbefugt. Der Kläger ist nicht berechtigt, Ansprüche Dritter gegenüber der Beklagten geltend zu machen.

[99] a) Der Kläger macht mit dem Unterlassungsantrag nicht seine eigenen Interessen, sondern kollektive Interessen, nämlich die Interessen aller durch die Beklagte Benachteiligter bei der Besetzung einer Volljuristenstelle geltend. Er hat in der Berufung die Auffassung vertreten, der Unterlassungsantrag sei in allgemeiner Form zulässig, da Sinn und Zweck des AGG sei, eine abschreckende Wirkung gegenüber diskriminierenden Arbeitgebern zu erzielen und diese von weiteren Diskriminierungen abzuhalten. Ein Unterlassungsbegehren nur ihm gegenüber käme diesem Gesetzeszweck nicht nach und sei kein effizientes Mittel. Dem Kläger geht es mithin darum, einen Unterlassungsanspruch für einen über die Benachteiligung wegen der Religion hinaus nicht weiter begrenzten Personenkreis durchzusetzen. Er macht damit fremde Rechte im eigenen Namen geltend.

[100] b) Wird ein fremdes Recht in eigenem Namen eingeklagt, ist zwischen gesetzlicher und gewillkürter Prozessstandschaft zu unterscheiden. Bei der gesetzlichen Prozessstandschaft erfolgt die Geltendmachung fremder Rechte im eigenen Namen auf Grund gesetzlicher Ermächtigung, bei der gewillkürten Prozessstandschaft erfolgt die Geltendmachung fremder Rechte auf Grundlage einer Ermächtigung durch den Rechtsinhaber (Musielak/Weth 7. Aufl. § 51 ZPO Rn 16). Dem Kläger wird weder durch das AGG noch durch ein sonstiges Gesetz das Recht eingeräumt, zur Verhinderung und Beseitigung von Benachteiligungen iSd AGG fremde Rechte geltend zu machen. Selbst Antidiskriminierungsverbände sind nach § 23 Abs. 2 und 3 AGG nur befugt, als Beistände aufzutreten und fremde Ansprüche in fremden Namen geltend zu machen (vgl. Bauer/Göpfert/Krieger 3. Aufl. § 23 AGG Rn 17). Im Übrigen behauptet auch der Kläger nicht, er sei durch andere Rechtsinhaber zur Geltendmachung des streitgegenständlichen Unterlassungsanspruchs gegenüber der Beklagten ermächtigt worden. Die fehlende Prozessführungsbefugnis ist als Prozessvoraussetzung von

Amts wegen zu berücksichtigen (Zöller/Vollkommer 28. Aufl. Vor § 50 ZPO Rn 19). Sie führt zur Abweisung des Klageantrags zu 1) als unzulässig.

[101] II. Der für die ausgeschriebene Stelle objektiv geeignete Kläger kann von der Beklagten auf Grund der Benachteiligung wegen der Religion im Auswahlverfahren eine Entschädigung nach § 15 Abs. 2 Satz 1 AGG verlangen. Bei der Beklagten handelt es sich um keine einer Religionsgemeinschaft zugeordnete Einrichtung iSd § 9 Abs. 1 AGG. Die Entschädigung ist mit 2.500,- € der Höhe nach angemessen.

[102] 1. Der auf Zahlung einer Entschädigung gerichtete Klageantrag ist hinreichend bestimmt iSv § 253 Abs. 2 Nr. 2 ZPO. Der Kläger ist berechtigt, die Höhe der Entschädigung nach § 15 Abs. 2 AGG in das Ermessen des Gerichts zu stellen, dem bei dieser Entscheidung ein Beurteilungsspielraum eingeräumt wird (BAG 17.8.2010 -9 AZR 839/08- EzA SGB IX § 81 Nr. 21). Der Kläger muss lediglich Tatsachen, die das Gericht bei der Bestimmung des Betrags heranziehen soll, benennen und die Größenordnung der geltend gemachten Forderung angeben (BAG 24.4.2008 -8 AZR 257/07- AP AGG § 33 Nr. 2). Diese Voraussetzungen sind erfüllt. Der Kläger hat einen Sachverhalt dargelegt, welcher der Kammer grundsätzlich die Bestimmung einer Entschädigung ermöglicht, und den Mindestbetrag der aus seiner Sicht angemessenen Entschädigung mit 6.000,- € beziffert.

[103] 2. Der Klageantrag zu 2) ist in Höhe eines Betrages von 2.500,- € begründet.

[104] a) Der Kläger hat sowohl die Ausschluss- als auch die Klagefrist gewahrt. (*wird ausgeführt*)

[107] b) Die Voraussetzungen für eine Entschädigung nach § 15 Abs. 2 Satz 1 AGG liegen vor. Nach §§ 7 Abs. 1, 1 AGG dürfen Arbeitgeber Beschäftigte u.a. nicht wegen ihrer Religion benachteiligen. Nach § 6 Abs. 1 Satz 2 AGG gelten als Beschäftigte auch Bewerberinnen und Bewerber für ein Beschäftigungsverhältnis. Der Kläger unterfällt dem persönlichen Anwendungsbereich des AGG, da er als Beschäftigter gilt und die Beklagte Arbeitgeberin ist.

[108] aa) Die Stellenausschreibung der Beklagten ab dem 11.2.2009 bei der Bundesagentur für Arbeit lässt eine Benachteiligung des Klägers auf Grund der Religion vermuten. Die Beklagte hat in der Stellenausschreibung ausdrücklich die Zugehörigkeit zu einer christlichen Kirche als Einstellungsvoraussetzung benannt. Nach § 11 AGG darf ein Arbeitsplatz nicht unter Verstoß gegen § 7 Abs. 1 AGG ausgeschrieben werden.

[109] Die Verletzung der Verpflichtung, einen Arbeitsplatz nicht unter Verstoß gegen § 7 Abs. 1 AGG auszuschreiben, kann die Vermutung begründen, die Benachteiligung sei wegen des in der Ausschreibung bezeichneten verbotenen Merkmals erfolgt (BAG 19.8.2010 -8 AZR 530/09- EzA AGG § 15 Nr. 10). Da die Beklagte nicht vorgetragen hat, einen Bewerber eingestellt zu haben, der keiner

christlichen Kirche angehört, liegen Tatsachen iSv § 22 AGG vor, die eine Benachteiligung wegen der Religion vermuten lassen. Liegt eine Vermutung für die Benachteiligung vor, trägt nach § 22 AGG die andere Seite die Beweislast dafür, dass kein Verstoß gegen die Bestimmungen zum Schutz vor Benachteiligungen vorgelegen hat.

[110] bb) Die Beklagte hat keine substantiierten Tatsachen dafür vorgetragen, dass der Kläger objektiv nicht für die Besetzung der Stelle geeignet gewesen wäre. Insbesondere fehlt es nicht an seiner objektiven Eignung wegen eines Mangels an der erforderlichen Ernsthaftigkeit der Bewerbung. (*wird ausgeführt*)

[117] cc) Zutreffend geht das Arbeitsgericht davon aus, dass die Benachteiligung des Klägers nicht durch § 9 Abs. 1 AGG gerechtfertigt ist. Es kann im vorliegenden Fall allerdings dahin stehen, ob es § 9 AGG bei einer richtlinienkonformen Auslegung erfordert, zwischen Verkündungsauftrag der Religionsgemeinschaft betreffenden Positionen (sog. „verkündungsnaher“ Bereich) und Tätigkeiten, die keine Berührung mit der Verkündung der Religionsgemeinschaft haben (sog. „verkündigungsferner“ Bereich), zu differenzieren. Selbst wenn man der Beklagten unterstellt, mit der Einführung des AGG habe der deutsche Gesetzgeber die bisherige Rechtslage nicht einschränken wollen, handelte es sich bei ihr nicht um eine einer Religionsgemeinschaft zugeordnete Einrichtung.

[118] (1) Entgegen der Auffassung der Beklagten kann sie sich bei ihrer Stellenanzeige nicht auf eine zulässige unterschiedliche Behandlung wegen der Religion berufen. Dies gilt selbst dann, wenn man mit ihr davon ausgeht, in § 9 AGG werde die bisherige Rechtslage nicht eingeschränkt.

[119] Nach dem Gesetzesentwurf der Bundesregierung vom 8.6.2006 zu § 9 Abs. 1 AGG (BT-Drs. 16/1780, S. 35) darf grundsätzlich wegen der Religionszugehörigkeit nach den §§ 1 und 7 Abs. 1 AGG keine unterschiedliche Behandlung erfolgen. Die Richtlinie 2000/78/EG ermögliche es aber den Mitgliedstaaten, bereits geltende Rechtsvorschriften und Gepflogenheiten beizubehalten, wonach eine Ungleichbehandlung wegen der Religion oder der Weltanschauung einer Person keine Benachteiligung darstelle, wenn die Religion oder die Weltanschauung einer Person nach der Art der Tätigkeit oder der Umstände ihrer Ausübung angesichts des Ethos der Organisation eine wesentliche und gerechtfertigte berufliche Anforderung darstelle. In der Gesetzesbegründung wird sodann klargestellt, dass von dieser Möglichkeit Gebrauch gemacht werde, und auf Art. 140 GG iVm Art. 136 ff. WRV verwiesen. Hieran schließt sich eine Bezugnahme auf die maßgeblichen Entscheidungen des Bundesverfassungsgerichts vom 16.10.1968, vom 11.10.1977 und vom 4.6.1985 (-1 BvR 241/66- BVerfGE 24, 236 [246 f.], KirchE 10, 181; -2 BvR 209/76- BVerfGE 46, 73, KirchE 16, 189 und -2 BvR 1703/83, 2 BvR 1718/83, 2 BvR 856/84- BVerfGE 70, 138, KirchE 23, 105)

an, die dahingehend zusammengefasst werden, dass nach geltender Rechtsprechung der Kirche die Regelungs- und Verwaltungsbefugnis nach Art. 137 Abs. 3 WRV nicht nur hinsichtlich ihrer körperschaftlichen Organisationen und ihrer Ämter zustehe, sondern auch hinsichtlich ihrer „Vereinigungen, die sich nicht die allseitige, sondern nur die partielle Pflege des religiösen oder weltanschaulichen Lebens ihrer Mitglieder zum Ziel gesetzt haben. Voraussetzung dafür ist aber, dass, der Zweck der Vereinigung gerade auf die Erreichung eines solchen Zieles gerichtet ist. Das gilt ohne weiteres für organisatorisch und institutionell mit Kirchen verbundene Vereinigungen wie kirchliche Orden, deren Daseinszweck eine Intensivierung der gesamtkirchlichen Aufgaben enthält. Es gilt aber auch für andere selbständige oder unselbständige Vereinigungen, wenn und soweit ihr Zweck die Pflege oder Förderung eines religiösen Bekenntnisses oder die Verkündung des Glaubens ihrer Mitglieder ist. Maßstab für das Vorliegen dieser Voraussetzungen kann das Ausmaß der institutionellen Verbindung mit einer Religionsgemeinschaft oder die Art der mit der Vereinigung verfolgten Ziele sein."

[120] Die Gesetzesbegründung spricht danach für die Auffassung der Beklagten, der deutsche Gesetzgeber habe an der geltenden Rechtslage nichts ändern wollen.

[121] (2) Ob es die Auslegung von § 9 Abs. 1 AGG im Lichte von Art. 4 Abs. 2 der Richtlinie 2000/78/EG gebietet, dass die Religion auch unter Beachtung des Selbstverständnisses der Kirche nur dann eine „gerechtfertigte berufliche Anforderung" sein kann, wenn die auszuübende Tätigkeit dem sog. „verkündungsnahen" Bereich zuzurechnen ist (so ArbG Hamburg 4.12.2007 -20 Ca 105/07- AuR 2008, 109; Bauer/Göpfert/Krieger 3. Aufl. § 9 AGG Rn 15; ErfK/Schlachter 11. Aufl. § 9 AGG Rn 3; HK-Wedde 2. Aufl. § 9 AGG Rn 52 ff.; Meinel/Heyn/Herms 2. Aufl. § 9 AGG Rn 19 ff.; Kock, MDR 2006, 1088, 1090; vgl. auch Wendeling-Schröder/Stein § 9 AGG Rn 37 ff.; a.A. Joussen, NZA 2008, 675, 677 ff.; Mohr/von Fürstenberg BB 2008, 2122, 2126; Thüsing/Fink-Jamann/von Hoff, ZfA 2009, 153, 167), kann vorliegend dahinstehen. Bei der Beklagten handelt es sich auch auf Grundlage der bisherigen Rechtsprechung um keine einer Religionsgemeinschaft zugehörige Einrichtung iSd § 9 Abs. 1 AGG.

[122] § 9 Abs. 1 AGG bestimmt u.a., dass ungeachtet des § 8 AGG eine unterschiedliche Behandlung wegen der Religion bei der Beschäftigung durch Religionsgemeinschaften und die ihnen zugeordneten Einrichtungen ohne Rücksicht auf ihre Rechtsform auch zulässig ist, wenn eine bestimmte Religion unter Beachtung des Selbstverständnisses der jeweiligen Religionsgemeinschaft im Hinblick auf ihr Selbstbestimmungsrecht oder nach der Art der Tätigkeit eine gerechtfertigte berufliche Anforderung darstellt. Der Begriff der „zugeordneten Einrichtung" ist Gegenstand der Rechtsprechung des Bundesverfassungsge-

richts zu Art. 140 GG iVm Art 137 Abs. 3 WRV, welche für die bisherige Rechtslage maßgeblich war. Danach kommt die Selbstordnungs- und Selbstverwaltungsgarantie der Kirchen in Art. 140 GG iVm Art. 137 Abs. 3 WRV nicht nur den verfassten Kirchen und deren rechtlich selbständigen Teilen zugute, sondern allen der Kirche in bestimmter Weise zugeordneten Einrichtungen ohne Rücksicht auf ihre Rechtsform, wenn sie nach kirchlichem Selbstverständnis ihrem Zweck oder ihrer Aufgabe entsprechend berufen sind, ein Stück des Auftrags der Kirche wahrzunehmen und zu erfüllen (BVerfG 11.10.1977 -2 BvR 209/76- BVerfGE 46, 73, KirchE 16, 189; BVerfG 4.6.1985 -2 BvR 1703/83, 2 BvR 1718/83, 2 BvR 856/84- BVerfGE 70, 138, KirchE 23, 105). Das gilt ohne weiteres für organisatorisch oder institutionell mit Kirchen verbundene Vereinigungen wie kirchliche Orden, deren Daseinszweck eine Intensivierung der gesamtkirchlichen Aufgaben enthält. Es gilt aber auch für andere selbständige oder unselbständige Vereinigungen, wenn und soweit ihr Zweck die Pflege oder Förderung eines religiösen Bekenntnisses oder die Verkündung des Glaubens ihrer Mitglieder ist. Maßstab für das Vorliegen dieser Voraussetzungen kann das Ausmaß der institutionellen Verbindung mit einer Religionsgemeinschaft oder die Art der mit der Vereinigung verfolgten Ziele sein (BVerfG 11.10.1977 -2 BvR 209/76- BVerfGE 46, 73, KirchE 16, 189).

[123] (3) Unter Anwendung vorstehender Grundsätze handelt es sich bei der Beklagten nicht um eine einer Religionsgemeinschaft zugeordnete Einrichtung iSv § 9 Abs. 1 AGG.

[124] Die Beklagte verwaltet seit 1967 als Körperschaft des öffentlichen Rechts für die an ihr beteiligten Arbeitgeber und Versicherten aus dem kirchlich-diakonischen Bereich Kapitalanlagen. In § 1 des Kirchengesetzes zur Errichtung einer Kirchlichen Zusatzversorgungskasse E vom 21.11.2008 (im Folgenden: KZVKG), welches das Kirchengesetz über die Errichtung einer Kirchlichen Zusatzversorgungskasse Hessen-Pfalz vom 8.12.1966, geändert am 5.11.1970, außer Kraft gesetzt hat, heißt es:

> *[125]* „(1) In Wahrnehmung ihrer sozialen Fürsorge gegenüber ihren privaten und öffentlich-rechtlich beschäftigten Mitarbeiterinnen und Mitarbeitern errichten die Evangelische Landeskirche in Hessen und Nassau und die Evangelische Kirche in der Pfalz (Protestantische Landeskirche) unter dem Namen „Kirchliche Zusatzversorgungskasse Darmstadt" eine Zusatzversorgungskasse für eine zusätzliche Alters- und Hinterbliebenversorgung der privat- und öffentlich-rechtlich beschäftigten Mitarbeiterinnen und Mitarbeiter der Evangelischen Kirche in Hessen und Nassau, ihrer Dekanate, Kirchengemeinden, Kirchlichen Verbände und ihrer Anstalten und Einrichtungen sowie der Evangelischen Kirche der Pfalz (Protestantische Landeskirche), ihrer Kirchenbezirke, Kirchengemeinden, Gesamtkirchengemeinden und ihrer Anstalten und Einrichtungen.
>
> *[126]* (2) Die Zusatzversorgungskasse ist eine rechtsfähige kirchliche Einrichtung. Ihre Satzung wird erlassen von den Kirchenleitungen der beteiligten Kirchen im Einvernehmen

mit den Finanzausschüssen ihrer Kirchensynoden und der Diakonischen Werke. Änderungen der Satzung bedürfen der Zustimmung der gewährleistenden Kirchen unbeschadet der Genehmigung durch die Versicherungsaufsicht."

[127] In § 1 Abs. 1 der Satzung der Beklagten vom 18.4.2002 findet sich demnach der in § 1 KZVKG genannte Zweck wieder, wenn es dort heißt, den privatrechtlich beschäftigten Arbeitnehmern der an die Kasse angeschlossenen kirchlichen und diakonischen Arbeitgeber solle eine zusätzliche Alters-, Berufsunfähigkeits-, Erwerbsminderungs- und Hinterbliebenenversorgung gewährt werden. Auch unter Berücksichtigung der Legaldefinition in § 1 Abs. 1 Satz 1 BetrAVG besteht der Zweck der Beklagten mithin in der Gewährung betrieblicher Altersversorgungsleistungen und damit nicht in der Intensivierung der gesamtkirchlichen Aufgaben, wie dies bei einem Orden der Fall wäre. Der Zweck der Beklagten liegt ebenso wenig in der Pflege oder Förderung eines religiösen Bekenntnisses oder der Verkündung des Glaubens ihrer Mitglieder.

[128] Dem steht nicht entgegen, dass sich die Beklagte selbst als kirchliche Einrichtung begreift. Nach § 2 Abs. 1 der Satzung der Beklagten vom 18.4.2002 handelt es sich bei ihr um eine „kirchliche Einrichtung". § 1 Abs. 2 Satz 1 KZVKG bezeichnet sie ebenfalls als „rechtsfähige kirchliche Einrichtung". § 1 Abs. 2 Satz 2 und 3 KZVKG zeigt die Einflussmöglichkeiten der Kirche und das Ausmaß der organisatorischen Verbundenheit mit der Beklagten. Deren Satzung wird von den Kirchenleitungen der beteiligten Kirchen im Einvernehmen mit den Finanzausschüssen ihrer Kirchensynoden und der Diakonischen Werke erlassen. Auch Änderungen der Satzung bedürfen der Zustimmung der gewährleistenden Kirchen unbeschadet der Genehmigung durch die Versicherungsaufsicht. Diese organisatorische Verbundenheit mit der Ev. Kirche in Hessen und Nassau wird im Übrigen nicht dadurch aufgehoben, dass sich die Beklagte als selbständige Körperschaft des öffentlichen Rechts organisiert hat und dass bei ihrer Verwaltung und in sonstigen Bereichen Laien mitwirken (vgl. hierzu BVerfG 17.2.1981 -2 BvR 384/78- BVerfGE 57, 220 ff. mwN, KirchE 18, 392; BAG 5.12.2007 -7 ABR 72/06- AP BetrVG 1972 § 118 Nr. 82, KirchE 50, 381).

[129] Allein diese organisatorische Verbundenheit lässt aber im vorliegenden Fall keinen Schluss auf die Teilhabe an der Pflege oder Förderung eines religiösen Bekenntnisses oder die Verkündung des Glaubens zu. Denn nach ihrer Satzung stellt sich die Beklagte nicht als Einrichtung der Wesens- und Lebensäußerung der Kirche dar. Die Kammer verkennt dabei nicht, dass es grundsätzlich den verfassten Kirchen selbst überlassen bleibt, verbindlich zu bestimmen, was die Glaubwürdigkeit der Kirche und ihrer Verkündigung erfordert. Die Frage, ob die Beklagte nach kirchlichem Selbstverständnis ihrem Zweck oder ihrer Aufgabe entsprechend berufen ist, ein Stück des Auftrags der

Kirche wahrzunehmen und zu erfüllen, ist indes einer rechtlichen Kontrolle durch die staatlichen Gerichte zugänglich. Grundlage für die Beurteilung der Zuordnung ist die in den Statuten festgeschriebene Zweckbestimmung und die Struktur der Einrichtung (vgl. BVerfG 25.3.1980 -2 BvR 208/76- BVerfGE 53, 366 [394], KirchE 18, 69; BAG 5.12.2007 -7 ABR 72/06- AP BetrVG 1972 § 118 Nr. 82, KirchE 50, 381).

[130] Nach ihrer Satzung besteht der Zweck der Einrichtung in der Gewährung betrieblicher Altersversorgungsleistungen. § 1 KZVKG spricht bezüglich des Errichtungsaktes der Beklagten allerdings von der Wahrnehmung sozialer Fürsorge gegenüber ihren privaten und öffentlich-rechtlich beschäftigten Mitarbeiterinnen und Mitarbeitern. Nach § 1 Abs. 1 ihrer Satzung handelt es sich zudem um keine im Wettbewerb stehende Einrichtung. § 53 Abs. 1 der Satzung bestimmt, dass das Kassenvermögen ausschließlich zur Deckung der satzungsmäßigen Leistungen und der Verwaltungskosten der Kasse dient. Hieraus folgt bei einer Gesamtbetrachtung jedoch nicht, dass es sich bei der Beklagten um eine einer Religionsgemeinschaft zugehörige Einrichtung handelt.

[131] Für die Kammer ist hierbei zunächst der Grad der Übereinstimmung des Zwecks der Beklagten mit dem Auftrag der Kirche entscheidend. Nach dem Grundartikel der Ordnung der Evangelischen Kirche in Hessen und Nassau vom 17.3.1949 (im Folgenden: KO a.F.), die in der zuletzt geänderten Fassung vom 25.11.2006 bis 30.4.2010 galt, steht die Evangelische Kirche in Hessen und Nassau in der Einheit der einen heiligen allgemeinen und apostolischen Kirche Jesu Christi, die überall dort ist, wo das Wort Gottes lauter verkündigt wird und die Sakramente recht verwaltet werden. Nach Art. 2 Abs. 1 Satz 2 KO a.F. ist die Gemeinde dafür verantwortlich, dass das Evangelium in ihrer Mitte gemäß dem Grundartikel recht verkündigt wird und in allen ihren Lebenskreisen Gehör und Gehorsam finden kann. Über ihre eigenen Grenzen hinaus weckt sie die Verantwortung für das Zusammenleben der Menschen in Familie, Beruf und öffentlichem Leben. Zusammen mit den anderen Gemeinden ist sie berufen zum missionarischen Dienst für die Welt und zur Stärkung der ökumenischen Gemeinschaft der Christenheit. Die Kirchengemeinde hat die für diese Aufgaben erforderlichen Dienste zu ordnen, insbesondere den Dienst der Wortverkündigung und Sakramentsverwaltung, der Seelsorge und Zucht, der Unterweisung, der Liebestätigkeit, der Leistung und Verwaltung. Darüber hinaus unterstützt und fördert sie die übergemeindlichen Dienste und Einrichtungen, durch die die Gemeindemitglieder für ihre Aufgabe an der Welt und ihr Zeugnis an der Gesellschaft aufgerüstet werden, Art. 2 Abs. 3 KO a.F. In der Ordnung des kirchlichen Lebens der Ev. Kirche in Hessen und Nassau wird zu diakonischem Handeln ausgeführt:

[133] „Ein wesentliches Kennzeichen der christlichen Gemeinde ist die Diakonie...

[134] Die Verkündigung des Wortes Gottes und diakonisches Handeln sind untrennbare Bestandteile der biblischen Versöhnungsbotschaft. Die Botschaft von der Liebe Gottes öffnet die Augen für offene und versteckte Not in der Gesellschaft und in der Welt. Deswegen haben Gemeinde und Kirche die Aufgabe, Menschen in Not, Behinderten und Kranken, Flüchtlingen, Arbeitslosen, und Benachteiligten Hilfe und Unterstützung anzubieten...“

[135] Das Kirchengesetz über die Diakonie in der Ev. Kirche in Hessen und Nassau vom 27.3.1988, in der Fassung vom 29.4.2001 enthält auszugsweise die folgenden Bestimmungen:

> *[136]* „§ 1. Auftrag zur Diakonie.
> Diakonie ist eine Lebens- und Wesensäußerung der Kirche Jesu Christi. Sie hat den Auftrag Gottes Liebe allen Menschen zu bezeugen. Diakonische Arbeit unterstützt Menschen in leiblicher Not, seelischer Bedrängnis und in sozial ungerechten Verhältnissen. Sie ist angewiesen auf soziales Engagement und richtet sich an Einzelne und Gruppen ungeachtet des Geschlechts, der Abstammung, der Herkunft, der Religion oder der Zugehörigkeit zu Minderheiten. Diakonie arbeitet mit an der Überwindung von Armut, Benachteiligung und Ungerechtigkeit.
> § 2. Diakonie in der Kirche.
> (1) Diakonie wird in der Evangelischen Kirche in Hessen und Nassau in allen Bereich ihres Wirkens durch Einzelpersonen, Kirchengemeinden und Gemeindegruppen, Dekanate, kirchliche Verbände und Gesamtkirche erfüllt“.

[139] Eine bedeutsame Wesens- und Lebensäußerung der Kirche ist danach das karitativ-diakonische Wirken, d.h. wohltätig, helfendes Handeln gegenüber allen Menschen in körperlicher, seelischer oder sozialer Not. Der Zweck der Beklagten wird dem trotz einer der betrieblichen Altersversorgung stets innewohnenden sozialen Komponente nicht gerecht. Der Umstand, dass die Beklagte ausschließlich kirchlichen und diakonischen Arbeitgebern offen steht, nicht mit anderen Einrichtungen im Wettbewerb steht und das Kassenvermögen ausschließlich zur Deckung der satzungsmäßigen Leistungen und der Verwaltungskosten der Kasse dient, steht dieser Annahme nicht entgegen.

[140] Dass die Beklagte nicht im Wettbewerb mit anderen Einrichtungen steht, schließt ein wirtschaftliches Tätigwerden nicht aus, wie § 54 der Satzung zeigt. Danach ist das Kassenvermögen nach den Grundsätzen des § 54 VAG so anzulegen, dass möglichst große Sicherheit und Rentabilität bei jederzeitiger Liquidität und angemessener Mischung und Streuung erreicht werden. Eine Vorgabe, in sozial engagierte Projekte zu investieren und bestimmte Kapitalanlagen zu meiden, enthält die Satzung nicht. § 1 Abs. 2 Satz 3 der Satzung berechtigt die Beklagte zudem, im Rahmen ihrer satzungsgemäßen Tätigkeit Unter-

nehmen zu gründen oder sich an Unternehmen zu beteiligen. Der Umstand, dass die Beklagte nicht in Konkurrenz zu anderen Versorgungskassen steht, spricht ebenfalls nicht dagegen, dass es sich bei ihr um keine Einrichtung zur Pflege oder Förderung eines religiösen Bekenntnisses oder der Verkündigung des Glaubens ihrer Mitglieder handelt. Auch Satzungen der Zusatzversorgungskassen des öffentlichen Dienstes enthalten inhaltsgleiche Bestimmungen (vgl. nur § 2 Abs. 2 der Satzung der Versorgungsanstalt des Bundes und der Länder; § 2 Abs. 1 Satzung der Kommunalen Zusatzversorgungskasse Westfalen-Lippe; § 1 Abs. 1 Satzung der Zusatzversorgungskasse Thüringen). In der Beschränkung des Zugangs zu der beklagten Zusatzversorgungskasse auf kirchliche und diakonische Arbeitgeber liegt keine Wesens- oder Lebensäußerung der Kirche. Auch private Arbeitgeber haben die Wahl, selbst eine Pensionskasse zu gründen, die dann ebenfalls nicht in Wettbewerb steht, oder einer ggf. nach Industriezweigen differenzierenden oder allen Arbeitgebern offen stehenden Pensionskasse beizutreten.

[141] Die Kammer verkennt schließlich nicht, dass eine von der Verfassung anerkannte, dem kirchlichen Selbstverständnis entsprechende Aufgabe und Funktion nicht dadurch beeinflusst wird, dass andere Einrichtungen, anders ausgerichtete Träger ähnliche Zwecke verfolgen, rein äußerlich gesehen, „Gleiches" erzielen wollen, aus kirchlicher Sicht aber nur einer begrenzten Aufgabe ohne religiöse Dimension dienen (BVerfG 25.3.1980 -2 BvR 208/76- BVerfGE 53, 366, KirchE 18, 69).

[142] Die Situation der Beklagten stellt sich jedoch anders dar als die einer kirchlich getragenen Einrichtung im sozial-karitativen oder diakonischen Bereich, z.B. eines kirchlichen Krankenhauses. Bei einem kirchlichen Krankenhaus ist bei einer äußeren Betrachtungsweise die dem kirchlichen Selbstverständnis entsprechende Aufgabe und Funktion zwar deckungsgleich mit dem Anliegen eines privaten Krankenhauses. In beiden Einrichtungen steht die Heilbehandlung des Patienten im Vordergrund. Im Unterschied zu der Beklagten liegt der Zweck eines kirchlichen Krankenhauses jedoch gerade in einem karitativen Wirken, das Wesens- und Lebensäußerung der Kirche selbst ist. Der von der Beklagten hier verfolgte Zweck der Erbringung betrieblicher Altersversorgungsleistungen kann im Gegensatz dazu nicht unmittelbar als Ausdruck sozial-karitativen oder diakonischen Wirkens verstanden werden, auch wenn § 1 KZVKG den Errichtungsakt der Beklagten als Wahrnehmung sozialer Fürsorge gegenüber ihren privaten und öffentlich-rechtlich beschäftigten Mitarbeiterinnen und Mitarbeitern bezeichnet. Es fehlen Anhaltspunkte dafür, dass es sich bei der Gewährung betrieblicher Altersversorgungsleistungen im Gegensatz zu dem Handeln eines privaten Arbeitgebers gerade um eine Wesens- und Lebensäußerung der Kirche handelt. Die Gewährung betrieblicher Altersversor-

gungsleistungen ist zwar von hoher sozialpolitischer Bedeutung. Sie schafft allerdings auch Anreize für Arbeitnehmer, sich langfristig an ihren Arbeitgeber zu binden. Die Gewährung betrieblicher Altersversorgungsleisten dient dazu, in Erwartung weiterer Betriebstreue längere Betriebszugehörigkeiten anzuerkennen. Sie ist letztlich auch Gegenleistung dafür, dass der Arbeitnehmer seine Arbeitsleistung während seines ganzen oder eines erheblichen Teiles seines Berufslebens in die Dienste des Arbeitgebers gestellt hat, der ihm eine Betriebsrente zugesagt hat (BAG 10.3.1972 -3 AZR 278/71- AP BGB § 242 Nr. 156 Ruhegehalt). Damit ist die Gewährung betrieblicher Altersversorgungsleistungen nicht gleichzusetzen mit sozial-karitativem oder diakonischem Wirken der Kirchen. Die gesetzliche und private Vorsorge der Mitarbeiter der ihr angeschlossenen kirchlichen und diakonischen Arbeitgeber wird durch die Beklagte ergänzt. Die Beklagte bietet mithin eine Dienstleistung an, welche die Verweildauer der Mitarbeiter in dem Arbeitsverhältnis mit ihren kirchlichen und diakonischen Arbeitgebern beeinflussen soll. Sie stellt sich für die betroffenen Mitarbeiter als eine Belohnung für die von ihnen gezeigte Betriebstreue dar. Die an die Beklagte angeschlossenen kirchlichen und diakonischen Arbeitgeber mögen durch das Angebot betrieblicher Altersversorgungsleistungen einen Beitrag zur motivierten Arbeit ihrer Mitarbeiter leisten, die ihrerseits eine Wesens- und Lebensäußerung der Kirche darstellen kann. Damit wirkt sich das Handeln der Beklagten, nämlich die Gewährung betrieblicher Altersversorgungsleistungen, aber allenfalls mittelbar auf die Wahrnehmung eines Stücks des Auftrags der Kirche aus. Ihr Betätigungsfeld ist vergleichbar mit der Mittelbeschaffung, die den Kirchen ihr Wirken überhaupt erst ermöglichen soll. Bei einem solchen von der Kirche getragenen verselbständigten Dienstleistungsbereich handelt es sich nach Auffassung der Kammer aber um keine Einrichtung iSd. § 9 Abs. 1 AGG (vgl. zum umstrittenen Begriff der zugeordneten Einrichtung bei Dienstleistung und wirtschaftlicher Betätigung auch Wendeling-Schröder/Stein § 9 AGG Rn 18; Schiek/Schmidt § 9 AGG Rn 17; MünchKommBGB/Thüsing 5. Aufl. § 9 AGG Rn 18; Thüsing, S. 44).

[143] dd) Der Kläger kann nach § 15 Abs. 2 Satz 1 AGG eine Entschädigung von 2.500,- € verlangen. Dies ist der Höhe nach angemessen, weil kein schwerwiegender Fall einer Benachteiligung vorliegt.

[144] a) Nach § 15 Abs. 2 Satz 2 AGG darf die Entschädigung bei einer Nichteinstellung drei Monatsgehälter nicht übersteigen, wenn der oder die Beschäftigte auch bei benachteiligungsfreier Auswahl nicht eingestellt worden wäre. In diesem Fall ist vom Gericht zunächst die Höhe einer angemessenen und der Höhe nach nicht begrenzten Entschädigung zu ermitteln und diese dann, wenn sie drei Monatsentgelte übersteigen sollte, zu kappen *(*BAG 19.8.2010 - 8 AZR 530/09- EzA AGG § 15 Nr. 10*)*.

[145] Bei der Festsetzung einer angemessenen Entschädigung sind alle Umstände des Einzelfalles zu berücksichtigen. Zu diesen zählen etwa die Schwere und Art der Benachteiligung, ihre Dauer und Folgen, der Anlass und der Beweggrund des Handelns, der Grad der Verantwortlichkeit des Arbeitgebers, etwa geleistete Wiedergutmachung oder erhaltene Genugtuung und das Vorliegen eines Wiederholungsfalles. Ferner ist der Sanktionszweck der Norm zu berücksichtigen, so dass die Höhe auch danach zu bemessen ist, was zur Erzielung einer abschreckenden Wirkung erforderlich ist. Der Arbeitgeber soll von künftigen Diskriminierungen abgehalten werden, wobei die Entschädigung in einem angemessenen Verhältnis zum erlittenen Schaden stehen muss (BAG 19.8.2010 -8 AZR 530/09- EzA AGG § 15 Nr. 10; BAG 18.3.2010 -8 AZR 1044/08- AP AGG § 15 Nr. 3; BAG 22.1.2009 -8 AZR 906/07- AP AGG § 15 Nr. 1).

[146] b) Unter Anwendung vorstehender Grundsätze ist eine Entschädigung in Höhe von 2.500,-€, mithin unterhalb des vom Kläger vermuteten Bruttomonatsgehalts, angemessen. Die Schwere des Verstoßes der Beklagten ist zunächst als gering einzustufen: Die Stellenanzeige richtete sich nicht gegen die Person des Klägers als solche, sondern betraf ihn ebenso wie andere, keiner christlichen Kirche angehörige Bewerber. Der Beweggrund für die Stellenausschreibung der Beklagten liegt darin, dass sie sich den „Richtlinien über das Erfordernis der Kirchenzugehörigkeit bei der Einstellung von Mitarbeiterinnen und Mitarbeitern" vom 26.3.1995, die von der Kirchensynode der Ev. Kirche in Hessen und Nassau beschlossen wurden, verpflichtet sieht. Nach § 1 dieser Richtlinien hat sie sich zunächst um Bewerber zu bemühen, welche Mitglieder einer der dort genannten Kirchen sind. Die Beklagte kam danach den aus ihrer Sicht für sie verbindlichen Regelungen nach. Zu berücksichtigen ist auch, dass die Frage umstritten ist, ob es die Auslegung von § 9 Abs. 1 AGG im Lichte von Art. 4 Abs. 2 der Richtlinie 2000/78/EG gebietet, dass die Religion auch unter Beachtung des Selbstverständnisses der Kirche nur dann eine „gerechtfertigte berufliche Anforderung" sein kann, wenn die auszuübende Tätigkeit dem sog. „verkündungsnahen" Bereich zuzurechnen ist. Anders als ein Arbeitgeber, der beispielsweise eine beiden Geschlechtern zugängliche Stelle nur für Frauen oder Männer ausschreibt und offensichtlich gegen das AGG verstößt, musste sich die Beklagte im Gegensatz hierzu lediglich darüber bewusst sein, dass sie sich mit ihrer Vorgehensweise wegen der noch nicht abschließend geklärten Rechtfragen in einem juristischen Grenzbereich bewegt. Die von ihr zu leistende Entschädigungsleistung darf allerdings nicht nur symbolischer Natur sein, da auch dem Sanktionszweck in § 15 Abs. 2 AGG Rechnung getragen werden muss.

3

1) § 21 Satz 3 StVollzG sieht nur ein Recht auf Selbstverpflegung vor, wenn ein Gefangener einer Religionsgemeinschaft mit besonderen Speisegeboten angehört und diese im Rahmen der Anstaltsverpflegung nicht berücksichtigt werden; dagegen enthält die Norm keine Verpflichtung der Anstalt, dem Gefangenen entsprechende Speisen auch zu beschaffen.
2) Gegen die Regelung des § 21 Satz 3 StVollzG bestehen keine durchgreifenden verfassungsrechtlichen Bedenken.
3) Ein Anspruch auf das Angebot von geschächtetem Fleisch im Rahmen der Anstaltsverpflegung besteht nicht.

Art./§ 4 Abs. 2, 21 StVollzG
KG Berlin, Beschluss vom 14. Juli 2011 -2 Ws 248/11 Vollz-[1]

Der Beschwerdeführer befand sich in der Justizvollzugsanstalt Tegel zunächst in Strafhaft. Seit dem 25.5.2010 wird dort gegen ihn die Sicherungsverwahrung vollzogen. Mit Schreiben vom 8.11.2010 teilte er dem Antragsgegner mit, dass es für ihn als muslimischen Sicherungsverwahrten kein Essensangebot gebe, das den religiösen Speisevorschriften entspreche, und beantragte die Auszahlung seines „Verkostungsgeldes“ zwecks Selbstverpflegung mit den nach dem Islam erlaubten Lebensmitteln (sog. Halal-Kost). Der Antragsgegner lehnte dies am 11.10.2010 mündlich ab und verwies auf die strikte Trennung von Haus- und Eigengeld.

Mit dem Antrag auf gerichtliche Entscheidung (§§ 109 Abs. 1, 130 StVollzG) begehrte der Beschwerdeführer, den Leiter der Justizvollzugsanstalt Tegel zu verpflichten, ihm eine seiner religiösen Überzeugung entsprechende Verpflegung zur Verfügung zu stellen, hilfsweise ihm sein „Verpflegungsgeld“ zum Zwecke der Selbstverpflegung auszuzahlen. Zur Begründung seines Antrags trug er vor, die Versorgung mit entsprechenden Speisen oder den hierfür erforderlichen finanziellen Mitteln sei aus religiösen Gründen zwingend erforderlich, zumal er zur Zeit über kein Einkommen und kein Taschengeld verfüge und als Sicherungsverwahrter nicht wie ein normaler Strafgefangener zu behandeln sei.

Mit dem angefochtenen Beschluss hat die Strafvollstreckungskammer den Antrag auf gerichtliche Entscheidung als unbegründet zurückgewiesen.

Mit seiner Rechtsbeschwerde rügt der Beschwerdeführer die Verletzung materiellen Rechts und beantragt, die Sache unter Aufhebung des angefochtenen Beschlusses zu erneuter Entscheidung an eine andere Strafvollstreckungskam-

1 Amtl. Leitsätze. BeckRS 2013, 00230; *juris*; FS 2013, 57 (LS).

mer zurückzuverweisen, hilfsweise, in der Sache selbst zu entscheiden. Der Beschwerdeführer macht geltend, die angefochtene Entscheidung verletze ihn in seinen Grundrechten und grundrechtsgleichen Rechten aus Art. 2 Abs. 1 iVm Art. 1 Abs. 1, Art. 3, Art. 19 Abs. 4, Art. 20 Abs. 3, Art. 103 Abs. 1 sowie Art. 104 Abs. 1 GG und lasse die Entscheidung des Bundesverfassungsgerichts vom 4.5.2011 -2 BvR 2333/08 u.a.- unberücksichtigt.

Der Senat verwirft die Rechtsbeschwerde als unzulässig.

Aus den Gründen:

[5] Die form- und fristgerecht eingelegte Rechtsbeschwerde (§§ 118, 130 StVollzG) ist unzulässig. Sie hat mit der allein erhobenen Sachrüge keinen Erfolg, da sie nicht die besonderen Zulässigkeitsvoraussetzungen des § 116 Abs. 1 StVollzG erfüllt. Es ist nicht geboten, das Rechtsmittel zur Fortbildung des Rechts oder zur Sicherung einer einheitlichen Rechtsprechung zuzulassen.

[6] 1. Zur Fortbildung des Rechts wäre die Rechtsbeschwerde zulässig, wenn der Einzelfall Anlass gäbe, Leitsätze für die Auslegung gesetzlicher Vorschriften des materiellen oder formellen Rechts aufzustellen oder Gesetzeslücken rechtsschöpferisch auszufüllen (vgl. BGHSt 24, 15 [21]; KG, Beschluss vom 27.12.2010 -2 Ws 636/10 Vollz-; Calliess/Müller-Dietz, StVollzG 11. Aufl., § 116 Rn 2 mwN). Derartige klärungsbedürftige Rechtsfragen deckt die Nachprüfung der angefochtenen Entscheidung nicht auf.

[7] Nach § 21 Satz 3 StVollzG hat die Justizvollzugsanstalt dem Gefangenen (oder Verwahrten, § 130 StVollzG) zu ermöglichen, Speisevorschriften seiner Religionsgemeinschaft zu befolgen. Es ist obergerichtlich geklärt, dass § 21 Satz 3 StVollzG nur ein Recht auf Selbstverpflegung vorsieht, wenn ein Gefangener einer Religionsgemeinschaft mit besonderen Speisegeboten angehört und diese im Rahmen der Anstaltsverpflegung nicht berücksichtigt werden; dagegen enthält die Norm keine Verpflichtung der Anstalt, dem Gefangenen entsprechende Speisen auch zu beschaffen (vgl. OLG Koblenz ZfStrVo 1995, 111, KirchE 31, 519; OLG Hamm NStZ 1984, 190, KirchE 21, 335; OLG Karlsruhe Justiz 1979, 108; OLG Stuttgart, Beschluss vom 27.1.1997 -4 VAs 23/96- *juris*; Calliess/Müller-Dietz, StVollzG 11. Aufl., § 21 Rn 5; Arloth, StVollzG 3. Aufl., § 21 Rn 3; vgl. auch LG Straubing ZfStrVo 1979, 124). Dies entspricht auch dem Willen des Gesetzgebers (vgl. BT-Drs. 7/3998, S. 13). Gegen die Regelung des § 21 Satz 3 StVollzG bestehen keine durchgreifenden verfassungsrechtlichen Bedenken. Der Anspruch auf Achtung der Glaubens-, Gewissens- und Bekenntnisfreiheit nach Art. 4 GG ist nämlich, worauf auch der nach Art. 140 GG als Bestandteil des Grundgesetzes fortgeltende Art. 136 der Weimarer Reichsverfassung hinweist, ein Abwehr-

recht des Einzelnen gegenüber dem Staat; dieser ist dem Grundsatz nach nicht verpflichtet, dem Einzelnen die faktische Möglichkeit der Religionsausübung - wozu auch die Befolgung religiöser Speisevorschriften gehört - aktiv zu verschaffen (vgl. OLG Hamm NStZ 1984, 190, KirchE 21, 335). Auch der Gesichtspunkt, dass manche Gefangene nicht über genügend Eigenmittel verfügen, kann schon im Hinblick auf die gebotene weltanschauliche Neutralität des Staates nicht dazu führen, die Anstalt zur Herstellung und Ausgabe entsprechender Speisen zu verpflichten (vgl. Calliess/Müller-Dietz, § 21 StVollzG Rn 5). Im Übrigen sieht Nr. 1 Abs. 3 der VV zu § 21 StVollzG vor, dass bei einem Gefangenen, der religiösen Speisegeboten unterliegt, auf Antrag Bestandteile der Anstaltsverpflegung, die er nicht verzehren darf, gegen andere Nahrungsmittel ausgetauscht werden sollen.

[8] 2. Auch die Einheitlichkeit der Rechtsprechung ist nicht gefährdet. Die Strafvollstreckungskammer hat die dargelegten Rechtsgrundsätze beachtet und ist rechtsfehlerfrei zu dem Ergebnis gelangt, dass die ablehnende Entscheidung des Antragsgegners nicht zu beanstanden, insbesondere mit § 21 Satz 3 StVollzG und der hierzu ergangenen obergerichtlichen Rechtsprechung zu vereinbaren ist.

[9] Danach war die Justizvollzugsanstalt Tegel entgegen dem Beschwerdevorbringen nicht gehalten, dem Beschwerdeführer eine Verpflegung zu beschaffen, die sämtlichen in Betracht kommenden Speisegeboten des Islam entspricht. Die Strafvollstreckungskammer hat es vielmehr zu Recht als ausreichend angesehen, dass die Justizvollzugsanstalt Tegel - der Regelung in Nr. 1 Abs. 3 der VV zu § 21 StVollzG entsprechend - eine sogenannte „moslemische Kost“ anbietet, bei der sämtliche Schweinefleischprodukte durch andere Fleischsorten ersetzt, Milchprodukte ohne Gelatine ausgewählt und Soßen ohne Verwendung von Schweinefleischfond hergestellt werden, und vegetarische Kost zur Verfügung stellt. Damit hat die Justizvollzugsanstalt dem Anspruch des Beschwerdeführers auf Achtung seiner Glaubens-, Gewissens- und Bekenntnisfreiheit sogar über die Erfordernisse des § 21 Satz 3 StVollzG hinaus Rechnung getragen. Zusätzlich hat der Beschwerdeführer die Möglichkeit, durch Vermittlung der Anstalt bei zwei auf muslimische Ernährungsgewohnheiten spezialisierten Lieferanten mit einer breiten Angebotspalette Lebensmittel - insbesondere verschiedene Fleisch- und Wurstsorten - einzukaufen, die nach islamischen Regeln „halal“ (erlaubt) sind. Danach hat die Justizvollzugsanstalt Tegel es dem Beschwerdeführer ermöglicht, die Speisevorschriften seiner Religionsgemeinschaft zu befolgen.

[10] Ein Anspruch auf das Angebot von geschächtetem Fleisch im Rahmen der Anstaltsverpflegung wird selbst von der im Schrifttum teilweise (abweichend von der obergerichtlichen Rechtsprechung) vertretenen Auffassung, die

einen Anspruch des Gefangenen auf die Verschaffung einer seinen religiösen Speisegeboten nicht widersprechenden Verpflegung durch die Anstalt bejaht (vgl. Fröhmcke, Muslime im Strafvollzug, S. 137 ff.), nicht angenommen, da im Islam keine religiöse Pflicht existiert, Fleisch zu essen (vgl. Fröhmcke, aaO, S. 147 ff.).

[11] Soweit der Beschwerdeführer im Übrigen pauschal geltend macht, die sogenannte „Moslemkost" entspreche nicht den Vorgaben des Korans, ist dies auch deshalb unerheblich, weil es einheitliche islamische Speisevorschriften nicht gibt, die Vorschriften des Korans von den jeweiligen islamischen Autoritäten vielmehr unterschiedlich ausgelegt werden, und die Justizvollzugsanstalt Tegel im Rahmen einer Gemeinschaftsverpflegung naturgemäß nicht sämtlichen individuellen Wünschen und Bedürfnissen an die Speisen Rechnung tragen kann (vgl. OLG Hamm NStZ 1984, 190, KirchE 21, 335).

[12] Die von dem Beschwerdeführer vorgetragenen gesundheitlichen Probleme stehen schon nach seinem eigenen Vortrag in keinem erkennbaren Zusammenhang mit der beanstandeten Ernährung.

[13] Da der Beschwerdeführer keinen Anspruch auf Beschaffung der den Speisegeboten des Islam entsprechenden Verpflegung hat, hat er auch keinen Anspruch auf die Auszahlung eines „Verpflegungsgeldes". Er hat vielmehr nur die Möglichkeit, sich von seinem Hausgeld (§ 47 StVollzG) oder von seinem Taschengeld (§ 46 StVollzG) die gewünschten Lebensmittel aus dem von der Anstalt vermittelten Angebot zu kaufen (§ 22 Abs. 1, Abs. 2 StVollzG). Ferner darf er, sofern er ohne eigenes Verschulden nicht über Haus- oder Taschengeld verfügt, sein Eigengeld (§ 52 StVollzG) in angemessenem Umfang für den Einkauf in Anspruch nehmen (§ 22 Abs. 3 StVollzG). Ob der Beschwerdeführer die Inanspruchnahme von Eigengeld begehrt und inwieweit die Voraussetzungen hierfür vorliegen, geht aus seinem unsubstantiierten Vorbringen nicht hervor. Der wiederholte Erwerb von Lebensmitteln über den Gefangeneneinkauf lässt jedenfalls darauf schließen, dass der Beschwerdeführer nicht völlig mittellos ist.

[14] Die in der Beschwerdebegründung zitierte Entscheidung des Bundesverfassungsgerichts vom 4.5.2011 (-2 BvR 2333/08 u.a.-) betrifft die Verfassungswidrigkeit bestimmter Regelungen zur Sicherungsverwahrung und lässt einen Zusammenhang mit dem hiesigen Streitgegenstand nicht erkennen.

4

Einem Industriegebiet ist als Hauptzweck nach § 9 Abs. 1 BauNVO die Unterbringung erheblich belästigender und erheblich störender Betriebe vorbehalten. Angesichts dieses Gebietscharakters können die in § 9 Abs. 3 BauNVO bezeichneten Nutzungsarten nur dann ohne weiteres gebietsverträglich sein,

wenn sie nicht störempfindlich sind und mit dem Hauptzweck des Industriegebiets nicht in Konflikt geraten können. Diese Voraussetzungen erfüllt eine Kirche mit Krypta bei typisierender Betrachtung nicht.
Eine Befreiung nach § 31 Abs. 2 BauGB setzt jedenfalls voraus, dass das Vorhaben Grundzüge der Planung nicht berührt. Zu den Gründen des Wohls der Allgemeinheit, die eine Befreiung rechtfertigen, gehören auch die in den Glaubensvorstellungen wurzelnden Belange einer privatrechtlich organisierten Kirchgemeinde, wenn diese eine nicht unbedeutende Zahl von Mitgliedern hat. Derartige Gemeinwohlgründe erfordern eine Befreiung, wenn es zur Wahrnehmung des Interesses vernünftigerweise geboten ist, das Vorhaben mit Hilfe der Befreiung an der vorgesehenen Stelle zu verwirklichen; maßgebend sind nicht (wie bei der Gebietsverträglichkeit) abstrakt-typisierende Aspekte, sondern die konkreten Umstände des Einzelfalls (hier verneint für Kirche mit Krypta).

Art./§§ 4 Abs. 1 u. 2, 140 GG, 137 Abs. 3 WRV,
29 Abs. 1, 31 Abs. 1 u. 2 BauGB, 9 Abs. 1 u. 3 BauNVO
VGH Baden-Württemberg, Urteil vom 20 Juli 2011 -3 S 465/11-[1]

Die Klägerin ist eine als eingetragener Verein organisierte Pfarrgemeinde der Syrisch-Orthodoxen Kirche von Antiochien. Sie begehrt eine Genehmigung zum Umbau und zur Nutzungsänderung eines in ihrer Kirche befindlichen Abstellraums in eine Begräbnisstätte (Krypta) für 10 Gemeindepriester.

Im April 1994 beantragte die Klägerin die Genehmigung zum Bau einer Kirche (mit Priester- und Hausmeisterwohnung, Sakristei) mit einem Gemeindezentrum sowie einem „Mausoleum" im Untergeschoss (Krypta mit 10 Begräbnisplätzen) und einem Gemeindezentrum. Der Gemeinderat der Beigeladenen zu 1) stimmte am 19.4.1994 der Kirche und dem Gemeindezentrum zu; das Einvernehmen zum Bau des - nach Lage, Größe und Ausstattung mit der streitgegenständlichen Krypta identischen - Mausoleums wurde in dieser Sitzung und erneut am 22.9.1994 versagt. Die Beklagte erteilte am 4.11.1994 die Baugenehmigung für die Kirche mit Gemeindezentrum; die Genehmigung für das Mausoleum lehnte sie unter Hinweis auf das versagte Einvernehmen der Beigeladenen zu 1) ab. Die Klägerin erhob Widerspruch gegen die Ablehnung. Nach Hinweis des Regierungspräsidiums, dass die Nutzung als Krypta aufgrund der Blauein-

1 BeckRS 2011, 53591; *juris*. Die auf §§ 132 Abs. 2 Nr. 1 u. 3, 133 VwGO gestützte Nichtzulassungsbeschwerde der Klägerin wurde zurückgewiesen; BVerwG, Beschluss vom 27.6.2013 -4 B 43/11- BauR 2013, 1650.

träge des Architekten gar nicht beantragt sei, hob die Beklagte mit Bescheid vom 14.3.1995 den ablehnenden Teil des Genehmigungsbescheides auf. Die Kirche wurde im Anschluss alsbald errichtet und wird seither als solche genutzt; 1997 wurden kleinere Umnutzungen und Anbauten auf der Westseite genehmigt.

Im Juli 2005 beantragte die Klägerin, die Nutzungsänderung des Abstellraums im Untergeschoss der Kirchenostseite durch Einbau einer Krypta als „privaten Bestattungsplatz ausdrücklich ausschließlich für verstorbene Geistliche“ ihrer Kirche zu genehmigen. Das Vorhaben ist mit der ursprünglichen Planung von 1994 identisch. Vorgesehen ist der Einbau von 10 Grabkammern in Wandnischen, die nach Beisetzung durch dicht verfugte Stahlbetonplatten zur Raumseite hin verschlossen und mit beschrifteten Marmorverkleidungen versehen werden sollen. Die Krypta soll nur von außen über eine auf ihrer Nordseite vorhandene Treppe zugänglich sein. Im Freiraum vor den Sarkophagen sollen zu bestimmten Zeiten Gedenkgebete für die Verstorbenen gesprochen werden. Die Be- und Entlüftung des Innenraums soll durch 3 bereits vorhandene Drehkippfenster sowie zusätzlich über das Dach erfolgen. Zum Beleg der kirchenrechtlichen Erforderlichkeit einer solchen Priesterbegräbnisstätte legte die Klägerin Stellungnahmen eines Theologen, eines Kunsthistorikers und eines Kirchenrechtlers vor. Das Gesundheitsamt beim Landratsamt H. stimmte der Krypta aus hygienischer Sicht unter Auflagen zu. Der Gemeinderat der Beigeladenen zu 1) versagte am 17.10.2005 erneut sein Einvernehmen in bau- und zugleich in bestattungsrechtlicher Hinsicht (§ 9 BestattG). Die Beklagte lehnte den Bauantrag mit Bescheid vom 6.3.2006 wegen des fehlenden Einvernehmens ab, der hiergegen gerichtete Widerspruch der Klägerin blieb ohne Erfolg.

Mit Urteil vom 15.4.2008 (-5 K 2146/06- BeckRS 2011, 46825) verpflichtete das VG Stuttgart die Beklagte unter Aufhebung der ablehnenden Bescheide, über den Antrag der Klägerin unter Beachtung der Rechtsauffassung des Gerichts erneut zu entscheiden. Im Übrigen wies es die Klage ab: Die vorgesehene Bestattungsart entspreche althergebrachter Tradition der Syrisch-Orthodoxen Kirche. Eine Ausnahme sei nicht schon deswegen unzulässig, weil die Krypta im Industriegebiet gebietsunverträglich sei. Denn die genehmigte Kirche präge das Industriegebiet bereits mit. Eine über den bisherigen Bestand hinausgehende Unverträglichkeit mit dem Baugebietscharakter werde durch die Umnutzung im Kircheninneren nicht hervorgerufen.

Gegen dieses Urteil legten - jeweils gegen den sie beschwerenden Teil - die Klägerin einerseits und die Beklagte und die Beigeladene zu 1) andererseits Berufung ein. Das OVG Baden-Württemberg hat mit Urteil vom 9.11.2009 (-3 S 2679/08- BeckRS 2009, 41275) die erstinstanzliche Entscheidung geändert und die Klage insgesamt unter Zurückweisung der Berufung der Klägerin abgewiesen: Die Umwandlung des Abstellraums in eine Krypta stelle eine genehmigungspflichtige, aber nicht genehmigungsfähige Nutzungsänderung dar. Sie sei bauplanungsrechtlich unzulässig, weil sie den Festsetzungen des Bebauungsplans widerspreche. Zwar handle es sich bei der Krypta um eine Anlage für kirchliche Zwecke iSd § 9 Abs. 3 Nr. 2 BauNVO; insofern sei sie gegenüber der Kirche als eigenständige „Hauptanlage" zu würdigen. Die Krypta sei jedoch wegen Unverträglichkeit mit dem Charakter des Industriegebiets unzulässig. Deswegen sei auch das Ermessen für eine ausnahmsweise Zulassung nach § 31 Abs. 1 BauGB nicht eröffnet. Die Krypta sei von außen durch eine Tür zugänglich, das Trauern und Gedenken finde nicht nur im Innern, sondern auch außerhalb des Kirchengebäudes statt und sei dort bemerkbar. Dieses Geschehen sei mit der typischen Unruhe und „Geschäftigkeit" eines Industriegebiets, wie sie auch in dem benachbarten Holzbearbeitungsbetrieb stattfinde, nicht vereinbar. Aus diesen Gründen dürfte die Krypta auch der Eigenart des Baugebiets nach § 15 Abs. 1 Satz 1 BauNVO widersprechen, worauf es allerdings nicht ankomme. Eine Befreiung nach § 31 Abs. 2 BauGB komme ebenfalls nicht in Betracht. Es spreche schon alles dafür, dass die Krypta bereits Grundzüge der Planung berühre, die nach dem Maßstab im Zeitpunkt des Planerlasses 1970 auf ein typisches, die gewerbliche Nutzungsbreite voll ausschöpfendes Industriegebiet ohne konfliktträchtige Ausnahmenutzungen gerichtet gewesen sei. Jedenfalls fehle es aber an Befreiungsgründen. Insbesondere erforderten es Gründe des Wohls der Allgemeinheit (§ 31 Abs. 2 Nr. 1 BauGB) nicht, die Krypta trotz ihrer bauplanungsrechtlichen Unzulässigkeit an der vorgesehenen Stelle zu errichten. Dies gelte auch im Lichte der verfassungsrechtlichen Religionsfreiheit. Das Bedürfnis, über eine Krypta in der eigenen Kirche zu verfügen, sei nicht zwingender Bestandteil der Religionsausübung der Klägerin. Der durch die Ablehnung unterhalb dieser Schwelle angesiedelte Eingriff in die Religionsausübungsfreiheit sei durch den Achtungsanspruch der Verstorbenen und das Recht der Angehörigen und Trauernden auf ein würdevolles Gedenken gerechtfertigt, da es im Industriegebiet weder nach seiner Typik noch nach seiner Eigenart gewährleistet sei. Zudem befinde sich die Krypta nur wenige Meter von der Grenze zum östlichen Nachbargrundstück und nur ca. 17 m von der dortigen großen Produktionshalle entfernt, in der auch im Schichtbetrieb und auch mit Lkw-Verkehr im Grenzbereich gearbeitet werde. Eine diskriminierende Ungleichbehandlung im Verhältnis zur katholischen Kirche sei ebenfalls nicht zu erkennen.

Gegen dieses Urteil hat die Klägerin Revision eingelegt, die sie auf eine Verletzung ihrer Grundrechte aus Art. 4 Abs. 1 und 2, 3 Abs. 1 sowie ihrer Selbstverwaltungsgarantie aus Art. 140 GG iVm Art. 137 ff. WRV gestützt hat. Die Revision hatte Erfolg. Mit Urteil vom 18.11.2010 (-4 C 10.09- KirchE 56, 403) hat das

Bundesverwaltungsgericht das Urteil aufgehoben und die Sache zur anderweitigen Verhandlung und Entscheidung an den Verwaltungsgerichtshof zurückverwiesen. Die Nutzungsänderung von einer Kirche ohne Krypta in eine Kirche mit Krypta habe der Verwaltungsgerichtshof zwar zu Recht weder als allgemein noch als ausnahmsweise zulässig erachtet. Die Verneinung des Befreiungstatbestandes des § 31 Abs. 2 Nr. 1 BauGB werde von den Feststellungen des Verwaltungsgerichtshof jedoch nicht getragen.

Der Gemeinderat der Beigeladenen zu 1) hat in der Sitzung vom 21.3.2011 erneut das Einvernehmen zur Errichtung einer Krypta versagt. Ferner hat die Beklagte durch Bescheid vom 6.6.2011 den Ablehnungsbescheid vom 6.3.2006 ergänzend begründet: Die Gemeinde habe sich bei Aufstellung des Bebauungsplans bewusst für ein uneingeschränktes Industriegebiet entschieden. Ein Kirchengebäude, das der Wortverkündung diene, sei nicht mit einer möglicherweise „mitgezogenen" Anlage für kirchliche Zwecke in Form einer Krypta vergleichbar. Die Gemeinde habe immer zu erkennen gegeben, dass sie einer Begräbnisstätte nicht zustimmen könne. Zu berücksichtigen sei auch, dass es in K. weitere aramäische Kirchengemeinden gebe. Die beiden anderen Kirchengemeinden hätten bestätigt, dass sie keine Krypta benötigten. Die Gemeinde habe der Klägerin in integrierter Ortslage ein Angebot für die Errichtung einer Kirche gemacht, welches die Klägerin aber abgelehnt habe. Die Befreiung sei auch unter Würdigung nachbarlicher Interessen nicht mit öffentlichen Belangen vereinbar. Das Wohlbefinden der Arbeiter und Betriebsinhaber der umliegenden Betriebe werde durch das Wissen um Tote in unmittelbarer Nähe der Arbeitsstätte nachhaltig beeinträchtigt. Es widerspreche dem städtebaulichen Verständnis der BauNVO und herkömmlicher städtebaulicher Kultur, in einem Industriegebiet Begräbnisstätten anzulegen. Jedenfalls rechtfertige sich die Ablehnung des Bauantrags aus Ermessenserwägungen.

Die Klägerin begehrt weiterhin, die Beklagte unter Abänderung der vorinstanzlichen Entscheidung und der vorausgegangenen baubehördlichen Bescheide zu verpflichten, ihr entsprechend ihrem Antrag vom 7.7.2005 eine Baugenehmigung zur Nutzungsänderung des im Untergeschoss der Kirche gelegenen Lagerraums in eine Krypta zu erteilen. Unter Verweis auf ihre Revisionsbegründung trägt sie zusammengefasst vor: Dem vom Bundesverwaltungsgericht als gegeben anerkannten Befreiungsgrund des Wohls der Allgemeinheit nach § 31 Abs. 2 Nr. 1 BauGB für die Nutzungsänderung stünden keine Grundzüge der Planung entgegen. Von der im Untergeschoss eingehausten Krypta gehe keine Außenwirkung auf das Gebiet aus. Es gebe auch keine zusätzlichen Einschränkungen für umliegende industriegebietstypische Nutzungen. Was in der Krypta passiere, sei von außen nicht einsehbar. „Prozessionen" könnten schon heute täglich auf dem Kirchengrundstück durchgeführt werden. Die Krypta sei mit einem Friedhof „unter freiem Himmel“ nicht vergleichbar. Alternativgrundstücke im Gemeindegebiet von K. seien ohne Grund „plötzlich“ nicht mehr verkauft worden. Die Klägerin sei die größte in K. ansässige Syrisch-Orthodoxe Kirchengemeinde. Es gebe durchaus Berufungsfälle für andere Krypten in Syrisch-Orthodoxen Kirchen in Schweden, in der Schweiz und in den Niederlanden. Sie habe nie Zweifel daran gelassen, dass sie nach Genehmigung der Kirche ein Nachtragsbaugesuch für die Krypta stellen werde. Dies habe sie bereits 1995 angekündigt. Eine Bestattung der (auf Lebenszeit bestellten) Gemeindepriester außerhalb der Kirche sei unzumutbar.

Die Beklagte und die Beigeladene zu 1) beantragen wie bisher, das Urteil des Verwaltungsgerichts Stuttgart vom 15.4.2008 -5 K 2146/06- zu ändern und die Klage in vollem Umfang abzuweisen. Die Beigeladene sieht durch das Vorhaben Grundzüge der Planung verletzt. Ihrem planerischen Grundkonzept eines klassischen Industriegebiets stehe die Zulassung von Ausnahmenutzungen nach § 9 Abs. 3 BauNVO nicht entgegen. Kirche und Krypta seien hinsichtlich der entstehenden Nutzungskonflikte nicht vergleichbar. Der Hauptnutzungszweck der Kirche liege im Abhalten von Gottesdiensten. Die Gleichsetzung von Kirche und Krypta verbiete sich auch aus dem traditionellen Umgang mit Tod, Totenruhe und dem Wesen von Begräbnisstätten. Das planerische Grundkonzept werde durch die Zulassung der Krypta sehr wohl berührt. Die Zulassung von Bestattungen schränke die Nutzung der übrigen industriell genutzten Grundstücke ein, weil Begräbnisstätten jedenfalls für die Dauer der üblichen Ruhezeiten unverletzlich seien. Konflikte entstünden auch im Hinblick auf die verbreitete Scheu weiter Bevölkerungsgruppen vor dem Tod und seinen Erscheinungsformen. Zudem erforderten aber auch Gründe des Wohls der Allgemeinheit die Krypta nicht und es sei eine Befreiung auch mit öffentlichen Belangen nicht vereinbar. Das Vorhaben erhöhe die vorhandenen Spannungen jedenfalls erheblich. Es verstoße auch gegen das Recht der Gesellschaft, mit dem Tod nicht an jeder Stelle konfrontiert zu werden. Dabei sei unerheblich, ob eine Begräbnisstätte in der Kirche eingehaust sei oder nicht. Zu befürchten sei, dass die Klägerin mittels „Salamitaktik“ vorgehe und künftig Einschränkungen in der gewerblichen Tätigkeit der Umgebung erzwingen wolle.

Die Berufung der Beklagten und der Beigeladenen zu 1) hatte Erfolg und führte unter Abänderung des Urteils des VG Stuttgart vom 15.4.2008 zur Klageabweisung. Die Berufung der Klägerin wurde zurückgewiesen.

Aus den Gründen:

[20] A. Nachdem das Bundesverwaltungsgericht auf die Revision der Klägerin das Urteil vom 9.11.2009 in vollem Umfang aufgehoben und an den Verwaltungsgerichtshof zur anderweitigen Verhandlung und Entscheidung zurückverwiesen hat, hat der Senat - prozessual in den „vorigen Stand" zurückversetzt - erneut über die Berufungen der Klägerin und der Beklagten sowie der Beigeladenen zu 1) gegen das die Beklagte zur Neubescheidung des Nutzungsänderungsantrags der Klägerin verpflichtende Urteil des Verwaltungsgerichts vom 15.4.2008 zu entscheiden. Zu entscheiden ist damit sowohl die Frage, ob das Vorhaben der Klägerin die Tatbestandsvoraussetzungen eines Genehmigungsanspruchs erfüllt und die Klägerin - bejahendenfalls - einen Anspruch auf die Genehmigung hat oder ob sie (nur) eine erneute Bescheidung verlangen kann. Bei der Entscheidung über die - zulässigen - Berufungen ist der Senat nach § 144 Abs. 6 VwGO an die Rechtsauffassung des BVerwG gebunden. Erfasst werden die Ausführungen zur Verletzung des Bundesrechts. Dazu gehören die diese Auffassung unmittelbar herbeiführende Begründung, aber auch die diesen unmittelbaren Zurückverweisungsgründen vorausliegenden Gründe, soweit diese notwendige rechtslogische Voraussetzung für die unmittelbaren Aufhebungsgründe waren (Kopp/ Schenke, VwGO, § 144 Rn 12). Bindungswirkung in diesem Umfang besteht auch bezüglich der Gründe, die eine Bestätigung des Berufungsurteils im Ergebnis (§ 144 Abs. 4 VwGO) ausschließen (Bader, in Bader u.a., VwGO, § 144 Rn 26). Sie umfasst insbesondere auch das Gebot, den revisionsgerichtlich nach § 86 Abs. 1 VwGO für erforderlich gehaltenen, dort aber nicht klärungsfähigen Tatsachenfragen nachzugehen und auf deren Grundlage die bundesrechtlichen Vorgaben zu beantworten.

[21] B. Ausgehend davon ist die - zulässige - Berufung der Klägerin erneut als unbegründet zurückzuweisen, während die - ebenfalls zulässigen - Berufungen der Beklagten und der Beigeladenen zu 1) in der Sache wiederum Erfolg haben. Denn die Klägerin hat schon tatbestandlich keinen Anspruch auf die beantragte Nutzungsänderung des Abstellraums in eine Krypta mit 10 Bestattungsplätzen nach Maßgabe des Bauantrags vom 7.7.2005. Diesem Vorhaben - auszugehen ist von einem Gesamtvorhaben „Syrisch-Orthodoxe Kirche mit Krypta" nach § 29 BauGB - stehen öffentlich-rechtliche Vorschriften des Bauplanungsrechts entgegen, ohne dass der Baurechtsbehörde nachfolgend noch Ermessen eröffnet ist. Der Ablehnungsbescheid der Beklagten vom 6.3.2006 in der Fassung des Ergänzungsbescheids vom 6.6.2011 sowie der Widerspruchsbescheid des Regierungspräsidiums Stuttgart vom 4.5.2006 sind daher rechtmäßig und verletzen die Klägerin nicht in ihren Rechten (§ 113 Abs. 5 Satz 1 VwGO). Auf die Rechtmäßigkeit der Ermessenserwägungen kommt es daher nicht mehr an.

[22] I. Das streitgegenständliche Vorhaben (Kirche mit angegliederter Krypta im Untergeschoss der Gebäudeostseite) ist nach § 30 BauGB in Verbindung mit den Festsetzungen des Bebauungsplans „Industriegebiet“ für die Gewanne „Kurzer See“ und „Beim Fürfelder Zollstock“ der Beigeladenen in der maßgeblichen Fassung vom 6.11.1970 unzulässig. Bedenken gegen die Wirksamkeit dieses am 7.8.1971 in Kraft getretenen (Teil-)Bebauungsplans sind nach der Entscheidung des Bundesverwaltungsgerichts nicht mehr geltend gemacht worden und auch nicht ersichtlich. Der Bebauungsplan setzt für das Baugrundstück und das gesamte Plangebiet ein Industriegebiet nach § 9 BauNVO 1968 fest. Darin sind allgemein zulässig Gewerbebetriebe aller Art mit Ausnahme von Einkaufszentren und Verbrauchermärkten im Sinne von § 11 Abs. 3 BauNVO 1968 sowie Lagerplätze und öffentliche Betriebe. Als Ausnahmen werden nach Ziff. 1 der Bebauungsvorschriften die in § 9 Abs. 3 BauNVO 1968 aufgeführten Nutzungsarten - mithin Anlagen für kirchliche, kulturelle, soziale, gesundheitliche und sportliche Zwecke (Nr. 1) sowie betriebsbezogene Wohnungen (Nr. 2) - zugelassen. Die Genehmigung solcher ausnahmsweise zulässigen Anlagen liegt nach § 31 Abs. 1 BauGB grundsätzlich im Ermessen der Baurechtsbehörde. Scheitert die ausnahmsweise Zulassung, ist die Zulassungsfähigkeit mittels einer Befreiung nach § 31 Abs. 2 BauGB in Betracht zu ziehen. So liegen die Dinge hier. Die Krypta ist allenfalls im Weg einer Befreiung genehmigungsfähig.

[23] 1. Die um die Krypta angereicherte Kirche der Klägerin ist weder allgemein noch ausnahmsweise im Plangebiet zulässig. Zwar stellt nicht nur die Kirche selbst, sondern auch die untrennbar mit ihr verbundene Krypta eine Anlage für kirchliche Zwecke dar, da letztere nicht lediglich als ein - weltlicher - privater Bestattungsplatz nach § 9 BestattG zu qualifizieren ist, sondern, als kirchliches „aliud“, ihrerseits kirchlichen Zwecken dient. Denn nach den Glaubensvorstellungen der Klägerin dürfen Gemeindepriester nur in einem geweihten kirchlichen Raum beigesetzt werden und soll der bisherige Aufenthaltsraum in einen solchen Beisetzungsraum umgewidmet werden (zum Gewicht dieser Glaubensvorstellungen ergänzend noch unten). Gleichwohl scheitern jedoch sowohl die allgemeine wie die ausnahmsweise Zulassungsfähigkeit der geplanten Nutzungsänderung am ungeschriebenen, sich typisierend aus der allgemeinen Zweckbestimmung eines Industriegebiets ergebenden Tatbestandsmerkmal der Gebietsverträglichkeit. Dieser vom Senat im Urteil vom 9.11.2009 vorgenommenen Bewertung hat sich das Bundesverwaltungsgericht ausdrücklich angeschlossen. Nach § 9 Abs. 1 BauNVO nach damaliger wie heutiger Fassung dienen Industriegebiete ausschließlich der Unterbringung von Gewerbebetrieben, und zwar vorwiegend solcher Betriebe, die in anderen Baugebieten unzulässig sind. Einem Industriegebiet ist daher - als Hauptzweck - die Unterbringung erheblich belästigender und erheblich störender Betriebe vorbehalten.

Angesichts dieses Gebietscharakters können die in § 9 Abs. 3 BauNVO bezeichneten Nutzungsarten nur dann ohne weiteres gebietsverträglich sein, wenn sie nicht störempfindlich sind und mit dem Hauptzweck des Industriegebiets nicht in Konflikt geraten können. Diese Voraussetzungen erfüllt jedenfalls eine Kirche mit Krypta bei typisierender Betrachtung nicht (BVerwG, Urteil vom 18.11.2010 aaO).

[24] 2. Demnach hat der Senat, unter Beachtung der bundesrechtlichen Vorgaben des Bundesverwaltungsgerichts und unter Prüfung bisher unberücksichtigt gebliebener Fragen, erneut zu prüfen, ob die Krypta im Wege einer Befreiung nach § 31 Abs. 2 BauGB genehmigt werden kann oder werden muss. Dabei ist von folgendem rechtlichen Prüfungsgrundsätzen auszugehen:

[25] a) § 31 Abs. 2 BauGB setzt - als allen Fallgruppen gemeinsames und zwingendes Tatbestandsmerkmal - voraus, dass das jeweilige Vorhaben Grundzüge der Planung nicht berührt (vgl. dazu zuletzt BVerwG, Beschluss vom 24.9.2009 -4 B 29.09- BRS 74 Nr. 60). Hierbei sind - in einem ersten Schritt - zunächst die Planungsgrundzüge des maßgeblichen Bebauungsplans herauszuarbeiten; es kommt darauf an, was nach der jeweiligen Planungssituation in der Gemeinde zum planerischen Grundkonzept gehört. Sodann ist - in einem zweiten Schritt - zu entscheiden, ob dieses planerische Grundkonzept durch die in Frage stehende Befreiung „berührt" wird, d.h. negativ beeinflusst werden kann (BVerwG, Urteil vom 18.11.2010 aaO unter Hinweis auf Söfker, in: Ernst/Zinkahn/Bielenberg/Krautzberger, BauGB, Bd. II, Stand: Juni 2010, Rn 35 zu § 31 BauGB). Dies beurteilt sich danach, wie tief durch die begehrte Abweichung in gewichtiger Weise in das Interessengeflecht des Bebauungsplans eingegriffen wird (vgl. BVerwG, Beschluss vom 19.5.2004 -4 B 35.04- BRS 67 Nr. 83). Nach den Vorgaben des Bundesverwaltungsgerichts ist bei den genannten Prüfungsschritten auf unterschiedliche Zeitpunkte abzustellen. Was Inhalt und Bestandteil der Planungsgrundsätze ist, ist durch eine auf den Zeitpunkt des Satzungsbeschlusses bezogene Auslegung des Bebauungsplans anhand der damaligen Sach- und Rechtslage und der damaligen Vorstellungen des Gemeinderats zu ermitteln (§ 10 und § 214 Abs. 3 Satz 1 BauGB; insofern auch Urteil des Senats vom 13.6.2007 -3 S 881/06- VBlBW 2007, 385, unter Hinweis auf BVerwG, Beschluss vom 19.5.2004, aaO). Demgegenüber ist für die Beurteilung, ob die (ursprüngliche) planerische Grundkonzeption durch die Befreiung berührt wird, auch die nachträgliche tatsächliche Entwicklung im Plangebiet bis zum Zeitpunkt der letzten gerichtlichen Tatsachenentscheidung in den Blick zu nehmen. Es kommt darauf an, ob der mit der ursprünglichen Planung verfolgte Interessenausgleich durch die tatsächliche Entwicklung seit Inkrafttreten des Bebauungsplans bereits so nachhaltig gestört ist, dass die Planungsgrundzüge nicht mehr „in einer ins Gewicht fallenden Weise berührt", d.h. nicht mehr

nennenswert negativ beeinträchtigt werden können (BVerwG, Urteil vom 18.11.2010, aaO, unter Zitat von BayVGH, Urteil vom 9.8.2007 -25 B 05.1337- sowie den hierzu ergangenen Beschluss vom 28.4.2008 -4 B 16.08- BRS 73 Nr. 69). Der Senat hält im Hinblick darauf an seiner Rechtsprechung im Urteil vom 13.6.2007 nicht mehr fest, wonach es bei Beurteilung aller Voraussetzungen des Merkmals „Berührung von Planungsgrundzügen“ allein auf den Zeitpunkt des Satzungsbeschlusses ankommt und nachträgliche Entwicklungen nur für die Frage von Bedeutung sind, ob der Bebauungsplan funktionslos geworden ist. Nachträgliche Entwicklungen im Plangebiet sind vielmehr doppelt, nämlich unter dem Gesichtspunkt des „Berührens“ der Planungsgrundzüge und der Funktionslosigkeit des Bebauungsplans, zu prüfen. Dabei sind die Anforderungen an die Funktionslosigkeit des Plans wesentlich strenger als die Anforderungen an eine die Planungsgrundsätze „aufweichende“ und sie deshalb nicht mehr „berührende“ planerische Entwicklung (so zutreffend im Einzelnen BayVGH, Urteil vom 9.8.2007, aaO). Aus all dem folgt, dass nachträgliche Entwicklungen im Plangebiet oder spätere Planungsentscheidungen der Gemeinde nicht nur Indikatoren für eine Verwässerung oder Aufweichung des ursprünglichen Plankonzepts, sondern auch umgekehrt ein Beleg für dessen Bestätigung, Aufrechterhaltung und Weitergeltung sein können.

[26] b) Hindern Planungsgrundzüge eine Befreiung nicht, muss das betreffende Vorhaben die Tatbestandsvoraussetzungen einer der drei Alternativen des § 31 Abs. 2 BauGB erfüllen. Dabei kommt vorliegend, wovon auch das Bundesverwaltungsgericht ausgeht, nur die erste Alternative (§ 31 Abs. 2 Nr. 1 BauGB) in Betracht. Danach müssen Gründe des Gemeinwohls die Befreiung erfordern und muss die Abweichung - wie auch bei den anderen Alternativen - unter Würdigung nachbarlicher Interessen mit den öffentlichen Belangen vereinbar sein.

[27] Zu den Gründen des Wohls der Allgemeinheit gehören nicht nur bodenrechtliche Belange, sondern alles, was gemeinhin unter öffentlichen Belangen oder öffentlichen Interessen zu verstehen ist. Über den Anwendungsbereich des § 1 Abs. 6 Nr. 6 BauGB hinaus sind dabei auch die in den Glaubensvorstellungen wurzelnden Belange privatrechtlich organisierter Kirchen zu berücksichtigen, sei es als kulturelle Bedürfnisse iSv § 1 Abs. 6 Nr. 3 BauGB oder als ein in dem nicht abschließenden Katalog des § 1 Abs. 6 BauGB nicht ausdrücklich erwähnter Belang (BVerwG, Urteil vom 18.11.2010, aaO, unter Hinweis auf BayVGH, Urteil vom 29.8.1996 -26 N 95.2983- NVwZ 1997, 1016; KirchE 34, 332), wobei an dieser Stelle insbesondere auch die Grundrechte (Art. 4 Abs. 1 und 2 GG, Art. 137 WRV) zum Tragen kommen. Dies gilt jedenfalls, wenn die betreffende Kirchgemeinde eine „nicht unbedeutende Zahl von Mitgliedern hat“ (BVerwG, Urteil vom 18.11.2010, aaO). „Erfordert“ durch derartige Gemeinwohlgründe ist eine

Befreiung, wenn es zur Wahrnehmung des Interesses „vernünftigerweise geboten“ ist, das Vorhaben mit Hilfe der Befreiung an der vorgesehenen Stelle zu verwirklichen; maßgebend sind - auch bei allen anderen Befreiungsvoraussetzungen - nicht (wie bei der Gebietsverträglichkeit) abstrakt-typisierende Aspekte, sondern die konkreten Umstände des Einzelfalls, wobei es auch auf die - nach objektiven Kriterien zu beurteilende - Frage der Zumutbarkeit ankommt (BVerwG, Urteil vom 18.11.2010, aaO, mwN).

[28] Welche Umstände als öffentliche Belange iSv § 31 Abs. 2 BauGB die Erteilung einer Befreiung gleichwohl ausschließen, lässt sich wiederum nicht generell, sondern nur konkret-einzelfallbezogen beantworten. In Betracht kommen insbesondere auch hier die in § 1 Abs. 5 und 6 BauGB genannten städtebaulichen Belange, darunter auch solche, die nicht in der gemeindlichen Planungskonzeption ihren Niederschlag gefunden haben. Ist die Befreiung mit einem öffentlichen Belang in beachtlicher Weise unvereinbar, so vermag sich der die Befreiung rechtfertigende Gemeinwohlgrund iSd § 31 Abs. 2 Nr. 1 BauGB nicht durchzusetzen (BVerwG, Urteil vom 18.11.2010, aaO; Urteil vom 9.6.1978 - 4 C 54.75- BVerwGE 56, 71 [78]). Da der Plan gerade unter den Nachbarn einen Ausgleich von Nutzungsinteressen zum Inhalt hat, muss ferner darauf abgehoben werden, ob in den durch den Bebauungsplan bewirkten nachbarlichen Interessenausgleich - wiederum nach Maßgabe einer konkreten Einzelfallbetrachtung - erheblich störend eingegriffen wird. Die Würdigung nachbarlicher Interessen hat unabhängig davon zu erfolgen, ob diese Interessen sich auf nachbarschützende Vorschriften stützen können (Löhr, in: Battis/Krautzberger/Löhr, BauGB, 11. Aufl. § 31 Rn 41 mwN). Die Schwelle rücksichtsloser, ein Abwehrrecht des Nachbarn unmittelbar aus § 31 Abs. 2 BauGB begründender Betroffenheit (vgl. dazu BVerwG, Urteil vom 19.9.1986 -4 C 8.84- ZfBR 1987, 47, NVwZ 1987, 409) muss nicht notwendig erreicht sein, insbesondere dann nicht, wenn sich die Befreiung auf eine Festsetzung zur Art der baulichen Nutzung bezieht. Denn ein im Plangebiet gelegener Nachbar kann eine solche Befreiung unter Berufung auf den Gebietserhaltungsanspruch auch dann abwehren, wenn sie sich - ohne Rücksicht auf die Intensität der Betroffenheit - als objektiv rechtswidrig erweist (BVerwG, Urteil vom 19.9.1986, aaO).

[29] II. Gemessen daran scheitert, eine Befreiung nach § 31 Abs. 2 Nr. 1 BauGB für die Krypta schon deswegen, weil mit der im Streit stehenden Genehmigung Grundzüge der Planung der Beigeladenen zu 1) berührt werden (dazu 1). Abgesehen davon liegen aber auch die Voraussetzungen des § 31 Abs. 2 Nr. 1 BauGB nicht vor. Denn die Befreiung ist - nach Maßgabe der an den Vorgaben des Bundesverwaltungsgerichts orientierten Besonderheiten des Einzelfalls - nicht durch Belange des Wohls der Allgemeinheit „gefordert“ (dazu 2) und die Befreiung ist unter Würdigung der nachbarlichen Interessen - insbesondere der

Interessen des unmittelbar benachbarten holzverarbeitenden Betriebs der Firma B. - auch nicht mit öffentlichen Belangen vereinbar (dazu 3.).

[30] 1. a) Die Einrichtung der Krypta in der bestehenden Kirche widerspricht dem von der Beigeladenen zu 1) mit dem Bebauungsplan „Industriegebiet" für die Gewanne „Kurzer See" und „Beim Fürfelder Zollstock" von 1970 beim Satzungsbeschluss konkret zugrundeliegenden wesentlichen Planungskonzept. Absicht des Gemeinderats war es, ein klassisches, den Vorgaben des Gesetz- und Verordnungsgebers entsprechendes Industriegebiet zu schaffen. Dies hat auch der Bürgermeister der Beigeladenen zu 1) in der mündlichen Verhandlung überzeugend bekundet. Eröffnet werden sollte - dem gesetzlichen Leitbild entsprechend - die gesamte, uneingeschränkte Nutzungsbreite aller nach § 9 Abs. 2 BauNVO 1968 zulässigen gewerblichen Nutzungen dieses - störintensivsten - Gebietstyps. Des Weiteren wurden die in § 9 Abs. 3 BauNVO 1968 aufgeführten Nutzungsarten ausnahmsweise zugelassen (dazu noch unten). In dieser Öffnung für Ausnahmenutzungen liegt keine Abweichung vom Ziel der Schaffung eines dem gesetzlichen Leitbild entsprechenden Industriegebiets. Denn zum Rahmen dieses Leitbilds gehört auch die potenzielle Existenz der in § 9 Abs. 3 BauNVO genannten (typischerweise störungsempfindlicheren) Anlagen, soweit diese die gesetzlichen Anforderungen einhalten, die verlangen, dass sie gegenüber den allgemein zulässigen industriellen Anlagen räumlich wie funktionell - als Ausnahme - untergeordnet sind und damit die allgemeine Zweckbestimmung eines Industriegebiets nach § 9 Abs. 1 BauNVO 1968 noch wahren. Diese ausnahmsweise zulässigen Anlagen müssen insoweit zum gesetzlichen Prototyp eines Industriegebiets Gebietstyp „hinzugedacht" werden.

[31] Das angestrebte Ziel eines in diesem Sinn gesetzestypischen Industriegebiets hat auch in der Planbegründung seinen Niederschlag gefunden. Danach war das Plangebiet als erster Abschnitt eines größeren Industriegebiets vorgesehen mit dem Hinweis, dass der überwiegend flache südliche Gebietsteil sich topografisch „gut für schwere Industrie" eigne. Entsprechend diesem Planziel ist das Industriegebiet in den Folgejahren auch konsequent bebaut und genutzt worden. Im Plangebiet befinden sich unter anderem mehrere störungsintensive Großbetriebe, die teilweise unter die Genehmigungspflicht der 4. BImSchV fallen. Großbetriebe sind insbesondere im engeren Umfeld des Baugrundstücks angesiedelt. Unmittelbar östlich angrenzend liegt der holzverarbeitende Betrieb der Firma B. mit heute ca. 85 Mitarbeitern, nördlich - jenseits der A. - befinden sich die Betriebsanlagen der Beigeladenen zu 2) mit Gießerei. Wegen der weiteren Nutzungen wird auf das Urteil des Senats vom 9.11.2009 Bezug genommen. Auch auf dem Baugrundstück Flst.-Nr. N1 war bis in die 1990er Jahre ein industriegebietstypischer Gewerbebetrieb (Kunststoffwerk) angesiedelt. Diese Um-

stände belegen, dass sich das Plangebiet in den Folgejahren zu einem „Paradeindustriegebiet“ entwickelte.

[32] Nach Überzeugung des Senats ist der Einschrieb „Ausnahmen nach § 9 (3) BNutzVO werden zugelassen“ in Ziff. 1 der Bebauungsvorschriften lediglich als klarstellender Hinweis auf die Rechtslage zu verstehen, wie sie - dem gesetzlichen Rahmen des § 9 BauNVO 1968 entsprechend - schon nach Nr. 1 erster Halbsatz „Industriegebiet (GI)“ iVm § 1 Abs. 3 Satz 2 BauNVO 1968 gegolten hätte. Auf diese nur klarstellende Bedeutung haben auch die Vertreter der Beigeladenen zu 1) in der mündlichen Verhandlung erneut abgehoben. Die Vertreter der Klägerin sind dem nicht substantiiert entgegengetreten. Anhaltspunkte für die Absicht, ein „konfliktträchtiges“ Industriegebiet planen und dabei den ausnahmsweise zulässigen (kirchlichen, kulturellen, gesundheitlichen oder sportlichen) Anlagen eine über die gesetzlichen Vorgaben (Regel-Ausnahmeverhältnis) hinausgehende besondere städtebaulich „privilegierende“ Bedeutung für das Plankonzept beimessen zu wollen, finden sich weder in der Planbegründung noch in den sonstigen Planunterlagen. Auch den vom Senat beigezogenen - späteren - Gemeinderatsbeschlüssen sind hierfür keinerlei Hinweise zu entnehmen. Im Gegenteil bestätigen diese den planerischen Willen, ein gesetzestypisches Industriegebiet auszuweisen und sich dabei die Möglichkeit von untergeordneten Ausnahmenutzungen nach § 9 Abs. 3 BauNVO im Einzelfall offen zu halten. Dabei schließt der Senat aus, dass der Gemeinderat sich seinerzeit auch nur ansatzweise vorgestellt hat, auf dem Baugrundstück könne später eine kirchliche Begräbnisstätte verwirklicht werden.

[33] b) Die dargelegten Planungsgrundzüge sind auch trotz der späteren Genehmigung, Errichtung und Nutzung der Kirche nach wie vor in einer ins Gewicht fallenden Weise „berührt“. Dies ist - subjektiv - aus einer Würdigung des seitherigen Verhaltens der Beigeladenen zu 1) und den verlautbarten Vorstellungen ihres Gemeinderats zu schließen (aa) und ist für den Senat auch städtebaulich nachvollziehbar (bb).

[34] aa) Die Beigeladene zu 1) hat durch ihr Verhalten eindeutig zu erkennen gegeben, dass sie ihr Plankonzept durch die „Kirche mit Krypta“ im Vergleich zu einer Kirche ohne Krypta erheblich beeinträchtigt sieht. Im Zeitraum zwischen dem Satzungsbeschluss und der Diskussion um den Kirchenstandort der Klägerin wurden nach Aktenlage keine Anlagen aus dem Ausnahmekatalog des § 9 Abs. 3 BauNVO 1968 angesiedelt, das Gebiet wurde vielmehr mit nach § 9 Abs. 2 BauNVO allgemein zulässigen Betrieben und Nutzungen aufgefüllt. Die Frage der Zulassung einer ausnahmsweise zulassungsfähigen - kirchlichen - Nutzung stellte sich erstmals im Zusammenhang mit den Ansiedlungswünschen der Klägerin auf dem 1992 erworbenen Baugrundstück. Der Gemeinderat der Beigeladenen zu 1) ist dem Kirchenvorhaben damals allerdings nicht entgegen-

getreten, sondern hat ihm in der Sitzung vom 22.9.1994 nach § 36 Abs. 1 Satz 1 BauGB zugestimmt. Aus den Protokollen folgt jedoch, dass er dem Kirchenvorhaben (mit Gemeindezentrum) von Anfang an skeptisch, ja ablehnend gegenüber stand. Sein Einvernehmen erteilte er nicht „freiwillig", sondern ersichtlich nur deswegen, weil er sich dazu rechtlich nach § 36 Abs. 2 Satz 1, § 31 Abs. 1 BauGB iVm § 9 Abs. 3 BauNVO für verpflichtet hielt. Einer Erweiterung der Kirche um eine Krypta auf der Kirchenostseite trat der Gemeinderat demgegenüber von Anfang an durchgehend und entschieden entgegen. Bereits in der Sitzung vom 25.6.1992 (TOP: Erwerb des Baugrundstücks durch die Klägerin) führte der Bürgermeister aus, eine Bebauung mit einer kirchlichen Anlage sei „sicher keine gute Lösung", man könne sie aber nicht verhindern. Auch in der Vorlage zur Sitzung vom 19.4.1994 wurde ebenfalls die Auffassung vertreten, kirchliche Anlagen müssten im Rahmen des § 9 Abs. 3 BauNVO und den Festsetzungen des Bebauungsplans als Ausnahme zugelassen werden. Dies gelte aber nicht für den Bau des „Mausoleums", der befreiungsbedürftig sei. Das diesbezügliche Einvernehmen nach § 31 Abs. 2 BauGB für eine Befreiung wurde demgemäß verweigert. In der Sitzung des Gemeinderats vom 6.5.1994 wurden zudem auch die Kirche selbst und das Gemeindehaus in ihrer Größenordnung kritisiert. In der Sitzung vom 22.9.1994 wurde - hieran anknüpfend - beschlossen, alle rechtlichen Möglichkeiten für eine Reduzierung des gesamten Bauvorhabens anwaltlich nochmals überprüfen zu lassen (vgl. dazu auch den wegen der Größenverhältnisse vorsorglich eingelegten Widerspruch der Gemeinde gegen die Baugenehmigung vom 4.11.1994). Hierzu erklärte der Bürgermeister, er wolle das Projekt Kirche „auf örtliche Verhältnisse" zuschneiden. Die Errichtung der Krypta wurde weiterhin strikt abgelehnt.

[35] Der Gemeinderat ging ab dieser Zeit offenkundig davon aus, das Projekt „Krypta" sei endgültig abgeschlossen, die Klägerin habe sich mit der zur Genehmigung gestellten Kirche ohne Begräbnisstätte abgefunden und auf letztere verzichtet. Dies hat der schon damals im Amt befindliche und an allen Sitzungen mitwirkende Bürgermeister der Beigeladenen zu 1) in der mündlichen Verhandlung überzeugend versichert. Er hat dabei auch glaubhaft bekundet, dass der Gemeinde das verwaltungsinterne Schreiben des Regierungspräsidiums Stuttgart an die Beklagte, wonach die Klägerin, wie mit ihr abgesprochen, für die Genehmigung der Krypta ein Nachtragsbaugesuch einreichen müsse, nicht bekannt war, ganz abgesehen davon, dass dieses Schreiben und das ihm zugrundliegende Schreiben des Regierungspräsidiums an die Beklagte vom 7.3.1995 auch objektiv nur als Verfahrenshinweis, nicht aber als Anstoß oder „Anregung" an die Klägerin zu verstehen war, ein Nachtragsbaugesuch auch tatsächlich zu stellen (dazu noch unten). Auch in den Baugenehmigungsakten der Beklagten und des Regierungspräsidiums findet sich kein Hinweis, dass

Gespräche des Regierungspräsidiums mit Vertretern der Klägerin und der Schriftverkehr zwischen dem Regierungspräsidium und der Beklagten der Beigeladenen zu 1) zur Kenntnis gelangt sind.

[36] Aufgrund dieses Geschehensablaufs kann nicht davon ausgegangen werden, dass die Beigeladene zu 1) mit ihrer Zustimmung zur Kirche im Jahr 1994 die spätere Umwandlung des genehmigten Abstellraums in eine Krypta gewissermaßen präventiv gebilligt oder auch nur ansatzweise in Kauf genommen und dadurch „den Keim" für die streitgegenständliche Nutzungserweiterung gelegt hat. Die Planungsvorstellungen gingen vielmehr nach wie vor dahin, der Kirche - als der ersten Ausnahmenutzung nach § 9 Abs. 3 BauNVO 1968 - wegen der Vorgaben des Bebauungsplans nicht entgegen zu treten. Diese Grenze sollte aber keinesfalls durch Zulassung einer - störungssensibleren und erheblichen kommunalpolitischen Konfliktstoff bergenden - kirchlichen Begräbnisstätte überschritten werden.

[37] An dieser Betrachtung der Kirche als „äußerster Grenze" hat die Beigeladene bis heute konsequent festgehalten. Der Gemeinderat hat am 17.10.2005 sein Einvernehmen zum Einbau einer - identischen - Krypta erneut versagt. Er hat dies mit dem erhöhten Empfindlichkeitsgrad einer Kirche mit integrierter Begräbnisstätte gegenüber einer „reinen" Kirche und den dadurch erhöhten städtebaulichen Spannungen im Industriegebiet begründet. Die Absicht, am gesetzestypischen Industriegebietscharakter des Plangebiets festzuhalten, hat der Bürgermeister der Beigeladenen zu 1) in der mündlichen Verhandlung bekräftigt und sie ist durch Maßnahmen der Bauleitplanung zwischenzeitlich auch deutlich manifestiert. Nach Erläuterung des Bürgermeisters läuft das Verfahren zur Erweiterung des Flächennutzungsplans südlich des Baugrundstücks. Es befindet sich derzeit im Stadium der Anhörung der Träger öffentlicher Belange. Geplant ist ein Industriegebiet, um der Firma B. eine Betriebserweiterung durch den Bau zusätzlicher Produktionshallen zu ermöglichen.

[38] bb) Die dargelegten - subjektiven - Befürchtungen der Beigeladenen zu 1), dass ihre Planungsgrundzüge durch Zulassung der Krypta trotz der vorhandenen Kirche negativ berührt werden, sind auch - objektiv - städtebaulich nachvollziehbar und begründet. Unter Würdigung aller maßgeblichen Umstände einschließlich des konkreten Inhalts des Baugesuchs für die Krypta und der in Augenschein genommenen Örtlichkeiten geht auch der Senat davon aus, dass das Grundkonzept des Bebauungsplans zusätzlich beeinträchtigt wird. Dies ergibt sich aus Folgendem:

[39] Die Genehmigung des Kirchengebäudes (mit ca. 260 Sitzplätzen im Kirchenschiff sowie der Sakristei, Pfarrerwohnung mit Büro und Sitzungssaal, Hausmeisterwohnung und Lager-/Abstellräumen im Untergeschoss) stellt ersichtlich die erste Anlage aus dem Ausnahmekatalog des § 9 Abs. 3 BauNVO

1968 im Plangebiet dar. Es handelt sich zwar um ein in seinen Dimensionen stattliches Bauwerk, welches insbesondere mit seinen Türmen ins Blickfeld des Betrachters tritt. Angesichts der Größe des gesamten „Industriegebiets K." und der Ausmaße der für das Gebiet typischen voluminösen Betriebsgebäude geht von der Kirche gleichwohl optisch noch keine ihr den Ausnahmecharakter nehmende dominierende Wirkung aus. Überwiegend prägend bleibt nach wie vor das industrielle Erscheinungsbild der Umgebung mit gewerblichen Großbauten iSv § 9 Abs. 2 BauNVO. Dies gilt, wie der Augenschein des Senats belegt hat, insbesondere mit Blick auf die den gesamten Grenzbereich einnehmenden und sehr tiefen Betriebshallen der Firma B. mit einer turmartig sich erhebenden Entlüftungsanlage sowie mit Blick auf die wuchtigen Hallen der Beigeladenen zu 2) Auch hinsichtlich ihrer Lage und ihrer derzeitigen Nutzungsbreite erweist sich die Kirche bei der gebotenen konkreten Betrachtung nicht schon als gebietsunverträglich oder als nach § 15 Abs. 1 Satz 1 BauNVO mit der Gebietseigenart unvereinbar. Zwar folgt der Senat dem Bundesverwaltungsgericht darin, dass eine Kirche in einem Industriegebiet bei typisierender Betrachtung gebietsunverträglich sein kann (so BVerwG, Urteil vom 18.11.2010, aaO). Denn als Stätte, die unmittelbar religiösen Zwecken, nämlich dem Gottesdienst und der Seelsorge dient, kann sie in Konflikt mit industriegebietstypischen Nutzungen geraten, und zwar stärker als andere Anlagen für religiöse Zwecke wie etwa kirchliche Jugendeinrichtungen, Beratungsstellen, Versammlungsräume u.ä. (vgl. die Beispiele bei Stock, in: Ernst/Zinkahn/Bielenberg, BauNVO § 4 Rn 82). Das erforderliche kontemplative Umfeld kann aber ausnahmsweise auch in Gewerbe- und Industriegebieten gewahrt sein, wobei auf die örtlichen und baulichen Verhältnisse im Einzelfall abzustellen ist. Dementsprechend hat die Rechtsprechung etwa Moscheen in Gewerbebieten mehrfach noch als gebietsverträglich angesehen, auch wenn die Ansiedlung solcher kirchlicher oder kultureller Einrichtungen in diesem Gebietstyp eher untypisch ist (vgl. etwa VG Karlsruhe, Urteil vom 12.5.2009 -2 K 4011/08- ZfBR 2010, 154; KirchE 53, 316).

[40] Insgesamt spricht daher vieles dafür, die genehmigte Kirche der Klägerin aufgrund ihrer besonderen Lageverhältnisse und baulich-kontemplativen Beschaffenheit (gerade noch) als gebietsverträglich anzusehen. Das Innere der Kirche ist „kirchentypisch" gehalten; im würdevoll ausgestatteten Kirchenschiff herrscht Stille; Lärm von außen von Seiten der Industriebetriebe - insbesondere dem Betrieb der Firma B. - war beim Augenscheinstermin nicht zu vernehmen. Das für Gottesdienst und Seelsorge erforderliche ruhige Umfeld ist in dem „eingehausten" Kircheninnern damit noch gewährleistet. Zudem erfolgt der Zugang zur Kirche nur durch das im Westen - von den Großbetrieben abgewandt und abgeschirmt - liegende Hauptportal. In diesem Eingangsbereich ist es für ein Industriegebiet ungewöhnlich ruhig, da sich auf dem angrenzenden Grund-

stück gegenüber der Kirche nur ein Wohnhaus mit Betriebsleiterwohnung befindet.

[41] Ob die Kirche letztlich in jeder Hinsicht (noch) gebietsverträglich ist, bedarf jedoch keiner abschließenden Entscheidung. Denn nach dem vom Senat beim Augenschein gewonnenen Eindruck würde es sich jedenfalls um einen Grenzfall handeln, durch den das Plankonzept der Beigeladenen zu 1), was Begräbnisstätten betrifft, noch nicht unwiederbringlich „aufgeweicht" wird. Durch das Hinzutreten der Krypta würde dieses Plankonzept in einer ins Gewicht fallenden Weise berührt, vorhandene bodenrechtliche Spannungen würden nochmals deutlich erhöht. Eine Kirche mit Krypta wäre nicht mehr gebietsverträglich. Der Senat teilt hierbei die Befürchtung der Beigeladenen, nach Einbau der streitigen Krypta würden die Konflikte mit der gebietstypischen industriellen Nutzung nicht nur abstrakt-gebietsbezogen, sondern vor allem auch konkret-vorhabenbezogen zunehmen. Es ist davon auszugehen, dass eine - auch kirchliche - Begräbnisstätte gegenüber industriellen Nutzungen in höherem Maß störempfindlich ist als eine „reine" Kirche. Die Existenz bestatteter Toter löst nach derzeit noch herrschendem kulturellem Verständnis regelmäßig ein höheres Maß an pietätsbedingter Zurückhaltung mit „unpassenden", insbesondere lärmintensiven Lebensäußerungen aus als dies gegenüber einer Kirche oder einer Moschee der Fall wäre. Dieser Unterschied findet auch seinen Niederschlag in den Regelungen des Bestattungsrechts über Lage und Standort von Bestattungsplätzen, die insofern - als Konkretisierung des Gebots der Konfliktvermeidung - auch auf das Bodenrecht durchschlagen. Nach § 9 Abs. 3 iVm § 3 BestattG müssen auch private Bestattungsplätze einen ausreichenden Abstand zu störenden Betrieben, Gewerbe-und Industriegebieten, Gebäuden und überbaubaren Grundstücksflächen einhalten. Vergleichbare sondergesetzliche Abstandsvorschriften im Verhältnis zu „reinen" Kirchen gibt es nicht. Kirchliche Begräbnisstätten verdienen aber keinen geringeren Schutz als andere private oder öffentliche Begräbnisstätten. Die Abstandsvorschriften des Bestattungsrechts kommen daher grundsätzlich auch kirchlichen Bestattungseinrichtungen zugute. Diese Abstände dienen zum einen dem Schutz der Totenruhe und -würde aus Sicht der Bestatteten und der Trauernden. Zum anderen bezwecken sie aber auch den Schutz umgebener Baugebiete samt Außenanlagen gegen die räumlich zu enge Konfrontation mit Toten. Dabei geht es - um möglichen Missverständnissen vorzubeugen - nicht darum, den für viele schmerzhaften Kontakt mit der Endlichkeit menschlichen Lebens aus dem alltäglichen Bewusstsein zu verdrängen, denn dies wäre kein städtebaulicher Belang. Mit den Mindestabständen soll vielmehr gewährleistet werden, dass gewerbliche, aber auch Wohnnutzungen zu nahe an die Begräbnisstätte heranrücken mit der Folge, dass die betroffenen Anlieger auf bestimmte an sich baugebietstypische, im

Hinblick auf die Totenruhe aber als unangemessen angesehene Lebensäußerungen verzichten müssen, um entsprechende Abwehransprüche oder Auflagen zu vermeiden. So hat der erkennende Gerichtshof entschieden, dass es rücksichtlos sein kann, den Bewohnern von unmittelbar an eine Aussegnungshalle angrenzenden Wohngrundstücken wegen der Nähe dieser Trauereinrichtung Nutzungseinschränkungen abzuverlangen, die sich daraus ergeben, dass diese Nachbarn allgemein anerkannte und auch nach verfassungsrechtlichen Maßstäben geschützte Wertvorstellungen beachten, zu denen der Schutz der Totenruhe und der Schutz des hierfür nach herkömmlicher Anschauung erforderlichen kontemplativen Umfelds gehören (vgl. Beschluss vom 19.5.2011 -8 S 507/11-). Hierunter können in Wohngebieten ein Verzicht auf bestimmte allgemein zulässige, aber als zu lärmintensiv oder sonst „pietätlos" angesehene Verhaltensweisen fallen wie etwa Kinderspiel, Toben, Lachen, Rasen mähen oder Feiern im Garten. Diese Rechtsprechung ist auf Industriegebiete übertragbar. In diesen kann es zu entsprechenden pietätsbedingten Rücksichtnahmepflichten industriell arbeitender und emittierender Betriebe auf eine unmittelbar angrenzende Trauereinrichtung oder Grabstätte kommen mit der Folge, dass sie den Handlungs- und Emissionsrahmen des § 9 Abs. 1 BauNVO vor allem auf den Betriebsaußenflächen nicht ausschöpfen können. Diese Gefahr einer Betriebseinschränkung wegen nicht ausreichender Abstände besteht gerade auch im konkreten Fall. Die Hallen des holzverarbeitenden Großbetriebs B. liegen nur wenige Meter von der Grenze entfernt. Der Grenzbereich ist befestigt und dient der Zufahrt zu und der Abfahrt von den Hallen sowie der Lagerung von Containern und Holzpaletten. Das südlichste Rolltor auf der Hallenwestseite liegt der Krypta direkt gegenüber. Der Abstand des Vorbaus der mit Fenstern versehenen Begräbnisstätte zur Grenze beträgt nur etwa 7 m. Der Betriebslärm der Firma B. bündelt sich auf Höhe des maximal 17 m entfernten Rolltores. Es liegt auf der Hand, dass erheblicher Lärm durch zu- und abfahrende LKW und Gabelstapler bei Anlieferung und Ladevorgängen entsteht. Hinzu kommen auch Maschinengeräusche von innerhalb der Halle. Solche waren beim Augenschein auch bei geschlossenem Rolltor deutlich als rührendes Geräusch mit dumpfen Akzenten zu hören. An der Außenfassade der Halle befindet sich ferner das Gebläse einer Entlüftungsanlage. Diese war beim Augenschein nicht in Betrieb.

[42] Aus all dem ergibt sich eine konkrete Konfliktsituation zwischen der Krypta und dem auf eine ungestörte gewerbliche Nutzung ausgerichteten Plankonzept der Beigeladenen zu 1) Auch wenn, wie das Bundesverwaltungsgericht zu Recht feststellt, schon das Nebeneinander der genehmigten Kirche und der benachbarten industriellen Nutzung nicht konfliktfrei ist, wird sich das Konfliktpotential nach Hinzutreten der Krypta doch qualitativ spürbar erhöhen. Auf die Totenruhe der dort liegenden verstorbenen Priester ist jedenfalls nach der-

zeit noch herrschender Bestattungskultur und herrschenden Wertvorstellungen stärker Rücksicht zu nehmen als auf die bestehende Kirche. Die Handlungsfreiheit der unmittelbaren Industrienachbarn ist insoweit mit einer bestattungskulturell determinierten Rücksichtnahmepflicht belastet. Auslöser sind die in der Krypta auf Dauer ruhenden Toten. Die Rücksichtnahmepflicht besteht daher auch dauerhaft und beschränkt sich nicht etwa nur auf die - seltenen - Bestattungszeremonien. Ob der Konflikt bei völliger „Einhausung" d.h. totaler optischer und akustischer Abschirmung der jeweils zu beurteilenden Begräbnisstätte entschärft wäre, erscheint nicht zweifelsfrei, bedarf aber hier keiner Entscheidung. Denn die Krypta ist weder räumlich noch akustisch „eingehaust". Sie ist vielmehr - nur - von außerhalb der Kirche auf der lärmbelasteten Nordostseite zugänglich. Lärmbelästigungen sind zudem, je nach Intensität der Betriebsvorgänge, aber auch im Innern der Krypta wahrzunehmen. Denn nach der Baugenehmigung (Bau- und Betriebsbeschreibung) ist die - vor allem auch bestattungsrechtlich erforderliche - Belüftung des Raumes nur über drei Drehkippfenster an der Ostseite vorgesehen, die folglich funktionsbedingt - jedenfalls zeitweise - offen stehen müssen. Diese Drehkippfenster sollen des Weiteren auch der Entlüftung dienen, eine Raumentlüftung über das Dach ist lediglich als Zusatz vorgesehen. Damit ist ein potenzieller Nutzungskonflikt vorprogrammiert, der in behördliche Betriebsauflagen umschlagen kann. Hinzu kommt schließlich, dass die Firma B. sich seit längerem auf die Grundstücke südlich der Kirche und Krypta durch den Bau zusätzlicher Werkhallen erweitern will. Diese Betriebserweiterungen, durch welche die Krypta industriell „eingekreist" und möglicherweise noch stärker lärmbelastet würde, werden von der Beigeladenen zu 2) auch aktiv planerisch unterstützt. Das Industriegebiet soll deswegen nach Süden hin vergrößert werden; die Änderung des Flächennutzungsplans als Vorstufe dieser Planung ist bereits beschlossen, sie befindet sich im Stadium der Trägerbeteiligung. Dieses Plankonzept einer Beibehaltung und Vergrößerung des Industriegebiets wäre im Hinblick auf das Trennungsgebot und das Gebot der Konfliktbewältigung bei Zulassung der Krypta zumindest gefährdet.

[43] 2. Eine Befreiung des Vorhabens „Kirche mit Krypta" nach § 31 Abs. 2 BauGB scheitert des Weiteren daran, dass die Tradition der Kirchenbestattung der Klägerin zwar als Belang des Wohls der Allgemeinheit anzuerkennen sein dürfte (dazu a]), dass nach Lage der Dinge die nachträgliche Genehmigung der Krypta zur Wahrnehmung dieses Belangs aber nicht (mehr) „vernünftigerweise geboten" erscheint (dazu b]). Hierzu ist - ausgehend von den Prüfungsvorgaben des Bundesverwaltungsgerichts im Urteil vom 18.11.2010 - folgendes auszuführen:

[44] a) Wie oben dargestellt, gehören zu den berücksichtigungsfähigen öffentlichen Gemeinwohlbelangen auch die in den Glaubensvorstellungen wurzelnden Belange privatrechtlich organisierter Kirchen, sofern sie „eine nicht nur unbedeutende Zahl von Mitgliedern“ haben. Dies folgt aus der Bedeutung der Religionsausübungsfreiheit nach Art. 4 GG und des Art. 137 Abs. 3 WRV iVm Art. 140 GG, die in ihrer Funktion als objektive Wertentscheidung für die Auslegung des Begriffs „Gemeinwohl“ zum Tragen kommen. Die Klägerin dürfte nach Größe, Mitgliederzahl und Bedeutung diesen quantitativen Mindestanforderungen entsprechen. Nach Angaben der Vertreter der Klägerin in der mündlichen Verhandlung hat die Klägerin 433 Mitglieder. Das geltend gemachte Bedürfnis, Gemeindepriester nicht nur - wie möglich und zulässig -in „geweihter Erde“ einer auswärtigen syrisch-orthodoxen Klosteranlage zu beerdigen (etwa in den Niederlanden oder neuerdings auch im Kloster Warburg), sondern sie in der „Hauskirche“ zu bestatten, stellt auch einen in den Glaubensvorstellungen wurzelnden Belang dar. Beim Gebot der Hauskirchenbestattung handelt es sich, wie der Senat im Urteil vom 9.11.2009 -3 S 2679/08- in Auseinandersetzung mit den vorgelegten Unterlagen im Einzelnen ausgeführt hat, um einen Teil des traditionellen Ritus der syrisch-orthodoxen Glaubensgemeinschaft, nicht jedoch um einen zwingenden oder unabdingbaren Bestandteil der Religionsausübung im engeren Sinn. An dieser - diesen Belang in der Abwägung mit anderen öffentlichen Interessen relativierenden - Einstufung hält der Senat nach erneuter Prüfung zwar fest. Allerdings haben sich nachträglich Umstände ergeben, die das Gewicht und die „zwingende“ Bedeutung des Hausbestattungsgebots noch weiter zu mindern geeignet sind. So hat sich in der mündlichen Verhandlung bestätigt, dass außer der Klägerin (und außer in der anders gelagerten Klosteranlage in Warburg) bislang noch keine andere syrisch-orthodoxe Kirchengemeinde in Deutschland - auch keine Gemeinde aus der Gemeinschaft der „Kirche von Antiochien“ - eine kircheneigene Krypta plant, obwohl dies bei Kirchenneubauten naheläge und auch bei Umbauten häufig umsetzbar wäre. Auf Frage nach dem Grund hierfür haben die Vertreter der Klägerin angegeben, die anderen lokalen Kirchen bestatteten ihre Priester in den jeweils näherliegenden Klöstern in den Niederlanden oder neuerdings in Warburg, wo 150 Grabstellen geplant seien. So habe insbesondere die neue Kirche in Paderborn wegen der Entfernung von 40 km bis Warburg auf eine Krypta verzichtet. Auch innerhalb der syrisch-orthodoxen Gemeinden im Bereich der Beigeladenen zu 1) ist die Einstellung zu „Hauskirchenbestattungen“ nicht eindeutig. Außer der Klägerin gibt es noch zwei weitere syrisch-orthodoxe Gemeinden, die Gemeinde St. Jakob mit etwa 400 und die Gemeinde St. Stefanus mit 181 Mitgliedern. Beide Gemeinden haben sich bislang ersichtlich weder um eine Begräbnisstätte in ihrer eigenen Kirche noch - was alternativ naheliegen würde - um einen Bestat-

tungsplatz in der geplanten Krypta der Klägerin bemüht. Nach Angaben des Bürgermeisters der Beigeladenen zu 1) haben die Pfarrer beider anderen Gemeinden erklärt, sie bräuchten jedenfalls vor Ort keine Krypta. Das „Hausbestattungsgebot" hat für diese syrisch-orthodoxen Gemeinden damit offensichtlich nicht die gleiche Bedeutung wie für die Klägerin, auch wenn diese diesem Gebot Geltung für alle Gemeinden beimisst. Es ist auch nicht zu erkennen, dass die beiden anderen Gemeinden im Gegensatz zur Klägerin die verfügbaren auswärtigen Bestattungsorte - in den Klöstern in den Niederlanden oder in Warburg - wegen zu weiter Entfernung ablehnen. In diesem Zusammenhang ist auch auf eine Erklärung des der Gemeinde St. Jakob angehörenden Gemeinderats K. in der Sitzung vom 12.9.2005 hinzuweisen, wonach es auch in der Osttürkei, dem Herkunftsgebiet, Krypten in Bischofssitzen und Klöstern gebe, in denen auswärtige Pfarrer bestattet werden könnten.

[45] bb) Ob die Tradition der „Hausbestattung" die Angliederung der Krypta an die „Hauskirche" „vernünftigerweise gebietet", hängt wesentlich von im Einzelfall nach objektiven Kriterien zu ermittelnden Zumutbarkeitskriterien ab. Dabei sind vorliegend die Ereignisse und Verhaltensweisen der Beteiligten im Zeitraum vor und nach der Genehmigung und dem Bau der Kirche Mitte der 1990er Jahre in den Blick zu nehmen. Maßgebend für die Zumutbarkeit ist, ob der Klägerin damals tatsächlich zu nicht unangemessenen Bedingungen ein besser geeignetes Grundstück für die Errichtung einer Kirche mit Krypta auf dem Gebiet der Beklagten zur Verfügung gestanden hätte, oder, wenn dies nicht der Fall war, ob sie sich bewusst auf die Errichtung einer Kirche ohne Krypta eingelassen hat (BVerwG, Urteil vom 18.11.2010, aaO).

[46] Bezüglich des ersten Gesichtspunkts (Existenz und Zumutbarkeit eines besser geeigneten Alternativgrundstücks zu dem 1992 erworbenen Baugrundstück im Industriegebiet) haben die Ermittlungen kein klares Bild ergeben. Unstreitig fanden Verhandlungen über ein Grundstück im Ortsinneren der Beigeladenen zu 1) statt. Nach Angaben der Klägerin wurde das Angebot vom Verkäufer später zurückgezogen und es hätten zudem Probleme mit der Ost-West-Ausrichtung der Kirche bestanden. Dem haben die Vertreter der Beigeladenen zu 1) widersprochen und vorgetragen, über die Rücknahme eines Verkaufsangebots sei nichts bekannt und eine Ost-West-Ausrichtung sei mit einem verkleinerten Kirchenbau möglicherweise realisierbar gewesen.

[47] Weiterer Ermittlungen in dieser Frage bedurfte es nicht. Denn nach nochmaliger Prüfung und Bewertung der aktenkundigen Vorgänge vor und nach der Genehmigung und Errichtung der Kirche ab 1994 ist davon auszugehen, dass die Klägerin sich jedenfalls bewusst auf die Errichtung der Kirche ohne Krypta eingelassen hat. (*wird ausgeführt*)

[48] 3. Auch wenn die Krypta durch Gemeinwohlbelange gefordert wäre, bedürfte es der zusätzlichen Prüfung, ob der Einbau der Krypta unter Berücksichtigung der konkreten Umstände des Einzelfalls mit - sonstigen - öffentlichen Belangen unter Würdigung nachbarlicher Interessen vereinbar ist. Ist dies in beachtlicher Weise nicht der Fall, so vermag sich der die Befreiung rechtfertigende Gemeinwohlgrund iSd § 31 Abs. 2 Nr. 1 BauGB nicht durchzusetzen (BVerwG, Urteil vom 18.11.2010, aaO, unter Hinweis auf das Urteil vom 9.6.1978 -4 C 54.75- BVerwGE 56, 71 [78]). So liegen die Dinge auch hier.

[49] aa) Als öffentlicher Belang wird vorliegend das Gebot des Schutzes der Totenruhe und der Pietät von Begräbnisstätten betroffen, wobei die Anforderungen sich aus der noch herrschenden Bestattungskultur und dem ihr innewohnenden Verhältnis zum Tod ergeben. Dieses Gebot hat - als Ausprägung der kulturellen Wertvorstellungen eines Großteils der Bevölkerung - städtebauliches Gewicht (§ 1 Abs. 6 Nr. 3 BauGB) und strahlt - wie oben bereits dargelegt - nach zwei Seiten aus. Geschützt werden sollen nicht nur die Trauernden selbst - hier: die Gemeindemitglieder der Klägerin und die Angehörigen der bestatteten Priester -, sondern auch die im nahen Umfeld lebenden und arbeitenden Personen, denen eine hergebrachte pietätsbedingte Rücksichtnahmepflicht auf die in der Begräbnisstätte ruhenden Toten obliegt. Die sich hieraus ergebenden Folgerungen für Standort und Lage von - auch privaten und kirchlichen - Begräbnisstätten haben im Bestattungsrecht mit den dortigen Abstandsgeboten ihren Niederschlag gefunden. Dies hat der Senat bereits oben dargelegt, hierauf kann verwiesen werden. Mit den Abstandsgeboten werden als weitere öffentliche Belange die städtebaulichen Planungsleitsätze der Konfliktbewältigung und des Trennungsgebots (§ 50 BImSchG) berührt. Sie besagen, dass betroffene Belange untereinander in einen gerechten Ausgleich zu bringen und insbesondere bewältigungsbedürftige immissions-schutzrechtliche Nutzungskonflikte bei Vorhabenstandorten in den Blick zu nehmen und einer Lösung zuzuführen sind (vgl. BVerwG, Beschluss vom 8.3.2010 -4 B 76.09- *juris*).

[50] Mit diesen Anforderungen ist die Krypta in ihrer konkreten Lage und Ausgestaltung im Verhältnis zu der im unmittelbaren Nahbereich seit langem vorhandenen industriellen Nutzung der Firma B. nicht vereinbar. Insofern kann auf das schon oben an anderer Stelle beschriebene Konfliktpotenzial verwiesen werden. Wie dort dargestellt, liegt die Krypta mit ihrer Außentür und den nach Osten weisenden Fenstern nur wenige Meter von der östlichen Grundstücksgrenze und der sich daran unmittelbar anschließenden befestigten Freifläche des Firmengeländes B. entfernt. Diese enge räumliche Verbindung führt dazu, dass die Betriebsgeräusche aus dem Grenzbereich nahezu ungefiltert auf das Baugrundstück dringen. Der Senat hat keinen Zweifel, dass diese Geräusche den industriegebietstypischen Rahmen ausschöpfen. Beim Betrieb B. handelt es

sich um einen holzverarbeitenden Großbetrieb mit ca. 85 Mitarbeitern. Die Firma stellt verschiedene Packmittel aus Holz und Wellpappe, unter anderem Kisten und Paletten, her. Sie arbeitet auch im Dreischichtenbetrieb. Der bisherige Betriebsablauf umfasst die Zu-und Abfahrt auch schwerer LKW auf der Grenzfläche, um Rohmaterial anzuliefern und Fertigprodukte abzuholen. Diese Auf- und Abladevorgänge spielen sich auf Höhe des der Krypta gegenüberliegenden Rolltors ab. All dies ist unstreitig. Wie der Augenschein gezeigt hat, sind auf der Freifläche beiderseits des Rolltors auch mehrere Container mit Holzspänen gelagert sowie Holzpaletten gestapelt. Vom An- und Abtransport und dem Be- und Entladen dieser Container geht, was auf der Hand liegt, erheblicher Lärm aus. Weitere Lärmquellen stellen die in den Hallen befindlichen holzverarbeitenden Maschinen dar. Deren Geräusche dringen auch nach außen, beim Augenschein waren sie auf dem Baugrundstück auf Höhe der Krypta noch deutlich als rührender dumpfer Ton[2] zu vernehmen, obwohl das Rolltor geschlossen war. Die besagten Emissionen der Firma B. machen auch vor der Krypta nicht Halt, sondern können auch in deren Inneres dringen. Dabei bilden insbesondere die bereits beschriebenen oberirdischen Außenfenster eine Immissionsbrücke, da sie die Belüftung des Innenraums sicherstellen und des Weiteren auch der Raumentlüftung dienen sollen und daher auch über längere Zeiträume offenstehen müssen. Hieraus kann ein erhebliches, mit herkömmlichen Pietätsvorstellungen nicht zu vereinbarendes Störpotential für die Totenruhe und eine pietätvolle Trauer erwachsen. Die Krypta ist damit entgegen der Behauptung der Klägerin nicht gegen Luftschall abgeschirmt. Dass beim Augenschein in der Krypta Ruhe herrschte, belegt nichts Gegenteiliges. Denn während dieser Zeit fanden keinerlei Arbeitsvorgänge auf der gegenüberliegenden Freifläche statt, ferner war das Rolltor zu den Betriebshallen verschlossen. Der räumliche Schutzbereich der Totenruhe dürfte sich überdies nicht ausschließlich auf den Innenraum der Krypta beschränken.

[51] Vor diesem Hintergrund besteht jedenfalls die reale Möglichkeit, dass die Firma B. bei Zulassung der Krypta mit Betriebseinschränkungen zum Schutz einer herkömmlichem Verständnis entsprechenden Totenruhe rechnen muss. Als Maßnahmen zur Eindämmung des Außenlärms kommen dabei insbesondere Verbote, Beschränkungen oder Entzerrungen bei den besonders lauten Be- und Entladevorgängen in Betracht, während gegen Innenlärm mit dem Gebot zu rechnen sein kann, das hintere Rolltor bei Maschinenbetrieb geschlossen zu halten. Für die Einschätzung der Wahrscheinlichkeit solcher Auflagen ist zu berücksichtigen, dass die Krypta nach Größe und Zweck (immerhin 10 Bestat-

2 Es muss wohl heißen: *röhrender* dumpfer Ton.

tungsplätze nur für Gemeindegeistliche) ungewöhnlich lange genutzt werden wird und während des Nutzungszeitraums im Hinblick auf die bestattungsrechtlichen Ruhezeiten auch nicht angetastet werden darf. Innerhalb dieses Zeitfensters kann nicht ausgeschlossen werden, dass sich auch spätere Vertreter der Klägerin um Schutz der Totenruhe bemühen. Ferner kann nicht ausgeblendet werden, dass die Firma B. seit längerem eine Erweiterung ihrer Betriebsanlagen auch südlich des Baugrundstücks auf der geplanten Erweiterungsfläche des Industriegebiets plant und bei dieser Planung - insbesondere bei Anordnung der Lade- und Lagerzonen - ebenfalls auf die Totenruhe Rücksicht nehmen muss. Dass diese Rücksichtnahmepflicht graduell höher ist als gegenüber der weniger störempfindlichen und störanfälligen Kirche, wurde oben bereits ausgeführt.

5

1) Für die Frage, ob geringfügig Beschäftigte hinsichtlich ihrer Arbeitsvergütung entgegen § 4 Abs. 1 TzBfG schlechter behandelt werden als Vollzeitbeschäftigte, kommt es auf einen Vergleich mit dem Bruttoentgelt vollzeitbeschäftigter Mitarbeiter an.

2) Es bleibt offen, ob der Wille, alle Arbeitnehmer sollten nach Berücksichtigung unterschiedlicher Steuersätze das gleiche Nettoentgelt erhalten, einen Rechtfertigungsgrund für die Ungleichbehandlung geringfügig Beschäftigter in Tarifverträgen oder in kirchlichen Arbeitsvertragsregelungen, die auf dem Verfahren des Dritten Weges zustande gekommen sind, darstellen kann.

3) Kirchliche Arbeitsvertragsregelungen, die nicht auf dem Verfahren des Dritten Weges zustande gekommen, sondern durch ein erzbischöfliches Dekret in Kraft gesetzt worden sind, verstoßen gegen § 4 Abs. 1 TzBfG, falls geringfügig Beschäftigte nach diesen Arbeitsvertragsregelungen ein geringeres Entgelt als das Bruttoentgelt vergleichbarer Vollzeitbeschäftigter erhalten sollen. Das gilt auch dann, wenn das Nettoentgelt der geringfügig Beschäftigten höher ist als das Nettoentgelt vergleichbarer Vollzeitbeschäftigter. An die Stelle der unwirksamen Vergütungsregelung tritt gem. § 612 Abs. 2 BGB die übliche Vergütung. Dies ist das Bruttostundenentgelt der Vollzeitbeschäftigten.

Art./§§ 140 GG, 137 Abs. 3 WRV, 134, 138, 317 Abs. 1, 612 Abs. 2 BGB, 4 Abs. 1 TzBfG
LAG Hamm, Urteil vom 29. Juli 2011 -18 Sa 2049/10-[1]

Die Parteien streiten über Zahlungsansprüche der Klägerin, die als geringfügig Beschäftigte das gleiche Stundenentgelt wie vollzeitbeschäftigte Mitarbeiter begehrt.

Der beklagte Verein betreibt ein Altenpflegeheim, in dem die Klägerin als Pflegeassistentin im Nachtdienst beschäftigt ist. Die Parteien trafen im Dienstvertrag vom 28.9.2001 unter anderem folgende Vereinbarungen:

> § 2 Für das Dienstverhältnis gelten die „Richtlinien für Arbeitsverträge in den Einrichtungen des Deutschen Caritasverbandes" (AVR) in ihrer jeweils geltenden Fassung. Der Mitarbeiterin ist Gelegenheit zur Einsichtnahme in die AVR gegeben.
> § 4 Die Mitarbeiterin ist teilzeitbeschäftigt mit 8,5 Stunden in der Woche im Rahmen der jeweils gültigen Grenzwerte für geringfügig Beschäftigte.
> § 5 Abweichend von § 3 Abs. 1 der Anlage 18 zu den AVR und abweichend von den §§ 4, 5 und 6 der Anlage 18 zu den AVR wird folgendes gemäß § 3 Abs. 3 der Anlage 18 zu den AVR vereinbart. Die Mitarbeiterin erhält eine Vergütung von 16,15 DM/Stunde für die Tätigkeit im Nachtdienst mit Wochenend- und Feiertagsdienst.
> § 6 Die Vergütung wird gemäß § 3 Abs. 2 der Anlage 18 zu den AVR um die vom Dienstgeber abzuführende Steuer gekürzt.

Gem. Abschnitt IIa Abs. (a) der Anlage 1 zu den AVR erhalten teilzeitbeschäftigte Mitarbeiter von den Dienstbezügen, die für entsprechende Vollzeitbeschäftigte festgelegt sind, den Teil, der dem Maß der mit ihnen vereinbarten durchschnittlichen Arbeitszeit entspricht.

§ 3 der Anlage 18 zu den AVR regelte bis zum 31.10.2009 für geringfügig Beschäftigte Folgendes:

> § 3 Vergütung
> (1) Der Mitarbeiter erhält eine Vergütung nach Art und Umfang seiner Tätigkeit, die sich aus der Grundvergütung, dem Ortszuschlag und der Zulage (Anlage 10 zu den AVR) nach der für vollbeschäftigte Mitarbeiter geltenden Vergütungstabelle errechnet. Die Bestimmungen des Abschnittes III und des Abschnittes V der Anlage 1 zu den AVR finden entsprechende Anwendung. Der Mitarbeiter, der das Eingangsalter seiner Vergütungsgruppe (Stufe 1) noch nicht erreicht hat, erhält eine Vergütung, die sich nach Abschnitt IV (Grundvergütung der Mitarbeiter ab vollendetem 18. Lebensjahr bis zur Erreichung des Eingangsalters) bzw. Abschnitt VI (Gesamtvergütung der Mitarbeiter vor dem vollendeten 18. Lebensjahr) der Anlage 1 zu den AVR errechnet.
> (2) Ist auf den Antrag des Mitarbeiters die pauschalierte Lohnsteuer gemäß § 40a EStG

---

1 Amtl. Leitsätze. BeckRS 2012, 65169; *juris*; AE 2012, 98 (LS); ZMV 2012, 54.

durch den Dienstgeber abzuführen, so kann die Bruttovergütung gemäß Absatz 1 um die vom Dienstgeber zu tragende Steuer gekürzt werden.
(3) Im ausdrücklichen Einvernehmen und nach Belehrung über die sich in sozialversicherungsrechtlicher Hinsicht ergebenden Folgen sowie über das Widerrufsrecht kann
a) eine von Absatz 1 abweichende geringere Vergütung vereinbart werden,
b) von den Regelungen über die Gewährung von Zulagen, Zeitzuschlägen und Weihnachtszuwendungen einzelvertraglich abgewichen werden.
Diese abweichenden Vereinbarungen können vom Mitarbeiter widerrufen werden. Die Widerrufsfrist beträgt sechs Wochen zum Schluss eines Kalendervierteljahres.
(4) Für die Berechnung und Fälligkeit der Vergütung gilt Abschnitt X (Zusatzbestimmungen zu den Bezügen) der Anlage 1 zu den AVR entsprechend.

Diese Regelung wurde zum 31.10.2009 durch Spruch des Vermittlungsausschusses vom 20.1.2009 außer Kraft gesetzt. Der Erzbischof von P. verfügte mit Dekret vom 27.10.2009 mit Wirkung ab 1.11.2009 unter anderem Folgendes:

1. In Abschnitt IIa der Anlage 1 zu den AVR wird folgender neuer Absatz (c) eingefügt:
aa) Der Mitarbeiter, der im Sinne des § 8 Abs. 1 Ziffer 1 SGB IV geringfügig beschäftigt ist, erhält eine pauschalierte Nettostundenvergütung aufgrund der Dienstbezüge nach Abs. (a) S. 1 und der in Monatsbeträgen festgelegten Zulagen nach Abs. (b) vergleichbarer teilzeitbeschäftigter Mitarbeiter.
bb) Zur Festlegung der Nettostundenvergütung nach Unterabs. aa) wird zunächst die Bruttomonatsvergütung ermittelt. Diese ergibt sich aus der für das Dienstverhältnis des Mitarbeiters geltenden Regelvergütung gemäß Anlagen 3 und 3a zu den AVR iVm Unterabs. cc), der Kinderzulage gemäß Abschnitt V B der Anlage 1 zu den AVR (soweit deren Voraussetzungen vorliegen), einem Zwölftel der Weihnachtszuwendung gemäß Abschnitt XIV der Anlage 1 zu den AVR, einem Zwölftel des Urlaubsgeldes gemäß §§ 6–9 der Anlage 14 zu den AVR und der in Monatsbeträgen festgelegten Zulagen gemäß Abschnitt IIa Abs. (b) der Anlage 1 zu den AVR (soweit deren Voraussetzungen vorliegen), jeweils in der Fassung der Region, unter deren Regelungszuständigkeit die Einrichtung des Mitarbeiters fällt. Sodann wird die durchschnittliche Nettomonatsvergütung ermittelt. Dazu wird die Bruttomonatsvergütung um den mittleren Wert aus den Steuerklassen 1 und 5 und den Beiträgen zur gesetzlichen Sozialversicherung reduziert. Anschließend wird die durchschnittliche Nettostundenvergütung ermittelt, indem die durchschnittliche Nettomonatsvergütung durch die Monatsarbeitszeit (durchschnittliche regelmäßige Wochenarbeitszeit x 4,348) geteilt wird. Schließlich wird diese durchschnittliche Nettostundenvergütung zur Kompensation für geminderte sozialversicherungsrechtliche Leistungsansprüche um 10 vH erhöht. Die Weihnachtszuwendung beinhaltet die Kinderzulage nach Abschnitt XIV Abs. (d) Unterabs. 5 der Anlage 1 zu den AVR, soweit deren Voraussetzungen vorliegen. Die Steuerklassen 1 und 5 beinhalten die jeweilige Kirchensteuer.

Hierüber informierte der beklagte Verein die Klägerin mit Schreiben vom 17.12.2009. In dem Schreiben heißt es unter anderem:

„Damit gelten für Sie ab dem 1.11.2009 für die bisher in § 4 Ihres Vertrages enthaltenen Vergütungsvereinbarungen folgende Regelungen:

> 'Die Mitarbeiterin ist in Anwendung des Abschnitts I der Anlage 1 zu den AVR in Vergütungsgruppe Kr 2 Stufe 5 eingruppiert. Die auszuübende Tätigkeit entspricht derzeit dem Tätigkeitsmerkmal der Ziffer 4 der obigen Vergütungsgruppe Anlage 2a zu den AVR.
> Sie erhält im Rahmen ihrer geringfügigen Beschäftigung gem. Abschnitt II Abs. c der Anlage 1 AVR eine Vergütung von derzeit 7,79 € pro Stunde.
> Soweit die Anspruchsvoraussetzungen vorliegen, erhält die Mitarbeiterin eine pauschalierte Kinderzulage in Höhe von derzeit 0,34 € pro Stunde je Kind.
> Soweit die Anspruchsvoraussetzungen vorliegen, erhält die Mitarbeiterin eine pauschalierte Pflegezulage in Höhe von derzeit 0,12 € pro Stunde und eine pauschalierte Schichtzulage in Höhe von derzeit 0,10 € pro Stunde.'"

Der beklagte Verein zahlte an die Klägerin im Zeitraum vom November 2009 bis Januar 2010 eine Vergütung in Höhe von 8,25 € (netto) für jede Arbeitsstunde. Dies entsprach der Vergütung, die die Klägerin auch bis Oktober 2009 erhalten hatte. Für den Monat Februar 2010 erhielt die Klägerin eine Vergütung in Höhe von 8,97 € (netto) für jede Arbeitsstunde.

Mit gewerkschaftlichem Schreiben vom 14.4.2010 verlangte die Klägerin vom beklagten Verein eine Stundenvergütung in Höhe von 11,78 € sowie eine entsprechende Erhöhung der Zeitzuschläge und Nachtarbeitszuschläge. Für den Zeitraum von November 2009 bis Februar 2010 machte sie Entgeltdifferenzen in Höhe von 945,23 € geltend.

Diese Ansprüche macht die Klägerin auch zum Gegenstand der vorliegenden Zahlungsklage. Sie legt dar, die Nettostundenvergütung, die der beklagte Verein im Zeitraum von November 2009 bis Februar 2010 gezahlt habe, basiere auf einer unzulässigen Schlechterstellung der Teilzeitmitarbeiter. Aus § 4 Abs. 1 Satz 2 TzBfG ergebe sich, dass ihr, der Klägerin, als geringfügig Beschäftigter Mitarbeiterin das gleiche Bruttostundenentgelt zustehe wie den nicht geringfügig Beschäftigten. Das bischöfliche Dekret vom 27.10.2009 sei unwirksam, da es ohne Beschluss der arbeitsrechtlichen Kommission des Deutschen Caritasverbandes in Kraft gesetzt worden sei und da es unzulässiger Weise die Bruttomonatsvergütung um den mittleren Wert der Steuerbelastung aus den Steuerklassen 1 und 5 sowie um die Beiträge zur gesetzlichen Sozialversicherung reduziere. Die Klägerin meint, ihr stehe auf Basis der Regelvergütung nach der Vergütungsgruppe Kr 2 Stufe 5 eine Stundenvergütung in Höhe 11,78 € brutto zu.

Der beklagte Verein hält die Festsetzung der pauschalen Nettovergütung, die sich aus dem erzbischöflichen Dekret vom 27.10.2009 für die geringfügig beschäftigten Mitarbeiter ergibt, für zulässig. Die Klägerin werde durch die Bestimmungen des Dekrets besser gestellt als sie nach den zuvor geltenden Regelungen der Anlage 18 zu den AVR gestanden habe. Die Klägerin erhielte als Nettoentgelt, würde man ihre Tätigkeit auf Grundlage einer sozialversicherungspflichtigen Tätigkeit mit einem Stundenentgelt in Höhe von 11,78 € brutto abrechnen, bei weitem weniger als das im bischöflichen Dekret vorgesehene Entgelt.

Das ArbG Bielefeld (Urteil vom 20.10.2010 -6 Ca 1506/10- ZMV 2010, 330 [red. Leitsatz, Kurzwiedergabe]) hat die Klage abgewiesen, soweit die Klägerin hinsichtlich der Zeitzuschläge und Nachtarbeitszuschläge für den Monat November 2009 einen Betrag in Höhe von 114,68 € eingefordert hatte. Insoweit habe die Klägerin nicht substantiiert dargelegt, dass sie in diesem Monat Sonntags- bzw. Nachtarbeit geleistet habe, die der beklagte Verein vertragswidrig nicht vergütet habe. Im Übrigen hat das Arbeitsgericht der Klage stattgegeben und zur Begründung im Wesentlichen ausgeführt, die Vereinbarung einer geringeren Entlohnung für die geringfügig beschäftigte Klägerin verstoße gegen § 4 Abs. 1 Satz 2 TzBfG. Es liege eine Ungleichbehandlung zum Nachteil der Klägerin vor, da auf die Bruttovergütung abzustellen sei und nicht auf einen Vergleich der aus der Bruttovergütung erzielten Nettovergütung. Diese Ungleichbehandlung sei auch in Ansehung des verfassungsrechtlich gewährleisteten Selbstbestimmungsrechts der Kirchen sachlich nicht gerechtfertigt.

Mit seiner Berufung trägt der beklagte Verein im Wesentlichen vor, die Klägerin erhalte unter Berücksichtigung sämtlicher weiterer Zahlungen des Arbeitgebers ebenfalls eine Bruttostundenvergütung in Höhe von ca. 11,78 €. Zu berücksichtigen seien auch die Beträge, die der Beklagte als Arbeitgeber zusätzlich zum Nettoentgelt der Klägerin abführen müsse. Vor dem Hintergrund, dass für den Arbeitnehmer in der Regel entscheidend sei, welcher Nettobetrag ihm zur Verfügung stehe, sei die Entgeltfestsetzung für geringfügig Beschäftigte im Dekret des Erzbischofs nicht als grob unbillig anzusehen.

Die Klägerin vertritt die Auffassung, der Beklagte könne nicht Bruttopersonalkosten mit dem Bruttoentgelt gleichsetzen. Auch bei Vollbeschäftigten seien dem Arbeitgeber Beiträge zur Sozialversicherung gesetzlich auferlegt, ohne dass diese Beiträge den Bruttolohn der Vollbeschäftigten erhöhten. Für die Klägerin sei das ihr zustehende Bruttoentgelt maßgeblich, da sich daraus später Ansprüche im Rahmen der Kranken-, Arbeitslosen-, Renten- und Pflegeversicherung ergäben.

Die Klägerin hat in der Berufungsinstanz die Klage mit Zustimmung des Beklagten in Höhe eines Betrages von 63,00 € hinsichtlich der geforderten Nachtzuschläge zurückgenommen.

Die Berufung hatte im Wesentlichen keinen Erfolg. Das Landesarbeitsgericht ändert das angefochtene Urteil nur insoweit ab, als die Klägerin in der Berufungsinstanz die Klage zurückgenommen hat.

Aus den Gründen:

[59] II. Der Klägerin steht gegen den beklagten Verein ein Anspruch auf Zahlung von 767,55 € brutto nebst Zinsen zu. Das Arbeitsgericht ist, soweit es der Klage stattgegeben hat, zu Recht davon ausgegangen, dass der beklagte Verein verpflichtet ist, der Klägerin das gleiche Bruttostundenentgelt zu gewähren, das auch vollzeitbeschäftigte Mitarbeiter erhalten.

[60] Dieser Anspruch der Klägerin folgt aus dem Arbeitsvertrag vom 28.9.2001 iVm § 612 Abs. 2 BGB und Abschnitt IIa Abs. (a) Satz 1 der Anlage 1 zu den AVR. Nach dieser Regelung erhalten teilzeitbeschäftigte Mitarbeiter von den Dienstbezügen, die für entsprechende Vollzeitbeschäftigte festgelegt sind, den Teil, der dem Maß der mit ihnen vereinbarten durchschnittlichen Arbeitszeit entspricht. Dies ist die der Klägerin gem. § 612 Abs. 2 BGB zustehende übliche Vergütung. Der beklagte Verein schuldet die übliche Vergütung, weil die im erzbischöflichen Dekret vom 27.10.2009 festgelegten abweichenden Bestimmungen zur Entgeltfindung bei geringfügig beschäftigten Mitarbeitern unwirksam sind.

[61] 1. Die im erzbischöflichen Dekret vom 27.10.2009 vorgesehenen Regelungen zur Festlegung der Nettostundenvergütung von teilzeitbeschäftigten Mitarbeitern verstoßen gegen § 4 Abs. 1 Satz 2 TzBfG und sind daher gem. § 134 BGB nichtig.

[62] a) Die Regelungen des erzbischöflichen Dekrets sind am Benachteiligungsverbot des § 4 Abs. 1 Satz 2 TzBfG zu messen.

[63] Der Inhalt kirchlicher Arbeitsvertragsregelungen ist an übergeordnetes Recht und damit auch an das Benachteiligungsverbot des § 4 Abs. 1 TzBfG gebunden (so auch LAG Düsseldorf, Urteil vom 3.2.2011 -5 Sa 1351/10- KirchE 57, 96). Das kirchliche Selbstbestimmungsrecht, das gem. Art. 140 GG iVm Art. 137 Abs. 3 WRV verfassungsrechtlich geschützt ist, steht dem nicht entgegen. Die Verfassungsgarantie des Selbstverwaltungs- und Selbstbestimmungsrechts gewährleistet den Kirchen, darüber zu befinden, welche Dienste es in ihren Einrichtungen geben soll und in welchen Rechtsformen sie wahrzunehmen sind. Die Kirchen sind dabei nicht darauf beschränkt, für den kirchlichen Dienst besondere Gestaltungsformen zu entwickeln. Sie können sich auch der jedermann offenstehenden Privatautonomie bedienen, um ein Dienstverhältnis zu begründen und zu regeln. Bedienen sich die Kirchen aber wie jedermann der Privatautonomie zur Begründung von Arbeitsverhältnissen, so findet auf diese das staatliche Arbeitsrecht Anwendung. Das ist die schlichte Folge dieser Rechtswahl (BVerfG, Beschluss vom 4.6.1985 -2 BvR 1703/83- KirchE 23, 105; BAG, Urteil vom 25.3.2009 -7 AZR 710/07- KirchE 53, 138).

[64] Staatliche Regelungen, die in den durch Art. 140 GG geschützten Bereich eingreifen, sind nur durch ein „für alle geltendes Gesetz" iSv Art. 137 Abs. 3 Satz 1 WRV zulässig. Dies sind solche Gesetze, die für die Religions- und Weltanschauungsgemeinschaften dieselbe Bedeutung haben wie für jedermann (BVerfG, Beschluss vom 21.9.1976 -2 BvR 350/75-; Urteil vom 13.12.1983 -2 BvL 13/82- KirchE 15, 320; BAG, Urteil vom 25.3.2009 -7 AZR 710/07- KirchE 53, 138). Nicht jedes allgemeine staatliche Gesetz, sofern es nur aus weltlicher Sicht von der zu regelnden Materie her als vernünftig erscheint, kann ohne weiteres in den kirchlichen Autonomiebereich eingreifen. Bei rein inneren kirchlichen Angelegenheiten kann ein staatliches Gesetz für die Kirche überhaupt keine Schranke ihres Handelns bilden. Betrifft das die Freiheit der Kirchen einschränkende Gesetz keine reinen innerkirchlichen Angelegenheiten, ist der im Grundgesetz angelegten Wechselwirkung von Kirchenfreiheit und Schrankenzweck durch entsprechende Güterabwägung Rechnung zu tragen, wobei dem Selbstverständnis der Kirchen ein besonderes Gewicht beizumessen ist (BVerfG, Urteil vom 13.12.1983 -2 BvL 13/82- KirchE 21, 307).

[65] § 4 Abs. 1 Satz 2 TzBfG stellt ein solches „für alle geltendes" Gesetz iSd Art. 137 Abs. 3 Satz 1 WRV dar. Die Vorschrift trifft Religions- und Weltanschauungsgemeinschaften nicht härter als andere Rechtsunterworfene. Sie stellt die verfassungsrechtlich geschützte Eigenart des kirchlichen Dienstes nicht in Frage. Zweck des Benachteiligungsverbots ist es, zum Schutz der in Teilzeit beschäftigten Arbeitnehmer Diskriminierungen auszuschließen, die Gleichbehandlung mit vollzeitbeschäftigten Arbeitnehmern zu sichern, und Teilzeitarbeit zu fördern (Preis, in: Erfurter Kommentar zum Arbeitsrecht, 11. Aufl. 2011, § 4 TzBfG Rn 4). Durch diese Regelungszwecke werden weder das Selbstverständnis der Kirchen noch die verfassungsrechtlich geschützte Eigenart des kirchlichen Dienstes betroffen. Es ist nicht ersichtlich, dass das Benachteiligungsverbot Religionsgemeinschaften in ihrer Entscheidung darüber beschränkt, welche Dienste es bei ihnen geben soll und in welchen Rechtsformen sie wahrzunehmen sind. Ebenso wenig ist erkennbar, inwieweit das Benachteiligungsverbot einer Religionsgemeinschaft erschwert, die von ihr übernommenen Aufgaben zu erfüllen.

[66] Zwar sind jedenfalls diejenigen kirchlichen Arbeitsvertragsregelungen, die auf dem Verfahren des Dritten Weges zustande gekommen sind, hinsichtlich der Rechtskontrolle mit Tarifverträgen gleichzustellen (BAG, Urteil vom 24.3.2011 -6 AZR 796/09- KirchE 57, 295; Urteil vom 22.7.2010 -6 AZR 847/07- KirchE 56, 63; LAG Hamm, Urteil vom 15.7.2011 -18 Sa 973/10-). Das steht einer Rechtskontrolle gem. § 4 Abs. 1 Satz 2 TzBfG jedoch nicht entgegen. Denn auch tarifvertragliche Vorschriften sind am Benachteiligungsverbot des § 4 Abs. 1 TzBfG zu messen (BAG, Urteil vom 25.4.2007 -6 AZR 746/06- mwN). Aus § 22

Abs. 1 TzBfG folgt, dass es sich bei § 4 TzBfG um zwingendes Recht handelt (Preis, in: Erfurter Kommentar zum Arbeitsrecht, § 4 TzBfG Rn 5).

[67] b) Die Regelungen zur Entgeltfindung für geringfügig Beschäftigte Mitarbeiter im bischöflichen Dekret vom 27.10.2009 verstoßen gegen § 4 Abs. 1 Satz 2 TzBfG.

[68] Aus § 4 Abs. 1 Satz 2 TzBfG folgt das Verbot, Teilzeitbeschäftigten eine geringere Vergütung zu gewähren als vergleichbaren vollzeitbeschäftigten Arbeitnehmern. Es handelt sich um eine Spezialregelung gegenüber dem allgemeinen Benachteiligungsverbot nach § 4 Abs. 1 Satz 1 TzBfG; die dort vorgesehene Rechtfertigungsmöglichkeit durch sachliche Gründe gilt auch für § 4 Abs. 1 Satz 2 TzBfG (Joussen, in: Boecken/Joussen, 2. Aufl. 2010, § 4 TzBfG Rn 57; Thüsing, in: Annuß/Thüsing, 2. Aufl. 2006, § 2 TzBfG Rn 49 mwN).

[69] Infolge des erzbischöflichen Dekrets vom 27.10.2009 wird die Klägerin als teilzeitbeschäftigte Arbeitnehmerin hinsichtlich ihres Arbeitsentgelts schlechter gestellt als ein vergleichbarer vollzeitbeschäftigter Arbeitnehmer. Dafür gibt es keine sachliche Rechtfertigung.

[70] aa) Die Schlechterstellung der Klägerin ist darin zu erblicken, dass sie ein geringeres Entgelt erhält als das Bruttoentgelt vollzeitbeschäftigter Mitarbeiter.

[71] Aufgrund der Bestimmungen im erzbischöflichen Dekret vom 27.10.2009 ergibt sich für die Klägerin eine Stundenvergütung in Höhe von 8,25 €. Vollzeitbeschäftigte Mitarbeiter erhalten demgegenüber eine Stundenvergütung von 11,78 € brutto.

[72] Maßgeblich für die Frage, ob ein Teilzeitbeschäftigter gegenüber einem Vollzeitbeschäftigten im Hinblick auf die Höhe des Entgelts benachteiligt wird, ist ein Vergleich des Bruttoentgelts.

[73] Im Arbeitsverhältnis wird die Wertigkeit der Arbeitsleistung und damit das Austauschverhältnis durch die Bruttovergütung bestimmt; dass ein Arbeitnehmer infolge des geringeren Umfangs seiner Arbeitsverpflichtung sozialversicherungsrechtlich anders als ein vollzeitbeschäftigter Arbeitnehmer behandelt wird, hat keinen Einfluss auf den Wert seiner Arbeitsleistung (BAG, Urteil vom 12.6.1996 -5 AZR 960/94-; LAG Hamm, Urteil vom 18.3.2009 -6 Sa 1248/08-).

[74] Dies gilt auch für geringfügig Beschäftigte (LAG Düsseldorf, Urteil vom 3.2.2011 -5 Sa 1351/10- Hanau, DB 2005, 946 [947 f.]; Sievers, 3. Aufl. 2010, § 4 TzBfG Rn 40; wohl auch Thüsing, ZTR 2005, 118 [121]). Das Benachteiligungsverbot des § 4 Abs. 1 TzBfG erstreckt sich auf alle Formen der Teilzeitbeschäftigung; dazu gehören gem. § 2 Abs. 2 TzBfG auch geringfügig Beschäftigte iSd § 8 Abs. 1 Nr. 1 SGB IV (BAG, Urteil vom 25.4.2007 -6 AZR 746/06- Preis, in: Erfurter Kommentar zum Arbeitsrecht, § 4 TzBfG Rn 57 mwN). Eine Betrachtungsweise, nach der sich das Arbeitsentgelt geringfügig Beschäftigter am Nettoentgelt - und

nicht am Bruttoentgelt - vergleichbarer Vollbeschäftigter zu orientieren hat, wirft erhebliche Probleme im Rahmen der Rechtsanwendung auf und würde den Schutzzweck des Benachteiligungsverbotes gem. § 4 Abs. 1 Satz 1 TzBfG verfehlen. Die Klägerin hebt zu Recht hervor, dass sich gerade aus dem Bruttoeinkommen spätere Ansprüche im Rahmen der Sozialversicherung ergeben. Diese Ansprüche bleiben geringfügig Beschäftigten, wollte man allein auf das Nettoentgelt abstellen, vorenthalten.

[75] Da es an normativen Vorgaben für einen vergleichenden Wertmaßstab zwischen der Bruttovergütung des Vollzeitbeschäftigten und der Nettovergütung des Teilzeitbeschäftigten fehlt, kann die Ungleichbehandlung auch nicht dadurch beseitigt werden, dass die Nettovergütung des geringfügig Beschäftigten oberhalb einer „Durchschnittsnettovergütung" des Vollzeitbeschäftigten festgelegt wird, wie dies im Dekret des Erzbischofs vom 27.10.2009 geschehen ist. Die Festlegung beruht insoweit auf fiktiven Rechenwerten, da im Dekret auf „den mittleren Wert aus den Steuerklassen 1 und 5 und den Beiträgen zur gesetzlichen Sozialversicherung" abgestellt wird. In Ermangelung normativer Vorgaben ist auch nicht schlüssig begründbar, warum das solchermaßen fiktiv ermittelte Stundenentgelt des Vollzeitbeschäftigten für den geringfügig Beschäftigten gerade um 10% zu erhöhen ist, um eine Benachteiligung iSd § 4 Abs. 1 Satz 1 TzBfG auszuschließen. Im Interesse der Rechtssicherheit ist vielmehr ein formalisierter, an der Bruttovergütung orientierter Vergleichsmaßstab geboten.

[76] Wollte man das Arbeitsentgelt geringfügig Beschäftigter am Nettoentgelt Vollzeitbeschäftigter ausrichten, so begegnet dies schließlich auch rechtlichen Bedenken im Hinblick auf die Vorschrift des § 32 Abs. 1 SGB I, die es dem Arbeitgeber verbietet, die von ihm zu tragenden Beiträge zur Sozialversicherung auf die Arbeitnehmer abzuwälzen (Hanau, DB 2005, 946 [948]). Die Orientierung der Arbeitsentgelte geringfügig Beschäftigter am Nettoentgelt Vollzeitbeschäftigter führt zwar formal zu keiner Überwälzung der Beitragspflicht, hat aber wirtschaftlich das gleiche Ergebnis.

[77] Soweit der beklagte Verein in der Berufungsbegründung vorbringt, die Klägerin erhalte eine Stundenvergütung in Höhe von ca. 11,78 €, also in Höhe der Vergütung eines vollzeitbeschäftigten Mitarbeiters, so gelangt er zu diesem Ergebnis aufgrund eines Rechenweges, der sämtliche weitere Zahlungen durch den Arbeitgeber berücksichtigt, insbesondere die pauschalen Beiträge, die der Arbeitgeber für geringfügig Beschäftigte abführen muss. Diese Beiträge kommen jedoch nicht der Klägerin zugute. Sie begründen für die Klägerin keine sozialversicherungsrechtlichen Ansprüche, die mit den Ansprüchen vergleichbar wären, die vollzeitbeschäftigte Mitarbeiter erwerben. Die Klägerin weist zu Recht darauf hin, dass auch bei vollzeitbeschäftigten Mitarbeitern Arbeitgeberanteile zur Sozialversicherung abzuführen sind. Wollte man diese Beträge be-

rücksichtigen, so ergäbe sich für die vollzeitbeschäftigten Mitarbeiter ein höheres Stundenentgelt als 11,78 € brutto.

[78] bb) Die Schlechterstellung der Klägerin beruht auch auf ihrer Teilzeittätigkeit.

[79] Die aufgrund der Regelung des allgemeinen Benachteiligungsverbots nach § 4 Abs. 1 Satz 1 TzBfG erforderliche Kausalität liegt bereits dann vor, wenn die Dauer der Arbeitszeit Anknüpfungspunkt für die Ungleichbehandlung ist, nicht jedoch dann, wenn andere Umstände, die keinen Bezug zu der Arbeitszeit haben, ausschlaggebend sind (BAG, Urteil vom 30.9.1998 -5 AZR 18/98- zur inhaltsgleichen Vorschrift des § 2 Abs. 1 Satz 1 BeschFG; Preis, in: Erfurter Kommentar zum Arbeitsrecht, § 4 TzBfG Rn 34).

[80] Die Klägerin wird, wie das Arbeitsgericht zu Recht ausgeführt hat, als geringfügig Beschäftigte wegen ihrer Teilzeittätigkeit ungleich behandelt. Sie ist zwar lediglich deshalb geringfügig Beschäftigte iSd § 8 Abs. 1 Nr. 1 SGB IV, weil sie im Monat regelmäßig kein höheres Einkommen als 400,00 € erzielt. Diese Verdienstgrenze kann jedoch in rechtlich zulässiger Weise nur unterschritten werden, wenn die Arbeitszeit nicht eine vollzeitige Beschäftigung erreicht. Eine Entlohnung in Höhe von maximal 400,00 € monatlich für vollzeitige Beschäftigung verstieße gegen § 138 BGB.

[81] cc) Das Arbeitsgericht ist richtigerweise davon ausgegangen, dass es für die Anwendbarkeit des Benachteiligungsverbots nicht darauf ankommt, ob eine Diskriminierungsabsicht vorliegt und ob der Arbeitgeber die Ungleichbehandlung zu vertreten hat.

[82] Maßgeblich ist allein das Vorliegen einer objektiven Ungleichbehandlung (Preis, in: Erfurter Kommentar zum BGB, § 4 TzBfG Rn 37 mwN). Das folgt aus dem Wortlaut der Vorschrift und aus der normzweckbezogenen Überlegung, dass der Arbeitnehmer eine solche Diskriminierungsabsicht kaum würde nachweisen können.

[83] dd) Die Schlechterstellung der geringfügig Beschäftigten durch das erzbischöfliche Dekret vom 27.10.2009 ist nicht durch sachliche Gründe iSd § 4 Abs. 1 Satz 1 TzBfG gerechtfertigt.

[84] (1) Die unterschiedliche Behandlung der Teilzeitbeschäftigten kann gerechtfertigt sein, wenn die Differenzierung nicht nur im unterschiedlichen Arbeitspensum der Teil- und Vollzeitbeschäftigten ihren Grund findet, sondern Sachgründe vorliegen, die sich etwa auf die Arbeitsleistung, die Qualifikation, die Berufserfahrung oder unterschiedliche Arbeitsplatzanforderungen beziehen (Preis, in: Erfurter Kommentar zum Arbeitsrecht, § 4 TzBfG Rn 40 mwN).

[85] Derartige besondere Sachgründe liegen, wie das Arbeitsgericht zu Recht festgestellt hat, im Streitfall nicht vor. Der beklagte Verein hat hierzu nichts vorgetragen. Das betriebliche Interesse des Arbeitgebers, geringfügig

Beschäftigte aufgrund des geringeren Stundenentgelts ohne Überschreitung der Verdienstgrenze mit einem größeren Zeitanteil zu beschäftigen, stellt keinen Sachgrund dar. Dieses Interesse ist bei geringfügigen Beschäftigungsverhältnissen stets vorhanden. Wollte man es als sachlichen Rechtfertigungsgrund anerkennen, so liefe das Benachteiligungsverbot des § 4 Abs. 1 Satz 2 TzBfG hinsichtlich der Vergütung geringfügig beschäftigter Arbeitnehmer leer.

[86] (2) Die besondere steuer- und sozialversicherungsrechtliche Behandlung geringfügig Beschäftigter kommt als Rechtfertigungsgrund nicht in Betracht.

[87] Die steuer- und sozialversicherungsrechtlichen Vorschriften können die Höhe des Entgelts nicht beeinflussen, da sie der Entgeltabrede nachgelagert sind. Die steuer- und sozialversicherungsrechtlichen Differenzierungen sind abhängig von persönlichen Umständen; sie verfolgen öffentlich-rechtliche und zum Teil auch arbeitsmarktpolitische Zwecke, die eine unterschiedliche Behandlung nicht rechtfertigen (BAG, Urteil vom 25.4.2007 -6 AZR 746/06-).

[88] (3) Die Schlechterstellung der Klägerin lässt sich auch nicht dadurch rechtfertigen, dass im erzbischöflichen Dekret vom 27.10.2009 für geringfügig Beschäftigte ein zehnprozentiger Aufschlag auf das durchschnittliche Nettoentgelt vollzeitbeschäftigter Arbeitnehmer vorgesehen ist.

[89] Zur Beantwortung der Frage, ob eine Schlechterstellung teilzeitbeschäftigter Arbeitnehmer vorliegt, ist deren Entgelt grundsätzlich mit dem Bruttoentgelt vollzeitbeschäftigter Mitarbeiter zu vergleichen (s.o. unter II 1 b aa der Entscheidungsgründe). Ob Bestimmungen in Tarifverträgen oder kirchlichen Arbeitsrechtsregelungen, die ein geringeres Entgelt für geringfügig Beschäftigte vorsehen, sachlich gerechtfertigt sind, wenn tragender Grund für die unterschiedliche Behandlung der Wille ist, jedem Arbeitnehmer netto den gleichen oder jedenfalls annähernd den gleichen Netto-Stundenlohn zukommen zu lassen (dafür Thüsing, ZTR 2005, 118 [124 ff.]), und ob den Regelungsgebern ein Beurteilungsspielraum hinsichtlich der Entgeltfindung zusteht (so Joussen, in: Boecken/Joussen, § 4 TzBfG Rn 57; Thüsing, ZTR 2005, 118 [123]), kann offen bleiben.

[90] Thüsing (ZTR 2005, 118 [124 ff.]) vertritt die Auffassung, dass der Wille der Tarifvertragsparteien, alle Arbeitnehmer sollten nach Berücksichtigung unterschiedlicher Steuersätze das gleiche Entgelt bekommen, ein anerkennenswertes Motiv und einen Rechtfertigungsgrund für eine Ungleichbehandlung Teilzeitbeschäftigter darstellen könne. Die Gründe, aus denen heraus der Gesetzgeber die besondere Steuerregelung für geringfügig Beschäftigte geschaffen habe, sprächen für eine Differenzierung in der Entlohnung. Es habe ein Anreiz geschaffen werden sollen zur Einstellung von geringfügig Beschäftigten. Dieser Anreiz könne am ehesten durch eine Absenkung des Entgelts hin zum

vergleichbaren Nettoentgelt geschehen. Dabei sei jedoch zu berücksichtigen, dass den geminderten Beitragspflichten der Sozialversicherung geminderte Leistungsansprüche der geringfügig Beschäftigten gegenüber stünden. Der Wille, den geringfügig beschäftigten Arbeitnehmer ergebnisgleich gegenüber seinem nicht geringfügig beschäftigten Kollegen zu behandeln, könne durch eine Kompensation realisiert werden. Wie hoch diese Kompensation ausfallen müsse, sei schwierig zu bestimmen und mit einem Beurteilungsspielraum der Tarifvertragsparteien verbunden. Der Zuschlag zum Nettoentgelt, der bei einer Rechtfertigung der Ungleichbehandlung geringfügig Beschäftigter durch den Willen, Ergebnisgleichheit zu erzielen, erforderlich sei, beträgt nach Auffassung Thüsings bis maximal 9,75 % des Bruttoentgelts.

[91] Wäre eine solche Regelungsmöglichkeit für die Tarifvertragsparteien anzuerkennen, so müsste sie konsequenterweise auch für kirchliche Arbeitsvertragsregelungen bestehen. Zwar handelt es sich bei den kirchlichen Arbeitsvertragsregelungen nicht um Tarifverträge im Sinne des Tarifvertragsgesetzes, weil sie nicht nach Maßgabe dieses Gesetzes zustande gekommen sind. Jedoch ist zu berücksichtigen, dass das Verfahren des Dritten Weges mit paritätischer Besetzung der Arbeitsrechtlichen Kommission und Weisungsungebundenheit ihrer Mitglieder gewährleistet, dass die Arbeitgeberseite nicht einseitig ihre Interessen durchsetzen kann (BAG, Urteil vom 24.3.2011 -6 AZR 796/09- KirchE 57, 295; Urteil vom 22.7.2010 -6 AZR 847/07- KirchE 56, 63). Die durch paritätische Mitwirkung der Arbeitnehmer im Verfahren des Dritten Weges zustande gekommenen Arbeitsvertragsregelungen entsprechen mit Blick auf die größere Sachnähe des Normgebers, die leichtere Anpassungsmöglichkeit der Regelungen und eine im Vergleich zum Einzelarbeitsvertrag eher bestehende materielle Richtigkeitsgewähr der tariflichen Normsetzung (LAG Hamm, Urteil vom 15.7.2011 -18 Sa 973/10-).

[92] Dies muss allerdings für die Entscheidung im Streitfall nicht weiter vertieft werden. Voraussetzung für die Gleichstellung kirchlicher Arbeitsvertragsregelungen mit tariflicher Normsetzung ist, dass das Verfahren des Dritten Weges eingehalten und die Regelungswerke von einer paritätisch besetzten Kommission beschlossen werden. Das ist bei einem erzbischöflichen Dekret nicht der Fall (so auch LAG Düsseldorf, Urteil vom 3.2.2011 -5 Sa 1351/10- KirchE 57, 96). Der Erzbischof ist keine Institution, die unabhängig und paritätisch mit gewählten Repräsentanten der Arbeitnehmer und der Arbeitgeber besetzt ist. Der Erzbischof ist vielmehr als Repräsentant der Kirche, also der Arbeitgeberseite anzusehen.

[93] (4) Auch der Umstand, dass die Klägerin durch das erzbischöfliche Dekret im Hinblick auf die Höhe ihrer Vergütung nicht schlechter gestellt wird als nach den zuvor geltenden Bestimmungen nach Anlage 18 zu den AVR, ver-

mag die Ungleichbehandlung gegenüber vollzeitbeschäftigten Arbeitnehmern nicht zu rechtfertigen.

[94] Zwar spricht dieser Umstand ebenso wie der Vortrag des beklagten Vereins, das Erzbistum habe infolge des Dekrets keinen finanziellen Vorteil im Vergleich zur Situation unter der Geltung der Anlage 18 zu den AVR erzielt, dafür, dass die Festsetzung des Entgelts für geringfügig Beschäftigte im erzbischöflichen Dekret vom 27.10.2009 jedenfalls nicht grob unbillig war. Der eingeschränkte Prüfungsmaßstab der groben Unbilligkeit entsprechend § 319 Abs. 1 BGB findet indes im Streitfall keine Anwendung. Voraussetzung für die Anwendung dieses Maßstabes ist, dass die Leistung durch einen Dritten bestimmt wird (§ 317 BGB). Dies gilt im Bereich kirchlicher Arbeitsvertragsregelungen dann, wenn die Regelungen durch die paritätisch besetzte Arbeitsrechtliche Kommission beschlossen werden (BAG, Urteil vom 10.12.2008 -4 AZR 801/07- KirchE 52, 350). Weil die paritätische Beteiligung der Arbeitnehmer an den jeweiligen Entscheidungen der Kommission gesichert ist und damit zumindest nahezu gleichgewichtige Durchsetzungschancen bestehen, ist es gerechtfertigt, die arbeitsrechtliche Kommission nicht als Repräsentantin der Arbeitgeberseite anzusehen, sondern als Dritte iSv § 317 Abs. 1 BGB.

[95] Im Streitfall ist die in Rede stehende Regelung zur Entgeltfindung für geringfügig Beschäftigte aber nicht von der Arbeitsrechtlichen Kommission, sondern vom Erzbischof getroffen worden. Der Erzbischof ist nicht als Dritter, sondern an Repräsentant des Arbeitgebers anzusehen. Im Hinblick auf erzbischöfliche Dekrete fehlt es an Verfahrensregeln, die einen gleichgewichtigen Einfluss der Arbeitnehmerseite auf die Entscheidungsfindung und den Inhalt der getroffenen Arbeitsvertragsregelungen sicherstellen (so auch LAG Düsseldorf, Urteil vom 3.2.2011 -5 Sa 1351/10- KirchE 57, 96).

[96] 2. Das Arbeitsgericht ist zu Recht davon ausgegangen, dass die Ansprüche der Klägerin nicht gem. § 23 Abs. 1 AVR verfallen sind. Auf die entsprechenden Ausführungen im erstinstanzlichen Urteil wird Bezug genommen.

[97] 3. Die Differenz zwischen der Vergütung, die die Klägerin erhielt, und der Vergütung, die die Klägerin auf der Grundlage des Brutto-Stundenentgelts für vollzeitbeschäftigte Mitarbeiter zu beanspruchen hat, beträgt für den Zeitraum von November 2009 bis Februar 2010 insgesamt 767,55 € brutto.

[98] Die Klägerin hat ihre Ansprüche ausgehend von einem Stundenentgelt in Höhe von 11,78 € brutto zutreffend errechnet. Die Berechnung der Klageforderung, die die Klägerin in der Klageschrift vorgenommen und das Arbeitsgericht einem Urteil zugrunde gelegt hat, ist zwischen den Parteien unstreitig geblieben.

[99] Das arbeitsgerichtliche Urteil war nur insoweit abzuändern, als die Klägerin in der Berufungsinstanz die Klage hinsichtlich des Nachtzuschlages in Höhe eines Betrages von 63,00 € zurückgenommen hat.

6
Ein islamischer Verein, der als gemeinnützige Körperschaft ohne vertragliche Grundlage die gesamten Kosten für den Erwerb eines Grundstücks durch eine nicht steuerbefreite andere Körperschaft übernimmt, um dort als Pächter das vorhandene Gebäude zu einer Moschee umzubauen, verstößt gegen die Gebote der Selbstlosigkeit (§ 55 AO) und Unmittelbarkeit (§ 57 AO).

§§ 55, 57 AO
BFH, Beschluss vom 5. August 2011 -I B 25/11-[1]

Die Klägerin ist ein eingetragener Verein (e.V.). Sie verfolgt gemäß ihrer Satzung als Ziele, u.a. die Grundlage für ein islamisches Gemeindeleben zu schaffen, und die Eröffnung und Unterhaltung einer Moschee.

Die Klägerin schloss mit der X. ab 2002 einen Pachtvertrag. X., ein nicht gemeinnütziger Verein, verpachtete an die Klägerin ein bebautes Grundstück in der B-Straße in A. für die Dauer von 5 Jahren zu einem Pachtzins von 1.900 €. X. hatte das Grundstück im Jahre 2002 zu einem Anschaffungspreis einschließlich Nebenkosten von 362.103 € erworben und zur Finanzierung des Kaufpreises bei der C-Bank ein durch Buchgrundschuld gesichertes Darlehen in Höhe von 205.000 € aufgenommen. Die Klägerin hat sämtliche Kosten des Grundstückserwerbs getragen und auch die Zins- und Tilgungsleistungen an die C-Bank für das Darlehen der X. gezahlt. Die Klägerin hat das Gebäude in den Jahren 2002 und 2003 zu einer Moschee umgebaut und hierfür im Jahr 2002 14.311 € und im Jahr 2003 47.247,67 € aufgewendet. Zur Finanzierung des Umbaus nahm sie ein Bank-Darlehen in Höhe von 5.000 € auf. Zur Finanzierung der nicht durch die Bankdarlehen gedeckten Kosten hat sie in 2002 u.a. eigene Geldmittel aus Moscheensammlungen in Höhe von 117.556 € und ein Bankguthaben in Höhe von 25.122 € verwendet sowie Barabhebungen vom Konto und Barmittel eingesetzt. Die Einnahmen aus Moscheensammlungen sind weder in einer Kasse noch in

---

1 BeckRS 2011, 96667; *juris*; BFH/NV 2011, 2009. Die Verfassungsbeschwerde wurde gem. §§ 93a, 93b BVerfGG nicht zur Entscheidung angenommen; BVerfG-Beschluss vom 30.8.2012 -1 BvR 2754/11- n.v.

sonstigen Berichten aufgezeichnet worden. Auch in 2003 hat sie u.a. Einnahmen aus Sammlungen zum Umbau zur Moschee verwendet.

Die Klägerin gab für die Kalenderjahre 2001 bis 2003 eine Erklärung zur Körperschaftsteuer und Gewerbesteuer von Körperschaften, die gemeinnützigen, mildtätigen oder kirchlichen Zwecken dienen, ab. Mit Freistellungsbescheid vom 9.5.2005 stellte das beklagte Finanzamt die Befreiung von der Körperschaftsteuer und Gewerbesteuer nach § 5 Abs. 1 Nr. 9 KStG und § 3 Nr. 6 GewStG fest (Teil A des Bescheids). Außerdem erhielt der Bescheid in Teil E den Hinweis, dass die Klägerin religiöse Zwecke und gemeinnützige Zwecke iSd Anlage 1 zu § 48 Abs.2 StDV fördere und berechtigt sei, Zuwendungsbestätigungen für Spenden und Mitgliedsbeiträge nach § 50 Abs. 1 EStDV auszustellen.

Nachdem das Bayerische Landesamt für Verfassungsschutz dem Finanzamt mitteilte, dass die Klägerin nach seinen Erkenntnissen zur islamischen Gemeinschaft NN gehöre, verfügte das Finanzamt mit Schreiben vom 9.9.2005, dass die Auskunft vom 9.5.2005 bezüglich der vorläufigen Anerkennung der Gemeinnützigkeit widerrufen werde und ab sofort keine Zuwendungsbestätigungen für steuerliche Zwecke mehr ausgestellt werden dürften.

Mit der Klage begehrt die Klägerin festzustellen, dass sie befugt ist, Zuwendungsbestätigungen nach § 50 Abs. 1 EStDV auszustellen.

Das FG München (Urteil vom 7.2.2011 -7 K 1794/08- DStRE 2012, 305; DStZ 2011, 423; EFG 2011, 1214; Ubg 2012, 274; StE 2011, 261) hat die Klage abgewiesen und zur Begründung u.a. ausgeführt:

> Im Streitfall verstößt es gegen die Gebote der Selbstlosigkeit (§ 55 AO) und Unmittelbarkeit (§ 57 AO), dass die Klägerin die gesamten Aufwendungen für den Erwerb eines bebauten Grundstücks, das sich im Eigentum der X. und damit einer anderen Körperschaft des privaten Rechts befindet, getragen hat. Denn eine Körperschaft verhält sich fremdnützig und verstößt damit gegen das Verbot der Drittnützigkeit (§ 55 Abs. 1 Nr. 3 AO), wenn sie Dritten Leistungen erbringt, welche diese „fördern", dass sie ihnen also mehr an wirtschaftlichen Vorteilen zuwendet als es der Äquivalenz von Leistung und Gegenleistung im allgemeinen Geschäftsverkehr in einer Marktwirtschaft entspricht (Leisner-Egensperger, in: Hübschmann/Hepp/Spitaler, AO, § 55 Rn 25, 200 ff.). Die Klägerin hat der X. Mittel zugewendet, ohne hierfür eine Gegenleistung zu erhalten. Zwar ist die Klägerin aufgrund des mit der X. abgeschlossenen Pachtvertrags zur Nutzung des Grundstücks berechtigt. Aus dem Pachtvertrag ergibt sich eine Verpflichtung der Klägerin zur Übernahme der Investitionskosten jedoch nicht. Insbesondere fehlt es an jeglicher vertraglicher Grundlage dafür, dass die Klägerin die gesamten Kosten für den Grundstückserwerb durch die X. übernommen hat. Damit hat die Klägerin ihr Vermögen für Zwecke verwendet, die nicht dem Satzungszweck entsprechen, und dadurch einen Dritten begünstigt.
> Es liegt auch keine steuerlich unschädliche Betätigung nach § 58 Nr. 1 AO vor. Voraussetzung hierfür wäre, dass die Körperschaft Mittel für die Verwirklichung der steuerbegünstigten Zwecke einer anderen Körperschaft des privaten Rechts beschafft und die andere

Körperschaft selbst steuerbegünstigt ist. Dies trifft schon deshalb nicht zu, weil die X. nicht steuerbegünstigt ist.

Die Beschwerde der Klägerin gegen die Nichtzulassung der Revision wurde ebenfalls zurückgewiesen.

Aus den Gründen:

[2] 1. Der Kläger und Beschwerdeführer hält für grundsätzlich klärungsbedürftig (§ 115 Abs. 2 Nr. 1 FGO) die Frage, ob ein Verstoß gegen das Gebot der Selbstlosigkeit (§ 55 AO) oder der Unmittelbarkeit (§ 57 AO) vorliegen könne, wenn ein Verein die Kosten eines Grundstückserwerbs und die Finanzierungsleistungen für einen nicht steuerbefreiten Verein nur deshalb bezahlt habe, weil dieser selbst eine Finanzierung über die Bank nicht habe erreichen können. Insoweit sei klärungsbedürftig, ob eine „Förderung" des eigenen Satzungszwecks darin liegen könne, dass der Verein zur Nutzung des Grundstücks berechtigt sei.

[3] Diese Frage ist weder klärungsbedürftig, noch könnte sie in einem nachfolgenden Revisionsverfahren geklärt werden.

[4] Nach den Feststellungen des Finanzgerichts hat der Kläger einen Pachtvertrag auf die Dauer von fünf Jahren über das streitgegenständliche Grundstück zu einem monatlichen Pachtzins von 1.900 € abgeschlossen. Zu weiteren Leistungen war er vertraglich nicht verpflichtet. Gleichwohl hat er u.a. sämtliche Kosten des Grundstückserwerbs getragen und auch die Zins- und Tilgungsleistungen an die den Grundstückserwerb finanzierende Bank gezahlt. Da der Kläger bereits durch den Pachtvertrag und die Leistung des monatlichen Pachtzinses das Nutzungsrecht an dem Grundstück hatte, stand den zuletzt genannten Leistungen eine (weitere) Gegenleistung des Verpächters nicht gegenüber. Gemäß § 55 Abs. 1 Nr. 1 und Nr. 3 AO darf eine gemeinnützige Körperschaft ihre Mittel nur für satzungsmäßige Zwecke verwenden und keine Person durch Ausgaben, die dem Zweck der Körperschaft fremd sind, oder durch unverhältnismäßig hohe Vergütungen begünstigen. Es ist nicht zweifelhaft und bedarf daher nicht der Klärung, dass Leistungen einer gemeinnützigen Körperschaft an eine nicht steuerbefreite andere Körperschaft ohne (angemessene) Gegenleistung gegen § 55 Abs. 1 Nr. 1 und Nr. 3 AO verstoßen.

[5] 2. Der Kläger macht des Weiteren geltend, das Finanzgericht habe den Sachverhalt unzureichend aufgeklärt (§ 76 Abs. 1 iVm § 115 Abs. 2 Nr. 3 FGO). Denn es sei seinem Vortrag nicht nachgegangen, der Verpächter habe nur deshalb das Grundstück selbst erworben, weil er selbst von der Bank kein Darlehen bekommen habe. Es ist nicht erkennbar, inwieweit die Frage, ob der Kläger das

gepachtete Grundstück selbst hätte erwerben können oder ob ihm hierfür die finanziellen Mittel gefehlt haben, für die Entscheidung des Finanzgerichts bedeutsam war. Das Finanzgericht hat angenommen, der Kläger habe u.a. die Kosten des Grundstückserwerbs und für die Finanzierung übernommen, ohne dass ihm eine (angemessene) Gegenleistung gegenübergestanden habe. Für diese Einschätzung ist ohne Bedeutung, aus welchen Gründen der Kläger das Grundstück nicht selbst erworben hat.

7

Die religiöse Äußerungsfreiheit genießt, auch soweit es um eine Predigt geht, keinen absoluten Vorrang vor den Belangen des Persönlichkeits- und Ehrenschutzes. Bei der gebotenen Abwägung des religiösen Äußerungsrechts mit den widerstreitenden Belangen sind die insbesondere in der verfassungsgerichtlichen Rechtsprechung zum Ausgleich von Meinungsfreiheit und allgemeinem Persönlichkeitsrecht entwickelten Gesichtspunkte heranzuziehen, die Kriterien und Vorzugsregeln für die konkrete Abwägung vorgeben.

Art./§ 1 Abs. 1, 2 Abs. 1, 4 Abs. 1 u. 2 GG, 823 BGB
BVerwG, Beschluss vom 8. August 2011 -7 B 41/11-[1]

Der frühere Beklagte zu 1), Bischof der bayerischen Diözese R., setzte sich in einer Predigt unter namentlicher Nennung des Klägers mit dessen kirchenkritischen Thesen auseinander. Der Text der Predigt wurde von der Beklagten zu 2), der Diözese R., auf ihrer Homepage veröffentlicht. Der anwaltlich vertretene Kläger forderte die Beklagte zu 2) auf, eine Textpassage, in der ihm unterstellt werde, Kindstötung zu befürworten, aus dem Netz zu nehmen, und den Beklagten zu 1), diese Äußerung zu unterlassen. Daraufhin wurde der im Internet veröffentlichte Text in der streitigen Passage abgeändert und stattdessen wörtlich aus einem der Werke des Klägers zitiert. Das VG Regensburg (Urteil vom 23.9.2009 -RO 3 K 08.1989- n.v.) wies die gegen beide Beklagte gerichtete Klage auf Unterlassung und auf Bezahlung der dem Kläger entstandenen vorgerichtlichen Rechtsanwaltsgebühren ab: Passivlegitimiert sei lediglich die Beklagte zu 2), der die vom Beklagten zu 1) in Ausübung seines kirchlichen Amts getätigte Äußerung zuzurechnen sei. Ein Unterlassungsanspruch sei mangels Wiederholungsgefahr nicht gegeben. Deswegen stehe dem Kläger auch der geltend ge-

1 Amtl. Leitsätze. BeckRS 2011, 53551; *juris*; Buchholz 11 Art 4 GG Nr. 86; KuR 2011, 298 (LS); NVwZ 2011, 1278; VR 2011, 432 (LS).

machte Kostenerstattungsanspruch nicht zu. Auf Antrag des Klägers ließ der Verwaltungsgerichtshof die Berufung lediglich insoweit zu, als das Verwaltungsgericht den Zahlungsanspruch gegen die Beklagte zu 2) verneint hatte.

Der BayVGH (Urteil vom 24.2.2011 -7 B 10.1272- KirchE 57, 162) hat der Berufung stattgegeben und die Beklagte zu 2) zur Erstattung der vorgerichtlichen Rechtsanwaltsgebühren verurteilt.

Die Beschwerde der Beklagten zu 2) gegen die Nichtzulassung der Revision wurde zurückgewiesen.

Aus den Gründen:

[4] Die Beschwerde ist nicht begründet. Die Rechtssache hat nicht die grundsätzliche Bedeutung iSd § 132 Abs. Nr. 1 VwGO, die die Beklagte zu 2) ihr beimisst.

[5] Die Beklagte zu 2) bezeichnet als rechtsgrundsätzlich bedeutsam die Frage: „Schränkt das allgemeine Persönlichkeitsrecht derjenigen Person, die Gegenstand einer im Rahmen eines Gottesdienstes gehaltenen Predigt ist, das Recht auf religiöse Äußerungsfreiheit gem. Art. 4 Abs. 1 u. 2 GG ein, wenn die beanstandete Äußerung a) ein Werturteil oder b) eine unrichtige - und gegebenenfalls auch ehrenrührige - Tatsachenbehauptung darstellt?“

[6] In dieser Formulierung ist die Frage bereits zu unbestimmt, weil sie für eine Vielzahl gedachter Fallgestaltungen einer je unterschiedlichen Antwort zugänglich sein kann. Der Senat könnte sie deshalb nur in der Art eines Lehrbuchs beantworten. Das ist nicht Aufgabe eines Revisionsverfahrens.

[7] Die Revision ist aber auch dann nicht zuzulassen, wenn die Frage - nicht zuletzt in Übereinstimmung mit den erläuternden Ausführungen in der Begründung der Beschwerde - auf ihren auch für den streitigen Schadensersatzanspruch entscheidungserheblichen Kern zurückgeführt wird. Danach möchte die Beklagte zu 2) geklärt wissen, ob ein Prediger unrichtige Tatsachenbehauptungen - als solche hat der Verwaltungsgerichtshof die streitige Textpassage eingestuft, ohne dass die Beklagte zu 2) hiergegen Rügen erhebt - aufstellen darf ungeachtet des allgemeinen Persönlichkeitsrechts der hiervon betroffenen Person. Denn diese Frage ist im Einklang mit der angefochtenen Entscheidung auf der Grundlage der höchstrichterlichen Rechtsprechung zu verneinen, ohne dass es hierzu der Durchführung eines Revisionsverfahrens bedürfte. Die von der Beklagten zu 2) ausdrücklich formulierte weitere Frage stellt sich dann nicht mehr.

[8] Das in Art. 2 Abs. 1 iVm Art. 4 Abs. 1 GG verankerte allgemeine Persönlichkeitsrecht ergänzt die im Grundgesetz normierten Freiheitsrechte und ge-

währleistet die engere persönliche Lebenssphäre und die Erhaltung ihrer Grundbedingungen. Zu den anerkannten Inhalten dieses Rechts gehören das Verfügungsrecht über die Darstellung der eigenen Person, die soziale Anerkennung sowie die persönliche Ehre. Eine wesentliche Gewährleistung ist der Schutz vor Äußerungen, die geeignet sind, sich abträglich auf das Ansehen der Person, insbesondere ihr Bild in der Öffentlichkeit, auszuwirken. Das allgemeine Persönlichkeitsrecht schützt die Person insbesondere vor verfälschenden oder entstellenden Darstellungen, die von nicht ganz unerheblicher Bedeutung für die Persönlichkeitsentfaltung sind. Der grundrechtliche Schutz des allgemeinen Persönlichkeitsrechts legt dem Staat die Pflicht auf, den Einzelnen vor Gefährdungen dieses Rechts durch Dritte zu schützen (siehe BVerfG, Beschlüsse vom 3.6.1980 -1 BvR 185/77- BVerfGE 54, 148 [153 f.] und vom 25.10.2005 - 1 BvR 1696/98- BVerfGE 114, 339 [346 f.], mwN).

[9] Das allgemeine Persönlichkeitsrecht ist jedoch nicht vorbehaltlos gewährleistet. Nach Art. 2 Abs. 1 GG wird es durch die verfassungsmäßige Ordnung einschließlich der Rechte anderer beschränkt. Zu diesen Rechten gehört neben der Freiheit der Meinungsäußerung aus Art. 5 Abs. 1 Satz 1 GG auch das einheitliche Grundrecht der Religionsfreiheit aus Art. 4 Abs. 1 u. 2 GG (BVerfG, Beschluss vom 16.10.1968 -1 BvR 241/66- BVerfGE 24, 236 [245], KirchE 10, 181), das die Bekenntnis- und die Religionsausübungsfreiheit und insoweit - als gegenüber 5 Abs. 1 GG speziellere Gewährleistung - die Äußerungen in einer Predigt umfasst (siehe auch BVerfG, Kammerbeschluss vom 26.3.2001 - 2 BvR 943/99- NVWZ 2001, 908, *juris* Rn 5, KirchE 39, 79). Auch die Religionsfreiheit ist indessen nicht schrankenlos garantiert. Sie steht zwar nicht unter einem Gesetzesvorbehalt, findet aber nach dem Prinzip der Einheit der Verfassung ihre (verfassungsimmanenten) Schranken in kollidierendem Verfassungsrecht, insbesondere in Grundrechten Dritter (BVerfG, Urteil vom 24.9.2003 - 2 BvR 1436/02- BVerfGE 108, 282 [297], KirchE 44, 166). Dabei versteht sich von selbst, dass die Grundrechte in der Ausgestaltung anzuwenden sind, die sie insbesondere in der Rechtsprechung des Bundesverfassungsgerichts erfahren haben. Im Wege der praktischen Konkordanz sind beide betroffenen Verfassungsgüter zu einem schonenden Ausgleich zu bringen. Das erfordert eine Abwägung unter Berücksichtigung aller Umstände des Einzelfalles, als deren Ergebnis das (Vorrang-)Verhältnis der von der Verfassung als Schutzgüter anerkannten Belange zutage tritt (BVerfG, Beschlüsse vom 27.11.1990 - 1 BvR 402/87- BVerfGE 83, 130 [143, 146] und vom 16.5.1995 -1 BvR 1087/91- BVerfGE 93, 1 [21]; BVerwG, KirchE 33, 191, Urteile vom 21.12.2000 -3 C 20.00- BVerwGE 112, 314 [318], Buchholz 418.35 § BTMG § 3 BtMG Nr. 4, KirchE 38, 519 und vom 24.6.2004 -2 C 45.03- BVerwGE 121, 140 [148], Buchholz 237.0 § 9 BaWüLBG Nr. 1, KirchE 45, 361). Die Annahme, die religiöse Äußerungsfreiheit,

insbesondere im Rahmen einer Predigt, genieße absoluten Vorrang vor den Belangen des Persönlichkeits- und Ehrenschutzes, ist demnach verfehlt.

[10] Die Revision ist schließlich auch nicht deswegen zuzulassen, weil die Beklagte zu 2) bei wohlwollender Auslegung ihrer Beschwerdeschrift geklärt wissen will, ob bei der Bestimmung der Reichweite des religiösen Äußerungsrechts auf die zur Meinungsfreiheit entwickelten Grundsätze zurückgegriffen werden kann. Diese Frage ist mit dem Verwaltungsgerichtshof ohne weiteres zu bejahen. Dem kann nicht entgegengehalten werden, dass damit in unzulässiger Weise die für die Kommunikationsfreiheiten des Art. 5 Abs. 1 GG normierten Schranken des Art. 5 Abs. 2 GG auf die Religionsfreiheit übertragen würden. Denn mit dem - gegebenenfalls im Rahmen eines allgemeinen Gesetzes bezweckten - Schutz der persönlichen Ehre als Grenze der Meinungsfreiheit ist zugleich eine Rechtsposition mit Verfassungsrang bezeichnet, die - wie oben dargelegt - als Ausdruck des allgemeinen Persönlichkeitsrechts grundrechtlichen Schutz genießt. Somit sind bei der Abwägung des religiösen Äußerungsrechts mit den widerstreitenden Belangen die insbesondere in der verfassungsgerichtlichen Rechtsprechung zum Ausgleich von Meinungsfreiheit und allgemeinem Persönlichkeitsrecht entwickelten Gesichtspunkte heranzuziehen, die Kriterien und Vorzugsregeln für die konkrete Abwägung vorgeben (vgl. BVerfG, Kammerbeschluss vom 13.7.1993 -1 BvR 960/93- NVwZ 1994, 159, *juris* Rn 6, KirchE 31, 275; siehe auch Kammerbeschluss vom 7.5.1997 -1 BvR 1974/93 u.a.- NJW 1997, 2669, *juris* Rn 35, KirchE 35, 157 (sowie Voßkuhle, EuGRZ 2010, 537 [541]). Die Beschwerde zeigt demgegenüber nicht auf, inwiefern diese allgemeinen Maßstäbe einer fallübergreifenden Fortentwicklung bedürften.

8

Der gewerbliche Betrieb einer Automatenvideothek ist an Sonntagen und gesetzlichen Feiertagen nach der derzeitigen Rechtslage in Baden-Württemberg verboten.

Art./§§ 3 Abs. 1, 5 Abs. 1, 12 Abs. 1, 140 GG, 139 WRV,
5, 6 Abs. 1, 13 BW.FeiertG, 1, 3 BW.PolG
VGH Baden-Württemberg, Urteil vom 15. August 2011 -9 S 989/09-[1]

1 Amtl. Leitsatz. BeckRS 2011, 53529; *juris*; ESVGH 62, 127 (LS); DÖV 2011, 941 (LS); DVBl 2012, 123 (LS).

Der Kläger wendet sich gegen die Untersagung des Betriebs seiner Automaten-Videothek an Sonn- und Feiertagen.

Der Kläger betreibt seit 18.5.2006 im Stadtgebiet der Beklagten im Erdgeschoss des Gebäudes A. in B. eine Automaten-Videothek, die ihren Haupteingang von dort hat. Im 1. Obergeschoss dieses Hauses betreibt der Kläger ein Sonnenstudio/Solarium. Der seitlich am Gebäude angeordnete Eingang hierzu dient zugleich als Nebeneingang zur Videothek. Das Entleihen von DVDs erfolgt rund um die Uhr an sieben Tagen der Woche vollautomatisch, die Neuannahme von Kunden und sonstiger persönlicher Kundenkontakt jedoch nur während der werktäglichen Ladenöffnungszeiten.

Mit Schreiben vom 12.9.2006 forderte die Beklagte den Kläger auf, den Betrieb der Automaten-Videothek an Sonn- und Feiertagen einzustellen. Anlass war der Hinweis eines Konkurrenten auf einen Verstoß gegen das Feiertagsgesetz. Nach anfänglichem Einlenken teilte der Kläger am 5.12.2006 mit, der Betrieb einer Automaten-Videothek an Sonn- und Feiertagen sei seiner Ansicht nach zulässig. Insbesondere vermöge er keinen Unterschied zum Betrieb von Bank-, Post- oder Warenautomaten zu erkennen.

Mit dem angefochtenen Bescheid untersagte die Beklagte den Betrieb der Automaten-Videothek an Sonn- und Feiertagen unter Anordnung der sofortigen Vollziehung. Gleichzeitig drohte sie die Festsetzung eines Zwangsgeldes in Höhe von 500,- € an. In der Begründung heißt es: Der Betrieb der Automaten-Videothek an Sonn- und Feiertagen verstoße gegen § 6 Abs. 1 des Sonn- und Feiertagsgesetzes für Baden-Württemberg. Es handele sich um öffentlich bemerkbare Arbeiten, die geeignet seien, die Ruhe der Sonn- und Feiertage zu beeinträchtigen. Dienstleistungen, die ihrem Wesen nach werktäglich seien, verlören diese Eigenschaften nicht allein deshalb, weil sie automatisch erbracht würden. Anderenfalls drohe eine Aushöhlung des Sonntagsschutzes. Anders als das im selben Gebäude betriebene Sonnenstudio sei die Automaten-Videothek nicht der auch sonn- und feiertäglich zulässigen Freizeitgestaltung zuzuordnen. Vielmehr werde durch die Automaten-Videothek die bereits durch das Sonnenstudio ausgelöste tatsächliche Störung der sonn- bzw. feiertäglichen Ruhe zusätzlich verstärkt. Dies sei nicht hinzunehmen.

Die nach erfolglosem Widerspruch erhobene Klage hat das VG Freiburg/Br. (Urteil vom 17.3.2009 -5 K 2144/07- n.v.) abgewiesen. Die Voraussetzungen des § 6 Abs. 1 FTG für ein Tätigwerden nach §§ 1, 3 PolG seien erfüllt. Es handele sich beim gewerblichen Betrieb einer Automaten-Videothek um eine öffentlich bemerkbare Arbeit, die geeignet sei, die Ruhe der Sonn- und Feiertage zu beeinträchtigen. Für den Begriff „Arbeit" sei maßgeblich auf den Entleihvorgang abzustellen, dem ein „werktäglicher Charakter" zukomme. Dieser Entleihvorgang müsse nicht am Sonn- und Feiertag stattfinden, wenn der Kunde an einem solchen Tag ein Video oder eine DVD anschauen möchte. Es sei auch zu berücksichtigen, dass der Gesetzgeber auf das geänderte Freizeitverhalten in der Bevölkerung mit einer Ausweitung der Ladenschlusszeiten reagiert und damit auch die Möglichkeit geschaffen habe, Videokassetten und DVDs bis Samstag 24.00 Uhr zu entleihen. Eine weitere Aufweichung der Vorschriften zum Schutz der Sonntagsruhe würde den äußeren Eindruck zerstören, die Arbeit ruhe allgemein. Dies gelte auch für automatisch betriebene Dienstleistungsangebote, weil andernfalls angesichts der zunehmenden Technisierung und Automatisierung der werktäglichen Arbeiten eine völlige Aushöhlung der verfassungsrechtlich geschützten Sonn- und Feiertagsruhe zu befürchten sei. Es obliege vor diesem Hintergrund der Entscheidung des Gesetzgebers, gegebenenfalls eine weitere Lockerung des Sonn- und Feiertagsschutzes zu beschließen, sofern er die Zulässigkeit von Automaten-Videotheken und anderen automatisierten Dienstleistungsangeboten, die gegenwärtig noch nicht zulässigerweise an Sonn- und Feiertagen betrieben werden dürfen, zu gegebener Zeit in Baden-Württemberg für geboten halte.

Mit der Berufung macht der Kläger u.a. geltend: Bei dem Betrieb eines Videoverleihautomaten handele es sich weder um Arbeit, noch sei der Betrieb geeignet, die Ruhe zu beeinträchtigen. Das Verwaltungsgericht vermenge den Betrieb des Verleihautomaten mit dem Entleihvorgang, der durch die Kunden vorgenommen werde. Der Betrieb des Verleihautomaten als solcher sei keine Arbeit iSd § 6 Abs. 1 FTG. Definitionen des Begriffs Arbeit knüpften sämtlich an eine zugrundeliegende Tätigkeit an, die durch menschliche Leistung erbracht werde, woran es bei einem vollautomatischen Betriebe fehle. Auch die Entleihe durch den Kunden stelle keine Arbeit iSd § 6 Abs. 1 FTG dar, sie sei vielmehr zusammen mit dem Betrachten des Films eine Einheit und damit Teil der aktiven Freizeitgestaltung. Der Betrieb der Automaten-Videothek ermögliche erst die Nutzung und Ausgestaltung des Sonn- und Feiertages zu deren immanentem Zweck, nämlich dem „Abschalten vom Alltag“. Ferner begründe der Umstand, dass die Nutzung eines Videoverleihautomaten auch an Werktagen stattfinden könne bzw. stattfinde, noch nicht, dass die Nutzung an Sonntagen zu einer Beeinträchtigung der Ruhe des Tages führe. Eine Verpflichtung zur Vorratshaltung vermöge das Sonn- und Feiertagsgesetz nicht zu begründen. Es sei nach Ansicht des Klägers auch diesbezüglich ein Irrtum anzunehmen, dass der Gesetzgeber auf das geänderte Freizeitverhalten der Bevölkerung mit einer Ausweitung der Ladenschlusszeiten reagiert habe, denn das Ladenschlussgesetz erfasse nur den Verkauf von Waren, dagegen nicht das bloße Vermieten. Des Weiteren sei durch den Betrieb eines Videoverleihautomaten eine Aushöhlung der verfassungsrechtlichen Sonn- und Feiertagsruhe nicht zu befürchten. Der Sonn- und Feiertagsschutz sei nicht absolut formuliert und trage daher auch sich ändernden Bedürfnissen der Bevölkerung Rechnung. Eine Aushöhlung sei auch nicht zu befürchten, da durch den Betrieb kein Konkurrenzdruck entstünde und allenfalls eine Ausstrahlungswirkung auf vergleichbare vollautomatische Verleihautomaten gegeben sein könnte. Im Übrigen sei die Untersagung des Betriebs eines Videoverleihautomaten nicht verfassungsgemäß. Es lägen Verstöße gegen die Pressefreiheit nach Art. 5 Abs. 1 GG, gegen die Berufsfreiheit nach Art. 12 Abs. 1 GG und ein Verstoß gegen den Gleichbehandlungsgrundsatz nach Art. 3 Abs. 1 GG vor. Der Verstoß gegen den Gleichbehandlungsgrundsatz ergebe sich insbesondere aus dem Vergleich mit sonstigen Automatenbetrieben wie Geldautomaten und Zigarettenautomaten, die in technischer Hinsicht nicht anders funktionierten als Videoverleihautomaten.

Der Verwaltungsgerichtshof weist die Berufung zurück.

Aus den Gründen:

[16] Die ... Berufung ist nicht begründet.

[17] Das angegriffene Urteil ist zu Recht ergangen und daher nicht zu ändern. Zutreffend hat das Verwaltungsgericht entschieden, dass die Untersagungsverfügung der Beklagten vom 22.12.2006 und der Widerspruchsbescheid des Regierungspräsidiums Freiburg vom 12.9.2007 rechtmäßig sind und den Kläger daher nicht in seinen Rechten verletzen, § 113 Abs. 1 VwGO.

[18] Rechtsgrundlage der Untersagungsverfügung ist §§ 1, 3 PolG iVm § 6 Abs. 1 des Gesetzes über die Sonntage und Feiertage (idF vom 8.5.1995, GBl. S. 450 - FTG -). Nach § 6 Abs. 1 FTG sind an den Sonntagen und den gesetzlichen Feiertagen öffentlich bemerkbare Arbeiten, die geeignet sind, die Ruhe des Tages zu beeinträchtigen, verboten, soweit in gesetzlichen Vorschriften nichts anderes bestimmt ist. Sonntage und die gesetzlichen Feiertage sind nach § 5 FTG als Tage der Arbeitsruhe und der Erhebung nach Maßgabe der gewerbe- und arbeitsrechtlichen sowie der Bestimmungen des zweiten Abschnitts des FTG, zu dem auch die §§ 5 und 6 gehören, geschützt.

[19] Die Voraussetzungen des § 6 Abs. 1 FTG liegen vor.

[20] Zum Tatbestandsmerkmal der öffentlich bemerkbaren Arbeit auch beim Betrieb einer Automatenvideothek und dessen Eignung zur Beeinträchtigung der an diesen Tagen gebotenen Ruhe hat sich der Senat bereits im Verfahren des einstweiligen Rechtsschutzes ausführlich geäußert. In seinem Beschluss vom 9.7.2007 -9 S 756/07- wird hierzu festgestellt:

[21] „Nach § 6 Abs. 1 FTG sind an den Sonntagen und den gesetzlichen Feiertagen öffentlich bemerkbare Arbeiten, die geeignet sind, die Ruhe des Tages zu beeinträchtigen, verboten, soweit - was hier nicht der Fall ist - in gesetzli-

chen Vorschriften nichts anderes bestimmt ist. Dabei wird das Element öffentlich bemerkbare Arbeit durch die Automatisierung und Selbstbedienung der Kunden nicht ausgeschlossen. Denn es reicht aus, dass die ohne weiteres erkennbaren Umstände - wie hier durch den Kundenverkehr - den Schluss nahelegen, dass Arbeit in Form von gewerblicher Tätigkeit ausgeführt wird (vgl. Beschluss des Senats vom 7.7.1990 -9 S 639/90- ESVGH 41, 52; Bay VGH, Urteil vom 26.4.2007 -24 BV 06.324- *juris*; Hess.VGH, Urteil vom 24.11.1993 - 8 UE 737/92- GewArch 1994, 160). Dass hiernach dann auch die automatisierte gewerbliche Vermietung von Videokassetten und DVDs in den zu diesem Zweck dem Publikumsverkehr geöffneten Geschäftsräumen an Sonn- und gesetzlichen Feiertagen eine öffentlich bemerkbare Arbeit ist, die als solche von dem Schutzbereich der Art. 140 GG, 139 WRV erfasst wird und die geeignet ist, die Ruhe des Tages zu beeinträchtigen, ist nach der bisherigen ständigen Rechtsprechung des Bundesverwaltungsgerichts, des beschließenden Gerichtshofs und zahlreicher anderer Oberverwaltungsgerichte zum Verbot, Videotheken unter Einsatz von Personal an Sonn- und Feiertagen zu betreiben, nicht zweifelhaft (vgl. BVerwG, Beschluss vom 30.9.1985 -1 B 116/85- Buchholz 11 Art. 140 GG Nr. 34; Urteil vom 19.4.1988 -1 C 50/86- BVerwGE 79, 236; Beschluss vom 16.5.1995 - 1 B 241/94- GewArch 1995, 373; VGH Baden-Württemberg, Beschluss vom 11.10.1984 -1 S 1072/84- GewArch 1985, 174; vgl. auch Beschlüsse des Senats vom 17.7.1990 -9 S 639/90- aaO und vom 17.7.1990 -9 S 547/90- ESVGH 41, 49; Bayer. VGH, Urteil vom 2.7.1985 -21 B 84 A.2490- GewArch 1985, 309, KirchE 23, 126; Stollmann, Der Sonn- und Feiertagsschutz nach dem Grundgesetz, S. 20, 105 f., mwN). Das Bundesverfassungsgericht hat diese Rechtsprechung bestätigt und betont, das Verbot, an diesen Tagen Videotheken zu betreiben, sei geeignet und erforderlich, den Sonn- und Feiertagsschutz zu verwirklichen und belaste infolge seiner zeitlichen Beschränkung auf diese Tage den Betreiber einer solchen Einrichtung nicht unzumutbar (vgl. BVerfG, Beschluss vom 24.11.1986 - 1 BvR 317/86- GewArch 1988, 188, KirchE 24, 291; vgl. auch BVerfG, Urteil vom 9.6.2004 -1 BvR 636/02- BVerfGE 111, 10, KirchE 45, 282). Das Vorbringen des Antragstellers gibt dem Senat jedenfalls im vorläufigen Rechtschutzverfahren auch im Hinblick auf die neuere Rechtslage in anderen Bundesländern und die jüngste Rechtsprechung des Bayerischen Verwaltungsgerichtshofs (vgl. auch zu ersterem Urteil vom 26.4.2007, aaO) und anderer Gerichte keinen Anlass, von dieser Beurteilung abzurücken.

[22] Art. 139 WRV, der nach Art. 140 GG Bestandteil des Grundgesetzes ist, bestimmt, dass der Sonntag und die staatlich anerkannten Feiertage als Tage der Arbeitsruhe und der seelischen Erhebung gesetzlich geschützt bleiben. Schutzgut des Art. 139 WRV iVm Art. 140 GG ist angesichts dieser Zweckbestimmungen die Institution der Sonntage und der staatlich anerkannten Feier-

tage als Tage der Arbeitsruhe und der seelischen Erhebung, die als ein Grundelement des sozialen Zusammenlebens und der staatlichen Ordnung verfassungsgesetzlich gewährleistet und dem gesetzlichen Schutz überantwortet wird. Durch ihre Zweckbestimmung unterscheiden sich der Sonntag und die staatlich anerkannten Feiertage von Grund auf von Werktagen. Das öffentliche Leben soll an diesen Tagen soweit möglich seiner werktäglichen Elemente entkleidet und dadurch die Begehung dieser Tage als „Nicht-Werktage" ermöglicht werden. Das erfordert, dass an diesen Tagen grundsätzlich die werktägliche Geschäftstätigkeit ruht. Das Ruhen werktäglicher Geschäftigkeiten ist dahin zu verstehen, dass allgemein an Sonn- und Feiertagen die werktäglichen Bindungen und Zwänge entfallen und es dem Einzelnen dadurch möglich wird, diese Tage im sozialen Zusammenleben nach ihren vielfältigen und unterschiedlichen individuellen Bedürfnissen allein oder in der Gemeinschaft mit Anderen ungehindert von den werktäglichen Verpflichtungen und Beanspruchungen zu begehen. Das Gefühl des Einzelnen, dass es sich um für alle verbindliche Ruhetage handelt, soll nicht durch eine nach außen erkennbare gewerbliche Tätigkeit Anderer, die üblicherweise an Werktagen erfolgt, beeinträchtigt werden. Mit der Zweckbestimmung der Sonn- und Feiertage stehen solche Veranstaltungen nicht im Einklang, die sich nach ihrem Zweck, ihrer Ausgestaltung und dem Erscheinungsbild im öffentlichen Leben als typisch werktägliche Lebensvorgänge darstellen. Andererseits laufen Art. 139 WRV iVm Art. 140 GG naturgemäß solche Beschäftigungen nicht zuwider, die die Zweckbestimmung der Sonn- und Feiertage verwirklichen. Das Freihalten dieser Tage von werktäglicher Geschäftigkeit soll jedem Einzelnen grundsätzlich eine Gestaltung dieser Tage nach seinen Vorstellungen und Bedürfnissen ermöglichen. Dementsprechend widerstreitet die Befriedigung sonntäglicher Bedürfnisse nicht der Zweckbestimmung dieser Tage. Darüber hinaus ist eine an sich werktägliche Geschäftigkeit, einschließlich gewerblicher Tätigkeit, zulässig, sofern sie als „Arbeit für den Sonntag" gerade der Befriedigung sonn- oder feiertäglicher Bedürfnisse dient oder zur Wahrung von dem Sonn- und Feiertagsschutz gleichwertigen Rechtsgütern in Wahrnehmung gesetzgeberischer Regelungsmacht durch Gesetz oder aufgrund eines Gesetzes besonders zugelassen ist (vgl. BVerwG, Urteil vom 25.8. 1992 -1 C 38/90- NVwZ 1993, 182, mwN). Keiner dieser Gründe, nach denen der Betrieb der Automatenvideothek des Antragstellers an Sonn- und gesetzlichen Feiertagen gerechtfertigt sein könnte, liegt hier vor.

[23] Dass eine gewerbliche Tätigkeit eine nach ihrem Charakter werktägliche Tätigkeit ist und ihre Vornahme an Sonn- und Feiertagen deshalb dem Wesen dieser Tage als Tagen der Arbeitsruhe widerspricht, wenn sie zur Deckung eines an diesen Tagen hervortretenden einschlägigen Bedarfs nicht erforderlich ist, liegt auf der Hand. Der gewerbliche Betrieb einer Videothek ist eine werktäg-

liche Tätigkeit und gehört nicht zu den Tätigkeiten, ohne deren Vornahme an Sonn- und Feiertagen ein an diesen Tagen bestehender Bedarf nicht oder nur unter unzumutbaren Erschwernissen befriedigt werden könnte (stRspr.; vgl. etwa BVerwG, Urteil vom 19.4.1988 -1 C 50/86-, aaO).

[24] Es ist nach wie vor kein Gesichtspunkt erkennbar, der entgegen der genannten Rechtsprechung die Annahme rechtfertigen könnte, der Betrieb einer Videothek sei mit der Zweckbestimmung der Sonntage und staatlich anerkannten Feiertage mittlerweile vereinbar, um einem gewandelten Freizeitverhalten der Bevölkerung Rechnung zu tragen. Die gewerbliche Vermietung von Videokassetten an Sonn- oder Feiertagen ist ungeachtet dessen, ob sie automatisiert ist oder nicht, nicht durch die Eigenart der angebotenen Gegenstände oder Dienstleistungen gerechtfertigt. Die vom Antragsteller vermieteten Videokassetten und DVDs dienen zwar auch dem Freizeitvergnügen seiner Kunden an Sonn- und Feiertagen. Sie müssen zu diesem Zweck aber nicht notwendigerweise auch an diesen Tagen entliehen werden, sondern können werktags zum Gebrauch an Sonn- oder Feiertagen gemietet werden. Die Vermietung von Video-Filmen zur Mitnahme nach Hause dient auch nicht der Deckung eines an Sonn- und Feiertagen bestehenden Publikumsbedarfs an Ort und Stelle. Dadurch unterscheidet sie sich z.B. von den Darbietungen eines Kinos oder ähnlichen Veranstaltungen (Theater, Museen, Discotheken, u.s.w.), das zur Befriedigung eines an Sonn- und Feiertagen bestehenden Bedürfnisses an einer Filmvorführung geöffnet sein muss, und es insoweit gerade unverhältnismäßig wäre, den an sich auch werktags möglichen Kauf einer hierfür erforderlichen Eintrittskarte an Sonn- und gesetzlichen Feiertagen unmittelbar im Zusammenhang mit einer solchen Veranstaltung nicht zuzulassen. Art. 140 GG, Art. 139 WRV machen die Rechtmäßigkeit der zum Schutz der Sonntagsruhe getroffenen gesetzlichen Regelungen auch nicht davon abhängig, dass spontane Wünsche auf der Stelle befriedigt werden können, und muten dem betroffenen Publikum die mit dem gesetzlichen Schutz der Sonntage und Feiertage eintretenden Beschränkungen als verfassungsmäßige Beschränkungen grundrechtlicher Freiheiten zu (vgl. BVerfG, Beschluss vom 24.11.1986 -1 BvR 317/86-, aaO; BVerwG, Urteil vom 19.4.1988 -1 C 50/86-, aaO).

[25] Hinzu kommt, dass im Gegensatz zu den an Ort und Stelle befriedigten Freizeitbedürfnissen bei dem Betrieb einer Automatenvideothek nicht gewährleistet ist, dass die Kunden die an einem Sonn- oder Feiertag vermieteten Kassetten oder DVDs auch tatsächlich an diesem Sonn- oder Feiertag zu Hause anschauen und nicht aufgrund eines weiteren spontanen Entschlusses davon absehen oder nicht sogar von vorneherein beabsichtigen, sie auf Vorrat für andere Tage zu mieten, mithin der Schutz der Sonntage und der gesetzlichen Feiertage gerade in sein Gegenteil verkehrt wäre. Im Übrigen geht es insoweit

nicht nur um die Wahrung des Gleichheitssatzes bei der Behandlung vergleichbarer Einrichtungen, sondern auch darum, dass insgesamt die Zweckbestimmung der Sonn- und Feiertage gewährleistet bleibt. Die Beurteilung einer Einrichtung kann Auswirkungen auf vergleichbare Einrichtungen haben und deren Zulassung oder deren Verbot an Sonn- und Feiertagen beeinflussen. Mit der Zulassung einer Veranstaltung an Sonn- und Feiertagen darf nicht eine Kettenreaktion für vergleichbare Betätigungen ausgelöst werden, die die Sonn- und Feiertage ihrer Zweckbestimmung entleeren würde (vgl. BVerwG, Urteil vom 25.8.1992 -1 C 38/90-, aaO). Mit der Aufgabe des Abgrenzungsmerkmales eines unmittelbaren räumlichen und zeitlichen Zusammenhangs zwischen der Freizeitgestaltung der Besucher und der - nur dann ausnahmsweise zulässigen - Tätigkeit des Gewerbebetriebs in Fällen der vorliegenden Art ließe sich aber eine solche Entwicklung im Zuge der fortschreitenden Automatisierung von gewerblichen Tätigkeiten nicht mehr vermeiden. Insofern ist auch zu berücksichtigen, dass der baden-württembergische Gesetzgeber in anderen Bereichen dem geänderten Freizeitverhalten bereits durch völlige Abschaffung der Ladenschlusszeiten an Werktagen - Besonderheiten gelten lediglich am 24.12. - Rechnung getragen hat (vgl. das Gesetz über die Ladenöffnung in Baden-Württemberg vom 14.2.2007, GBl. S. 135) und die nicht mögliche Befriedigung aller spontaner Freizeitbedürfnisse an Sonn- und Feiertagen, angesichts dessen mit Blick auf einen wirksamen Schutz wenigstens des Kernbereichs der Sonn- und Feiertagsruhe noch viel eher zumutbar ist als noch nach der Sach- und Rechtslage in den genannten Entscheidungen. Es bleibt danach letztlich der gesellschaftspolitischen Entscheidung des Gesetzgebers vorbehalten, ob er auch im Rahmen des Sonn- und Feiertagschutzes trotz eines schon jetzt weiten Angebots an zulässigen Freizeitbeschäftigungen weitere Lockerungen vornehmen will, und wie diese, etwa auch in zeitlicher Hinsicht, gestaltet werden sollen (vgl. dazu auch BVerfG, Urteil vom 9.6.2004 -1 BvR 636/02-, aaO; BVerwG, Beschluss vom 11.9.1998 -1 B 88.98- GewArch 1999, 24).

[26] Auch sonst werden Grundrechte des Antragstellers durch eine solche Auslegung des § 6 Abs. 1 FTG nicht verletzt. Der durch die durch Art. 140 GG iVm Art. 139 WRV verfassungsgesetzlich gewährleistete Schutz der Sonn- und Feiertage begrenzt das verfassungsgesetzlich gewährleistete Maß der Eigentumsnutzung und der beruflichen Betätigung (Art. 12, 14 GG) auf das mit der Zweckbestimmung des Sonntags noch vereinbare Maß (vgl. BVerwG, Urteil vom 19.4.1988 -1 C 50/86-, aaO). Ein Verstoß gegen die in Art. 5 Abs. 1 GG gewährleistete Presse- und Filmfreiheit ist ebenso wenig ersichtlich wie ein Verstoß gegen die in Art. 5 Abs. 3 Satz 1 GG gewährleistete Kunstfreiheit. Insbesondere gebietet es letztere nicht, dass Kunstwerke in Abweichung von der durch Art. 140 GG iVm Art. 139 WRV geschützten Feiertagsruhe jederzeit gewerblich vertrieben

werden dürfen (vgl. BVerwG, Beschluss vom 16.5.1995 -1 B 241/94-, aaO, mwN; vgl. zum Ganzen auch BVerfG, Beschluss vom 24.11.1986 -1 BvR 317/86-, aaO). Auch der Hinweis des Antragstellers auf andere Waren- oder Dienstleistungsautomaten, wie Geldautomaten, Zigarettenautomaten u.ä., die an Sonn- und Feiertagen betrieben werden dürften, rechtfertigt mit Blick auf Art. 3 Abs. 1 GG keine andere Beurteilung (a.A. BayVGH, Urteil vom 26.4.2007 -24 BV 06.324-, aaO). Denn die Beantwortung der Frage, ob die nach Vorstehendem für den Gewerbebetrieb des Antragstellers gewonnene Auslegung des § 6 Abs. 1 FTG mit Art. 3 Abs. 1 GG vereinbar ist, hängt nicht davon ab, ob die vom Antragsteller vergleichsweise herangezogenen Automaten anders als Automatenvideotheken behandelt werden dürfen oder ebenso wie diese an Sonn- und gesetzlichen Feiertagen außer Betrieb zu halten sind (vgl. BVerwG, Urteil vom 19.4.1988 - 1 C 50/86-, aaO)."

[27] An dieser Einschätzung hält der Senat auch angesichts des aktuellen Stands der Rechtsprechung und des Vortrags des Klägers im Berufungsverfahren fest. Hierzu ist noch auszuführen:

[28] In seiner Entscheidung vom 1.12.2009 (-1 BvR 2857/07 u.a.- BVerfGE 125, 39, KirchE 54, 402) hat das Bundesverfassungsgericht den Charakter der Sonn- und Feiertage als Tage der Arbeitsruhe, aber auch der Besinnung bestätigt (BVerfG, aaO, 75) und hervorgehoben, Art. 139 WRV erweise sich durch die Gewährleistung von Tagen der Arbeitsruhe und der seelischen Erhebung als verfassungsverankertes Grundelement sozialen Zusammenlebens und staatlicher Ordnung (BVerfG, aaO, 80), ja der Sonn- und Feiertagsgarantie könne sogar ein besonderer Bezug zur Menschenwürde beigemessen werden, weil sie dem ökonomischen Nutzendenken eine Grenze ziehe und dem Menschen um seiner selbst willen diene (BVerfG, aaO, 82). Aus dem Schutzauftrag des Art. 139 WRV an den Gesetzgeber folge, dass die typische „werktägliche Geschäftigkeit" an Sonn- und Feiertagen zu ruhen habe. Ausnahmen von der Sonn- und Feiertagsruhe seien zwar zur Wahrung höher- oder gleichwertiger Rechtsgüter möglich, jedoch müsse ein hinreichendes Niveau des Sonn- und Feiertagsschutzes gewahrt bleiben (BVerfG, aaO, 85). Ein bloß wirtschaftliches Umsatzinteresse genügte grundsätzlich nicht, um Ausnahmen von dem verfassungsunmittelbar verankerten Schutz der Arbeitsruhe und der Möglichkeit zu seelischer Erhebung an Sonn- und Feiertagen zu rechtfertigen (BVerfG, aaO, 87 und 98). Auch wenn diese Feststellung zur Frage der Ladenöffnung und im Bezug zu Umsatzinteressen von Verkaufsstelleninhabern getroffen worden ist, so kann doch insoweit hinsichtlich Umsatzinteressen von Betreibern automatisierter Videotheken nichts anderes gelten.

[29] Dies gilt umso mehr, als die weiteren Ausführungen des Bundesverfassungsgerichts zum Verhältnis von Ladenöffnung zu Sonntagsschutz auch auf

die konkrete Ausgestaltung der Videothek des Klägers entsprechend anwendbar sind. Auch für sie gilt, dass gerade die Ladenöffnung wegen ihrer öffentlichen Wirkung den Charakter des Tages in besonderer Weise prägt, da von ihr eine für jedermann wahrnehmbare Geschäftigkeits- und Betriebswirksamkeit ausgeht, die typischerweise den Werktagen zugeordnet wird. Da diese Wirkung nicht nur durch die in Verkaufsstellen tätigen Arbeitnehmer und sonstige Beschäftigte, sondern auch durch die Kunden ausgelöst wird (BVerfG, aaO, 90 f.), ist unabhängig von der Frage, ob auf Seiten des Anbieters - also des Klägers - ein Beschäftigter tätig ist, die einer „Ladenöffnung" vergleichbare Wirkung auf die Allgemeinheit entscheidend. Und diese tritt auch dann schon ein, wenn die Videothek des Klägers auch an Sonn- und Feiertagen nicht geringer, sondern möglicherweise sogar stärker frequentiert wird, als dies an Werktagen der Fall ist.

[30] Eine rechtliche Differenzierung zwischen dem „Betrieb" des Verleihautomaten und dem „Entleihvorgang" durch den Kunden ist nicht möglich. Ohne den Entleihvorgang, der durch das persönliche Erscheinen und die Bedienung des Automaten durch den Kunden eintritt, ist der „Betrieb" des Verleihautomaten nicht zu denken. Es geht der vom Kläger angegriffenen Verfügung erkennbar nicht darum, das bloß theoretische Funktionieren, also etwa die Stromversorgung des bzw. der aufgestellten Automaten, zu unterbinden, sondern mit dem Wort „Betrieb" wird offenkundig der gesamte Entleihvorgang in den Blick genommen. Daher geht der Vorwurf einer unzulässigen Vermengung von „Betrieb" des Video-Verleihautomaten einerseits und des Entleihvorgangs durch den Kunden andererseits, wie er dem Verwaltungsgericht gemacht wird, ins Leere.

[31] Es trifft weiter nicht zu, dass „Arbeit" iSd § 6 Abs. 1 FTG eine menschliche Leistung voraussetzt. Dies folgt schon daraus, dass eine solche enge Auslegung in Zeiten zunehmender Technisierung und Automatisierung der werktäglichen Arbeiten zu einer völligen Aushöhlung des Sonntagsschutzes führen würde. Mit weiter fortschreitender Technisierung bestünde die Gefahr, dass ein grundsätzlicher Unterschied zwischen Sonn- und Feiertagen einerseits und den Werktagen andererseits nicht mehr zu erkennen wäre. Dass diese Auslegung mit der aktuellen Rechtsprechung nicht im Einklang steht, zeigen weiter die Fälle des Verbots des Betriebs von Autowaschanlagen unabhängig davon, ob sie - wie dies verbreitet der Fall ist - vollautomatisch betrieben oder von einer Person beaufsichtigt werden (vgl. Art. 2 Abs. 1 und Abs. 3 Nr. 5 des bayerischen Gesetzes über den Schutz der Sonn- und Feiertage vom 1.1.1983, zuletzt geändert durch Gesetz vom 9.5.2006 - bayGBl. S. 190, und dazu VG Würzburg, Urteil vom 16.3.2005 -W 6 K 04.157-; ebenso VG Mainz, Urteil vom 25.3.2004 - 1 K 826/03.MZ-).

[32] Auch der Umstand, dass sich in einigen Bevölkerungskreisen das Freizeitverhalten an Sonn- und Feiertagen möglicherweise grundlegend geändert haben mag, führt nicht zu einer Zulässigkeit des Betriebs der Automatenvideothek an diesen Tagen. Hierbei ist zu berücksichtigen, dass der baden-württembergische Gesetzgeber dem geänderten Freizeitverhalten bereits durch völlige Abschaffung der Ladenschlusszeiten an Werktagen Rechnung getragen hat, auch wenn nicht verkannt wird, dass das Gesetz über die Ladenöffnung in Baden-Württemberg (vom 14.2.2007, GBl. S. 135) nur auf Kaufvorgänge und damit nicht auf das Verleihen von Filmen Anwendung findet. Es bleibt danach weiterhin der gesellschaftspolitischen Entscheidung des Gesetzgebers vorbehalten, ob er auch im Rahmen des Sonn- und Feiertagsschutzes trotz eines schon jetzt weiten Angebots an zulässigen Freizeitbeschäftigungen weitere Lockerungen vornehmen will, und wie diese, etwa auch in zeitlicher Hinsicht, gestaltet werden sollen. Gerade der Umstand, dass - wie vom Kläger auch angeführt - die meisten Bundesländer den Betrieb von automatischen Videotheken auch an Sonn- und Feiertagen für zulässig erklärt haben (vgl. die Antwort des Innenministeriums vom 22.12.2010 auf die Kleine Anfrage vom 19.11.2010 zu Öffnungszeiten für Automatenvideotheken in Baden-Württemberg LT-Drs. 14/7221), belegt das Gewicht einer solchen Entscheidung und damit das Erfordernis des gesetzgeberischen Tätigwerdens und lässt nicht den Schluss zu, dass eine solche Aktivität generell und bundesweit für zulässig zu halten sei. Hierbei spielt auch der Gesichtspunkt einer möglichen Aushöhlung des Sonn- und Feiertagsschutzes eine besondere Rolle. Gerade dann, wenn es darum geht, sich änderndem Verhalten der Bevölkerung, das auf gewandelte Bedürfnisse zurückzuführen sein mag, Rechnung zu tragen, sind die Übergänge zwischen Modifikation, Relativierung, Zurückdrängung und schließlich Aushöhlung des Sonn- und Feiertagsschutzes fließend. Hier klare Linien zu ziehen ist zuvörderst Sache parlamentarischer Entscheidung.

[33] Entgegen der Ansicht des Klägers werden seine Grundrechte durch eine solche Auslegung des § 6 Abs. 1 FTG nicht verletzt. Ein Verstoß gegen die durch Art. 5 Abs. 1 GG geschützte Pressefreiheit liegt nicht vor, weil die Beeinträchtigung durch den Sonn- und Feiertagsschutz Auswirkung eines allgemeinen und auch verhältnismäßigen Gesetzes ist. Der Verfassungsrang des Sonntagsschutzes verleiht diesem ein besonderes Gewicht, während auf der anderen Seite die Kommunikationsfreiheit des Videothekeninhabers nur geringfügig beschränkt wird.

[34] Die Unzulässigkeit des Betriebs der Automatenvideothek an Sonn- und Feiertagen verstößt auch nicht gegen Art. 3 Abs. 1 GG. Der Hinweis des Klägers auf andere Waren- oder Dienstleistungsautomaten, wie Geldautomaten, Zigarettenautomaten u.ä., die an Sonn- und Feiertagen betrieben werden dürften,

rechtfertigt mit Blick auf Art. 3 Abs. 1 GG keine andere Beurteilung. Zum einen unterfiel bis zum Inkrafttreten des Gesetzes über die Ladenöffnung in Baden-Württemberg am 6.3.2007 der Betrieb von Warenautomaten dem Bereich des Ladenschlussgesetzes und damit der Gesetzgebungszuständigkeit des Bundes, während die Sonn- und Feiertagsgesetze Ländergesetze sind. Unterschiedliche Wertungen verschiedener gesetzgebender Körperschaften - hier des Bundes bzw. des jeweiligen Bundeslandes - stellen jedoch keinen Verstoß gegen den allgemeinen Gleichheitsgrundsatz dar, da die Zuständigkeit zur Normsetzung ein auch im Rahmen des Art. 3 Abs. 1 GG wesentliches Unterscheidungsmerkmal ist (vgl. BVerfG, Beschluss vom 15.12.2009 -2 BvR 1978/09-). Da das Ladenschlussgesetz des Bundes seit seiner Änderung durch Gesetz vom 15.3.2003 (BGBl. I S. 658) Warenautomaten nicht mehr erfasste, ist davon auszugehen, dass die bereits zuvor bundesrechtlich bestehende generelle Befreiung von Warenautomaten von jeglicher Beschränkung ihrer Betriebszeiten in Baden-Württemberg lediglich übernommen wurde, ohne dass diese Übernahme von einem eigenen gesetzgeberischen Willen getragen wäre. Im Übrigen regeln die Normen unterschiedliche Sachverhalte, zum einen Warenautomaten und damit Kaufvorgänge, zum anderen Dienstleistungsautomaten und damit Leih- bzw. Mietvorgänge, was bereits für sich genommen eine unterschiedliche Behandlung rechtfertigt. Zum anderen durften Zigarettenautomaten zuvor nicht deshalb unabhängig von den Beschränkungen des Ladenschlussgesetzes bedient werden, weil der Gesetzgeber in ihnen keine Gefahr für die zu diesen Zeiten gebotene Ruhe und Distanz zur werktäglichen Geschäftigkeit gesehen hätte, sondern weil mit Urteil des Bundesverfassungsgerichts bereits vom 21.2.1962 (-1 BvR 198/57- BVerfGE 14, 19) die in der damaligen Fassung des § 7 Abs. 1 Ladenschlussgesetz (vom 28.11.1956, GBl. S. 875) vorgesehene Beschränkung der Nutzbarkeit von Warenautomaten an allen Tagen auf solche Automaten, die vom Inhaber einer Verkaufsstelle in räumlichem Zusammenhang mit dieser aufgestellt sind, wegen Verstoßes gegen Art. 12 Abs. 1 GG für nichtig erklärt worden ist (s. BGBl. I, 1962, S. 166). Damit sollte die berufliche Tätigkeit freier Automatenaufsteller möglich bleiben. Dass seit dieser Entscheidung Warenautomaten nicht nur an Werktagen vor 7.00 Uhr und nach 18.30 Uhr (an Samstagen ab 14.00 Uhr oder 18.00 Uhr) - vgl. im Einzelnen § 3 Landeschlussgesetz in der damaligen Fassung des Gesetzes vom 14.11.1960, BGBl. I S. 845 - sondern generell, also auch an Sonn- und Feiertagen von zeitlichen Beschränkungen ihrer Nutzbarkeit frei geworden sind, stellt einen bloßen Reflex dar, der vom Bundesverfassungsgericht in seiner Entscheidung nicht diskutiert wurde und auf den der Gesetzgeber nicht reagiert hat. Auch mit der Streichung der „Warenautomaten" aus der Liste der Verkaufsstellen in § 1 Abs. 1 Ladenschlussgesetz durch Gesetz vom 15.3.2003 (BGBl. I S. 658) wurde die faktisch bereits 1962 erfolgte Nichtregelung (vgl. BVerfG, Urteil vom 21.2.1962, aaO, S. 25: „Durch den Wegfall dieser Einschränkung verliert freilich die Einbeziehung der Warenautomaten in das Ladenschlussgesetz weitgehend ihre Bedeutung") lediglich nachvollzogen. Schließlich sind auch nach ihrem äußeren Erscheinungsbild die typischerweise einzeln stehenden Zigarettenautomaten mit dem - wie bereits ausgeführt - „ladenähnlichen" Betrieb der Videothek des Klägers nicht vergleichbar.

[35] Der Betrieb der Automatenvideothek des Klägers ist mit dem am Karlsruher Institut für Technologie (früher: Universität Karlsruhe) eingerichteten Leihsystem (24-Stunden-Bibliothek) schon deshalb nicht vergleichbar, weil dieses System nicht gewerblichen, sondern wissenschaftlichen Zwecken dient.

[36] Bankautomaten und die an ihnen möglichen Geschäfte sind mit den Leihvorgängen an Automaten-Videotheken gleichfalls nicht vergleichbar, weder in tatsächlicher noch in rechtlicher Hinsicht: Bei der Entgegennahme von Geldscheinen handelt es sich jedenfalls hinsichtlich der Scheine selbst um einen Eigentumsübergang und nicht um einen bloßen Besitzwechsel auf Zeit, das diesem Vorgang zugrunde liegende Rechtsgeschäft ähnelt daher eher einem Kauf- als einem Leihvorgang. Darüber hinaus sind die rechtlich mit der Bedienung eines Bankautomaten denkmöglichen Konstellationen so vielfältig (Girovertrag, Darlehen, Auftrag), dass Bankautomaten im Vergleich zu anderen Waren- oder Dienstleistungsautomaten ein aliud darstellen. Unter dem besonderen Aspekt des Sonn- und Feiertagsschutzes kommt hinzu, dass in vielen Fällen die gewünschte typische Freizeitgestaltung (Besuch von Veranstaltungen aller Art, Ausflüge etc.) von der Verfügbarkeit über Bargeld abhängt, dessen Bereitstellung daher eher dieser Freizeitgestaltung selbst als einer werktäglichen Geschäftigkeit zuzurechnen sein dürfte.

[37] Im Übrigen hängt die Beantwortung der Frage, ob die für den Gewerbetrieb des Klägers gewonnene Auslegung des § 6 Abs. 1 FTG mit Art. 3 Abs. 1 GG vereinbar ist, nicht davon ab, ob die vom Kläger vergleichsweise herangezogenen Automaten anders als Automatenvideotheken behandelt werden dürfen oder ebenso wie diese an Sonn- und gesetzlichen Feiertagen außer Betrieb zu halten sind.

[38] Schließlich führen auch von der vorliegenden Rechtsansichten abweichende Einschätzungen ordentlicher Gerichte nicht zu einem Verstoß gegen Art. 3 Abs. 1 GG. Auch wenn identisches Verhalten einerseits dessen - zwangsgeldbewehrte - Untersagung rechtfertigt, andererseits jedoch keinen Verstoß gegen wettbewerbsrechtliche Vorschriften darstellen soll (vgl. OLG Stuttgart, Urteil vom 5.11.2007 -2 U 26/07- NVwZ-RR 2008, 170 und OLG Karlsruhe, Urteil vom 26.9.2007 -4 U 58/07- BeckRS 2008,08343), so kann diese Differenz der Rechtsanschauung nicht an Art. 3 Abs. 1 GG gemessen werden. Danach sind „alle Men-

schen vor dem Gesetz gleich". Vor dessen unterschiedlicher Interpretation durch - gleichermaßen an Gesetz und Recht gebundene (Art. 20 Abs. 3 GG) - Gerichte schützt Art. 3 GG nicht. In der Sache hat der Senat bereits in seinem Beschluss vom 4.3.2008 (-9 S 2811/07- GewArch 2008, 253) zu den genannten oberlandesgerichtlichen Entscheidungen ausführlich Stellung genommen. Die vorliegende Entscheidung entspricht dieser Stellungnahme.

[39] Unterfällt der Betrieb der Automatenvideothek des Antragstellers dem Verbot des § 6 Abs. 1 FTG, konnte der gleichwohl an Sonn- und Feiertagen aufgenommene und damit eine Ordnungswidrigkeit (§ 13 FTG) darstellende Betrieb an diesen Tagen nach §§ 1 und 3 PolG untersagt werden. Ermessensfehler bei der im Bescheid vom 22.12.2006 ausführlich begründeten Anwendung dieser Vorschriften sind weder vorgetragen noch sonst ersichtlich. Ebenso ist die Androhung eines Zwangsgeldes in Höhe von 500,- € in Nr. 3 der angegriffenen Verfügung nach den §§ 2 Nr. 2, 18, 19 und 20 LVwVG nicht zu beanstanden.

9

Der Rechtsweg zu staatlichen Gerichten ist nicht eröffnet, wenn die Berufung in das Kirchenbeamtenverhältnis, die Feststellung der Rechtswidrigkeit der Unterlassung einer Berufung in das Kirchenbeamtenverhältnis und ein darauf bezogenen Schadensersatz begehrt werden.

Art./§§ 1 Abs. 3, 3 Abs. 1, 19 Abs. 4, 20 Abs. 3, 28 Abs. 1, 33 Abs. 2, 140 GG, 137 Abs. 3 WRV, 6 Abs. 1 MRK, 4 Abs. 3 EUV, 54 Abs. 1 BeamtStG, 126 Abs. 1, 146 BBG, 135 BRRG, 40 Abs. 1 u. 2 VwGO, 13 GVG, 2, 3 ArbGG
VG Hamburg, Urteil vom 17. August 2011 -8 K 3632/09-[1]

Die Klägerin begehrt die Berufung in das Kirchenbeamtenverhältnis sowie die Feststellung der Rechtswidrigkeit der Unterlassung einer Berufung in das Kirchenbeamtenverhältnis und darauf bezogenen Schadenersatz.

Die 1952 geborene Klägerin ist evangelischen Bekenntnisses. Sie ist an der dem Katholischen Schulamt unterstehenden A-Schule seit 1981 als Lehrerin tätig, zunächst aufgrund befristeter Anstellungsverträge. Nunmehr ist sie unbefristet als Angestellte beschäftigt.

Der Beklagte wurde als „Verband der Röm.-kath. Kirchengemeinden in der Freien und Hansestadt Hamburg (Osnabrücker Anteil)" gegründet und trägt aufgrund Satzungsänderung zum 1.9.2007 (KABl. für das Erzbistum Hamburg,

---

1 *juris*; KuR 2011, 298 (LS).

2007, S. 95 ff.) seine heutige Bezeichnung. Der Beklagte ist nach staatlichem Recht eine Körperschaft öffentlichen Rechts und im pastoralen Auftrag des Erzbistums Hamburg Träger der staatlich anerkannten katholischen Privatschulen in Hamburg. Diese Schulen werden vom Katholischen Schulamt des Beklagten beaufsichtigt. In dem vom Bischof von Osnabrück kirchenrechtlich in Kraft gesetzten „Gesetz zur Regelung der Rechtsverhältnisse der Beamten des Verbandes des Röm.-kath. Kirchengemeinden in der Freien und Hansestadt Hamburg (Osnabrücker Anteil) - Beamtengesetz - vom 18.2.1965" (KABl. für die Diözese Osnabrück, 1965, S. 385) ist bestimmt:

> „§1
> Das Hamburger Beamtengesetz in der jeweils gültigen Form findet auf die Beamten des Verbandes der Röm.-kath. Kirchengemeinden in der Freien und Hansestadt Hamburg (Osnabrücker Anteil) sinngemäß Anwendung mit der Maßgabe, daß die Beamten darüber hinaus den Gesetzen der katholischen Morallehre und des katholischen Kirchenrechts unterliegen."

Die Klägerin beantragte im Jahr 1982, in das Kirchenbeamtenverhältnis übernommen zu werden. Das Katholische Schulamt lehnte dies unter Berücksichtigung der evangelischen Konfession der Klägerin ab. Die Klägerin beantragte erneut mit Schreiben vom 1.7.2001 die Verbeamtung auf Lebenszeit. Der Beklagte teilte ihr mit Schreiben vom 7.8.2001 mit, dass sie die Altersgrenze für eine Verbeamtung von 45 Jahren überschritten habe und für die Beamtenverhältnisse der Bediensteten das Hamburgische Beamtengesetz zugrunde gelegt werde.

Mit anwaltlichem Schreiben vom 2.2.2009 machte die Klägerin gegenüber dem Beklagten geltend, sie habe von Anfang an die Verbeamtung angestrebt. Sie habe deswegen erhebliche Nachteile erlitten und werde auch in Zukunft diese Nachteile erleiden, falls eine Änderung nicht erfolge; sie strebe eine einvernehmliche Lösung an. Der Beklagte entgegnete mit Schreiben vom 11.3.2009, Verbeamtungen würden immer dann vorgenommen, wenn der Haushaltsplan entsprechende Stellen ausweise. Die Hamburgische Laufbahnverordnung werde mit einer Einschränkung angewandt. Der Beklagte sei eine Einrichtung der katholischen Kirche, die ausdrücklich eine christliche Erziehung in katholischer Ausprägung in ihren Schulen anstrebe. Aus diesen Gründen werde bei der Auswahl der Beamtenbewerber - abweichend von der genannten Vorschrift - darauf geachtet, dass die Bewerber katholischen Glaubens seien. Der Beklagte behalte sich als Ausnahme vor, in Einzelfällen auch Bewerber anderer christlicher Konfessionen zu verbeamten, wenn ein besonderes Vertrauensverhältnis zu ihnen aufgebaut werden solle. Die Klägerin habe 1982 und 2001 Anträge auf Verbeamtung gestellt, beide Anträge seien mit entsprechenden Bescheiden bestandskräftig abgewiesen worden. Eine Verbeamtung komme nunmehr nicht mehr in

Betracht, weil sich die Sach- und Rechtslage nicht geändert habe. Im Übrigen werde auch ein katholischer Bewerber des Alters der Klägerin nicht verbeamtet. Das angewandte Verfahren sei rechtens gewesen, weshalb kein schadensersatzpflichtiger Tatbestand vorliege.

Mit der Klage trägt die Klägerin vor, sie habe in der Vergangenheit mehrfach beantragt, sie in das Beamtenverhältnis zu übernehmen, was der Beklagte mit rechtlich falscher Begründung und auch ansonsten zu Unrecht abgelehnt habe, so dass sie sich nunmehr entschlossen habe, ihre Verbeamtung im Klagewege zu erreichen. Die Ablehnungsschreiben hätten Rechtsbehelfsbelehrungen nicht enthalten. Die ihr 1982 gegebene Auskunft, dass sie als Angehörige der evangelischen Konfession nicht Beamtin im katholischen Kirchendienst werden könne, sei offensichtlich falsch. Die ihr 2001 gegebene Auskunft, dass sie die Altersgrenze überschritten habe, sei unvollständig und deshalb ebenfalls falsch gewesen, da die Hamburgische Laufbahnverordnung eine Ausnahmemöglichkeit vorgesehen habe. Der Beklagte habe die Nichtverbeamtung damit begründet, dass ein besonderes Vertrauensverhältnis fehle; dieses bestehe jedoch ausweislich der Befähigungsberichte. Der Beklagte wende staatliches Beamtenrecht an. Auch in den Arbeitsverträgen sei das staatliche Recht Vertragsgrundlage. Die Katholische Kirche habe den Beklagten der staatlichen Gerichtsbarkeit unterworfen. Aus Art. 19 Abs. 4 GG ergebe sich der Justizgewährungsanspruch der Klägerin, da der Beklagte öffentliche Gewalt ausübe. Grundlage der Klage sei das sich aus den Arbeitsverträgen ergebende Dienstverhältnis der Klägerin zum Beklagten. In dem Arbeitsvertrag sei der Zugang zu den staatlichen Gerichten geregelt. Eine katholisch-kirchliche Verwaltungsgerichtsbarkeit bestehe in Deutschland nicht. Der Justizgewährungsanspruch gelte für alle Rechtsfragen, deren Beurteilung sich nach staatlichem Recht richte. Der Anspruch auf Verbeamtung ergebe sich aus Art. 33 Abs. 2 und Abs. 3 GG. Ihr Anspruch ergebe sich auch aus rechtswidrigen Eingriffen in ihr Persönlichkeitsrecht aus §§ 12, 68, 1004 BGB, deren Beseitigung vorrangig durch Verbeamtung erfolge und nachrangig durch Schadenersatz. Ihr stehe darüber hinaus ein Schadenersatzanspruch wegen Verletzung ihres allgemeinen Persönlichkeitsrechts aus § 823 Abs. 1 BGB iVm Art. 2 Abs. 1, Art. 1 Abs. 1 GG zu. Das allgemeine Persönlichkeitsrecht sei auch im Zivilrecht, insbesondere auch in einem Arbeitsverhältnis zu beachten. Der Schadenersatzanspruch ergebe sich auch aus § 280 Abs. 1, 823 Abs. 2 BGB iVm Art. 33 Abs. 2 GG. Schließlich stünden ihr seit Inkrafttreten des Allgemeinen Gleichbehandlungsgesetzes Schadenersatzansprüche auf dieser Grundlage zu. Soweit Schadenersatzansprüche vor dem Zeitpunkt des Inkrafttretens des Allgemeinen Gleichbehandlungsgesetzes geltend gemacht würden, gründeten sie sich auf Art. 17 der Richtlinie 2000/78 EG.

Der Beklagte trägt vor, die Klage sei unzulässig, hilfsweise unbegründet. Er habe sich im Hinblick auf Status- oder Schadenersatzklagen seiner Beamten nicht der staatlichen Gerichtsbarkeit unterworfen. Die Frage, ob eine Lehrkraft in ein kirchliches Beamtenverhältnis berufen wird, gehöre zum Kernbereich kirchlicher Selbstbestimmung.

Das Verwaltungsgericht weist die Klage ab.

Aus den Gründen:

[18] Die Klage bleibt ohne Erfolg.

[19] I. Die Klage ist unzulässig. Der Verwaltungsrechtsweg ist nicht eröffnet. Da auch kein Rechtsweg zu einer anderen staatlichen Gerichtsbarkeit eröffnet ist, kommt eine Verweisung der Sache nach § 17 des Gerichtsverfassungsgesetzes (GVG) nicht in Betracht, sondern ist die Klage durch das angerufene Gericht als unzulässig abzuweisen.

[20] Der Rechtsweg zu staatlichen Gerichten ist nicht eröffnet, da es an einer Streitigkeit nach staatlich justiziablem Recht fehlt. Die Klägerin begehrt die Berufung in das Kirchenbeamtenverhältnis sowie die Feststellung der Rechtswidrigkeit der Unterlassung einer Berufung in das Kirchenbeamtenverhältnis und darauf bezogenen Schadenersatz. Sowohl das primäre Begehren auf Verbeamtung und Feststellung der Rechtswidrigkeit der Unterlassung der Verbeamtung, als auch das sekundäre Begehren auf Schadenersatz beurteilen sich nach dem autonomen Recht der Katholischen Kirche, dessen Anwendung hier nicht der Überprüfung durch staatliche Gerichte unterliegt.

[21] 1. Der Rechtsweg ist nicht einheitlich für das gesamte klägerische Begehren nach den besonderen Rechtswegzuweisungen des Beamtenrechts eröffnet. Denn deren Anwendungsvoraussetzungen sind nicht erfüllt.

[22] Nach den wortlautgleichen, aber in ihrem Anwendungsbereich verschiedenen, Vorschriften des § 54 Abs. 1 BeamtStG, des BBG sowie des BRRG sind für alle Klagen der Beamtinnen, Beamten, Ruhestandsbeamtinnen, Ruhestandsbeamten, früheren Beamtinnen, früheren Beamten und der Hinterbliebenen aus dem Beamtenverhältnis sowie für Klagen des Dienstherrn der Verwaltungsrechtsweg gegeben. Diese besonderen beamtenrechtlichen Rechtswegzuweisungen finden vorliegend jedoch keine Anwendung. Das Beamtenstatusgesetz gilt gem. § 1 BeamtStG nur für Beamtinnen und Beamten der Länder, Gemeinden und Gemeindeverbände sowie der sonstigen der Aufsicht eines Landes unterstehenden Körperschaften, Anstalten und Stiftungen des öffentlichen Rechts. Die Religionsgemeinschaften stehen auch dann nicht unter staatlicher Aufsicht des Landes, wenn sie öffentlich-rechtlich organisiert sind.

Das Bundesbeamtengesetz gilt gem. § 1 BBG nur für die Beamtinnen und Beamten des Bundes, soweit nicht gesetzlich etwas anderes bestimmt ist. Nach dem Grundsatz des § 146 Satz 1 BBG gilt das Bundesbeamtengesetz nicht für die öffentlich-rechtlichen Religionsgesellschaften und ihre Verbände, jedoch bleibt es diesen nach § 146 Satz 2 BBG überlassen, die Rechtsverhältnisse ihrer Beamtinnen und Beamten und Seelsorgerinnen und Seelsorger diesem Gesetz entsprechend zu regeln oder Vorschriften dieses Gesetzes für anwendbar zu erklären. Auch gilt gem. § 135 Satz 1 BRRG das Beamtenrechtsrahmengesetz nicht für die öffentlich-rechtlichen Religionsgesellschaften und ihre Verbände, wobei es diesen gem. § 135 Satz 2 BRRG überlassen bleibt, die Rechtsverhältnisse ihrer Beamten und Seelsorger diesem Gesetz entsprechend zu regeln und die Vorschriften des Kapitels II Abschnitt II (d. h. §§ 126 f. BRRG) für anwendbar zu erklären. Die Katholische Kirche oder ihre Verbände haben im Hinblick auf ein Kirchenbeamtenverhältnis zum Beklagten die Anwendbarkeit der Rechtswegbestimmung weder ausdrücklich noch schlüssig erklärt. Eine Anwendbarkeitserklärung ist insbesondere nicht im kirchlichen „Gesetz zur Regelung der Rechtsverhältnisse der Beamten des Verbandes des Röm.-kath. Kirchengemeinden in der Freien und Hansestadt Hamburg (Osnabrücker Anteil) - Beamtengesetz - vom 18.2.1965“ zu sehen. Dieses Kirchengesetz des Bistums Osnabrück ordnet die entsprechende Anwendung des „Hamburger Beamtengesetzes in der jeweils gültigen Form“ an, erklärt aber nicht die Rechtswegbestimmung für anwendbar. Es ist auch nichts für eine entsprechende Übung des Beklagten ersichtlich, sich in Kirchenbeamtensachen schlüssig staatlicher Gerichtsbarkeit zu unterwerfen.

[23] 2. Soweit die Klägerin das Begehren auf Verbeamtung oder Feststellung der Rechtswidrigkeit einer Unterlassung der Verbeamtung verfolgt, ist der Rechtsweg auch nicht nach den allgemeinen Rechtswegzuweisungen eröffnet. Denn die tatbestandlichen Voraussetzungen der allgemeinen Rechtswegzuweisungen liegen nicht vor.

[24] Die Eröffnung des Verwaltungsrechtswegs nach VwGO, des ordentlichen Rechtswegs nach § 13 des Gerichtsverfassungsgesetzes (GVG) sowie auch des Rechtswegs zu den Gerichten für Arbeitssachen nach §§ 2 f. des Arbeitsgerichtsgesetzes (ArbGG) setzen jeweils eine öffentlich-rechtliche oder bürgerliche Rechtsstreitigkeit, jedenfalls eine Rechtsstreitigkeit voraus. Da staatliche Gerichte auf Grundlage staatlichen Rechts entscheiden, ist für eine Rechtsstreitigkeit erforderlich, dass die Angelegenheit nach staatlichem Recht zu beurteilen ist. Nur soweit eine Angelegenheit nach staatlichem Recht zu beurteilen ist, reicht auch die staatliche Justizgewährungspflicht (BVerwG, Urteil vom 28.2.2002 -7 C 7.01- BVerwGE 116, 86, KirchE 40, 140). Diese allgemeine Justizgewährungspflicht ist zu unterscheiden von dem Gebot effektiven Rechtsschut-

zes gegen Akte öffentlicher Gewalt (vgl. BVerwG, Urteil vom 28.2.2002 -7 C 7.01- BVerwGE 116, 86, KirchE 40, 140; augenscheinlich a.A. OVG Koblenz, Urteil vom 28.11.2008 -2 A 10495/08- DVBl. 2009, 241, KirchE 52, 298). Wird jemand durch die öffentliche Gewalt in seinen Rechten verletzt, so steht ihm nach dem Gebot effektiven Rechtsschutzes gem. Art. 19 Abs. 4 Satz 1 GG der Rechtsweg offen. Dies setzt die Ausübung öffentlicher Gewalt voraus, an der es hier fehlt. Die Kirchen und ihre Institutionen üben im Verhältnis zu ihren Bediensteten keine öffentliche Gewalt aus (vgl. BVerfG, 2. Kammer des Zweiten Senats, Beschluss vom 9.12.2008 -2 BvR 717/08- NJW 2009, 1195, KirchE 52, 337). Demgegenüber wurzelt die staatliche Justizgewährungspflicht im Rechtsstaatsprinzip gem. Art. 20 Abs. 3, 28 Abs. 1 Satz 1 GG. Sie umfasst nicht nur den Rechtsschutz des Bürgers gegenüber dem Staat, sondern auch denjenigen zu jedwedem Dritten (Ehlers, Staatlicher Rechtsschutz gegenüber den Religionsgemeinschaften in amts- und dienstrechtlichen Angelegenheiten, ZevKR 1982, 269 [271]; Morlok, in: Dreier [Hrsg.], Grundgesetz, Kommentar, 2. Auflage, Art 137 WRV Rn 73). Diese staatliche Justizgewährungspflicht setzt im Gegensatz zum Gebot effektiven Rechtsschutzes nicht voraus, dass der Staat oder seine Untergliederungen streitbeteiligt sind, sondern lediglich, dass die Angelegenheit nach staatlichem Recht zu beurteilen ist.

[25] Dabei gehört die Frage, ob eine Lehrkraft in ein kirchliches Beamtenverhältnis berufen wird, zum Kernbereich kirchlicher Selbstbestimmung. Gem. Art. 137 Abs. 3 WRV iVm Art. 140 GG ordnet und verwaltet jede Religionsgesellschaft ihre Angelegenheiten selbständig innerhalb der Schranken des für alle geltenden Gesetze und verleiht ihre Ämter ohne Mitwirkung des Staates oder der bürgerlichen Gemeinde. Der Beklagte kann sich auf die kirchliche Autonomie berufen. Das verfassungsrechtlich garantierte Selbstverwaltungs- und Selbstbestimmungsrecht umfasst alle Maßnahmen, die in Verfolgung der vom kirchlichen Grundauftrag her bestimmten Aufgaben zu treffen sind (BVerwG, Urteil vom 25.11.1982 -2 C 38.81- DVBl. 1983, 507, KirchE 20, 217). Der Beklagte ist als Verband römisch-katholischer Kirchengemeinden gegründet worden und unterliegt in Trägerschaft der katholischen Schulen dem pastoralen Auftrag des römisch-katholischen Erzbistums Hamburg. Das Selbstbestimmungsrecht enthält im Bereich des kirchlichen Dienstrechts sowohl eine allgemeine Regelungskompetenz als auch die Freiheit zum Organisationsakt und zur Personalentscheidung im Einzelfall (BVerwG, Urteil vom 25.11.1982 -2 C 38.81- DVBl. 1983, 507, KirchE 20, 217). Die gem. Art. 137 Abs. 3 WRV zu beachtende Schranke der für alle geltenden Gesetze ist nicht überschritten. Ein Handeln gegen fundamentale Rechtsgrundsätze wie die guten Sitten (Rechtsgedanke des § 138 BGB), den ordre public (Rechtsgedanke des Art. 6 EGBGB) oder das Willkürverbot (Rechtsgedanke des Art. 3 Abs. 1 GG) kommt nicht in Betracht. Dabei macht

die Kirche in ihrer Tätigkeit - anders als die staatliche Verwaltung - von ihren grundrechtlich geschützten Freiheitsrechten Gebrauch. Sie ist - anders als die staatliche Verwaltung in Ausübung des ihr gesetzlich eingeräumten Ermessens - nicht an den gesetzlich vorgegebenen Zweck der Ermessensausübung oder eine gleichmäßige Praxis gebunden, sondern in ihren Entscheidungen wie jeder Private frei. Der Beklagte hat 1982 die Verbeamtung mit dem Hinweis auf die evangelische Konfession der Klägerin und 2001 mit dem Hinweis auf das Lebensalter der Klägerin abgelehnt. Beide Gesichtspunkte sind für eine katholische Institution nicht sittenwidrig. Es ist umgekehrt Ausdruck des ordre public der in Art. 4 Abs. 1 GG, Art. 140 GG iVm Art. 137 Abs. 3 WRV gewährleisteten Religionsfreiheit, dass der Beklagte als kirchliche Körperschaft selbst nach innerkirchlichen Regeln entscheidet, ob er ein Kirchenbeamtenverhältnis als besonderes Statusverhältnis begründen will.

[26] Das kirchliche Selbstbestimmungsrecht schränkt damit nicht die staatliche Justizgewährungspflicht ein, sondern betrifft die Frage, ob eine nach staatlichem Recht zu beurteilende Angelegenheit vorliegt. Unerheblich ist, dass nach dem für das Erzbistum Hamburg geltenden Kirchenrecht auch keine Überprüfung der Angelegenheit durch katholische Kirchenverwaltungsgerichte vorgesehen ist. Denn durch kirchliche Gerichte könnte die dem Staat in Wahrung einer konfessionsneutralen Friedensordnung obliegende Justizgewährungspflicht ohnehin nicht erfüllt werden. Jedoch ist die Justiziabilität der bei dem staatlichen Gericht vorgelegten Frage Voraussetzung einer Streitigkeit nach staatlichem Recht. Die allgemeine Rechtswegzuweisungen in § 40 Abs. 1 Satz 1 VwGO, § 13 GVG und §§ 2 f. ArbGG setzen jeweils eine Rechtsstreitigkeit voraus, mithin eine nach staatlichem Recht zu beurteilende Angelegenheit. Der Rechtsprechung des Bundesgerichtshofs (Urteil vom 28.3.2003 -V ZR 261/02- BGHZ 154, 306, KirchE 43, 201), nach der die Frage der Justiziabilität keine Sachentscheidungsvoraussetzung ist, wird deshalb nicht gefolgt (wie hier BVerwG, Urteil vom 30.10.2002 -2 C 23.01- BVerwGE 117, 145, KirchE 41, 148 in Bestätigung der ständigen Rechtsprechung).

[27] Dies steht in Übereinstimmung auch zu Art. 6 Abs. 1 Satz 1 EMRK. Danach hat jede Person ein Recht darauf, dass über Streitigkeiten in Bezug auf ihre zivilrechtlichen Ansprüche und Verpflichtungen von einem unabhängigen und unparteiischen, auf Gesetz beruhenden Gericht in einem fairen Verfahren, öffentlich und innerhalb angemessener Frist verhandelt wird. Das Recht auf ein Gericht bezieht sich nur auf Streitigkeiten über zivilrechtliche Ansprüche und Verpflichtungen, von denen jedenfalls auf vertretbare Weise geltend gemacht werden kann, dass sie eine Grundlage im staatlichen Recht haben; Art. 6 Abs. 1 EMRK garantiert selbst keinen bestimmten Inhalt zivilrechtlicher Ansprüche und Verpflichtungen im materiellen Recht der Mitgliedstaaten. Ausgangspunkt

der Prüfung, ob ein zivilrechtlicher Anspruch besteht, müssen danach das jeweilige staatliche Recht sein und seine Auslegung durch die staatlichen Gerichte (EGMR, Urteil vom 23.9.2008 -48907/99- NVwZ 2009, 897, KirchE 52, 146).

[28] An einer nach staatlichem Recht zu beurteilenden Angelegenheit fehlt es hier:

[29] a) Die Streitigkeit beurteilt sich nicht nach bürgerlichem Recht, insbesondere nicht nach dem staatlichen Arbeitsrecht. Zwar besteht nach staatlichem Arbeitsrecht ein privatrechtliches Arbeitsverhältnis zwischen der Klägerin als Arbeitnehmerin und dem Beklagten als Arbeitgeber. Der Beklagte - obwohl öffentlich-rechtliche Körperschaft - hat sich in Bezug auf die Klägerin durch Abschluss eines Arbeitsvertrages einer privatrechtlichen Handlungsform bedient und ist insoweit dem staatlichen Privatrecht unterworfen. Doch ist dieses privatrechtliche Arbeitsverhältnis nicht streitentscheidend. Die Begründung eines Beamtenverhältnisses unterliegt nicht dem bürgerlichen Recht, ebenso wenig wie eine darauf bezogene Schadenersatzpflicht.

[30] b) Die Streitigkeit beurteilt sich auch nicht auf Grundlage des staatlichen Rechts für hamburgische Landesbeamte. Nach § 2 Abs. 1 Satz 1 der Verordnung über die Laufbahnen der hamburgischen Beamtinnen und Beamten sind Entscheidungen über die Einstellung, Übertragung von Dienstposten, Beförderung und Zulassung zum Aufstieg ausschließlich nach Eignung, Befähigung und fachlicher Leistung ohne Rücksicht auf Geschlecht, sexuelle Identität und Orientierung, Abstammung, Rasse, Glauben, religiöse oder politische Anschauungen, Heimat, Herkunft oder Beziehungen und vorrangig auf Grundlage aktueller dienstlicher Beurteilungen zu treffen. Diese Verordnung wurde aufgrund des Hamburgischen Beamtengesetzes erlassen. Zwar verweist § 1 des kirchlichen „Gesetzes zur Regelung der Rechtsverhältnisse der Beamten des Verbandes des Röm.-kath. Kirchengemeinden in der Freien und Hansestadt Hamburg (Osnabrücker Anteil) - Beamtengesetz - vom 18.2.1965“ auf die entsprechende Anwendung des „Hamburger Beamtengesetzes in der jeweils gültigen Form“. Doch werden durch diesen im Kirchenrecht gründenden Anwendungsbefehl lediglich die Regeln des staatlichen Beamtenrechts in das kirchliche Beamtenrecht übertragen. Es wird nicht umgekehrt das kirchliche Beamtenrecht zu staatlichem Recht. Es fehlt an einem im staatlichen Recht gründenden Anwendungsbefehl, im staatlichen Recht das kirchliche Beamtenrecht und damit die in das kirchliche Beamtenrecht übertragenen Regeln des staatlichen Beamtenrechts auf Kirchenbeamte anzuwenden. Es bleibt den öffentlich-rechtlichen Religionsgemeinschaften überlassen, sich der Anwendbarkeit staatlichen Rechts zu unterwerfen. Die bloße Übertragung staatlicher Regeln ins Kirchenrecht zielt noch nicht auf die Unterwerfung unter staatliches Recht. Denn die Unterwerfung unter staatliches Recht ginge notwendig mit einer Unterwerfung

unter die staatliche Gerichtsbarkeit einher. Wie aus § 135 Satz 2 BRRG und § 146 Satz 2 BBG hervorgeht, ist diese Unterwerfung nur dann gewollt, wenn die Religionsgemeinschaft von der dort eröffneten Möglichkeit Gebrauch macht, die Rechtswegzuweisung für anwendbar zu erklären. Diese Voraussetzung der besonderen beamtenrechtlichen Rechtswegzuweisungen würden leerlaufen, wenn die Übertragung staatlicher Regelungen ins kirchliche Recht bereits nach den allgemeinen Rechtswegzuweisungen die Unterwerfung unter die staatliche Gerichtsgerichtsbarkeit inbegriffen.

[31] c) Die Streitigkeit beurteilt sich auch nicht nach den Grundrechten und grundrechtsgleichen Rechten. Der Beklagte unterliegt nicht als Teil der vollziehenden Gewalt gem. Art. 1 Abs. 3 GG einer Bindung an Grundrechte, sondern ist umgekehrt aus den Grundrechten berechtigt. Der Beklagte übt im Hinblick auf das Kirchenbeamtenverhältnis keine öffentliche Gewalt aus. Der Beklagte ist zwar als öffentlich-rechtliche Körperschaft organisiert, doch nicht Teil des Staates. Dies folgt aus Art. 137 Abs. 1, Abs. 4 WRV iVm Art. 140 GG. Danach besteht keine Staatskirche, obwohl Religionsgesellschaften den Status als öffentlich-rechtliche Körperschaft behalten oder erhalten können. Der Beklagte gehört der gesellschaftlichen Sphäre an, die auf Freiheitsverwirklichung gerichtet ist, nicht der staatlichen Sphäre, die dem Gemeinwohl verpflichtet ist.

[32] d) Die Streitigkeit beurteilt sich auch nicht nach dem Allgemeinen Gleichbehandlungsgesetz (AGG). Dieses Gesetz ist auf Kirchenbeamtenverhältnisse nicht anwendbar. Aus der Sonderregelung für öffentlich-rechtliche Dienstverhältnisse in § 24 AGG, nach der die Vorschriften dieses Gesetzes unter Berücksichtigung ihrer besonderen Rechtsstellung entsprechend für die dort benannten öffentlich-rechtlichen Dienstverhältnisse zu staatlichen und staatlicher Aufsicht unterstehenden Rechtssubjekten gelten, folgt, dass dies für die dort nicht benannten öffentlich-rechtlichen Dienstverhältnisse zu den staatlicher Aufsicht nicht unterstehenden Religionsgemeinschaften nicht gelten.

[33] e) Die Streitigkeit beurteilt sich auch nicht nach der Richtlinie 2000/78/EG des Rates vom 27.11.2000 zur Festlegung eines allgemeinen Rahmens für die Verwirklichung der Gleichbehandlung in Beschäftigung und Beruf. Nach dem Grundsatz des effet utile nach Art. 4 Abs. 3 Unterabs. 2 EUV ergreifen die Mitgliedstaaten alle geeigneten Maßnahmen allgemeiner oder besonderer Art zur Erfüllung der Verpflichtungen, die sich aus den Verträgen oder den Handlungen der Organe der Union ergeben. Zu den Handlungen der Organe der Union gehören insbesondere die Richtlinien, die gem. Art. 288 Unterabs. 3 Satz 2 des Vertrages über die Arbeitsweise der Europäischen Union für jeden Mitgliedstaat, an den sie gerichtet sind, hinsichtlich des zu erreichenden Ziels verbindlich ist. Die Richtlinie gilt nicht unmittelbar zwischen Rechtssubjekten außerhalb der staatlichen Sphäre. Der Beklagte ist wegen der Trennung von

Staat und Kirche nicht in den Staatsaufbau des Mitgliedstaates Bundesrepublik Deutschland eingegliedert und deshalb nicht durch die Richtlinie verpflichtet.

[34] 3. Soweit die Klägerin ein Schadenersatzbegehren verfolgt, ist der Rechtsweg zu den ordentlichen Gerichten auch nicht nach § 40 Abs. 2 Satz 1 Halbsatz 1 VwGO eröffnet. Nach dieser Vorschrift ist für Schadensersatzansprüche aus der Verletzung öffentlich-rechtlicher Pflichten, die nicht auf einem öffentlich-rechtlichen Vertrag beruhen, der ordentliche Rechtsweg gegeben. Der Anwendung dieser Vorschrift steht zwar nicht bereits der Vorrang der beamtenrechtlichen Rechtswegzuweisungen nach § 40 Abs. 2 Satz 2 VwGO entgegen; denn die beamtenrechtlichen Rechtswegzuweisungen sind, wie oben ausgeführt, ihrerseits auf Kirchenbeamtenverhältnisse zum Beklagten nicht anwendbar. Jedoch liegen die Tatbestandsvoraussetzungen des § 40 Abs. 2 Satz 1 Halbsatz 1 VwGO nicht vor. Eine Verletzung öffentlich-rechtlicher Pflichten nach staatlichem Recht kommt nach dem Vorstehenden nicht in Betracht. Der Ausschluss des ordentlichen Rechtswegs verstößt auch nicht gegen Art. 34 Satz 3 GG. Danach darf für den Anspruch auf Schadensersatz der ordentliche Rechtsweg nicht ausgeschlossen werden, wenn jemand in Ausübung eines ihm anvertrauten öffentlichen Amtes die ihm einem Dritten gegenüber obliegende Amtspflicht verletzt. Vorliegend fehlt es an der Ausübung eines öffentlichen Amtes. Der Beklagte übt, wie bereits ausgeführt, im Hinblick auf das Kirchenbeamtenverhältnis keine öffentliche Gewalt aus.

10

Zur Ermittlung der angemessenen Ausbildungsvergütung, die der Träger der praktischen Ausbildung zum Altenpfleger zu zahlen hat, sind für Einrichtungen der Diakonie zumindest regelmäßig die Arbeitsvertragsrichtlinien der Diakonie als Kontrollmaßstab heranzuziehen.
Die bloß kirchenrechtliche Verpflichtung einer Einrichtung der Diakonie, die AVR-Diakonie anzuwenden, reicht nicht aus, um Rechtsfolgen für ein dort begründetes Ausbildungsverhältnis herbeizuführen.

§§ 123, 241, 242, 280, 311 Abs. 2, 612a BGB, 1 BAföG, 11, 12, 19 SGB II
BAG, Urteil vom 23. August 2011 -3 AZR 575/09-[1]

---

1 Satz 1 Amtl. Leitsatz. BeckRS 2012, 65401; BAGE 139, 89; AP Nr. 9 zu § 17 BBiG; ArbRB 2012, 77; EzA § 611 BGB 2002 Kirchliche Arbeitnehmer Nr. 20; EzTöD 520 § 8 TVAöD-BT Pflege Altenpflege Nr. 1; FA 2012, 83; NZA 2012, 211; öAT 2012, 41; PflR 2012, 292; ZMV 2012, 111; ZTR 2012,

Die Parteien streiten darüber, ob und ggf. in welcher Höhe dem Kläger für die Zeit einer Ausbildung zum Altenpfleger eine angemessene Vergütung zusteht, sowie über die Kosten außergerichtlicher anwaltlicher Vertretung.

Der Kläger schloss mit dem Beklagten, einer Einrichtung der Diakonie, als Träger der praktischen Ausbildung und dem Träger der schulischen Ausbildung einen Ausbildungsvertrag für eine Ausbildung zum Altenpfleger. Dieser lautet auszugsweise wie folgt:

> „Ausbildungsvertrag für von der Agentur für Arbeit oder einem anderen Kostenträger geförderte Auszubildende/-er der Altenpflegeausbildung
> § 1 Ausbildungsgegenstand und –voraussetzungen
> 1.1 Herr G wird für den Beruf einer Altenpflegerin/-er nach den Vorschriften des Gesetzes über die Berufe in der Altenpflege (Altenpflegegesetz - AltPflg) vom 17.11.2000 und der Ausbildungs- und Prüfungsverordnung für den Beruf der Altenpflegerin und des Altenpflegers (Altenpflegeausbildungs- und -prüfungsverordnung - AltPflgAPrV) in der jeweils gültigen Fassung ausgebildet.
> 1.2 Die inhaltliche und zeitliche Gliederung der praktischen Ausbildung erfolgt in Abstimmung mit dem Träger der schulischen Ausbildung.
> 1.3 Die Ausbildung erfolgt unter der Voraussetzung, dass die gesundheitliche Eignung der/des Auszubildenden vorliegt.
> 1.4 Für die fachpraktische Ausbildung finden die allgemeinen Arbeitsbedingungen des Trägers der praktischen Ausbildung Anwendung, sofern sie nicht den Regelungen der Ausbildungsverordnung entgegenstehen und in diesem Vertrag keine abweichenden Regelungen getroffen werden.
> § 2 Ausbildungsdauer
> Die Ausbildung beginnt am 1.8.2006 und endet am 31.7.2009.
> § 3 Kündigung des Ausbildungsverhältnisses
> 3.1 Während der Probezeit von sechs Monaten kann das Ausbildungsverhältnis mit einer Frist von zwei Wochen zum Monatsschluss ordentlich gekündigt werden. Nach der Probezeit kann das Ausbildungsverhältnis im gegenseitigen Einvernehmen der Träger der praktischen und der theoretischen Ausbildung von diesen gekündigt werden, wenn der/die Auszubildende seine/ihre Pflichten nach § 4 - Durchführung der Ausbildung - in grober Weise verletzt bzw. gegen seine/ihre Pflichten verstößt.
> 3.2 Der/die Auszubildende kann die praktische Ausbildung mit einer Kündigungsfrist von zwei Wochen zum Ende eines Kalendermonats kündigen, wenn er/sie diesen Teil der Ausbildung bei einem anderen Träger fortsetzen möchte.
> 3.3 Die Kündigung muss schriftlich unter Angabe des Grundes erfolgen.
> ...
> § 5 Ausbildungszeiten
> Die durchschnittliche regelmäßige wöchentliche Ausbildungszeit beträgt in der praktischen Ausbildung zum Zeitpunkt des Vertragsabschlusses 40 Stunden

---

227. Die Verfassungsbeschwerde des Beklagten wurde nicht zur Entscheidung angenommen; BVerfG, Beschluss vom 22.5.2014 -1 BvR 805/12- n.v.

> ...
>
> § 7 Ausbildungsvergütung
>
> Da die/der Auszubildende während der Ausbildung von der Agentur für Arbeit oder einem anderen Kostenträger eine individuelle finanzielle Förderung erhält, wird keine Ausbildungsvergütung bezahlt.
>
> ...
>
> § 10 Sonstiges
>
> 10.1 Sollten einzelne Bestimmungen dieses Vertrages unwirksam sein oder werden, so wird die Wirksamkeit der übrigen Bestimmungen des vorstehenden Vertrages hierdurch nicht berührt. An die Stelle der unwirksamen Bestimmung tritt eine Ersatzregelung, die dem mit der unwirksamen Bestimmung angestrebten Zweck möglichst nahe kommt."

Die Heimleiterin der Pflegeabteilung, in der die Ausbildung durchgeführt wurde, teilte dem Kläger vor der Einstellung mit, der Beklagte als gemeinnützige Einrichtung werde auf keinen Fall eine Ausbildungsvergütung zahlen. Der Kläger könne für die Ausbildung zum Beispiel Leistungen nach dem Bundesausbildungsförderungsgesetz (BAföG) oder „Hartz IV"-Leistungen beantragen. Eine Einstellung sei nur bei der Bewilligung entsprechender Leistungen möglich, da dem Beklagten kein Geld für Ausbildungsvergütungen zur Verfügung stehe.

Der Kläger wohnte während der Ausbildung bei seinen Eltern. In der Zeit vom 1.8. bis zum 30.9.2006 erhielt er Leistungen zur Sicherung des Lebensunterhalts nach dem SGB II in Höhe von 345,- € monatlich. Ein weiterer Antrag auf Gewährung von Leistungen zur Sicherung des Lebensunterhalts nach dem SGB II wurde durch Bescheid vom 20.12.2006 mit der Begründung abgelehnt, aufgrund einer zwischenzeitlichen Gesetzesänderung gehöre der Kläger zur Bedarfsgemeinschaft seiner Eltern. Durch deren Einkommen sei sein Lebensunterhalt ausreichend gesichert. Seit August 2006 erhielt der Kläger Leistungen nach dem BAföG in Höhe von 17,00 € monatlich. Einer höheren Förderung stand das Einkommen seiner Eltern entgegen.

Der Kläger legte dem Beklagten für den 16.5.2007 eine Arbeitsunfähigkeitsbescheinigung vor, die von der in der Bescheinigung genannten Ärztin nicht ausgestellt war. Unter dem 8.6.2007 kündigte der Beklagte das Ausbildungsverhältnis wegen der Fälschung der Krankschreibung und der Störung des Vertrauensverhältnisses fristlos und focht mit Schriftsatz vom 13.5.2008 den Abschluss des Ausbildungsvertrages wegen arglistiger Täuschung an.

Im vorliegenden Verfahren macht der Kläger für die Zeit von August 2006 bis Mai 2007 einen Anspruch auf angemessene Ausbildungsvergütung und Kosten der außergerichtlichen anwaltlichen Vertretung geltend.

Hierzu trägt er im Wesentlichen vor, er habe sich auf die Regelung in § 7 des Ausbildungsvertrages nur eingelassen, weil er davon ausgegangen sei, eine höhere Förderung nach dem BAföG und weitere Leistungen nach dem SGB II zu erhalten. Er sei der Meinung gewesen, falls dies nicht gelinge, werde ihm eine Ausbildungsvergütung gezahlt. Kurz nachdem er erfahren habe, dass ihm keine Leistungen nach dem SGB II mehr zustehen, habe er sich an die Pflegedienstleitung des Beklagten, Frau Z, gewandt. Diese habe ihm versprochen, sich um die Angelegenheit zu kümmern. Da er keine Rückmeldung erhalten habe, habe er nachgefragt. Danach sei das Ausbildungsverhältnis beendet worden.

Der Kläger meint, ihm stehe nach § 17 des Altenpflegegesetzes (AltPflG) eine angemessene Ausbildungsvergütung zu. Diese sei nach den tariflichen Regelungen der Vergütung von Krankenpflegeschülern im öffentlichen Dienst zu bemessen und belaufe sich auf 707,19 € brutto monatlich. Ihm sei nicht bekannt, dass bei dem Beklagten die Allgemeinen Arbeitsvertragsrichtlinien der Diakonie (AVR-Diakonie) angewandt würden. Jedenfalls sei er mit dem anderen Altenpflegeschüler, dem eine Vergütung nach dem Krankenpflegetarifvertrag zugesagt worden sei, gleichzubehandeln. Seinem Anspruch stünden die ihm gewährten Leistungen zum Lebensunterhalt und nach dem BAföG nicht entgegen. Hierbei handele es sich nicht um vergleichbare Geldleistungen aus öffentlichen Haushalten iSv. § 17 AltPflG. Er habe dem Beklagten nicht zugesagt, dass er für den gesamten Zeitraum der Ausbildung Leistungen nach dem BAföG oder dem SGB II beanspruchen könne. BAföG habe er erst nach Unterzeichnung des Vertrages beantragt. Dass er keinerlei weitere Leistungen nach dem SGB II erhalte, sei ihm erst durch den Bescheid vom 20.12.2006 bekannt geworden.

Der Beklagte ist der Auffassung, dem Kläger stehe eine Ausbildungsvergütung nach den vertraglichen Vereinbarungen nicht zu. Ohne eine öffentlich-rechtliche Förderung hätte er das Ausbildungsverhältnis mit dem Kläger nicht begründet. Als nicht gewinnorientierter gemeinnütziger Verein habe er nicht die Mittel, eine Ausbildungsvergütung zu zahlen. Deshalb stelle er nur Altenpflegeschüler ein, deren Unterhalt anderweitig gesichert sei.

Der Kläger habe während der Ausbildung immer behauptet, er erhalte Arbeitslosengeld II und BAföG. Nur einmal habe er im Laufe der Ausbildung der Heimleitung mitgeteilt, dass er mehr Geld benötige, weil er mit den bisherigen Leistungen nicht klarkomme. Wenn der Kläger - so trägt der Beklagte weiter vor - mitgeteilt hätte, dass er keine oder eine nur geringe öffentlich-rechtliche Förderung erhalte, wäre das Ausbildungsverhältnis während der Probezeit beendet worden. Der Kläger sei deshalb zu einer entsprechenden Mitteilung verpflichtet gewesen. Zudem habe der Kläger versäumt, die Voraussetzungen für eine öffentliche Förderung zu schaffen, die den Beklagten von der Zahlung einer Ausbildungsvergütung enthoben hätte, wie dies alle anderen Auszubildenden getan hätten. Wegen der falschen Angaben des Klägers in Zusammenhang mit der Krankmeldung greife die Anfechtung des Ausbildungsvertrages durch. Der Kläger habe sein Recht verwirkt, vom Beklagten eine Ausbildungsvergütung zu verlangen. Die Geltendmachung verstoße gegen Treu und Glauben. Im Übrigen könne der Kläger allenfalls eine Ausbildungsvergütung nach den AVR-Diakonie verlangen und nicht nach den Tarifvereinbarungen des öffentlichen Dienstes. Etwaige Ansprüche des Klägers seien teilweise nach § 45 Abs. 2 AVR-Diakonie verfallen, da sie erst nach Ablauf von sechs Monaten nach Fälligkeit geltend gemacht worden seien.

Das ArbG Magdeburg (Urteil vom 5.6.2008 -10 Ca 2779/07- n.v.) hat der Klage teilweise stattgegeben. Das LAG Sachsen-Anhalt (Urteil vom 17.12.2008 -5 Sa 339/08- n.v.) hat unter Zurückweisung der Berufung des Klägers auf die Berufung des Beklagten den erstinstanzlich ausgeurteilten Betrag herabgesetzt.

Mit seiner Revision verfolgt der Beklagte weiterhin das Ziel der Klageabweisung. Der Kläger begehrt die Zurückweisung der Revision und verfolgt mit seiner Anschlussrevision die zuletzt gestellten Klageanträge, soweit die Klage abgewiesen wurde, weiter.

Das BAG weist die Revision als unbegründet zurück und gibt der Anschlussrevision teilweise statt. Insoweit erfolgte teilweise Zurückverweisung des Rechtsstreits in die Vorinstanz.

Aus den Gründen:

[17] A. Während gegen die Zulässigkeit der Revision keine Bedenken bestehen, ist die Anschlussrevision unzulässig, soweit sie sich gegen die Abweisung der Klage hinsichtlich der Kosten der außergerichtlichen Vertretung in Höhe von 102,01 € jeweils nebst Zinsen und hinsichtlich der geforderten Ausbildungsvergütung für den 16.5.2007 in Höhe von 32,64 € richtet. Insoweit ist die Anschlussrevision nicht ausreichend begründet. (*wird ausgeführt*)

[21] B. Die Revision ist unbegründet, die Anschlussrevision ist - soweit zulässig - zum Teil begründet. Für die Monate Dezember 2006 bis Mai 2007 steht dem Kläger eine Ausbildungsvergütung in Höhe von 4.015,15 € brutto nebst Zinsen zu. Zu Recht hat deshalb das Landesarbeitsgericht die Berufung des Beklagten hinsichtlich einer Verurteilung in Höhe von 3.858,46 € brutto nebst Zinsen zurückgewiesen. Es hat jedoch zu Unrecht auf die Berufung des Beklagten unter teilweiser Abänderung der erstinstanzlichen Entscheidung die Klage in Höhe weiterer 156,69 € brutto nebst Zinsen abgewiesen. Insoweit ist die erstinstanzliche Entscheidung wieder herzustellen. Soweit der Kläger mit seiner Anschlussrevision für diesen Zeitraum weitere 195,35 € brutto nebst Zinsen geltend macht, ist sie - soweit sie nicht hinsichtlich des 16.5.2007 ohnehin unzulässig ist - unbegründet; insoweit hat das Landesarbeitsgericht die Berufung des Klägers zu Recht zurückgewiesen. Der Senat kann nicht abschließend entschei-

den, ob die Klage hinsichtlich der für die Monate August 2006 bis November 2006 geltend gemachten Vergütungsansprüche in Höhe von 2.828,76 € nebst Zinsen begründet ist. Dazu bedarf es weiterer tatrichterlicher Feststellungen. Insoweit hat der Senat das Berufungsurteil daher aufgehoben und den Rechtsstreit zur neuen Verhandlung und Entscheidung an das Berufungsgericht zurückverwiesen.

[22] I. Der Rechtsstreit ist entscheidungsreif, soweit durch die Revision und die zulässige Anschlussrevision Vergütungsansprüche des Klägers für Dezember 2006 bis Mai 2007 Gegenstand des Revisionsverfahrens geworden sind. Die Klage ist für diesen Zeitraum in Höhe von 4.015,15 € brutto nebst Zinsen begründet. Der Kläger hat nach § 17 Abs. 1 AltPflG in der bis zum 31.12.2007 geltenden Fassung Anspruch auf eine angemessene Ausbildungsvergütung. Diese beläuft sich unter Zugrundelegung von Nr. III der Anlage 10a-Ost zu den AVR-Diakonie in der ab 1.6.2004 geltenden Fassung auf 674,38 € brutto monatlich. Für Mai 2007 sind lediglich 643,25 € brutto auszuurteilen, da die Vergütung für den 16.5.2007 nicht Gegenstand einer zulässigen Anschlussrevision ist. Dem Anspruch steht weder die vom Beklagten erklärte Anfechtung des Ausbildungsvertrages entgegen noch ist der Kläger dem Beklagten zum Schadensersatz verpflichtet. Die Geltendmachung der Ansprüche verstößt auch nicht gegen Treu und Glauben. Für die Monate Dezember 2006 bis Mai 2007 sind die Ansprüche nicht nach § 45 Abs. 2 AVR-Diakonie verfallen.

[23] 1. Die Ansprüche des Klägers richten sich nach § 17 Abs. 1 AltPflG in der bis zum 31.12.2007 geltenden Fassung (Bekanntmachung vom 25.8.2003, BGBl. I S. 1690, zuletzt geändert durch Verordnung vom 31.10.2006, BGBl. I S. 2407, berichtigt durch Bekanntmachung vom 23.8.2007, BGBl. I S. 2149; künftig: § 17 AltPflG aF). *(wird ausgeführt)*

[25] 2. Nach § 17 Abs. 1 AltPflG aF hat der Träger der praktischen Ausbildung der Schülerin und dem Schüler für die gesamte Dauer der Ausbildung eine angemessene Ausbildungsvergütung zu zahlen, soweit nicht Ansprüche auf Unterhaltsgeld nach dem SGB III oder Übergangsgeld nach den für die berufliche Rehabilitation geltenden Vorschriften bestehen oder andere vergleichbare Geldleistungen aus öffentlichen Haushalten gewährt werden. Danach schuldet der Beklagte dem Kläger eine angemessene Ausbildungsvergütung. Das Vertragsverhältnis der Parteien unterfällt der Vorschrift. Der Anspruch auf angemessene Ausbildungsvergütung ist auch nicht deshalb ausgeschlossen, weil der Kläger während der Ausbildungszeit Geldleistungen aus öffentlichen Haushalten bezogen hat.

[26] a) § 17 Abs. 1 AltPflG aF ist auf das Rechtsverhältnis der Parteien anzuwenden. Die Parteien haben einen Vertrag geschlossen, nach dem der Beklagte als Träger der praktischen Ausbildung den Kläger als Altenpflegeschüler aus-

zubilden hat. Die Geltung der Vorschrift wurde nicht wirksam abbedungen. § 7 des Ausbildungsvertrages schließt zwar - wovon das Landesarbeitsgericht in revisionsrechtlich nicht zu beanstandender Weise ausgegangen ist - einen Anspruch auf Ausbildungsvergütung generell aus und nicht nur für den Fall des Bezugs der in § 17 Abs. 1 AltPflG aF genannten Leistungen aus öffentlichen Haushalten. Diese vertragliche Vereinbarung ist jedoch nichtig. § 17 Abs. 1 AltPflG aF befindet sich im 4. Abschnitt des Altenpflegegesetzes. Eine Vereinbarung zu Ungunsten der Schülerin oder des Schülers, die von den Vorschriften dieses Abschnittes abweicht, ist nach § 22 AltPflG nichtig.

[27] b) Der Kläger hat während seiner Ausbildung keine öffentlichen Leistungen erhalten, die den Anspruch auf angemessene Ausbildungsvergütung ausschließen oder beschränken. Der Kläger hat weder Unterhaltsgeld nach dem SGB III noch Übergangsgeld nach den für die berufliche Rehabilitation geltenden Vorschriften erhalten. Die Leistungen nach dem BAföG, die er während des gesamten Zeitraums von Dezember 2006 bis Mai 2007 bezog, sind keine anderen vergleichbaren Geldleistungen aus öffentlichen Haushalten iSv § 17 Abs. 1 AltPflG aF. Das ergibt die Auslegung der gesetzlichen Bestimmung. *(wird ausgeführt)*

[35] 3. Der Höhe nach bestimmt sich der Anspruch auf angemessene Ausbildungsvergütung nach Nr. III der Anlage 10a-Ost zu den AVR-Diakonie in der ab 1.6.2004 gültigen Fassung und beträgt dementsprechend - worüber in der Verhandlung vor dem Senat Einigkeit bestand - 674,38 € brutto monatlich. Davon sind für Mai 2007 hinsichtlich der nicht geleisteten Arbeit am 16.5. 31,13 € brutto ... abzuziehen, weil insoweit schon keine zulässige Anschlussrevision vorliegt.

[36[a) Für die Ermittlung der angemessenen Ausbildungsvergütung nach § 17 Abs. 1 AltPflG aF gelten dieselben Regeln wie für die Ausbildungsvergütung nach dem Berufsbildungsgesetz. Dies ergibt sich daraus, dass § 17 Abs. 1 AltPflG aF hinsichtlich des Anspruchs auf eine angemessene Ausbildungsvergütung ebenso gestaltet ist wie die entsprechenden Bestimmungen des Berufsbildungsgesetzes (§ 17 Abs. 1 Satz 1 BBiG, vorher § 10 Abs. 1 Satz 1 BBiG). Mit dem Altenpflegegesetz sollte der Rechtsstatus der Schülerinnen und Schüler in der Altenpflege unter Berücksichtigung der dortigen Besonderheiten denjenigen der Auszubildenden in anderen Berufen angeglichen werden (BT-Drs. 14/1578 S. 12).

[37] Danach hat die Ausbildungsvergütung regelmäßig drei Funktionen: Sie soll den Auszubildenden und seine unterhaltspflichtigen Eltern bei der Lebenshaltung finanziell unterstützen, die Heranbildung eines ausreichenden Nachwuchses an qualifizierten Fachkräften gewährleisten und die Leistungen des Auszubildenden in gewissem Umfange „entlohnen“. Die gesetzliche Regelung stellt dabei nur eine Rahmenvorschrift dar und legt den Maßstab für die Ange-

messenheit der Ausbildungsvergütung nicht selbst fest. Bei der Vereinbarung der Vergütung haben die Vertragsparteien einen gewissen Spielraum. Die Vereinbarung ist gerichtlich - auch in der Revisionsinstanz - darauf zu prüfen, ob die vereinbarte Vergütung die Mindesthöhe erreicht, die noch als angemessen anzusehen ist. Ob die Parteien die Grenzen ihres Spielraums gewahrt haben, ist unter Abwägung ihrer Interessen und unter Berücksichtigung der besonderen Umstände des Einzelfalles festzustellen. Dabei ist die Verkehrsanschauung maßgeblich. Wichtigster Anhaltspunkt für die Verkehrsanschauung sind die einschlägigen Tarifverträge. Bei ihnen ist anzunehmen, dass das Ergebnis der Tarifverhandlungen die Interessen beider Seiten hinreichend berücksichtigt (BAG 19.2.2008 -9 AZR 1091/06- Rn 18 ff., BAGE 126, 12). Gilt keine tarifliche Regelung, kann auf branchenübliche Sätze abgestellt oder eine der Verkehrsauffassung des betreffenden Bereichs entsprechende Vergütung zugrunde gelegt werden (vgl. BAG 15.12.2005 -6 AZR 224/05- Rn 12, AP BBiG § 10 Nr. 15, EzA BBiG § 10 Nr. 11).

[38] b) Danach können als Kontrollmaßstab - entgegen der Ansicht des Klägers - hier nicht die Tarifverträge des öffentlichen Dienstes herangezogen werden. Dabei handelt es sich schon deshalb nicht um einschlägige Tarifverträge, weil der Beklagte kein Arbeitgeber des öffentlichen Dienstes ist. Er ist vielmehr Teil der Diakonie. Kontrollmaßstab sind daher die im kirchenrechtlichen Rechtssetzungsverfahren zustande gekommenen AVR-Diakonie. Diese enthalten nach der Verkehrsanschauung in der Regel angemessene Vergütungen. Dabei kann dahinstehen, ob das Ergebnis dieses Rechtssetzungsverfahrens tariflichen Regelungen gleichzustellen ist (vgl. zur AGB-Kontrolle: BAG 22.7.2010 -6 AZR 847/07- Rn 31 f., AP BGB § 611 Kirchendienst Nr. 55, EzA BGB 2002 § 611 Kirchliche Arbeitnehmer Nr. 15, KirchE 56, 63). Da das kirchliche Rechtssetzungsverfahren eine paritätische Beteiligung von Arbeitnehmervertretungen bei dem Erlass der AVR-Diakonie vorsieht, ist davon auszugehen, dass die beiderseitigen Interessen auch hier ausreichend berücksichtigt werden. Da bei der Ermittlung der angemessenen Vergütung auf die Verkehrsanschauung abzustellen ist, kommt es nicht darauf an, ob der Beklagte selbst an die AVR-Diakonie gebunden ist und ob er diese Regelungen in die bei ihm durchgeführten Ausbildungsverhältnisse einbezogen hat. Selbst wenn damit der in den AVR geregelte Geltungsbereich und die Anwendung in der einzelnen Einrichtung auseinanderfallen (zu einer derartigen Möglichkeit bei kirchlichen Regelungen: BAG 16.32004 -9 AZR 93/03- zu B II 2 c bb (2) der Gründe, BAGE 110, 60, KirchE 45, 179), ist Maßstab, was die AVR-Diakonie vorsehen. Insoweit gilt nichts anderes als bei einem nicht tarifgebundenen Arbeitgeber, der dem Geltungsbereich eines Tarifvertrages unterfällt (dazu BAG 15.12.2005 -6 AZR 224/05- Rn 12 f., AP BBiG § 10 Nr. 15, EzA BBiG § 10 Nr. 11).

[39] Gründe, hier einen anderen Maßstab anzulegen, sind nicht ersichtlich. Im Einzelfall kann es zwar Gründe geben, einen an sich geltenden Maßstab nicht zur Prüfung der Angemessenheit heranzuziehen (vgl. BAG 19.2.2008 -9 AZR 1091/06- Rn 21 f., BAGE 126, 12). Solche Gründe liegen hier jedoch nicht vor. Insbesondere kommt es nicht darauf an, dass es sich bei dem Beklagten um eine gemeinnützige Einrichtung handelt. Dies stellt für sich genommen keinen Grund dar, die Angemessenheit der Ausbildungsvergütung in besonderer Weise zu bestimmen. Dies könnte allenfalls dann in Betracht kommen, wenn es gerade der Zweck der gemeinnützigen Einrichtung ist, zur Bekämpfung der Jugendarbeitslosigkeit Arbeitsplätze zu schaffen (BAG 19.2.2008 -9 AZR 1091/06- Rn 37 ff., aaO). Ein derartiger Fall liegt hier nicht vor. Im Übrigen sind die den AVR-Diakonie unterfallenden Arbeitgeber ohnehin - zumindest fast - immer gemeinnützig. Dieser Aspekt hat deshalb schon bei der Schaffung der AVR und der darin geregelten Vergütungen Berücksichtigung gefunden.

[40] Ebenso wenig kommt es darauf an, ob der Beklagte über finanzielle Mittel für Ausbildungsvergütungen verfügt. Die gesetzliche Regelung, nach der eine angemessene Ausbildungsvergütung zu zahlen ist, dient auch dazu, Verfälschungen des Ausbildungsmarktes zu vermeiden. Das schließt eine Orientierung an den finanziellen Möglichkeiten der Träger der praktischen Ausbildung aus (vgl. BAG 19.2.2008 -9 AZR 1091/06- Rn 44, BAGE 126, 12).

[41] c) Eine vereinbarte Ausbildungsvergütung ist unangemessen, wenn sie die einschlägige tarifliche, branchenübliche oder in den AVR festgelegte Vergütung - wie hier - um mehr als 20% unterschreitet. Dies hat zur Folge, dass die volle tarifliche, branchenübliche oder in den AVR festgelegte Ausbildungsvergütung zu zahlen ist. Die Begrenzung des Anspruchs auf das gerade noch zulässige Maß der Unterschreitung widerspräche dem Zweck von § 17 Abs. 1 AltPflG aF. Diese Vorschrift soll eine angemessene Ausbildungsvergütung sicherstellen. Damit wäre es nicht vereinbar, bei einer Unterschreitung der nach der Verkehrsanschauung angemessenen Ausbildungsvergütung den Anspruch zu Gunsten des Trägers der praktischen Ausbildung auf das gerade noch Angemessene zu begrenzen (stRspr des BAG, vgl. 19.2.2008 -9 AZR 1091/06- Rn 50, BAGE 126, 12; 25.7.2002 -6 AZR 311/00- zu I 8 der Gründe, AP BBiG § 10 Nr. 11, EzA BBiG § 10 Nr. 9). Entgegen der Ansicht der Vorinstanzen kommt es nach dem Zweck der gesetzlichen Regelung auch nicht darauf an, dass der Beklagte dem Kläger die Absicht, keine Ausbildungsvergütung zu zahlen, bei Vertragsschluss eindeutig erklärt hat.

[42] Es kann offenbleiben, ob kirchliche Einrichtungen nicht ohnehin mindestens die kirchenrechtlich für sie verbindlichen Sätze zu zahlen haben, damit die gesetzliche Verpflichtung zur Zahlung einer angemessenen Vergütung erfüllt ist.

[43] 4. Der Anspruch des Klägers auf eine angemessene Ausbildungsvergütung entfällt nicht deshalb, weil der Beklagte den Ausbildungsvertrag wirksam angefochten hätte, der Kläger dem Beklagten Schadensersatz zu leisten hätte oder weil die Geltendmachung des Anspruchs treuwidrig wäre.

[44] a) Der Beklagte hat den Ausbildungsvertrag nicht wirksam wegen arglistiger Täuschung angefochten (§ 123 Abs. 1 BGB) mit der Folge, dass der Ausbildungsvertrag als von Anfang an (ex tunc) nichtig anzusehen wäre (§ 142 Abs. 1 BGB).

[45] aa) Der Beklagte kann die Anfechtung des Ausbildungsvertrages wegen arglistiger Täuschung nicht mit Erfolg auf seine Behauptung stützen, der Kläger habe darüber getäuscht, er werde während der gesamten Dauer des Ausbildungsverhältnisses Leistungen nach dem SGB II beziehen.

[46] (1) Eine Anfechtung wegen arglistiger Täuschung setzt voraus, dass der Täuschende durch Vorspiegelung oder Entstellung von Tatsachen beim Erklärungsempfänger einen Irrtum erregt und ihn zur Abgabe einer Willenserklärung veranlasst. Durch die Täuschungshandlung muss beim Erklärungsgegner ein Irrtum über den wahren Sachverhalt hervorgerufen werden. Zwischen der Täuschungshandlung und dem Irrtum muss ein Kausalzusammenhang bestehen. An einem Irrtum fehlt es, wenn derjenige, der getäuscht werden soll, die Wahrheit kennt (BAG 18.10.2000 -2 AZR 380/99- zu II 1 und 2a der Gründe, BAGE 96, 123).

[47] (2) Danach berechtigt die behauptete Täuschung durch den Kläger den Beklagten nicht zur Anfechtung des Ausbildungsvertrages. Selbst wenn der Kläger die Behauptung aufgestellt haben sollte, er werde für die gesamte Ausbildungsdauer Leistungen nach dem SGB II beziehen, kann dadurch bei den für den Beklagten handelnden Personen kein Irrtum entstanden sein. Es ist allgemein bekannt, dass Leistungen nach dem SGB II von den persönlichen Einkommens- und Vermögensverhältnissen des Berechtigten bzw. der Bedarfsgemeinschaft, der er angehört, abhängen (nunmehr §§ 11 f. SGB II), die sich ständig ändern können. Dass die für den Beklagten handelnden Personen von dieser allgemein bekannten Tatsache keine Kenntnis hatten, ist weder vorgetragen noch sonst ersichtlich, sondern das Gegenteil naheliegend.

[48] bb) Auch soweit sich der Beklagte darauf stützt, der Kläger habe darüber getäuscht, seine Rechte nach dem Altenpflegegesetz wahrnehmen zu wollen, greift die Anfechtung nicht durch. Dies folgt aus dem Rechtsgedanken des § 612a BGB.

[49] Diese Bestimmung gilt auch im Verhältnis zwischen den Parteien. Nach § 13 Abs. 3 AltPflG sind, soweit sich aus dem Wesen und Zweck des Ausbildungsverhältnisses nichts anderes ergibt, die für Arbeitsverträge geltenden Rechtsvorschriften anwendbar. Besonderheiten des Ausbildungsverhältnisses

stehen der Anwendbarkeit von § 612a BGB nicht entgegen. Die Norm soll den Arbeitnehmer in seiner Willensfreiheit bei der Entscheidung darüber schützen, ob er ein Recht ausüben will oder nicht (BAG 15.7.2009 -5 AZR 486/08- Rn 23, AP BGB § 242 Gleichbehandlung Nr. 209, EzA BGB 2002 § 242 Gleichbehandlung Nr. 20). Dieser Zweck der Bestimmung gebietet eine dem Regelungszweck entsprechende Anwendung des ihr zugrunde liegenden Rechtsgedankens dahingehend, dass nicht nur die Ausübung eines Rechtes das Benachteiligungsverbot auslöst, sondern auch die dem vorgelagerte Täuschung, bereit zu sein, ein gesetzliches Recht auszuüben. Müsste der Altenpflegeschüler in diesen Fällen mit einer Anfechtung des Ausbildungsvertrages rechnen, wäre seine Freiheit der Entscheidung, ein bestehendes Recht auch wahrzunehmen, beeinträchtigt.

[50] b) Der Kläger ist dem Beklagten nicht zum Schadensersatz verpflichtet. Weder hat der Kläger den Beklagten so zu stellen, als wäre der Ausbildungsvertrag nicht geschlossen worden, noch war der Kläger verpflichtet, dem Beklagten Informationen über die von ihm bezogenen öffentlichen Leistungen zukommen zu lassen, die den Beklagten bestimmt hätten, das Ausbildungsverhältnis mit dem Kläger zu kündigen. Es sind auch keine Schadensersatzansprüche deshalb entstanden, weil sich der Kläger nicht ausreichend um öffentliche Leistungen bemüht hat.

[51] aa) Der Kläger ist nicht verpflichtet, den Beklagten so zu stellen, als wäre der Ausbildungsvertrag nicht abgeschlossen worden.

[52] Allerdings kann eine Täuschung bei der Anbahnung eines Vertragsverhältnisses eine Haftung wegen Verschuldens bei Vertragsschluss (§ 311 Abs. 2 Nr. 1, § 241 Abs. 2, § 280 Abs. 1 BGB) begründen. Rechtsfolge ist, dass die Rechte aus dem durch die Täuschung herbeigeführten Vertrag nicht geltend gemacht werden können; die Täuschung kann also zu einem Schadensersatzanspruch auf Schuldbefreiung führen (BAG 24.2.2011 -6 AZR 626/09- Rn 62, AP BGB § 620 Aufhebungsvertrag Nr. 42, EzA BGB 2002 § 611 Aufhebungsvertrag Nr. 8; 10.2.2004 -9 AZR 401/02- zu A IV der Gründe, BAGE 109, 294 allgemein für Erregung eines Irrtums beim anderen Vertragspartner; stRspr des BGH seit 31.1.1962 -VIII ZR 120/60- NJW 1962, 1196; vgl. auch BGH 18.9.2001 -X ZR 107/00- zu II 2 c aa der Gründe, NJW-RR 2002, 308). Derartige Ansprüche des Beklagten scheitern hier jedoch daran, dass bei normativer Betrachtung (vgl. hierzu: BAG 10.2.2004 -9 AZR 401/02- zu A IV 3 der Gründe, aaO) die gesetzlich mit einem Vertragsschluss zwingend verbundenen Rechtsfolgen nicht als Schaden im Rechtssinne anzusehen sind. Wer einen Vertrag schließt, an den - wie hier durch § 17 Abs. 1 AltPflG aF- der Gesetzgeber zwingende Rechtsfolgen knüpft, übernimmt das Risiko dafür, dass diese Rechtsfolgen auch eintreten. Er kann dieses Risiko nicht im Wege des Schadensersatzrechtes auf die andere Vertragspartei, zu deren Gunsten die Rechtsfolgen angeordnet werden, abwälzen.

[53] bb) Ebenso wenig hat sich der Kläger deshalb schadensersatzpflichtig gemacht, weil er - nach der Behauptung des Beklagten - dem Beklagten nicht rechtzeitig mitgeteilt hat, dass er keine weiteren Leistungen nach dem SGB II erhält und deshalb verhindert hat, dass dieser das Ausbildungsverhältnis während der gesetzlichen Probezeit (§ 18 AltPflG) kündigt. Die vertragliche Rücksichtnahmepflicht nach § 241 Abs. 2 BGB begründet keine Verpflichtung, an der Auflösung des eigenen Ausbildungsverhältnisses mitzuwirken (vgl. für Arbeitsverträge: BAG 5.11.2009 -2 AZR 609/08- Rn 14, AP BGB § 626 Nr. 224, EzA BGB 2002 § 626 Nr. 28). Darauf liefe es hinaus, wollte man einen Altenpflegeschüler verpflichten, dem Träger der praktischen Ausbildung Informationen zu liefern, die diesen dazu bestimmen könnten, im Interesse der Ersparnis finanzieller Aufwendungen das Ausbildungsverhältnis zu beenden.

[54] cc) Soweit der Beklagte geltend macht, der Kläger habe es unterlassen, Geldleistungen aus öffentlichen Haushalten in Anspruch zu nehmen, die den Beklagten von der Zahlung einer angemessenen Ausbildungsvergütung nach § 17 Abs. 1 AltPflG aF befreit hätten, ist dieser Vortrag substanzlos. Es ist nicht ersichtlich und vom Beklagten auch nicht dargelegt, dass der Kläger Anspruch auf Geldleistungen gehabt hätte, die die Voraussetzungen der Ausnahmeregelung in § 17 Abs. 1 AltPflG aF erfüllt hätten.

[55] c) Die Geltendmachung der Forderungen durch den Kläger verstößt nicht gegen Treu und Glauben (§ 242 BGB).

[56] aa) Die Ansprüche des Klägers sind nicht verwirkt.

[57] Verwirkung ist ein Sonderfall der unzulässigen Rechtsausübung. Sie setzt voraus, dass der Gläubiger sein Recht eine längere Zeit nicht geltend gemacht hat und dabei unter Umständen untätig geblieben ist, die den Eindruck erwecken konnten, dass er auch künftig sein Recht nicht mehr geltend machen wolle, sowie dass der Verpflichtete sich darauf einstellen durfte, nicht mehr in Anspruch genommen zu werden (BAG 20.4.2010 -3 AZR 225/08- Rn 53 mwN, AP BetrAVG § 1 Nr. 63).

[58] Hier fehlt es schon am Zeitmoment. Der Kläger hat seine Ansprüche noch vor Ausspruch der Kündigung des Ausbildungsverhältnisses durch den Beklagten geltend gemacht.

[59] bb) Der Kläger verstößt mit der Geltendmachung seiner Ansprüche auch nicht gegen das Verbot widersprüchlichen Verhaltens.

[60] Die Rechtsordnung lässt widersprüchliches Verhalten grundsätzlich zu. Es ist erst dann rechtsmissbräuchlich, wenn die andere Seite auf ein Verhalten vertrauen durfte und ihre Interessen vorrangig schutzwürdig erscheinen. Der Urheber des widersprüchlichen Verhaltens muss erkennen können, dass die Gegenpartei sein Verhalten als vertrauensbegründend bewerten durfte. Auf ein schuldhaftes Verhalten kommt es dabei nicht an. Maßgeblich ist, ob für den

anderen Teil ein schützenswerter Vertrauenstatbestand geschaffen worden ist oder andere besondere Umstände die Rechtsausübung als treuwidrig erscheinen lassen (BAG 29.9.2010 -3 AZR 546/08- Rn. 21, AP BetrAVG § 9 Nr. 23).

[61] Im Streitfall liegt kein schutzwürdiges Vertrauen des Beklagten vor. Ein Vertrauen des Trägers der praktischen Ausbildung darauf, Altenpflegeschüler würden die in ihrem Interesse vom Gesetzgeber gewährten Rechte nicht geltend machen, ist nicht schutzwürdig.

[62] 5. Die Ansprüche des Klägers für den Zeitraum von Dezember 2006 bis Mai 2007 sind nicht nach § 45 Abs. 2 AVR-Diakonie verfallen. Nach dieser Bestimmung sind Ansprüche aus dem Dienstverhältnis innerhalb einer Ausschlussfrist von sechs Monaten nach Fälligkeit schriftlich geltend zu machen. Fällig sind Bezüge nach § 21a Abs. 1 Satz 1 AVR-Diakonie am 15. eines jeden Monats für den laufenden Monat. Beide Bestimmungen gelten nach § 15 Abs. 1 der Anlage 10/V AVR-Diakonie auch für Schüler der Altenpflege. Der Kläger hat seine Ansprüche mit Schreiben seines Prozessbevollmächtigten vom 1.6.2007 geltend gemacht. Das Schreiben lag dem Beklagten spätestens am 12.6.2007 vor. Es hat - trotz der offensichtlichen Fehlbezeichnung bei den Jahresangaben - die Ausschlussfrist für Ansprüche ab Dezember 2006 gewahrt.

[63] 6. Weitergehende Ansprüche stehen dem Kläger nicht nach dem arbeitsrechtlichen Gleichbehandlungsgrundsatz zu. Der Kläger hat nicht dargelegt, dass der Beklagte nach einem erkennbaren und generalisierenden Prinzip Leistungen an Altenpflegeschüler gewährt, die höher sind als die Ausbildungsvergütungen nach den AVR-Diakonie. Die Benennung eines einzelnen weiteren Altenpflegeschülers reicht insoweit nicht aus. Es fehlt an der notwendigen Gruppenbildung (vgl. BAG 13.4.2011 -10 AZR 88/10- Rn 12, DB 2011, 1923).

...

[65] II. Der Senat kann nicht abschließend entscheiden, ob die Klage auch hinsichtlich der geltend gemachten Ausbildungsvergütung für den Zeitraum von August 2006 bis November 2006 begründet ist. Hierzu bedarf es weiterer tatrichterlicher Feststellungen (§ 563 Abs. 1 und Abs. 3 ZPO).

[66] 1. Dem Kläger steht auch für diesen Zeitraum aus den unter B I genannten Gründen maximal eine monatliche Vergütung nach Nr. III Anlage 10a-Ost der AVR-Diakonie gültig ab 1.6.2004 von 674,38 € brutto monatlich zu. In dieser Höhe scheitert der Anspruch für den Zeitraum von August bis September 2006 nicht daran, dass der Kläger Leistungen nach dem SGB II erhalten hat; dies sind keine iSv § 17 Abs. 1 AltPflG aF vergleichbaren Geldleistungen aus öffentlichen Haushalten. Leistungen, die bedarfsabhängig gewährt werden, sind keine dem Unterhaltsgeld nach dem SGB III oder dem Übergangsgeld nach den für die berufliche Rehabilitation geltenden Vorschriften vergleichbare Leistungen, die den Anspruch nach dieser Regelung ausschließen - oben B I 2 b aa (3) -. Die

Leistungen nach dem SGB II sind bedarfsabhängig (nunmehr: § 19 SGB II) und stehen dem Anspruch daher nicht entgegen.

[67] 2. Es bedarf jedoch tatsächlicher weiterer Feststellungen dazu, ob dieser Anspruch aufgrund der Ausschlussfrist in § 45 Abs. 2 AVR-Diakonie verfallen ist. Dies kommt nur in Betracht, wenn die AVR-Diakonie auf das Ausbildungsverhältnis anzuwenden sind.

[68] Das Landesarbeitsgericht hat angenommen, die AVR-Diakonie seien zwischen den Parteien nicht vereinbart. Es hat jedoch gleichzeitig den Ausbildungsvertrag der Parteien im Tatbestand seines Urteils in Bezug genommen. Der Ausbildungsvertrag enthält in § 1 Nr. 1.4 einen Verweis auf die allgemeinen Arbeitsbedingungen des Trägers der praktischen Ausbildung, was die Anwendbarkeit der AVR-Diakonie möglich erscheinen lässt. Damit sind die Feststellungen des Landesarbeitsgerichts widersprüchlich, was im Revisionsverfahren zu beachten ist, ohne dass es einer Verfahrensrüge bedürfte (vgl. BAG 13.4.2010 -9 AZR 113/09- Rn 16, AP BGB § 308 Nr. 8, EzA BGB 2002 § 308 Nr. 11). Das Landesarbeitsgericht wird deshalb aufzuklären haben, ob durch die genannte Bestimmung des Ausbildungsvertrages die AVR-Diakonie in Bezug genommen sind. Das setzt angesichts der Vereinbarung in § 1 Nr. 1.4 des Ausbildungsvertrages voraus, dass die AVR-Diakonie beim Beklagten grundsätzlich angewendet wurden und dies im Betrieb allgemein bekannt war. Die bloß kirchenrechtliche Verpflichtung des Beklagten, die AVR-Diakonie anzuwenden, reicht nicht aus, um Rechtsfolgen im Ausbildungsverhältnis herbeizuführen, da kirchenrechtliche Regelungen keine normativen Wirkungen entfalten (vgl. BAG 24.2.2011 -6 AZR 634/09- Rn 21, AP BGB § 611 Kirchendienst Nr. 57, EzA BGB 2002 § 611 Kirchliche Arbeitnehmer Nr. 18, KirchE 57, 153).

[69] 3. Die Zurückverweisung gibt den Parteien auch Gelegenheit zu Rechtsgründen vorzutragen, aus denen die Anwendung der Ausschlussfrist trotz ihrer Vereinbarung ausgeschlossen sein könnte.

11

1) Ein Bistum ist kein öffentlicher Auftraggeber im Sinne des § 98 Nr. 2 GWB.

2) Untergliederungen der Katholischen Kirche kommen als Auftraggeber nach § 98 Nr. 5 GWB in Betracht.

3) Anknüpfungspunkt für die Berechnung des Anteils von Zuwendungen öffentlicher Stellen iSd § 98 Nr. 5 GWB sind die gesamten Projektkosten einschließlich der Umsatzsteuer.

§ 98 GWB
OLG Celle, Beschluss vom 25. August 2011 -13 Verg 5/11-[1]

Mit europaweiter Bekanntmachung vom 11.5.2011 schrieb der Antragsgegner, das katholische Bistum N., im offenen Verfahren im Rahmen des Gesamtprojektes „Sanierung des...Doms“ Arbeiten zur Umgestaltung des Domhofes aus. Bei den ausgeschriebenen Arbeiten ging es im Wesentlichen um Pflasterarbeiten. Zuschlagskriterium sollte der niedrigste Preis sein. Gemäß Position 01 des Leistungsverzeichnisses vom 4.4.2011 sollte der Bieter zur Prüfung der angebotenen Lieferleistung innerhalb von zehn Kalendertagen nach Aufforderung durch den Auftraggeber eine Musterfläche verlegen, die als Referenzfläche vor der Auftragsvergabe dienen sollte. Hinter dem letzten Blatt des Leistungsverzeichnisses hatte der Antragsgegner eine Musterzeichnung einer so genannten Passe-Verlegung („Stein über Eck gesetzt“) mit weiteren Erläuterungen angefügt.

Vier Bieter gaben ein Angebot ab; die drei rechnerisch günstigsten Bieter wurden aufgefordert, die genannte Musterfläche zu verlegen. Alle Musterflächen wurden als geeignet befunden. Hinsichtlich des Preises hatte die Beigeladene, die X. GmbH, mit einer Angebotsendsumme von 565.706 € netto das günstigste Angebot abgegeben, die Antragstellerin, die Y. GmbH, mit 591.395,05 € netto das drittgünstigste. Nach weiterer fachtechnischer Prüfung mit Punktevergabe durch ein Ingenieurbüro empfahl der Projektsteuerer dem Antragsgegner, den Zuschlag auf das Angebot der Beigeladenen zu erteilen. Die Antragstellerin erhielt ihr Absageschreiben per E-Mail am 16.5.2011.

Mit anwaltlichem Schriftsatz vom 24.5.2011 rügte sie das Vergabeverfahren mit der Begründung, die Beigeladene habe keine Passe-Verlegung angeboten und damit kein gleichwertiges Angebot abgegeben. Der Auftraggeber reagierte darauf nicht, so dass die Antragstellerin mit Schriftsatz vom 27.5.2011 die Einleitung eines Nachprüfungsverfahrens beantragte.

Mit dem angefochtenen Beschluss vom 28.7.2011 (-VgK-27/2011- n.v.) hat die Vergabekammer bei der Bezirksregierung Lüneburg den Nachprüfungsantrag als unzulässig zurückgewiesen. Zur Begründung hat sie ausgeführt, dass der Antragsgegner lediglich eine regionale Untergliederung der katholischen Kirche sei, die wiederum nicht öffentliche Auftraggeberin iSd § 98 GWB sei.

Mit ihrer hierauf erhobenen sofortigen Beschwerde beantragt die Antragstellerin vorab, gem. § 118 Abs. 1 Satz 3 GWB die aufschiebende Wirkung des Rechtsmittels bis zur Entscheidung über die Beschwerde zu verlängern. Sie

1 Amtl. Leitsätze. BeckRS 2011, 21496; *juris*; BauR 2012, 694 (LS); IBR 2012, 101 (LS); KuR 2011, 299 (LS); VergabeR 2012, 182.

beanstandet, dass die Vergabekammer die öffentliche Auftraggeberschaft des Antragsgegners zu Unrecht verneint habe. Der Antragsgegner sei öffentlicher Auftraggeber iSd § 98 Nr. 2 GWB, was sich bereits aus der Steuererhebungsbefugnis der katholischen Kirche in Deutschland ergebe. Die Vergabekammer habe auch übersehen, dass der Antragsgegner sich gegenüber seinen Zuwendungsgebern sowie in öffentlichen Spendenaufrufen und im Rahmen der vorgenommenen Ausschreibung zur Einhaltung des Vergaberechts verpflichtet habe. Dadurch habe er suggeriert, dass er die öffentliche Auftraggebereigenschaft erfülle. Der Antragsgegner sei aber auch öffentlicher Auftraggeber iSd § 98 Nr. 5 GWB. Insofern sei die Vergabekammer zu Unrecht davon ausgegangen, dass es sich bei den Zuwendungen der Sparkasse H. bzw. der Sparkassenstiftung nicht um Zuschüsse öffentlicher Stellen gehandelt habe.

Der Senat lehnt den Antrag ab.

Aus den Gründen:

[12] Der gem. § 118 Abs. 1 Satz 3 GWB statthafte Antrag, die aufschiebende Wirkung der sofortigen Beschwerde zu verlängern, war abzulehnen. Das zulässige Rechtsmittel der Antragstellerin hat keine begründete Aussicht auf Erfolg (§ 118 Abs. 2 Satz 3 Alt. 1 GWB).

[13] Die Vergabekammer hat den Nachprüfungsantrag der Antragstellerin zu Recht als unzulässig zurückgewiesen. Die streitbefangene Ausschreibung unterliegt nicht der vergaberechtlichen Nachprüfung, weil der Antragsgegner kein öffentlicher Auftraggeber ist. Die Einwendungen der Antragstellerin aus ihrer sofortigen Beschwerde rechtfertigen keine andere Beurteilung. Im Einzelnen:

[14] 1. Der Antragsgegner ist nicht öffentlicher Auftraggeber iSd § 98 Nr. 1 GWB. Er ist keine Gebietskörperschaft und auch kein Sondervermögen einer Gebietskörperschaft im Sinne dieser Vorschrift.

[15] Gebietskörperschaften sind Körperschaften des öffentlichen Rechts, deren Hoheitsbereich durch einen räumlich abgegrenzten Teil des Staatsgebiets bestimmt wird. Erfasst sind damit Bund, Länder, Landkreise und Gemeinden (vgl. Diehr, in: Reidt/Stickler/Glahs, Vergaberecht, 3. Aufl., § 98 Rn 12). Sonderfälle von Gebietskörperschaften sind auch die rechtlich unselbstständigen Eigen- und Regiebetriebe der Gemeinden (vgl. Zeiss, in: jurisPK-VergR, 3. Aufl. 2011, § 98 GWB Rn 13 und 15. mwN). Hierzu gehört der Antragsgegner ersichtlich nicht. Er stellt vielmehr - wie die Vergabekammer im angefochtenen Beschluss zutreffend ausgeführt hat - eine regionale Untergliederung der katholischen Kirche in Deutschland dar (laut Wikipedia „Diözese“: „territorial abgegrenzter

kirchlicher Verwaltungsbezirk“). Die Katholische Kirche wiederum ist keine Gebietskörperschaft, schon allein, weil ihr kein räumlich abgegrenzter Teil des Staatsgebiets als Hoheitsgebiet zugewiesen ist.

[16] Auch ein „Sondervermögen einer Gebietskörperschaft“ stellt der Antragsgegner ersichtlich nicht dar.

[17] Die Antragstellerin selbst beruft sich im Übrigen auch nicht auf § 98 Nr. 1 GWB.

[18] 2. Der Antragsgegner ist indes auch nicht öffentlicher Auftraggeber iSd § 98 Nr. 2 GWB.

[19] a) Beim Antragsgegner handelt es sich zwar um eine (territorial abgegrenzte) Körperschaft; diese wurde aber nicht „zu dem besonderen Zweck gegründet (...), im Allgemeininteresse liegende Aufgaben nicht gewerblicher Art zu erfüllen“ wie dies § 98 Nr. 2 GWB erfordert (vgl. zu diesem Erfordernis auch Ziekow, in: Ziekow/Völlink, Vergaberecht, § 98 GWB Rn 761). Tätigkeitszweck des Antragsgegners ist vielmehr die Verwaltung kirchlicher Angelegenheiten.

[20] Dabei kann dahinstehen, in welchem Umfang die Katholische Kirche bzw. der Antragsgegner auch Aufgaben erfüllt, die im Allgemeininteresse liegen. Jedenfalls nämlich unterfallen öffentlich-rechtliche Religionsgemeinschaften und verwandte Einrichtungen, zu denen insbesondere auch die Diözesen/Bistümer der katholischen Kirche gehören, nicht den „juristischen Personen des öffentlichen Rechts“ iSd § 98 Nr. 2 GWB (vgl. Zeiss, aaO, Rn 64 und 65; sowie Diehr, aaO, § 98 Rn 83 ff.; Müller-Wrede, in: Müller-Wrede, Vergabe- und Vertragsordnung für Leistungen VOL/A, 3. Aufl., § 1 EG, Rn 60; VK Hessen, Beschluss vom 26.4.2006, 69 d-VK-15/2006, zitiert nach Veris, Ziffer II; a.A. Diehl, in: Müller-Wrede, GWB-Vergaberecht 2009, § 98, Rn 107 ff). Zwar sind die großen christlichen Kirchen und einige kleinere Religionsgemeinschaften sowie deren Einrichtungen als Körperschaften des öffentlichen Rechts organisiert. Oft wirkt auch der Staat in Form des Inkassos des Kirchensteueraufkommens entscheidend an der Finanzierung der öffentlich-rechtlichen Religionsgemeinschaften mit. Dies beruht jedoch nicht auf einer staatlich sanktionierten „Zwangsmitgliedschaft“ in den Religionsgemeinschaften. Der Staat fungiert nur als Durchleiter, vergleichbar mit einem Inkassobüro. Im Hinblick auf die Religionsfreiheit und die staatskirchenrechtliche Neutralität darf der Staat auch keinerlei Einfluss auf die öffentlich-rechtlichen Religionsgemeinschaften und ihre Einrichtungen nehmen. Daher dürfen die öffentlich-rechtlich organisierten Religionsgemeinschaften und ihre Einrichtungen nicht solchen öffentlich-rechtlichen Körperschaften gleichgestellt werden, die in den Staat organisatorisch eingegliedert sind. Schließlich spricht man bei den meisten öffentlich-rechtlichen Körperschaften von mittelbarer Staatsverwaltung. Dem können die Religionsgemeinschaften nicht gleichgestellt werden. Kirchen bil-

den einen Teil der Gesellschaft, nicht des Staates. Sie werden auch nicht personell oder inhaltlich staatlich gelenkt (Zeiss, aaO, Rn 66 und 67; VK Hessen, Beschluss vom 26.4.2006, aaO). Der öffentlich-rechtliche Rechtscharakter soll den Religionsgemeinschaften allein den vom Grundgesetz (Art. 140 GG, Art. 137 WRV) vorgefundenen staatskirchenrechtlichen Status Quo gewährleisten (Zeiss, aaO, Rn 68; Weyand, ibr-online-Kommentar Vergaberecht, Stand 18.7.2011, § 98 GWB, 7.5.1.3.1). Insofern unterscheidet sich die Ausgangssituation - entgegen der Auffassung der Antragstellerin - auch von derjenigen, die der Entscheidung des EuGH vom 13.12.2007 (C-337/06) zur öffentlichen Auftraggeberschaft des Bayerischen Rundfunks zu Grunde lag.

[21] Die Vergabekammer hat insofern ebenfalls zutreffend darauf hingewiesen, dass dementsprechend die Katholische Kirche und ihre Bistümer auch in der - zumindest als „Auslegungshilfe" zu § 98 Nr. 2 GWB heranzuziehenden (vgl. hierzu Zeiss, aaO, Rn 103) - Anlage III der Richtlinie 2004/18/EG vom 31.3.2004 über die Koordinierung der Verfahren zur Vergabe öffentlicher Bauaufträge, Lieferaufträge und Dienstleistungsaufträge nicht als solche juristische Personen des öffentlichen Rechts genannt sind, die nach § 98 Nr. 2 GWB vom persönlichen Anwendungsbereich des Vergaberechts erfasst sind. Wird eine Institution in dieser Anlage nicht genannt, besteht zumindest die Vermutung, dass sie § 98 Nr. 2 GWB nicht unterfällt (vgl. hierzu Zeiss, aaO, Rn 103).

[22] Im Hinblick auf die „Staatsferne" der großen Kirchen kommt daher die Bejahung einer öffentlichen Auftraggeberschaft nach § 98 Nr. 2 GWB nicht in Betracht.

[23] b) Auf einen „Anschein", dass sich der Auftraggeber an das Vergaberecht gebunden fühle, kann sich die Antragstellerin insoweit ebenfalls nicht mit Erfolg berufen. Die Definitionen des § 98 GWB sind im Hinblick auf den Primärrechtsschutz abschließend (vgl. Eschenbruch, in: Kulartz/Kus/Portz, GWB-Vergaberecht, 2. Aufl., § 98 Rn 42 ff).

[24] 3. Soweit sich die Antragstellerin schließlich geltend macht, dass der Antragsgegner jedenfalls öffentlicher Auftraggeber iSd § 98 Nr. 5 GWB sei, trifft dies ebenfalls nicht zu.

[25] Zwar erlaubt § 98 Nr. 5 GWB im Einzelfall eine Anwendung des Vergaberechts auf konkrete Projekte mit der Folge, dass dann auch solche Rechtssubjekte, die normalerweise nicht dem Vergaberecht unterliegen, für den Zeitraum der Projektrealisation dem Vergaberecht unterworfen sein können (Zeiss, aaO, Rn 209). Die Voraussetzungen hierfür liegen aber nicht vor:

[26] a) Mit der Vergabekammer ist der Senat der Auffassung, dass die Frage der überwiegenden öffentlichen Förderung am Volumen der Gesamtbaumaßnahme und nicht am Umfang einzelner Module zu prüfen ist (vgl. hierzu auch Ziekow, aaO, § 98 Rn 166). Dies ist hier bereits deswegen sachlich gerechtfertigt,

weil sich den Zuwendungsbescheiden eine Zuordnung der öffentlichen Fördermittel zu den einzelnen Baumaßnahmen, insbesondere zum streitbefangenen Leistungsumfang, kaum entnehmen lässt.

[27] Wollte man die streitbefangene Maßnahme vergaberechtlich dennoch isoliert betrachten, wäre der Nachprüfungsantrag der Antragstellerin bereits wegen Nichterreichens des Schwellenwerts (§ 100 GWB iVm § 1 Nr. 1 VgV) unzulässig. Auf die zutreffenden Ausführungen der Vergabekammer ... wird insoweit Bezug genommen. Die Antragstellerin selbst zieht diese Herangehensweise in ihrer Beschwerde auch nicht in Zweifel.

[28] Die geschätzten Kosten für die gesamte Domsanierung beliefen sich ausweislich der Grundlage der Beschlussfassung des Vermögensverwaltungsrates des Antragsgegners vom 21.12.2009 auf 32.172.424 € brutto.

[29] b) Entgegen der Auffassung der Antragstellerin ist insofern nicht (nur) der Nettobetrag zu Grunde zu legen. Vielmehr ist auf die gesamten Projektkosten abzustellen (vgl. Zeiss, aaO, Rn 217; Ziekow, aaO, § 98 Rn 166; Eschenbruch, aaO, § 98 Rn 339; Boesen, Vergaberecht, 1. Aufl. 2000, § 98, Rn 117; Dippel, in Hattig/Maibaum, Praxiskommentar Kartellvergaberecht 2010, § 98, Rn 208). Auch Diehr und Wagner (vgl. Diehr, aaO, § 98 Rn 126: „im Zweifel nach § 3 VgV"; Wagner, in: Langen/Bunte, Kommentar zum deutschen und europäischen Kartellrecht Bd. 1, 1. Aufl., § 98 Rn 75) gehen grundsätzlich davon aus, dass die gesamten Projektkosten maßgeblich sein sollen. Was mit dem dortigen Zusatz, diese seien „*im Zweifel* (Hervorhebung durch Senat) nach § 3 VgV zu bestimmen", zum Ausdruck gebracht werden soll, ist dem Senat nicht ohne weiteres verständlich. Auf die gesamten Projektkosten abzustellen, ist auch allein sachgerecht. Wollte man nämlich einen Teil dieser Kosten unberücksichtigt lassen, stünde man vor der Frage, ob und ggf. in welcher Weise auch die öffentlichen Fördermittel auf solche nicht zu berücksichtigenden Kosten entfallen. Ein praktikabler Maßstab dafür, in welchem Verhältnis ein solches Splitting der Fördermittel geschehen sollte, ließe sich kaum finden, es sei denn, dieses Verhältnis entspräche dem der Gesamtkosten einerseits und der zu berücksichtigenden Kosten andererseits. Das Endergebnis wäre dann in beiden Fällen dasselbe. Daher dürften zumindest im vorliegenden Fall auch Diehr und Wagner zu keinem anderen Ergebnis kommen. Dies gilt hier umso mehr als „Zweifel" über die Berechnung der gesamten Projektkosten nicht bestehen.

[30] Zu den gesamten Projektkosten gehören neben den Positionen für die Indexierung und die Vorfinanzierung auch die Umsatzsteuerbeträge (vgl. OLG München, Verg 19/10, zitiert nach *juris*, Rn 2 und 43). Auch sie werden durch öffentliche Zuschüsse mit abgedeckt, so dass kein Anlass für entsprechende Abzüge besteht.

[31] c) Im Hinblick auf die hier zu den Gesamtprojektkosten in Relation zu bringende Höhe öffentlicher Fördermittel kann dahinstehen, ob - wie von der Antragstellerin mit der Beschwerde geltend gemacht - die Zuwendung der Sparkasse H. bzw. der Sparkassenstiftung in Höhe von 350.000 € als Mittel einer öffentlichen Stelle anzusehen ist oder nicht. Auch wenn lediglich die auf das B.werk und die V.-Stiftung entfallenden Zuschüsse in Höhe von 1.000.000 € und 50.000 €, die ersichtlich Zuwendungen nicht unter § 98 Nr. 1 bis 3 GWB fallender Stellen darstellen, von den Gesamtprojektkosten in Abzug gebracht werden, reduziert sich die Summe der Zuschüsse öffentlicher Stellen auf 15.880.000 €. Dieser Betrag macht (nur) 49,3 % der Gesamtkosten des Projekts aus und beläuft sich somit auch bei Berücksichtigung der Zuwendungen der Sparkasse H. /Sparkassenstiftung nicht auf einen mehr als hälftigen Teil der Zuschüsse iSd § 98 Nr. 5 GWB.

[32] 4. Auf Grund der vorgenannten Erwägungen erübrigen sich weitere Feststellungen zur Zulässigkeit und Begründetheit der erhobenen Rügen.

12

Im Bereich des Maßregelvollzugs ist § 21 Satz 3 StVollzG entsprechend anzuwenden. § 21 Satz 3 StVollzG sieht nur ein Recht auf Selbstverpflegung vor, wenn ein Gefangener einer Religionsgemeinschaft mit besonderen Speisegeboten angehört und diese im Rahmen der Anstaltsverpflegung nicht berücksichtigt werden. Die Anstalt ist nicht verpflichtet, dem Gefangenen entsprechende Speisen zu beschaffen, hat ihm jedoch zu gestatten, sich selbst mit diesen zu versorgen. Die Beschränkung der Anstaltsbelieferung auf ein Unternehmen, das keinerlei Halal-Produkte anbietet, stellt sich als ermessensfehlerhaft dar.

Art./§§ 4 Abs. 2 GG, 21 Satz 3 StVollzG, 21, 32–35, 39, 46 BE.PsychKG
KG Berlin, Beschluss vom 29. August 2011 -2 Ws 326/11 Vollz-[1]

Der Beschwerdeführer befindet sich aufgrund des Urteils des Landgerichts Hannover vom 28.6.2005, in dem seine Unterbringung in einem psychiatrischen Krankenhaus angeordnet wurde, im Krankenhaus des Maßregelvollzugs. Mit Schreiben vom 9.12.2010 beantragte der Beschwerdeführer, der der islamischen Religionsgemeinschaft angehört und eigenen Angaben zufolge praktizierender

---

1 Amtl. Leitsätze. BeckRS 2012, 02297; *juris*; LSK 2012, 190331; NStZ-RR 2012, 159 (LS); OLGSt StVollzG § 21 Nr 2.

Muslim ist, bei dem Antragsgegner die Umstellung seiner Ernährung auf sogenannte Halal-Kost. Das Krankenhaus des Maßregelvollzugs müsse es ihm ermöglichen, die Speisevorschriften des Islam zu befolgen.

Der Antragsgegner lehnte dies mit Schreiben vom 28.2.2011 ab. Zur Begründung führte er aus, die Möglichkeit der Selbstversorgung mit Lebensmitteln sei an einen Lockerungsstatus gebunden, der es dem Patienten ermögliche, in Begleitung eines Mitarbeiters der Klinik die erforderlichen Einkäufe zu erledigen. Von dieser Regelung könne nur abgesehen werden, wenn ein dringender medizinischer Grund die weitere Versorgung mit Klinikkost nicht ratsam erscheinen lasse. Im Übrigen sehe die Hausordnung des Krankenhauses des Maßregelvollzugs aus Sicherheitsgründen „ursprünglich" nicht die Möglichkeit vor, Lebensmittel von Familienangehörigen oder sonstigen Personen einbringen zu lassen. Lediglich aus Kulanzgründen werde Patienten der Empfang von jährlich drei bis vier Paketen mit maximal 5 kg Gewicht zu besonderen Gelegenheiten genehmigt.

Mit dem Antrag auf gerichtliche Entscheidung (§§ 109 Abs. 1, 138 Abs. 3 StVollzG) begehrte der Beschwerdeführer, den Leiter des Krankenhauses des Maßregelvollzugs unter Aufhebung seines Bescheides vom 28.2.2011 zu verpflichten, ihm zu ermöglichen, Speisevorschriften der islamischen Religionsgemeinschaft zu befolgen. Zur Begründung seines Antrags verwies er auf Art. 4 Abs. 1 GG und § 21 Satz 3 StVollzG. Die Möglichkeit der Selbstverpflegung dürfe ihm nur versagt werden, wenn die regelmäßige Anlieferung der nach dem Islam erlaubten Lebensmittel ein konkretes Sicherheitsrisiko darstelle. Im Übrigen seien Alternativen wie die Einrichtung einer Kantine, die Bildung von Einkaufsgruppen, die Bestellung bestimmter Lebensmittel durch den Antragsteller direkt beim Supermarkt sowie Paketzustellungen durch Angehörige, Freunde und Bekannte in Betracht zu ziehen.

Der Antragsgegner führte ergänzend aus, die Patienten hätten die Möglichkeit, anhand eines vorgegebenen Speiseplans wochenweise unter verschiedenen Angeboten - Vollwertkost, Reduktionskost, vegetarische Kost und islamische Kost (Essen ohne Schweinefleisch) - auszuwählen und auf diese Weise den Verzehr von Fleisch- und Wurstwaren zu vermeiden, die nicht dem islamischen Regelwerk entsprächen. Zusätzlich könne der Antragsteller Lebensmittel über den Lieferservice des Unternehmens „Kaiser's" bestellen, der allerdings keine Halal-Produkte anbiete.

Die Strafvollstreckungskammer des LG Berlin (Beschluss vom 30.5.2011 - 598 StVK 89/11 Vollz- n.v.) hat den Antrag auf gerichtliche Entscheidung als unbegründet zurückgewiesen.

Mit seiner hiergegen erhobenen Rechtsbeschwerde rügt der Beschwerdeführer die Verletzung sachlichen Rechts und beantragt, den Antragsgegner unter Aufhebung seines Bescheides vom 28.2.2011 und des angefochtenen Beschlusses zu verpflichten, es ihm zu ermöglichen, Speisevorschriften der islamischen Religionsgemeinschaft zu befolgen und Halal-Kost für die ihm bereits gestattete Selbstversorgung zu erwerben, hilfsweise, den angefochtenen Beschluss der Strafvollstreckungskammer aufzuheben und die Sache zur erneuten Entscheidung zurückzuverweisen. Der Beschwerdeführer macht geltend, die angefochtene Entscheidung verstoße gegen § 21 Satz 3 StVollzG und Art. 4 Abs. 2 GG. Die von der Strafvollstreckungskammer aufgezeigte Möglichkeit, Vegetarier zu werden, reiche nicht aus, um dem Anspruch des Beschwerdeführers auf eine religionskonforme und zugleich vollwertige Ernährung gerecht zu werden. Dem Beschwerdeführer müsse vielmehr auch die Möglichkeit eröffnet werden, Wurst- und Fleischwaren zu verzehren, die islamischen Speisevorschriften entsprächen.

Die Rechtsbeschwerde führte zur Aufhebung des angefochtenen Beschlusses und des Bescheids des Krankenhauses des Maßregelvollzugs. Der Antragsgegner wird verpflichtet, den Antragsteller unter Beachtung der Rechtsauffassung des Senats erneut zu bescheiden.

Aus den Gründen:

[7] II. Die Rechtsbeschwerde ist zulässig und hat auch in der Sache Erfolg.

[8] 1. Die form- und fristgerecht eingelegte Rechtsbeschwerde (§§ 118, 138 Abs. 3 StVollzG) erfüllt die besonderen Zulässigkeitsvoraussetzungen des § 116 Abs. 1 StVollzG, da es geboten ist, die Nachprüfung der angefochtenen Entscheidung zur Fortbildung des Rechts und zur Sicherung einer einheitlichen Rechtsprechung zu ermöglichen.

[9] a) Die Rechtsbeschwerde ist zur Fortbildung des Rechts zulässig, da sie mit der Sachrüge die Frage aufwirft, ob es in einem psychiatrischen Krankenhaus Untergebrachten entsprechend § 21 Satz 3 StVollzG zu ermöglichen ist, Speisevorschriften ihrer Religionsgemeinschaft zu befolgen. Diese Frage ist - soweit ersichtlich - obergerichtlich noch nicht entschieden und bedarf daher der Klärung.

[10] Das Strafvollzugsgesetz regelt den Vollzug der Maßregeln der Unterbringung nach §§ 63, 64 StGB nur rudimentär (§§ 136–138 StVollzG; vgl. Arloth, StVollzG 3. Aufl., § 136 Rn 1, § 138 Rn 2; Volckart/Grünebaum, Maßregelvollzug 7. Aufl., III.1.C., S. 63). Die Unterbringung in einem psychiatrischen Krankenhaus richtet sich nach Landesrecht, soweit Bundesgesetze - insbesondere die in § 138 Abs. 1 Satz 2, Abs. 2, Abs. 3 StVollzG aufgeführten Bestimmungen des Strafvollzugsgesetzes, die Grundrechte des Grundgesetzes, das Maßregelrecht

des StGB und das Strafvollstreckungsrecht der StPO - nichts anderes bestimmen (§ 138 Abs. 1 Satz 1 StVollzG). In Berlin ist insoweit das Gesetz für psychisch Kranke (PsychKG) vom 8.3.1985 (GVBl. S. 586) in der Fassung vom 17.3.1994 (GVBl. S. 86) anzuwenden.

[11] Regelungen zur Verpflegung der Untergebrachten und insbesondere zu der Frage, inwieweit es ihnen zu ermöglichen ist, Speisevorschriften ihrer Religionsgemeinschaft zu befolgen, sieht das PsychKG nicht vor. Es enthält lediglich allgemeine Vorschriften zur Religionsausübung (§ 32 PsychKG), zur Übergabe von Gegenständen bei Besuchen (§ 33 Abs. 3 Satz 2 PsychKG), zum Empfang von Päckchen und Paketen (§ 35 Abs. 1 iVm § 34 PsychKG) und zum Erlass einer Hausordnung (§ 39 PsychKG), die sowohl für die behördliche Unterbringung psychisch Kranker als auch - aufgrund der Verweisung in § 46 PsychKG - für die Unterbringung aufgrund strafgerichtlicher Entscheidung gelten.

[12] Die Lücke ist durch die entsprechende Anwendung des § 21 Satz 3 StVollzG zu schließen, der vorsieht, dass es dem Gefangenen zu ermöglichen ist, Speisevorschriften seiner Religionsgemeinschaft zu befolgen. Das Recht auf Selbstverpflegung entsprechend den religiösen Speisegeboten hat seine Grundlage in dem Anspruch auf Achtung der Glaubens-, Gewissens- und Bekenntnisfreiheit nach Art. 4 GG. Diesem Anspruch ist auch im Rahmen des Maßregelvollzuges Rechnung zu tragen (vgl. Volckart/Grünebaum, Maßregelvollzug, III.2.B., S. 86 Rn 62, 63). Denn die Grundrechte gelten dort - vorbehaltlich der in § 51 PsychKG zitierten Einschränkungen - in gleicher Weise. Dementsprechend sieht auch § 32 PsychKG vor, dass der Untergebrachte das Recht hat, innerhalb der Einrichtung an Gottesdiensten und an den Veranstaltungen von Religions- und Glaubensgemeinschaften teilzunehmen.

[13] Zwar dürfen allgemeine Vollzugsgrundsätze, die sich aus dem Strafvollzugsrecht herleiten lassen (vgl. Senat NStZ 2003, 50), nicht ohne weiteres auf den Maßregelvollzug übertragen werden (vgl. Senat, Beschlüsse vom 17.8.2006 -5 Ws 619/04 Vollz- und vom 26.7.2006 -5 Ws 392/06-; Pollähne, in: AV-StVollzG 5. Aufl., vor § 136 Rn 7; § 136 Rn 4–7; § 138 Rn 1). Denn dieser muss gem. §§ 28 ff. PsychKG zuvörderst therapeutische Gesichtspunkte berücksichtigen. Die therapeutische Ausrichtung der Unterbringung steht jedoch der entsprechenden Anwendung des § 21 Satz 3 StVollzG nicht entgegen, da die Art der Verpflegung - anders als etwa die Einbringung und Benutzung eines Computers (vgl. Senat NStZ-RR 1998, 382) - nicht geeignet ist, den Behandlungserfolg zu gefährden oder zu beeinträchtigen. § 28 Abs. 1 Satz 1 PsychKG sieht vor, dass die Unterbringung - unter Berücksichtigung therapeutischer Gesichtspunkte - den allgemeinen Lebensverhältnissen soweit wie möglich angeglichen werden soll. Außerhalb der Klinik aber ist ohne Weiteres die Möglichkeit gegeben, sich mit

Lebensmitteln zu versorgen, die religiösen - etwa islamischen - Speisevorschriften entsprechen. Zwischen Maßregel- und Strafvollzug bestehen im Hinblick auf die Verpflegung auch keine maßgeblichen Unterschiede, die eine unterschiedliche Handhabung rechtfertigen würden. Vielmehr befindet sich der Untergebrachte ebenso wie ein Strafgefangener zwangsweise und - anders als etwa bei einem zeitlich begrenzten Krankenhausaufenthalt - in der Regel über längere Zeiträume in der jeweiligen Einrichtung und ist auf die dortige Verpflegung angewiesen.

[14] b) Die Rechtsbeschwerde ist auch zur Sicherung einer einheitlichen Rechtsprechung zulässig, da die Entscheidung der Strafvollstreckungskammer zu Unsicherheiten in der Rechtsanwendung führen kann (vgl. OLG Stuttgart, Beschluss vom 29.1.1998 -4 Ws 275/97- *juris* Rn 4; Calliess/Müller-Dietz, StVollzG 11. Aufl., § 116 Rn 2). Es soll vermieden werden, dass schwer erträgliche Unterschiede in der Rechtsprechung entstehen oder fortbestehen, wobei es auch darauf ankommt, welche Bedeutung die angefochtene Entscheidung für die Rechtsprechung im Ganzen hat (vgl. BGHSt 24, 15, 22; Senat, Beschluss vom 27.8.2009 -2 Ws 279/09 Vollz- stRspr.). Eine Gefahr für die Einheitlichkeit der Rechtsprechung ist insbesondere dann gegeben, wenn die Strafvollstreckungskammer von der höchstrichterlichen oder obergerichtlichen Rechtsprechung nicht nur in einem besonderen Einzelfall abweichen will (vgl. OLG Hamm ZfStrVo 1984, 318). Die Abweichung muss auf einer anderen Rechtsauffassung, nicht auf einem anderen Sachverhalt beruhen (vgl. HansOLG Hamburg ZfStrVo SH 1978, 50; Arloth, § 116 StVollzG Rn 3; Calliess/Müller-Dietz, § 116 StVollzG Rn 2). So liegt es hier.

[15] Die Strafvollstreckungskammer ist zwar zutreffend davon ausgegangen, dass § 21 Satz 3 StVollzG im Maßregelvollzug entsprechend anzuwenden ist. Sie hat jedoch dem Recht auf Selbstverpflegung entsprechend den religiösen Speisevorschriften nicht das erforderliche Gewicht beigemessen. Die von ihr vertretene Auslegung des § 21 Satz 3 StVollzG, der zufolge es ausreiche, dem muslimischen Beschwerdeführer die Ernährung mit schweinefleischfreier oder vegetarischer Kost zu ermöglichen, steht im Widerspruch zu der obergerichtlichen Rechtsprechung (vgl. OLG Hamm NStZ 1984, 190, 191 linke Spalte, Mitte). Wegen der erheblichen Bedeutung der Rechtsfrage für den Maßregelvollzug insgesamt hält der Senat ein klärendes Wort für geboten, um Unsicherheiten in der Rechtsanwendung zu begegnen.

[16] 2. Die Rechtsbeschwerde ist auch begründet. Sie führt zur Aufhebung der angefochtenen Entscheidung - mit Ausnahme der Streitwertfestsetzung - und des zugrunde liegenden Bescheides vom 28.2.2011 sowie zum Ausspruch der Verpflichtung des Antragsgegners, den Antragsteller unter Beachtung der

Rechtsauffassung des Senats erneut zu bescheiden (§§ 119 Abs. 4, 115 Abs. 4 Satz 2, 138 Abs. 3 StVollzG).

[17] a) Obergerichtlich geklärt ist zunächst, dass § 21 Satz 3 StVollzG nur ein Recht auf Selbstverpflegung vorsieht, wenn ein Gefangener einer Religionsgemeinschaft mit besonderen Speisegeboten angehört und diese im Rahmen der Anstaltsverpflegung nicht berücksichtigt werden; dagegen enthält die Norm keine Verpflichtung der Anstalt, dem Gefangenen entsprechende Speisen auch zu beschaffen (vgl. OLG Koblenz ZfStrVo 1995, 111, KirchE 31, 519; OLG Hamm NStZ 1984, 190, KirchE 21, 335; OLG Karlsruhe Justiz 1979, 108; OLG Stuttgart, Beschluss vom 27.1.1997 -4 VAs 23/96- *juris*; Senat, Beschluss vom 14.7.2011 - 2 Ws 248/11 Vollz- KirchE 58, 29; Calliess/Müller-Dietz, § 21 StVollzG Rn 5; Arloth, § 21 StVollzG Rn 3; vgl. auch LG Straubing ZfStrVo 1979, 124). Dies entspricht auch dem Willen des Gesetzgebers (vgl. BT-Drs. 7/3998, S. 13). Gegen die Regelung des § 21 Satz 3 StVollzG bestehen keine durchgreifenden verfassungsrechtlichen Bedenken. Der Anspruch auf Achtung der Glaubens-, Gewissens- und Bekenntnisfreiheit nach Art. 4 GG ist nämlich, worauf auch der nach Art. 140 GG als Bestandteil des Grundgesetzes fortgeltende Art. 136 der Weimarer Reichsverfassung hinweist, ein Abwehrrecht des einzelnen gegenüber dem Staat; dieser ist dem Grundsatz nach nicht verpflichtet, dem einzelnen die faktische Möglichkeit der Religionsausübung - wozu auch die Befolgung religiöser Speisevorschriften gehört - zu verschaffen (vgl. OLG Hamm NStZ 1984, 190, KirchE 21, 335; Senat, Beschluss vom 14.7.2011 -2 Ws 248/11 Vollz- KirchE 58, 29). Auch der Gesichtspunkt, dass manche Gefangene nicht über genügend Eigenmittel verfügen, kann schon im Hinblick auf die gebotene weltanschauliche Neutralität des Staates nicht dazu führen, die Anstalt zur Herstellung und Ausgabe entsprechender Speisen zu verpflichten (vgl. Calliess/Müller-Dietz, § 21 StVollzG Rn 5). Im Übrigen sieht Nr. 1 Abs. 3 der VV zu § 21 StVollzG vor, dass bei einem Gefangenen, der religiösen Speisegeboten unterliegt, auf Antrag Bestandteile der Anstaltsverpflegung, die er nicht verzehren darf, gegen andere Nahrungsmittel ausgetauscht werden sollen.

[18] Danach trifft es zu, dass das Krankenhaus des Maßregelvollzugs - wovon auch das Beschwerdevorbringen selbst ausgeht - nicht gehalten war, dem Beschwerdeführer eine Verpflegung zu beschaffen, die sämtlichen in Betracht kommenden Speisegeboten des Islam entspricht. Die Strafvollstreckungskammer hat es insoweit zu Recht als ausreichend angesehen, dass das Krankenhaus des Maßregelvollzugs eine schweinefleischfreie oder vegetarische Kost anbietet. Ein Anspruch auf Bereitstellung von geschächtetem Fleisch im Rahmen der Anstaltsverpflegung wird selbst von der im Schrifttum teilweise (abweichend von der obergerichtlichen Rechtsprechung) vertretenen Auffassung, die einen Anspruch des Gefangenen auf eine seinen religiösen Speisegeboten nicht wi-

dersprechende Verpflegung bejaht (vgl. Fröhmcke, Muslime im Strafvollzug, S. 137 ff.), nicht angenommen, da im Islam keine religiöse Pflicht existiert, Fleisch zu essen (vgl. Fröhmcke, aaO, S. 147 ff.). Schließlich ist auch zu berücksichtigen, dass es einheitliche islamische Speisevorschriften nicht gibt, die Vorschriften des Korans von den jeweiligen islamischen Autoritäten vielmehr unterschiedlich ausgelegt werden, und dass im Rahmen einer Gemeinschaftsverpflegung naturgemäß nicht sämtlichen individuellen Wünschen und Bedürfnissen an die Speisen Rechnung getragen werden kann (vgl. OLG Hamm NStZ 1984, 190, KirchE 21, 335; Senat, Beschluss vom 14.7.2011 -2 Ws 248/11 Vollz- KirchE 58, 29).

[19] b) Jedoch ist die Entscheidung des Krankenhauses des Maßregelvollzugs, dem Untergebrachten auch eine Selbstversorgung mit Halal-Produkten zu versagen, mit der gebotenen grundrechtskonformen Auslegung des § 21 Satz 3 StVollzG nicht vereinbar. Die Beschränkung auf ein Lieferunternehmen, das keinerlei Halal-Produkte anbietet, stellt sich entgegen der Auffassung der Strafvollstreckungskammer und der Senatsverwaltung für Gesundheit, Umwelt und Verbraucherschutz als ermessensfehlerhaft dar. Der angefochtene Beschluss wird insoweit der Reichweite des Rechts auf Selbstversorgung nicht gerecht.

[20] Auch wenn der Antragsgegner nicht selbst für eine den religiösen Speisegeboten entsprechende Ernährung zu sorgen hat, so hat er dem Untergebrachten jedoch zu gestatten, sich derartige Speisen selbst zu verschaffen (vgl. OLG Koblenz ZfStrVo 1995, 111, KirchE 31, 519; OLG Hamm NStZ 1984, 190, 191, KirchE 21, 335; OLG Stuttgart, Beschluss vom 27.1.1997 -4 VAs 23/96- *juris*; LG Straubing ZfStrVo 1979, 124; Senat, Beschluss vom 14.7.2011 -2 Ws 248/11 Vollz- KirchE 58, 29). Er kann ihn nicht darauf verweisen, lediglich den Verzehr von bestimmten Speisen - wie etwa Schweinefleisch - zu vermeiden oder aber - sofern er nicht-geschächtetes Fleisch generell ablehnt - sich ausschließlich vegetarisch zu ernähren.

[21] Zwar ist es dem Ermessen des Antragsgegners überlassen, auf welchem Wege er die Selbstversorgung ermöglicht. Es ist insoweit nicht zu beanstanden, wenn das Krankenhaus des Maßregelvollzugs das Einkaufen durch den Untergebrachten selbst von einem Lockerungsstatus abhängig macht und es ihm bei Nichterreichen dieses Status versagt. Der Antragsgegner war auch nicht gehindert, die Übergabe von Lebensmitteln durch Besucher - wie in § 17 Abs. 4 der Hausordnung vom 1.1.2005 geschehen - von einer vorherigen Genehmigung abhängig zu machen und auf Ausnahmefälle zu beschränken (vgl. §§ 33 Abs. 3 Satz 2, 39 Abs. 1 PsychKG). Ebenso wenig unterliegt es Bedenken, dass der Antragsgegner den Empfang von Paketen mit Lebensmitteln, bei dem Sicherheitsgesichtspunkte zu beachten sind (vgl. §§ 35 Abs. 1, 34 Abs. 3 PsychKG), nach

Anzahl und Anlässen eingeschränkt hat (vgl. Senat, Beschluss vom 5.11.2001 - 5 Ws 373/01 Vollz-).

[22] Schließlich ist es auch nicht zu beanstanden, wenn die auf der Grundlage von § 39 PsychKG erlassene Hausordnung vorsieht, dass „Dinge des alltäglichen Gebrauchs, die die Patienten evtl. nicht beschaffen können, wie Lebensmittel ..., in angemessenem Umfang entsprechend den örtlichen Gegebenheiten einmal wöchentlich nach Vorlage eines Bestellscheins beschafft werden", wobei die Beschaffung auf einen Anbieter beschränkt werden kann (§ 9 Abs. 2 der Hausordnung), und dass die Bestellung von Fertiggerichten und anderen Lebensmitteln außerhalb der in Abs. 2 genannten Lieferdienste nicht gestattet ist (§ 9 Abs. 3 der Hausordnung). Der Senat hat bereits früher entschieden, dass die Einschränkung des Einbringens von Lebens- und Genussmitteln in das Krankenhaus des Maßregelvollzugs im Hinblick auf bestehende Missbrauchsmöglichkeiten zulässig ist (vgl. Senat, Beschluss vom 5.11.2001 -5 Ws 373/01 Vollz-).

[23] Jedoch erweist sich die Beschränkung auf einen Lieferanten, der keinerlei Halal-Produkte anbietet, im Hinblick auf § 21 Satz 3 StVollzG als ermessensfehlerhaft. Wenn der Antragsgegner lediglich Lieferungen eines einzigen Unternehmens zulässt, so hat er bei der Auswahl des konkreten Anbieters darauf zu achten, dass dessen Lebensmittelangebot auch Halal-Produkte enthält. Alternativ kann er die Selbstversorgung des Untergebrachten mit derartigen Produkten durch Erweiterung der Bezugsmöglichkeiten um ein weiteres Lieferunternehmen mit entsprechendem Angebot oder durch Schaffung eines entsprechenden Angebotes in einem klinikeigenen Kiosk oder Geschäft ermöglichen. Praktische Hindernisse sind nicht erkennbar, da es in Berlin ausreichend Unternehmen gibt, die nach islamischen Regeln erlaubte Lebensmittel anbieten. Es ist auch keineswegs - wie der Antragsgegner besorgt - erforderlich, eine Vielzahl von Anbietern zu beauftragen, die zu unterschiedlichen Zeiten Lebensmittel anliefern und in erheblichem Umfang Arbeitskapazitäten des Pflegepersonals binden. Abgesehen davon, dass ein (zusätzlicher) Anbieter ausreicht, wäre auch eine Beschränkung auf eine wöchentliche Lieferung zulässig, zumal Fleisch- und Wurstwaren bei entsprechender Konservierung, Verpackung und Lagerung auch länger als nur einen Tag haltbar sind.

[24] 3. Die Sache ist iSd § 119 Abs. 4 Satz 2 StVollzG spruchreif. Einer Zurückverweisung an die Strafvollstreckungskammer bedarf es nicht. Der Antragsgegner hat den Antragsteller unverzüglich unter Beachtung der Rechtsauffassung des Senats erneut zu bescheiden. Es bleibt seinem pflichtgemäßen Ermessen überlassen, auf welchem Wege er es dem Untergebrachten ermöglicht, sich mit Lebensmitteln zu versorgen, die den islamischen Speisegeboten entsprechen.

13
Der Verkauf eines Kirchengrundstücks durch eine Religionsgemeinschaft an eine andere konfessionsverschiedene Religionsgemeinschaft ist nicht wegen der fortgesetzten Grundstücksnutzung für sakrale Zwecke nach § 4 Nr. 1 GrEStG steuerbefreit.

Art./§§ 3 Abs. 1, 140 GG, 137 Abs. 3 WRV, 4 Nr. 1 GrEStG
BFH, Urteil vom 1. September 2011 -II R 16/10-[1]

Die Klägerin ist eine Religionsgemeinschaft orthodoxer Konfession. Sie hat den Status einer Körperschaft des öffentlichen Rechts.

Mit notariell beurkundetem Vertrag vom 9.3.2005 kaufte die Klägerin von der Beigeladenen, einer als Körperschaft des öffentlichen Rechts anerkannten evangelisch-lutherischen Kirchengemeinde „für Zwecke des Gottesdienstes und der Seelsorge" ein mit einer Kirche und einem Pastorat bebautes Grundstück. Dieses befindet sich in einem Ortsteil, in dem ursprünglich mehrere evangelisch-lutherische Kirchengemeinden ansässig waren, die jeweils über eigene Kirchen verfügten. Vor dem Verkauf des Grundstücks wurden diese Kirchengemeinden zu einer Kirchengemeinde, der Beigeladenen, zusammengelegt.

Der Beklagte (Finanzamt) beurteilte den Erwerb des Grundstücks nicht als steuerfrei nach § 4 Nr. 1 des Grunderwerbsteuergesetzes in der ab 1.1.1999 gültigen Fassung (GrEStG) und setzte zuletzt mit Bescheid vom 9.5.2006 die Grunderwerbsteuer auf 46.983 € fest.

Die Klage hatte Erfolg. Das FG Hamburg (Urteil vom 05.11.2009 -3 K 71/09- EFG 2010, 1154, KirchE 54, 324) war der Auffassung, der Erwerb des Grundstücks sei nach § 4 Nr. 1 GrEStG steuerfrei. Die Nutzung des Grundstücks für Gottesdienst und Seelsorge sowie die Verwaltung der auf dem Grundstück befindlichen Kirche seien öffentlich-rechtliche, auf das Grundstück bezogene Aufgaben, die von der Beigeladenen auf die Klägerin übergegangen seien

Mit der Revision rügt das Finanzamt die Verletzung des § 4 Nr. 1 GrEStG. Die Beigeladene habe auch nach Übertragung des Grundstücks auf die Klägerin die gleichen gottesdienstlichen und seelsorgerischen Aufgaben. Sie biete diese weiterhin, lediglich an anderer Stelle innerhalb des Gemeindegebiets, an.

---

1 Amtl. Leitsatz. BeckRS 2011, 96660; *juris*; BFHE 235, 182; BFH/NV 2011, 2173-2174; BFH/PR 2011, 31; BStBl II 2012, 148; DB 2011, 2823; DStRE 2011, 1478; DStZ 2011, 851; HFR 2011, 1311; KuR 2012, 129 (LS); NVwZ-RR 2012, 40; StBW 2011, 1026 (LS); StE 2011, 712; UVR 2011, 359; ZfIR 2011, 840 (LS); ZSteu 2011, R1022.

Die Revision führte zur Aufhebung der Vorentscheidung und zur Abweisung der Klage.

Aus den Gründen:

[10] 1. Zu Unrecht hat das Finanzgericht angenommen, dass der Erwerb des Grundstücks durch die Klägerin nach § 4 Nr. 1 GrEStG steuerfrei sei. Entgegen der Ansicht des Finanzgerichts sind im Zusammenhang mit dem Grundstückserwerb keine öffentlich-rechtlichen Aufgaben der Beigeladenen auf die Klägerin übergegangen.

[11] a) Gem. § 4 Nr. 1 GrEStG ist der Erwerb eines Grundstücks durch eine juristische Person des öffentlichen Rechts von der Besteuerung u.a. ausgenommen, wenn das Grundstück aus Anlass des Übergangs von öffentlich-rechtlichen Aufgaben von der einen auf die andere juristische Person übergeht und nicht überwiegend einem Betrieb gewerblicher Art dient.

[12] Nach seinem aus dem Wortlaut ersichtlichen Sinn und Zweck soll § 4 Nr. 1 GrEStG den Wechsel des Trägers einer öffentlich-rechtlichen Aufgabe von Grunderwerbsteuer freihalten, sofern mit diesem Trägerwechsel auch ein (rechtsgeschäftlicher oder gesetzlicher) Übergang des Eigentums an Grundstücken verbunden ist (vgl. Urteil des BFH vom 17.5.1989 -II R 98/86- BFH/NV 1990, 263, mwN). Ein „Übergang" von Aufgaben liegt nur vor, wenn die übernehmende juristische Person des öffentlichen Rechts eben die Funktionen wahrnimmt, welche bisher die übergebende juristische Person wahrgenommen hat (Viskorf, in: Boruttau, Grunderwerbsteuergesetz, 17. Aufl., § 4 Rn 14; Pahlke/Franz, Grunderwerbsteuergesetz, Kommentar, 4. Aufl., § 4 Rn 9, jeweils mwN). Kein Übergang öffentlich-rechtlicher Aufgaben liegt daher vor, wenn juristische Personen des öffentlichen Rechts ihre Tätigkeiten aufeinander abstimmen, aber nach wie vor dieselben Aufgaben haben (vgl. BFH-Urteil in BFH/NV 1990, 263).

[13] b) Diese Voraussetzungen des § 4 Nr. 1 GrEStG sind im Streitfall nicht erfüllt. Die Klägerin hat das Grundstück nicht „aus Anlass des Übergangs von öffentlich-rechtlichen Aufgaben" der Beigeladenen auf die Klägerin erworben.

[14] Die Beigeladene und die Klägerin nehmen als (konfessionsverschiedene) Religionsgemeinschaften je ihre eigenen Angelegenheiten (vgl. auch Art. 4 Abs. 1 und 2 sowie Art. 140 GG iVm Art. 137 Abs. 3 WRV) wahr. Dazu gehören auch und gerade die ihren jeweiligen konfessionellen Grundsätzen entsprechende Abhaltung von Gottesdiensten sowie die Seelsorge.

[15] Demgemäß ergibt sich im Streitfall allein dadurch, dass das Kirchengrundstück nunmehr anstelle der Beigeladenen von der Klägerin für Zwecke des Gottesdienstes und der Seelsorge genutzt wird, kein Übergang von öffentlich-

rechtlichen Aufgaben. Die Aufgabe der Beigeladenen zur (konfessionsgebundenen) Abhaltung von Gottesdiensten und zur seelsorgerischen Betätigung ist in vollem Umfang bei ihr verblieben und ist weder ganz noch teilweise auf die Klägerin übergegangen. Allein der hier mit dem Grundstücksgeschäft verfolgte Zweck, den sakralen Charakter des Kirchengebäudes durch eine weitere - wenn auch nunmehr konfessionsverschiedene - Nutzung für religiöse Zwecke zu bewahren, begründet keinen Übergang einer öffentlich-rechtlichen Aufgabe.

[16] Dass der Klägerin nach dem Grundstückserwerb die Unterhaltung des Grundstücks einschließlich der darauf befindlichen Gebäude obliegt, ist Folge und nicht Anlass des Grundstückserwerbs und kann schon deshalb die Anwendung des § 4 Nr. 1 GrEStG nicht begründen.

[17] Die Klägerin wird entgegen ihrer Auffassung durch die Versagung der Steuerbefreiung des § 4 Nr. 1 GrEStG nicht diskriminiert oder im Verhältnis zu evangelisch-lutherischen Kirchengemeinden ungleich behandelt. Denn der Grundstückserwerb durch die Klägerin ist nicht deshalb steuerpflichtig, weil die Klägerin und die Beigeladene Religionsgemeinschaften verschiedener Glaubensrichtungen sind. Für die Versagung der Steuerbefreiung aus § 4 Nr. 1 GrEStG ist vielmehr entscheidend, dass die Beigeladene ihre öffentlich-rechtlichen Aufgaben weiterhin selbst wahrnimmt.

[18] 2. Die Vorentscheidung stellt sich auch nicht aus anderen Gründen im Ergebnis als richtig dar. Der Erwerb des Grundstücks ist insbesondere nicht nach § 4 Nr. 3 GrEStG steuerbefreit.

[19] Nach dieser Vorschrift ist von der Besteuerung ausgenommen der Erwerb eines Grundstücks durch einen ausländischen Staat oder eine ausländische kulturelle Einrichtung, wenn das Grundstück für kulturelle Zwecke bestimmt ist und Gegenseitigkeit gewährleistet wird. Dieser Tatbestand ist schon deshalb nicht erfüllt, weil es sich bei der Klägerin nicht um einen ausländischen Staat oder eine ausländische kulturelle Einrichtung, sondern um eine inländische juristische Person des öffentlichen Rechts handelt (vgl. auch Urteil des FG Köln vom 31.5.1989 -11 K 1026/87- EFG 1989, 647; Viskorf, aaO, § 4 Rn 36; Hofmann, Grunderwerbsteuergesetz, Kommentar, 9. Aufl., § 4 Rn 7).

[20] 3. Da das Finanzgericht von anderen Grundsätzen ausgegangen ist, war die Vorentscheidung aufzuheben. Die Sache ist spruchreif. Die Klage war abzuweisen.

14
Die Errichtung einer Photovoltaikanlage auf einem im Eigentum einer Kirche bzw. Religionsgemeinschaft stehenden Profandenkmal fällt nicht in den Schutzbereich des kirchlichen Selbstbestimmungsrechts und/oder der Religionsfreiheit.

Art./§§ 4, 20a, 140 GG, 137 WRV, 3a BW.LV,
2, 8 Abs. 1, 12, 15 Abs. 3, 19, 28 Abs. 1 BW.DSchG
VGH Baden-Württemberg, Urteil vom 1. September 2011 -1 S 1070/11-[1]

Die Klägerin, eine katholische Kirchengemeinde, begehrt die denkmalschutzrechtliche Genehmigung zur Errichtung einer Photovoltaikanlage auf ihrer Pfarrscheuer.

Die 1789 erbaute Pfarrscheuer befindet sich zusammen mit der katholischen Pfarrkirche St. Urban und dem dazugehörigen Pfarrhaus auf einem Gelände in südwestlicher Ortsrandlage der 140 Einwohner zählenden Gemeinde E. Aus der Ortsmitte kommend führt die K'straße in südlicher Richtung auf das Pfarrhaus zu. In südwestlicher Richtung versetzt steht - leicht erhöht - die von einem ummauerten Kirchhof umfasste Kirche. Die K'straße führt in südwestlicher Richtung entlang der Ummauerung und an der Zehntscheuer sowie weiteren Gebäuden vorbei aus dem Ort heraus, wo sie in einen Wirtschafts- und Wanderweg übergeht. Aus dem Ort kommend vor der Kirche führt ein Abzweig der K'straße auf den Pfarrhof (Sackgasse), d.h. zum Pfarrhaus und zur südöstlich versetzt im rechten Winkel zu diesem stehenden, etwas tiefer gelegenen Pfarrscheuer. Auf der ortsabgewandten Seite des Pfarrhofes erstreckt sich eine teils aus hohen Bäumen, teils aus Buschwerk bestehende viertelkreisförmige Einfriedung im Abstand von 30 - 50 m zu den Gebäuden. Jenseits der Einfriedung beginnt freies Feld.

Das Pfarrhaus und die Pfarrkirche gelten gemäß der Übergangsbestimmung des § 28 Abs. 1 Nr. 2 DSchG als gem. § 12 Abs. 1 DSchG in das Denkmalbuch eingetragen. Zum Pfarrhaus heißt es in der Liste der Kulturdenkmale:

> „Pfarrhaus der Pfarrei St. Urban, über massivem Erdgeschoss in Fachwerk aufgeführt. Über dem alten Eingang Wappen des Abtes Beda Sommerberg von Zwiefalten aus dem Jahre 1723."

---

1 Auszug aus den amtl. Leitsätzen. BeckRS 2011, 54435; *juris*; ESVGH 62, 128 (LS); BRS 78 Nr. 208 (2011); DÖV 2011, 943 (LS); DVBl 2011, 1418; DWW 2011, 342; IBR 2012, 46; IBRRS 82202; LSK 2011, 450568; NVwZ-RR 2012, 222; RdL 2013, 139; REE 2011, 238; VBlBW 2012, 185; VR 2012, 28.

Zur katholischen Pfarrkirche St. Urban heißt es:

> „Gotischer Kirchenbau, 1625 grundlegend umgestaltet. Auf diesen Umbau zurückgehend der Innenraum mit seinem mächtigen Tonnengewölbe mit Stichkappen, das durch die auf Konsolen aufstehenden Pilaster getragen wird. Innenausstattung mehrfach verändert."

Die streitgegenständliche Pfarrscheuer ist ebenfalls in der Liste der Kulturdenkmale verzeichnet, jedoch nicht als Kulturdenkmal von besonderer Bedeutung nach § 12 oder § 28 DSchG. Der Text der Eintragung lautet wie folgt:

> „Scheuer des Pfarrhofes E., erbaut 1789 (Datum überliefert durch Brandversicherungsprotokoll der Gemeinde), unterhalb des Pfarrhofes stehend. Massiv gemauertes Scheuergebäude, ehemals mit einer Toröffnung auf der Mittelachse der Längsseite (heute durch drei große Tore ersetzt). Dachstuhl des mächtigen Satteldaches mit dem Windgesperre noch aus der Entstehungszeit stammend. Zusammen mit dem Pfarrhof stellt die Scheuer, die sich durch ihre massive Bauweise ähnlich wie die - auch architektonisch aufwendiger gestaltete - Zehntscheuer (K'straße 23) von den Fachwerkbauten der übrigen Hofstellen des Ortes absetzt, eine Sachgesamtheit dar, an deren Erhaltung aus heimatgeschichtlichen und wissenschaftlichen Gründen ein öffentliches Interesse besteht."

Die Klägerin beantragte am 24.6.2008 die denkmalschutzrechtliche Genehmigung zum Aufbau einer Photovoltaikanlage auf der südsüdöstlich ausgerichteten, ortsabgewandten Dachseite der Pfarrscheuer. Ausweislich der Planunterlagen soll das Dach der Scheuer mit 96 Solarmodulen bestückt werden. Die etwa 8,50 x 17,00 m große Dachhälfte soll danach bis auf einen schmalen Rand flächig mit Solarmodulen bedeckt sein. Beabsichtigt ist die Anbringung bläulich schimmernder Solarmodule. Alternativ wäre die Klägerin zur Verwendung anthrazitfarbener Solarmodule bereit.

Das Regierungspräsidium Tübingen - Referat Denkmalpflege - wies in seiner vom Landratsamt Alb-Donau-Kreis eingeholten Stellungnahme vom 18.7.2008 darauf hin, dass die Pfarrscheuer sich im Ensemble von Kirche und Pfarrhaus befinde, die Kulturdenkmale nach § 12 DSchG seien. Das Ensemble sei von der Gemeindeverbindungsstraße Z.-E.-R. als historisch ungestörte Anlage einzusehen. Die Anbringung einer Photovoltaikanlage sei daher aus Gründen des Umgebungsschutzes für die Kulturdenkmale nach § 12 DSchG, und weil die Scheuer selbst Kulturdenkmal nach § 2 DSchG sei, abzulehnen. Die spiegelnde Glasdachdeckung beeinträchtige sowohl das Kulturdenkmal als auch die Umgebung über alle Maßen.

Mit dem angefochtenen Bescheid lehnte das Landratsamt Alb-Donau-Kreis die Erteilung der denkmalschutzrechtlichen Genehmigung ab. Zur Begründung machte es sich die Stellungnahme des Regierungspräsidiums Tübingen zu eigen und führte weiter aus, die Belange des Denkmalschutzes an der Erhaltung des

Erscheinungsbildes des Ensembles überwögen das Interesse der Kirchengemeinde an der Energiegewinnung durch die geplante Photovoltaikanlage.

Den hiergegen rechtzeitig eingelegten Widerspruch wies das Regierungspräsidium Tübingen als unbegründet zurück. Es führte aus, Kirche, Pfarrhaus und Pfarrscheuer bildeten ein erhöht stehendes Ensemble von beachtlicher Ausstrahlung. Von der Straße aus Richtung Z. beherrsche und präge die Gruppe das Erscheinungsbild der kleinen Ortschaft sehr positiv. Bei Verwirklichung der Photovoltaikanlage würde die vorhandene Situation deutlich beeinträchtigt. Beim derzeitigen Stand der Technik seien sowohl die blaue Farbe als auch die Spiegelwirkung der Solarmodule unvermeidlich. Die Beeinträchtigung des Ensembles und der Pfarrscheuer selbst sei erheblich. Die Entscheidung des Landratsamts sei ermessensfehlerfrei. Das Interesse der Kirchengemeinde sei nachvollziehbar, insbesondere unter dem Gesichtspunkt Klimaschutz und Bewahrung der Schöpfung. Letztlich könne auch der Gesichtspunkt der subventionierten Energiegewinnung nicht gänzlich außer Betracht bleiben. Dem stehe aber die Beeinträchtigung des Erscheinungsbildes des Kirchenensembles auf der beherrschenden Höhe über der Ortschaft entgegen. Dieses Erscheinungsbild beurteile das Regierungspräsidium als so wichtig, dass es die genannten Gesichtspunkte für die Errichtung deutlich überwiege. Geeignete Standorte für Photovoltaikanlagen gebe es überall, während es Ortsbilder der dargestellten Qualität nicht mehr viele gebe.

Mit ihrer hierauf erhobenen Klage erstrebt die Klägerin, unter Aufhebung der angefochtenen Bescheide das beklagte Land zu verpflichten, die denkmalschutzrechtliche Genehmigung zur Errichtung einer Photovoltaikanlage auf dem Dach der Pfarrscheuer zu erteilen. Sie hat geltend gemacht, die gebotene Interessenabwägung sei fehlerhaft vorgenommen worden. Die Photovoltaikanlage diene dem Klimaschutz und der Erzielung der langfristig zum Erhalt des Gebäudes erforderlichen Einnahmen. Derzeit werde die Scheuer fremdgenutzt; sie sei zum Abstellen landwirtschaftlicher Maschinen vermietet. Die Scheune sei nur schwer einsehbar, so dass das Projekt den Umgebungsschutz nicht beeinträchtige. Eine erhebliche Beeinträchtigung des Erscheinungsbilds liege nicht vor. Es sei nur die von Kirche und Pfarrhaus abgewandte Dachseite betroffen. Eine zusätzliche Beeinträchtigung des Ensembles trete nicht auf, weil es bereits mehrere Photovoltaikanlagen in E. gebe. Die Scheuer sei im Übrigen durch Baumbewuchs nahezu verdeckt. Schließlich greife die Photovoltaikanlage nicht in die als schützenswert erachtete Dachkonstruktion ein.

Das VG Sigmaringen (Urteil vom 22.7.2010 -7 K 947/09- n.v.) hat die Klage abgewiesen und zur Begründung ausgeführt, die Genehmigung sei zu Recht abgelehnt worden, weil die Beeinträchtigung des Erscheinungsbilds des Kulturdenkmals erheblich sei und höherrangiges Recht, insbesondere der Grundsatz der Verhältnismäßigkeit, keine abweichende Entscheidung gebiete. Der Aufbau einer Photovoltaikanlage auf einer Dachhälfte der Pfarrscheuer würde - schon allein bezogen auf die Scheuer - eine erhebliche Beeinträchtigung mit sich bringen. Darüber hinaus stehe der von dem Pfarrhaus und der Kirche vermittelte Umgebungsschutz einer Genehmigung entgegen. Sowohl aus der Nähe wie auch bei der Betrachtung aus der Ferne stelle sich das Ensemble des Pfarrhofes als einheitlich und zusammengehörend dar. Das Erscheinungsbild des Ensembles aus Kirche, Pfarrhaus und Pfarrscheuer werde auch durch die bereits vorhandenen Photovoltaikanlagen im Ort bisher nicht negativ beeinträchtigt. Schließlich seien keine sonstigen übergeordneten Belange der Klägerin erkennbar, die die Erteilung der Genehmigung gebieten würden. Insbesondere griffen wirtschaftliche Überlegungen nicht durch. Habe die Kirchengemeinde freies Vermögen, um in regenerative Energien investieren zu können, müsse sie dies nicht zwingend auf eigenen Gebäuden tun. Es gebe auch kirchlich organisierte Beteiligungsmodelle oder Vermietmodelle, die es ihr ermöglichten, sich an vorhandenen Anlagen zu beteiligen oder auf angemieteten Dächern eine Anlage zu betreiben. Auch der Gesichtspunkt der Erhaltung der Schöpfung zwinge nicht dazu, gerade auf denkmalgeschützten gemeindeeigenen Gebäuden Photovoltaikanlagen zu errichten.

Mit der Berufung macht die Klägerin im Wesentlichen geltend: Entgegen der Auffassung des Verwaltungsgerichts liege keine wesentliche Beeinträchtigung vor. Die Perspektive von dem hinter der Scheune gelegenen Wiesengrundstück aus könne für die Beurteilung der Erheblichkeit der Beeinträchtigung nicht maßgebend sein, weil es sich um ein Privatgrundstück handele, für das es kein generelles Betretungsrecht gebe. Weiter müsse die Vorbelastung durch die vorhandenen Photovoltaikanlagen berücksichtigt werden. Zudem werde durch die Errichtung der Photovoltaikanlage lediglich das Erscheinungsbild der Dacheindeckung beeinträchtigt. Der darüber hinausgehende Schutzzweck des Mauerwerks und des Dachstuhls bleibe unberührt. Der Ziegeldacheindeckung komme keine wesentlich prägende Wirkung für die Pfarrscheuer zu. Da das ziegelgedeckte Dach in der Liste der Kulturdenkmale nicht besonders erwähnt werde, könne die Errichtung einer Photovoltaikanlage auf diesem Dach keine wesentliche Beeinträchtigung des Denkmals oder des Ensembles darstellen. Die Ablehnung der beantragten Genehmigung greife auch in das Grundrecht der Religionsfreiheit ein. Die Klägerin könne im Rahmen der ihr zukommenden Religionsfreiheit selbst entscheiden, ob und wo sie Investitionen tätige. Die Errichtung von Photovoltaikanlagen auf kirchlichen Dächern stehe unter dem Schutz des Grundrechts der durch Art. 4 Abs. 1 und 2 GG gewährleisteten Glaubens- und Religionsfreiheit. Ergänzt werde dieser Schutz durch das gem. Art. 137 Abs. 3 Satz 1 WRV garantierte kirchliche Selbstbestimmungsrecht.

Der Beklagte verteidigt das angefochtene Urteil und führt ergänzend aus: Im Rahmen der Beurteilung der Erheblichkeit einer Beeinträchtigung seien objektive Gesichtspunkte entscheidend und nicht die jeweiligen Eigentumsverhältnisse. Dass die Wiese hinter der Scheune ein Privatgrundstück sei, sei daher unerheblich. Entscheidend sei, dass die Wiese mangels Einfriedung für jedermann zugänglich sei. Zudem habe das Verwaltungsgericht die Erheblichkeit der Beeinträchtigung nicht maßgeblich auf diesen Punkt gestützt. Vielmehr resultiere die erhebliche Beeinträchtigung in erster Linie daher, dass die Photovoltaikanlage von den umliegenden Höhen und von den nach E. hinein- bzw. von E. wegführenden Straßen wahrnehmbar wäre. Dies gelte umso mehr, als die Bäume hinter der Pfarrscheuer die Hälfte des Jahres unbelaubt seien. Zutreffend habe das Verwaltungsgericht auch ausgeführt, dass sich aus den in E. bereits vorhandenen Photovoltaikanlagen keine Vorbelastung des ungestörten Erscheinungsbilds des Pfarrhofes ergebe. Die geplante Photovoltaikanlage würde das Dach der Pfarrscheuer fast vollständig verdecken und fremdartig überformen, so dass eine erhebliche Beeinträchtigung des Erscheinungsbilds gegeben sei. Selbst aus größerer Entfernung würde die Photovoltaikanlage in ihrer flächendeckenden Erscheinung auf dem großen Satteldach für den Betrachter im Vergleich zum übrigen wahrnehmbaren Teil der Pfarrscheuer dominant wirken. Die Pfarrscheuer wäre aus Richtung Südsüdost wegen der als technischer Fremdkörper wirkenden Photovoltaikanlage nicht mehr als historisches Gebäude erkennbar. Darüber hinaus dürfe die von der Photovoltaikanlage ausgehende erhebliche Spiegelwirkung nicht außer Acht gelassen werden. Auch das zusammengehörige und einheitliche Erscheinungsbild von Kirche, Pfarrhaus und Pfarrscheuer würde wesentlich gestört. Diese bisher ungestörte Sachgesamtheit werde im Übrigen durch die bereits bestehenden Photovoltaikanlagen nicht tangiert. Höherrangiges Recht gebiete keine abweichende Entscheidung. Es sei weder eine Verletzung der Religionsfreiheit noch ein Eingriff in das kirchliche Selbstbestimmungsrecht der Klägerin erkennbar.

Mit ihrem Rechtsmittel erreichte die Klägerin ein Bescheidungsurteil. Der Beklagte wird unter Aufhebung der angefochtenen Bescheide verpflichtet, über den Antrag der Klägerin auf Erteilung der denkmalschutzrechtlichen Genehmigung zur Errichtung einer Photovoltaikanlage auf dem Dach der Pfarrscheuer, K'straße 13 in E. unter Beachtung der Rechtsauffassung des Senats neu zu entscheiden.

Aus den Gründen:

[24] I. Gegenstand der Berufung ist der Verpflichtungsantrag auf Erteilung der beantragten denkmalschutzrechtlichen Genehmigung. Dieser Antrag enthält als Minus - ohne dass es insoweit einer ausdrücklichen Antragstellung bedarf - einen Antrag auf Neubescheidung unter Beachtung der Rechtsauffassung des Senats.

[25] II. Die Berufung ist jedoch nur zum Teil begründet. Die Klägerin hat keinen Anspruch auf Erteilung der erforderlichen denkmalschutzrechtlichen Genehmigung für die Errichtung der Photovoltaikanlage (1.). Zwar wäre die Beeinträchtigung des Erscheinungsbildes der Pfarrscheuer selbst nicht erheblich (a). Gleiches gilt für die Beeinträchtigung des Erscheinungsbildes der Sachgesamtheit des Pfarrhofes, d.h. des aus Pfarrhaus und Pfarrscheuer bestehenden Gebäudeensembles (b). Gleichwohl besteht kein Genehmigungsanspruch, weil das geplante Vorhaben in der Umgebung der als in das Denkmalbuch eingetragen geltenden Kulturdenkmale Pfarrkirche und Pfarrhaus liegt, deren Erscheinungsbild erheblich beeinträchtigt würde (c). Die Klägerin kann allerdings eine Neubescheidung verlangen, weil der Beklagte bei Ausübung des ihm bei der Entscheidung nach § 15 Abs. 3 DSchG zustehenden Ermessens von falschen Voraussetzungen ausgegangen ist (2.).

[26] 1. Die Klägerin hat keinen Anspruch auf Erteilung der erforderlichen denkmalschutzrechtlichen Genehmigung, weil das geplante Vorhaben das Erscheinungsbild der Kirche und des Pfarrhauses, die beide nach § 28 Abs. 1 Nr. 2 DSchG als gem. § 12 Abs. 1 DSchG in das Denkmalbuch eingetragen gelten, erheblich beeinträchtigen würde.

[27] a) Entgegen der Auffassung des Beklagten steht dem Genehmigungsanspruch nicht bereits die Beeinträchtigung des Erscheinungsbildes der Pfarrscheuer selbst entgegen. Rechtsgrundlage ist insoweit § 8 Abs. 1 Nr. 2 DSchG. Nach dieser Vorschrift dürfen Kulturdenkmale nur mit Genehmigung der Denkmalschutzbehörde in ihrem Erscheinungsbild beeinträchtigt werden. Der Begriff des Kulturdenkmals ist ein unbestimmter Rechtsbegriff, der in vollem Umfang der Nachprüfung durch die Verwaltungsgerichte unterliegt (Strobl/Sieche, Denkmalschutzgesetz für Baden-Württemberg, 3. Aufl., § 2 Rn 8 mwN).

[28] aa) Dass es sich bei der Pfarrscheuer um ein Kulturdenkmal iSv § 2 Abs. 1 DSchG handelt, an dessen Erhaltung aus heimatgeschichtlichen und aus wissenschaftlichen Gründen ein öffentliches Interesse besteht, wird von der Klägerin nicht bestritten und ergibt sich auch zur Überzeugung des Senats aus der Beschreibung der Scheuer in der Liste der Kulturdenkmale.

[29] bb) Das Vorhaben ist gem. § 8 Abs. 1 Nr. 2 DSchG genehmigungsbedürftig. Die Genehmigungspflicht wird durch jede Beeinflussung des Erscheinungs-

bildes des Kulturdenkmals ausgelöst, die der als Maßstab gedachte aufgeschlossene Durchschnittsbetrachter als nachteilige Veränderung des Kulturdenkmals wahrnimmt. Sie setzt nicht voraus, dass die Beeinträchtigung von besonderem Gewicht oder deutlich wahrnehmbar ist. Die weite Auslegung des Genehmigungstatbestands entspricht der Funktion des Genehmigungserfordernisses als präventives Verbot mit Erlaubnisvorbehalt (stRspr des Senats, vgl. Urteile vom 23.7.1990 -1 S 2998/89- VBlBW 1991, 257 [259], vom 4.6.1991 -1 S 2022/90- VBlBW 1992, 58 [59] und vom 27.6.2005 -1 S 1674/04- ESVGH 56, 23, VBlBW 2006, 20, KirchE 47, 258). Die Solaranlage ist als nachteilige Veränderung des Erscheinungsbildes der Pfarrscheuer ohne weiteres wahrzunehmen, und zwar insbesondere von der Gemeindeverbindungsstraße Z. – E. kurz vor Erreichen des Ortseingangs von E. und von dem unteren Abschnitt des dort in westlicher Richtung abzweigenden öffentlichen - asphaltierten - Wirtschaftswegs, der auch von Wanderern und Radfahrern genutzt wird..

[30] cc) Für die Beurteilung der Genehmigungsfähigkeit nach § 8 Abs. 1 Nr. 2 DSchG ist die Schwere der Beeinträchtigung des Erscheinungsbildes von Bedeutung.

[31] Die denkmalschutzrechtliche Genehmigung darf nur dann versagt werden, wenn die Beeinträchtigung des Erscheinungsbildes des Kulturdenkmals erheblich ist und höherrangiges Recht, insbesondere der Grundsatz der Verhältnismäßigkeit, keine abweichende Entscheidung gebietet. Bei unerheblicher Veränderung des Erscheinungsbildes des Kulturdenkmals besteht hingegen regelmäßig ein Genehmigungsanspruch (stRspr des Senats, vgl. Urteile vom 23.7.1990 -1 S 2998/89- aaO, vom 19.7.2000 -1 S 2992/99- VBlBW 2001, 63, und vom 27.6.2005 -1 S 1674/04- ESVGH 56, 23 [27], KirchE 47, 258).

[32] Eine erhebliche Beeinträchtigung liegt nach der Rechtsprechung des Senats vor, wenn der Gesamteindruck von dem Kulturdenkmal empfindlich gestört wird. Sie muss - unterhalb der Schranke einer baurechtlichen Verunstaltung - deutlich wahrnehmbar sein und vom Betrachter als belastend empfunden werden (vgl. Senatsurteile vom 23.7.1990 -1 S 2998/89- aaO und vom 10.6.2010 -1 S 585/10- aaO). Diese wertende Einschätzung wird zum einen maßgeblich bestimmt vom Denkmalwert. Danach kann in Relation zur Wertigkeit des Kulturdenkmals die Hinnahme einer Beeinträchtigung seines Erscheinungsbildes in gewissem Umfang geboten sein. Zum anderen hat die Entscheidung immer „kategorienadäquat" zu erfolgen, d.h. sie muss sich - nicht zuletzt zur Wahrung der durch Art. 14 Abs. 1 GG geschützten Eigentümerbefugnisse - an der für das Schutzobjekt maßgeblichen denkmalrechtlichen Bedeutungskategorie orientieren (vgl. Senatsurteile vom 27.6.2005 -1 S 1674/04- ESVGH 56, 23 [28], KirchE 47, 258 und vom 10.6.2010 -1 S 585/10- VBlBW 2010, 393; Strobl/Sieche, aaO, § 8 Rn 5 a.E.).

[33] Hiernach ist bei einem Kulturdenkmal, an dessen Erhaltung aus künstlerischen Gründen ein öffentliches Interesse besteht, eine möglichst umfassende und ungestörte Erhaltung der Identität seiner Substanz und seines Erscheinungsbildes von überragender Bedeutung; die Schwelle zur belastenden Wirkung, die zur Erheblichkeit der Beeinträchtigung führt, ist hier tendenziell bald erreicht. Bei den Schutzgründen der wissenschaftlichen und insbesondere der heimatgeschichtlichen Bedeutung kann die Sache deswegen anders liegen, weil das Kulturdenkmal gerade in seinem dokumentarischen Charakter über sich hinausweist. In dieser Funktion - seinem „Zeugniswert" - kann es Veränderungen oftmals von vergleichsweise größerem Gewicht unbeschadet überstehen (vgl. hierzu Senatsurteil vom 27.6.2005 -1 S 1674/04- ESVGH 56, 23 [28], KirchE 47, 258). Die kategorienadäquate Betrachtungsweise erfordert zwar eine abgestufte Bewertung, so dass auch größere Veränderungen des Erscheinungsbildes bei den Schutzgründen der heimatgeschichtlichen und wissenschaftlichen Bedeutung noch unterhalb der Erheblichkeitsschwelle bleiben können. Gleichwohl muss ungeachtet des einschlägigen Schutzgrundes das Gebäude als Ganzes Gegenstand der denkmalrechtlichen Betrachtung bleiben (vgl. Senatsurteil vom 10.6.2010 -1 S 585/10- aaO).

[34] In subjektiver Hinsicht ist für die Beurteilung der Frage, ob das Erscheinungsbild eines Kulturdenkmals erheblich beeinträchtigt wird, das Empfinden des für Belange des Denkmalschutzes aufgeschlossenen Durchschnittsbetrachters entscheidend (vgl. Senatsurteile vom 19.7.2000 -1 S 2992/99- VBlBW 2001, 63, vom 27.6.2005 -1 S 1674/04- aaO, und vom 16.11.2005 -1 S 2953/04- VBlBW 2006, 272). Bei Anwendung dieses Maßstabs ist zu beachten, dass dieser kein statischer, sondern ein dynamischer ist, weil das Empfinden des Durchschnittsbetrachters sich im Laufe der Zeit wandelt. Dieses Empfinden ist ganz wesentlich durch die tatsächliche Entwicklung der letzten Jahre beeinflusst, die dadurch gekennzeichnet ist, dass Photovoltaikanlagen auf Dächern - gerade auch auf Scheunendächern - in so großer Zahl errichtet wurden, dass derartige Anlagen in ländlich strukturierten Gegenden heute zum normalen Erscheinungsbild gehören. Der vom Senat eingenommene Augenschein hat ergeben, dass dieser allgemeine Befund auch auf das Ortsbild von E. zutrifft. Diese Entwicklung hat dazu geführt, dass der Durchschnittsbetrachter solche Anlagen nicht mehr als exotische Fremdkörper wahrnimmt, die schon per se und erst recht auf einem Kulturdenkmal als störend empfunden werden, wie dies in der Anfangszeit der Nutzung dieser Technik noch der Fall gewesen sein mag. Vielmehr ist ein Gewöhnungseffekt eingetreten, der durch die gewandelten Anschauungen über die Notwendigkeit der vermehrten Nutzung regenerativer Energien und die damit einhergehende positive Grundeinstellung des Durchschnittsbetrachters zu dieser Form der Energiegewinnung noch verstärkt wird.

[35] Bei Anlegung dieser Maßstäbe lässt sich nicht feststellen, dass die Photovoltaikanlage den Gesamteindruck der Scheune vor dem Hintergrund der einschlägigen Schutzgründe empfindlich stören würde. Angesichts des Denkmalwerts der Scheune als einfaches Kulturdenkmal liegt bei der gebotenen kategorienadäquaten Betrachtungsweise keine erhebliche Beeinträchtigung vor. Die Pfarrscheuer steht nicht aus künstlerischen Gründen, sondern wegen ihrer heimatgeschichtlichen und wissenschaftlichen Bedeutung unter Schutz. Prägend sind ihr massives Mauerwerk und der noch aus der Entstehungszeit stammende Dachstuhl des mächtigen Satteldachs mit dem Windgesperre. Der Denkmalwert ist dabei bereits dadurch gemindert, dass die ursprüngliche Toröffnung auf der dem Pfarrhof zugewandten Längsseite der Pfarrscheuer Anfang der 70er Jahre des vergangenen Jahrhunderts durch drei große Holztore ersetzt wurde. Durch die geplante Photovoltaikanlage würde in erster Linie das Erscheinungsbild der Dacheindeckung beeinträchtigt. Das Äußere des mit roten Biberschwanzziegeln gedeckten Daches sieht der Senat dabei durchaus als mitprägend für das Denkmal an. Die Dacheindeckung steht zwar denkmalrechtlich nicht im Vordergrund, ist aber integraler Bestandteil des Kulturdenkmals. Dem Beklagten ist auch zuzugeben, dass das Dach in seiner ursprünglichen Gestalt auf der ortsabgewandten Seite durch die nahezu flächendeckende Photovoltaikanlage fast vollständig verdeckt würde. Unabhängig davon, ob bläulich schimmernde oder eher anthrazitfarbene Solarmodule verwendet würden, würde sich die Photovoltaikanlage auch farblich nicht in die rote Dacheindeckung einfügen. Auf der anderen Seite fällt jedoch ins Gewicht, dass die Dacheindeckung nicht historisch ist, sondern erneuert wurde, wobei die gleichmäßig roten Biberschwanzziegel optisch dem Originalzustand allenfalls annäherungsweise entsprechen dürften. Zudem kann von einer „fremdartigen Überformung" keine Rede sein, weil die Solarmodule relativ flach aufliegen und die Dachform des mächtigen Satteldachs auch deshalb deutlich erkennbar bleiben würde, weil an allen Seiten ein schmaler Randbereich verbleiben soll, der den Blick auf die Dacheindeckung mit den Biberschwanzziegeln ermöglicht. Der als prägend für das Denkmal anzusehende Dachstuhl tritt nach außen nicht in Erscheinung und würde daher durch die Photovoltaikanlage nicht beeinträchtigt. Die Wahrnehmung der massiven Bauweise der Scheune würde durch die Photovoltaikanlage ebenfalls nicht beeinflusst. Insgesamt wäre die Beeinträchtigung des Erscheinungsbildes der Pfarrscheuer selbst nach alldem nicht erheblich.

[36] b) Die Beeinträchtigung des Erscheinungsbildes der Sachgesamtheit des Pfarrhofes, d.h. des aus dem Pfarrhaus und der Pfarrscheuer bestehenden Gebäudeensembles, ist ebenfalls nicht erheblich. Rechtsgrundlage für die bean-

tragte Genehmigung ist insoweit mangels Eintragung der Sachgesamtheit im Denkmalbuch wiederum § 8 Abs. 1 Nr. 2 DSchG.

[37] aa) Die Pfarrscheuer bildet zusammen mit dem als Einzeldenkmal in das Denkmalbuch eingetragenen Pfarrhaus den Pfarrhof, eine nicht in das Denkmalbuch eingetragene Sachgesamtheit. Eine Mehrheit von Kulturdenkmalen ist dann eine Sachgesamtheit, wenn ein weiteres Merkmal hinzutritt. Dieses ist in einem übergreifenden Moment (z.B. Konzeption, Planung, Funktionszusammenhang, Gestaltungsprinzip) zu sehen, durch welches die Mehrheit zu einer Gesamtheit bzw. Einheit wird (vgl. Strobl/Sieche, aaO, § 2 Rn 12 mwN). Hier kommt dem Pfarrhof zur Überzeugung des Senats aufgrund des Funktionszusammenhangs zwischen dem Pfarrhaus als Wohnstätte und Amtssitz des Pfarrers und der Pfarrscheuer als dazugehörigem Wirtschaftsgebäude ein eigenständiger, über den Wert der Einzeldenkmale hinausweisender Wert als Kulturdenkmal zu. Die Pfarrkirche ist kein Bestandteil dieser Sachgesamtheit, sie bildet vielmehr mit dem ummauerten Kirchhof eine gesonderte Sachgesamtheit, die als solche durch das Vorhaben nicht tangiert wird.

[38] bb) Die Genehmigungsbedürftigkeit gem. § 8 Abs. 1 Nr. 2 DSchG folgt bezogen auf die Sachgesamtheit daraus, dass die Solaranlage als nachteilige Veränderung des Erscheinungsbildes nicht nur der Pfarrscheuer selbst, sondern auch des Pfarrhofes, d.h. der Sachgesamtheit aus Pfarrhaus und Pfarrscheuer, wahrnehmbar ist.

[39] cc) Das Vorhaben ist nach § 8 Abs. 1 Nr. 2 DSchG genehmigungsfähig, weil die von ihm ausgehende Beeinträchtigung des Erscheinungsbildes des Pfarrhofes unter Anlegung der oben (1. a] cc]) dargelegten Maßstäbe, die auch bei Beeinträchtigung nicht im Denkmalbuch eingetragener Sachgesamtheiten Anwendung finden, nicht erheblich ist. Schutzbegründend für die Sachgesamtheit Pfarrhof ist der Funktionszusammenhang zwischen den einzelnen Gebäuden. Prägend für die Sachgesamtheit ist die Bautypologie des Pfarrhofes, d.h. die Stellung der Gebäude zueinander und der Kontrast zwischen dem als stattliches Wohngebäude wahrgenommenen Pfarrhaus und der aufgrund des hohen Dachs und des fensterlosen Mauerwerks eindeutig als Wirtschaftsgebäude zu erkennenden Pfarrscheuer. Die Beeinträchtigung der Sachgesamtheit durch die geplante Photovoltaikanlage auf der Pfarrscheuer geht hier über die Beeinträchtigung des Erscheinungsbildes der Pfarrscheuer selbst nicht hinaus. Weder die Erkennbarkeit der Pfarrscheuer als Wirtschaftsgebäude noch die Bautypologie des Pfarrhofes, d.h. die Stellung der Gebäude zueinander, würde durch die Errichtung der Photovoltaikanlage erheblich beeinträchtigt.

[40] c) Ein Genehmigungsanspruch besteht jedoch deshalb nicht, weil das geplante Vorhaben in der Umgebung der als gem. § 28 Abs. 1 Nr. 2 DSchG in das Denkmalbuch eingetragen geltenden Kulturdenkmale Pfarrkirche und Pfarr-

haus liegt, deren Erscheinungsbild erheblich beeinträchtigt würde. Diese Kulturdenkmale unterliegen dem besonderen Schutz nach den §§ 12 ff. DSchG und damit auch dem Umgebungsschutz nach § 15 Abs. 3 DSchG unabhängig davon, ob ihnen „besondere Bedeutung“ iSv § 12 Abs. 1 DSchG zukommt (Strobl/Sieche, aaO, § 28 Rn 2).

[41] aa) Nach § 15 Abs. 3 Satz 1 DSchG dürfen bauliche Anlagen in der Umgebung eines eingetragenen Kulturdenkmals, soweit die Umgebung für dessen Erscheinungsbild von erheblicher Bedeutung ist, nur mit Genehmigung der Denkmalschutzbehörde errichtet, verändert oder beseitigt werden. Nach Satz 3 dieser Bestimmung ist die Genehmigung zu erteilen, wenn das Vorhaben das Erscheinungsbild des Denkmals nur unerheblich oder nur vorübergehend beeinträchtigen würde oder wenn überwiegende Gründe des Gemeinwohls unausweichlich Berücksichtigung verlangen.

[42] Die Vorschrift schützt die Wirkung des Kulturdenkmals in seiner Umgebung und die optischen Bezüge zwischen Kulturdenkmal und Umgebung, nicht dagegen die Umgebung selbst. Als Umgebung eines Kulturdenkmals ist der Bereich zu sehen, auf den es ausstrahlt und der es in denkmalrechtlicher Hinsicht seinerseits prägt und beeinflusst (Senatsurteil vom 20.6.1989 -1 S 98/88- VBlBW 1990, 151). Die Genehmigungsbedürftigkeit ist nicht davon abhängig, dass ein konkretes Vorhaben für das Erscheinungsbild des eingetragenen Kulturdenkmals von erheblicher Bedeutung ist; genehmigungspflichtig sind vielmehr alle baulichen Veränderungen in der Umgebung eines eingetragenen Kulturdenkmals (Strobl/Sieche, aaO, § 15 Rn 12). Die weite Auslegung des Genehmigungstatbestands entspricht - ebenso wie im Rahmen des § 8 Abs. 1 Nr. 2 DSchG - der Funktion des Genehmigungserfordernisses als präventives Verbot mit Erlaubnisvorbehalt (Strobl/Sieche, aaO, § 15 Rn 13).

[43] Hier gelten die Pfarrkirche und das Pfarrhaus nach § 28 Abs. 1 Nr. 2 DSchG als gem. § 12 DSchG in das Denkmalbuch eingetragene Kulturdenkmale. Die unmittelbar neben diesen Kulturdenkmalen gelegene Pfarrscheuer liegt zweifellos in der denkmalrechtlich relevanten Umgebung iSd § 15 Abs. 3 Satz 1 DSchG. Bezüglich des Pfarrhauses ergibt sich dies schon daraus, dass die Pfarrscheuer mit diesem zusammen die Sachgesamtheit des Pfarrhofes bildet. Dieser wiederum grenzt unmittelbar an die Pfarrkirche an. Auch zwischen dieser und dem Pfarrhof bestehen, wenngleich es sich jeweils um eigenständige Sachgesamtheiten handelt, Wechselwirkungen, die eine Einbeziehung in den Umgebungsschutz als geboten erscheinen lassen.

[44] Die geplante Photovoltaikanlage ist auch eine bauliche Anlage iSd § 15 Abs. 3 DSchG, denn sie ist aus Bauprodukten hergestellt und durch die feste bautechnische Montage auf dem Dach der Pfarrscheuer auch mit dem Erdboden verbunden. Maßgebend ist insoweit die Begriffsbestimmung des § 2 Abs. 1 der

Landesbauordnung - LBO - (Strobl/Sieche, aaO, § 15 Rn 13). Unerheblich ist demgegenüber, ob die bauliche Anlage den Vorschriften der Landesbauordnung unterliegt (vgl. § 1 LBO) oder ob sie nach der Landesbauordnung genehmigungspflichtig ist (vgl. §§ 49 ff. LBO).

[45] bb) Für die Beurteilung der Genehmigungsfähigkeit ist die Schwere der Beeinträchtigung des Erscheinungsbildes der als eingetragen geltenden Kulturdenkmale, hier der Pfarrkirche und des Pfarrhauses als Einzeldenkmale, von Bedeutung. Verfehlt ist es daher, wenn der Beklagte prüft, ob die Anbringung der Photovoltaikanlage eine erhebliche Beeinträchtigung eines aus Kirche, Pfarrhaus und Pfarrscheuer bestehenden Ensembles mit sich bringen würde. Ein solches Ensemble existiert hier im Rechtssinne nicht. Der Begriff Ensemble, den das Denkmalschutzgesetz nicht kennt, kann entweder eine Sachgesamtheit oder eine Gesamtanlage bezeichnen. Üblicherweise wird er in letztgenanntem Sinne verwendet (vgl. Senatsurteil vom 16.11.2005 -1 S 2953/04- VBlBW 2006, 272). Hier benutzt der Beklagte den Begriff nicht als Synonym für den Begriff Sachgesamtheit, denn das vom Beklagten angenommene Ensemble besteht - wie der Vertreter des Regierungspräsidiums dies auch in der mündlichen Verhandlung anschaulich erläutert hat - aus zwei gesonderten Sachgesamtheiten (Pfarrkirche mit Nebenanlagen [mit einer Mauer eingefasster Kirchhof] einerseits und Pfarrhof andererseits), die zudem als solche nicht im Denkmalbuch eingetragen sind. Das vom Beklagten angenommene Ensemble aus Kirche, Pfarrhaus und Pfarrscheuer wird auch nicht als Gesamtanlage gem. § 19 DSchG geschützt. Nach dieser Vorschrift können Gemeinden im Benehmen mit der höheren Denkmalschutzbehörde Gesamtanlagen durch Satzung unter Denkmalschutz stellen. Die Unterschutzstellung ist konstitutiv. Ohne förmliche Unterschutzstellung genießen Gesamtanlagen keinen Schutz, auch wenn die Tatbestandsvoraussetzungen dafür vorliegen (Strobl/Sieche, aaO, § 19 Rn 9). Das Erscheinungsbild von Gesamtanlagen wird nicht durch § 15 Abs. 3, sondern ausschließlich durch § 19 DSchG geschützt (Strobl/Sieche, aaO, § 15 Rn 11; Senatsurteil vom 20.6.1989 -1 S 98/88- VBlBW 1990, 151 [152]). Eine solche, nach § 19 DSchG erforderliche Satzung existiert hier nicht. Richtigerweise ist daher im Rahmen des § 15 Abs. 3 DSchG vorliegend zu prüfen, ob das Erscheinungsbild von Pfarrkirche und Pfarrhaus - als Einzeldenkmale - durch die Errichtung der Photovoltaikanlage auf der Pfarrscheuer erheblich beeinträchtigt wird.

[46] Hinsichtlich der Erheblichkeit der Beeinträchtigung gilt der gleiche Maßstab wie im Rahmen des § 8 DSchG (vgl. oben 1. a] cc]): Eine erhebliche Beeinträchtigung des Erscheinungsbildes eines Denkmals iSd § 15 Abs. 3 Satz 3 DSchG setzt voraus, dass eine empfindliche Störung vorliegt. Die damit allgemein gekennzeichneten Anforderungen bleiben einerseits unterhalb der Schranke dessen, was üblicherweise „hässlich“ wirkt und deshalb im bauord-

nungsrechtlichen Sinne „verunstaltend“ ist. Andererseits genügt für eine erhebliche Beeinträchtigung des Erscheinungsbildes iSd § 15 Abs. 3 DSchG nicht jede nachteilige Beeinflussung des Erscheinungsbildes; vielmehr muss der Gegensatz deutlich wahrnehmbar sein und vom Betrachter als belastend empfunden werden (Senatsurteil vom 20.6.1989 -1 S 98/88- VBlBW 1990, 151 [152]).

[47] Bei Anlegung dieser Maßstäbe liegt hier insbesondere aus südöstlicher Blickrichtung eine erhebliche Beeinträchtigung des Erscheinungsbildes von Kirche und Pfarrhaus vor. Aus dieser Perspektive sind Kirche und Pfarrhaus in der exponierten Ortsrandlage mit der davorstehenden Pfarrscheuer ungestört wahrzunehmen, ohne dass man zugleich die anderen im Ort vorhandenen Photovoltaikanlagen im Blickfeld hat. Neben dem Kirchturm und den Dächern ist auch das Fachwerk der Obergeschosse des Pfarrhauses von diesem Standort aus deutlich erkennbar. Zwar würde die Sichtachse als solche durch die Anbringung der Photovoltaikanlage nicht beeinträchtigt, doch wäre die Photovoltaikanlage unabhängig von ihrer farblichen Gestaltung auf dem aus dieser Perspektive vor Pfarrhaus und Kirche sichtbaren und diese teilweise verdeckenden Scheunendach unweigerlich ein erheblich störender Blickfang, der vom Betrachter nicht ausgeblendet werden könnte, weil die Dächer von Pfarrhaus, Kirche und Pfarrscheuer im Auge des Betrachters nahtlos ineinander übergehen.

[48] Diese Perspektive ist auch entgegen der Auffassung der Klägerin nicht von derart untergeordneter Bedeutung, dass sie bei der Frage der Erheblichkeit der Beeinträchtigung vernachlässigt werden könnte. Zwar können Kirche und Pfarrhaus auch aus anderen Perspektiven noch ungestört wahrgenommen werden, etwa von der K’straße aus der Ortsmitte kommend, vom westlichen Ortsausgang und vom Pfarrhof aus. Diese Standorte sind jedoch alle dadurch gekennzeichnet, dass sie in unmittelbarer Nähe zu den geschützten Objekten liegen. Prägend für die Kirche ist aber auch ihre erhöhte, exponierte Lage auf dem Kirchberg in der Ortsrandlage, die gerade bei einer Betrachtung aus größerer Entfernung von außerhalb des Ortes besonders zur Geltung kommt. Hier kommt der Perspektive von der Gemeindeverbindungsstraße Z.-E. kurz vor Erreichen des Ortseingangs von E. und von dem unteren Abschnitt des dort in westlicher Richtung abzweigenden asphaltierten Wirtschaftswegs besondere Bedeutung zu. Insoweit fällt erheblich ins Gewicht, dass es sich bei diesem Wirtschaftsweg um einen öffentlichen Weg handelt, der zudem von seinem unteren Abschnitt aus noch einen ungestörten Blick auf Kirche und Pfarrhaus ermöglicht, während von anderen außerhalb des Ortes gelegenen Standorten eine massive Vorbelastung durch die bereits vorhandenen Photovoltaikanlagen zu verzeichnen ist.

[49] 2. Die nach alldem gegebene erhebliche Beeinträchtigung des Erscheinungsbildes von Pfarrkirche und Pfarrhaus hat zur Folge, dass über den Ge-

nehmigungsantrag nach pflichtgemäßem Ermessen zu entscheiden ist. Vorliegend ist der Beklagte bei Ausübung des ihm zustehenden Ermessens von falschen Voraussetzungen ausgegangen, so dass die Klägerin auf ihren als Minus im Verpflichtungsantrag enthaltenen Bescheidungsantrag einen Anspruch auf Aufhebung der angefochtenen Bescheide und auf Verpflichtung des Beklagten zur Neubescheidung unter Beachtung der Rechtsauffassung des Senats hat (§ 113 Abs. 5 Satz 2 VwGO).

[50] Die Genehmigung nach § 15 Abs. 3 DSchG steht ebenso wie die Genehmigung gem. § 8 DSchG im Ermessen der Denkmalschutzbehörde (Senatsurteil vom 20.6.1989 -1 S 98/88- VBlBW 1990, 151 [152]; Strobl/Sieche, aaO, § 15 Rn 2). Auch bei Vorliegen einer erheblichen Beeinträchtigung muss die Denkmalschutzbehörde die Genehmigung nicht versagen. Vielmehr folgt aus der Begrenzung der Erhaltungspflicht des Denkmaleigentümers auf das Zumutbare (§ 6 Satz 1 DSchG) die Pflicht der Denkmalschutzbehörde, die öffentlichen Denkmalschutzinteressen und die schutzwürdigen Interessen des Eigentümers in einen gerechten Ausgleich und in ein ausgewogenes Verhältnis zu bringen, wie es der Grundrechtsschutz des Eigentums verlangt (vgl. Senatsurteile vom 10.10.1988 -1 S 1849/88- ESVGH 39, 42 und vom 19.7.2000 -1 S 2992/99- aaO).

[51] Maßgebend für die Überprüfung der Ermessensentscheidung sind hier allein die Ermessenserwägungen im Widerspruchsbescheid vom 30.3.2009, weil der Ausgangsbescheid keinerlei nachvollziehbare Ermessenserwägungen enthält. Hier liegt der gesamten Ermessensentscheidung des Regierungspräsidiums ein unzutreffender rechtlicher Bezugspunkt zugrunde, weil - wie oben bereits ausgeführt wurde (1. c] bb]) - die Abwägung mit den gegenläufigen Belangen nicht bezogen auf eine erhebliche Beeinträchtigung des Erscheinungsbildes von Kirche und Pfarrhaus, sondern bezogen auf die Beeinträchtigung eines von der Widerspruchsbehörde angenommenen Ensembles aus Kirche, Pfarrhaus und Pfarrscheuer erfolgt ist. Dass der Beklagte sich nicht lediglich missverständlich ausgedrückt hat, sondern im Rahmen des § 15 Abs. 3 DSchG tatsächlich von einem Ensembleschutz ausgegangen ist, wird bestätigt durch die Berufungserwiderung, wo es wiederum heißt, dass Kirche, Pfarrhaus und Pfarrscheuer eine „ungestörte Sachgesamtheit“ bilden, deren zusammengehöriges und einheitliches Erscheinungsbild wesentlich gestört würde. Dieser Ermessensfehler konnte auch nicht nach § 114 Satz 2 VwGO geheilt werden, weil es nicht um die Ergänzung defizitärer Ermessenserwägungen geht, sondern die gesamte Ermessensentscheidung unter Zugrundelegung des zutreffenden rechtlichen Bezugsrahmens neu getroffen werden muss. § 114 Satz 2 VwGO gestattet jedoch nur die Ergänzung einer bereits vorhandenen Ermessensentscheidung, d.h. die Fortführung einer bereits angelegten Argumentationslinie, die die „Identität“

des Verwaltungsakts unberührt lässt (vgl. BVerwG, Urteil vom 11.11.2010 -5 C 12.10- NVwZ 2011, 760 mwN).

[52] Für die neu zu treffende Ermessensentscheidung weist der Senat darauf hin, dass der Beklagte auch das öffentliche Interesse an der Erschließung erneuerbarer Energien mit dem ihm zukommenden Gewicht in die Abwägung einzustellen haben wird. Insoweit spricht einiges für eine Fehlgewichtung dieses Belangs in der am 30.3.2009 getroffenen Ermessensentscheidung. Zwar hat das Regierungspräsidium den Gesichtspunkt des Klimaschutzes in die Abwägung eingestellt, ohne jedoch die Verankerung in Art. 20a GG und in Art. 3a der Landesverfassung zu sehen und zu berücksichtigen. Die Formulierung, der Gesichtspunkt der „subventionierten Energiegewinnung“ könne „nicht gänzlich außer Betracht bleiben“, deutet auf eine erhebliche Fehlgewichtung hin. Der Umstand, dass die Belange des Klimaschutzes auch im Grundgesetz und in der Landesverfassung, nämlich in den Staatszielbestimmungen des Art. 20a GG und des Art. 3 a LV, verankert sind, muss zu einer entsprechenden Gewichtung dieser Belange im Rahmen der nach den §§ 8 Abs. 1 Nr. 2 und 15 Abs. 3 DSchG zu treffenden Ermessensentscheidungen führen. Das bedeutet, dass den Belangen des Denkmalschutzes auch bei einer erheblichen Beeinträchtigung - nur dann kommt es überhaupt zu einer Ermessensentscheidung - nicht automatisch der Vorrang gegenüber den Belangen des Klimaschutzes gebührt. Die Erschließung erneuerbarer Energien durch die Installation von Photovoltaikanlagen leistet einen Beitrag zur Verminderung des Bedarfs an herkömmlichen fossilen sowie an atomaren Energieträgern, zur Verminderung der Schadstoffbelastung der Umwelt und der dadurch bedingten klimatischen Veränderungen und damit einen aktiven Beitrag zum Schutz der natürlichen Lebensgrundlagen des Menschen iSd Art. 20a GG. Zwar ergeben sich aus Art. 20a GG keine subjektiven Rechte, er ist aber durch Verwaltung und Rechtsprechung bei der Auslegung unbestimmter Rechtsbegriffe und der Ermessensausübung zu beachten und dient zudem der Verstärkung von Grundrechten (vgl. VGH.BW, Beschluss vom 3.9.2002 -10 S 957/02- NVwZ-RR 2003, 103; Jarass/Pieroth, GG, 11. Aufl., Art. 20a Rn 2, 17, 20 f., jeweils mwN). Im öffentlichen Interesse an der Erschließung erneuerbarer Energien ist daher ein relevanter Belang zu sehen, der die durch Art. 14 Abs. 1 GG geschützten Eigentümerbefugnisse verstärkt und der in der von der Denkmalschutzbehörde durchzuführenden Abwägung mit dem ihm zukommenden Gewicht eingestellt werden muss und die Waage bei Gleichgewicht der anderen Belange hin zur Genehmigungsfähigkeit von Photovoltaikanlagen ausschlagen lässt, so dass Beeinträchtigungen des äußeren Erscheinungsbildes eines Kulturdenkmals durch Photovoltaikanlagen in stärkerem Maße hinzunehmen sind als andere bauliche Veränderungen (so bereits Fritzsch, VBlBW 2004, 414 [415]; ähnlich auch Nds.OVG, Urteil vom 3.5.2006 -1 LB 16/05- NdsVBl

2006, 219, BauR 2006, 1730, *juris* Rn 45; VG Ansbach, Urteil vom 28.5.2009 -AN 18 K 08.01942- *juris* Rn 79; VG Berlin, Urteil vom 9.9.2010 -16 K 26.10- ZUR 2011, 93, *juris* Rn 39; Strobl/Sieche, aaO § 8 Rn 15). Dies gilt zum einen im Rahmen des § 8 Abs. 1 Nr. 2 DSchG, aber auch im Rahmen des hier in Rede stehenden Umgebungsschutzes nach § 15 Abs. 3 DSchG. In diesem Zusammenhang wird bei der Ermessensausübung auch zu berücksichtigen sein, dass ungeachtet des Umgebungsschutzes, den Kirche und Pfarrhaus nach § 15 Abs. 3 DSchG genießen, bereits zahlreiche Photovoltaikanlagen vorhanden sind, die diesen Umgebungsschutz erheblich aushöhlen (...).

[53] Die wirtschaftlichen Interessen der Klägerin sind demgegenüber mit dem ihnen zukommenden Gewicht in die Abwägung eingestellt worden. Diese Interessen sind von untergeordneter Bedeutung. Anhaltspunkte dafür, dass ihr die Erhaltung der Pfarrscheuer ohne die geplante Photovoltaikanlage unzumutbar sein könnte, sind nicht ersichtlich. Die Tatsache, dass die erwarteten Gewinne aus der Stromeinspeisung die Sanierung des Denkmals finanzieren sollen, ist zwar ein verständlicher Wunsch der Klägerin, aber im Zusammenhang der Abwägung nicht relevant, da auch jede andere Art der Gewinnerzielung mit der Sanierung verknüpft werden könnte, etwa die Anbringung von Werbeanlagen oder Ähnliches.

[54] Auch die geltend gemachten kirchlichen Belange sind bei der Ermessensausübung angemessen berücksichtigt worden. Kirchliche Interessen sind - von den hier nicht tangierten, nach § 11 Abs. 1 DSchG vorrangig zu beachtenden gottesdienstlichen Belangen abgesehen - jeweils bei den im Einzelfall anstehenden Entscheidungen mit dem öffentlichen Interesse an der Erhaltung des Kulturdenkmals abzuwägen (Senatsurteil vom 30.1.2003 -1 S 1083/00- ESVGH 53, 155, VBlBW 2003, 280, KirchE 43, 52; Strobl/Sieche, aaO § 8 Rn 6). Dies ist hier geschehen. Die Widerspruchsbehörde hat den von der Klägerin geltend gemachten Gesichtspunkt der Bewahrung der Schöpfung mit dem ihm zukommenden Gewicht in die Abwägung eingestellt.

[55] Aus dem kirchlichen Selbstbestimmungsrecht (Art. 140 GG iVm Art. 137 Abs. 3 WRV) und der Religionsfreiheit (Art. 4 GG) ergeben sich entgegen dem Berufungsvorbringen keine weitergehenden Anforderungen an die zu treffende Ermessensentscheidung, weil bereits der Schutzbereich dieser Verfassungsbestimmungen nicht eröffnet ist. Die Gewinnung regenerativer Energien ist, auch wenn sie religiös motiviert sein mag, keine Religionsausübung (vgl. hierzu Kokott, in: Sachs, GG, 5. Aufl., Art. 4 Rn 55 ff. mwN). Die Pfarrscheuer ist ein reines Profandenkmal, und die Kirche muss insoweit nicht anders gestellt werden als sonstige Denkmalbesitzer (Fritzsch, VBlBW 2004, 414 [416] mwN; Strobl/Sieche, aaO § 11 Rn 3). Das kirchliche Eigentum ist gegenüber denkmalschutzrechtlichen Maßnahmen durch Art. 14 GG nicht anders als das Eigentum Privater ge-

schützt (vgl. Senatsurteil vom 10.5.1988 -1 S 1949/87- VBlBW 1989, 18, KirchE 26, 108). Selbst wenn man davon ausgehen wollte, dass das kirchliche Selbstbestimmungsrecht durch die Versagung der denkmalschutzrechtlichen Genehmigung tangiert wird, könnte die Klägerin hieraus keine weitergehenden Ansprüche herleiten, weil das Denkmalschutzgesetz ein allgemeines Gesetz iSd Art. 137 Abs. 3 WRV iVm Art. 140 GG darstellt, das die Wechselwirkung zwischen dem staatlichen Denkmalschutzauftrag einerseits und der Kirchenfreiheit andererseits angemessen berücksichtigt und in seinen Auswirkungen gegenüber den Kirchen hinreichend bestimmt ist. Dem kirchlichen Selbstbestimmungsrecht wird durch den normierten Vorrang „gottesdienstlicher Belange" gegenüber den Interessen staatlicher Denkmalpflege hinreichend Rechnung getragen (vgl. zum Ganzen eingehend Senatsurteil vom 30.1.2003 -1 S 1083/00- aaO; Strobl/Sieche, aaO, § 11 Rn 3; siehe ferner v. Campenhausen/Unruh, in: v. Mangoldt/Klein/Starck, GG, 6. Aufl., Art. 137 WRV Rn 46; Ehlers, in: Sachs, GG, 5. Aufl., Art. 140 Rn 14).

[56] Den Grundrechten der Glaubens- und Religionsfreiheit (Art. 4 Abs. 1 und 2 GG) kommt neben dem kirchlichen Selbstbestimmungsrecht im hier interessierenden Zusammenhang keine selbstständige Bedeutung zu. Dabei kann offenbleiben, ob Art. 137 Abs. 3 WRV für die Errichtung und Unterhaltung kirchlicher Bauwerke die speziellere Norm ist, die einem Rückgriff auf Art. 4 GG insgesamt entgegensteht (so Fritzsch, VBlBW 2004, 414 [416]) oder ob, wenn man den Schutzbereich des Art. 4 GG als betroffen ansieht, jedenfalls die Schranken des Art. 137 Abs. 3 WRV als speziellere herangezogen werden, soweit es nicht um die individuelle, sondern um die korporative Religionsfreiheit geht (so Morlok, in: Dreier, GG, 2. Aufl., Art. 140 Rn 32 und Art. 137 WRV Rn 45).

15

Im Einzelfall kann der langjährige ordnungsgemäße Betrieb einer Privatschule geeignet sein, eine Unzuverlässigkeit in schulischen Angelegenheiten, die auf Vorkommnisse beim Betrieb eines mit der Schule verbundenen Internats gestützt wird, zu entkräften.

Art./§§ 7 Abs. 4 GG, 28 SL.Verf, 7 Abs. 1, 10 Abs. 1 SL.PrSchulG
VG Saarlouis, Urteil vom 6. September 2011 -1 K 15/11-[1]

Der Kläger begehrt die Aufhebung des mit Bescheid vom 28.12.2010 erfolgten Widerrufs der Genehmigungen zum Betrieb der Grundschule S., die auf den Erlass vom 15.3.1991 (GMBl. 1991, 97) zurückgeht, und der Erweiterten Realschule H., die aus der im Jahr 1994 genehmigten Sekundarschule hervorgegangenen ist und wegen des Auslaufens dieser Schulform auf dem Erlass vom 17.7.1997 (GMBl. 1997, 192) gründet.

Der Kläger ist ein eingetragener Verein und führt nach dem Auszug aus dem Vereinsregister des Amtsgerichts M. vom 14.7.2010 den Namen „X". Sein Sitz ist in W. Er wird jeweils durch zwei Vorstandsmitglieder gemeinsam vertreten. Erster Vorsitzender ist Herr F., Schriftführer Herr S. und Kassenwart Herr C.

Neben dem Kläger gibt es den eingetragenen Verein „X". Dieser hat seinen Namen am 10.11.2010 in „Förderverein X." geändert, was am 4.2.2011 im Vereinsregister des Amtsgerichts A-Stadt eingetragen wurde.

Der Kläger ist nicht nur Träger der beiden Ersatzschulen, deren Schulleiter Herr A. (Grundschule S.) und Herr M. (Erweiterte Realschule H.) sind, sondern er betrieb auch ein Internat der Erweiterten Realschule auf Grund einer am 14.9.2007 erteilten Betriebserlaubnis des zuständigen Ministeriums. Im pädagogischen Konzept der betroffenen Schulen vom 1.8.2010 ist unter „Organisation des Trägervereins" zu den „Schulen A-Stadt" als „Rektor" und Internatsleiter Pater S. aufgeführt.

Anlass für den Widerruf der Genehmigungen der beiden Ersatzschulen ist, dass das Ministerium für Arbeit, Familie, Prävention, Soziales und Sport mit Bescheid vom 23.4.2010 den sofortigen Widerruf der Genehmigung von acht Plätzen im Internat der Erweiterten Realschule und die umgehende Schließung nicht genehmigter Einrichtungsteile (sieben Plätze am Standort A-Straße 30, fünf Plätze am Standort B-Straße 14 und sechs Plätze am Standort C-Weg 1) angeordnet hatte. Im von dem Kläger dazu angestrebten Eilrechtschutzverfahren erreichte er lediglich eine Aussetzung dieser Anordnung bis zum Ende des damals laufenden Schuljahres (2.7.2010). Das diesbezügliche Klageverfahren (11 K 444/10 VG Saarlouis) gilt zwischenzeitlich als aktenordnungsmäßig erledigt. Mit der weiter erhobenen Klage 3 K 231/11 VG Saarlouis erstrebt er eine neue Genehmigung für ein geändertes Internatskonzept.

---

1 BeckRS 2011, 54643; *juris*; LKRZ 2011, 437. Der Antrag des Beklagten auf Zulassung der Berufung wurde zurückgewiesen; OVG d. Saarlandes, Beschluss vom 15.2.2012 -3 A 401/11- LKRZ 2012, 165.

Die Widerrufsverfügung und Schließungsanordnung des Ministeriums für Arbeit, Familie, Prävention, Soziales und Sport ist damit begründet, dass mit Bescheid vom 14.9.2007 dem Kläger der Betrieb eines Internats mit acht Plätzen erlaubt worden sei. Mit der Jahresmeldung gem. § 47 SGB VIII sei dem Landesjugendamt zum 1.1.2010 die Belegung von acht Plätzen gemeldet worden. Entgegen dieser Meldung habe sich aber vor Ort herausgestellt, dass in den Räumlichkeiten des Internats 15 junge Menschen untergebracht seien. Des Weiteren seien mit externen Wohnungen in Betreuung von jeweils einer Erzieherin des Internats elf junge Menschen untergebracht, in der B-Straße 14 sechs Kinder und im C-Weg 1 fünf Kinder. Damit seien in Internatsform 26 statt acht junge Menschen und zudem an nicht genehmigten Standorten betreut worden.

Mit Schreiben vom 15.11.2010 hörte der Beklagte den Kläger zum beabsichtigten Widerruf der Genehmigungen für die Errichtung und den Betrieb der streitigen Ersatzschulen zum Ende des ersten Schulhalbjahres des Schuljahres 2010/2011 an. Darin heißt es, der Träger des Internats sei identisch mit dem Träger der beiden Schulen. Pater S. repräsentiere sämtlich Einrichtungsteile - Schulen und Internat - nach außen im Sinne der Gesamtleitung der Einrichtung. Er sei zudem Leiter beider Schulen. Durch ihn sei die Existenz der Wohngruppen systematisch verschleiert worden. Unter anderem seien falsche Angaben in Erhebungsbögen des Jugendamtes gemacht worden. Seiner Pflicht zur Anzeige und Darstellung der Unterbringungssituation der Kinder gegenüber dem Jugendamt sei der Kläger bewusst nicht nachgekommen. Die mangelnde Eignung und Unzuverlässigkeit als Betreiber des Internats und von Pater S. als Leiter des Internats der Erweiterten Realschule führe zu der Annahme der persönlichen Unzuverlässigkeit des Klägers auch als Träger der Schulen. Die Zuverlässigkeit sei zu verneinen, wenn im Gesamtverhalten eines Verantwortlichen erhebliche, schwerwiegende Mängel im Sinne einer objektiv pflichtwidrigen Handlungsweise sichtbar geworden seien. Insbesondere die stattgefundene konkrete Gefährdung des Kindeswohls und die fortgesetzten Verletzungen der Anzeigen- und Schutzpflichten stellten schwerwiegende Mängel im Sinne einer jahrelangen objektiv pflichtwidrigen Handlungsweise dar. Die hartnäckigen und dauerhaften Verstöße gegen Anzeige- und Schutzpflichten im Internatsbereich ließen auf grundsätzliche Defizite im rechtstreuen Verhalten schließen. Die durch den Betrieb einer Schule entstehenden und ein besonderes Vertrauen erfordernden Pflichten seien mit denen, die beim Betrieb eines Internats bestünden - nicht zuletzt im Hinblick auf die Gewährleistung des Kindeswohls - teilweise identisch bzw. ihrer Natur nach sehr ähnlich. Die dargestellten Defizite erschütterten nachhaltig das Vertrauen des Beklagten in die Eignung des Klägers als Betreiber einer Schule.

Darauf äußerte sich der Kläger dahingehend, die persönliche Zuverlässigkeit seiner gesetzlichen und satzungsmäßig berufenen Vertreter und der Leiter der Schulen sei maßgeblich. Soweit es um die hier streitigen Vorgänge im Internat gehe, sei Pater S. noch nicht Mitglied des Vorstandes gewesen. Im Übrigen könne man im Hinblick auf Pater S. nicht von hartnäckigen und dauerhaften Verstößen gegen Anzeige- und Schutzpflichten sprechen. Leiter der Grundschule sei Herr A. und Leiter der Erweiterten Realschule Herr M. Mit der Leitung der Grundschule und der der Erweiterten Realschule habe Herr Pater S. überhaupt nichts zu tun. Bedenken gegen die persönliche Zuverlässigkeit der Leiter der beiden Schulen gebe es nicht. Als von seinem Distriktoberen als Gesamtleiter eingesetzt, bestehe die Aufgabe von Pater S. im Wesentlichen darin, dafür Sorge zu tragen, dass der Geist der Weltanschauungsschulen, die Vermittlung der Erziehung im Geiste der katholischen Tradition, gewahrt und gefördert werde. Pater S. sei auch nie Internatsleiter gewesen. Dies sei früher Pater K. gewesen, der die dafür notwendige Qualifikation erworben hatte. Nunmehr übe diese Funktion Herr N. aus, der insoweit die erforderliche Qualifikation noch erwerben werde. Die Internatsleitung habe somit unmittelbar mit der Schulleitung überhaupt nichts zu tun. Im Zusammenhang mit beiden Schulen gebe es keinen konkreten Sachverhalt, der dem Träger oder dessen Vorstand zum Vorwurf gemacht werde.

Mit der streitgegenständlichen Verfügung vom 28.12.2010 wurden die dem Kläger erteilten Genehmigungen zum Betrieb der Grundschule und der Erweiterten Realschule mit Wirkung zum 24.1.2010 (vor dem Unterrichtsbeginn zum zweiten Schulhalbjahr 2010/2011) widerrufen. Zur Begründung ist im Wesentlichen ausgeführt, die hartnäckigen und dauerhaften Verstöße gegen Anzeige- und Schutzpflichten im Internatsbereich ließen auf grundsätzliche Defizite im rechtstreuen Verhalten schließen. Die Unzuverlässigkeit im Internatsbereich erstrecke sich auf Grund der Identität des Trägers des Internats mit dem der Schulen und der einheitlichen personellen Leitung der beiden Einrichtungsteile durch Pater S. auch auf den Schulbereich. Hier sei zu sehen, dass die durch den Betrieb einer Schule entstehenden und ein besonderes Vertrauen erfordernden Pflichten mit denen, die beim Betrieb einer Internats bestünden - nicht zuletzt im Hinblick auf die Gewährleistung des Kindeswohls - teilweise identisch bzw. ihrer Natur nach sehr ähnlich seien. Gerade diese Pflichten seien von dem Kläger und seinen Repräsentanten jahrelang in schwerwiegender Weise verletzt worden. Zugleich sei die für das Internat zuständige Aufsichtsbehörde in der Wahrnehmung ihrer Schutz- und Aufsichtsfunktion massiv behindert worden. Zur Begründung des Sofortvollzugs ist angeführt, die durch den Vollzug des Widerrufs bedingte Betriebseinstellung der beiden Schulen betreffe insgesamt 61 Kinder. 12 Kinder besuchten die Grundschule, die übrigen 49 Kinder die Erweiterte Realschule. Eine sofortige Aufnahme der Kinder in umliegende Schulen sei angesichts der geringen Schülerzahl möglich.

Auf die hierauf erhobene Anfechtungsklage macht der Beklagte im Wesentlichen geltend: Die festgestellte Unzuverlässigkeit knüpfe nicht an Vorwürfe im Schulbetrieb, sondern an die Täuschungen und Pflichtverletzungen im Internatsbereich an. Die Unzuverlässigkeit zum Betrieb der Schulen gründe auf der in sich untrennbaren arbeitsteiligen Verzahnung und der in der Vereinsorganisation des Rechteinhabers - Internat wie Schulen gleichermaßen - angelegten strukturellen wie auch persönlichen Unzuverlässigkeit der für ihn Handelnden (Organe und sonstiger Personen). Monsignore F. sei der Generalobere der N., Pater S. der Distriktobere der N. in Deutschland. Pater S. sei seit August 2009 der Gesamtleiter, „Rektor", des zwischenzeitlich geschlossenen Internats und beider Schulen. Die dargestellten Strukturen und die Beteiligungen der gleichen Personen in den verantwortlichen Organisationsformen belegten parallel geschaltete Entscheidungsinhalte, -wege und -träger im Internats- und Schulbereich. Die enge personelle und strukturelle Verzahnung des Internats- und Schulbereichs sowie die weitestgehende Vergleichbarkeit der Anforderungen zwischen Internats- und Schulbetrieb spiegelten sich wider in der im pädagogischen Konzept vom 1.8.2010 enthaltenen Aufgabenbeschreibung des Gesamtleiters als Vertreter der Einrichtung nach außen, der dem Ganzen den einheitlichen Geist im Sinne des Schulträgers gebe, das harmonische Ineinandergreifen der verschiedenen Teilbereich der Einrichtung (beider Schulen, Internat) garantiere und schul- und internatsübergreifende Konferenzen leite. Er übe die interne Aufsicht aus, lege die Jahrespläne fest und überprüfe mindestens einmal jährlich das pädagogische Konzept. Er sei Vorgesetzter des Personals. Auswahl, Einstellung und Entlassung seien seine Kompetenzen. Er weise dem Personal die Aufgaben zu. Er sei letzte interne Instanz bei Konflikten zwischen Lehrern/Erziehern und Schülern und achte auf die regelmäßige Weiterbildung des Personals. Er entscheide über Aufnahme und Entlassung der Schüler und pflege den Kontakt zu den ehemaligen Schülern. Pater S. habe beispielsweise für die Betreuung einer rechtswidrig betriebenen externen Wohngruppe im Internatsbereich Frau H. eingesetzt, welche über keine ausreichende pädagogische oder fachliche Qualifikation dazu verfüge. Frau H. werde nunmehr in der Nachmittagsbetreuung der Schulen eingesetzt. Pater K., der als Bereichsleiter des Internats eingesetzt gewesen sei, sei für die Vorgänge, die letztendlich zur Schließung des Internats geführt hätten, mitverantwortlich gewesen und sei daher im Juli 2010 von dieser Position entbunden worden. Vier der sechs Personen, die vor der Schließung des Internats im Internatsbereich eingesetzt gewesen seien, seien als Lehrkräfte und Betreuungspersonal in beiden Schulbereichen eingesetzt gewesen oder würden eingesetzt. Ein Erzieher und zwei weitere Betreuungspersonen aus dem früheren Internatsbereich seien derzeit in der Nachmittagsbetreuung der Schulen tätig. Durch die personelle Verzahnung der beiden Bereiche werde die parallele Umsetzung der getroffenen Entscheidungen im Internats- und Schulbereich im Sinne des vom Träger vorgegebenen pädagogischen Zwecks erst ermöglicht und dauerhaft gesichert. Eine getrennte Betrachtung der beiden Bereiche in allgemeinen wie auch grundsätzlichen Fragen sei nicht gewollt und - aus der Sicht des Rechteinhabers insofern konsequent - in dem System auch nicht angelegt. Auf Grund der Vorgänge im Internatsbereich könne angesichts der strukturellen und personellen Verflechtung von Internats- und Schulbereich nicht davon ausgegangen werden, dass die interne Verantwortlichkeit im Schulbereich in rechtmäßiger und ausreichender Weise ausgeübt werde.

Der Kläger entgegnet, Frau H. sei bei ihm seit dem 1.8.2007 beschäftigt. So ohne weiteres könne einer Erzieherin, die sich nichts habe zuschulden kommen lassen, nicht gekündigt werden. Es sei überhaupt nicht nachvollziehbar, weshalb man die Beschäftigung der Frau H. als Argument für eine angebliche Unzuverlässigkeit von Pater S. verwende. Letztlich werde auf das Förderprogramm 2011 der Landesregierung verwiesen. Hiernach könnte Frau H. als pädagogische Fachkraft in diesem Förderprogramm 2011 eingesetzt werden. Spätestens auf Grund dieser Tatsache sei jeglicher Versuch, sich arbeitsrechtlich von Frau H. zu trennen, beim Arbeitsgericht erfolglos. Im Übrigen sei unverständlich, weshalb Personen mit einer pädagogischen Ausbildung, die der Frau H. vergleichbar sei, im Förderprogramm der Landesregierung tätig sein könnten, nicht aber im Rahmen seiner schulischen Ausbildung. Was die Unterrichtung durch nahe Angehörige anbelange, können man ihm nicht anlasten, dass er sich an eine seit vielen Jahren bestehende und vielfach praktizierte Erlasslage gehalten habe. Es werde ein anderer Einsatz der Lehrer geplant.

Die Klage hatte Erfolg und führte zur Aufhebung des angefochtenen Bescheids vom 28.10.2012.

Aus den Gründen:

[26] Auf die zulässige Klage des Klägers, d.h. des durch den angefochtenen Bescheid belasteten Vereins, ist der Bescheid des Beklagten vom 28.12.2010 aufzuheben, da er rechtswidrig ist und den Kläger in seinem Recht zum Betrieb einer Ersatzschule verletzt, § 113 Abs. 1 Satz 1 VwGO.

[28] „Private Schulen als Ersatz für öffentliche Schulen bedürfen der Genehmigung des Staates und unterstehen den Landesgesetzen", Art. 7 Abs. 4 Satz 2 GG. Materiell-rechtliche Grundlage des angefochtenen Widerrufs ist da-

nach § 10 PrivSchG idF der Bekanntmachung vom 22.5.1985 (ABl. S. 610), zuletzt geändert durch das Gesetz vom 18.6.2008 (ABl. S. 1258). Gemäß § 10 Abs. 1 PrivSchG ist die Genehmigung zum Betrieb einer Ersatzschule iSd § 5 PrivSchG - um eine solche handelt es sich bei den betroffenen Schulen - zu widerrufen, wenn festgestellt wird, dass eine der Voraussetzungen für ihre Erteilung nicht oder nicht mehr vorliegt. § 10 Abs. 2 PrivSchG bestimmt, dass der Widerruf erst zulässig ist, wenn der Schulträger die beanstandeten Mängel innerhalb einer von der Schulaufsichtsbehörde gesetzten Frist nicht beseitigt hat.

[29] Der Widerruf der Genehmigungen ist aufzuheben, weil zum Zeitpunkt der Widerrufsentscheidung die Genehmigungsvoraussetzungen zum Betrieb einer privaten Ersatzschule weiterhin vorlagen. Diese umschreibt Art. 7 Abs. 4 Satz 3 GG: „Die Genehmigung ist zu erteilen, wenn die privaten Schulen in ihren Lehrzielen und Einrichtungen sowie in der wissenschaftlichen Ausbildung ihrer Lehrkräfte nicht hinter den öffentlichen Schulen zurückstehen und eine Sonderung der Schüler nach den Besitzverhältnissen der Eltern nicht gefördert wird." Auf der Ebene des Landesrechts konkretisiert § 7 Abs. 1 PrivSchG die Voraussetzungen der Genehmigung. Danach ist die Genehmigung zu erteilen, wenn a) die Privatschule in ihren Lehrzielen und Einrichtungen sowie in der Ausbildung ihrer Lehrer hinter den entsprechenden öffentlichen Schulen nicht zurücksteht, b) eine Sonderung der Schüler nach den Besitzverhältnissen der Eltern nicht gefördert wird, c) die wirtschaftliche und rechtliche Stellung der Lehrer genügend gesichert ist, d) der Schulträger, seine gesetzlichen oder satzungsmäßig berufenen Vertreter und der Leiter der Schule die erforderliche persönliche Zuverlässigkeit besitzen, e) die Schuleinrichtungen den allgemeinen gesetzlichen Bestimmungen und polizeilichen Anordnungen entsprechen.

[35] Umstritten ist und der gerichtlichen Überprüfung bedarf daher vorliegend allein, ob der Kläger als der Schulträger, vertreten durch den Vorstand des eingetragenen Vereins, die für diese Funktion erforderliche persönliche Zuverlässigkeit besitzt, beispielsweise die Voraussetzungen mitbringt, um einen für die Schüler „ungefährlichen Betrieb" der Schule zu sichern.

[36] Vom Beklagten wird die fehlende persönliche Zuverlässigkeit in erster Linie damit begründet, dass der Kläger einen nicht genehmigten Internatsbetrieb verschleiert hat.

[37] Auf Grund der gegebenen Tatsachen kann nicht festgestellt werden, dass dem Kläger, vertreten durch seine satzungsmäßig berufenen Vertreter, die erforderliche Zuverlässigkeit zum Betrieb der beiden Schulen fehlt.

[38] Ohne Zweifel beschränkt das Erfordernis der persönlichen Zuverlässigkeit der an führender Stelle tätigen Personen die in Art. 7 Abs. 4 Satz 1 GG - „Das Recht zur Errichtung von privaten Schulen wird gewährleistet." - statuierte Freiheit zum Betrieb privater Schulen mit Rücksicht auf das ebenfalls unter

Verfassungsschutz stehende Wohl der Schüler in angemessener Weise. § 7 Abs. 1d PrivSchG ist insoweit Ausdruck einer grundrechtsimmanenten Schranke der in Art. 7 Abs. 4 und 5 GG gewährleisteten Privatschulfreiheit. Die in § 7 Abs. 1d PrivSchG genannten Personen sind als unzuverlässig anzusehen, wenn sie nach dem Gesamtbild ihres Verhaltens nicht die Gewähr dafür bieten, dass die Schule künftig ordnungsgemäß betrieben wird, d.h. insbesondere dabei nicht gegen das auch für Privatschulen geltende Recht verstoßen wird. Dem entsprechend erfordert die in § 7 Abs. 1 d PrivSchG vorausgesetzte persönliche Zuverlässigkeit des Klägers, selbst Pflichtverletzungen zu unterlassen und solchen durch das Lehr- und Erziehungspersonal der Schule entgegenzuwirken und in geeigneter Form unmittelbar und nachhaltig auf die Bediensteten zum Schutze der Schüler einzuwirken.

[39] Bezüglich des Begriffsinhalts des Merkmals der Zuverlässigkeit wird auf die den Beteiligten bekannten Ausführungen des Oberverwaltungsgerichts des Saarlandes in dem Beschluss vom 7.8.2006 -3 W 11/06- zu dem mit Bescheid vom 16.3.2006 erfolgten Widerruf der Genehmigung zum Betrieb der Erweiterten Realschule, der nachfolgend von der Kammer aufgehobenen wurde, hingewiesen:

[40] Nach § 10 Abs. 1 PrivSchG ist die nach § 6 Abs. 1 PrivSchG erforderliche Genehmigung einer Ersatzschule zu widerrufen, wenn eine der Voraussetzungen für ihre Erteilung nicht oder nicht mehr vorliegt. Zu den Genehmigungsvoraussetzungen gehört - und über die Erfüllung dieser Anforderungen besteht zwischen den Beteiligten Streit - gem. § 7 Abs. 1d PrivSchG, dass der Schulträger, seine gesetzlichen oder satzungsmäßig berufenen Vertreter und der Leiter der Schule die erforderliche persönliche Zuverlässigkeit besitzen. Der Begriff der Zuverlässigkeit beschreibt eine im Besonderen Verwaltungsrecht verbreitete persönliche Voraussetzung für ein Tätigwerden. Allgemein gilt, dass zuverlässig derjenige ist, der nach dem Ergebnis einer prognostischen Beurteilung die Gewähr dafür bietet, dass er die angestrebte oder bereits übernommene Tätigkeit ordnungsgemäß im Sinne des jeweiligen Gesetzes ausüben wird. Wegen der Verschiedenheit der Tätigkeitsfelder, in denen Zuverlässigkeit gefordert wird, kann es indes keinen einheitlichen Begriffsinhalt dieses Tatbestandsmerkmales geben. Die Anforderungen an die Zuverlässigkeit sind jeweils nach der Regelungssystematik des Gesetzes, das dieses Merkmal enthält, näher zu bestimmen.

[41] So kann sich beispielsweise die Unzuverlässigkeit eines Schulträgers im Grundsatz daraus ergeben, dass er nicht willens oder nicht in der Lage ist, geeignete und/oder zuverlässige Schulleiter oder auch sonstige Lehrpersonen einzusetzen (vgl. hierzu zum Beispiel BVerwG, Beschluss vom 28.11.1969 - VII CB 63.68- Buchholz 11 Art. 7 Abs. 4 GG Nr. 10).

[43] Im konkreten Einzelfall trägt das dem Betrieb des Internats, auch an nicht genehmigten Standorten, zuzurechnende Fehlverhalten allein mit Blick auf die personellen Überschneidungen bei den für den Kläger im Bereich des Internats und im Bereich der Schulen handelnden Personen nicht die Feststellung, dass dieser nach dem Gesamtbild seines Verhaltens nicht die Gewähr dafür bietet, dass die Schulen künftig ordnungsgemäß betrieben werden.

[44] Für die Beurteilung der Zuverlässigkeit sind alle relevanten Gesichtspunkte in den Blick zu nehmen. Zu diesen zählen auch die lange Dauer des seit 1991 bzw. 1994/1997 bestehenden Schulbetriebs und die damit zusammenhängenden Umstände.

[45] Das für das Einschreiten des Beklagten den Anlass bildende Fehlverhalten und das hinsichtlich der Unterbringung in Pflegefamilien wohl auch bereits vor 2007 bestehende Defizit des Klägers betrifft nur vordergründig ausschließlich die Unterbringung von Teilen der Schüler. Diese ist als Basis mit dem künftigen Schulbetrieb verknüpft, so dass es nicht von der Hand zu weisen ist, dass eine Unzuverlässigkeit im Internatsbetrieb, insbesondere was den korrekten Umgang mit der Aufsichtsbehörde anbelangt, grundsätzlich geeignet ist, auch die fehlende Zuverlässigkeit zum Betrieb der Schulen zu begründen. Im konkreten Fall sind jedoch anders als bei dem Betrieb des Internats, das auf die Genehmigung im Jahr 2007 zurückgeht, für einen Widerruf relevante Mängel bei den betroffenen Schulen nicht festgestellt.

[46] Die Gewährleistung des Art. 7 Abs. 4 GG erfordert es - nach der vom Oberverwaltungsgericht des Saarlandes in seinem Beschluss vom 7.8.2006 - 3 W 11/06- betonten „Regelungssystematik des Gesetzes" - strenge Anforderungen an die Feststellung mangelnder persönlicher Zuverlässigkeit zu stellen. (vgl. BVerwG, Beschluss vom 28.4.1969 -VII B 61.68- Buchholz 11 Art. 7 Abs. 4 GG Nr. 7, zur Feststellung der persönlichen Unzuverlässigkeit eines Schulträgers).

[48] Da in der Grundrechtsverbürgung die Saarländische Verfassung in ihrem Art. 28 [Privatschulen] hinter Art. 7 GG [Schulwesen] zurücksteht, weil die durch Art. 7 Abs. 4 Satz 1 GG gewährleistete Privatschulfreiheit in der Verfassung des Saarlandes nicht formuliert, sondern lediglich vorausgesetzt wird (so Mohr, in: Wendt/Rixecker, Verfassung des Saarlandes, 2009, Art. 28 Rn 3) fußt die Rechtsposition des Klägers auf der Institutsgarantie des Art. 7 Abs. 4 Satz 1 GG.

[51] Diese bringt das verfassungsrechtlich anerkannte öffentliche Interesse an Bestand und Leistungsfähigkeit von Privatschulen zur Geltung. Das Gemeinschaftsinteresse besteht wegen der Alternativen und der Vielfalt an Erziehungszielen und Unterrichtsformen, die im Privatschulwesen wirksam sind und auf privater Initiative und autonomer Gestaltung beruhen. Das Grundrecht des Art.

7 Abs. 4 GG garantiert die Privatschulfreiheit durch die Zuweisung einer Rechtsstellung des Schulträgers und mittelbar der Rechtstellung der Wahlfreiheit der Schulart gewinnenden Eltern (Badura, in: Maunz-Dürig, GG, Stand Okt. 2010, Art. 7 Rn 99).

[53] Art. 7 GG enthält Einrichtungsgarantien, Grundrechtsnormen und Auslegungsregeln für den Bereich des Schulrechts. Seine Bedeutung geht über die eines Grundrechts hinaus. Er stellt Grundsätze für die bekenntnismäßige Gestaltung des Schulwesens auf. In dieser Bestimmung ist die Berücksichtigung des Willens der Erziehungsberechtigten bei der religiösen und weltanschaulichen Gestaltung der öffentlichen Schulen nicht sichergestellt. Dieser Wille findet nach Art. 7 Abs. 4 GG Berücksichtigung nur bei der Zulassung privater Bekenntnisschulen (so BVerfG, Urteil vom 26.3.1957 -2 BvG 1/55- BVerfGE 6, 309, 355, KirchE 4, 46).

[55] Der dem staatlichen Einfluss damit entzogene Bereich ist dadurch gekennzeichnet, dass in der Privatschule ein eigenverantwortlich geprägter und gestalteter Unterricht erteilt wird, insbesondere soweit er die Erziehungsziele, die weltanschauliche Basis, die Lehrmethode und Lehrinhalte betrifft. Diese Gewährleistung bedeutet die Absage an ein staatliches Schulmonopol. Dieses Offensein des Staates für die Vielfalt der Formen und Inhalte, in denen Schule sich darstellen kann, entspricht den Wertvorstellungen der freiheitlich demokratischen Grundordnung, die sich zur Würde des Menschen und zur religiösen und weltanschaulichen Neutralität bekennt. Das Grundrecht der Privatschulfreiheit bedeutet allerdings nicht, dass die Privatschule eine staatsfreie Schule ist. Die staatliche Schulaufsicht ist aber bei den Privatschulen ebenso wenig wie bei den öffentlichen Schulen ein umfassendes staatliches Bestimmungsrecht über die Schulen; vielmehr ist sie insbesondere durch Art. 6 Abs. 2 GG, das Pflege- und Erziehungsrecht der Eltern, und Art. 7 Abs. 3 Satz 2 GG, das Übereinstimmungsgebot des Religionsunterrichts mit den Grundsätzen der jeweiligen Glaubensgemeinschaft, modifiziert (entsprechend BVerfG, Beschluss vom 14.11.1969 -1 BvL 24/64- BVerfGE 27, 195 [200, 201]).

[57] Muss danach unter den im Grundgesetz genannten Voraussetzungen eine private Schule als Ersatzschule genehmigt werden, dann kann die Genehmigung nicht wieder entzogen werden, solange die zur Genehmigung notwendigen Bedingungen erfüllt sind. Die Genehmigungsvoraussetzungen bilden den Rahmen, durch den die dem Staat auch gegenüber den genehmigten Ersatzschulen anzuerkennende Schulaufsicht abgegrenzt wird (BVerwG, Urteil vom 14.7.1961 -VII C 23.60- BVerwGE 12, 349 [350]).

[59] Wie bei allem staatlichen Handeln hat auch die Schulaufsicht die Verhältnismäßigkeit zu wahren. Werden rechtsrelevante Mängel festgestellt, steht an erster Stelle die Aufforderung, diese abzustellen. Geschieht dies nicht,

kommt ein Widerruf der Genehmigung in Betracht (Niehues/Rux, Schulrecht 4. Aufl. 2006, Rn 1006).

[61] Hinsichtlich der streitigen Grundschule und erweiterten Realschule ist kein erheblicher Mangel benannt, den der Kläger nicht aufgegriffen und um dessen Beseitigung er sich nicht bemüht oder den er gar vorsätzlich herbeigeführt hätte.

[62] Soweit der Beklagte vorträgt, ein Mangel bestehe darin, dass die streitige Grundschule nicht die Gleichwertigkeit mit den entsprechenden öffentlichen Schulen wahre, weil in der Klassenstufe 3 der Grundschule Einübungen von Diktaten noch erfolgten, kann dem nicht gefolgt werden. Der vom Beklagten dazu in Bezug genommene § 5 PrivSchG lautet:

> (1) Privatschulen sind Ersatzschulen, wenn sie
> a) in ihren Lehr- und Erziehungszielen den im Land bestehenden oder grundsätzlich vorgesehenen öffentlichen Schulen entsprechen oder
> b) Schulen besonderer pädagogischer Prägung sind.
> (2) Abweichungen in den Lehrplänen und im Lehrstoff sowie in den Unterrichts- und Erziehungsmethoden sind zulässig, wenn hierdurch nicht die Gleichwertigkeit mit den entsprechenden öffentlichen Schulen beeinträchtigt wird.

Dieser steht in Übereinstimmung mit Art. 7 Abs. 4 GG. Dessen Satz 1 sichert der Privatschule eine ihrer Eigenart entsprechende Verwirklichung. Der dem staatlichen Einfluss damit entzogene Bereich ist dadurch gekennzeichnet, dass in der Privatschule ein eigenverantwortlich geprägter und gestalteter Unterricht erteilt wird, insbesondere soweit er die Erziehungsziele, die weltanschauliche Basis, die Lehrmethode und Lehrinhalte betrifft. Bezieht sich somit die Gestaltungsfreiheit auch der privaten Ersatzschule auf Lehrmethode und Lehrinhalte bei anzustrebender Gleichwertigkeit des Bildungsabschlusses, so muss sie nach eigenem pädagogischen Ermessen darüber entscheiden dürfen, auf welchem Wege und mit welchen Mitteln sie zu diesem Gesamtergebnis gelangt; eine strikte Bindung an die von der Schulverwaltung erlassenen Lehrpläne und Stundentafeln verbietet sich (BVerwG, Urteil vom 13.12.2000 -6 C 5/00- BVerwGE 112, 263).

[70] Hervorzuheben ist, dass der diesbezügliche Vortrag des Beklagten nicht die Behauptung enthält, wozu auch keine Tatsachen ersichtlich sind, die streitige Grundschule als Ersatzschule vermittle am maßgeblichen Ende der Klassenstufe 4 im Kern nicht gleiche Kenntnisse und Fähigkeiten wie eine öffentliche Schule (vgl. zu einem freien Träger einer Grundschule und Mitglied eines Montessori-Landesverbandes: BVerfG, Nichtannahmebeschluss vom 8.6.2011 -1 BvR 759/08, 733/09- *juris*).

[72] Ihm braucht jedenfalls deshalb nicht weiter nachgegangen zu werden, weil die Frage des Einübens von Diktaten in der Klassenstufe 3 jedenfalls der Unterrichtsfreiheit der privaten Ersatzschule unterfällt, wenn nicht sogar dem pädagogischen Ermessen der Lehrkraft im Einzelfall.

[73] Offenkundig stellt der Einsatz bzw. die geplante Beschäftigung früherer Leiterinnen illegal betriebener Wohngruppen des ehemaligen Internats bzw. (von) Pater S. im Nachmittagsbereich der Grundschule bzw. in der freiwilligen Ganztagsschule der Erweiterten Realschule keinen erheblichen Mangel des Schulbetriebs dar. Deren vom Beklagten vorgetragene frühere Verfehlungen betreffen ausschließlich den Internatsbereich. Soweit im Einzelfall die persönliche Befähigung für den geplanten Einsatz im Schuldienst in Frage steht, kann dies zwischen den Beteiligten im dafür vorgesehenen Verfahren geklärt werden. Allein die kontroverse Diskussion dazu zwischen Träger und Schulaufsicht trägt nicht den Rückschluss mangelnder Zuverlässigkeit des Klägers zum Betrieb einer Ersatzschule.

[75] Insgesamt ist daher bei einer weit über 15 Jahre erfolgreichen Beschulung von Schülern durch den Kläger wegen eines Fehlverhaltens im Internatsbetrieb der zukünftige Schulbetrieb nicht in einer Weise berührt, dass dieses allein als Tatsache ausreicht, um die Annahme der Unzuverlässigkeit des Klägers als Schulträger zu begründen. Der langjährige ordnungsgemäße Betrieb der Schulen entkräftet den durch den missbräuchlichen Betrieb des Internats geschaffenen „begründeten Verdacht“ der Unzuverlässigkeit in schulischen Dingen.

[76] Bringt danach der Kläger als der Schulträger, vertreten durch die Leitung des eingetragenen Vereins, die Voraussetzungen mit, um einen ordnungsgemäßen, insbesondere für die Schüler „ungefährlichen Betrieb“ der Schule zu sichern, und besitzt er somit die für diese Funktionen erforderliche persönliche Zuverlässigkeit, ist der angeordnete Widerruf der Genehmigungen rechtswidrig und aufzuheben.

16

Auch bei Kündigungen wegen Enttäuschung der berechtigten Loyalitätserwartungen eines kirchlichen Arbeitgebers kann die stets erforderliche Interessenabwägung im Einzelfall zu dem Ergebnis führen, dass dem Arbeitgeber die Weiterbeschäftigung des Arbeitnehmers zumutbar und die Kündigung deshalb unwirksam ist. Abzuwägen sind das Selbstverständnis der Kirchen einerseits und das Recht des Arbeitnehmers auf Achtung seines Privat- und Familienlebens andererseits.

Art./§§/cc. 2 Abs. 1, 4 Abs. 1, 6 Abs. 1, 140 GG, 137 Abs. 3 WRV, 1 Abs. 2 KSchG, 2, 3 Abs. 2, 4 Abs. 1, 5 Abs. 1–5 GrdO, 1, 3 Abs. 1, 7, 9 Abs. 1 u. 2 AGG, 8, 9, 11, 12 EMRK, 4 Abs. 2 EGRL 78/2000, 1055, 1056, 1085 § 2 CIC/1983
BAG, Urteil vom 8. September 2011 -2 AZR 543/10-[1]

Die Parteien streiten über die Wirksamkeit einer von der Beklagten ausgesprochenen ordentlichen Kündigung des Klägers. .

Der Kläger ist seit dem Jahre 2000 im katholischen S-Krankenhaus in D. als Chefarzt der Abteilung Innere Medizin („Abteilungsarzt") beschäftigt. Trägerin des Krankenhauses ist die Beklagte.

Nach dem Arbeitsvertrag der Parteien leisten die Mitarbeiter ihren Dienst im Geist christlicher Nächstenliebe; als wichtiger Grund zur außerordentlichen Kündigung ist u.a. „Leben in kirchlich ungültiger Ehe oder eheähnlicher Gemeinschaft" vorgesehen.

Nach Art. 3 Abs. 2 der auf das Arbeitsverhältnis anwendbaren Grundordnung des kirchlichen Dienstes vom 22.9.1993 (GrO) können kirchliche Dienstgeber pastorale, katechetische sowie in der Regel erzieherische und leitende Aufgaben nur einer Person übertragen, die der katholischen Kirche angehört. Art. 4 Abs. 1 GrO fordert von den katholischen Mitarbeitern, dass sie die Grundsätze der katholischen Glaubens- und Sittenlehre anerkennen und beachten. Bei leitenden katholischen Mitarbeitern, zu denen u.a. Abteilungsärzte gehören, ist das persönliche Lebenszeugnis im Sinne der Grundsätze der katholischen Glaubens- und Sittenlehre erforderlich.

Nach Art. 5 Abs. 1 GrO muss der Dienstgeber, wenn ein Mitarbeiter die Beschäftigungsanforderungen nicht mehr erfüllt, durch Beratung zu erreichen versuchen, dass dieser den Mangel auf Dauer beseitigt. Als letzte Maßnahme kommt eine Kündigung in Betracht. Gem. Art. 5 Abs. 2 GrO ist der Abschluss einer nach dem Glaubensverständnis und der Rechtsordnung der Kirche ungültigen Ehe ein schwerwiegender Loyalitätsverstoß, der eine Kündigung rechtfertigen kann. In diesem Fall ist nach Art. 5 Abs. 3 Satz 1 GrO die Weiterbeschäftigung u.a. dann ausgeschlossen, wenn der Loyalitätsverstoß von leitend tätigen Mitarbeitern begangen wird. Lediglich aus schwerwiegenden Gründen des Ein-

1 Amtl. Leitsatz. BeckRS 2012, 66845; *juris*; BAGE 139, 144; AP Nr. 92 zu § 1 KSchG 1969; ArbuR 2012, 448; ArztR 2012, 206; DB 2012, 690; EzA § 611 BGB 2002 Kirchliche Arbeitnehmer Nr. 21; KHE 2011/134; KRS 11.080; MedR 2012, 684; NJW 2012, 1099; NZA 2012, 443; PflR 2012, 158; ZMV 2012, 112; ZTR 2012, 233. Das BVerfG (Beschluss vom 22.10.2014 -2 BvR 661/12- ArbRB 2014, 359, EuGRZ 2014, 698, NZA 2014, 1387) hat unter Verwerfung der Verfassungsbeschwerde der Beklagten im Übrigen das Urteil des BAG vom 8.9.2011 aufgehoben und die Sache an das BAG zurückverwiesen.

zelfalls kann ausnahmsweise von der Kündigung abgesehen werden (Art. 5 Abs. 3 Satz 2 GrO). Im Fall des Abschlusses einer nach dem Glaubensverständnis und der Rechtsordnung der Kirche ungültigen Ehe scheidet eine Weiterbeschäftigung jedenfalls dann aus, wenn sie unter öffentliches Ärgernis erregenden oder die Glaubwürdigkeit der Kirche beeinträchtigenden Umständen geschlossen wird (Art. 5 Abs. 5 GrO).

Eine ungültige Ehe schließt nach katholischem Rechtsverständnis (vgl. c. 1085 § 1 CIC), wer durch das Band einer früheren Ehe gebunden ist. Eine neue Eheschließung ist auch dann nicht erlaubt, wenn eine frühere Ehe aus irgendeinem Grund nichtig oder aufgelöst worden ist, die Nichtigkeit bzw. die Auflösung der früheren Ehe aber noch nicht rechtmäßig und sicher feststeht, c. 1085 § 2 CIC.

Nachdem sich seine erste Ehefrau im Jahre 2005 von ihm getrennt hatte, lebte der Kläger mit seiner jetzigen Frau von 2006 bis 2008 unverheiratet zusammen. Das war der Beklagten nach den Feststellungen des Landesarbeitsgerichts seit Herbst 2006 bekannt. Nach der Scheidung von seiner ersten Ehefrau Anfang 2008 heiratete der Kläger im August 2008 seine jetzige Frau standesamtlich. Davon erfuhr die Beklagte spätestens im November 2008. In den folgenden Wochen fanden sowohl zwischen den Parteien als auch auf Seiten der Beklagten Erörterungen und Beratungen statt. Nach Anhörung der bei ihr bestehenden Mitarbeitervertretung (MAV), die von einer Stellungnahme absah, kündigte die Beklagte das Arbeitsverhältnis im März 2009 fristgerecht zum 30.9.2009.

Dagegen hat der Kläger Kündigungsschutzklage erhoben. Er hat die Auffassung vertreten, die Kündigung sei sozial ungerechtfertigt. Die erneute Heirat stelle keinen Kündigungsgrund dar. Er sei als Chefarzt weder leitender Angestellter noch Träger der kirchlichen Verkündigung iSd Art. 5 Abs. 3 GrO. Die Kündigung verstoße gegen den Gleichbehandlungsgrundsatz. Die Beklagte habe andere geschiedene und wiederverheiratete Chefärzte durchaus eingestellt oder weiterbeschäftigt oder beschäftige sie sogar derzeit. Ein etwaiges Kündigungsrecht habe die Beklagte überdies verwirkt. Er habe sich nicht kirchenfeindlich verhalten. Die Trennung sei nicht öffentlich geworden. Sie habe auch bei der Belegschaft kein Ärgernis erregt.

Die Beklagte hat die Auffassung vertreten, die Kündigung sei sozial gerechtfertigt. Der Kläger sei eine ungültige Ehe im Sinne des katholischen Kirchenrechts eingegangen und habe dadurch in erheblicher Weise gegen seine Verpflichtungen aus dem Arbeitsverhältnis verstoßen. Der Kläger sei als leitender Mitarbeiter iSd Art. 5 Abs. 3 GrO anzusehen. Sie habe das Kündigungsverfahren nach Kenntnis von der Wiederverheiratung zügig vorangetrieben. Ein Großteil der vom Kläger benannten geschiedenen und wiederverheirateten Chefärzte sei nicht katholisch. Andere arbeiteten in Krankenhäusern, die nicht in ihrer Trägerschaft stünden. Herr Dr. B. sei Ende 2003 ausgeschieden. Zudem habe er seine Wiederverheiratung erst einen Monat vor seinem altersbedingten Ausscheiden angezeigt; mit Rücksicht auf das kurz bevorstehende Ausscheiden sei in diesem Fall von einer Kündigung abgesehen worden. Allenfalls bei dem schon in den 80er Jahren verstorbenen Chefarzt Dr. S könne ein vergleichbarer Sachverhalt angenommen werden. Damals habe die Grundordnung des kirchlichen Dienstes aber noch nicht gegolten.

Das ArbG Düsseldorf (Urteil vom 30.7.2009 -6 Ca 2377/09- n.v.) hat nach den Klageanträgen erkannt. Das LAG Düsseldorf (Urteil vom 1.7.2010 -5 Sa 996/09- KirchE 56, 8) hat nach Durchführung einer Beweisaufnahme die Berufung der Beklagten zurückgewiesen. Auch die Revision der Beklagten blieb erfolglos.

Aus den Gründen:

[12] Die Revision ist unbegründet. Ob ein mögliches Kündigungsrecht der Beklagten verwirkt wäre, kann dahin stehen. Die Kündigung ist sozial ungerechtfertigt iSd § 1 KSchG. Der Kläger hat zwar gegen Loyalitätsanforderungen verstoßen. Dieser Verstoß führt aber unter den hier gegebenen Umständen nicht zur Wirksamkeit der Kündigung: Die erforderliche umfassende Abwägung der rechtlich geschützten Interessen beider Parteien geht zu Gunsten des Klägers aus.

[13] I. Das Recht der Beklagten zum Ausspruch der ordentlichen Kündigung dürfte entgegen der Auffassung des Klägers nicht verwirkt sein. Die Beklagte hat die Kündigung nicht mit illoyaler Verspätung ausgesprochen. Nachdem sie im November 2008 von der Wiederverheiratung erfahren hatte, musste sie nicht nur das in der Grundordnung vorgeschriebene beratende Gespräch mit dem Kläger führen, sondern auch den Aufsichtsrat beteiligen und eine Stellungnahme des Generalvikars einholen. Angesichts der - auch für die Beklagte und das Krankenhaus - weitreichenden Folgen des Kündigungsentschlusses ist es nicht zu beanstanden, dass sie dabei umsichtig und ohne Hast vorging. Letztlich kommt es auf eine etwaige Verwirkung des Kündigungsrechts nicht an. Die Kündigung ist aus anderen Gründen unwirksam.

[14] II. Die Kündigung ist sozial ungerechtfertigt iSd § 1 KSchG. Diese Bestimmung findet auf das Arbeitsverhältnis der Parteien Anwendung.

[15] 1. Der Kläger hat sich durch die Wiederverheiratung in Widerspruch zu den berechtigten Loyalitätserwartungen der Beklagten gesetzt. Ob eine Enttäuschung dieser Erwartungen die Kündigung (auch) aus Gründen im Verhalten oder (nur) aus Gründen in der Person des Klägers bedingen kann, braucht dabei nicht entschieden zu werden (2a). Die Kündigung war nicht schon wegen Ver-

stoßes gegen § 1 KSchG, §§ 1, 7 AGG sozial ungerechtfertigt. Zu der in der Kündigung liegenden unterschiedlichen Behandlung wegen der Religion war die Beklagte an sich nach § 9 Abs. 2 AGG berechtigt (2b). Jedoch führt die Abwägung der beiderseitigen Interessen zur Sozialwidrigkeit der Kündigung (2c).

[16] 2. Eine Kündigung ist aus Gründen im Verhalten des Arbeitnehmers gem. § 1 Abs. 2 Satz 1 KSchG sozial gerechtfertigt, wenn der Arbeitnehmer eine Vertragspflicht erheblich - in der Regel schuldhaft - verletzt hat, die zumutbare Möglichkeit einer anderen, zukünftige Störungen zuverlässig ausschließenden Beschäftigung nicht besteht und die Lösung des Arbeitsverhältnisses in Abwägung der Interessen beider Vertragsteile billigenswert und angemessen erscheint. Auch die erhebliche Verletzung einer vertraglichen Nebenpflicht kann eine Kündigung sozial rechtfertigen (BAG 9.6.2011 -2 AZR 284/10- Rn 34, DB 2011, 2724; 28.10.2010 -2 AZR 293/09- Rn 12, AP KSchG 1969 § 1 Verhaltensbedingte Kündigung Nr. 62, EzA KSchG § 1 Verhaltensbedingte Kündigung Nr. 78). Voraussetzung ist, dass der Arbeitnehmer sich rechtswirksam zu dem beanstandeten Tun oder Unterlassen hat verpflichten können. Ob dies mit Blick auf das Versprechen, nicht erneut zu heiraten, unter dem Regime staatlichen Rechts möglich ist, erscheint nicht unzweifelhaft.

[17] Eine Kündigung ist aus Gründen in der Person des Arbeitnehmers bedingt, wenn der Arbeitnehmer aufgrund persönlicher Eigenschaften - ohne dass ihm das vorwerfbar wäre - nicht (mehr) in der Lage ist, die Leistung vertragsgerecht zu erfüllen (BAG 18.1.2007 -2 AZR 731/05- Rn 15, BAGE 121, 32). Vorausgesetzt ist eine Nicht- oder Schlechterfüllung der geschuldeten Leistung, etwa weil der Arbeitnehmer einer beruflichen Anforderung nicht (mehr) entspricht.

[18] Da die Kündigung im Streitfall auf einer Ungleichbehandlung beruht, sind zur näheren Bestimmung ihrer sozialen Rechtfertigung die Vorschriften des AGG heranzuziehen (BAG 6.11.2008 -2 AZR 523/07- BAGE 128, 238). Die stets notwendige Abwägung der rechtlich geschützten Interessen der Parteien muss bei Kündigungen aus kirchenspezifischen Gründen dem Selbstverständnis der Kirchen ein besonderes Gewicht beimessen (BVerfG 4.6.1985 -2 BvR 1718/83 u.a.- zu B II 1 e der Gründe, BVerfGE 70, 138, KirchE 23, 105). Die Arbeitsgerichte haben zwischen dem Recht der Arbeitnehmer auf Achtung ihres Privat- und Familienlebens (Art. 8 EMRK) einerseits und den nach Art. 9 EMRK (Religionsfreiheit) und Art. 11 EMRK (Vereinigungsfreiheit) geschützten Rechten der Religionsgemeinschaft andererseits abzuwägen. Dieses Abwägungsgebot folgt auch aus der Rechtsprechung des Europäischen Gerichtshofs für Menschenrechte (EGMR 3.2.2011 -18136/02- EzA BGB 2002 § 611 Kirchliche Arbeitnehmer Nr. 17, KirchE 57, 85; 23.9.2010 -425/03- NZA 2011, 277, KirchE 56, 219; 23.9.2010 -1620/03- NZA 2011, 279, KirchE 56, 237), deren Beachtung verfassungsrechtlich geboten ist (BVerfG 14.10.2004 -2 BvR 1481/04- BVerfGE 111, 307).

[19] a) Mit der Wiederverheiratung hat der Kläger gegen seine Loyalitätsobliegenheit aus dem Arbeitsvertrag (§ 10 Abs. 4 Nr. 2) und gegen die darin in Bezug genommene Grundordnung (Art. 5 Abs. 2 GrO) verstoßen. Durch die Eingehung seiner zweiten (standesamtlichen) Ehe hat der Kläger den Grundsatz der Unauflöslichkeit der Ehe verletzt. Dieser zählt zu den wesentlichen Grundsätzen der katholischen Glaubens- und Sittenlehre. Er wird in den Vorschriften des Codex Iuris Canonici von 1983 bekräftigt (CIC Can. 1055, 1056, 1134 und insbesondere Can. 1141, nach dem die gültig geschlossene und vollzogene Ehe zwischen Getauften durch keine menschliche Gewalt und aus keinem Grunde, außer durch den Tod, aufgelöst werden kann). Das Verbot der Wiederverheiratung gilt nach der katholischen Glaubenslehre auch in der Zeit, in der ein eingeleitetes Ehenichtigkeitsverfahren noch nicht erfolgreich beendet ist. Im Streitfall lag daher zum Zeitpunkt der Kündigung ein Verstoß gegen Can. 1085 § 2 CIC vor (vgl. BAG 16.9.2004 -2 AZR 447/03- Rn 48, AP BGB § 611 Kirchendienst Nr. 44, EzA BGB 2002 § 242 Kündigung Nr. 5, KirchE 46, 126).

[20] aa) Das Verlangen der Beklagten nach Einhaltung der Vorschriften der katholischen Glaubens- und Sittenlehre steht im Einklang mit den verfassungsrechtlichen Vorgaben.

[21] (1) Dem Kläger steht freilich das Recht auf freie Entfaltung seiner Persönlichkeit gem. Art. 2 Abs. 1 GG und auf Schutz der Ehe (Art. 6 Abs. 1 GG) zu. Diese Grundrechte umfassen regelmäßig auch die Freiheit, eine zweite Ehe einzugehen. Die Gestaltung des privaten Lebensbereichs steht außerhalb der Einflusssphäre des Arbeitgebers und wird durch arbeitsvertragliche Pflichten nur insoweit eingeschränkt, wie sich das private Verhalten auf den betrieblichen Bereich auswirkt und dort zu Störungen führt. Berührt außerdienstliches Verhalten den arbeitsvertraglichen Pflichtenkreis nicht, so ist der Arbeitgeber regelmäßig nicht berechtigt, die ihm bekannt gewordenen Umstände aus der Privatsphäre des Arbeitnehmers durch den Ausspruch einer Kündigung zu missbilligen (BAG 10.9.2009 -2 AZR 257/08- Rn 20, AP KSchG 1969 § 1 Verhaltensbedingte Kündigung Nr. 60, EzA KSchG § 1 Verhaltensbedingte Kündigung Nr. 77; 16.9.2004 -2 AZR 447/03- Rn 43, AP BGB § 611 Kirchendienst Nr. 44, EzA BGB 2002 § 242 Kündigung Nr. 5, KirchE 46, 126).

[22] (2) Die Grundrechte des Arbeitnehmers nach Art. 2 Abs. 1, Art. 6 Abs. 1 GG bestehen jedoch nicht uneingeschränkt. Nach dem Beschluss des Bundesverfassungsgerichts vom 4.6.1985 (-2 BvR 1718/83 u.a.- BVerfGE 70, 138, KirchE 123, 105), dem das Bundesarbeitsgericht in ständiger Rechtsprechung gefolgt ist (so z.B. BAG 21.2.2001 -2 AZR 139/00- Rn 53, AP BGB Kirchendienst § 611 Nr. 29, EzA BGB § 611 Kirchliche Arbeitnehmer Nr. 47, KirchE 39, 63; 24.4.1997 -2 AZR 268/96- AP BGB § 611 Kirchendienst Nr. 27, 142, EzA BGB § 611 Kirchliche Arbeitnehmer Nr. 43, KirchE 35, 142; 18.11.1986 -7 AZR 274/85- AP GG Art. 140 Nr. 35,

EzA BGB § 611 Kirchliche Arbeitnehmer Nr. 26), kommt das durch Art. 140 GG iVm Art. 137 Abs. 3 WRV verfassungsrechtlich verbürgte Selbstordnungs- und Selbstverwaltungsrecht neben den verfassten Kirchen auch den ihnen zugeordneten, insbesondere karitativen Einrichtungen zu (BVerfG 4.6.1985 -2 BvR 1718/83 u.a.- Rn 59, aaO). Die Verfassungsgarantie des kirchlichen Selbstbestimmungsrechts gewährleistet den Kirchen darüber zu befinden, welche Dienste es in ihren Einrichtungen geben soll und in welchen Rechtsformen sie wahrzunehmen sind. Die Kirchen können sich dabei der staatlichen Privatautonomie bedienen, um ein Arbeitsverhältnis zu begründen und zu regeln (BVerfGE 4.6.1985 -2 BvR 1718/83 u.a.- Rn 58, aaO).

[23] (3) Bedienen sich die Kirchen wie jedermann der Privatautonomie zur Begründung von Arbeitsverhältnissen, so findet auf diese das staatliche Arbeitsrecht Anwendung. Die Einbeziehung der kirchlichen Arbeitsverhältnisse in das staatliche Arbeitsrecht hebt indessen deren Zugehörigkeit zu den „eigenen Angelegenheiten“ der Kirche iSv Art. 140 GG, Art. 137 Abs. 3 WRV nicht auf. Das ermöglicht es den Kirchen, in den Schranken des für alle geltenden Gesetzes den kirchlichen Dienst nach ihrem Selbstverständnis zu regeln und dazu die spezifischen Obliegenheiten kirchlicher Arbeitnehmer verbindlich zu machen. Werden Loyalitätsanforderungen in einem Arbeitsvertrag festgelegt, nimmt der kirchliche Arbeitgeber nicht nur die allgemeine Vertragsfreiheit für sich in Anspruch; er macht zugleich von seinem verfassungskräftigen Selbstbestimmungsrecht Gebrauch (BVerfG 4.6.1985 -2 BvR 1718/03 u.a.- Rn 59, BVerfGE 70, 138, KirchE 23, 105).

[24] (4) Welche kirchlichen Grundverpflichtungen als Gegenstand des Arbeitsverhältnisses bedeutsam sein können, richtet sich nach den von der verfassten Kirche anerkannten Maßstäben. Dagegen kommt es weder auf die Auffassung der einzelnen betroffenen kirchlichen Einrichtungen, bei denen die Meinungsbildung von verschiedenen Motiven beeinflusst sein kann, noch auf diejenige breiter Kreise unter Kirchenmitgliedern oder gar einzelner, bestimmten Tendenzen verbundener Mitarbeiter an (BAG 21.2.2001 -2 AZR 139/00- Rn 53, AP BGB § 611 Kirchendienst Nr. 29, EzA BGB § 611 Kirchliche Arbeitnehmer Nr. 47, KirchE 39, 63). Die Arbeitsgerichte haben die vorgegebenen kirchlichen Maßstäbe für die Bewertung einzelner Loyalitätsanforderungen zugrunde zu legen, soweit die Verfassung das Recht der Kirche anerkennt, hierüber selbst zu befinden. Es bleibt danach grundsätzlich den verfassten Kirchen überlassen, verbindlich zu bestimmen, was die „Glaubwürdigkeit der Kirche und der Einrichtung, in der sie beschäftigt sind“ (vgl. Art. 4 Abs. 4, Art. 5 Abs. 5 GrO) erfordert, welches die zu beachtenden „Grundsätze der katholischen Glaubens- und Sittenlehre“ sind (vgl. Art. 4 Abs. 1 GrO) und welche „Loyalitätsverstöße“ (vgl. Art. 5 Abs. 2 GrO) aus „kirchenspezifischen Gründen“ als „schwerwiegend“

anzusehen sind. Auch die Entscheidung darüber, ob und wie innerhalb der im kirchlichen Dienst tätigen Mitarbeiter eine Abstufung der Loyalitätsanforderungen eingreifen soll (vgl. Art. 5 Abs. 3 und Abs. 4 GrO), ist grundsätzlich eine dem kirchlichen Selbstbestimmungsrecht unterliegende Angelegenheit (vgl. BAG 21.2.2001 -2 AZR 139/00- aaO; bestätigend: EGMR 3.2.2011 -18136/02- EzA BGB 2002 § 611 Kirchliche Arbeitnehmer Nr. 17, KirchE 57, 85).

[25] bb) Nach den damit maßgeblichen kirchlichen Vorschriften liegt ein Loyalitätsverstoß vor.

[26] (1) Die nach Art. 5 Abs. 2 GrO generell als Kündigungsgrund in Betracht kommende Wiederheirat eines verheirateten Arbeitnehmers rechtfertigt nach Art. 5 Abs. 3 Satz 1 GrO eine Kündigung, wenn der betroffene Mitarbeiter „leitend tätig“ ist. Die Wahrnehmung einer „missio canonica“ ist nicht erforderlich. Nach Art. 5 Abs. 3 Satz 2 GrO kann von einer Kündigung allerdings ausnahmsweise abgesehen werden, wenn schwerwiegende Gründe des Einzelfalls die Kündigung als unangemessen erscheinen lassen.

[27] (2) Der Kläger als Abteilungsarzt für „Innere Medizin“ ist leitender Mitarbeiter iSd Art. 5 Abs. 3 Satz 1 Alt. 1 GrO. Das zeigt Buchst. A Ziff. 6 der auf den Arbeitsvertrag anwendbaren Grundordnung für katholische Krankenhäuser in Nordrhein-Westfalen vom 5.11.1996. Danach sind leitend tätige Mitarbeiter im Sinne der genannten Grundordnung u.a. die Abteilungsärzte. Gem. § 1 Abs. 1 des Dienstvertrags ist der Kläger Abteilungsarzt.

[28] (3) Ein Ausnahmefall nach Art. 5 Abs. 3 Satz 2 GrO liegt nicht vor. Die Beurteilung des Landesarbeitsgerichts, die Beklagte habe das Vorliegen von Ausnahmetatbeständen zu Recht verneint, ist revisionsrechtlich nicht zu beanstanden.

[29] (4) Die Kündigung erweist sich nicht als unverhältnismäßig wegen Missachtung der Verfahrensvorschrift des Art. 5 Abs. 1 GrO. Nach Art. 5 Abs. 1 GrO muss der kirchliche Dienstgeber, wenn ein Mitarbeiter die Beschäftigungsanforderungen nicht mehr erfüllt, durch „Beratung“, d.h. „ein klärendes Gespräch“ versuchen, dass der Mitarbeiter diesen Mangel auf Dauer beseitigt. Im vorliegenden Fall ist die Beklagte dieser Verpflichtung im Gespräch vom 26.1.2009 nachgekommen.

[30] b) Die Kündigung ist nicht wegen Verstoßes gegen §§ 1, 7 AGG ungerechtfertigt iSd § 1 KSchG. Die mit ihr verbundene Ungleichbehandlung des Klägers wegen seiner Religion ist nach § 9 Abs. 2 AGG gerechtfertigt.

[31] aa) Liegt - wie hier - eine Nichtachtung von Loyalitätsanforderungen vor, so ist die weitere Frage, ob sie eine Kündigung des kirchlichen Arbeitsverhältnisses sachlich rechtfertigt, nach den kündigungsschutzrechtlichen Vorschriften des § 1 KSchG und des § 626 BGB zu beantworten. Diese unterliegen als für alle geltendes Gesetz iSd Art. 137 Abs. 3 Satz 1 WRV umfassender arbeitsge-

richtlicher Anwendungskompetenz (BVerfG 7.3.2002 -1 BvR 1962/01- EzA BGB § 611 Kirchliche Arbeitnehmer Nr. 47a, KirchE 40, 164; BAG 21.2.2001 -2 AZR 139/00- AP BGB § 611 Kirchendienst Nr. 29, EzA BGB § 611 Kirchliche Arbeitnehmer Nr. 47, KirchE 39, 63). Die Gerichte müssen jedoch auch in diesem Rahmen dem in Art. 137 Abs. 3 WRV gewährleisteten Selbstbestimmungsrecht der Religionsgemeinschaften Rechnung tragen (BVerfG 4.6.1985 - 2 BvR 1718/83 u.a.- BVerfGE 70, 138, KirchE 23, 105). Dabei sind in Fällen, in denen die Kündigung eine Benachteiligung iSd §§ 1 ff. AGG mit sich bringt, für die Frage der sozialen Rechtfertigung nach § 1 KSchG die Vorschriften des Allgemeinen Gleichbehandlungsgesetzes vom 14.8.2006 (BGBl. I S. 1897) heranzuziehen (BAG 6.11.2008 -2 AZR 523/07- BAGE 128, 238).

[32] bb) Die hier vorliegende Benachteiligung des Klägers führt nicht nach § 1 KSchG iVm §§ 1, 7, 9 AGG zur Sozialwidrigkeit der Kündigung.

[33] (1) Die Kündigung stellt zwar eine unmittelbare Benachteiligung des Klägers wegen der Religion iSd § 3 Abs. 1 AGG dar. Dem Kläger wäre nicht wegen Wiederverheiratung gekündigt worden, wenn er nicht katholisch wäre.

[34] (2) Die Benachteiligung ist jedoch nach § 9 Abs. 2 AGG gerechtfertigt.

[35] (a) Nach § 9 Abs. 2 AGG berührt das Verbot unterschiedlicher Behandlung wegen der Religion nicht das Recht der Religionsgemeinschaften und der ihnen zugeordneten Einrichtungen iSd § 9 Abs. 1 AGG, von ihren Beschäftigten ein loyales und aufrichtiges Verhalten im Sinne ihres jeweiligen Selbstverständnisses verlangen zu können. Die Vorschrift will Art. 4 Abs. 2 der Richtlinie 2000/78/EG des Rates vom 27.11.2000 umsetzen. Danach können - sofern die Bestimmungen dieser Richtlinie im Übrigen eingehalten werden - die Kirchen und andere öffentliche oder private Organisationen, deren Ethos auf religiösen Grundsätzen oder Weltanschauungen beruht, im Einklang mit den einzelstaatlichen verfassungsrechtlichen Bestimmungen und Rechtsvorschriften von den für sie arbeitenden Personen verlangen, dass sie sich loyal und aufrichtig im Sinne des Ethos der Organisation verhalten. Ob dadurch allein unterschiedliche Behandlungen wegen der Religion oder auch Benachteiligungen aus anderen Gründen (z.B. wegen der sexuellen Identität) erlaubt werden (vgl. ausführlich Thüsing, Arbeitsrechtlicher Diskriminierungsschutz, Rn 487 ff. mwN) kann dahinstehen, da die unterschiedliche Behandlung hier ausschließlich wegen der Religion erfolgt.

[36] (b) Im Streitfall hat der Kläger sich illoyal im Sinne des Ethos der Beklagten verhalten. Die Beklagte sieht, wie aus dem Arbeitsvertrag, der Grundordnung und den Vorschriften des Corpus Iuris Canonici hervorgeht, für leitende Mitarbeiter die Wiederverheiratung Geschiedener als einen schweren Verstoß gegen zentrale Anforderungen ihrer Glaubens- und Sittenlehre an. Danach kommt der Ehe nicht eine formelle Funktion im Sinne eines frei zu

schließenden und auch wieder zu lösenden privatrechtlichen Vertrages zu, sondern sie ist als Sakrament unauflöslich und integraler Bestandteil der göttlichen Schöpfungs- und Erlösungsordnung (Thüsing, Arbeitsrechtlicher Diskriminierungsschutz, Rn 491). Diese Vorgabe muss von der staatlichen Gewalt geachtet werden. Die erneute Heirat eines nach kirchlichem Verständnis Verheirateten ist ein schwerer und ernster Verstoß gegen die Loyalitätsanforderungen (HWK/Annuß/Rupp, 4. Aufl., § 9 AGG Rn 5; AGG/Voigt, 3. Aufl., § 9 AGG Rn 33; Bauer/Göpfert/Krieger, AGG, 3. Aufl. § 9 Rn 17).

[37] (c) Die umstrittene Frage, ob und in welchem Umfang Art. 4 Abs. 2 der Richtlinie 2000/78/EG es gebietet, dass die nach § 9 AGG vom Arbeitgeber gestellte berufliche Anforderung zugleich die Voraussetzungen einer nach der Art der Tätigkeit gerechtfertigten Anforderung erfüllt (vgl. etwa AGG/Voigt, § 9 Rn 22 ff.; Bauer/Göpfert/Krieger, AGG § 9 Rn 13 ff.; Mohr/v. Fürstenberg, BB 2008, 2122; BT-Drs. 16/1780 S. 35 f.; Schreiben der Kommission der Europäischen Union vom 31.1.2008 zu dem am 28.10.2010 eingestellten Vertragsverletzungsverfahren 2007/2362 zu Nr. 2), kann dahinstehen. Eine Auslegungsfrage iSd Art. 267 AEUV stellt sich, wie die Prüfung durch den Senat ergeben hat, nicht. Im Streitfall ist das Verbot der Wiederverheiratung auch nach der Art der vom Kläger ausgeübten Tätigkeit gerechtfertigt. Die Einhaltung der katholischen Glaubens- und Sittenlehre ist zwar nicht Voraussetzung für die Ausübung des Heilberufs im rein praktischen Sinne. Der Kläger ist jedoch als Chefarzt Vorgesetzter zahlreicher Mitarbeiter und verkörpert ihnen gegenüber und auch gegenüber den Patienten und ihren Angehörigen sowie in der Öffentlichkeit in besonderem Maße das Ethos der Beklagten. Sein Verhalten wird von seinen Mitarbeitern und von den Patienten und ihren Angehörigen der Beklagten zugerechnet. Die Beklagte als juristische Person vermittelt ethische Glaubwürdigkeit in herausragendem Maß durch ihr Führungspersonal. Diese in mehrfacher Hinsicht besondere Funktion rechtfertigt es, dass die Beklagte von denjenigen Mitarbeitern, die sie mit der Wahrnehmung der Leitungsaufgaben betraut, eine Identifikation mit den Kernpunkten der katholischen Glaubens- und Sittenlehre fordert. Auch der Europäische Gerichtshof für Menschenrechte geht davon aus, dass besondere berufliche Anforderungen nicht nur dann gegeben sind, wenn sie ein gleichsam handwerkliches Erfordernis darstellen, sondern auch, wenn sie im Einklang mit der Richtlinie 2000/78/EG auf den religiösen Grundsätzen des Arbeitgebers und der Bedeutung der Tätigkeit des betreffenden Arbeitnehmers für diesen beruhen (so für das Gebot der ehelichen Treue nach dem Verständnis der Mormonenkirche EGMR 23.9.2010 -425/03- NZA 2011, 277, KirchE 56, 27; vgl. auch EGMR 3.2.2011 -18136/02- EzA BGB 2002 § 611 Kirchliche Arbeitnehmer Nr. 17, KirchE 57, 85).

[38] c) Liegt danach ein Loyalitätsverstoß des Klägers vor, der an sich geeignet ist, die ordentliche Kündigung nach § 1 KSchG zu rechtfertigen, so ergibt doch die Abwägung der beiderseitigen Interessen der Parteien, dass der Beklagten die Fortsetzung des Arbeitsverhältnisses zumutbar ist.

[39] aa) Zu Gunsten der Beklagten wiegt die unverkennbare Schwere des Loyalitätsverstoßes. Die Beklagte hat als katholische Einrichtung das vom Grundgesetz gestützte Recht, auch als solche zu wirken und in Erscheinung zu treten. Sie versteht ihr karitatives Tun im Sinne der Erfüllung eines religiösen Auftrages. Nach der katholischen Sittenlehre gehören Nächstenliebe und die Unauflöslichkeit der Ehe als Teile zu derselben, umfassenden, nicht verfügbaren und einheitlichen Auffassung vom Menschen als Geschöpf Gottes. Art. 9 und Art. 11 EMRK gewährleisten, dass sich Menschen aufgrund einer sie verbindenden religiösen Auffassung zusammenfinden und ihre Angelegenheiten nach Maßstäben ordnen können, die nicht vom Staat oder der jeweils herrschenden öffentlichen Meinung über die Natur des Menschen korrigiert werden dürfen. Das gilt auch dann, wenn die betreffenden Auffassungen einer Bevölkerungsmehrheit unplausibel, rückwärtsgerichtet oder irrational erscheinen mögen.

[40] bb) Entscheidend geschwächt wird das Interesse der Beklagten an der Auflösung des Arbeitsverhältnisses allerdings durch drei Umstände, aus denen hervorgeht, dass sie selbst die Auffassung vertritt, einer ausnahmslosen Durchsetzung ihrer sittlichen Ansprüche zur Wahrung ihrer Glaubwürdigkeit nicht immer zu bedürfen.

[41] (1) Dies zeigt sich daran, dass die Beklagte nach Art. 3 Abs. 2 GrO mit leitenden Tätigkeiten auch nichtkatholische Personen betrauen kann. Der katholische Glaube ist nur regelmäßige Voraussetzung für die Übertragung von Leitungsaufgaben. Die Beklagte ist also durch die Grundordnung nicht gezwungen, ihr „Wohl und Wehe" gewissermaßen bedingungslos mit dem Lebenszeugnis ihrer leitenden Mitarbeiter für die katholische Sittenlehre zu verknüpfen.

[42] (2) Durch diese Rechtslage ist es auch zu erklären, dass die Beklagte mehrfach Chefärzte beschäftigt hat bzw. beschäftigt, die als Geschiedene erneut geheiratet haben. Es handelt sich insoweit überwiegend um nichtkatholische Arbeitnehmer bzw. katholische Arbeitnehmer in besonderen Lebenslagen, denen gegenüber sie entweder von vornherein nicht die strenge Befolgung der katholischen Glaubens- und Sittenlehre verlangt oder mit Rücksicht auf besondere Gegebenheiten nicht durchsetzen zu müssen glaubte. Richtig ist, dass darin - anders als es das Landesarbeitsgericht gesehen hat - kein Verstoß gegen den arbeitsrechtlichen Gleichbehandlungsgrundsatz gefunden werden kann. Das ändert aber nichts daran, dass die Beklagte das Ethos ihrer Organisation

durch eine differenzierte Handhabung bei der Anwendung und Durchsetzung ihres legitimen Loyalitätsbedürfnisses selbst nicht zwingend gefährdet sieht.

[43] (3) Die Beklagte hat nach den Feststellungen des Landesarbeitsgerichts den nach dem Vertrag der Parteien der Wiederverheiratung gleichwertigen Verstoß des ehelosen Zusammenlebens des Klägers seit dem Herbst 2006 gekannt und hingenommen. Auch das zeigt, dass sie selbst ihre moralische Glaubwürdigkeit nicht ausnahmslos bei jedem Loyalitätsverstoß als erschüttert betrachtet, sondern sich, möglicherweise angesichts der ausgeprägten Verdienste des Klägers um die Patienten und ihres eigenen mit diesen Verdiensten verbundenen Rufs, durchaus zu unterscheiden gestattet.

[44] Schon bei Einbeziehung nur dieser Umstände ist schwer erkennbar, warum ihr die Beschäftigung des Klägers nunmehr unzumutbar sein sollte.

[45] cc) Der Beklagten ist die Weiterbeschäftigung des Klägers jedenfalls dann zumutbar, wenn dessen Belange gegen die ihren abgewogen werden.

[46] Zu Gunsten des Klägers fällt sein grundrechtlich und durch Art. 8, 12 EMRK geschützter Wunsch in die Waagschale, in einer nach bürgerlichem Recht geordneten Ehe mit seiner jetzigen Frau zu leben. Auch deren Recht, die Form des Zusammenlebens mit dem von ihr gewählten Partner im gesetzlich vorgesehenen Rahmen zu bestimmen, verdient Achtung. Freilich hat der Kläger als Katholik durch den Vertragsschluss mit der Beklagten in die Einschränkung seines Rechts auf Achtung des Privat- und Familienlebens eingewilligt. Wenn er an der Erfüllung seiner religiösen Pflicht aus Gründen, die den innersten Bezirk des Privatlebens betreffen, gescheitert ist, so geschah dies jedoch nicht aus einer ablehnenden oder auch nur gleichgültigen Haltung heraus. Der Kläger stellt die mit seiner Religionszugehörigkeit verbundenen ethischen Pflichten nicht in Abrede und hat sich zu keinem Zeitpunkt gegen die kirchliche Sittenlehre ausgesprochen oder ihre Geltung oder Zweckmäßigkeit in Zweifel gezogen. Im Gegenteil versucht er, den ihm nach kanonischem Recht verbliebenen Weg zur kirchenrechtlichen Legalisierung seiner Ehe zu beschreiten. Seine Leistung und sein Einsatz für die ihm anvertrauten Patienten, für seine Mitarbeiter und für sie selbst werden von der Beklagten anerkannt. Störungen des Leistungsaustauschs bestehen nicht. Irgendwelche auch nur leichten Irritationen bei Mitarbeitern oder Patienten wegen des Kündigungssachverhalts sind nicht erkennbar.

[47] Angesichts dessen ist die ausgesprochene Kündigung sozial nicht gerechtfertigt.

17

Aus dem verfassungsrechtlichen Grundsatz der Gleichberechtigung fließt das Gebot, Jungen und Mädchen gleichwertige Ausbildungsmöglichkeiten zu gewährleisten. Dies bedeutet nicht, dass die Ausbildung jeweils gemeinsam durchgeführt werden muss.

Art./§§ 3 Abs. 2, 7 Abs. 4 GG, 12 Abs. 2 u. 3, 30 Abs. 6 BB.LV, 1 Abs. 2, 3 Abs. 1, 4 Abs. 7, 15, 16, 21, 24, 120, 121 BB.SchulG
OVG Berlin-Brandenburg, Urteil vom 8. September 2011 -OVG 3 B 24.09-[1]

Der Kläger, der als gemeinnütziger Verein seit 1972 in J./Nordrhein-Westfalen ein staatlich anerkanntes Mädchengymnasium betreibt, begehrt die Genehmigung zur Errichtung und zum Betrieb eines zweizügigen Jungengymnasiums von Klasse 7 bis zum Abitur als Ersatzschule im Land Brandenburg.

Seinen Antrag vom 15.9.2006, mit dem er hilfsweise die Genehmigung als Schulversuch beanspruchte, lehnte das Ministerium für Bildung, Jugend und Sport des Landes Brandenburg mit Bescheid vom 2.5.2007 ab und begründete dies im Wesentlichen wie folgt: Das geplante Jungengymnasium könne eine öffentliche Schule wegen der fehlenden Ausbildung von Schülerinnen nicht ersetzen. Darüber hinaus sei dem Jungengymnasium aus übergeordneten Aspekten verfassungsrechtlicher Art die Funktion als Ersatzschule abzusprechen. Das Vorhaben verstoße gegen das verfassungsrechtliche Gebot der Gleichstellung der Geschlechter, welches ein prägendes Erziehungsziel im Land Brandenburg sei. Das dortige öffentliche Schulwesen gehe von der Koedukation aus. Ebenso wenig komme eine Genehmigung als Schulversuch in Betracht.

Das VG Potsdam hat der hiergegen gerichteten Klage durch Urteil vom 19.6.2009 (-12 K 1013/07- n.v.) stattgegeben und den Beklagten unter Aufhebung seines versagenden Bescheides vom 2.5.2007 verpflichtet, über den Antrag des Klägers erneut zu entscheiden. Das geplante Jungengymnasium sei als Ersatzschule anzusehen, denn es passe sich grundsätzlich in die durch Landesrecht ausgestaltete Schulstruktur ein. Die Koedukation gehöre nicht zu der pädagogischen Gesamtkonzeption für das Schulwesen im Land Brandenburg und stelle als solche kein den Lehrzielen iSv Art. 7 Abs. 4 Satz 3 GG unterfallendes Erziehungsziel dar. Koedukativer Unterricht sei auch nicht durch höherrangiges Recht geboten. Aus § 4 Abs. 7 Satz 1 SchulG - der mangels ausdrücklicher Be-

1 BeckRS 2011, 54118; *juris*; OVGE BE 32, 160. Die Revision des Beklagten wurde zurückgewiesen. BVerwG, Beschluss vom 30.1.2013 -6 C 6/12- BVerwGE 145, 333; Buchholz 421 Kultur- und Schulwesen Nr. 140; LKV 2013, 316; NVwZ-RR 2013, 363.

stimmung nicht direkt auf Schulen in freier Trägerschaft anzuwenden sei - lasse sich angesichts der Regelung in § 4 Abs. 7 Satz 3 SchulG keine absolute Festlegung auf Koedukation ableiten. Bislang habe der Beklagte nicht geprüft, ob der Kläger mit seinem Vorhaben aufgrund des pädagogischen Gesamtkonzepts die genannten Erziehungsziele erreichen könne.

Mit der Berufung macht der Beklagte im Wesentlichen geltend: Das Prinzip der Koedukation an den staatlichen Schulen im Land Brandenburg sei ein Gebot der Verfassung. Art. 3 Abs. 2 Satz 1 GG sei Maßstab für sämtliche Regelungen im Verhältnis von Mann und Frau bzw. Jungen und Mädchen. Die Koedukation sei als Ausfluss der verfassungsrechtlichen Werteordnung in der Landesverfassung angelegt (Art. 12 Abs. 3 Satz 2 BB.LV), in § 4 Abs. 7 Satz 1 SchulG konkretisiert und zum Maßstab der Erziehung in den öffentlichen Schulen des Landes gemacht. Die Bestimmung des § 4 Abs. 7 Satz 3 SchulG lasse von diesem Grundsatz nur eng begrenzte Ausnahmen zu. Die Koedukation betreffe die Organisation von Schule in allen ihren Aspekten und stelle ein Strukturprinzip dar. Die Monoedukation sei mit der verfassungsrechtlich vorgegebenen Koedukation unverträglich, die zur Genehmigung beantragte Ersatzschule könne die öffentliche Schule daher nicht ersetzen. Es handele sich bei der Koedukation nicht um eine durch die Monoedukation gleichermaßen darstellbare Erziehungsmethode, sondern um das Erziehungsziel der Verinnerlichung der Gleichwertigkeit der beiden Geschlechter als prägend für die Persönlichkeitsentwicklung eines Kindes (Anerkennung der Verschiedenheit im Gemeinsamen). Das pädagogische Gesamtkonzept des Landes - das Lernen und Arbeiten, die Interaktion und der Erfahrungsaustausch im koedukativen gestaltenden menschlichen Miteinander - werde durch die Koedukation zentral bestimmt und beinhalte alle der in Art. 28 BB.LV aufgeführten Grundsätze der Erziehung und Bildung. Es bestehe daher eine „absolute Festlegung“ auf die Koedukation durch den Landesgesetzgeber. Wie das „Gutachten zur Notwendigkeit koedukativer Schulen“ (von Frau Prof. Dr. H.) zeige, könne nach wissenschaftlichem Stand kein anderes Prinzip als die Koedukation zur Erreichung der Gleichberechtigung führen. Das Verwaltungsgericht habe zudem die innerstaatliche Bedeutung der durch Zustimmungsgesetze über Art. 59 Abs. 2 GG in nationales Recht transformierten völkerrechtlichen Vereinbarungen verkannt; diese stünden nach ihren besonderen Vorgaben der begehrten Genehmigung entgegen. Schließlich werde bezweifelt, ob gerade der Kläger die Gleichberechtigung von Mann und Frau in einer der Verfassung entsprechenden Weise vermitteln werde, da er erklärtermaßen in der Nähe der katholischen Laienorganisation Opus Dei stehe.

Der Kläger ist der Ansicht, dass aus den verfassungsrechtlichen Bestimmungen, insbesondere zur Gleichberechtigung von Mann und Frau, keine zwingende Vorgabe für den Landesgesetzgeber folge, nur koedukativen Unterricht zu erlauben. Auch aus den vom Bund eingegangenen einschlägigen völkerrechtlichen Verträgen folge kein Verbot der Monoedukation. Es gehe hier nicht um die Beurteilung einer Schulform, sondern lediglich einer Erziehungsmethode. Der Kläger teile das pädagogische Gesamtkonzept des Beklagten, soweit es sich in Art. 28 BB.LV und § 4 Abs. 4 und 5 SchulG manifestiere, diesem könne er in Ausübung der Privatschulfreiheit aber durch eine monoedukative Erziehung gerecht werden. Nicht jede Färbung einer Schule sei ein „Strukturprinzip" - wie die Beispiele einer „Nichtraucherschule" oder „Ökoschule" zeigten - und, selbst wenn, jedenfalls keine Schulform iSd Akzessorietätsrechtsprechung. Eine Tradition monoedukativer Schulen möge es historisch bedingt bei dem Beklagten nicht geben, sie bestehe angesichts von heute rund 100 - und im Jahr 1960 noch zahlreicherer - monoedukativen privaten und staatlichen Schulen aber in der Bundesrepublik Deutschland insgesamt. Das Mädchengymnasium J. werde seit fast 40 Jahren von demselben Schulträger geführt, ohne dass jemals Zweifel an der Eignung des Lehrpersonals aufgekommen wären, zumal lediglich der katholische Religionsunterricht von einem Priester der katholischen Personalprälatur Opus Dei erteilt werden solle.

Die Berufung des Beklagten blieb ohne Erfolg.

Aus den Gründen:

[11] Die Berufung des Beklagten ist nicht begründet. Das Verwaltungsgericht hat der Klage zu Recht stattgegeben. Der versagende Bescheid vom 2.5.2007 erweist sich als rechtswidrig, denn der Kläger hat einen Anspruch auf erneute Bescheidung seines Antrags vom 15.9.2006, mit dem er die Genehmigung zur Einrichtung und zum Betrieb eines Jungengymnasiums begehrt (§ 113 Abs. 5 Satz 2 VwGO).

[12] I. Der Genehmigungsanspruch ergibt sich aus § 121 Abs. 1 Satz 1 des Gesetzes über die Schulen im Land Brandenburg (idF vom 2.8.2002 [GVBl. I S. 78], zuletzt geändert durch Gesetz vom 7.7.2011 [GVBl. I S. 1, 2]; Brandenburgisches Schulgesetz - SchulG) iVm Art. 30 Abs. 6 Satz 1 der Verfassung des Landes Brandenburg (BB.LV) und Art. 7 Abs. 4 GG. Das Grundrecht aus Art. 7 Abs. 4 GG, auf das Art. 30 Abs. 6 Satz 1 BB.LV verweist, gewährleistet jedermann unter Absage an ein staatliches Schulmonopol das Recht, Privatschulen als Ersatz für öffentliche Schulen zu errichten. Derartige Schulen bedürfen gem. Art. 7 Abs. 4 Satz 2 GG der Genehmigung des Staates und unterstehen den Landesgesetzen. Die Genehmigung ist zu erteilen, wenn die privaten Schulen in ihren Lehrzielen und Einrichtungen sowie in der wissenschaftlichen Ausbildung ihrer Lehrkräfte nicht hinter den öffentlichen Schulen zurückstehen und eine Sonderung der

Schüler nach den Besitzverhältnissen der Eltern nicht gefördert wird. Sie ist zu versagen, wenn die wirtschaftliche und rechtliche Stellung der Lehrkräfte nicht genügend gesichert ist.

[13] Kennzeichnend für die Privatschule ist ein Unterricht eigener Prägung, insbesondere im Hinblick auf die Erziehungsziele, die weltanschauliche Basis, die Lehrmethode und die Lehrinhalte. Art. 7 Abs. 4 Satz 1 GG schützt die Vielfalt der Formen und Inhalte, in denen Schule sich darstellen kann; das Genehmigungserfordernis hat den Sinn, die Allgemeinheit vor unzureichenden Bildungseinrichtungen zu schützen. Art. 7 Abs. 4 GG begründet unter den dort genannten Voraussetzungen einen Anspruch auf Genehmigung einer privaten Schule (vgl. BVerfG, Beschluss vom 8.6.2011 -1 BvR 759/08, 1 BvR 733/09- *juris* Rn 15 mwN; Urteil vom 8.4.1987 -1 BvL 8/84, 1 BvL 16/84- BVerfGE 75, 40 [61 f.], KirchE 25, 100; Beschluss vom 14.11.1969 -1 BvL 24/64- BVerfGE 27, 195 [200 f.]).

[14] Sowohl Art. 7 Abs. 4 GG als auch § 121 SchulG setzen voraus, dass es sich bei der zu genehmigenden Schule um eine Ersatzschule iSv § 120 Abs. 1 SchulG handelt. Danach sind Ersatzschulen alle Schulen in freier Trägerschaft, die Schulen entsprechen, die aufgrund dieses Gesetzes bestehen oder vorgesehen sind. Sie können das Angebot der in diesem Gesetz vorgesehenen Bildungsgänge durch besondere Inhalte und Formen der Erziehung und des Unterrichts prägen. Ob eine Privatschule im Einzelfall Ersatzschule iSd Art. 7 Abs. 4 GG ist, lässt sich nicht ausschließlich nach Bundesverfassungsrecht beantworten; denn auch das Landesrecht kann hierauf Einfluss nehmen, indem es bestimmt, welche öffentlichen Schulen es gibt, denen eine Privatschule entsprechen und somit „Ersatzschule" sein kann (BVerfG, Beschluss vom 9.3.1994 -1 BvR 1369/90- BVerfGE 90, 128 [139]; BVerwG, Urteil vom 28.5.1997 -6 C 1/96- BVerwGE 105, 20 [24]). Die Akzessorietät der Ersatzschulen zu den öffentlichen Schulen bezieht sich nicht notwendigerweise auf eine formale Entsprechung zu den jeweils im Landesrecht typisierten Schularten und -formen, sondern auf eine Entsprechung in deren Gesamtzweck (BVerfG, Beschluss vom 8.6.2011, aaO, Rn 21; BVerwG, Beschluss vom 21.7.2011 -6 B 29/11- *juris* Rn 4). Ersatzschulen sind danach Privatschulen, die nach dem mit ihrer Errichtung verfolgten Gesamtzweck als Ersatz für eine in dem Land vorhandene oder grundsätzlich vorgesehene öffentliche Schule dienen sollen (BVerwG, Urteil vom 28.5.1997, aaO [24]).

[15] 1. Unter Berücksichtigung dieses Maßstabes kann die von dem Kläger begehrte Genehmigung nicht mit der Begründung versagt werden, das geplante Jungengymnasium sei eine im brandenburgischen Landesschulrecht nicht vorgesehene Schulform, für die es daher keinen Ersatz geben könne.

[16] a) Der monoedukative Zuschnitt des Vorhabens steht seiner Einordnung als Ersatzschule im Grundsatz nicht entgegen, weil es sich nicht um ein

die Schulstruktur oder Schulform prägendes Merkmal handelt. Die geplante Schule entspricht von ihrem Aufbau und ihrer Struktur her den Vorgaben des brandenburgischen Schulrechts und stimmt vor allem mit den dort geregelten Bildungsgängen überein, durch die die innere Organisation der Schulen geprägt wird. Die Bildungsgänge werden jeweils durch gemeinsame Bildungsziele für alle Schülerinnen und Schüler bestimmt, die mit dem Vorrücken in fortschreitende Jahrgangsstufen durch die Art der Erschließung, Erweiterung und Vertiefung der für Erziehung und Bildung relevanten Unterrichtsinhalte ausdifferenziert werden (§ 15 Abs. 1 Satz 1 und 2 SchulG). Die Bildungsgänge sind in § 15 Abs. 3 SchulG aufgeführt. Hierzu gehört nach § 15 Abs. 3 Satz 1 Nr. 2 lit. c und Nr. 3 lit. h SchulG in Sekundarstufe I und II der Bildungsgang zum Erwerb der allgemeinen Hochschulreife. Gem. § 16 Abs. 2 Satz 1 Nr. 2 lit. b, Satz 2 SchulG ist eine Schulform - als allgemein bildende Schule - das Gymnasium. Sein Bildungsgang ist in §§ 21, 24 SchulG näher beschrieben. Der Kläger hat ausdrücklich erklärt, sich daran auszurichten.

[17] Nichts anderes ergibt sich aus § 4 Abs. 7 SchulG, der dem Abschnitt „Auftrag der Schule“ zugeordnet ist und „Ziele und Grundsätze der Erziehung und Bildung“ normiert. Nach dessen Satz 1 und 3 werden Schülerinnen und Schüler gemeinsam erzogen und unterrichtet; sofern es pädagogisch sinnvoll ist, können Schülerinnen und Schüler in Unterrichtsfächern, Lernbereichen oder übergreifenden Themenkomplexen zeitweise nach Geschlechtern getrennt unterrichtet werden. Diese Bestimmung berührt nicht die landesrechtliche Organisation der Schulformen. Die gemeinsame Erziehung und Unterrichtung von Jungen und Mädchen in der Schule (Koedukation) ist - im Gegensatz zur Geschlechtertrennung - lediglich eine Erziehungsmethode, die in den von dem Landesgesetzgeber definierten Schulformen und Bildungsgängen zur Anwendung gelangt. Dieser Charakter der Koedukation folgt etwa auch aus Art. 10 lit. c des Übereinkommens zur Beseitigung jeder Form von Diskriminierung der Frau vom 18.12.1979 (BGBl. II 1985, 647, 653), das in der deutschen Übersetzung von der „Förderung der Koedukation und sonstiger Erziehungsformen“ spricht.

[18] Entgegen der Auffassung des Beklagten ist das Prinzip der Koedukation an staatlichen Schulen im Land Brandenburg kein - insbesondere die Frage der Schulform bestimmendes - Gebot der Verfassung. Ein solches folgt nicht aus Art. 3 Abs. 2 und 3 GG oder einer anderen Verfassungsvorschrift (vgl. Starck, in: v. Mangoldt/Klein/Starck, GG, 6. Aufl. 2010, Art. 3 Abs. 2 Rn 340). Ebenso wenig ist Art. 12 Abs. 2, wonach niemand wegen seines Geschlechts bevorzugt oder benachteiligt werden darf, und Abs. 3 BB.LV, demgemäß Frauen und Männer gleichberechtigt sind und das Land verpflichtet ist, für die Gleichstellung von Mann und Frau auch in Bildung und Ausbildung durch wirksame Maßnahmen zu sorgen, eine konkrete Vorgabe zur Umsetzung dieser verfassungsrechtlichen

Vorgaben in dem Bereich des öffentlichen Schulwesens zu entnehmen. Gleiches gilt hinsichtlich Art. 29 Abs. 3 BB.LV, wonach jeder das Recht auf gleichen Zugang zu den öffentlichen Bildungseinrichtungen hat, unabhängig von seiner wirtschaftlichen und sozialen Lage und seiner politischen Überzeugung; hiermit wird der allgemeine Gleichheitsgrundsatz des Art. 12 Abs. 2 BB.LV ohnehin lediglich in Teilen wiederholt (vgl. Ernst, in: Lieber/Ewers/Ernst, Verfassung des Landes Brandenburg, Stand Februar 2003, Art. 29 zu 3.).

[19] Aus alledem ergibt sich nicht, dass ausschließlich ein koedukatives Unterrichtssystem konstituiert werden müsste - mag dies auch naheliegender sein als die Monoedukation. Aus dem Grundsatz der Gleichberechtigung fließt das Gebot, Jungen und Mädchen gleichwertige Ausbildungsmöglichkeiten zu gewährleisten. Dies bedeutet indes nicht, dass die Ausbildung jeweils gemeinsam durchgeführt werden muss (vgl. BayVerfGH, Entscheidung vom 27.2.1985 - Vf. 9 VII-82- NJW 1987, 1543 [1545]; s.a. OVG NRW, Urteil vom 4.5.1957 - V A 1571/55- DÖV 1958, 465 [467]). Vielmehr bleiben beachtenswerte Gründe erkennbar, die schulische Erziehung gerade für die Altersstufen der Gymnasiasten nicht nur in Form eines gemeinsamen Unterrichts anzubieten, sondern auch die Wünsche nach einer nur einem Geschlecht offenstehenden Schule zu respektieren (vgl. BayVerfGH, aaO). Hierfür sprechen schon die von dem Beklagten und dem Kläger eingereichten bzw. zitierten Untersuchungen ko- bzw. monoedukativer Schulen (vgl. nur Sabine Neumann, Zum Einfluss geschlechtsspezifischer Asymmetrien auf die schulische Erziehung von Mädchen und Jungen, Hildesheim 2002, S. 39, 82; Rost/Pruisken, Vereint schwach? Getrennt stark? Mädchen und Koedukation, ZfPP 2000, 177, 190).

[20] Nicht zuletzt hat auch das Bundesverwaltungsgericht in einem die Befreiung einer Schülerin islamischen Glaubens vom koedukativen Sportunterricht betreffenden Urteil ausgeführt, für die Entscheidung der Frage, ob ein koedukativer Sportunterricht der Emanzipation von Schülerinnen der Altersstufe der dortigen Klägerin eher förderlich sei als ein nach Geschlechtern getrennter Sportunterricht, lasse sich weder aus Art. 3 Abs. 1 GG, wonach alle Menschen vor dem Gesetz gleich seien, noch aus dem Gebot der Gleichberechtigung von Männern und Frauen, Art. 3 Abs. 2 GG, etwas herleiten (BVerwG, Urteil vom 25.8.1983 -6 C 8/91- BVerwGE 94, 82 [94]).

[21] b) Es ist nicht erkennbar, dass das von dem Kläger geplante Vorhaben - wie der Beklagte meint - schon allein wegen der Monoedukation in seinen Lehrzielen hinter den Schulen in öffentlicher Trägerschaft zurücksteht.

[22] Lehrziele iSv Art. 7 Abs. 4 Satz 3 GG, hinsichtlich derer zwischen „Erziehungszielen" einerseits und der „Qualifikation" andererseits unterschieden wird (BVerfG, Beschluss vom 8.6.2011, aaO, Rn 17; BVerwG, Urteile vom 19.2.1992 -6 C 3/91- BVerwGE 90, 1 [9], KirchE 30, 52, und vom 13.12.2000 -

6 C 5/00- BVerwGE 112, 263 [267 f.]), sind der generelle Bildungsauftrag der Schule und die jeweiligen Bildungsziele der einzelnen Schularten und Schulstufen, wobei keine Gleichartigkeit mit öffentlichen Schulen verlangt wird, sondern eine Gleichwertigkeit (vgl. BVerfG, Beschluss vom 8.6.2011, aaO, *juris* Rn 16; Beschluss vom 9.3.1994 -1 BvR 682/88, 1 BvR 712/88- BVerfGE 90, 107 [114]; Urteil vom 8.4.1987, aaO [61 f.]). Zum Mindeststandard der Lehrziele gehören diejenigen Anforderungen, die von Verfassungs wegen für jegliches Handeln der Exekutive gelten und daher auch vom Staat und den Kommunen als Träger von öffentlichen Schulen zu beachten sind. Da der Staat gem. Art. 7 Abs. 1 GG die Verantwortung für das gesamte Schulwesen einschließlich der Privatschulen hat und folglich jedenfalls auch der in den privaten Ersatzschulen erteilte Unterricht letztlich ihm zuzurechnen ist, gilt der unmittelbar durch die Verfassung gebotene Mindeststandard an Erziehungszielen auch für die privaten Ersatzschulen. Das sind im einzelnen - positiv - das Gebot der Achtung der Würde eines jeden Menschen, Art. 1 Abs. 1 GG, und verbunden damit die Grundrechte der Art. 2 ff. GG, insbesondere das Recht auf freie Entfaltung der Persönlichkeit, Art. 2 Abs. 1 GG, und die Gleichheit aller Menschen vor dem Gesetz, Art. 3 Abs. 1 GG, sowie schließlich die in Art. 20 GG aufgeführten Verfassungsgrundsätze des demokratischen und sozialen Rechtsstaats (vgl. BVerwG, Urteil vom 19.2.1992, aaO 11 f.]). Hierzu gehört mithin auch die in Art. 3 Abs. 2 und 3 GG, Art. 12 Abs. 2 und 3 BB.LV normierte Gleichberechtigung der Geschlechter.

[23] Erziehungsziele sind auch in Art. 28 BB.LV benannt, wonach Erziehung und Bildung die Aufgabe haben, die Entwicklung der Persönlichkeit, selbständiges Denken und Handeln, Achtung vor der Würde, dem Glauben und den Überzeugungen anderer, Anerkennung der Demokratie und Freiheit, den Willen zu sozialer Gerechtigkeit, die Friedfertigkeit und Solidarität im Zusammenleben der Kulturen und Völker und die Verantwortung für Natur und Umwelt zu fördern. Hierauf nehmen § 4 Abs. 1, 2, 4 und 5 SchulG Bezug (vgl. Ernst, aaO, Art. 28 zu 2.).

[24] Die Koedukation ist - wie bereits das Verwaltungsgericht zutreffend ausgeführt hat - schon ihrer Natur nach kein Erziehungsziel, weil sie nicht als Ergebnis eines Handelns anzusehen ist. Sie dient vielmehr der Erreichung eines Erziehungsziels, ist also - wie bereits erläutert - Mittel und Methode auf dem Weg dorthin. Die gemeinsame Erziehung und Unterrichtung von Mädchen und Jungen nach § 4 Abs. 7 Satz 1 SchulG fällt - auch im Sinne der Überschrift dieser Regelung - demnach nicht unter die Ziele der Erziehung.

[25] Abgesehen davon steht das monoedukative Konzept auch dann nicht in seinen Lehrzielen hinter den Schulen in öffentlicher Trägerschaft zurück, wenn man die verfassungsrechtlich verankerte Gleichberechtigung - wie der Beklagte meint - als mit der Koedukation maßgeblich verknüpftes Erziehungsziel ansieht.

Auch insoweit ist zu beachten, dass Art. 7 Abs. 4 Satz 1 GG der Privatschule eine ihrer Eigenart entsprechende Verwirklichung sichert. Der dem staatlichen Einfluss damit entzogene Bereich ist dadurch gekennzeichnet, dass in der Privatschule ein eigenverantwortlich geprägter und gestalteter Unterricht erteilt wird, insbesondere soweit er die Erziehungsziele, die weltanschauliche Basis, die Lehrmethode und Lehrinhalte betrifft. Bezieht sich somit die Gestaltungsfreiheit auch der privaten Ersatzschule auf Lehrmethode und Lehrinhalte bei anzustrebender Gleichwertigkeit des Bildungsabschlusses, so muss sie nach eigenem pädagogischen Ermessen darüber entscheiden dürfen, auf welchem Wege und mit welchen Mitteln sie zu diesem Gesamtergebnis gelangt (BVerwG, Urteil vom 13.12.2000, aaO, [268 f.]).

[26] Dementsprechend bestimmt § 117 Abs. 2 SchulG, dass den freien Trägern die Schulgestaltung obliegt; dabei entscheiden sie insbesondere über die Inhalte, die Methoden, die Organisation von Unterricht und Erziehung und die pädagogische, religiöse oder weltanschauliche Ausrichtung, soweit durch dieses Gesetz oder aufgrund dieses Gesetzes nichts anderes bestimmt ist. § 120 Abs. 1 Satz 2 SchulG erlaubt es den Ersatzschulen, das Angebot der in diesem Gesetz vorgesehenen Bildungsgänge durch besondere Inhalte und Formen der Erziehung und des Unterrichts zu prägen. Die durch diese Vorgaben eröffnete Freiheit des Klägers schließt es im Grundsatz ein, ein an der Lehrmethode der Monoedukation ausgerichtetes Gymnasium zu schaffen.

[27] Dass das Erziehungsziel der Gelichberechtigung nicht auch in einer monoedukativen Unterrichtsform erreicht werden kann, ist nicht ersichtlich. Mag auch das tägliche Erleben des anderen Geschlechts in einer monoedukativen Schule nicht möglich sein, so ist doch auf der anderen Seite nicht erkennbar, dass die Bedeutung der Gleichberechtigung von Mann und Frau und die Verinnerlichung dieses verfassungsrechtlichen Grundwertes als prägend für die Persönlichkeitsentwicklung des Kindes nicht auch auf andere Weise im Rahmen eines pädagogischen Konzepts zu vermitteln wäre. Hierfür streitet vorliegend insbesondere, dass der Kläger bereits seit annähernd 40 Jahren das Mädchengymnasium in J. führt, ohne dass anderslautende Erkenntnisse ersichtlich oder vom Beklagten angeführt worden wären. Dabei mag es gute Gründe geben, an dem Grundsatz der gemeinsamen Erziehung festzuhalten, weil die Koedukation nach ihrer Intention darauf angelegt ist, Mädchen und Jungen nicht auf bestimmte traditionelle Rollenmuster festzulegen und so die Gleichberechtigung der Geschlechter (Art. 3 Abs. 2 GG) auch im Schulwesen zu verwirklichen (vgl. Avenarius/Heckel, Schulrechtskunde, 7. Aufl. 2000, S. 88 f., TZ 4.37), zwingend erscheint dies indes nicht (vgl. auch F..., Gutachten zur Notwendigkeit koedukativer Schulen, Seite 14 [„eher"]). Die Vermittlung der zur Erreichung der benannten Erziehungsziele erforderlichen Kenntnisse und Fertigkeiten ist viel-

mehr abhängig von dem konkreten pädagogischen Konzept des Klägers bzw. von der geplanten Zusammensetzung der Lehrerschaft (Lehrer und Lehrerinnen). Der Kläger hat in seinem Genehmigungsantrag zur Darstellung des pädagogischen Konzepts zu den Vorzügen der monoedukativen Unterrichtung vorgetragen und darauf verwiesen, eine geschlechterorientierte Bildung und Erziehung könne alle allgemeinen Erziehungsziele erreichen und es bleibe außerschulisch genügend Gelegenheit, den vorurteilsfreien Umgang mit dem anderen Geschlecht zu lernen, wie er in der modernen Gesellschaft eine Selbstverständlichkeit sei. Ob dies im Hinblick auf die praktische Umsetzung zur Erreichung des benannten Erziehungsziels ausreichend oder ergänzungsbedürftig ist, hat der Beklagte ausweislich des angefochtenen Bescheides noch nicht geprüft. Eine weitere Auseinandersetzung hiermit ist daher - etwa auch im Hinblick auf die Beschäftigung von Mitgliedern der katholischen Personalprälatur Opus Dei - im Rahmen des vorliegenden Verfahrens nicht geboten.

[28] Nach alledem lässt sich keine hinreichend konkrete, auf verlässliche und überzeugende Feststellungen gestützte Prognose treffen, dass als Konsequenz der Monoedukation erhebliche Defizite im Hinblick auf das genannte Erziehungsziel entstehen werden (vgl. dazu BVerwG, Urteil vom 19.2.1992, aaO [11, 15]; Niehues/Rux, Schulrecht, 4. Aufl. 2006, Rn 956).

[29] c) Selbst wenn auch für das geplante Vorhaben gefordert sein sollte, dass es sich in die Gesamtkonzeption des brandenburgischen Schulwesens einpasste (vgl. hierzu BVerwG, Urteil vom 18.12.1996 -6 C 6/95- BVerwGE 104, 1 [8], KirchE 34, 490), stünde dies der begehrten Genehmigungserteilung nicht entgegen.

[30] Nach dem genannten Urteil des Bundesverwaltungsgerichts - das die Einrichtung eines privaten grundständigen Gymnasiums im Land Brandenburg betraf, dessen Schulrecht für die 5. und 6. Jahrgangsstufe die Unterrichtung an einer Grundschule vorsah - geht es bei der Beurteilung, ob es sich um eine Privatschule mit anzuerkennendem Ersatzcharakter handelt, darum, ob die vom Landesgesetzgeber in Übereinstimmung mit dem Grundgesetz vorgegebene pädagogische Gesamtkonzeption verwirklicht ist. Ob eine Privatschule hinsichtlich des mit ihrer Errichtung verfolgten Gesamtzwecks einer im Lande, wenn nicht vorhandenen, so doch grundsätzlich vorgesehenen öffentlichen Schule entspricht, kann also nicht ohne jede Rücksicht auf die grundlegende pädagogische Gesamtkonzeption entschieden werden, die hinter der Struktur des öffentlichen Schulwesens im Lande steht (BVerwG, Urteil vom 18.12.1996, aaO, *juris* Rn 40 [insoweit nicht abgedruckt in BVerwGE 104, 1]).

[31] So können zunächst die mit der landesrechtlichen Ausgestaltung als „Gesamtzweck“ verfolgten spezifischen pädagogischen Ziele auch in der vorgesehenen Privatschule erfüllt werden (vgl. BVerwG, Urteil vom 18.12.1996, aaO

[11 f.]). Mit der Lehrmethode der gemeinsamen Unterrichtung soll nach den Ausführungen des Beklagten die Verinnerlichung der Gleichwertigkeit beider Geschlechter als prägend für die Persönlichkeitsentwicklung, d.h. die Anerkennung der Verschiedenheit im Gemeinsamen, verfolgt werden, sie soll der Persönlichkeitsentwicklung des Kindes und seiner Eingliederung in die Gesellschaft Rechnung tragen. Dass dieses Erziehungsziel allein auf die von dem Beklagten für die öffentlichen Schulen verfolgte Weise erreicht werden könnte, ist nach dem oben Gesagten nicht ersichtlich. Es spricht nichts Durchgreifendes dagegen, dass auch eine monoedukative Schule diesem Anspruch im Ergebnis gleichfalls gerecht werden kann.

[32] Schließlich ist nicht ersichtlich, dass das geplante Vorhaben durch seine Existenz die Erfüllung der spezifischen pädagogischen Ziele, die mit der landesrechtlichen Ausgestaltung der öffentlichen Gymnasien verfolgt werden, an diesen öffentlichen Schulen beeinträchtigt (vgl. dazu BVerwG, Urteil vom 18.12.1996, aaO [13]). So wird zwar der Kreis derjenigen Jungen, die als Schüler eines öffentlichen Gymnasiums in der Nähe von Potsdam in Betracht kommen, verkleinert. Hierdurch wird - auch im Hinblick auf den Einzugsbereich der geplanten Schule - das von dem Beklagten verfolgte Prinzip der Koedukation jedoch nicht in Frage gestellt.

[33] 2. Ausgehend hiervon ist die begehrte Einrichtung eines monoedukativen Gymnasiums im Grundsatz von der dem Kläger zukommenden Privatschulfreiheit gedeckt.

[34] a. Dem steht nicht entgegen, dass mit dem Einsatz dieser Lehrmethode Mädchen kein Zugang zu der beantragten Ersatzschule gewährt wird.

[35] Mit dem durch Art. 7 Abs. 4 GG gewährten Schutz ist die Freiheit des Privatschulträgers verbunden, für seine Schule die Schüler so auszuwählen, dass ein seinen Vorstellungen entsprechender Unterricht durchgeführt werden kann (vgl. BVerfG, Beschluss vom 23.11.2004 -1 BvL 6/99- BVerfGE 112, 74 [83], KirchE 46, 300). Die Privatschule muss dabei allgemein zugänglich sein, jedoch nicht in dem Sinne, dass sie wie die öffentliche Schule jeden Schüler bei Erfüllung allgemeiner Voraussetzungen aufnehmen muss, wohl aber in dem Sinne, dass sie grundsätzlich ohne Rücksicht auf deren Wirtschaftslage besucht werden kann (vgl. BVerfG, Urteil vom 8.4.1987, aaO [64]). Diesen Grundsätzen folgend ist die aus pädagogischen Erwägungen auf Jungen beschränkte Auswahl der Schüler nicht zu beanstanden.

[36] Diese Auswahl wird auch nicht durch die verfassungsrechtlichen Gleichheitssätze der Art. 3 Abs. 2 und 3 GG, Art. 12 Abs. 2 und 3 BB.LV beschränkt. Hierbei kann offen bleiben, inwieweit der Kläger an Grundrechte gebunden ist und in welchem Umfang diese den Beklagten bei der Erteilung der begehrten Genehmigung binden. Schülerinnen wird jedenfalls nicht in gleich-

heitswidriger Weise der Zugang zu Gymnasien als solchen genommen, sondern dies betrifft lediglich eine einzelne Schule mit einem bestimmten pädagogischen Konzept. Das der Schülerauswahl zugrunde liegende pädagogische Grundkonzept erscheint zudem nicht unvertretbar, wie die genannten Untersuchungen aufzeigen (vgl. ergänzend „Was hilft den Jungen? - Die Bildungsexperten Hannelore Faulstich-Wieland und Klaus Hurrelmann streiten über die richtigen Förderkonzepte“, in Zeit-Online vom 9.8.2010, www.zeit.de). Es ist nach den plausiblen Ausführungen des Klägers auch nicht Sinn des geplanten Vorhabens, Mädchen zu benachteiligen oder Jungen im Sinne einer „Rollenfixierung“ festzulegen, sondern im Rahmen eines vertretbaren pädagogischen Konzepts die Erziehungsziele des öffentlichen Schulwesens auf andere Weise - im Wege einer geschlechtshomogenen Erziehung und Unterrichtung - zu erreichen.

[37] b. Aus den Regelungen des brandenburgischen Schulgesetzes folgt keine Verpflichtung des Klägers zu einer geschlechtsheterogenen Erziehung und Unterrichtung. Soweit § 4 Abs. 7 Satz 1 SchulG einen Grundsatz für die gemeinsame Erziehung und Unterrichtung von Schülerinnen und Schülern bestimmt, fehlt es entgegen § 1 Abs. 2 SchulG an einer ausdrücklich normierten Vorgabe, dass dieser Grundsatz auch auf Ersatzschulen Anwendung findet. Die nunmehr gültige Fassung des § 4 Abs. 7 Satz 1 SchulG wird im Übrigen dahin begründet (LT-Drs. 4/3006, S. 57), dass die Änderung in Abs. 7 Satz 1 deutlicher als bisher herausstelle, dass in den Schulen des Landes Brandenburg generell ein gemeinsamer Unterricht erfolge, wobei eine Trennung nach Geschlechtern unter den Voraussetzungen des Satzes 2 nur die Ausnahme bilde. Eine gesetzliche Verbindlichkeit auch für Schulen in freier Trägerschaft (vgl. dazu die Definition in § 2 Nr. 3 SchulG) ergibt sich daraus nicht. Zudem sieht auch § 4 Abs. 7 Satz 3 SchulG eine getrennte Unterrichtung - sofern es pädagogisch sinnvoll ist - ausdrücklich vor, wenn auch begrenzt - zeitweise - auf Unterrichtsfächer, Lernbereiche oder übergreifende Themenkomplexe.

[38] Ein Anwendungsbefehl im Sinne von § 1 Abs. 2 SchulG fehlt auch in § 3 Abs. 1 Satz 2 SchulG, wonach die Schulen so zu gestalten sind, dass gleicher Zugang, u.a. unabhängig von dem Geschlecht der Schüler, gewährleistet wird. Diese Bestimmung enthält Vorgaben für die Verpflichtung des Landes, ein Schulsystem zur organisieren, das Chancengleichheit gewährleistet (vgl. Hanßen/Glöde, SchulG, Stand Dezember 2010, § 3 Rn 5). Dass Schulen in freier Trägerschaft dies ausschließlich durch Koedukation verwirklichen müssten, ergibt sich nicht. Unabhängig davon ist zu beachten, dass auch der Grundsatz des freien Zugangs zu den öffentlichen Bildungseinrichtungen nach Art. 29 Abs. 3 Satz 1 BB.LV im Hinblick auf die für Privatschulen geltenden Besonderheiten nach Art. 30 Abs. 6 BB.LV tatsächlich auf erstere beschränkt ist (vgl. Ernst, aaO, Art. 29 zu 3.).

[39] 3. Schließlich sprechen auch die vom Beklagten angeführten internationalen Abkommen nicht gegen die Erteilung der Genehmigung für die beantragte private Ersatzschule.

[40] a) Diesen völkerrechtlichen Verträgen hat der Bundesgesetzgeber jeweils mit förmlichem Gesetz gem. Art. 59 Abs. 2 GG zugestimmt (Gesetz vom 9.5.1968 zu dem Übereinkommen vom 15.12.1960 gegen Diskriminierung im Unterrichtswesen [BGBl. II 1968, 385], Inkrafttreten des Übereinkommens für die Bunderepublik Deutschland am 24.10.1968 [BGBl. II 1969, 956]; Gesetz vom 23.11.1973 zu dem Internationalen Pakt vom 19.12.1966 über wirtschaftliche, soziale und kulturelle Rechte [BGBl. II 1973, 1569], Inkrafttreten des Paktes am 3.1.1976 [BGBl. II 1976, 428]; Gesetz vom 25.4.1985 zu dem Übereinkommen vom 18.12.1979 zur Beseitigung jeder Form der Diskriminierung der Frau [BGBl. II 1985, 647], Inkrafttreten des Übereinkommens am 9.8.1985 [BGBl. II 1985, 1234]; Gesetz vom 17.2.1992 zu dem Übereinkommen vom 20.11.1989 über die Rechte des Kindes [BGBl. II 1992, 121], Inkrafttreten des Übereinkommens am 5.4.1992 [BGBl. II 1992, 990]).

[41] Durch die Transformation in das deutsche Recht stehen die völkerrechtlichen Vereinbarungen innerhalb der deutschen Rechtsordnung grundsätzlich im Range eines Bundesgesetzes (vgl. BVerfG, Beschluss vom 14.10.2004 - 2 BvR 1481/04- BVerfGE 111, 307 [316 f.]; Pernice, in: Dreier, Grundgesetz, 2. Aufl. 2006, Art. 59 Rn 47; Nettesheim, in: Maunz/Dürig, Grundgesetz, Stand Januar 2011, Art. 59 Rn 183 ff.). Infolgedessen müssen sie sich auch an höherrangigem Recht wie der verfassungsrechtlich verbürgten Privatschulfreiheit iSv Art. 7 Abs. 4 Satz 3 GG messen lassen (vgl. BVerfG, Beschluss vom 14.10.2004, aaO [329]). Ausgehend hiervon kann den genannten Übereinkommen schon wegen dieses Rangverhältnisses - unabhängig davon, ob sie in einzelnen Bestimmungen unmittelbar anwendbar wären oder den Kläger zu verpflichten vermöchten (vgl. dazu ausführlich BVerwG, Beschluss vom 13.12.2010 - 7 B 64/10- NVwZ 2011, 752 [753 f.]; Kempen, in: v. Mangoldt/Klein/Starck, GG, 6. Aufl. 2010, Art. 59 Rn 95; Streinz, in: Sachs, GG, 5. Aufl. 2009, Art. 59 Rn 66 ff.) - keine dieses Grundrecht einschränkende Wirkung zugesprochen werden.

[42] b) Selbst wenn die genannten Übereinkommen als Gesetzesrecht im Rahmen methodisch vertretbarer Auslegung für die Beurteilung des Umfangs der Privatschulfreiheit des Klägers zu beachten und anzuwenden wären, folgte daraus kein anderes Ergebnis. Sie stehen in ihren einschlägigen Regelungen dem geplanten Vorhaben nicht durchgreifend entgegen.

[43] Nach Art. 1 Abs. 1 lit. a und c des Übereinkommens vom 15.12.1960 umfasst der Ausdruck „Diskriminierung" jegliche etwa auf dem Geschlecht beruhende Unterscheidung, Ausschließung, Beschränkung oder Bevorzugung, die den Zweck oder die Wirkung hat, die Gleichbehandlung auf dem Gebiet des

Unterrichtswesens aufzuheben oder zu beeinträchtigen und insbesondere einer Person oder Personengruppe den Zugang zum Unterricht zu verwehren oder für Personen oder Personengruppen getrennte Unterrichtssysteme oder -anstalten zu schaffen oder zu unterhalten mit Ausnahme der nach Art. 2 zulässigen. Gemäß Art. 2 lit. a dieses Übereinkommens gilt nicht als Diskriminierung iSd Art. 1, soweit staatlich zugelassen, für Schüler der beiden Geschlechter getrennte Unterrichtssysteme oder -anstalten zu schaffen oder zu unterhalten, sofern sie gleichwertige Zugangsmöglichkeiten zum Unterricht eröffnen, über Lehrkräfte mit gleichwertiger Lehrbefähigung, über Unterrichtsräume und Ausstattung gleicher Qualität verfügen und gleiche oder gleichwertige Ausbildungs- und Studienmöglichkeiten bieten. Art. 2 lit. c des Übereinkommens folgend gilt ebenfalls nicht als Diskriminierung, private Unterrichtsanstalten zu schaffen oder zu unterhalten, sofern ihr Ziel nicht auf den Ausschluss irgendeiner Personengruppe, sondern darauf gerichtet ist, zusätzliche Unterrichtsmöglichkeiten zu den durch die öffentliche Hand bereitgestellten zu bieten, und sofern solche Anstalten in Übereinstimmung mit dieser Zielsetzung geführt werden und der dort erteilte Unterricht den Normen entspricht, welche die zuständigen Behörden, insbesondere für den Unterricht auf den gleichen Stufen, festgelegt oder genehmigt haben.

[44] In der Zusammenschau der genannten Bestimmungen wird deutlich, dass eine nach Geschlechtern getrennte Einrichtung von Schulen nicht per se als Diskriminierung zu verstehen ist. Dies gilt angesichts des allgemeinen Charakters des Art. 2 lit. a des Übereinkommens für öffentliche wie private Unterrichtsanstalten gleichermaßen (vgl. Daudet/Eisemann, Commentary on the Convention against discrimination in education, 2005, S. 13 ff., 16 unter http://unesdoc.unesco.org). Die Bestimmung des hingegen ausschließlich auf private Unterrichtsanstalten bezogenen Art. 2 lit. c des Übereinkommens führt eine darüber hinausgehende Regelung an, wonach trotz ihres Wortlautes („Ausschluss irgendeiner Personengruppe") vor dem Hintergrund des spezielleren Art. 2 lit. a eine nach Geschlecht getrennte Aufnahme von Schülern ebenfalls nicht als Diskriminierung anzusehen ist, zumal wenn diese Form der Unterrichtsanstalt staatlich zugelassen ist (s.o.) und eine Rechtfertigung für die unterschiedliche Behandlung von öffentlicher und privater Schule insoweit nicht erkennbar ist.

[45] Entgegen der Auffassung des Beklagten spricht auch der fünfte Erwägungsgrund des Übereinkommens, der eine Beachtung der unterschiedlichen nationalen Erziehungssysteme ermöglicht, nicht gegen die Zulässigkeit des geplanten Vorhabens. Soweit der Beklagte meint, die Bundesrepublik Deutschland blicke weder im staatlichen noch im privaten Bereich auf eine Tradition monoedukativer Schulen zurück, trifft dies nicht zu. Noch bei Inkrafttreten des

Übereinkommens waren monoedukativ geführte Schulen durchaus üblich (vgl. Brockhaus Enzyklopädie in zwanzig Bänden, 17. Aufl. 1970, Stichworte „Koedukation" [„Gegenwärtig ist K. in der Bundesrep. Dtl. in Kindergärten, Grund-, Hauptschulen und Gesamtschulen eingeführt, während Gymnasien und z.T. Realschulen meist (noch) Geschlechtertrennung haben"] und „Mädchenbildung" [„In der Bundesrep. Dtl. ist der Aufbau der allgemeinbildenden Schulen für Jungen und Mädchen im Wesentlichen einheitlich, doch werden die Geschlechter vielfach in Schulen oder Klassen getrennt geführt, bes. im höheren Schulwesen."]; s.a...Avenarius/Heckel, aaO, S. 199, TZ 12.3; F..., aaO, S. 2...).

[46] Es ist auch nicht ersichtlich, dass diese Regelungen lediglich eine Bestandsschutzsicherung für in den einzelnen Vertragsstaaten als Eigenart des nationalen Erziehungssystems bestehende monoedukative öffentliche Schulen darstellen sollen. Dieser Ansatz berücksichtigt - neben der Anwendbarkeit des Art. 2 lit. a auch auf private Unterrichtsanstalten - nicht, dass in diesem Fall die jeweilige Nennung des Wortes „schaffen" neben dem Unterhalten solcher Schulen nicht erklärlich wäre. Überdies erwüchse aus dem Übereinkommen ansonsten ein Zwang zur Einführung der Koedukation. Dies kann wegen des weitreichenden Eingriffs in die Bildungssysteme der Vertragsstaaten weder angenommen werden, noch stünde es mit der in Art. 7 Abs. 4 GG gewährleisteten Privatschulfreiheit in Einklang.

[47] Aus dem Internationalen Pakt vom 19.12.1966 ergibt sich nichts anderes. Nach dessen Art. 13 Abs. 1 und 2 lit. b erkennen die Vertragsstaaten das Recht eines jeden auf Bildung ebenso an wie die Pflicht, die verschiedenen Formen des höheren Schulwesens allgemein verfügbar und jedermann zugänglich zu machen. In der hierzu verfassten Erläuterung (General Comment 13 on the right to education, UNESCO, 8.12.1999, E/C.12/1999/10, unter http://portal.unesco.org, Rn 33 nebst Fn 15) wird Art. 2 des Übereinkommens gegen Diskriminierung im Unterrichtswesen vom 15.12.1960 Vorrang eingeräumt. Unabhängig davon, ob - wie der Beklagte vorträgt - die UNESCO nicht zu einer für die Vertragsstaaten verbindlichen Auslegung des Paktes berufen wäre, ergeben sich auch ansonsten andere als die bereits aus dem Übereinkommen vom 15.12.1960 gewonnenen Schlussfolgerungen nicht.

[48] Dies gilt insbesondere deshalb, weil in Art. 13 Abs. 4 des Internationalen Paktes vom 19.12.1966 ausdrücklich bestimmt ist, dass keine Bestimmung dieses Artikels dahin ausgelegt werden darf, dass sie die Freiheit natürlicher oder juristischer Personen beeinträchtigt, Bildungseinrichtungen zu schaffen und zu leiten, sofern die in Art. 13 Abs. 1 niedergelegten Grundsätze beachtet werden und die in solchen Einrichtungen vermittelte Bildung den vom Staat gegebenenfalls festgesetzten Mindestnormen entspricht. Dass der Kläger mit dem geplanten Vorhaben allein aufgrund der monoedukativen Ausrichtung

diesen Grundsätzen sowie den an ein Gymnasium zu stellenden Bildungsansprüchen nicht gerecht werden könnte, ist nicht ersichtlich.

[49] Den außerdem angeführten internationalen Vereinbarungen (Übereinkommen vom 18.12.1979 und Übereinkommen vom 20.11.1989) lässt sich angesichts der Spezialität des Übereinkommens gegen Diskriminierung im Unterrichtswesen vom 15.12.1960 nichts Weitergehendes entnehmen. Im Gegenteil sieht etwa Art. 10 lit. c des Übereinkommens vom 18.12.1979 lediglich vor, zur Beseitigung der Diskriminierung der Frau geeignete Maßnahmen zu treffen, die insbesondere die Beseitigung jeder stereotypen Auffassung in Bezug auf die Rolle von Mann und Frau auf allen Bildungsebenen und in allen Unterrichtsformen sicherstellen durch Förderung der Koedukation und sonstiger Erziehungsformen, die zur Erreichung dieses Zieles beitragen, insbesondere auch durch Überarbeitung von Lehrbüchern und Lehrplänen und durch Anpassung der Lehrmethoden. Dieser Auftrag zur Förderung der Koedukation gibt keinen Anlass zu der Schlussfolgerung, die Monoedukation sei in jedem Fall eine (unzulässige) Diskriminierung der Frau; dies insbesondere dann nicht, wenn das mit dem genannten Art. 10 lit. c des Übereinkommens verfolgte Ziel der Beseitigung von Stereotypen auch auf andere Weise - mittels eines entsprechenden pädagogischen Konzepts etwa - erreicht werden kann.

[50] Im Übereinkommen vom 20.11.1989 ist in Art. 29 Abs. 2 überdies ausdrücklich - in offenbarer Anlehnung an den Wortlaut des Art. 13 Abs. 4 des Internationalen Paktes vom 19.12.1966 - vorgesehen, dass Art. 29 und 28 dieses Übereinkommens nicht so ausgelegt werden dürfen, dass sie die Freiheit natürlicher oder juristischer Personen beeinträchtigen, Bildungseinrichtungen zu gründen und zu führen, sofern die in Art. 29 Abs. 1 des Übereinkommens festgelegten Grundsätze beachtet werden und die in solchen Einrichtungen vermittelte Bildung den vom Staat gegebenenfalls festgelegten Mindestnormen entspricht. Auch hier ist nicht erkennbar, dass das Vorhaben des Klägers den in Art. 29 Abs. 1 des Übereinkommens genannten Grundsätzen - zu denen insbesondere das Bestreben zur vollen Entfaltung der Persönlichkeit und Fähigkeit des Kindes, die Achtung des Kindes vor den Menschenrechten und Grundfreiheiten, die Achtung vor den kulturellen Grundwerten seines und anderer Länder, die Vorbereitung auf ein verantwortungsbewusstes Leben in einer freien Gesellschaft im Geist der Gleichberechtigung der Geschlechter und die Achtung vor der natürlichen Umwelt gehören - entgegensteht.

[51] II. Zu den übrigen Kriterien des Art. 7 Abs. 4 Satz 3 GG, § 121 SchulG bedarf es keiner weiteren Ausführungen, weil insoweit eine Prüfung durch den Beklagten noch aussteht. Dies betrifft insbesondere den erstmals im Rahmen des gerichtlichen Verfahrens vorgetragenen Einwand, dass der Kläger beabsichtige, der Laienorganisation des Opus Dei nahestehende Personen als Lehrkräfte

einzusetzen (vgl. hierzu schon den Hinweis des Klägers in den Anlagen seines Antrages, wonach für den katholischen Religionsunterricht und die Schulseelsorge ein Priester des Opus Dei zur Verfügung stehe, der derzeit noch an dem Mädchengymnasium in J. tätig sei). Ob diese Lehrkräfte den gebotenen Anforderungen entsprechen, konnte bislang - auch mangels tatsächlicher Anhaltspunkte - nicht geprüft werden. Dies wird ggf. Gegenstand des weiterzuführenden Antragsverfahrens sein.

18

Auch wenn eine Bezugnahmeklausel hinsichtlich der Richtlinien für Arbeitsverträge in den Einrichtungen des Deutschen Caritasverbandes (AVR) ihrem Wortlaut nach lediglich auf die tatsächlich in Kraft gesetzte Fassung verweist, ist nach dem übereinstimmenden Parteiwillen davon auszugehen, dass auch die Gesamtheit der Verfahrensordnungen, die die Form der Beschlussfassung und die Inkraftsetzung der Beschlüsse regelt, immanent in Bezug genommen ist.

Zur Frage, welche Grenzen dem Letztentscheidungsrecht des Bischofs im Rahmen von Verfahrensordnungen des sog. Dritten Weges gesetzt sind.

ArbG Kiel, Urteil vom 8. September 2011 -1 Ca 300 c/11-[1]

Die Klägerin begehrt die Zahlung einer Weihnachtszuwendung sowie eines Urlaubsgeldes für das Jahr 2010.

Die Beklagte ist eine 100%ige Tochtergesellschaft des Caritas-Verbandes für Schleswig-Holstein e.V., der der bischöflichen Aufsicht untersteht. Sie betreibt das Alten- und Pflegeheim in R. Dieses wurde bis zum 30.6.2009 durch den Caritas-Verband für Schleswig-Holstein betrieben und zum 1.7.2009 auf die Beklagte ausgegliedert. Die Klägerin ist dort als Beiköchin in der Vergütungsgruppe 9 Stufe 9 zu einem monatlichen Bruttolohn in Höhe von zuletzt 1.508,36 € bei einer Wochenarbeitszeit von 30,25 Stunden beschäftigt. Die Klägerin erhielt im Juli 2010 17,42 € Überstundenzuschläge sowie 39,00 € Zuschläge für Sonntagsarbeit. Das Arbeitsverhältnis ging im Wege des Betriebsübergangs auf die Beklagte über. Der am 14.12.1990 geschlossene „Dienstvertrag" enthält in § 2 folgende Bezugnahmeklausel:

1 ZMV 2011, 338 (LS). In der Berufungsinstanz ist der Rechtsstreit durch Vergleich beigelegt worden.

„Für das Dienstverhältnis gelten die 'Richtlinien für Arbeitsverträge in den Einrichtungen des Deutschen Caritasverbandes' (AVR) in ihrer jeweils geltenden Fassung. Der Mitarbeiterin ist Gelegenheit zur Einsichtnahme in die AVR gegeben.
Die AVR mit den Änderungen treten mit der Veröffentlichung in der 'Caritas-Korrespondenz' (Lambertus-Verlag, Postfach 1026, 7800 Freiburg i.B.) zu dem jeweils angegebenen Zeitpunkt in Kraft. Bei Einrichtungen, die der speziellen bischöflichen Aufsicht unterstehen, ist für die Inkraftsetzung die Veröffentlichung im Amtsblatt des Ortsbistums erforderlich."

Gem. Anlage 1 Abschnitt XIV zu den Richtlinien für Arbeitsverträge in den Einrichtungen des Deutschen Caritasverbandes (AVR), die in dieser Fassung jedenfalls bis zum 1.7.2009 galten (veröffentlicht im Lambertus-Verlag Stand März 2010), erhalten Mitarbeiter unter den in Anlage 1 XIV (a) zu den AVR festgelegten Voraussetzungen, die die Klägerin unstreitig erfüllt, jährlich eine Weihnachtszuwendung. Diese ist spätestens am 1.12. des Jahres auszuzahlen. Die Weihnachtszuwendung beträgt danach grds. gem. Anlage 1 Abschnitt XIV (d) zu den AVR 100% der einem Mitarbeiter nach § 2 der Anlage 14 zu den AVR während des Erholungsurlaubs zustehenden Bezüge, die diesem zugestanden hätten, wenn er während des ganzen Monats September Erholungsurlaub gehabt hätte. Aufgrund der Sonderregelung in Anmerkung 2 der Regionalkommission Ost beträgt der Bemessungssatz für die Weihnachtszuwendung abweichend davon für den Bereich Berlin, Hamburg und Schleswig-Holstein ab dem 1.10.2010 jedoch nur 78,47%.

Gem. § 6 der Anlage 14 zu den AVR in dieser Fassung erhalten Mitarbeiter außerdem unter den dort festgelegten Voraussetzungen, die die Klägerin unstreitig erfüllt, jährlich ein Urlaubsgeld. Die Höhe ist in § 7 der Anlage 14 festgelegt. Grundsätzlich beträgt das Urlaubsgeld nach § 7 Abs. 1 b) der Anlage 14 zu den AVR im Bereich der Regionalkommission Ost (Berlin, Hamburg, Schleswig-Holstein) für die am 1.7. eines Jahres vollbeschäftigten Mitarbeiter der Vergütungsgruppen 5c bis 12 der Anlagen 2 bzw. 2b und 2d zu den AVR und der Vergütungsgruppen Kr 6 bis Kr 1 der Anlagen 2a und 2c zu den AVR 332,34 €. Gem. § 7 Abs. 2 der Anlage 14 zu den AVR erhalten teilzeitbeschäftigte Mitarbeiter, die unter die Anlage 2, 2a, 2b, 2c oder 2d zu den AVR fallen, vom Urlaubsgeld für Vollbeschäftigte den Anteil, der dem Maß der vereinbarten durchschnittlichen Arbeitszeit entspricht.

Mit Beschluss vom 19.6.2008 beschloss die Bundeskommission der Arbeitsrechtlichen Kommission des Deutschen Caritasverbandes eine Anhebung der Regelvergütungssätze und die Neufassung der Bemessungssätze für Weihnachtsgeld und Urlaubsgeld. Die für das Gebiet der Beklagten zuständige Regionalkommission Ost entschied sich mit Beschluss vom 21.9.2009, die Vorschläge der Bundeskommission umzusetzen. Sie übersandte diesen Beschluss an den

Erzbischof von Hamburg. Dieser widersprach am 13.11.2009 den Beschlüssen der Regionalkommission Ost und unterbreite einen Gegenvorschlag.

Schließlich setzte er während des laufenden Widerspruchsverfahrens am 26.11.2009 mit Rückwirkung zum 1.7.2009 eine Diözesane Regelung in Kraft, die die Beschlüsse der Regionalkommission Ost vom 21.9.2009 als Teil II und Teil III inhaltlich übernimmt. Allerdings erfolgte die Übernahme - unter Berufung auf ein unabweisbares Regelungsbedürfnis gem. § 15 Abs. 7 der Ordnung der Arbeitsrechtlichen Kommission des Deutschen Caritas-Verbandes (AK-Ordnung) - unter Voranstellung einer Sonderregelung für das Erzbistum Hamburg in Teil I. Die Diözesane Regelung wurde in ihrer Geltung befristet bis zu einer Inkraftsetzung von wirksamen Beschlüssen der Regionalkommission Ost in gleicher Angelegenheit.
Teil I der Sonderreglung für das Erzbistum Hamburg lautet:

> 1. Einschränkung der Anspruchsvoraussetzungen nach Abschnitt XIV Buchstaben (a) und (b) der Anlage 1 zu den AVR
> In Abschnitt XIV Buchstabe (a) der Anlage 1 zu den AVR wird als Satz 3 angefügt:
> „Ein Anspruch auf Zahlung einer Weihnachtszuwendung nach Satz 1 besteht ab dem 1.1.2010 im Erzbistum Hamburg ausschließlich für diejenigen Mitarbeiter, die in Einrichtungen der stationären Krankenpflege (Krankenhäuser, Ambulanzen, Hospize) in einem Dienst- oder Ausbildungsverhältnis stehen; die Verpflichtung der Träger aller übrigen caritativen Einrichtungen, ihren Mitarbeitern eine Weihnachtszuwendung zu zahlen, ist bis auf Weiteres außer Kraft gesetzt."
> In Abschnitt XIV Buchstabe (b) der Anlage 1 zu den AVR wird als Satz 4 angefügt:
> „Satz 3 von Absatz (a) findet entsprechend Anwendung."
> 2. Einschränkung der Anspruchsvoraussetzung nach § 6 Absatz 1 der Anlage 14 zu den AVR
> In § 6 Absatz 1 der Anlage 14 zu den AVR wird als Satz 4 angefügt:
> „Ein Anspruch auf Zahlung eines Urlaubsgeldes nach den Sätzen 1-3 besteht ab dem 1.1.2010 im Erzbistum Hamburg ausschließlich für diejenigen Mitarbeiter, die in Einrichtungen der stationären Krankenpflege (Krankenhäuser, Ambulanzen, Hospize) in einem Dienst- oder Ausbildungsverhältnis stehen; die Verpflichtung der Träger aller übrigen caritativen Einrichtungen, ihren Mitarbeitern ein Urlaubsgeld zu zahlen, ist bis auf Weiteres außer Kraft gesetzt."

Am 2.6.2010 beriet die Regionalkommission Ost den Widerspruch des Erzbischofs, legte aber keinen abweichenden Beschluss vor.

Am 8.9.2010 entfristete und bestätigte der Erzbischof die Diözesane Regelung vom 26.11.2009 unter Änderung der Sonderregelung in Teil I für das Erzbistum Hamburg. Die Änderung der Sonderregelung in Teil I für das Erzbistum Hamburg wurde rückwirkend zum 1.1.2010 in Kraft gesetzt. Die Sonderregelung in Teil I der Diözesanen Regelung lautet in der geänderten Fassung wie folgt:

Sonderregelung für das Erzbistum Hamburg

1. Einschränkung der Anspruchsvoraussetzungen nach Abschnitt XIV Buchstaben (a) und (b) der Anlage 1 zu den AVR

a) In Abschnitt XIV Buchstabe (a) der Anlage 1 zu den AVR wird als Satz 3 angefügt:

„Ein Anspruch auf Zahlung einer Weihnachtszuwendung nach Satz 1 besteht ab dem 1.1.2010 im Erzbistum Hamburg ausschließlich für diejenigen Mitarbeiter, die in Einrichtungen der stationären Krankenpflege (Krankenhäuser, Ambulanzen, Hospize) in einem Dienst- oder Ausbildungsverhältnis stehen; die Verpflichtung der Träger aller übrigen caritativen Einrichtungen, ihren Mitarbeitern eine Weihnachtszuwendung zu zahlen, kann durch eine die Arbeitsbedingungen ergänzende Dienstvereinbarung (§ 38 MAVO), die den in der Anmerkung genannten Anforderungen zu entsprechen hat, aufgehoben oder in ihrem Umfang eingeschränkt werden.“

b) In Abschnitt XIV Buchstabe b) der Anlage 1 zu den AVR wird als Satz 4 angefügt:

„Satz 3 von Absatz (a) findet entsprechend Anwendung.“

c) In Abschnitt XIV Buchstabe (a) der Anlage 1 zu den AVR wird folgende Anmerkung zu Satz 3 angefügt:

Anmerkung zu Satz 3 von Abschnitt XIV Buchstabe (a) der Anlage 1 zu den AVR:

(1) Eine (Gesamt-)Mitarbeitervertretung und ein Dienstgeber können nach entsprechender Aufforderung einer von beiden Seiten für die Gesamtheit der Einrichtung eines Trägers, für eine Einrichtung oder für Teile einer Einrichtung eine die Arbeitsbedingungen ergänzende Dienstvereinbarung schließen, durch die eine Aufhebung oder eine Einschränkung der Verpflichtung des Dienstgebers zur Zahlung einer Weihnachtszuwendung und/oder des Urlaubsgeldes gegenüber allen jeweils betroffenen Mitarbeiterinnen und Mitarbeitern geregelt wird.

(2) Voraussetzung für den Abschluss einer Dienstvereinbarung ist, dass die Gesamtheit der Einrichtungen eines Trägers, eine Einrichtung oder Teile einer Einrichtung sich in einer wirtschaftlich schwierigen Situation oder in einer außergewöhnlichen Wettbewerbssituation befinden, die absehbar dazu führen wird, dass die Leistungsangebote bei Anwendung der Regelungen der Weihnachtszuwendung und/oder zum Urlaubsgeld nicht aufrecht erhalten werden können. Eine außergewöhnliche Wettbewerbssituation liegt insbesondere vor, wenn der überwiegende Teil konkurrierender Träger oder Dienste in der anbieterrelevanten Umgebung erkennbar andere Vergütungen zahlt.

(3) Voraussetzung für den Abschluss einer Dienstvereinbarung ist weiterhin, dass der Dienstgeber der (Gesamt-) Mitarbeitervertretung die wirtschaftlich schwierige Situation bzw. die außergewöhnliche Wettbewerbssituation der Gesamtheit der Einrichtungen eines Trägers, einer Einrichtung oder Teilen einer Einrichtung umfassend schriftlich darlegt und eingehend erläutert.

Dazu sind der (Gesamt)Mitarbeitervertretung die erforderlichen Unterlagen schriftlich auszuhändigen. Der Dienstgeber hat der (Gesamt) Mitarbeitervertretung einen eigenen Wirtschaftsprüfer oder eine andere sachkundige Person ihres Vertrauens zur Beurteilung der Situation zur Verfügung zu stellen.

(4) Die Feststellung der wirtschaftlich schwierigen Situation bzw. der außergewöhnlichen Wettbewerbssituation erfolgt durch die Parteien der Dienstvereinbarung unter Berücksichtigung der Beurteilung der sachkundigen Personen. Jeweils ein Mitglied der zuständigen Regionalkommission der Mitarbeiter- und der Dienstgeberseite kann beratend hinzugezogen werden.

(5) Die Dienstvereinbarung kann längstens für die Dauer von zwei Jahren geschlossen

werden. Nach Ablauf der Laufzeit ist der Abschluss von weiteren Dienstvereinbarungen möglich.

(6) Die Dienstvereinbarung ist der vom Erzbischof von Hamburg mit der Wahrnehmung kirchenaufsichtlicher Zuständigkeiten betrauten Behörde, d.h. in der Regel dem Erzbischöflichen Generalvikariat, unmittelbar anzuzeigen und im Wortlaut vorzulegen. Die zuständige Behörde prüft die Dienstvereinbarung und ist berechtigt, diese aufzuheben, wenn eine wirtschaftlich schwierige Situation bzw. das Vorliegen einer außergewöhnlichen Wettbewerbssituation nach den Grundsätzen pflichtgemäßen Ermessens nicht nachvollziehbar dargelegt ist. Die Aufhebung kann rückwirkend erfolgen. Die Entscheidung der zuständigen Behörde erfolgt innerhalb von drei Monaten nach Vorlage der Dienstvereinbarung.

(7) Die zuständige Behörde entscheidet abschließend. Erfolgt die Vorlage der Dienstvereinbarung nicht unmittelbar nach deren Abschluss, d.h. binnen einer Frist von 4 Wochen nach deren Abschluss, so ist die Dienstvereinbarung unanfechtbar unwirksam. Entscheidet die zuständige Behörde nicht binnen der in Absatz 6 bestimmten Frist, so ist die Dienstvereinbarung unanfechtbar wirksam.

2. Einschränkung der Anspruchsvoraussetzung nach § 6 Absatz 1 der Anlage 14 zu den AVR

In § 6 Absatz 1 der Anlage 14 zu den AVR wird als Satz 4 angefügt:

„Ein Anspruch auf Zahlung eines Urlaubsgeldes nach den Sätzen 1-3 besteht ab dem 1.1.2010 im Erzbistum Hamburg ausschließlich für diejenigen Mitarbeiter, die in Einrichtungen der stationären Krankenpflege (Krankenhäuser, Ambulanzen, Hospize) in einem Dienst- oder Ausbildungsverhältnis stehen; die Verpflichtung der Träger aller übrigen caritativen Einrichtungen, ihren Mitarbeitern ein Urlaubsgeld zu zahlen, kann durch eine die Arbeitsbedingungen ergänzende Dienstvereinbarung (§ 38 MAVO), die den in der Anmerkung zu Satz 3 von Abschnitt XIV Buchstabe (a) der Anlage 1 zu den AVR genannten Anforderungen zu entsprechen hat, aufgehoben oder in ihrem Umfang eingeschränkt werden.

Am 30.9.2010 erließ der Erzbischof von Hamburg eine weitere Diözesane Regelung, mit der die Regelung vom 8.9.2010 abgeändert wurde. Rückwirkend zum 1.7.2010 wurde eine Übergangsregelung in Kraft gesetzt, wonach sich caritative Einrichtungen auf Vertrauensschutz berufen können, wenn sie glaubhaft machen können, dass sie im Vertrauen auf die Fortgeltung der Diözesanen Regelung vom 26.11.2009 davon abgesehen haben, im Verlauf des Jahres 2010 zeitgerecht vor den Fälligkeitszeitpunkten die jeweilige Mitarbeitervertretung zu Verhandlungen einer die Arbeitsbedingungen ergänzenden Dienstvereinbarung aufzufordern oder einen Antrag nach § 11 AK-Ordnung zu stellen. Um in den Genuss dieses Vertrauensschutzes zu kommen, muss die Einrichtung allerdings binnen zwei Monaten nach Veröffentlichung dieses Dekrets die Mitarbeitervertretung zum Abschluss einer solchen Dienstvereinbarung auffordern.

Die Beklagte forderte die Mitarbeitervertretung daraufhin mit Schreiben vom 11.11.2010 zum Abschluss einer die Arbeitsbedingungen ergänzende Dienstvereinbarung auf. Darin ist ein teilweiser Verzicht auf das Weihnachts-

und Urlaubsgeld für 2010 vorgesehen. Die Mitarbeitervertretung erklärte am 15.11.2010, dass sie dazu nicht bereit sei.

Die Beklagte zahlte der Klägerin - wie auch allen übrigen Arbeitnehmern - im Jahr 2010 kein Urlaubsgeld. Sie zahlte der Klägerin eine Weihnachtszuwendung auf freiwilliger Basis in Höhe von 913,04 € brutto.

Mit ihrer Klage begehrt die Klägerin, die Beklagte zu verurteilen, an sie 935,36 € brutto nebst Zinsen zu zahlen. Sie ist der Ansicht, die einseitig durch den Erzbischof abgeänderten und so in Kraft gesetzten Beschlüsse der Bundes- und Regionalkommission Ost seien hinsichtlich des Urlaubs- und Weihnachtsgeldes 2010 rechtswidrig, da sie nicht unverändert in Kraft gesetzt oder dem Vermittlungsausschuss zugeleitet wurden. Außerdem sei kein Antrag nach § 11 AK-Ordnung bei der zuständigen Regionalkommission eingereicht worden. Unabhängig davon seien auch die Voraussetzungen der Diözesanen Regelung vom 30.9.2010 nicht erfüllt.

Sie, die Klägerin, sei durch die Bezugnahmeklausel dem Bestimmungsrecht der Arbeitsrechtlichen Kommission über den jeweiligen Inhalt der AVR unterworfen. Die Kommission sei daher als „Dritte" iSv § 317 BGB anzusehen. Davon seien auch beide Parteien bei Abschluss des Arbeitsvertrags ausgegangen, nicht hingegen von einem einseitigen Abänderungsrecht des Erzbischofs. Jedenfalls müsse ein Leistungsbestimmungsrecht nach billigem Ermessen getroffen werden. Es sei nicht verbindlich, wenn es wie vorliegend offenbar unbillig sei. Insbesondere die Differenzierung zwischen der stationären Krankenpflege und anderen Einrichtungen sei nicht nachvollziehbar.

Die Beklagte ist der Ansicht, der Erzbischof habe aufgrund von Art. 7 Abs. 1 der Grundordnung des kirchlichen Dienstes im Rahmen kirchlicher Arbeitsverhältnisse (im Folgenden: Grundordnung) das Recht, die Beschlüsse der paritätisch besetzten Kommissionen ganz oder teilweise in Kraft oder auch außer Kraft zu setzen. Davon sei in rechtmäßiger Weise Gebrauch gemacht worden. Die Beschlüsse seien nicht geändert worden. Vielmehr sei nur ein Teil der Beschlüsse der Regionalkommission-Ost in Kraft gesetzt worden, nämlich die Beschlüsse zur Erhöhung der Regelvergütung. Die AVR hätten nicht in Form der unterbreiteten Vorschläge der Bundeskommission bzw. der Regionalkommissionen Geltung, sondern nach § 1 der Richtlinien für die Inkraftsetzung der Beschlüsse der Arbeitsrechtlichen Kommission des Deutschen Caritasverbandes durch die Diözesanbischöfe (im Folgenden: Inkraftsetzungsrichtlinien) durch ein Dekret der diözesanen Bischöfe. Entscheidend sei nur, welchen Inhalt die durch den Erzbischof in Kraft gesetzten AVR-Regelungen hätten.

Sie, die Beklagte, habe die Inkraftsetzungsbeschlüsse des Erzbischofs von Hamburg auch rechtmäßig umgesetzt. Sie könne sich aufgrund des Dekrets vom 30.9.2010 auf Vertrauensschutz berufen, denn sie habe sich im November 2010 in einer schwierigen wirtschaftlichen Lage und in einer außergewöhnlichen Wettbewerbssituation befunden. In dem Haus der Beklagten seien erhebliche Sanierungs- und Modernisierungsmaßnahmen notwendig, um dessen Existenz nachhaltig zu sichern. Die Beklagte konkurriere mit insgesamt 15 weiteren Einrichtungen im näheren Umfeld, die - anders als die Beklagte - über moderne oder modernisierte Räumlichkeiten verfügten. Aus einer Schätzung durch ein Gutachten der Architekten ... ergebe sich nach dem vorliegenden Baukostenplan ein Renovierungsstau von 9.991,740,00 €. Die Beklagte habe im Jahr 2010 einen Bilanzverlust von 16.597,91 € ausgewiesen ohne Berücksichtigung etwaiger Kosten für Instandsetzungsmaßnahmen.

Unter Klageabweisung im Übrigen gibt das Arbeitsgericht der Klage in Höhe 575,96 € brutto nebst Zinsen statt.

Aus den Gründen:

Die Klage ist zulässig, aber nur teilweise begründet.

I. 1. Die Klägerin hat einen Anspruch auf Zahlung von Urlaubsgeld in Höhe von 261,12 € brutto aus §§ 6, 7 der Anlage 14 zu den AVR.

Auf das Arbeitsverhältnis finden die AVR in ihrer jeweiligen Fassung aufgrund der Bezugnahmeklausel in § 2 des Arbeitsvertrags Anwendung.

a) Da die Klägerin die Tatbestandsvoraussetzungen des § 6 der Anlage 14 zu den AVR erfüllt, steht ihr gem. § 7 Abs. 1b) iVm Abs. 2 der Anlage 14 zu den AVR ein Urlaubsgeld in Höhe von 261,12 € brutto zu.

Die Klägerin ist in die Vergütungsgruppe 9 eingruppiert, so dass ihr gem. § 7 Abs. 1b) der Anlage 14 zu den AVR bei einer Vollzeittätigkeit ein Urlaubsgeld in Höhe von 332,34 Euro brutto zustünde. Gem. § 7 Abs. 2 der Anlage 14 zu den AVR ist das Urlaubsgeld bei Teilzeitbeschäftigung anteilig zu kürzen. Da die Klägerin 30,25 Stunden im Verhältnis zu 38,5 Stunden (Vollzeittätigkeit) arbeitet, stehen ihr 78,57% des Urlaubsgeldes, also 261,12 € brutto zu.

b) Dieser Anspruch ist nicht durch die Sonderregelung in Teil I der Diözesanen Regelung vom 26.11.2009 iVm der Diözesanen Regelung vom 8.9.2010 und 30.9.2010 ausgeschlossen. Selbst wenn unterstellt wird, dass die Beklagte die Voraussetzungen erfüllt, die danach erforderlich sind, um von der Verpflichtung zur Zahlung des Urlaubsgeldes freigestellt zu werden, ist die Kammer der Auffassung, dass diese Regelungen nicht von der vereinbarten Bezugnahme im Arbeitsvertrag erfasst sind.

Es kann daher dahinstehen, ob die vorliegende Bezugnahmeklausel im Hinblick auf das damit verbundene Letztentscheidungsrecht des Bischofs unwirksam ist. Das Bundesarbeitsgericht hat dazu ausgeführt:

„Eine Bezugnahmeklausel in einem Arbeitsvertrag mit einem kirchlich-diakonischen Anstellungsträger, die nicht ausschließlich auf die auf dem Dritten Weg von einer paritätisch mit weisungsunabhängigen Mitgliedern besetzten Arbeitsrechtlichen Kommission beschlossenen Arbeitsvertragsregelungen Bezug nimmt, sondern darüber hinaus - etwa bei einem kirchenrechtlich vorgesehenen Letztentscheidungsrecht der Synode oder des Bischofs - auch einseitig von der Dienstgeberseite vorgegebene Regelungen erfasst und damit inhaltlich ein Vertragsänderungsrecht der Dienstgeberseite darstellt, dürfte zu weit gefasst und damit insgesamt unwirksam sein (vgl. BAG 11.2.2009 -10 AZR 222/08- Rn 23), wenn die Klausel sprachlich nicht teilbar ist und sie deshalb nicht auf einen verständlichen, zulässigen Inhalt zurückgeführt werden kann." (Vgl. BAG Urteil vom 22.7.2010 -6 AZR 170/08- *juris* Rn 46 [vgl. KirchE 56, 64 Anm. 1]).

Darauf verweist auch LAG Düsseldorf, Urteil vom 2.3.2011 -7 Sa 141/10- *juris* Rn 67 f.; a. A. Thüsing, BB 2011, 190, 191, unter Berufung darauf, dass der Bischof nicht Sachwalter einzig der Kirchenleitung als Dienstgeberseite sei, sondern seine Entscheidung sowohl den Interessen der Kirchenleitung als auch der Mitarbeiter Rechnung tragen müsse.

Auf diese Frage kommt es vorliegend nicht an, da nach Auffassung der Kammer eine Auslegung der Bezugnahmeklausel ergibt, dass jedenfalls nur diejenige Fassung der AVR in Bezug genommen werden soll, die aufgrund des gewählten „Dritten Weges" nach den Regeln der kirchenrechtlichen Rechtssetzung formell richtig zustande gekommen ist (dazu unter [1]). Dies ist bei der vom Erzbischof zuletzt durch Beschlüsse vom 26.11.2009, 8.9.2010 und 30.9.2010 in Kraft gesetzten Fassung der AVR nicht der Fall (dazu unter [2]). Daher galten für das Arbeitsverhältnis hinsichtlich des Urlaubs- und Weihnachtsgeldes die AVR in ihrer Fassung vor dem 1.7.2009 [dazu unter 3]).

(1) Bei der in § 2 des Arbeitsvertrags getroffenen Verweisungsklausel handelt es sich um eine Allgemeine Geschäftsbedingung iSd §§ 305 ff. BGB. Grundsätzlich gelten daher für die Auslegung der Bezugnahmeklausel die Auslegungsregeln für Vertragsbedingungen der §§ 133, 157 BGB. Bei der danach vorzunehmenden Auslegung ist maßgebend, wie die Erklärung nach Treu und Glauben und unter Berücksichtigung der Verkehrssitte aufzufassen ist. Dabei ist grds. vom Wortlaut der Erklärung nach dem allgemeinen Sprachgebrauch und dem darin objektiv zum Ausdruck kommenden Parteiwillen auszugehen.

Auch wenn die Bezugnahmeklausel ihrem Wortlaut nach lediglich auf die tatsächlich in Kraft gesetzte Fassung der AVR verweist, ist nach dem übereinstimmenden Parteiwillen davon auszugehen, dass auch die Gesamtheit der Verfahrensordnungen, die die Form der Beschlussfassung und die Inkraftsetzung der Beschlüsse regelt, immanent in Bezug genommen ist. Denn diese Verfahrensvorschriften regeln die Modalitäten, die bei einer Änderung der AVR einzuhalten sind. Dem Selbstbestimmungsrecht der Kirchen unterliegt die Festlegung des Verfahrens, in dem die kollektiven Regelungen des kirchlichen Arbeitsrechts zustande kommen. Dem Transparenzgebot wird diese Klausel gerade dadurch gerecht, dass die jeweils anwendbaren Regelungen auf diese Weise bestimmbar sind. Es ist daher davon auszugehen, dass die Parteien mit der Bezugnahme alle Änderungen der Arbeitsvertragsbedingungen, die auf dem Dritten Weg unter Einhaltung der entsprechenden Verfahrensvorschriften entstanden sind, aber auch nur diese Änderungen einbeziehen wollten. Auch aus der Handhabung der Bezugnahmeklauseln durch die Parteien ist kein anderes Auslegungsergebnis ersichtlich.

(2) Die streitgegenständliche Fassung der AVR in Form der vom Erzbischof zuletzt in Kraft gesetzten Beschlüsse vom 26.11.2009, 8.9.2010 und 30.9.2010 ist nicht ordnungsgemäß auf dem Dritten Weg nach den Verfahrensvorschriften der Grundordnung, der AK-Ordnung und der Inkraftsetzungsrichtlinien zustande gekommen.

Der Erzbischof hat mit dem Beschluss der streitgegenständlichen Diözesanen Regelungen vom 26.11.2009, 8.9.2010 und 30.9.2010 seine ihm im Rahmen der Verfahrensordnungen zustehenden Regelungsbefugnisse überschritten. Zwar ist der Beklagten darin zuzustimmen, dass die AVR nicht bereits durch einen Beschluss der Bundeskommission bzw. der Regionalkommission Ost wirksam geändert werden, sondern die Inkraftsetzung durch den Bischof dafür erforderlich ist. Dies ergibt sich aus § 7 Abs. 1 der Grundordnung, der durch § 3 der Inkraftsetzungsrichtlinie konkretisiert wird.

Art. 7 Abs. 1 der Grundordnung, der die Beteiligung der Mitarbeiterinnen und Mitarbeiter an der Gestaltung ihrer Arbeitsbedingungen regelt lautet:

> Das Verhandlungsgleichgewicht ihrer abhängig beschäftigten Mitarbeiterinnen und Mitarbeiter bei Abschluss und Gestaltung der Arbeitsverträge sichert die katholische Kirche durch das ihr verfassungsmäßig gewährleistete Recht, ein eigenes Arbeitsrechts-Regelungsverfahren zu schaffen. Rechtsnormen für den Inhalt der Arbeitsverhältnisse kommen zustande durch Beschlüsse von Kommissionen, die mit Vertretern der Dienstgeber und Vertretern der Mitarbeiter paritätisch besetzt sind. Die Beschlüsse dieser Kommissionen bedürfen der bischöflichen Inkraftsetzung für das jeweilige Bistum. Das Nähere, insbesondere die jeweiligen Zuständigkeiten regeln die KODA-Ordnungen. Die Kommissionen sind an diese Grundordnung gebunden.

§ 3 der Inkraftsetzungsrichtlinie lautet:

> (1) Sieht sich ein Diözesanbischof außerstande, den Beschluss der Arbeitsrechtlichen Kommission (Bundeskommission bzw. der Regionalkommissionen) in Kraft zu setzten, so unterrichtet er innerhalb von 6 Wochen nach Zugang des Beschlusses unter Angabe der Gründe den Geschäftsführer der Arbeitsrechtlichen Kommission (Widerspruch). Dabei können Gegenvorschläge unterbreitet werden.

(2) Die Arbeitsrechtliche Kommission (Bundeskommission bzw. Regionalkommissionen) berät alsdann die Angelegenheit nochmals.
(3) Fasst sie einen neuen Beschluss oder bestätigt sie ihren bisherigen Beschluss, so leitet sie diesen dem Diözesanbischof zur Inkraftsetzung zu. Kommt ein Beschluss nicht zustande, ist das Verfahren beendet.
(4) Sieht sich ein Diözesanbischof weiterhin nicht in der Lage, den Beschluss der Arbeitsrechtlichen Kommission (Bundeskommission bzw. Regionalkommissionen) in Kraft zu setzen, so gilt er in der entsprechenden (Erz-)Diözese nicht.
(5) Stimmt der Diözesanbischof dem neuen oder bestätigten Beschluss zu, wird der Beschluss zeitnah in Kraft gesetzt und alsbald in den diözesanen Amtsblättern veröffentlicht.

Aus diesen Normen ergibt sich jedoch nur ein Vorbehaltsrecht des Erzbischofs. Er kann entscheiden, ob er den entsprechenden Beschluss der Kommission umsetzt oder nicht. Möglicherweise ergibt sich daraus auch noch das Recht, zu entscheiden, ob ein teilbarer Beschluss teilweise umgesetzt wird oder nicht. Nicht erfasst ist jedoch das Recht, einseitig den Beschluss der Kommission abzuändern und gleichzeitig eine eigenständige materielle Regelung zu schaffen. Verweigert der Erzbischof die Inkraftsetzung eines Beschlusses, ergibt sich als Rechtsfolge nur, dass der Beschluss nicht wirksam wird (vgl. § 3 Abs. 4 der Inkraftsetzungsrichtlinie). Konsequenz daraus ist, dass die AVR insoweit nicht verändert werden, sondern hinsichtlich dieses Regelungsgegenstandes unverändert fortgelten.

Anders als die Beklagte meint, hat der Erzbischof vorliegend nicht einen Beschluss der Regionalkommission nur teilweise - nämlich nur hinsichtlich der Erhöhung der Regelvergütung - umgesetzt. Er hat auch für das Urlaubs- und Weihnachtsgeld eine eigenständige materielle Regelung getroffen. Er hat nämlich für einzelne Einrichtungen die Möglichkeit geschaffen, unter bestimmten Tatbestandsvoraussetzungen von der Verpflichtung zur Zahlung befreit zu werden und gleichzeitig eine Vertrauensschutzregelung in Kraft gesetzt. Ein solches Recht, zur eigenständigen materiellen Regelung ergibt sich aus § 3 der Inkraftsetzungsrichtlinie gerade nicht.

Auch aus § 15 Abs. 7 der AK-Ordnung folgt vorliegend nicht das Recht, eine materielle Regelung zu treffen.

§ 15 Abs. 7 AK-Ordnung lautet:

Unbeschadet der Regelungen in den Absätzen 1 bis 6 kann der Ortsordinarius im Einzelfall das Vorliegen eines unabweisbaren Regelungsbedürfnisses unüberprüfbar feststellen und die notwendige Entscheidung treffen.

Diese Norm enthält zwar anders als § 3 der Inkraftsetzungsrichtlinie grundsätzlich auch eine materielle Regelungskompetenz. Aufgrund der systematischen

Stellung der Norm in der AK-Ordnung ergibt sich nach Auffassung der Kammer jedoch, dass dieses Recht nur in den Fällen eingreifen soll, in denen die jeweilige Kommission im Rahmen ihres Beschlussverfahrens nicht zu einer Einigung kommt. Das ergibt sich aus einem Zusammenspiel der §§ 13, 14 und 15 AK-Ordnung. In § 13 AK-Ordnung ist geregelt, mit welcher Mehrheit die Kommissionen Beschlüsse fassen. In § 14 AK-Ordnung ist bestimmt, unter welchen Voraussetzungen der Ältestenrat, der auf eine gütliche Einigung hinwirken soll, angerufen werden kann. In § 15 Abs. 1 - 6 der AK-Ordnung ist schließlich geregelt, unter welchen Voraussetzungen der Vermittlungsausschuss angerufen werden kann und unter welchen Voraussetzungen durch Spruch in der Sache entschieden werden kann mit der Folge, dass der Spruch an die Stelle eines Beschlusses der Kommission tritt.

In diesem Zusammenhang wird deutlich, dass sich der gesamte § 15 AK-Ordnung auf die Situation bezieht, in der die jeweilige Kommission gerade keinen wirksamen Beschluss mit der dafür erforderlichen Mehrheit gefasst hat. Nur in diesem Fall greifen die Regelungsmechanismen, die es bei bestimmten Mehrheitsverhältnissen ermöglichen, dass der Spruch des Vermittlungsausschusses an die Stelle des Beschlusses einer Kommission tritt oder aber der Ortsordinarius gem. § 15 Abs. 7 AK-Ordnung im Einzelfall das Vorliegen eines unabweisbaren Regelungsbedürfnisses feststellt und die notwendige Entscheidung trifft. Diese Norm gestattet es jedoch nicht, einen bereits gefassten Beschluss einer Kommission abzuändern, sondern greift nur in dem Stadium ein, in dem noch kein Beschluss vorliegt. Dies macht auch § 18 AK-Ordnung deutlich, der für die gefassten Beschlüsse lediglich vorsieht, dass diese nach Maßgabe der Inkraftsetzungsrichtlinien in Kraft zu setzen sind.

(3) Da die Diözesanen Regelungen vom 26.11.2009, 8.9.2010 und 30.09.2010 nach alledem nicht im Rahmen des Dritten Weges nach den jeweiligen Verfahrensvorschriften zustande gekommen sind, werden sie nicht von der Bezugnahmeklausel in § 2 des Arbeitsvertrags erfasst. Damit erfasst die Bezugnahmeklausel nur die AVR in ihrer davor zuletzt geänderten Fassung. Nach dieser Fassung hat die Klägerin wie unter a) dargelegt einen Anspruch auf Urlaubsgeld.

2. Die Klägerin hat einen Anspruch auf Zahlung von 314,84 € brutto aus Anlage 1 Abschnitt XIV (d) zu den AVR.

a) Unstreitig erfüllt die Klägerin die Tatbestandsvoraussetzungen der Anlage 1 Abschnitt XIV (a) zu den AVR. Für die Weihnachtszuwendung ist daher gem. Anlage 1 Abschnitt XIV (d) zu den AVR grundsätzlich das hypothetische Urlaubsentgelt zu Grunde zu legen, das zu zahlen wäre, wenn die Klägerin während des ganzen Monats September Erholungsurlaub gehabt hätte. Da die Klägerin gem. § 2 der Anlage 14 zu den AVR während des Erholungsurlaubs die

Dienstbezüge nach Abschnitt II der Anlage 1 zu den AVR erhält, sind ihr die Bezüge der Vergütungsgruppe 9 Stufe 9 (ab 1.9.2010) zu zahlen. Bei einem Gehalt von 1.919,73 € brutto in Vollzeit ergäbe sich für die Wochenarbeitszeit der Klägerin von 30,25 Stunden ein Gehalt in Höhe von 1.508,36 € brutto. Einschließlich der Zuschläge in Höhe von 56,42 € ergäbe sich ein zu zahlender Betrag in Höhe von 1.227,88 €. Da aufgrund der Sonderregelung (Anmerkung 2 RK Ost) nur 78,47 % davon zu zahlen sind, hat die Klägerin einen Anspruch auf Weihnachtszuwendung für das Jahr 2010 in Höhe von 1.227,88 €.

Dieser Anspruch ist in Höhe von 913,04 € brutto durch Erfüllung gem. § 362 BGB erloschen, so dass ein Zahlungsanspruch in Höhe von 314,84 € brutto verbleibt.

b) Aus den unter I 1. b) genannten Gründen ist auch dieser Anspruch nicht durch die Diözesanen Regelungen vom 26.11.2009, 8.9.2010 und 30.9.2010 ausgeschlossen. Die Ausführungen zum Urlaubsgeld gelten für die Weihnachtszuwendung entsprechend.

3. Der Zinsanspruch folgt aus § 288 Abs. 1 BGB iVm § 286 Abs. 2 Nr. 1 BGB. *(wird ausgeführt)*

19

Eine Nachnutzung von nur im Wahlkampf zugelassenen großflächigen Werbetafeln für andere Zwecke (hier: Willkommensbotschaft für den Papst) ist eine Sondernutzung, die nicht an der gesetzlichen Privilegierung der Wahlwerbung teilhat. Sie ist nicht erlaubnisfähig, wenn sonst an den betreffenden Standorten Werbetafeln entsprechender Größe nicht zugelassen werden.

§ 11 Abs. 2 u. 2a BE.StrG
OVG Berlin-Brandenburg, Beschluss vom 9. September 2011 -OVG 1 S 153.11-[1]

Der Antragsteller ist ein eingetragener und als gemeinnützig anerkannter Verein, dessen Vereinszweck in der Förderung der röm.-kath. Kirche besteht. Er begehrt für die Zeit vom 18. bis 22.9.2011 von dem Antragsgegner die Genehmigung für die Nutzung von 58 jeweils 9,4 qm großen Wahlkampfwerbetafeln der Christlich Demokratischen Union im Berliner Bezirk Mitte für Plakate, auf denen Papst Benedikt XVI anlässlich seines anstehenden Besuches in Berlin am 22.9.2011 durch prominente Berliner Bürger begrüßt werden soll.

1 Amtl. Leitsatz. BeckRS 2011, 53966; *juris*; NVwZ-RR 2011, 992.

Mit vom Bescheid vom 9.8.2011 hat das Bezirksamt Mitte von Berlin die Gestattung der begehrten Nachnutzung abgelehnt.

Der Antragsteller machte bisher geltend, dass die Christlich Demokratische Union mit der Überplakatierung am Wahltage einverstanden sei. Hinter ihrem Begehren stehe der Gedanke, dass die für den Wahlkampf anlässlich der Wahlen in Berlin am 18.9.2011 aufgestellten Werbetafeln ohnehin bis zum 25.9. genehmigt seien. Jedenfalls sei auch davon unabhängig eine Sondernutzungserlaubnis für die Plakatierung zu erteilen. Er beabsichtige, die Werbetafeln fristgerecht abzubauen. Der Überplakatierung stünden überwiegende öffentliche Interessen nicht entgegen. Insbesondere sei mit einem frühzeitigen Abbau der Werbetafeln ohnehin nicht zu rechnen, weil die Parteien die Plakate regelmäßig nach der Wahl für weitere Werbung, insbesondere Danksagungen an ihre Wähler, nutzten. Die mit dem Auf- und Abbau der meisten Werbetafeln beauftragte Firma sei zudem nicht in der Lage, die Tafeln bis zum Abend des 22.9.2011 vollständig wieder abzubauen. Es würden nach diesem Termin noch weit mehr Werbetafeln in Berlin stehen, als von dem Antragsteller benötigt. Der Antragsteller verwies darauf, dass das Berliner Landesrecht nicht nur Wahlen und Parteien, sondern in § 11 Abs. 2 a des Berliner Straßengesetzes - BE.StrG - auch Volks- und Bürgerbescheide privilegiere. Er selbst verfolge gemeinnützige Zwecke und werbe für die Beschäftigung mit Religion. Er sehe eine einmalige Gelegenheit, ein Zeichen zu setzen, dass der Papst in Berlin willkommen sei. Deshalb seien seine Grundrechte aus Art. 4 und 5 des Grundgesetzes betroffen. Dahinter müssten untergeordnete öffentliche Belange zurücktreten.

Der Antragsgegner bestand darauf, dass die Wahlkampftafeln nur für Zwecke des Wahlkampfs genutzt werden dürften. Eine Überplakatierung stehe dem Interesse an einem frühzeitigen Rückbau der Werbetafeln und einer schnellstmöglichen Rückkehr zu einem geordneten Stadtbild entgegen. Er beschränke großflächige Werbetafeln aus städtebaulichen und denkmalrechtlichen Gründen so weit wie möglich. Die umfangreiche Zulassung von großflächigen Werbetafeln sei allein der Bedeutung der Wahlen und der Bedeutung der Parteien für die Wahlen entsprechend dem Grundgesetz und dem Parteiengesetz geschuldet. Nur insoweit würden teilweise städtebauliche und denkmalrechtliche Belange im Wahlkampf in den Hintergrund gestellt. An zahlreichen Standorten der Tafeln befänden sich eingetragene Baudenkmale, deren unmittelbare Umgebung durch die Werbeanlagen erheblich beeinträchtigt werde. Da der Antragsteller zudem beabsichtige, über die begehrten Werbestandorte hinaus auch im Bezirk Charlottenburg-Wilmersdorf in großem Umfang zu werben, verstärke sich durch die beantragte Überplakatierung die Beeinträchtigung für das gesamte Stadtbild Berlins. Die Tafeln erweckten einen provisorischen Charakter, stünden zudem oft im Begleitgrün der Straße, in dem außerhalb der Wahlkampfzeit grundsätzlich keine Werbung zugelassen werde. Eine Weiterverwendung der Werbetafeln durch die Parteien nach der Wahl sei dem Antragsgegner nicht bekannt und erfolge wenn überhaupt nur vereinzelt. Das Konzept, die betroffenen Flächen von großflächigen Werbetafeln freizuhalten, werde durch eine immense Beispielwirkung für vergleichbare Anlässe gefährdet; insbesondere im Zusammenhang mit Wahlen müsse mit einer Vielzahl von Anträgen für großflächige Werbetafeln derer gerechnet werden, die sich gegenüber der Wahlwerbung ohnehin benachteiligt fühlten. Das durchaus anzuerkennende religiöse Anliegen des Antragstellers müsse dahinter zurücktreten, zudem dem Antragsteller insoweit auch andere Kommunikationsmittel offen stünden.

Das VG Berlin (Beschluss vom 30.8.2011) hat es abgelehnt, dem Antragsgegner im Wege der einstweiligen Anordnung aufzugeben, die Überplakatierung zu gestatten. Der Antragsteller habe keinen Anspruch auf die für sein Vorhaben erforderliche Sondernutzungserlaubnis. Auf die u.a. für den Wahlkampf geltende Privilegierung des § 11 Abs. 2 a BE.StrG könne er sich nicht berufen. Nach § 11 Abs. 2 BE.StrG solle eine Sondernutzungserlaubnis nur dann erteilt werden, wenn ihr überwiegende öffentliche Interessen nicht entgegenstünden, wobei es Sache der zuständigen Behörde sei, die betroffenen öffentlichen Interessen zu definieren, zu konkretisieren und zu gewichten. Nach der gebotenen summarischen Prüfung stünden der Erteilung der Sondernutzungserlaubnis mit Belangen des Städtebaus und Denkmalschutzes überwiegende öffentliche Interessen entgegen. Zudem bestünde für den Kraftfahrzeugverkehr insbesondere bei einem Wechsel von der gewohnten Wahlwerbung zu den beabsichtigten ungewohnten Begrüßungsplakaten mit Berliner Prominenten eine die Sicherheit des Verkehrs beeinträchtigende hohe Ablenkungsgefahr. Da der Antragsteller sich nicht auf § 11 Abs. 2 a BE.StrG berufen könne, sei für die Erteilung der Sondernutzungserlaubnis auch die dem Wahlkampf geschuldete Abbaufrist für die Werbetafeln unerheblich. Eine evtl. Nachnutzung durch die Parteien für Dankesadressen an die Wähler stünde im unmittelbaren Zusammenhang mit den Wahlen.

Dagegen wendet der Antragsteller sich mit der Beschwerde. Er stellt klar, dass er sich nicht auf § 11 Abs. 2 a BE.StrG berufe und die Erteilung der Sondernutzungserlaubnis allein nach § 11 Abs. 2 BE.StrG begehre. Das Verwaltungsgericht habe falsch entschieden, weil es für die Beurteilung, ob öffentliche Belange durch die Nachnutzung betroffen seien, nicht berücksichtigt habe, dass im streitigen Zeitraum bereits eine Nutzung durch Werbetafeln erfolge. Gäbe es eine Beeinträchtigung durch die Werbetafeln, sei diese jedenfalls bereits eingetreten und die Nachnutzung dafür nicht ursächlich. Die übliche Genehmigungspraxis spiele deshalb keine Rolle. Es werde nicht aufgezeigt, an welchen Stellen tatsächlich städtebauliche und denkmalschutzrechtliche Belange beeinträchtigt würden, zumal auch im Wahlkampf Werbetafeln vor Denkmalen üblicherweise nach § 11 Abs. 2 a Satz 3 BE.StrG ausgeschlossen seien. Gäbe es Probleme mit der Verkehrssicherheit, hätte bereits die Sondernutzung zu Wahlkampfzwecken versagt werden müssen. Der Motivwechsel sei unerheblich, weil auch im Wahlkampf regelmäßig die Plakate ausgetauscht würden. Selbst wenn öffentliche Interessen berührt wären, hätten diese im Wege der Abwägung hinter den Grundrechten des Antragstellers aus Art. 4 Abs. 1 und Art. 5 Abs. 1 GG zurückzutreten.

Die Beschwerde wurde zurückgewiesen.

Aus den Gründen:

[7] Die zulässige Beschwerde des Antragsstellers hat keinen Erfolg. Das Beschwerdevorbringen rechtfertigt eine Änderung des angefochtenen Beschlusses nicht (§ 146 Abs. 4 Satz 6 VwGO).

[8] Das Verwaltungsgericht hat einen Anordnungsanspruch für den Erlass einer einstweiligen Anordnung (§ 123 Abs. 1 und 3 VwGO iVm § 920 Abs. 2 und § 294 ZPO) zu Recht verneint. Aufgrund der hier mit dem vorläufigen Rechtsschutzbegehren verbundenen unweigerlichen Vorwegnahme der Hauptsache bedürfte es für eine Änderung des verwaltungsgerichtlichen Beschlusses der überwiegenden Erfolgsaussicht in der Hauptsache. Eine solche überwiegende Erfolgsaussicht besteht hingegen nicht.

[9] Zutreffend geht das Verwaltungsgericht davon aus, dass eine Sondernutzungserlaubnis gem. § 11 Abs. 2 Satz 1 BE.StrG nur dann erteilt werden soll, wenn überwiegende öffentliche Interessen der Sondernutzung nicht entgegenstehen. Auch die Beschwerde wendet sich nicht dagegen, dass es Sache der Behörde ist, die betroffenen öffentlichen Interessen zu definieren, zu konkretisieren und zu gewichten. Der Antragsgegner hat nachvollziehbar dargelegt, dass er die im Wahlkampf verwendeten Werbetafeln (sog. Wesselmanntafeln) nur für diese Zwecke zulässt und die genutzten Flächen - insbesondere das Straßenbegleitgrün - sonst von provisorischen Werbeständern regelmäßig zum Schutz des Stadtbildes und von Denkmalen freihält. Demgegenüber macht die Beschwerde nicht geltend, dass dies für den Bezirk Mitte kein sachgerechtes und ernst gemeintes Konzept ist. Sie nennt keine Gründe, die für eine grundsätzliche und umfassende Nutzung der streitigen Bereiche durch provisorische Werbetafeln sprechen. Die Beschwerde stellte auch nicht schlüssig in Frage, dass städtebauliche und denkmalschutzrechtliche Belange hier zu den berücksichtigungsfähigen öffentlichen Interessen gehören. Der im vorläufigen Rechtsschutzverfahren zur Glaubhaftmachung (§ 123 Abs. 3 VwGO iVm § 920 Abs. 2

ZPO) verpflichtete Antragsteller hat auch keinen Standort benannt, für den das vom Bezirksamt entwickelte Konzept zur Freihaltung der hier streitigen Flächen von Werbung nicht zuträfe. Seine Erwägung, dieses Konzept werde in der Praxis schon auf der Grundlage von § 11 Abs. 2 a Satz 3 BE.StrG durchgesetzt, geht am Inhalt dieser Norm vorbei. Größe, Zahl und Standorte von Werbeanlagen können nur für die hier nicht in Rede stehenden Volks- und Bürgerentscheide begrenzt werden. Das korrespondiert mit dem Konzept des Antragsgegners, außerhalb von Wahlen politische Werbung mittels provisorischer Werbeträger auf Laternenpfahlschilder zu beschränken. Im Zusammenhang mit Wahlen können Werbeanlagen nur zum Schutz von Orten von städtebaulich, denkmalpflegerisch, kulturell oder historisch herausragender überregionaler Bedeutung beschränkt werden. Das geht weit über die in § 11 Abs. 2 Satz 1 BE.StrG benannten überwiegenden öffentlichen Interessen hinaus. Es sollte wohl beispielsweise Wahlwerbung am Brandenburger Tor ausgeschlossen werden.

[10] Soweit die Beschwerde rügt, dass das Verwaltungsgericht die tatsächlichen durch die Wahlwerbung geschaffenen Verhältnisse nicht berücksichtigt habe, begründet auch dies einen Erfolg der Beschwerde nicht. Der Antragsteller sieht bei seinem Vorbringen, es fehle die Ursächlichkeit der Überplakatierung für eine Beeinträchtigung der geschützten Interessen, weder die besondere Stellung der politischen Parteien in der „heißen" Wahlkampfphase noch den Umstand, dass der Antragsgegner sein Konzept zum Schutz städtebaulicher und denkmalschutzrechtlicher Belange nur dann durchsetzen kann, wenn er Berufungsfälle vermeidet, indem er Ausnahmen stringent ablehnt. Für die Zeit des Wahlkampfes treten öffentliche Interessen im Bereich der Wahlwerbung ganz erheblich zurück (vgl. nur BVerwG Urteil vom 7.6.1978 -7 C 6.78- BVerwGE 56, 56-63). Die sich aus Meinungsäußerungsfreiheit und Stellung der Parteien ergebenden Rechte haben im Wahlkampf ein besonderes, großes Gewicht. Das ist der besonderen eigenständigen Bedeutung der Wahlen für die demokratische Willensbildung des Volkes geschuldet. Das führt nicht nur dazu, dass die öffentlichen Interessen im Sinne des Sondernutzungsrechts geringer zu gewichten sind, sondern auch dazu, dass aus verkehrsrechtlicher Sicht in der heißen Wahlkampfphase sogar Verkehrsbeeinträchtigungen hinzunehmen wären (vgl. Hentschel, Straßenverkehrsrecht, 2011, § 33 StVO Rz. 13 mwN). Dem hat der Berliner Gesetzgeber mit § 11 Abs. 2 a BE.StrG Rechnung getragen, indem er den Schutz des Stadtbildes und denkmalpflegerischer Interessen in Wahlkampfzeiten sehr viel weiter als sonst zurückgenommen hat. Ließe der Antragsgegner nicht in diesem Sinne privilegierte Sondernutzungen in Einzelfällen zu, wäre im Hinblick auf Berufungsfälle sein Konzept gefährdet, im Interesse des Stadtbildes und des Denkmalschutzes innerstädtische Werbung und Propaganda zu beschränken. Es kann dahinstehen, ob er kommerzielle Werbung abwehren

könnte, jedenfalls müsste er unter vielen grundrechtsrelevanten Aspekten Propaganda z.B. im Bereich aktiver und negativer Religionsfreiheit, politischer Meinungsbildung oder weltanschaulicher Fragen auch aus Gründen der Gleichbehandlung (Art. 3 Abs. 1 GG) zulassen. Es ist ohne weiteres denkbar, dass kurzfristig z.B. auch andere Parteien eine Nachnutzung ihrer Werbetafeln anlässlich des Papstbesuches interessierten Kreisen gestatten.

[11] Es kann bei dieser Sachlage offen bleiben, ob auch der vom Verwaltungsgericht benannte typisch straßenrechtliche Belang der Sicherheit des innerstädtischen Verkehrs hier betroffen ist.

[12] Auch mit Blick auf die Bedeutung der von dem Antragsteller mit der Beschwerde geltend gemachten, hier allerdings allenfalls in Randbereichen betroffenen kollektiven Glaubensfreiheit und der freien Meinungsäußerung können dem Beschwerdevorbringen keine Argumente entnommen werden, die eine überwiegende Erfolgsaussicht des Begehrens des Antragstellers in der Hauptsache begründen könnten. Unter Berücksichtigung dieser Grundrechte bei der Abwägung der widerstreitenden Interessen überwiegen jedenfalls die von dem Antragsgegner bestimmten Interessen, aus städtebaulichen und denkmalpflegerischen Gründen die hier streitgegenständlichen Flächen mit Ausnahme der Wahlwerbung von Werbung und Propaganda jeder Art auf provisorischen großflächigen Werbetafeln im Interesse des Stadtbildes und der Denkmalpflege frei zu halten. Der Antragsteller weist selbst darauf hin, dass hier wesentlich für ihn die Veröffentlichung seiner Willkommensbotschaft zum Papstbesuch ist. Dafür stehen ihm aber - wie der Antragsgegner unwidersprochen ausgeführt hat - vielfältige Möglichkeiten offen. Auch wenn der Papstbesuch für viele Bürger Berlins ein herausragendes Ereignis ist, erreicht dieses aus verfassungsrechtlicher Sicht nicht das Gewicht, das einer alle Bürger betreffenden demokratischen Wahl zuzumessen ist. Zudem wäre die Plakataktion im Verhältnis zu dem, was für den Papstbesuch an organisatorischen Leistungen erbracht wird, um das Ereignis feierlich zu gestalten, nur von untergeordneter Bedeutung.

20

Eine Verpflichtung zur Teilnahme am Sexualkundeunterricht verstößt bei Beachtung der Vorgaben in § 33 NW.SchulG nicht gegen Konventionsrecht.
Besteht bei schulischen Karnevalsfeiern die Möglichkeit, an alternativen Veranstaltungen teilzunehmen, ist damit den religiösen und moralischen Überzeugungen von Schülern und Eltern hinreichend Rechnung getragen.

Art. 8, 9 EMRK, Art. 2 Protokoll Nr. 1
EGMR, Entscheidung vom 13. September 2011 -No. 319/08-
(D. u.a. ./. Deutschland)[1]

Die Beschwerdeführer sind deutsche Staatsangehörige und alle in S./Nordrhein-Westfalen wohnhaft. Gegenstand des Verfahrens sind fünf vom Gerichtshof verbundene Individualbeschwerden No. 319/08, 2455/08, 7908/10, 8152/10, 8155/10. Sie wurden von den Beschwerdeführern zum Teil auch im Namen ihrer Kinder erhoben, die die streitgegenständliche Schule besuchen.

SACHVERHALT

A. Die Umstände der Rechtssache

1. Der Hintergrund der Rechtssache

Die Beschwerdeführer sind Mitglieder der Evangeliumschristen-Baptistenkirche und vertreten strenge Moralvorstellungen, die sie als Teil ihres religiösen Glaubens sehen.

Jedes der fünf Ehepaare hat mehrere Kinder, die in S., Nordrhein-Westfalen, eine städtische Grundschule besuchen bzw. besuchten.

Der Lehrplan für die vierten Klassen der Grundschule sieht verpflichtende Unterrichtsstunden in Sexualkunde vor. Im Jahr 2006 beschloss die Schulkonferenz - ein an jeder Schule eingerichtetes Gremium, das aus dem Schulleiter bzw. der Schulleiterin und gewählten Vertretern der Lehrer, Eltern und Kinder besteht -, dass darüber hinaus regelmäßig ein zweitägiges Theaterprojekt mit dem Titel „Mein Körper gehört mir" als verpflichtende Schulveranstaltung für Kinder der dritten und vierten Klassen, also für die Altersgruppe zwischen sieben und neun Jahren, stattfinden solle, um die Kinder für das Thema des sexuellen Missbrauchs durch Fremde oder Familienmitglieder zu sensibilisieren und somit zu dessen Vorbeugung beizutragen.

Das Thema Vorbeugung sexuellen Missbrauchs gehört zum Lehrplan der Schulen in Nordrhein-Westfalen und das genannte Theaterprojekt wird an vielen Schulen des Landes durchgeführt. In Rollenspielen lernen die Kinder verschiedene Situationen kennen, in denen es zu sexuellem Missbrauch kommen könnte, und ihnen wird gezeigt, dass sie sich gegen ihnen unangenehmes Verhalten wehren können und wie sie einer Vertrauensperson gegebenenfalls ein solches Verhalten melden können. Vor der Einführung des Projekts im Jahr 2007 wurden die Eltern über seinen Inhalt und Zweck informiert. Die zweitägige

1 HUDOC; nichtamtl. Übers. der Bundesregierung.

Veranstaltung wurde am 18. und 25.1. und am 7. und 14.2.2007 sowie in den folgenden Schuljahren durchgeführt.

Darüber hinaus ist es an der Grundschule S. Tradition, jedes Jahr für die Schüler eine Karnevalsveranstaltung mit dem Titel „Lütke Fastnacht" zu organisieren. Mit Beschluss der Schulkonferenz vom 23.10.2006 wurde die Feier für das Jahr 2007 auf den 15.2.2007 festgelegt und die Eltern entsprechend informiert. Die Teilnahme an den Feierlichkeiten ist vormittags bis zum offiziellen Unterrichtsschluss verbindlich. Den Kindern steht es frei, sich für die Veranstaltung zu verkleiden und an einem Faschingsumzug auf dem Schulgelände nach dem offiziellen Unterrichtsschluss teilzunehmen. Seit 2006 bietet die Schule für die Kinder, die während der verpflichtenden Unterrichtszeit am Vormittag nicht an der Schulkarnevalsfeier teilnehmen wollen, Schwimmunterricht oder eine sportliche Betätigung in der Turnhalle an.

2. Die Beschwerdeführer D. (Individualbeschwerde Nr. 319/08) und F. (Individualbeschwerde Nr. 2455/08)

a) Die Ereignisse im Jahr 2005

Im Frühjahr 2005 besuchten D. und F. die vierte Klasse der staatlichen Grundschule S. Mit Schreiben vom 31.5.2005 wurden die Eltern der Kinder, die die vierte Klasse besuchten, darüber informiert, dass ab 1.6.2005 sechs Unterrichtsstunden Sexualkunde erteilt würden, in denen es um Themen wie Zeugung, Schwangerschaft und Geburt gehe. Darüber hinaus wurde ihnen mitgeteilt, dass sie Gelegenheit hätten, sich das Buch anzusehen, das für diesen Unterricht, der ab dem folgenden Tag, also dem 1.6.2005, stattfinden sollte, vorgesehen war.

Nachdem sie sich das Buch angesehen hatten, beantragten die Eltern D. und F. zusammen mit anderen der Evangeliumschristen-Baptistenkirche angehörenden Eltern, deren Kinder dieselbe Schule besuchten, die Befreiung ihrer Kinder von den Unterrichtsstunden in Sexualkunde vom 1. bis 17.6.2005. Sie brachten vor, dass ihre Kinder ohne schädliche Medieneinflüsse erzogen worden und zuhause an schamhaftes und keusches Sexualverhalten gewohnt seien, weshalb sie nicht die erforderliche Reife für den vorgesehenen Sexualkundeunterricht besäßen. Die Eltern beanstandeten insbesondere den Inhalt des Buches, der ihrer Meinung nach teilweise pornographisch und mit der christlichen Sexualethik, nach der Sexualität auf die Ehe beschränkt sein sollte, nicht vereinbar war. Das Buch propagiere ein liberales, emanzipatorisches Bild von Sexualität, das mit ihren religiösen und moralischen Überzeugungen nicht vereinbar sei und zu einer frühzeitigen „Sexualisierung" ihrer Kinder führen würde.

Die Schule wies den Antrag mit der Begründung zurück, dass die Teilnahme an den Unterrichtsstunden nach den einschlägigen Richtlinien und dem Lehrplan verpflichtend sei. D. und F. nahmen an den ersten beiden Sexualkundeunterrichtsstunden teil. Nach der Zurückweisung eines weiteren Antrags auf Befreiung ihrer Kinder vom Sexualkundeunterricht erschienen mehrere Eltern, die der Evangeliumschristen-Baptistenkirche angehörten, am 8.6.2005 im Schulgebäude und verhinderten, entgegen der Wünschen der Schulleiterin, die Teilnahme ihrer Kinder an den nächsten Unterrichtsstunden in Sexualkunde. Die Schulleiterin und die Klassenleitung entschieden daraufhin, die Unterrichtsstunden in unregelmäßigen Abständen unangekündigt abzuhalten, um eine Behinderung durch die Eltern zu vermeiden. In der Folge schickten die Eltern ihre Kinder in der gesamten Woche vom 13. bis 17.6.2005, in der die übrigen Sexualkundeunterrichtsstunden erteilt wurden, nicht zur Schule.

W. und A. D. sowie T. und L. F. wurden dafür, dass sie ihre Kinder während des genannten Zeitraums nicht zur Schule schickten, jeweils mit einem Bußgeld von 75 € belegt. Mit Urteil vom 5.9.2005 bzw. vom 13.10.2006 bestätigte das AG Paderborn die Bußgelder in den Rechtssachen Ehepaar D. und Ehepaar F. mit der Begründung, das Fernhalten der Kinder von der Schule, ohne dass die erforderliche Befreiung durch die Schulleiterin vorgelegen hätte, sei nicht gerechtfertigt gewesen.

In seinem Urteil vom 5.9.2006 befand das Gericht, dass das Recht der Eltern auf Erziehung ihrer Kinder und Glaubensfreiheit durch den Bildungsauftrag des Staates, der durch die Schulpflicht umgesetzt werde, eingeschränkt werde. Die neutrale Wissensvermittlung hinsichtlich menschlicher Fortpflanzung, Empfängnisverhütung etc. in der Schule hindere die Eltern nicht daran, ihren Kindern ihre moralischen Werte zu vermitteln, und stelle keine Verletzung der Persönlichkeitsrechte der Kinder dar.

In seinem Urteil vom 13.10.2006 führte das Gericht weiter aus, dass der Unterricht gemäß den zugrunde liegenden Rechtsvorschriften und den auf diesen beruhenden Richtlinien und Lehrplänen, die sich an aktuellen wissenschaftlichen und pädagogischen Erkenntnissen orientierten, erteilt worden sei. Dasselbe gelte auch für die verwendeten Unterrichtsmaterialien, die den Leser behutsam an das Thema Sexualität und Geburt heranführten und dazu beitrügen, ein etwaig bestehendes Schamgefühl zu reduzieren. Eine Sexualerziehung sei für die betreffende Altersgruppe erforderlich, um den Kindern die Möglichkeit zu geben, sich mit den Einflüssen der Gesellschaft kritisch auseinander zu setzen, anstatt sich diesen zu entziehen und sich zu isolieren. Das Gericht stellte fest, dass die Beschwerdeführer jedenfalls nicht berechtigt gewesen seien, ihre Kinder vom verpflichtenden Unterricht fernzuhalten, sondern stattdessen mit juristischen Mitteln um Befreiung ihrer Kinder von dem in Rede stehenden Unterricht hätten ersuchen können, etwa im Wege eines verwaltungsgerichtlichen Verfahren auf Erlass einer einstweiligen Anordnung.

Das OLG Hamm wies die Anträge auf Zulassung der Rechtsbeschwerde gegen die oben genannten Urteile mit Beschluss vom 26.2.2007 (-4 Ss OWi 135/07-KirchE 49, 163, in Bezug auf das Ehepaar D.) bzw. mit Beschluss vom 26.6.2007 (in Bezug auf das Ehepaar F.) zurück. Das Oberlandesgericht befand, dass die Schulpflicht nach ständiger Rechtsprechung eine zulässige Einschränkung des Rechts der Eltern auf Religionsfreiheit und auf Erziehung ihrer Kinder darstelle. In seinem Beschluss vom 26.6.2007 betonte das Oberlandesgericht darüber hinaus, dass der Erziehungsauftrag des Staates nicht auf die Vermittlung von Wissen beschränkt sei, sondern sich auch auf die Heranbildung gleichberechtigter und verantwortungsvoller Staatsbürger richte, die in der Lage seien, an den demokratischen Prozessen einer pluralistischen Gesellschaft teilzuhaben, womit insbesondere auch die Absicht verfolgt werde, Minderheiten zu integrieren und der Entstehung von religiös oder weltanschaulich motivierten „Parallelgesellschaften" entgegenzuwirken.

Am 12.6. bzw. 10.10.2007 lehnte es das Bundesverfassungsgericht ohne Begründung ab, die entsprechenden Verfassungsbeschwerden zur Entscheidung anzunehmen.

b) Die Ereignisse im Jahr 2007

Am 18. und 25.1.2007 hielten W. und A. D. dann auch ihre Tochter von der Schule fern, da das Theaterprojekt „Mein Körper gehört mir" an diesen Tagen durchgeführt wurde. Sie hinderten sie auch daran, an dem begleitenden Sexualkundeunterricht im Februar 2007 teilzunehmen. Sie brachten vor, dass sie nicht generell gegen einen Sexualkundeunterricht in der Schule seien, den konkreten Lehrplan in Bezug auf die sittliche Entwicklung ihrer Tochter jedoch für schädlich hielten. Sie wurden jeweils mit einer Geldbuße von 120 € belegt.

Mit Urteil vom 27.5.2008 bestätigte das AG Paderborn die Geldbußen. Es befand, dass eine Wissensvermittlung im Hinblick auf sexuelle Gewalt und sexuellen Missbrauch, mit der beabsichtigt werde, den Kindern Verhaltensmaßregeln an die Hand zu geben, damit sie in schwierigen Situationen Hilfe finden könnten, auch Inhalt des Erziehungsauftrags des Staates sei, und dass die von den Eltern angeführten religiösen Motive keinen hinreichen Grund für die Fernhaltung des Kindes vom Schulbesuch darstellten. Darüber hinaus stellte es fest, dass die Geldbuße in Höhe von 120 € angesichts der vorangegangenen Verurteilung des Ehepaars vom 5.9.2006 gerechtfertigt gewesen sei.

Mit Beschluss vom 26.8.2008 wies das OLG Hamm den Antrag des Ehepaars auf Zulassung der Rechtsbeschwerde zurück.

Die Annahme ihrer anschließend eingelegten Verfassungsbeschwerde wurde vom Bundesverfassungsgericht mit Beschluss vom 10.11.2008 ohne Begründung abgelehnt.

3. Die Beschwerdeführer W. (Individualbeschwerden Nrn. 7908/10, 8152/10 und 8155/10)

a) Die Ereignisse im Jahr 2007

Am 7. und 14.2.2007 hinderten E. und R. W. eines ihrer Kinder und H. und I. W. drei ihrer Kinder - diejenigen Kinder, die zur vorgesehenen Altersgruppe gehörten - an der Teilnahme am Schultheaterprojekt „Mein Körper gehört mir". Sie gaben an, es sei mit ihrer Glaubensüberzeugung nicht zu vereinbaren, dass das Gefühl der Kinder zum Maßstab ihres Sexualverhaltens gemacht werde, da dies die Kinder ermutigen würde, nach ihrer sexuellen Lust wie Erwachsene zu handeln, ihr Schamgefühl zu verlieren und sich auf sexuelle Handlungen mit Erwachsenen einzulassen. Die biblische Lehre der Keuschheit, welche die Sexualität auf die Ehe beschränke, stelle einen ausreichenden Schutz vor Missbrauch dar, und es sei wissenschaftlich nicht erwiesen, dass das Theaterprojekt diesbezüglich eine präventive Wirkung habe.

Am 15.2.2007 hinderten E. und R. W. sowie A. und A. W. zwei ihrer Kinder daran, an der Karnevalsfeier der Schule teilzunehmen, was sie damit begründeten, dass eine derartige Veranstaltung nicht mit ihrer religiösen und moralischen Überzeugung sowie der von ihnen geleisteten religiösen Erziehung ihrer Kinder vereinbar sei. Sie brachten vor, dass die „Lütke Fastnacht" ihrer Meinung nach ein katholisches Fest sei, dass von körperlichen Begierden gelenkt und von unmoralischem und enthemmten Verhalten begleitet werde. Sie behaupteten, nicht gewusst zu haben, dass ihre Kinder das Alternativangebot des Schwimmunterrichts hätten wahrnehmen können, und gaben an, dass sie ihre Kinder deswegen nicht zur Schule geschickt hätten, weil sie diese nicht dem Faschingstreiben im Klassenraum oder in der Turnhalle hätten aussetzen wollen. Ein Zwang zur Teilnahme an einer solchen Veranstaltung stelle einen Verstoß gegen die Glaubens- und Gewissensfreiheit sowie gegen ihr Recht auf Erziehung ihrer Kinder dar.

Die Schulbehörde belegte E., R., H. und I. W. jeweils mit einem Bußgeld in Höhe von 80 € und A. und A. W. jeweils mit einem Bußgeld in Höhe von 40 €, da sie ihre Kinder ohne vorherige Befreiung durch die Schulleiterin von verpflichtenden Schulveranstaltungen ferngehalten hätten.

Die Geldbußen wurden mit getrennten Urteilen vom 11.6.2008 vom AG Paderborn für jedes der drei Ehepaare bestätigt. Im Hinblick auf das Schultheaterprojekt stellte das Gericht fest, dass das grundgesetzlich garantierte Recht der Eltern, ihre Kinder gemäß ihren religiösen und moralischen Überzeugungen zu erziehen, und das Recht ihrer Kinder, ihre Einstellung zum Geschlechtlichen selbst zu bestimmen, dem staatlichen Auftrag zur schulischen Bildung gleichgeordnet und durch diesen eingeschränkt seien. Der Staat dürfe zwar eigene Erziehungsziele verfolgen, müsse jedoch Neutralität und Toleranz gegenüber den Vorstellungen der Eltern aufbringen und dürfe keine gezielte Beeinflussung im Dienste einer bestimmten politischen, ideologischen oder weltanschaulichen Richtung betreiben. In Bezug auf die schulische Sexualerziehung müssten die Schulbehörden das natürliche Schamgefühl der Kinder achten und Rücksicht auf die moralischen und religiösen Überzeugungen der Eltern nehmen. Das Gericht war der Auffassung, das in Rede stehende schulische Theaterprojekt habe nur das Ziel der Sensibilisierung für die Thematik des sexuellen Missbrauchs verfolgt, was unzweifelhaft eine Angelegenheit sei, bezüglich derer ein dringender staatlicher Handlungsbedarf bestehe, damit Kinder frühzeitig geschützt würden. Die schulische Veranstaltung habe kein bestimmtes Sexualverhalten befürwortet oder abgelehnt und eine Sexuallehre basierend auf der Glaubensüberzeugung der Beschwerdeführer nicht in Frage gestellt. - Hinsichtlich der Fastnachtsfeier stellte das Gericht fest, dass diese nicht mit religiösen Aktivitäten verbunden gewesen und nur darauf ausgerichtet gewesen sei, dass die Kinder bis Unterrichtsschluss miteinander feiern könnten, weswegen die dem Staat auferlegt Pflicht zur Neutralität und Toleranz gewahrt gewesen sei. Darüber hinaus hätten die Kinder die Möglichkeit gehabt, an alternativen Veranstaltungen teilzunehmen, was den Eltern hätte bekannt sein müssen und auch gezeigt habe, dass die Schulbehörde versucht habe, auf die religiösen und moralischen Überzeugungen der dem baptistischen Glauben angehörenden Kinder in der örtlichen Grundschule unter Beachtung der Anforderungen eines geordneten Schulbetriebs so weit wie möglich Rücksicht zu nehmen.

Mit Beschlüssen vom 5.3.2009 verwarf das OLG Hamm die von E. und R. W. sowie A. und A. W. gestellten Anträge auf Zulassung der Rechtsbeschwerde. Mit zwei Beschlüssen vom 31.3.2009 verwarf es die von den beiden Ehepaaren erhobenen Anhörungsrügen.

Mit Beschluss vom 16.7.2009 verwarf das OLG Hamm den von H. und I. W. gestellten Antrag auf Zulassung der Rechtsbeschwerde gegen das Urteil des Amtsgerichts vom 11.6.2008.

Mit begründeter Entscheidung vom 21.7.2009 (-1 BvR 1358/09- KirchE 54, 54) lehnte das Bundesverfassungsgericht es ab, die Verfassungsbeschwerde, die E. und R. W. gegen die erwähnten, gegen sie ergangenen Entscheidungen eingelegt hatten, zur Entscheidung anzunehmen. (*Der Gerichtshof referiert weiter BVerfG KirchE 54, 54*).

Mit Beschluss vom selben Tage lehnte das Bundesverfassungsgericht auch die Annahme einer von A. und A. W. eingelegten Verfassungsbeschwerde ohne Begründung ab.

Angesichts der ihre Verwandten betreffenden Entscheidungen des Bundesverfassungsgerichts sahen H. und I. W. von der Einlegung einer Verfassungsbeschwerde ab.

b) Weitere Entwicklungen

Es scheint, dass die drei Ehepaare W. während der folgenden Schuljahre weiterhin diejenigen ihrer Kinder, die verpflichtet gewesen wären, an einem der beiden vorgenannten Module des Sexualkundeunterrichts teilzunehmen, jeweils von diesem Unterricht fernhielten. Den Eltern wurden immer höhere Bußgelder auferlegt; sie hielten diese für unrechtmäßig und weigerten sich, sie zu bezahlen. Da alle Versuche der innerstaatlichen Behörden, die Zahlungspflicht durchzusetzen, erfolglos blieben, wurden die Eltern jeweils zu einer Erzwingungshaft von bis zu 43 Tagen verurteilt.

So wurden, mit getrennten Beschlüssen des AG Paderborn vom 11.3.2009, E. W. zu einer Geldbuße in Höhe von 1.090 € und A. W. zu einer Geldbuße von 450 € verurteilt, da sie mehrere ihrer Kinder wiederholt von verpflichtenden Unterrichtsveranstaltungen ferngehalten hatten. Nach erfolglosen Versuchen, die Zahlung dieser Geldbußen durchzusetzen, wurde dem Antrag des Staatsanwalts, gegen E. W. eine Erzwingungshaft von 40 Tagen und gegen A. W. eine Erzwingungshaft von 30 Tagen anzuordnen, mit getrennten Beschlüssen des AG Paderborn vom 1.3.2010 stattgegeben.

Die anschließende Beschwerde von E. W. wurde mit Beschluss des AG Paderborn vom 13.4.2010 verworfen. Das Gericht befand, dass die Anordnung der Haft gegen den Beschwerdeführer rechtmäßig und nicht unverhältnismäßig gewesen sei. Es betonte, dem Beschwerdeführer sei primär eine Geldbuße auferlegt worden und die Haft sei keine Sanktion für die dieser Geldbuße zugrunde liegende Ordnungswidrigkeit, sondern nur ein Mittel zur Durchsetzung der Zahlungspflicht des Beschwerdeführers. Ob der Bußgeldbescheid rechtmäßig sei oder nicht, sei nicht Gegenstand des Erzwingungshaftverfahrens. Das Landgericht stellte weiter fest, dass die Dauer der festgesetzten Erzwingungshaft der Praxis des Amtsgerichts entspreche und daher verhältnismäßig gewesen sei.

Mit Beschluss vom 14.4.2010 und ähnlicher Begründung verwarf das LG Paderborn eine von A. W. erhobene Beschwerde gegen die Festsetzung der Erzwingungshaft. Das Landgericht verglich die angeordnete Erzwingungshaft jedoch mit verschiedenen anderen Anordnungen von Erzwingungshaft wegen unbezahlter Geldbußen (z. B. 10 Tage wegen einer Geldbuße in Höhe von 250 € und 40 Tage für eine Geldbuße in Höhe von 1.090 €) und befand, dass die in

Bezug auf Herrn W. festgesetzte Erzwingungshaft von 30 Tagen übermäßig lang sei, weshalb es die die Haftdauer auf 20 Tage verkürzte.

Dem Gerichtshof wurden keine weiteren, andere Mitglieder der Familie W. betreffenden Gerichtsentscheidungen über die Festsetzung von Erzwingungshaft vorgelegt. Nach Informationen der Anwälte der Beschwerdeführer ergingen jedoch gegen alle Eltern ähnliche Erzwingungshaftbeschlüsse. Es scheint, dass sich H. W. vom 26.8. bis 6.10.2010 in Erzwingungshaft befand und dass gegen seine Frau I. mit Beschluss des AG Paderborn vom 2.7.2010 43 Tage Erzwingungshaft wegen Nichtzahlung einer Geldbuße in Höhe von 1.090 € festgesetzt wurden, deren Vollstreckung an einem nicht genau bekannten Tag im Februar/März 2011 begann. Ihr nach Art. 39 der Verfahrensordnung des Gerichtshofs gestellter Antrag auf sofortige Entlassung aus der Haft, der insbesondere damit begründet wurde, dass unter Verletzung von Art. 5 der Konvention eine unverhältnismäßig lange Erzwingungshaft festgesetzt worden sei, was ihrem nach Art. 8 geschützten Familienleben einen nicht wieder gutzumachenden Schaden zugefügt habe, wurde vom Präsidenten der Fünften Sektion am 9.3.2011 zurückgewiesen.

Darüber hinaus wurde die Vollstreckung ähnlicher Anordnungen von Erzwingungshaft gegen A. W. und R. W. anscheinend ausgesetzt, weil A. W. schwanger war und R. W. ein neugeborenes Kind stillte.

B. Das einschlägige innerstaatliche Recht

Art. 4 GG besagt, dass die Religionsfreiheit unverletzlich ist und die ungestörte Religionsausübung gewährleistet wird.

Während Art. 6 Abs. 2 GG anerkennt, dass Pflege und Erziehung der Kinder das natürliche Recht der Eltern und die zuvorderst ihnen obliegende Pflicht sind, legt Art. 7 fest, dass das gesamte Schulwesen unter der Aufsicht des Staates steht. Art. 7 Abs. 4 gewährleistet u. a. das Recht zur Errichtung von privaten Schulen. Private Schulen als Ersatz für öffentliche Schulen bedürfen der Genehmigung des Staates und unterstehen den Landesgesetzen. Nach Abs. 5 ist eine private Volksschule nur zuzulassen, wenn die Unterrichtsverwaltung ein besonderes pädagogisches Interesse anerkennt oder, auf Antrag von Erziehungsberechtigten, wenn sie als Gemeinschaftsschule, als Bekenntnis- oder Weltanschauungsschule errichtet werden soll und eine öffentliche Volksschule dieser Art in der Gemeinde nicht besteht.

Nach § 33 des Schulgesetzes des Bundeslands Nordrhein-Westfalen ergänzt die schulische Sexualerziehung die Sexualerziehung durch die Eltern. Ihr Ziel ist es, Schülerinnen und Schüler alters- und entwicklungsgemäß mit den biologischen, ethischen, sozialen und kulturellen Fragen der Sexualität vertraut zu machen, um sie zur Entwicklung eigener Wertvorstellungen und zu einem selbstbestimmten Umgang mit der eigenen Sexualität zu befähigen. Die Sexualerziehung sollte die Akzeptanz unter allen Menschen unabhängig von ihrer sexuellen Orientierung und Identität fördern. Nach Absatz 2 dieser Bestimmung sind die Eltern über Ziel und Inhalt der Sexualerziehung rechtzeitig zu informieren.

Die Grundschule umfasst in Deutschland die Schuljahrgänge eins bis vier. Nach dem Schulgesetz und dem Schulpflichtgesetz des Landes Nordrhein-Westfalen beginnt die Pflicht zum Besuch der Grundschule im Alter von sechs Jahren und gilt für alle Kinder, die in Nordrhein-Westfalen ihren Wohnsitz haben. Die Kinder sind verpflichtet, regelmäßig am Unterricht und an allen anderen verbindlichen Schulveranstaltungen teilzunehmen, und die Eltern haben für die regelmäßige Teilnahme ihrer Kinder Sorge zu tragen. Auf Antrag der Eltern kann die Schulleiterin bzw. der Schulleiter Schülerinnen und Schüler von der Teilnahme an einzelnen Unterrichts- oder Schulveranstaltungen befreien, wenn wichtige Gründe diese Befreiung rechtfertigen (§§ 34 Abs. 1, 35 Abs. 1, 41 Abs. 1 sowie 43 Abs. 1 und 3 des Schulgesetzes und §§ 1 Abs. 1, 3 Abs. 1, 16 Abs. 2, 17 sowie 20 Abs. 1 und 2 des Schulpflichtgesetzes). Eltern, die nicht für den Schulbesuch ihrer Kinder sorgen, handeln ordnungswidrig, was mit einer Geldbuße geahndet werden kann (§ 126 Schulgesetz).

Nach § 17 des Gesetzes über Ordnungswidrigkeiten bewegt sich die Höhe der Geldbuße, in Abhängigkeit von der Art der Ordnungswidrigkeit, zwischen 5 € und 1.000 €. § 20 legt fest, dass bei mehreren Geldbußen jede Geldbuße gesondert festgesetzt wird. Nach § 96 desselben Gesetzes kann das Gericht zur Durchsetzung der Zahlung einer Geldbuße Erzwingungshaft anordnen, wenn (i) der Betrag nicht innerhalb von zwei Wochen nach Rechtskraft der Entscheidung, durch die sie verhängt wurde, gezahlt worden ist; (ii) nicht festgestellt worden ist, dass der Betroffene zahlungsunfähig ist; und (iii) der Betroffene darüber belehrt worden ist, dass Erzwingungshaft angeordnet werden kann. Die Dauer der Erzwingungshaft darf sechs Wochen und im Falle mehrerer in einer Entscheidung festgesetzter Geldbußen drei Monate nicht überschreiten. Wegen desselben Betrages darf die Erzwingungshaft nicht wiederholt werden

RÜGEN

Nach Art. 2 des Protokolls Nr. 1 zur Konvention sowie nach den Art. 9 und 8 der Konvention rügten die Beschwerdeführer, dass die Weigerung der innerstaatlichen Behörden, ihre Kinder von den zuvor erwähnten schulischen Pflichtveranstaltungen des Sexualkundeunterrichts, Theaterprojekts oder der Karnevalsfeier zu befreien, eine unverhältnismäßige Einschränkung ihres Rechts, ihre Kinder im Einklang mit ihren religiösen Überzeugungen zu erziehen, sowie des Rechts ihrer Kinder auf Erziehung entsprechend ihren eigenen religiösen Überzeugungen, die aufgrund ihres Alters denen ihrer Eltern entsprochen hätten, dargestellt habe.

Unter Berufung auf Art. 14 der Konvention, jeweils iVm Art. 2 des Protokolls Nr. 1, mit Art. 8 und mit Art. 9 der Konvention brachten sie vor, sie seien gegenüber den Eltern, deren religiöse und moralische Überzeugungen von den genannten schulischen Veranstaltungen nicht verletzt worden seien, diskriminiert worden. Die Beschwerdeführer F. brachten darüber hinaus vor, dass die Kinder muslimischer Eltern vom Sexualkundeunterricht befreit worden seien, und die Beschwerdeführer D. brachten vor, dass muslimische Eltern, die ihre Kinder vom Sexualkundeunterricht ferngehalten hätten, nicht bestraft worden seien.

RECHTLICHE WÜRDIGUNG

1. Nach Art. 42 Abs. 1 der Verfahrensordnung des Gerichtshofs beschließt der Gerichtshof, die Beschwerden wegen ihres ähnlichen tatsächlichen und rechtlichen Hintergrunds zu verbinden.

2. Die Beschwerdeführer rügten primär, dass die verpflichtende Teilnahme an den oben erwähnten Veranstaltungen des Sexualkundeunterrichts, des Theaterprojekts „Mein Körper gehört mir" und der Karnevalsfeier „Lütke Fastnacht" sowie die - von den deutschen Gerichten bekräftigte - Weigerung der innerstaatlichen Behörden, ihre Kinder von der Teilnahme an diesen schulischen Veranstaltungen zu befreien, gegen Art. 2 des Protokolls Nr. 1 zur Konvention verstoßen habe; Artikel 2 lautet wie folgt:

> „Niemandem darf das Recht auf Bildung verwehrt werden. Der Staat hat bei Ausübung der von ihm auf dem Gebiet der Erziehung und des Unterrichts übernommenen Aufgaben das Recht der Eltern zu achten, die Erziehung und den Unterricht entsprechend ihren eigenen religiösen und weltanschaulichen Überzeugungen sicherzustellen."

Die Beschwerdeführer behaupteten zwar, nicht generell gegen einen Sexualkundeunterricht in der Schule zu sein, brachten aber vor, die verpflichtende Teilnahme an den vorgenannten Veranstaltungen und Unterrichtsstunden, die ausschließlich eine liberale Sicht der Sexualität vermittelten, komme einer Indoktrination ihrer Kinder gleich, die gegen ihr Recht verstoße, sie entsprechend ihren eigenen religiösen und weltanschaulichen Überzeugungen zu erziehen - ein Recht, das auch durch das nach Art. 9 garantierte Recht auf Gedanken-, Gewissens- und Religionsfreiheit sowie das Recht auf Achtung des Familien- und Privatlebens nach Art. 8 der Konvention gestützt werde. Der erteilte Sexualkundeunterricht habe die christliche Sexualethik, an die sich die Beschwerde führenden Eltern hielten, nicht berücksichtigt und sei nicht an den Reifegrad der Kinder angepasst gewesen. Die Gestaltung der Unterrichtsstunden und Veranstaltungen durch den Staat sei nicht in einer sachlichen, kritischen und pluralistischen Weise erfolgt und habe die religiösen und weltanschaulichen Überzeugungen der Eltern nicht berücksichtigt.

Die Beschwerdeführer brachten darüber hinaus vor, sie hätten ihre Kinder lediglich von bestimmten schulischen Veranstaltungen befreien lassen wollen, denen sie grundsätzlich ablehnend gegenübergestanden hätten. Es sei nur eine begrenzte Befreiung beantragt worden, die keine beträchtliche Störung der allgemeinen schulischen Bildung der Kinder dargestellt habe. Die Entscheidung der Eltern, ihre Kinder von der Schule fernzuhalten bzw. an der Teilnahme an den genannten Unterrichtsstunden und schulischen Veranstaltungen zu hindern, habe die Schulgesetze nur geringfügig verletzt und es sei daher nicht vorhersehbar gewesen, dass sie zu den unverhältnismäßigen Sanktionen führen würden, die den Beschwerde führenden Eltern auferlegt worden und durch die innerstaatlichen Gerichte bestätigt worden seien.

Der Gerichtshof stellt eingangs fest, dass die Beschwerdeführer H. und I. W. von der Erhebung einer Verfassungsbeschwerde gegen das Urteil des AG Paderborn vom 11.6.2008 und den Beschluss des OLG Hamm vom 16.7.2009 absahen, was sie damit begründeten, dass ihre Beschwerde in Anbetracht der Entscheidungen des Bundesverfassungsgerichts vom 21.7.2009, mit dem die Verfassungsbeschwerden ihrer Verwandten abgewiesen worden seien, vergeblich gewesen wären.

Der Gerichtshof weist erneut darauf hin, dass diejenigen, die in einer Rechtssache gegen den Staat den Gerichtshof anrufen wollen, nach dem in Art. 35 der Konvention enthaltenen Grundsatz der Erschöpfung der innerstaatlichen Rechtsbehelfe verpflichtet sind, zunächst von den in der nationalen Rechtsordnung vorgesehenen wirksamen Rechtsbehelfen Gebrauch zu machen. (*wird ausgeführt*)

Unter der Annahme der Erschöpfung des Rechtswegs in Bezug auf alle Beschwerdeführer verweist der Gerichtshof auf die wesentlichen Grundsätze, die für die allgemeine Auslegung von Art. 2 des Protokolls Nr. 1, wie sie in seiner Rechtsprechung dargelegt worden ist, maßgeblich sind (siehe insbesondere Kjeldsen, Busk Madsen und Pedersen ./. Dänemark, 7.12.1976, Rn. 50-54, S. 24-28, Serie A Band 23, KirchE 42, 181; Folgerø u. a. ./. Norwegen [GK], Individualbeschwerde Nr. 15472/02, Rn 84, 29.6.2007, KirchE 49, 454; und Hasan und Eylem Zengin ./. Türkei, Individualbeschwerde Nr. 1448/04, Rn 47-55, ECHR 2007-XI, KirchE 50, 202). Die beiden Sätze von Art. 2 des Protokolls Nr. 1 sind nicht nur im Lichte des jeweils anderen, sondern insbesondere auch im Lichte von Artikel 8, 9 und 10 der Konvention zu betrachten (siehe Kjeldsen, Busk Madsen und Pedersen, aaO, Rn 52).

Das Recht der Eltern auf Achtung ihrer religiösen und weltanschaulichen Überzeugungen ist auf dieses Grundrecht übertragen worden, und der erste Satz unterscheidet ebenso wenig wie der zweite zwischen staatlichem und privatem Unterricht. Kurz gefasst ist festzustellen, dass der zweite Satz von Art. 2 des Protokolls Nr. 1 darauf abzielt, die Möglichkeit eines Pluralismus in der Erziehung sicherzustellen, eine Möglichkeit, der wesentliche Bedeutung für die Bewahrung einer „demokratischen Gesellschaft", wie sie der Vorstellung der Konvention entspricht, zukommt. In Anbetracht der Bedeutung des modernen Staates muss dieses Ziel vor allem durch die staatliche Bildung verwirklicht werden (siehe Kjeldsen, Busk Madsen und Pedersen, aaO, Rn 50).

Art. 2 des Protokolls Nr. 1 erlaubt es nicht, zwischen Religionsunterricht und anderen Unterrichtsfächern zu unterscheiden. Er gibt dem Staat auf, die Überzeugungen der Eltern, ob religiös oder weltanschaulich, im gesamten Unterrichtsprogramm der öffentlichen Schulen zu achten (siehe Kjeldsen, Busk Madsen und Pedersen, aaO, Rn 51). Diese Pflicht ist weit gefasst und nicht nur auf die Unterrichtsinhalte und die Art ihrer Vermittlung, sondern auch auf die Erfüllung aller vom Staat übernommenen „Aufgaben" anwendbar.

Es entspricht einer natürlichen Pflicht der - primär für die „Erziehung und Bildung" ihrer Kinder verantwortlichen - Eltern gegenüber ihren Kindern, wenn sie den Staat auffordern, ihre religiösen und weltanschaulichen Überzeugungen zu achten. Ihr Recht entspricht daher einer mit dem Genuss und der Ausübung des Rechts auf Bildung eng verbundenen Verantwortung (aaO, Rn 52).

Jedoch fallen die Festlegung des Lehrplans und die Planung des Unterrichts grundsätzlich in die Zuständigkeit der Vertragsstaaten. Dabei geht es vor allem um Fragen der Zweckmäßigkeit, über die nicht der Gerichtshof zu befinden hat und deren Entscheidung je nach Land und Zeit zu Recht unterschiedlich ausfallen kann (siehe Valsamis ./. Griechenland, 18.12.1996, § 28; Urteils- und Entscheidungssammlung 1996-VI; KirchE 42, 301). Insbesondere hindert der zweite Satz von Art. 2 des Protokolls Nr. 1 einen Staat nicht daran, in den öffentlichen Schulen, mittels des erteilten Unterrichts, objektive Informationen oder Bildungsinhalte des schulischen Lehrplans zu verbreiten, weil sonst die Gefahr bestünde, dass der institutionelle Unterricht sich insgesamt als impraktikabel erweisen würde (siehe Kjelden, Busk Madsen und Pedersen, aaO, Rn 53). In der Tat sind viele in der Schule unterrichte Fächer ohne mehr oder weniger ausgeprägte weltanschauliche Züge oder Implikationen nur schwer vorstellbar. Dasselbe gilt auch für religiöse Bezüge, wenn man bedenkt, dass es Religionen gibt, die ein sehr weit gefasstes dogmatisches und moralisches Wertesystem haben, das auf jede philosophische, kosmologische oder moralische Frage Antworten hat oder haben könnte (aaO, Rn 53).

Der zweite Satz von Art. 2 impliziert andererseits, dass der Staat bei der Wahrnehmung der von ihm übernommenen Aufgaben auf dem Gebiet der Erziehung und des Unterrichts dafür sorgen muss, dass die im Lehrplan enthaltenen Informationen und Kenntnisse in einer sachlichen, kritischen und pluralistischen Weise vermittelt werden. Dem Staat ist es untersagt, eine Indoktrinierungsabsicht zu verfolgen, die als Nichtbeachtung der religiösen und weltanschaulichen Überzeugungen der Eltern angesehen werden könnte. Hier liegt die Grenze, die nicht überschritten werden darf (siehe Folgerø u.a., aaO, Rn 84).

Eine solche Auslegung des zweiten Satzes von Art. 2 des Protokolls Nr. 1 ist mit dem ersten Satz desselben Artikels, mit den Artikeln 8 bis 10 der Konvention und mit dem allgemeinen Geist der Konvention selbst vereinbar, eines Instruments, das dazu bestimmt ist, die Ideale und Werte einer demokratischen Gesellschaft zu wahren und zu fördern (siehe Kjeldsen, Busk Madsen und Pedersen, aaO, Rn 53). Dies gilt insbesondere im Hinblick darauf, dass der Unterricht integraler Bestandteil des Prozesses ist, mit dem eine Schule den Zweck erfüllen möchte, für den sie geschaffen wurde und zu dem auch die Entwicklung und Formung des Charakters und der geistigen Fähigkeiten ihrer Schüler sowie deren Selbständigkeit gehören (siehe Hasan und Eylem Zengin, aaO, Rn 55).

Der Gerichtshof erinnert daran, dass er sich mit dem deutschen Schulsystem, das eine Schulpflicht in Grundschulen vorsieht und Heimunterricht generell ausschließt, bereits befasst hat. Er hat festgestellt, dass der Staat mit der Einführung eines solchen Systems die Integration von Kindern in die Gesellschaft sicherstellen und der Entstehung von Parallelgesellschaften vorbeugen wollte und dass diese Erwägungen mit der Rechtsprechung des Gerichtshofs zur Bedeutung des Pluralismus für die Demokratie übereinstimmen und in den Ermessensspielraum der Vertragsstaaten bei der Schaffung und Auslegung von Regeln für ihre Bildungssysteme fallen (siehe K. u.a. ./. Deutschland, Entscheidung vom 11.9.2006, Individualbeschwerde Nr. 35504/03; KirchE 48, 296).

Der Gerichtshof stellt fest, dass ähnliche Erwägungen auf den in Rede stehenden Fall anwendbar sind, in dem die Beschwerdeführer keine allgemeine Befreiung von der Schulpflicht zum Zwecke der Unterrichtung ihrer Kinder zuhause, sondern eine Befreiung von bestimmten Unterrichtsstunden in Sexualkunde und schulischen Veranstaltungen beantragt haben, die ihrer Meinung nach mit ihren religiösen Überzeugungen im Widerspruch stehen.

Der Gerichtshof stellt fest, das der in Rede stehende Sexualkundeunterricht nach den Feststellungen des AG Paderborn auf eine neutrale Vermittlung von Wissen über Zeugung, Empfängnisverhütung, Schwangerschaft und Geburt gemäß den zugrunde liegenden Rechtsvorschriften und den auf diesen beruhenden Richtlinien und Lehrplänen, die sich an aktuellen wissenschaftlichen und pädagogischen Erkenntnissen orientierten, abzielte. Ziel des Theaterprojekts „Mein Körper gehört mir“ war es, eine Sensibilisierung für das Problem der sexuellen Gewalt und des Kindesmissbrauchs zu erzielen, um somit zu dessen Vorbeugung beizutragen.

Der Gerichtshof verweist in diesem Zusammenhang auf § 33 des Schulgesetzes von Nordrhein-Westfalen, dem zufolge der Sexualkundeunterricht das Ziel verfolgt, Schülerinnen und Schüler alters- und entwicklungsgemäß mit den biologischen, ethischen, sozialen und kulturellen Fragen der Sexualität vertraut zu machen, um sie zur Entwicklung eigener Wertvorstellungen und zu einem selbstbestimmten Umgang mit der eigenen Sexualität zu befähigen. Die Sexualerziehung sollte die Akzeptanz unter allen Menschen unabhängig von ihrer sexuellen Orientierung und Identität fördern. Dieses Ziel spiegelt sich auch in den Entscheidungen der deutschen Gerichte in der vorliegenden Rechtssache wider, die in ihren sorgfältig begründeten Entscheidungen festgestellt haben, dass der Sexualkundeunterricht für die betreffende Altersgruppe erforderlich sei, um Kinder zu befähigen, mit gesellschaftlichen Einflüssen kritisch umzugehen anstatt sie zu vermeiden, und sie zu verantwortungsvollen und gleichberechtigten Staatsbürgern zu erziehen, die in der Lage seien, an den demokratischen Prozessen einer pluralistischen Gesellschaft teilzuhaben - womit insbesondere die Absicht verfolgt werde, Minderheiten zu integrieren und der Entstehung von religiös oder weltanschaulich motivierten „Parallelgesellschaften" entgegenzuwirken.

Der Gerichtshof stellt fest, dass diese Ziele mit den in Art. 2 des Protokolls Nr. 1 verankerten Grundsätzen Pluralismus und Objektivität im Einklang stehen.

Im Hinblick auf die in Rede stehenden Karnevalsveranstaltungen stellt der Gerichtshof fest, dass diese nicht mit religiösen Handlungen verbunden waren und die Kinder in jedem Fall die Möglichkeit hatten, an alternativen Veranstaltungen teilzunehmen. Wie die deutschen Gerichte herausgestellt hatten, stellte das Angebot der Teilnahme an diesen alternativen Aktivitäten einen Versuch der Schulleitung dar, auf die religiösen und moralischen Überzeugungen der Kinder und Eltern, die der Evangeliumschristen-Baptistengemeinde angehörten, soweit wie möglich Rücksicht zu nehmen, erfolgte aber auch im Hinblick auf die Gewährleistung eines geordneten Schulbetriebs.

Der Gerichtshof stellt fest, dass die den Entscheidungen der innerstaatlichen Gerichte zugrunde liegenden Annahmen nicht irrtümlich waren und in den Beurteilungsspielraums der Vertragsstaaten bei der Schaffung und Auslegung von Regeln für ihre Bildungssysteme fallen. Er stellt darüber hinaus fest, dass es keinen Anhaltspunkt dafür gibt, dass die im Lehrplan enthaltenen Informationen oder Erkenntnisse nicht in einer sachlichen, kritischen und pluralistischen Weise vermittelt wurden. In dieser Hinsicht teilt der Gerichtshof die Auffassung der innerstaatlichen Gerichte, die zu dem Schluss kamen, dass nichts darauf hindeute, dass der erteilte Unterricht die Sexualerziehung der Kinder durch ihre Eltern, die auf deren religiösen Überzeugungen beruhe, in Frage gestellt habe oder dass die Kinder dahingehend beeinflusst worden seien, ein bestimmtes Sexualverhalten entgegen den religiösen und weltanschaulichen Überzeugen ihrer Eltern zu befürworten oder abzulehnen. Die Schulbehörden brachten im Rahmen der in Rede stehenden schulischen Aktivitäten auch keine Präferenz für eine bestimmte Religion oder einen bestimmten Glauben zum Ausdruck (Hasan und Eylem Zengin, aaO, Rn 59). Der Gerichtshof weist in diesem Zusammenhang erneut darauf hin, dass die Konvention kein Recht garantiert, nicht mit Meinungen konfrontiert zu werden, die den eigenen Überzeugungen widersprechen (siehe A.-I. u.a. ./. Deutschland, Entscheidung vom 6.10.2009, Individualbeschwerde Nr. 45216/07; KirchE 54, 254).

Darüber hinaus stand es, wie die deutschen Gerichte ebenfalls herausgestellt haben, den Beschwerde führenden Eltern frei, ihre Kinder nach der Schule und am Wochenende zu erziehen, weshalb ihr Recht, ihre Kinder im Einklang mit ihren religiösen Überzeugungen zu erziehen, nicht unverhältnismäßig eingeschränkt sei. Die Pflicht zum Besuch der Grundschule nahm den Eltern nicht das Recht, „ihren Kindern gegenüber natürliche elterliche Funktionen als Erzieher auszuüben oder sie in Übereinstimmung mit ihren elterlichen religiösen oder weltanschaulichen Überzeugungen zu leiten" (siehe, sinngemäß, Kjeldsen, Busk Madsen und Pedersen, aaO, Rn 54).

Im Lichte der vorstehenden Erwägungen ist der Gerichtshof der Auffassung, dass die nationalen Behörden den ihnen nach Art. 2 des Protokolls Nr. 1 zustehenden Beurteilungsspielraum durch die Ablehnung der Befreiung von den schulischen Pflichtveranstaltungen des Sexualkundeunterrichts, Theaterprojekts oder der Karnevalsfeier nicht überschritten haben.

Schließlich ist der Gerichtshof auch davon überzeugt, dass die Mittel, die von den innerstaatlichen Behörden und Gerichten eingesetzt wurden, um die Beschwerdeführer dazu zu zwingen, für die regelmäßige Teilnahme ihrer Kinder an schulischen Pflichtveranstaltungen zu sorgen, nicht unverhältnismäßig gewesen sind. Nach § 126 des Schulgesetzes (siehe „Das einschlägige innerstaatliche Recht") handeln Eltern, die nicht für den Schulbesuch ihrer Kinder sorgen, ordnungswidrig, was mit einer Geldbuße geahndet werden kann. Es gibt keine Anhaltspunkte dafür, dass die auferlegten Bußgelder übermäßig hoch oder willkürlich festgelegt worden wären. Was die den Eltern W. wegen Nichtzahlung dieser Bußgelder auferlegte Haft angeht, nimmt der Gerichtshof - unbeschadet der Frage der Erschöpfung des innerstaatlichen Rechtswegs - auf die Entscheidung des LG Paderborn vom 13.4.2010 Bezug und stellt fest, dass die Haft keine Sanktion für die begangene Ordnungswidrigkeit, die dem anfänglichen Bußgeld zugrunde lag, sondern nur ein Mittel der Vollstreckung der Zahlungsverpflichtung der Beschwerdeführer darstellt. Die Erzwingungshaft wurde im Einklang mit den einschlägigen Bestimmungen des Gesetzes über Ordnungswidrigkeiten unter Berücksichtigung der Höhe der auferlegten Bußgelder und der Umstände des Einzelfalls angeordnet.

Daraus folgt, dass diese Rüge offensichtlich unbegründet ist und nach Art.35 Abs.3 Buchstabe a und Abs. 4 der Konvention zurückzuweisen ist.

3. Die Beschwerdeführer rügten auch, dass die Versagung der Erlaubnis, ihre Kinder im Einklang mit ihren religiösen Überzeugungen zu erziehen, einer Verletzung ihres Rechts auf Achtung ihres Privatlebens nach Art. 8 der Konvention gleichkomme, der wie folgt lautet:

> „(1) Jede Person hat das Recht auf Achtung ihres Privat- und Familienlebens, ihrer Wohnung und ihrer Korrespondenz.
> (2) Eine Behörde darf in die Ausübung dieses Rechts nur eingreifen, soweit der Eingriff gesetzlich vorgesehen und in einer demokratischen Gesellschaft notwendig ist für die nationale oder öffentliche Sicherheit, für das wirtschaftliche Wohl des Landes, zur Aufrechterhaltung der Ordnung, zur Verhütung von Straftaten, zum Schutz der Gesundheit oder der Moral oder zum Schutz der Rechte und Freiheiten anderer."

Darüber hinaus rügten die Beschwerdeführer eine Verletzung ihres Rechts auf Gedanken-, Gewissens- und Religionsfreiheit nach Art. 9 der Konvention, der wie folgt lautet:

> „(1) Jede Person hat das Recht auf Gedanken,- Gewissens- und Religionsfreiheit; dieses Recht umfasst die Freiheit, seine Religion oder Weltanschauung zu wechseln, und die Freiheit, seine Religion oder Weltanschauung einzeln oder gemeinsam mit anderen öffentlich oder privat durch Gottesdienst, Unterricht oder Praktizieren von Bräuchen und Riten zu bekennen.
> (2) Die Freiheit, seine Religion oder Weltanschauung zu bekennen, darf nur Einschränkungen unterworfen werden, die gesetzlich vorgesehen und in einer demokratischen Gesellschaft notwendig sind für die öffentliche Sicherheit, zum Schutz der öffentlichen Ordnung, Gesundheit oder Moral oder zum Schutz der Rechte und Freiheiten anderer."

Der Gerichtshof stellt fest, dass ein etwaiger Eingriff in die Rechte der Beschwerdeführer nach einer dieser Bestimmungen aus den oben genannten Gründen nach Art. 8 Abs. 2 bzw. Art. 9 Abs. 2 gerechtfertigt wäre, da er gesetzlich vorgesehen und in einer demokratischen Gesellschaft im Hinblick auf das öffentliche Interesse an der Gewährleistung der Bildung der Kinder notwendig wäre. Der Gerichtshof stellt insbesondere fest, dass es keine Hinweise dafür gibt, dass die Schulkonferenz nicht im Rahmen der ihr durch das Schulgesetz verliehenen Befugnisse gehandelt hätte, als sie die in Rede stehenden schulischen Veranstaltungen in den Lehrprogramm der Schule aufnahm.

Folglich ist dieser Teil der Individualbeschwerde ebenfalls offensichtlich unbegründet nach Maßgabe von Art. 35 Abs. 3 Buchst. a und Abs. 4 der Konvention.

4. Die Beschwerdeführer rügten ferner eine Verletzung von Art. 14 der Konvention, jeweils iVm Art. 2 des Protokolls Nr. 1, mit Art. 8 und mit Art. 9 der Konvention. Art. 14 lautet:

> „Der Genuss der in [der] Konvention anerkannten Rechte und Freiheiten ist ohne Diskriminierung insbesondere wegen des Geschlechts, der Rasse, der Hautfarbe, der Sprache, der Religion, der politischen oder sonstigen Anschauung, der nationalen oder sozialen Herkunft, der Zugehörigkeit zu einer nationalen Minderheit, des Vermögens, der Geburt oder eines sonstigen Status zu gewährleisten."

Sie brachten vor, sie seien gegenüber Personen mit anderen religiösen Überzeugungen, die nicht mit dem verpflichtenden Sexualkundeunterricht und den in Rede stehenden schulischen Veranstaltungen im Widerspruch stünden, diskriminiert worden. Im Hinblick auf seine Schlussfolgerungen betreffend Art. 2 des Protokolls Nr. 1 sowie Art. 8 und 9 der Konvention stellt der Gerichtshof fest, dass eine eigene Frage nach Art. 14 diesbezüglich nicht aufgeworfen wird.

Darüber hinaus brachte die Familie F. vor, sie sei gegenüber muslimischen Familien, deren Kinder aufgrund ihrer religiösen Überzeugungen vom verpflichtenden Sexualkundeunterricht befreit worden seien, diskriminiert worden, und die Familie D. brachte vor, muslimische Eltern, die ihre Kinder von diesem Unterricht ferngehalten hätten, seien von den Schulbehörden nicht mit einem Bußgeld belegt worden.

Es scheint, dass alle diese Vorbringen nicht Gegenstand der Verfahren vor den nationalen Gerichten gewesen sind und der innerstaatliche Rechtsweg diesbezüglich daher nicht erschöpft worden ist. Selbst unter der Annahme der Erschöpfung des innerstaatlichen Rechtswegs stellt der Gerichtshof fest, dass die Familien D. und F. dieses Vorbringen nicht weiter substantiiert haben und auch keine sachlichen Beweismittel zu seiner Stützung vorgebracht haben.

Daraus folgt, dass diese Rüge ebenfalls offensichtlich unbegründet ist und nach Art. 35 Abs. 3 Buchst. a und Abs. 4 der Konvention zurückzuweisen ist.

Aus diesen Gründen entscheidet der Gerichtshof einstimmig:
Die Individualbeschwerden werden verbunden;
die Individualbeschwerden werden für unzulässig erklärt.

21

Einwendungen gegen die Höhe von Einkünften aus Kapitalvermögen sind im Rahmen der Anfechtung der Kirchensteuerfestsetzung ausgeschlossen. Die Hinzurechnung steuerfreier Halbeinkünfte zur Bemessungsgrundlage der Kirchensteuer verstößt nicht gegen den Gleichheitssatz.

Art./§§ 3 Abs. 1 GG, 51a Abs. 2 EStG, 4 Abs. 2 NW.KiStG
BFH, Beschluss vom 15. September 2011 -I R 53/10-[1]

Streitig ist die Rechtmäßigkeit einer Kirchensteuerfestsetzung im Hinblick auf die nach § 4 Abs. 2 Satz 1 des Gesetzes über die Erhebung von Kirchensteuern im Land Nordrhein-Westfalen idF der Bekanntmachung vom 22.4.1975 -KiStG- (GVBl.NW 1975, 438), geändert durch Gesetz vom 6.3.2001 (GVBl.NW 2001, 103), iVm § 51a Abs. 2 Satz 2 des Einkommensteuergesetzes 1997 idF des Gesetzes zur Regelung der Bemessungsgrundlage für Zuschlagsteuern vom 21.12.2000 (BGBl I 2000, 1978, BStBl I 2001, 38) -EStG 1997- angeordnete Hinzurechnung von einkommensteuerlich freigestellten Einkünften aus Kapitalvermögen iSd § 3 Nr. 40 Buchst. d EStG 1997 zur Bemessungsgrundlage für die Kirchensteuer.

Der in Nordrhein-Westfalen wohnende Kläger ist Mitglied der röm.-kath. Kirche. Er war im Streitjahr (2001) an der A-GmbH beteiligt.

Nach den Feststellungen einer bei der A-GmbH durchgeführten Außenprüfung sollen dem Kläger im Streitjahr aufgrund eines Forderungsverzichts der GmbH verdeckte Gewinnausschüttungen (vGA) zuzurechnen sein; dies ist sowohl dem Grunde als auch der Höhe nach streitig. Das Wohnsitzfinanzamt berücksichtigte in den geänderten Einkommensteuerbescheiden vom 13.7. und 3.8.2007 die vGA als Einkünfte aus Kapitalvermögen, stellte sie aber für Zwecke der Einkommensteuerfestsetzung aufgrund des seit 2001 geltenden sog. Halbeinkünfteverfahrens gem. § 3 Nr. 40 Buchst. d EStG 1997 zur Hälfte steuerfrei. Nach Berücksichtigung eines Verlustabzugs (Verlustvortrags aus vorangegangenen Veranlagungszeiträumen) errechnete das Finanzamt ein zu versteuerndes Einkommen von 0 DM und setzte die Einkommensteuer auf 0 DM fest. Zugleich setzte das Finanzamt unter Hinweis auf § 51a Abs. 2 Satz 2 EStG 1997 Kirchensteuer in Höhe von...DM fest.

Der Kläger erhob sowohl gegen die Einkommensteuerfestsetzung - beim Finanzamt - als auch gegen die Kirchensteuerfestsetzung - beim Erzbistum N. (Beklagter) als der gem. § 14 Abs. 1, Abs. 2 Satz 1 KiStG iVm der einschlägigen Kirchensteuerordnung der Erzdiözese N. zuständigen Stelle - Einspruch. Die

1 BeckRS 2011, 96773; *juris*; BFH/NV 2012, 23; HFR 2012, 71; ZSteu 2011, R1093.

Kirchensteuerfestsetzung sei zum einen deshalb rechtswidrig, weil die Hinzurechnung der steuerfrei belassenen Kapitaleinkünfte nach § 51a Abs. 2 Satz 2 EStG 1997 aufgrund hoher Verlustvorträge mit dem verfassungsrechtlichen Grundsatz der Besteuerung nach der Leistungsfähigkeit nicht in Einklang stehe. Zum anderen sei die Annahme von vGA dem Grunde und der Höhe nach unzutreffend. Der Einspruch blieb mit Ausnahme einer sog. Kappung der Kirchensteuer auf nunmehr ...€ erfolglos. In der Einspruchsentscheidung führte der Beklagte u.a. an, ihm sei die Überprüfung der Rechtmäßigkeit des Einkommensteuerbescheids im Hinblick auf die vGA verwehrt; diese sei nach § 14 Abs. 6 Satz 1 KiStG dem Finanzamt vorbehalten. Den Einspruch gegen die Einkommensteuerfestsetzung verwarf das Finanzamt mangels Beschwer („Null-Festsetzung") als unzulässig. Die hiergegen erhobene Klage wird beim FG Münster unter dem Aktenzeichen -12 K 3141/09 E- geführt. Die Klage gegen die Kirchensteuerfestsetzung blieb erfolglos (FG Münster, Urteil vom 7.6.2010 -4 K 3856/08 Ki- EFG 2010, 1479).

Der Kläger rügt mit seiner Revision die Verletzung materiellen Rechts, blieb jedoch ohne Erfolg.

Aus den Gründen:

[10] 3. Der Senat sieht davon ab, den Rechtsstreit unter Hinweis auf den zur Einkommensteuerfestsetzung als Grundlagenbescheid (s.a. § 51a Abs. 5 EStG 1997) anhängigen Rechtsstreit gem. § 121 Satz 1 iVm § 74 FGO auszusetzen. Denn es kommt im hier anhängigen Verfahren nicht ausschließlich auf die vorgreifliche Frage der Höhe der Einkünfte aus Kapitalvermögen an (s. insoweit Senatsbeschluss vom 28.2.2001 -I R 41/99- BFHE 194, 317, BStBl II 2001, 416). Der Kläger macht unabhängig von der konkreten Höhe der Einkünfte aus Kapitalvermögen geltend, die Berechnung der Kirchensteuer bei noch nicht vollständig ausgenutztem einkommensteuerrechtlichen Verlustvortrag sei nicht verfassungskonform.

[11] III. Die Revision ist zulässig. Die landesrechtlichen Bestimmungen des Kirchensteuergesetzes sind, was unter den Beteiligten nicht im Streit ist, gem. § 118 Abs. 1 Satz 2 iVm § 33 Abs. 1 Nr. 4 FGO revisibles Landesrecht, weil § 14 Abs. 4 Satz 1 KiStG den Finanzrechtsweg eröffnet und § 14 Abs. 4 Satz 2 KiStG die Vorschriften der Finanzgerichtsordnung insgesamt für anwendbar erklärt (vgl. auch Senatsbeschluss vom 28.11.2007 -I R 99/06- BFHE 221, 288, BStBl II 2011, 40, mwN, KirchE 50, 360).

[12] IV. In der Sache ist die Revision unbegründet. Das Finanzgericht hat die materiell-rechtlichen Einwendungen des Klägers zu Grund und Höhe der vGA -

und damit der Kapitaleinkünfte iSd § 3 Nr. 40 Buchst. d EStG 1997 -, die im Streitfall die alleinige Bemessungsgrundlage der Kirchensteuer bilden, ohne Rechtsverstoß ungeprüft gelassen, weil sie Gegenstand des Klageverfahrens zur Festsetzung der Einkommensteuer sind. Die Festsetzung der Kirchensteuer ist im Streitfall auch nicht verfassungswidrig.

[13] 1. Dass die angefochtene Festsetzung - ungeachtet der weiteren Einwendungen des Klägers - dem Wortlaut des § 4 Abs. 2 Satz 1 KiStG iVm § 51a Abs. 2 Satz 2 EStG 1997 entspricht, ist zwischen den Beteiligten nicht in Streit. Nach § 51a Abs. 2 Satz 1 EStG 1997 ist Bemessungsgrundlage für die Zuschlagsteuern die Einkommensteuer unter Berücksichtigung bestimmter, im Streitfall nicht relevanter Freibeträge. Gem. Satz 2 der Vorschrift ist für Zwecke der Ermittlung der Einkommensteuer im Sinne des Satzes 1 das zu versteuernde Einkommen um die nach § 3 Nr. 40 EStG 1997 steuerfreien Beträge (z.B. die streitgegenständlichen Kapitalerträge gem. § 20 Abs. 1 Nr. 1 Satz 2 iVm § 3 Nr. 40 Buchst. d EStG 1997) zu erhöhen und um die nach § 3c Abs. 2 EStG 1997 nicht abziehbaren Beträge zu mindern. Dazu ist für Einzelheiten zur Vermeidung von Wiederholungen auf das Senatsurteil vom 1.7.2009 -I R 76/08- (BFHE 225, 566, BStBl II 2010, 1061; KirchE 54, 1) zu verweisen.

[14] Der Umstand, dass dem Kläger für das Streitjahr noch nicht durch Verrechnung verbrauchte Verlustvorträge zur Verfügung gestanden haben, führt danach nicht zu einer Reduzierung der Kirchensteuer. Verlustvorträge gem. § 10d EStG 1997 verringern die Bemessungsgrundlage der Zuschlagsteuern nur insoweit, als sie mit dem Gesamtbetrag der Einkünfte verrechnet werden und damit das nach § 2 Abs. 5 EStG 1997 zu versteuernde Einkommen als Ausgangsgröße der Berechnung der Zuschlagsteuern gem. § 51a Abs. 2 EStG 1997 mindern. Eine weiter gehende Verwendung von Verlustvorträgen für Zwecke der Zuschlagsteuern sieht das Gesetz nicht vor. Eine planwidrige gesetzliche Regelungslücke, die - z.B. im Wege einer Analogie zu § 10d EStG 1997 - eine Berücksichtigung der für die Zwecke der Einkommensteuer nicht „verbrauchten" Verlustvorträge im Rahmen der Bemessung der Kirchensteuer ermöglichen würde, besteht nicht.

[15] 2. Das Finanzgericht hat sich zu Recht aus verfahrensrechtlichen Gründen gehindert gesehen, darüber zu entscheiden, ob die im Einkommensteuerbescheid angesetzten - und in der hier streitigen Festsetzung eine Steuer auslösenden - vGA dem Grund und/oder der Höhe nach zutreffend ermittelt worden sind. Denn eine entsprechende Ermittlung und Feststellung ist dem Einkommensteuerfestsetzungsverfahren vorbehalten.

[16] a) Nach § 51a Abs. 5 Satz 1 EStG 1997 kann mit einem Rechtsbehelf gegen die Zuschlagsteuer (Kirchensteuer) weder die Bemessungsgrundlage noch die Höhe des zu versteuernden Einkommens angegriffen werden. Vergleichbar

hierzu besagt § 14 Abs. 6 Satz 1 KiStG, dass im Rechtsbehelfsverfahren gegen die Kirchensteuerfestsetzung Einwendungen gegen die zugrunde liegende Maßstabsteuer unzulässig sind. Dies entspricht dem grundsätzlichen Verhältnis von Grundlagen- und Folgebescheid, wonach Entscheidungen in einem Grundlagenbescheid nur durch Anfechtung jenes Bescheids und nicht durch Anfechtung des Folgebescheids angegriffen werden können (§ 351 Abs. 2 AO). Auch die Kirchensteuer ist nach § 4 Abs. 1 Nr. 1 Buchst. a, Abs. 2 Satz 1 KiStG iVm § 51a EStG 1997 Folgesteuer zu der als Maßstabsteuer dienenden Einkommensteuer. Einkommensteuerbescheid und Kirchensteuerbescheid stehen insoweit im Verhältnis von Grundlagen- und Folgebescheid zueinander (z.B. Senatsbeschluss in BFHE 221, 288, BStBl II 2011, 40, mwN).

[17] Allerdings besteht nach der Senatsrechtsprechung das Verhältnis von Grundlagen- und Folgebescheid in den Fällen des § 51a EStG 1997 nur hinsichtlich solcher Besteuerungsgrundlagen, die für die Festsetzung der Einkommensteuer als Maßstabsteuer relevant sind und sich infolgedessen auf die Einkommensteuerfestsetzung auswirken können. Hingegen kann der Einkommensteuerbescheid nicht als Grundlagenbescheid für die in § 51a Abs. 2 EStG 1997 geregelten Modifikationen der Maßstabsteuer angesehen werden, die ausschließlich der Bemessung der Kirchensteuer als Zuschlagsteuer dienen, die aber für die Festsetzung der Einkommensteuer keinerlei Bedeutung haben. Diese sind nicht Bestandteil der Festsetzung der Einkommensteuer, sondern kommen unabhängig von dieser originär und ausschließlich im Verfahren über die Festsetzung der Kirchensteuer zur Anwendung; dagegen erhobene Einwendungen sind folglich nur im Rahmen dieses Verfahrens geltend zu machen (Senatsbeschluss in BFHE 221, 288, BStBl II 2011, 40, mwN, KirchE 50, 360. s.a. Senatsbeschlüsse vom 28.11.2007 -I R 7/07- BFH/NV 2008, 986, und -I R 2, 3/07- *juris,* vgl. KirchE 50, 360 Anm. 1 [die Verfassungsbeschwerde wurde nicht zur Entscheidung angenommen, s. Beschluss des BVerfG vom 12.6.2008 -1 BvR 1190/08- n.v.]; zustimmend z.B. Kirchhof, in: Kirchhof, EStG, 10. Aufl., § 51a Rz 10; Treiber, in: Blümich, EStG/KStG/GewStG, § 51a EStG Rz 112; Petersen in Kirchhof/Söhn/Mellinghoff, EStG, § 51a Rz F 2, 4; ders., Kirchensteuer kompakt, 2010, Kap. 10 Rz 27; Gosch, BFH/PR 2008, 260; Homburg, DStR 2009, 2179, 2180 f.; Kühnen, EFG 2008, 1910 f.; Seer, in: Tipke/Kruse, AO/FGO, § 351 AO Rz 48). Daran ist festzuhalten.

[18] b) Nach dieser Maßgabe ist zwar ein Rechtsstreit um die in § 51a Abs. 2 Satz 2 EStG 1997 angeordnete Modifikation bei der Ermittlung der Einkommensteuer - im Streitfall die Hinzurechnung der nach § 3 Nr. 40 EStG 1997 steuerfreien Beträge bei der Berechnung des zu versteuernden Einkommens - dem Verfahren zur Kirchensteuerfestsetzung zuzuweisen (so die Situation im Senatsbeschluss in BFHE 221, 288, BStBl II 2011, 40, KirchE 50, 360). Die Grundla-

ge der Hinzurechnung ist jedoch Besteuerungsgrundlage iSd § 157 Abs. 2 AO im Rahmen der Festsetzung der Einkommensteuer. Die sachliche Steuerbefreiung des § 3 Nr. 40 Buchst. d EStG 1997 setzt dem Grunde nach das Erzielen von steuerpflichtigen Einnahmen aus Kapitalvermögen voraus: „Steuerfrei sind ... die Hälfte der Bezüge iSd § 20 Abs. 1 Nr. 1 ...“ Damit ist die Höhe der erzielten Einnahmen als sachnotwendige Grundlage der Hinzurechnung gerade nicht originärer und ausschließlicher Bestandteil der Kirchensteuerfestsetzung. Vielmehr wird entsprechend dem erklärten Gesetzeszweck, die Folgen des Halbeinkünfteverfahrens zu neutralisieren (s. Senatsurteil in BFHE 225, 566, BStBl II 2010, 1061, mwN; KirchE 54, 1), „nur“ dasjenige korrigiert, was zuvor als Folge der Steuerfreistellung aus der Ermittlung des zu versteuernden Einkommens (§ 2 Abs. 5 Satz 1 EStG 1997) ausgeschieden wurde. Der Regelung des § 51a Abs. 2 Satz 2 EStG 1997 fehlt sonach insoweit die „kirchensteuerrechtliche Selbständigkeit“, als sie an die Höhe der tatsächlich erfolgten Steuerfreistellung bei der Einkommensteuerfestsetzung anschließt. Daher ist die Gesamthöhe der erzielten Einnahmen aus Kapitalvermögen kein möglicher Anfechtungsgegenstand bei der Kirchensteuerfestsetzung. Für dieses Ergebnis spricht auch die zutreffende Erwägung des FG, dass anderenfalls bei einem Streit über die Gesamthöhe der Einnahmen aufgrund unterschiedlicher Behördenzuständigkeiten im Einkommen- und Kirchensteuerfestsetzungsverfahren divergierende Besteuerungsergebnisse jedenfalls nicht ausgeschlossen werden können; das aber widerspräche dem Regelungszweck.

[19] c) Das Finanzgericht hat ebenfalls ohne Rechtsfehler entschieden, dass der Kläger mit seinen materiell-rechtlichen Einwendungen gegen Grund und Höhe der festgestellten vGA im Einkommensteuerfestsetzungsverfahren (bzw. den entsprechenden Rechtsbehelfs-/Klageverfahren) rechtliches Gehör finden kann. (*wird ausgeführt*)

[21] 3. Der erkennende Senat hat die Rechtsfrage, ob die Hinzurechnung der steuerfreien Halbeinkünfte nach § 4 Abs. 2 Satz 1 KiStG iVm § 51a Abs. 2 Satz 2 EStG 1997 gegen den allgemeinen Gleichheitssatz des Art. 3 Abs. 1 GG verstößt, bereits ablehnend beantwortet. Daran ist festzuhalten.

[22] a) Durch sein Urteil in BFHE 225, 566, BStBl II 2010, 1061 hat der Senat unter Hinweis auf die Rechtsprechung des Bundesverwaltungsgerichts (Urteil vom 20.8.2008 -9 C 9/07- HFR 2009, 193) zur vergleichbaren Regelungslage nach § 5 Abs. 2 KiStG Baden-Württemberg entschieden, dass die Steuerpflichtigen mit Einkünften, die dem Halbeinkünfteverfahren unterliegen, durch die Hinzurechnung der nach § 3 Nr. 40 EStG 1997 steuerbefreiten Halbeinkünfte zur Bemessungsgrundlage der Kirchensteuer nicht unangemessen benachteiligt werden. Die Hinzurechnung ist als folgerichtige Reaktion auf die Einführung des Halbeinkünfteverfahrens anzusehen. Da die empfangenen Dividenden auf

der Ebene der ausschüttenden Kapitalgesellschaften nicht mit Kirchensteuern „vorbelastet“ sind, besteht kein sachlicher Grund dafür, diese Einkünfte auf der Ebene des Empfängers zur Hälfte von der Kirchensteuer freizustellen. Auch wenn der Ausschluss einer Verlustverrechnung im Hinblick auf die hinzuzurechnenden Halbeinkünfte dazu führt, dass Einkünfte iSv § 3 Nr. 40 EStG 1997 unabhängig von der Höhe eines zur Verfügung stehenden Verlustvortrags nach § 10d EStG 1997 in jedem Fall zur Hälfte der Kirchensteuer zu unterwerfen sind, wohingegen ein Steuerpflichtiger, der gleich hohe Einkünfte erzielt hat, zu denen aber nicht solche iSd § 3 Nr. 40 EStG 1997 gehören und die gem. § 10d EStG 1997 vollständig mit Verlustabzügen verrechnet werden können, im gleichen Veranlagungszeitraum keine Kirchensteuern entrichten muss, verstößt diese Ungleichbehandlung nicht gegen den allgemeinen Gleichheitssatz des Art. 3 Abs. 1 GG. Dem ist die Literatur weitaus überwiegend gefolgt (Gosch, BFH/PR 2009, 414; Homburg, DStR 2009, 2179, 2181; Petersen in Kirchhof/Söhn/Mellinghoff, aaO, § 51a Rz C 22, 24; Drenseck in Schmidt, EStG, 30. Aufl., § 51a Rz 1; Kirchhof, in: Kirchhof, aaO, § 51a Rz 6; Treiber, in: Blümich, aaO, § 51a EStG Rz 56; K. Wagner, in: Herrmann/Heuer/Raupach, EStG/KStG, § 51a EStG Rz 24; s. auch Pust, in: Littmann/Bitz/Pust, Das Einkommensteuerrecht, § 51a Rz 62, 101, 105; Homburg, FR 2008, 153, 157; ablehnend aber Oltmanns, BB 2009, 2014, 2015 f.; wohl auch Lang, in: Tipke/Lang, Steuerrecht, 20. Aufl., § 10 Rz 14 mit Fn. 15).

[23] b) Der Senat hält an dieser Rechtsauffassung, die auch von der Vorinstanz geteilt wurde, fest. Die Einwendungen des Klägers, die auf eine verfassungskonforme Auslegung zu seinen Gunsten aus Gründen der Billigkeit bzw. Einzelfallgerechtigkeit gerichtet sind, sind ihrem Inhalt nach im Wesentlichen schon im Senatsurteil in BFHE 225, 566, BStBl II 2010, 1061 abgehandelt worden. Um Wiederholungen zu vermeiden, kann daher für Einzelheiten der Begründung auf dieses Urteil verwiesen werden.

[24] Allerdings hat der Kläger vorgetragen, dass abweichend von jener Entscheidung der Streitfall im Hinblick auf die finanziellen Auswirkungen „eklatant gravierender“ sei. Eine Überbesteuerung sei geradezu greifbar und könne sich --vor dem Hintergrund einer fehlenden wirtschaftlichen Leistungsfähigkeit aufgrund der Verlustvorträge - gegebenenfalls existenzbedrohend auswirken. Der Umfang der steuerlichen Auswirkung im Einzelfall ist allein aber kein hinreichender Sachgrund, dem Gesetzgeber die Berechtigung abzusprechen, bei entsprechendem Regelungsbedürfnis typisierende und pauschalierende Regelungen zu erlassen (s. auch die im Senatsurteil in BFHE 225, 566, BStBl II 2010, 1061; KirchE 54, 1 nachgewiesene Rechtsprechung des BVerfG; ferner BVerfG-Beschluss vom 12.10.2010 -1 BvL 12/07- DStR 2010, 2393). Auf diese Weise wird vom Kläger allenfalls dargelegt, dass der konkrete Fall Anlass für eine Billig-

keitsmaßnahme zu seinen Gunsten sein könne (s. allgemein in diesem Sinne auch Treiber, in: Blümich, aaO, § 51a EStG Rz 55; K. Wagner, in: Herrmann/Heuer/Raupach, aaO, § 51a EStG Rz 24). Eine solche Maßnahme ist aber nicht Gegenstand des hier anhängigen Rechtsstreits über die Rechtmäßigkeit der Festsetzung.

22

Der örtlich zuständige Diözesanbischof kann in Bezug auf Arbeitsverträge in Einrichtungen des Deutschen Caritasverbandes unüberprüfbar einseitig eine Regelungsbedürftigkeit feststellen und dann eine entsprechende Änderung der Richtlinien (AVR) vornehmen. Die Bezugnahme auf die AVR im Arbeitsvertrag ist unwirksam, wenn sie gegen das Transparenzgebot verstößt oder unangemessen ist.

§§ 307 Abs. 1, 315 Abs. 3, 317, 319 Abs. 1, 612 Abs. 2 BGB
ArbG Lübeck, Urteil vom 20. September 2011 -6 Ca 2034/11[1]-

Die Parteien streiten über einen Anspruch der Klägerin auf Zahlung von Weihnachtsgeld im Rahmen des kirchlichen Vergütungssystems.

Die Klägerin ist bei der Beklagten seit dem 1.3.2008 als Mitarbeiterin der Hauswirtschaft in einem Altenheim im Gebiet der Erzdiözese Hamburg tätig. Das durch einen Dienstvertrag zwischen dem Caritasverband für Schleswig-Holstein e.V. und der Klägerin geregelte Arbeitsverhältnis ging zum 1.7.2009 auf die beklagte GmbH, eine 100%ige Tochter des Caritasverbandes für Schleswig-Holstein e.V., über. In § 2 des Dienstvertrages vom 15.2.2008 heißt es:

> „Für das Dienstverhältnis gelten die ‚Richtlinien für Arbeitsverträge in den Einrichtungen des Deutschen Caritasverbandes' (AVR) in ihrer jeweils geltenden Fassung. Der Mitarbeiterin ist Gelegenheit zur Einsichtnahme in die AVR gegeben".

Zur Vergütung enthält der Arbeitsvertrag keine unmittelbare Regelung, sondern lediglich eine Eingruppierung und den Verweis auf die diesbezüglichen Regelungen der AVR (vgl. § 4 des Vertrages). Auf andere konkrete kirchliche Regelungen, insbesondere die Grundordnung, wird im Vertrag nicht verwiesen. Der Caritasverband für Schleswig-Holstein e.V. und der entsprechende Bundesverband bekennen sich in ihrer Satzung zu den Grundsätzen der Katholischen Kirche und den dortigen Besonderheiten des Arbeitsrechtes.

---

1 *juris*; ZMV 2012, 55.

Der Erzbischof von Hamburg hat entsprechend dem Mustertext der Deutschen Bischofskonferenz als Kirchengesetz eine Grundordnung erlassen (KABl. für die Diözese Osnabrück, Bd. 49, Nr. 27, Art. 288, S. 252 ff., vom 29.10.1993), für das Erzbistum Hamburg fortgeltend gem. Art. 11 Abs. 1 Satz 1 des Vertrages zwischen dem Heiligen Stuhl und der Freien und Hansestadt Hamburg, dem Land Mecklenburg-Vorpommern und dem Land Schleswig-Holstein über die Errichtung von Erzbistum und Kirchenprovinz Hamburg(KABl. für die Erzdiözese Hamburg, Bd. 1, Nr. 1, Art. 1, S. 1 ff., vom 27.1.1995), geändert am 1.9.2011 (KABl. Erzbistum Hamburg, Bd. 17, Nr. 9, Art. 86, S. 105, vom 15.9.2011), in deren Art. 7 Abs. 1 ein Verfahren zur Festsetzung von Arbeitsvertragsrichtlinien vorgesehen ist:

Der Deutsche Caritasverband e.V. hat eine Satzung erlassen, die „Ordnung der arbeitsrechtlichen Kommission des Deutschen Caritasverbandes e.V." (KODA-Ordnung Caritas), neu gefasst mit dem 1.4.2010. Der Erzbischof von Hamburg hat durch Kirchengesetz festgesetzt, dass für den Bereich der Caritas nicht die allgemeinen kirchlichen arbeitsrechtlichen Kommissionen zuständig sind, sondern die besonderen Regelungen der Caritas greifen. Hierzu hat er auch die genannte Ordnung der arbeitsrechtlichen Kommission des Deutschen Caritasverbandes e.V. für seine Diözese als Kirchengesetz erlassen (KABl. Erzbistum Hamburg vom 15.6.2010, S. 78 ff. für die Neufassung). Ebenfalls durch den Erzbischof von Hamburg wurden kirchengesetzlich die als Satzung des Deutschen Caritasverbandes e.V. ergangenen „Richtlinien für die In-Kraft-Setzung der Beschlüsse der Arbeitsrechtlichen Kommission des Deutschen Caritasverbandes durch die Diözesanbischöfe" (Inkraftsetzungsrichtlinie) erlassen. Die KODA-Ordnung Caritas sieht vor, dass eine paritätisch von Dienstgeber- und Dienstnehmerseite besetzte Kommission zunächst allgemeine Arbeitsvertragsbedingungen festsetzt, die dann vom (Erz-)Bischof entsprechend § 3 der Inkraftsetzungsrichtlinie bestätigt oder nicht bestätigt werden können. Auf diese Richtlinie wird in § 18 Abs. 1 der KODA-Ordnung Caritas Bezug genommen, in dem es heißt:

> „Die Beschlüsse der jeweiligen Kommission sind durch den/die Geschäftsführer(in) dem/der jeweiligen Vorsitzenden zuzuleiten und von ihm/ihr zu unterzeichnen. Anschließend sind die Beschlüsse nach Maßgabe der Richtlinien für die In-Kraft-Setzung der Beschlüsse der Arbeitsrechtlichen Kommission des Deutschen Caritasverbandes in ihrer jeweils geltenden Fassung in der Bundesrepublik Deutschland bzw. der jeweiligen Region in Kraft zu setzen."

Weiter enthält die KODA-Ordnung Caritas u.a. folgende Bestimmungen:

„§ 13 Beschlüsse
(1) Beschlüsse der Kommissionen von Rechtsnormen über Inhalt, Abschluss und Beendigung von Dienstverhältnissen sowie Beschlüsse der Kommissionen nach § 6 Absatz 2 bedürfen, mit Ausnahme von § 15 Absatz 4, jeweils einer Mehrheit von drei Viertel ihrer Mitglieder. Ein Beschluss der Bundeskommission ist zustande gekommen, wenn die Mitglieder der Beschlusskommission einem Beschluss der Verhandlungskommission mit einer Mehrheit von drei Viertel ihrer Mitglieder zustimmen.
(2) Die sonstigen Beschlüsse der Kommissionen bedürfen der Mehrheit ihrer Mitglieder.
(3) [Regelung für Eilfälle und Routinefälle: einstimmige Entscheidung im Umlaufverfahren möglich]
§ 14 Ältestenrat
(1) Erhält ein Antrag nicht die Mehrheit von drei Viertel der Mitglieder der Verhandlungskommission der Bundeskommission oder nicht die erforderliche Mehrheit der Mitglieder der Beschlusskommission der Bundeskommission, stimmen jedoch mindestens die Hälfte ihrer jeweiligen Mitglieder dem Beschluss zu, kann innerhalb von einem Monat mindestens die Hälfte der Mitglieder der Verhandlungskommission der Bundeskommission durch Antrag den Ältestenrat anrufen, der durch die Erarbeitung eines Vermittlungsvorschlages auf eine gütliche Einigung hinwirken soll.
(2) Der Ältestenrat setzt sich zusammen aus dem/der Vorsitzenden der Bundeskommission, der/die dem Ältestenrat vorsteht, jeweils zwei Mitgliedern der Mitarbeiterseite und der Dienstgeberseite, die jeweils von beiden Seiten der Bundeskommission benannt werden, und dem/der Geschäftsführer(in). Soweit der Antrag eines einzelnen Mitglieds der Kommission Gegenstand der Beratungen ist, kann dieses nicht Mitglied des Ältestenrates sein.
§ 15 Vermittlungsverfahren
(1) Im Anschluss an ein gescheitertes Verfahren nach § 14 Absatz 1 oder anstelle eines solchen Verfahrens kann mindestens die Hälfte der Mitglieder der Verhandlungskommission oder der Beschlusskommission der Bundeskommission innerhalb von einem Monat durch Antrag den Vermittlungsausschuss zur Vorlage eines Vermittlungsvorschlags anrufen.
(2) Das Vermittlungsverfahren wird durch den Vermittlungsausschuss mit einem Vermittlungsvorschlag oder mit der Feststellung abgeschlossen, keinen Vermittlungsvorschlag unterbreiten zu können. Einem Vermittlungsvorschlag muss die Mehrheit der stimmberechtigten Mitglieder des Vermittlungsausschusses zustimmen. Der Vermittlungsausschuss legt den Vermittlungsvorschlag der jeweiligen Kommission zur Entscheidung vor. Wird dem Vermittlungsvorschlag nicht zugestimmt, bleibt es bei der bisherigen Rechtslage.
(3) Im Anschluss an ein gescheitertes Vermittlungsverfahren nach Absatz 1 kann mindestens die Hälfte der Mitglieder der Beschlusskommission durch Antrag den erweiterten Vermittlungsausschuss anrufen. Die Mitglieder der Beschlusskommission, die nicht für den Antrag gestimmt haben, haben die Möglichkeit, gemeinsam schriftlich Stellung zu nehmen, sich zu positionieren, Gegenvorstellungen und eigene Forderungen einzubringen, soweit dies nicht bereits geschehen ist. Der erweiterte Vermittlungsausschuss hat dann durch Spruch zu entscheiden. Der Spruch hat eine Regelung zu enthalten. Der erweiterte Vermittlungsausschuss entscheidet mit der Mehrheit seiner Mitglieder. Eine Stimmenthaltung ist nicht möglich. Der Spruch tritt an die Stelle eines Beschlusses der Bundeskommission.
(4) Die Beschlusskommission der Bundeskommission kann innerhalb von einem Monat nach der Verkündung den Spruch des Vermittlungsausschusses mit der Mehrheit ihrer

Mitglieder durch einen eigenen Beschluss ersetzen. Erst nach Ablauf dieser Frist ist der Spruch des Vermittlungsausschusses nach § 18 in Kraft zu setzen.
(5) ...
(6) Unbeschadet der Regelungen in den Absätzen 1 bis 5 kann der Ortsordinarius im Einzelfall das Vorliegen eines unabweisbaren Regelungsbedürfnisses unüberprüfbar feststellen und die notwendige Entscheidung treffen"..

Der Erzbischof von Hamburg hat eine Neuregelung der AVR gem. Vorschlag der Arbeitsrechtlichen Kommission, die keine differenzierte Regelung für die Tätigkeit von Arbeitnehmern (wie) der Klägerin im Altenpflegebereich und in Krankenhäusern enthielt, gegenüber der arbeitsrechtlichen Kommission abgelehnt und nicht in Kraft gesetzt. Sowohl der Vorschlag als auch die zuvor geltende Fassung der AVR sahen einen Anspruch auf Weihnachtsgeld vor, der für die Klägerin in Höhe des geltend gemachten Betrages unter Berücksichtigung einer freiwilligen Zahlung der Beklagten in geringerer Höhe bestünde. Der Erzbischof hat in drei Dekreten Sonderregelungen getroffen. Im ersten Dekret vom 7.12.2009 (KABl. 2009, S. 255) hat er die geänderte AVR gem. Vorschlag der Arbeitsrechtlichen Kommission nur für den Krankenhausbereich in Kraft gesetzt und ansonsten eine Zahlung von Weihnachtsgeld ausgeschlossen; er stellte dabei ein unabweisbares Regelungsbedürfnis gem. § 15 Abs. 7 KODA-Ordnung Caritas fest. In einem zweiten Dekret vom 8.9.2010 (KABl. 2010, S. 314) hat er eine abweichende Regelung getroffen, indem er (nur noch) eine Öffnungsklausel für Reduzierungen des Weihnachtsgeldes durch Dienstvereinbarungen mit der Mitarbeitervertretung der jeweiligen Einrichtung vorgesehen hat. Voraussetzung für eine Reduzierung ist u.a., dass die Gesamtheit der Einrichtungen eines Trägers, eine Einrichtung oder Teile einer Einrichtung sich in einer wirtschaftlich schwierigen Situation oder in einer außergewöhnlichen Wettbewerbssituation befinden, die absehbar dazu führen wird, dass die Leistungsangebote bei Anwendung der Regelungen der Weihnachtszuwendung und/oder zum Urlaubsgeld nicht aufrecht erhalten werden können. Eine außergewöhnliche Wettbewerbssituation liegt insbesondere vor, wenn der überwiegende Teil konkurrierender Träger oder Dienste in der anbieterrelevanten Umgebung erkennbar andere Vergütungen zahlt (Anmerkung zu Satz 3 von Abschnitt XIV Buchst. a) der Anlage 1 zu den AVR, Abs. 2). Für das Jahr 2010 hat der Erzbischof sodann in einem dritten Dekret vom 30.9.2010 (KABl. 2010, S. 150) eine Übergangs- und Ausnahmeregelung rückwirkend zum 1.7.2010 getroffen, nach der ein Anspruch auf Weihnachtsgeld für 2010 nicht besteht. Das dritte Dekret lautet auszugsweise:

„Diejenigen Träger von caritativen Einrichtungen im Erzbistum Hamburg, welche im Sinne des [zweiten Dekrets] in einer wirtschaftlich schwierigen Situation oder in einer außergewöhnlichen Wettbewerbssituation befinden [können sich auf Vertrauensschutz berufen und u.U. keine Weihnachtszuwendung 2010 zahlen]".

Die Beklagte hat daraufhin an die Klägerin für den Dezember 2010 805,25 € brutto als Sonderzuwendung mit der Maßgabe einer Anrechnung etwa doch zu zahlender Weihnachtsgelder ausgekehrt.

Bei der Beklagten liegt das Gehaltsniveau höher als bei ähnlichen Einrichtungen, die nicht an die AVR gebunden sind. Pflegehilfskräfte mit 10jähriger Berufszugehörigkeit (verheiratet, ein Kind) verdienen bis zu 80% mehr, Pflegekräfte insgesamt bis zu 50% mehr, examinierte Pflegekräfte etwa 40% mehr.

Mit ihrer Klage verlangt die Klägerin den Restbetrag von 457,28 € brutto nebst Zinsen unter Zugrundelegung des vollen Weihnachtsgelds nach den alten AVR (Anlage 1 Nr. 14). Sie bestreitet, dass im Jahre 2010 eine schwierige Wirtschaftslage oder eine besondere Wettbewerbssituation für die Beklagte vorgelegen habe. Wegen der Rechtsform der Beklagten als GmbH unterfalle sie nicht der bischöflichen Aufsicht, so dass nur die Regelungen der AVR ohne die vom Erzbischof eingebrachten Sonderregelungen gälten. Die entsprechenden Dekrete des Erzbischofs seien rechtswidrig und könnten als einseitige Beschlüsse die AVR nicht ändern, was sich aus Art. 7 Abs. 1 der Grundordnung ergebe. Die einzelvertragliche Bezugnahme auf die AVR sei nicht wie bei Tarifverträgen durch Art. 9 Abs. 3 GG gedeckt, vielmehr handele es sich um einen Fall der Einwirkung eines Dritten auf das Schuldverhältnis gem. § 317 Abs. 1 BGB; Dritter in diesem Sinne sei aber die Arbeitsrechtliche Kommission. Jedenfalls seien die Parteien davon ausgegangen, dass gerade die Arbeitsrechtliche Kommission die Festsetzung vornehme; die Entscheidung des Erzbischofs sei gerade nicht erfasst. Die Entscheidung der Arbeitsrechtlichen Kommission sei nur gem. § 319 Abs. 1 Satz 1 BGB unverbindlich, wenn sie offenbar unbillig sei, was die Beklagte für die bisherige Regelung zum Weihnachtsgeld nicht dargetan habe. Die Gestaltungsfreiheit der Kirchen gemäß ihrer besonderen Stellung nach dem Grundgesetz werde durch eine Billigkeitskontrolle der staatlichen Gerichte bei einer Sonderzuwendung nicht in Frage gestellt. Die Regelung im Dekret des Erzbischofs sei offenbar unbillig, da für eine Sonderzahlung nur in Krankenhäusern, nicht aber bei Alten- und Pflegeheimen kein Sachgrund vorliege. Die unterschiedliche Behandlung der Arbeitnehmer verstoße auch gegen die Grundsätze des Dritten Weges.

Die Beklagte ist der Ansicht, dass ein Anspruch nicht besteht, weil der Erzbischof zu Recht eine Veränderung der AVR vorgenommen habe; diese seien so wirksam im Arbeitsvertrag in Bezug genommen worden.

Das Arbeitsgericht weist die Klage ab.

Aus den Gründen:

[39] Die zulässige Klage ist nicht begründet.

[40] A. Ein Anspruch der Klägerin besteht nicht, weil ihr arbeitsvertraglich nur durch Bezugnahme auf die AVR zusteht, was deren Inhalt ist. Die Änderung der AVR durch den Erzbischof im ersten und dritten Dekret, mit der der Anspruch der Klägerin gekürzt wurde, ist aber sowohl kirchenrechtlich wirksam als auch in den Arbeitsvertrag wirksam einbezogen. Der geltend gemachte Anspruch der Klägerin, der sich nur ergeben könnte, wenn entweder die AVR vor einer Änderung oder der (nicht vom Erzbischof bestätigte) Regelungsvorschlag der arbeitsrechtlichen Kommission anzuwenden wäre, besteht daher nicht. Jedenfalls aber bestünde der Anspruch der Klägerin gem. § 612 Abs. 2 BGB bzw. § 319 Abs. 1 Satz 2 BGB allenfalls in einer Höhe, in der er durch die freiwillige Zahlung der Beklagten erfüllt wäre.

[41] I. Der Arbeitsvertrag bezieht die allgemeinen Vertragsrichtlinien (AVR) des Caritasverbandes in das Arbeitsverhältnis ein, soweit sie jeweils gelten. Dabei ist auf die kirchenrechtlich wirksam in Kraft gesetzten AVR abzustellen. Dies ergibt sich aus § 2 des Arbeitsvertrages, der auf die AVR „in ihrer jeweils geltenden Fassung" abstellt. Anhaltspunkte dafür, dass hiermit andere Regelungen oder Entwürfe (etwa ein nicht vom Erzbischof in Kraft gesetzter Vorschlagsbeschluss der Arbeitsrechtlichen Kommission) gemeint sind, ergeben sich aus dem Vertrag (anders als in nicht durch Urteil beendeten Parallelverfahren, in denen auf die AVR speziell in der in der Verbandszeitschrift der Caritas und nicht etwa im Kirchlichen Amtsblatt veröffentlichten Fassung verwiesen wird) nicht. Es wird auch für das Weihnachtsgeld keine besondere Vereinbarung an anderer Stelle getroffen. § 4 lit. b des Arbeitsvertrages verweist für die Zusammensetzung der Vergütung und deren Fälligkeit allgemein auf die AVR, nicht aber - wie etwa hinsichtlich der Eingruppierung - auf einen bestimmten Abschnitt der AVR, der damit einer Änderung möglicherweise in gewissem Umfang entzogen wäre. Dem Vertrag ist auch kein Anhaltspunkt dafür zu entnehmen, dass die Klägerin davon ausgehen musste, sich nur Änderungen der AVR zu unterwerfen, die durch die paritätisch besetzte Arbeitsrechtliche Kommission gebilligt worden wären. Das konkrete Verfahren zur Schaffung von AVR ist vielmehr nicht näher im Vertrag geschildert.

[42] Da mit „Geltung" von AVR nicht - wie bei Tarifverträgen - mangels staatlicher Anordnung deren normative Anwendung auf das Arbeitsverhältnis gemeint sein kann und die AVR auch nicht als Vertrag zwischen zwei Parteien abgeschlossen werden, kann mit „Geltung" nur deren kirchenrechtliche Geltung gemeint sein. Nur in diesem Sinne erlangen die AVR eine Rechtsgeltung, weil die Kirche und die verbundenen Arbeitgeber (wenngleich zunächst nur mit

reflexhafter Wirkung gegenüber den Arbeitnehmern) zu einer Anwendung (also jedenfalls der Vereinbarung einer Bezugnahme im Arbeitsvertrag) verpflichtet sind.

[43] Unerheblich ist, ob die Beklagte als GmbH der bischöflichen Aufsicht unterfällt, schon weil es entscheidend auf die Auslegung des Arbeitsvertrages ankommt, der allein auf die - im oben dargelegten - Sinne „geltenden" AVR abstellt. Andere „geltende" AVR gibt es nicht. Selbst wenn sich die Beklagte von der Kirche abwenden sollte (zu den kirchenrechtlichen Voraussetzungen vgl. zuletzt das Urteil des Kirchlichen Arbeitsgerichtshofs vom 16.9.2011 -M 06/11- http://www.dbk.de/kagh/entscheidungen-kagh/), würde dies nichts an der einzelvertraglich begründeten Anwendbarkeit der AVR in der jeweils geltenden Fassung ändern.

[44] Etwas anderes ergibt sich auch nicht daraus, dass in Art. 7 Abs. 1 der Grundordnung die Möglichkeit einer einseitigen Festsetzung der AVR durch den Erzbischof nicht erwähnt wird. Denn es fehlt insoweit schon an einem spezifischen Verweis im Arbeitsvertrag, aus dem die Klägerin etwa hätte schließen können, dass nur diese (ohnehin unvollständige und ergänzungsbedürftige) Norm die Festsetzung der AVR regelt.

[45] II. Die Regelung des Erzbischofs ist im dritten Dekret ist kirchenrechtlich Inhalt der AVR geworden.

[46] 1.a) Gem. § 15 Abs. 6 KODA-Ordnung Caritas kann der (Erz-)Bischof unüberprüfbar einseitig eine Regelungsnotwendigkeit feststellen und dann die erforderlichen Maßnahmen, also auch eine Änderung der AVR, durchführen. Von dieser Kompetenz hat der Erzbischof hier Gebrauch gemacht.

[47] b) (1) Allerdings kommt es für den vorliegenden Fall nicht darauf an, dass der Erzbischof durch das von ihm selbst erlassene Kirchengesetz über das Verfahren beim Erlass von AVR (hier KODA-Ordnung Caritas) sich als alleiniger Gesetzgeber (mit Ausnahme des Papstes) vielleicht mit der Folge nicht binden könnte, dass jedes von ihm erlassene spätere Gesetz nach dem Grundsatz der lex posterior ein früheres ohne weiteres ersetzt. Denn wenn einem Gesetz der Bezug zum beim Vertragsschluss zwischen den Parteien bestehenden Recht der Schaffung von AVR gänzlich fehlen würde, wäre die sich dann ergebende kirchengesetzliche Regelung zwar kirchenintern bindend, von bestehenden Bezugnahmeklauseln auf „AVR" in Arbeitsverträgen aber nicht erfasst.

[48] (2) Die Regelung im dritten Dekret des Erzbischofes ist entgegen der Ansicht des ArbG Kiel (Urteil vom 8.9.2011 -1 Ca 210b/11- zu I. 1.b [2] der Gründe) auch im Rahmen des in Bezug genommenen Verfahrens zum Erlass von AVR gem. KODA-Ordnung Caritas zulässig. Die Kompetenz zur einseitigen Festlegung folgt aus § 15 Abs. 6 KODA-Ordnung Caritas (der vor Art. 7 Abs. 1 der Grundordnung sachnäheren und konkreteren Norm). Diese Regelung ist nicht

als Ausfallregelung nur für den Fall gedacht, dass es der jeweiligen Kommission nicht gelingt, einen wirksamen Beschluss zu fassen und deshalb ein besonderer Vermittlungsausschuss angerufen wurde oder keine Seite diesen Weg gegangen ist. § 15 Abs. 6 KODA-Ordnung Caritas ist nach seinem Wortlaut gerade unbeschadet der Regelungen in den Absätzen 1 bis 5 anwendbar. Auf die Anrufung des Vermittlungsausschusses oder das Ergebnis von dessen Verhandlungen kommt es also nicht an. Die Regelung in § 15 ist auch weiter mit den vorangegangenen Verfahrensschritten verzahnt, wie sich etwa aus dem Verweis in § 13 Abs. 1 Satz 1 auf § 15 Abs. 4 ergibt. Wenn es sich nur um eine „Notfallkompetenz" für den Fall handeln sollte, dass sonst eine Regelung bzw. eine Veränderung nicht zustande kommen würde, wäre dieser Tatbestand zudem unproblematisch zu beschreiben gewesen (und insbesondere - entsprechend dem sonstigen Verfahren - mit einer Frist für die Vornahme der anderen Verfahrensschritte kombinierbar gewesen), weshalb nicht angenommen werden kann, dass nur dieser Fall erfasst werden sollte. Hinzu kommt, dass die Regelung hervorhebt, dass der Ortsordinarius (hier also der Erzbischof) das Vorliegen eines solchen Falles unüberprüfbar feststellen kann. Diese weitgehende Kompetenz bloß für den Fall einer Nicht-Einigung vorzusehen, die auch leicht und rechtssicher umschrieben werden kann, ist nicht naheliegend. Allenfalls könnte damit der Fall erfasst werden, dass eine unbefristete Regelung existiert, die Arbeitsrechtliche Kommission sich aber nicht auf deren Änderung einigen kann. Dann ist es denkbar, dass eine Anpassung an veränderte Verhältnisse dringend geboten ist. Warum dieser die Regelung unmittelbar durch den Erzbischof erfordernde Notfall aber nur dann vorliegen sollte, wenn eine Einigung in der Kommission („Normalverfahren" gem. § 13) nicht gelingt, möglicherweise aber im Vermittlungsausschuss oder durch die Kommission im Verfahren gem. § 15 Abs. 4 KODA-Ordnung Caritas noch gelingen könnte, ist nicht ersichtlich; zudem wäre es auch bei Beschränkung der Kompetenz des Erzbischofs auf den Fall des Scheiterns des „Normalverfahrens" gem. § 13 möglich, einen bereits (früher) gefassten (und zudem in Kraft gesetzten) Beschluss der Arbeitsrechtlichen Kommission zu ändern. Umgekehrt hat jedenfalls nach ihrem Selbstverständnis die Kirche die Ordnung als Ausfluss ihres grundgesetzlich geschützten Selbstbestimmungsrechtes erlassen, so dass mindestens aus der Sicht des kirchlichen Gesetzgebers eine Absicherung vor einer (aus seiner Sicht) gegen Glaubensinhalte verstoßenden Nicht-Regelung bestimmter Fragen erforderlich ist.

[49] 2. Das dritte Dekret des Erzbischofs hat insoweit auch den Weihnachtsgeldanspruch der Klägerin für das Jahr 2010 zunächst kirchenrechtlich beseitigt, weil bei der Beklagten die Voraussetzungen für den Wegfall vorliegen. Das dritte Dekret des Erzbischofs verweist für seinen Anwendungsbereich auf das zweite Dekret und die dortige Definition einer außergewöhnlichen Wettbe-

werbssituation. Danach kommt es insoweit auf die Vergütungszahlungen bei Wettbewerbern an, die abweichen müssen. Die Beklagte hat zu den erheblich niedrigeren Vergütungen bei Wettbewerbern für die verschiedenen Pflegeberufe konkret vorgetragen. Die Klägerin hat diesen konkreten Vortrag nur allgemein bestritten, er gilt daher als zugestanden. Das Vorliegen der weiteren - verfahrensmäßigen - Voraussetzungen aus dem dritten Dekret ist zwischen den Parteien nicht streitig.

[50] III. Die Bezugnahme auf die kirchenrechtlich geltenden AVR ist auch nicht wegen eines Verstoßes gegen das Transparenzgebot bzw. wegen Unangemessenheit unwirksam.

[51] 1. Die arbeitsvertragliche Bezugnahmeklausel verstößt auch nicht insoweit gegen das Transparenzgebot, als mit ihr einseitige Regelungen des Erzbischofs einbezogen werden. Zwar ist das kirchliche Arbeitsrecht ein komplexes System, die Bezugnahme auf das jeweils geltende Recht wird jedoch mindestens dadurch klar, dass sich das geltende Recht aus verschiedenen Kirchengesetzen bzw. Satzungsvorschriften ergibt. Es handelt sich damit um eine nicht weniger komplizierte Materie als etwa das Tarifvertragsrecht, bei dem etwa auch denkbar ist, dass ein Tarifvertrag erst aufgrund eines Schlichtungsabkommens und eines anschließenden Schlichtungsspruches zur Wirksamkeit gelangt. Die relative Unbekanntheit des kirchlichen Arbeitsrechts kann hier zu keinem anderen Ergebnis führen, schon weil der Klägerin beim Vertragsabschluss klar war, dass sie mit einem kirchlichen Arbeitgeber Vereinbarungen treffen wollte, was sich nicht nur aus der Bezugnahme, sondern auch aus vielen weiteren Vorschriften, etwa in Bezug auf die Loyalitätsobliegenheiten der Klägerin im Arbeitsvertrag ergibt. Vielmehr ermöglicht gerade der Verweis auf das Kirchenrecht und die im kirchlichen Amtsblatt veröffentlichten Normen, das geltende Recht festzustellen (vgl. ArbG Kiel, Urteil vom 8.9.2011 -1 Ca 210b/11- I. 1. b) [1] der Gründe).

[52] 2. Die Verweisung auch auf die einseitige Regelung durch den Erzbischof ist auch nicht unangemessen im Sinne des AGB-Rechts. Allgemein für die Bezugnahme auf die Regelung des Dritten Weges unter Beteiligung der Arbeitsrechtlichen Kommission kann hierzu auf die Entscheidung des BAG vom 18.11.2009 -4 AZR 493/08- Rn 19 ff. (*juris*) verwiesen werden.

[53] Etwas anderes ergibt sich auch nicht daraus, dass vorliegend auch die einseitige Regelung durch den Erzbischof erfasst ist. Dieser Fall unterscheidet sich nicht strukturell von einer Änderung durch Erzbischof und Arbeitsrechtliche Kommission gemeinsam. Denn vorliegend ist zu beachten, dass weder die Beklagte noch deren Rechtsvorgänger selbst durch eine Änderung der AVR den Arbeitsvertrag einseitig ändern konnten (zu diesem Auseinanderfallen von kirchlicher Funktion von Bischof bzw. Synode und Arbeitgeber selbst bei Arbeitsverhältnissen unmittelbar mit der Kirche Richardi, Arbeitsrecht in der Kir-

che, 5. Aufl. 2009, § 15 Rn 25). Diese Änderung ist nur einem Dritten (dem Erzbischof) mit oder ohne Beteiligung von Vertretern der Dienstnehmer und Dienstgeber (letztere allerdings evtl. Vertreter des Rechtsvorgängers der Beklagten) möglich, der weder von der Beklagten noch deren Rechtsvorgänger abhängig ist. Zudem ist der verfassungsrechtlichen Grundentscheidung Rechnung zu tragen, die das Selbstbestimmungsrecht den Kirchen (also den katholischen Bischöfen und den evangelischen Synoden), nicht aber bestimmten Kommissionen oder Untergliederungen überlassen hat. Wenn man als Gegenargument anführen wollte, dass die Beteiligung von Dienstgebern und Dienstnehmern eine Richtigkeitsgewähr bietet, müsste man erklären, warum dies allein eine Kontrollreduzierung gestatten würde und ob im Arbeitsrecht generell eine Übertragung von Entscheidungen auf Dritte nur bei Parität oder jedenfalls besonderer Beteiligung der Arbeitnehmerseite zulässig wäre. Zudem würde dies nicht nur die nicht unmittelbar den Kern der Religionsfreiheit berührende Regelung der Vergütungshöhe, sondern auch sonstige arbeitsvertragliche Bestimmungen wie etwa Loyalitätsobliegenheiten und den Inhalt verbindlicher religiöser Verhaltensnormen (z.B. des Eherechts oder des Glaubenswechsels) erfassen (vgl. auch Richardi, aaO, § 15 Rn 27, mwN).

[54] 3. Würde man hinsichtlich des Transparenzgebots oder der Unangemessenheit eine andere Meinung vertreten, wäre zu beachten, dass damit dann die Bezugnahme insgesamt zu streichen wäre und der Vertrag weitgehend keine Regelungen mehr enthalten würde (mindestens keine Regelung zu Sonderzahlungen wie dem streitgegenständlichen Weihnachtsgeld). Anders als etwa bei einer „Jeweiligkeitsklausel" ist es auch nicht möglich, einen Teil der Klausel im Schriftbild einfach auszustreichen, wenn man die Bezugnahme auch auf die einzelnen Entscheidungen des Erzbischofs für unzulässig oder intransparent hält. Rechtsfolge wäre dann, dass die Vergütung, die nicht mehr festgeschrieben ist, sich gem. § 612 Abs. 1 BGB nach dem Üblichen bemessen würde. Dann aber bestünde kein Anspruch der Klägerin, weil es nicht üblich ist, die von ihr gewünschte Zahlung über das von der Beklagten freiwillig Gewährte hinaus zu Weihnachten zu gewähren. Dies ergibt schon der unbestrittene Hinweis der Beklagten darauf, dass im kirchlichen Bereich in den unteren Lohngruppen 80% bis zu in den höheren Lohngruppen 40% über dem Niveau der Wettbewerber gezahlt wird.

[55] IV. Die Entscheidung des Erzbischofs ist auch nicht unbillig iSv § 315 bzw. § 317 BGB.

[56] 1. Die Parteien haben sich nicht - wie von der Klägerin ausgeführt - der Entscheidung der Arbeitsrechtlichen Kommission unterworfen, sondern den Entscheidungsorganen, die AVR festlegen. Dies ist niemals die Arbeitsrechtliche Kommission allein, sondern entweder diese mit Zustimmung des Erzbischofes

oder - wie hier - der Erzbischof allein, soweit er AVR erlässt. Es wäre im Übrigen zweifelhaft, ob die (nach staatlichem Recht) nicht rechtsfähige Arbeitsrechtliche Kommission allein Dritter iSv § 317 BGB sein könnte (näher Rieble, in: Staudinger, § 317 BGB Rn 35 ff., Bearbeitung 2009, unter Verweis auf § 165 BGB, der für die Stellvertretung ebenfalls wenigstens die beschränkte Geschäftsfähigkeit des Vertreters verlangt).

[57] 2. Da der Erzbischof nicht Gesellschafter oder Geschäftsführer oder Mitarbeiter der Beklagten ist, auch nicht Mitglied des allein gesellschaftenden Vereins, sondern nur kirchenrechtlich Weisungsbefugnisse gegenüber der Beklagten und deren Mutterverein hat, ist der Erzbischof auch Dritter iSv § 317 BGB, was auch die Klägerin voraussetzt. Der Erzbischof ist nicht in der Position eines Arbeitgeberverbandes zum Zwecke der Koordinierung der Bedingungen der betrieblichen Altersversorgung, dem eine Entscheidung übertragen wurde und dessen Entscheidung gem. § 315 BGB zu überprüfen ist (BAG 2.2.1988 -3 AZR 115/86- AP Nr. 25 zu § 5 BetrAVG, Rn 15; vgl. auch BAG, 17.1.1979 -5 AZR 498/77- NJW 1980, 470 [471]).

[58] Die Entscheidung des Erzbischofs ist also allenfalls daraufhin zu überprüfen, ob sie offensichtlich unbillig ist. Hierfür ist nichts Hinreichendes vorgetragen worden. Es handelt sich lediglich um eine Reduzierung eines einzelnen Anspruchs. Maßstab zur Berücksichtigung der Unbilligkeit kann auch nicht allein das Weihnachtsgeld sein, sondern muss das gesamte Vergütungssystem sein. Der Erzbischof hat angegeben, dass wegen der deutlich über dem Marktniveau liegenden Entlohnung (diese ist zwischen den Parteien unstreitig) und der knappen Kapitalausstattung für die Pflegeheime eine Bedrohung bestehen würde, zumal andere Wettbewerber deutlich günstigere Konditionen anbieten. Die Berücksichtigung dieses Umstandes zur Gewährleistung einer dauerhaften Existenz auch der Beklagten ist nicht unbillig. Hinzu kommt, dass der Erzbischof sich darauf berief, dass es auch im Interesse der Kirche sei, in der Pflege von Gläubigen beteiligt zu bleiben. Angesichts der Tradition der Kirche im caritativen Bereich ist dies auch jedenfalls im Grundsatz unbezweifelbar richtig, wenn man den Kirchen nicht absprechen möchte, über die bloße Verkündigung hinaus ihren Glauben auch durch Taten zu leben. Die Entscheidung des Erzbischofs ist auch nicht deshalb unbillig oder grob unbillig, weil er zwischen Arbeitnehmern in Krankenhäusern und solchen in Alten- und Pflegeheimen differenziert hat. Auch der Grundsatz der Dienstgemeinschaft, der von der Kirche selbst aber auch in der Einleitung des Arbeitsvertrages betont wird, zwingt nicht dazu, jede Arbeit gleich zu entlohnen. Dies ergibt sich schon aus der allgemein nicht bezweifelten Differenzierung nach Vergütungsgruppen. Auch ähnliche Tätigkeiten in Krankenhäusern einerseits und Alten- und Pflegeheimen andererseits unterscheiden sich aber dadurch, dass die jeweiligen Wettbewerber

andere Rahmenbedingungen erzeugen. Es ist nicht unsachlich oder unbillig, das Interesse an der Fortexistenz von kirchlichen Alten- und Pflegeheimen zu berücksichtigen, wenn derartige Probleme im Krankenhausbereich nicht bestehen.

[59] 3. Selbst wenn man die Entscheidung des Erzbischofs (Wegfall des Weihnachtsgeldes) schlechthin für unbillig oder sogar offensichtlich unbillig halten würde, würde dies nur zur Folge haben, dass gem. § 315 Abs. 3 Satz 2 BGB bzw. § 319 Abs. 1 Satz 2 BGB das Gericht selbst die billige Leistung festzusetzen hätte. Zu beachten wäre dann aber, dass die Beklagte - ohne nach den AVR hierzu verpflichtet zu sein - der Klägerin ein Weihnachtsgeld gezahlt hat. Anhaltspunkte dafür, dass der von der Klägerin hierüber hinaus geltend gemachte Anspruch allein billig sein würde, liegen angesichts der anderenorts deutlich niedrigeren Vergütung nicht vor. Vielmehr wäre dann durch das Gericht allenfalls ein Anspruch in der Höhe festzusetzen gewesen, in der die Beklagte ohnehin gezahlt hat.

[60] V. Da der Anspruch der Klägerin nicht durch die früheren AVR oder den Vorschlag der Arbeitsrechtlichen Kommission festgesetzt wurde, muss das Gericht nicht prüfen, ob diese Festsetzung unbillig oder grob unbillig und daher vom Gericht gem. § 319 Abs. 1 Satz 2 BGB herabzusetzen ist.

23

Ob eine Religionsgesellschaft die Gewähr der Dauer bietet, ist im Wege einer Gesamtschau unter Berücksichtigung aller maßgeblichen Kriterien zu ermitteln.
Die Relation der Mitgliederzahl einer Religionsgesellschaft zur Gesamtzahl der Bevölkerung ist kein geeigneter Entscheidungsmaßstab.

Art. 140 GG, 137 Abs. 5 WRV
Hess.VGH, Urteil vom 22. September 2011 -8 A 1978/10-[1]

Die Klägerin begehrt die Verleihung der Rechte einer Körperschaft des öffentlichen Rechts.

---

1 Amtl. Leitsätze. BeckRS 2011, 54931; *juris*; ESVGH 62, 95; BeckRS 2011, 54931; DÖV 2012, 37 (LS); DVBl 2011, 1498; KuR 2011, 298 (LS); NVwZ 2011, 1531; ZevKR 57, 202 (2012). Die Revision des beklagten Landes wurde zurückgewiesen; BVerwG, Urteil vom 28.11.2012 -6 C 8/12- Buchholz 11 Art. 140 GG Nr. 81, NVwZ 2013, 943, ZevKR 58 (2013), 401.

Mit Bescheid vom 21.6.2007 lehnte das beklagte Land den Antrag der Klägerin vom 31.1.2005 auf Verleihung der Rechte einer Körperschaft des öffentlichen Rechts gem. Art. 140 GG iVm Art. 137 Abs. 5 Satz 2 WRV ab. Zur Begründung heißt es, zwar handele es sich bei der Bahá'í-Gemeinde in Deutschland um eine Religionsgemeinschaft, die Voraussetzungen für eine Verleihung der Körperschaftsrechte seien jedoch nicht erfüllt. Art. 140 GG iVm Art. 137 Abs. 5 Satz 2 WRV erfordere, dass die Religionsgesellschaft durch ihre Verfassung und die Zahl ihrer Mitglieder die Gewähr der Dauer biete. In der jahrzehntelangen Verwaltungspraxis habe sich herausgebildet, dass die konkrete Gruppierung mindestens 30 Jahre bestehen und eine Mitgliederzahl von einem Promille der Bevölkerung des jeweiligen Landes aufweisen müsse. Angesichts der tatsächlichen Mitgliederzahl der Bahá'í-Gemeinde von 900 bis 950 Mitgliedern werde diese Voraussetzung nicht erfüllt, denn ein Promille der hessischen Bevölkerung erfordere 6.089 Mitglieder. Die Promilleuntergrenze sei ein Hauptkriterium für die geforderte Prognoseentscheidung, was sich auch aus dem Urteil des Bundesverfassungsgerichts vom 19.12.2000 -2 BvR 1500/97- (BVerfGE 102, 370 [385], KirchE 38, 502) ergebe. Selbst bundesweit werde bei einer Mitgliederzahl von ca. 5.000 Mitgliedern nicht die allein für Hessen erforderliche Richtzahl erreicht. Lediglich das VG München habe einmal eine um ein Drittel abweichende Mitgliederzahl anerkannt. Soweit in einzelnen Bundesländern Körperschaftsrechte auch an Religionsgemeinschaften verliehen würden, deren Mitgliederzahl unter der Promillegrenze liege, handele es sich um traditionelle, örtliche Religionsgemeinschaften, bei denen entweder die übergeordnete Religionsgemeinschaft bereits Körperschaftsrechte besessen habe bzw. die nur örtlich begrenzt überhaupt in Erscheinung getreten seien.

Gegen diesen Bescheid hat die Klägerin bei dem VG Frankfurt am Main Klage erhoben mit dem Ziel, unter Aufhebung des angefochtenen Bescheids das beklagte Land zu verpflichten, der Klägerin die Rechte einer Körperschaft des öffentlichen Rechts zu verleihen, hilfsweise, unter Aufhebung des Bescheids das beklagte Land zu verpflichten, unter Berücksichtigung der Auffassung des Gerichts über den Antrag der Klägerin neu zu entscheiden.

Zur Klagebegründung wird ausgeführt, die Organschaft des Nationalen Geistigen Rates der Bahá'í-Gemeinde in Deutschland für die Bahá'í-Gemeinde in Deutschland ergebe sich primär aus dem - von den Gläubigen als verbindlich betrachteten - internen religiösen Recht der Bahá'í-Weltgemeinde. In einer mit der Antragstellung am 31.1.2005 vorgelegten Broschüre sei die unveränderliche Rechtsgestalt beschrieben; vorgegeben seien die demokratisch zu wählenden Institutionen, die „Häuser der Gerechtigkeit", auf nationaler Ebene die Nationalen Geistigen Räte. Eine ausformulierte Satzung der Bahá'í-Gemeinde in Deutschland als solcher existiere nicht. Ihr Status erschließe sich deshalb nur mittelbar aus dem internen religiösen Recht der internationalen Bahá'í-Gemeinschaft und aus der Satzung des Nationalen Geistigen Rats der Bahá'í in Deutschland e.V. Aus der Sicht des staatlichen Rechts handele es sich um einen nicht eingetragenen Verein.

Das beklagte Land hat u.a. geltend gemacht, die Voraussetzungen für die Verleihung der Körperschaftsrechte seien nicht gegeben. Für die Einschätzung des dauerhaften Bestandes sei neben dem (Haupt-)Kriterium der Mitgliederzahl, das nicht erfüllt sei, der tatsächliche Gesamtzustand der Gemeinschaft zu würdigen. Daraus ergäben sich aber keine weiteren „Indizien", die eine Verleihung der Körperschaftsrechte rechtfertigen würden, insbesondere nicht aus den Kriterien „lange Bestehenszeit", „Mitgliederzahl im Ausland", „traditionelle Gemeinschaft", „angegliederte rechtliche Organisationen" und „Vergleich mit den anderen, mit dem öffentlich-rechtlichen Körperschaftsstatus versehenen Gemeinschaften". In Deutschland sei das erste Bahá'í-Mitglied 1905 in Stuttgart verzeichnet worden, 1932 sei für den Rat eine Satzung als rechtsfähiger Verein errichtet worden, aufgrund derer eine Eintragung ins Vereinsregister beim Amtsgericht Stuttgart erfolgt sei. Nach dem Verbot des Glaubens 1937 sei nach dem Zweiten Weltkrieg 1945 eine Neuorganisation in Stuttgart erfolgt, 1947 sei der „Nationale Geistige Rat der Bahá'í in Deutschland und Österreich" erneut in das Vereinsregister beim Amtsgericht Stuttgart eingetragen worden. In der ehemaligen DDR sei erst 1990 die „Religionsgemeinschaft der Bahá'í in der DDR" staatlich anerkannt worden, vorher sei der Glaube verboten gewesen. Insgesamt verzeichne die Religionsgemeinschaft in Deutschland ca. 4.600 bis 5.000 Mitglieder, davon in Hessen etwa 900 bis 950. Mit einer Anerkennung der Bahá'í-Gemeinde würde das Kriterium der Mitgliederzahl im Verleihungsgebiet faktisch aufgegeben und alleine eine prognostische Gesamteinschätzung des dauerhaften Bestandes zum Kriterium für die Verleihung von Körperschaftsrechten gemacht. Das von der Verfassung ausdrücklich genannte Tatbestandsmerkmal „Zahl der Mitglieder" würde gänzlich entwertet und im Ergebnis entgegen dem Wortlaut der Verfassung entfallen.
Am 28.4.2009 hat das VG Frankfurt a.M. -8 K 1605/08.F(1)- nach dem Hilfsantrag erkannt und ein Bescheidungsurteil erlassen.

Mit der Berufung verfolgt die Klägerin ihren Hauptantrag weiter. Sie trägt hierzu u.a. vor, die von dem beklagten Land herangezogene „Promillegrenze" stelle allenfalls einen unverbindlichen Richtwert ohne ausdrückliche gesetzliche Grundlage dar. Zwar werde sie in der rechtswissenschaftlichen Literatur für den Regelfall als sachgemäße Auslegung des Art. 140 GG iVm Art. 137 Abs. 5 Satz 2 WRV angesehen, dürfe als Indiz für die „Gewähr der Dauer" aber nicht verabsolutiert oder schematisch angewendet werden. Das Erfordernis einer prognostischen Gesamteinschätzung des dauerhaften Bestandes ergebe sich aus dem Urteil des Bundesverfassungsgerichts vom 19.12.2000 -2 BvR 1500/97-, KirchE 38, 502, wo neben dem Kriterium der Mitgliederzahl weitere Indizien für die Einschätzung des dauerhaften Bestandes genannt würden, nämlich eine ausreichende Finanzausstattung, eine Mindestbestandszeit und die Intensität des religiösen Lebens. Trotz einer geringen Mitgliederzahl könne die Prognose eines dauerhaften Bestandes bei Heranziehung der weiteren Indizien gerechtfertigt sein. Solche Gesichtspunkte seien im Fall der Klägerin gegeben, sie ließen mit an Sicherheit grenzender Wahrscheinlichkeit einen dauerhaften Bestand der Gemeinschaft in Deutschland erwarten.

Die Bahá'í-Gemeinde bestehe trotz ihrer relativ geringen Mitgliederzahl seit nunmehr ununterbrochen mehr als 100 Jahren in Deutschland, davon mehr als 80 Jahre auch in zivilrechtlich konstituierter Form. Selbst in der Zeit des Nationalsozialismus habe die Gemeinde als solche weiter bestanden. In der gesamten Zeit sei die Mitgliederzahl langsam aber stetig gewachsen, der Zuwachs halte noch an, die Mitglieder seien in ausgeglichener Weise über ganz Deutschland verteilt. Die Altersstruktur der Mitglieder sei ausgeglichen, 13% der Mitglieder seien unter 18 Jahren, nur 20% über 60 Jahre alt. Die soziale Schichtung und die Berufsstruktur weise ein breites Spektrum auf. Auch der Ausländeranteil innerhalb der Mitglieder spreche nicht gegen einen dauerhaften Bestand; zwar seien ethnisch nur 54% Deutsche und 28% Iraner sowie 18% anderer Nationalität, dabei sei aber davon auszugehen, dass weit über 50% der Iraner auch die deutsche Staatsangehörigkeit besäßen. Speziell in Hessen sei auch deshalb von einer besonderen Stabilität der Bahá'í-Gemeinde auszugehen, weil hier - in A-Stadt ... - das Europäische Haus der Andacht mitsamt dem Bahá'í-Informationszentrum angesiedelt sei. Neben dem Nationalen Geistigen Rat hätten dort eine ganze Anzahl weiterer Bahá'í-Organisationen ihren Verwaltungssitz.

Die Bahá'í-Gemeinde in Deutschland sei die deutsche Teilorganisation der weltumspannenden Bahá'í-Gemeinde, einer über die ganze Erde verbreiteten Religionsgemeinschaft mit derzeit geschätzt zwischen 4,8 und 7,7 Millionen Gläubigen, was ebenfalls die Prognose eines dauerhaften Bestandes rechtfertige.

Die neueste Rechtsprechung des EGMR müsse ebenfalls herangezogen werden. So habe der EGMR in einem Verfahren der Zeugen Jehovas und andere gegen Österreich ausgeführt, dass jeder Staat, der „ein Rahmenwerk dafür aufstellt, nach dem Religionsgesellschaften eine Rechtspersönlichkeit verliehen werden kann, mit dem ein besonderer Status verbunden ist“, dazu verpflichtet sei, „allen Religionsgesellschaften, die das wünschen, eine faire Gelegenheit zu bieten, sich um diesen Status zu bewerben, und die einschlägigen Kriterien in einer nicht diskriminierenden Weise anzuwenden“. Differenzierungen seien nur dann nicht diskriminierend, „wenn sie ein legitimes Ziel verfolgen und wenn ein vernünftiges Mittel zwischen den gewählten Mitteln und dem mit ihnen verfolgten Ziel besteht".

Wenn man auch den mit dem Erfordernis der „Gewähr der Dauer" verfolgten Ausschluss nicht ausreichend konsolidierter Gemeinschaften von der Korporationsqualität und den mit ihr verbundenen öffentlich-rechtlichen Befugnissen als legitimes Ziel für eine Differenzierung ansehen könne, sei fraglich, ob die gewählte Promillegrenze in einem vernünftigen Verhältnis zu dem genannten Ziel stehe. Der über hundertjährige Bestand der Klägerin trotz geringer Mitgliederzahlen zeige, dass für das Entstehen einer konsolidierten Gemeinschaft und damit für die „Gewähr der Dauer" die Einhaltung einer solchen Zahl nicht erforderlich sei.

Entgegen der Ansicht des Verwaltungsgerichts sei außerdem keine Kooperationsbereitschaft der Religionsgemeinschaft mit dem Staat zu verlangen, so dass mit der Forderung nach einer wie auch immer gearteten Bereitschaft zur „Lastentragung" die positive Gesamtprognose zugunsten der Klägerin nicht in Frage gestellt werden könne.

Der Verleihung der Körperschaftsrechte an die Klägerin könne auch nicht der Hinweis auf das Fehlen einer ausformulierten Satzung der Bahá'í-Gemeinschaft als solcher entgegengehalten werden. Eine über die rechtliche Organisation des Leitungsorgans oder Trägervereins hinausreichende rechtliche Organisation der Gemeinschaft als solcher auch als Rechtsträger des weltlichen Rechts sei weder rechtlich vorgeschrieben noch aus praktischen Gründen für die Teilnahme der Gemeinschaft am Rechtsverkehr erforderlich. Der Körperschaftsstatus sei nach den Ausführungen des Bundesverfassungsgerichts (aaO) „eine angemessene Rechtsform" auch für solche Religionsgemeinschaften, „die den Status eines eingetragenen Vereins nicht erlangen können oder wollen, etwa weil ihre innere Struktur und Organisation, wie sie von ihrem religiösen Selbstverständnis gefordert sind, mit Vorgaben des Vereinsrechts in Konflikt liegen".

Die Klägerin habe im Vorgriff auf die Verleihung der Körperschaftsrechte den umfassenden Entwurf einer Verfassung erarbeitet. Er sei inzwischen vom Nationalen Geistigen Rat der Bahá'í in Deutschland verabschiedet und vom „Universalen Haus der Gerechtigkeit", der höchsten Leitungskörperschaft der Bahá'í in Haifa, geprüft und genehmigt worden. Die Verfassung kodifiziere das schon jetzt geltende und angewandte interne Recht der Bahá'í-Gemeinde in Deutschland. Sie werde mit der Verleihung der Körperschaftsrechte an die Klägerin in Kraft treten.

Das beklagte Land vertritt die Ansicht, die Klägerin biete nicht die „Gewähr der Dauer" iSd Art. 140 GG iVm Art. 137 Abs. 5 Satz 2 WRV. Zwar komme es für die Auslegung und Anwendung der Vorschrift auf eine Gesamtprognose an. Die Kriterien, anhand derer diese Gesamtprognose vorzunehmen sei, seien jedoch keineswegs beliebig, vielmehr sei die Akzentuierung und Gewichtung maßgeblich, die sich aus dem Wortlaut des Grundgesetzes ergebe. Eine Religionsgesellschaft biete nach der Zahl ihrer Mitglieder die Gewähr der Dauer, wenn die Mitgliederzahl in dem einzelnen Land so groß sei, dass die Organisation eine gewisse Bedeutung im öffentlichen Leben erlangt habe. In jahrzehntelang gefestigter Verwaltungspraxis wende die Beklagte den ihr durch das Grundgesetz eingeräumten Prognosespielraum hinsichtlich der Mitgliederzahl dahingehend an, dass grundsätzlich eine Mitgliederzahl von einem Promille der Bevölkerung des Landes Hessen (Richtzahl) sowie eine Bestehenszeit von mindestens 30 Jahren verlangt werde. Allerdings werde nicht schematisch vorgegangen, sondern im Einzelfall eine Gesamtprognose erstellt. Im vorliegenden Fall habe die Heranziehung sämtlicher anderer Kriterien aber nicht dazu führen können, die geringe Mitgliederzahl im Ergebnis auszugleichen. Das Kriterium der Mitgliederzahl sei nämlich nicht eines unter mehreren, wie die Klägerin meine. Aus dem Urteil des Bundesverfassungsgerichts vom 19.12.2000 -2 BvR 1500/97- (KirchE 38, 502) ergebe sich vielmehr, dass neben dem Kriterium der Mitgliederzahl der tatsächliche Gesamtzustand der Gemeinschaft zu würdigen sei, wobei für die Beurteilung dieses tatsächlichen Gesamtzustandes weitere Indizien hilfreich seien. Eine Relativierung sei also nicht hinsichtlich der Mitgliederzahl vorgenommen worden. Unzutreffend sei der Vortrag der Klägerin, in anderen Bundesländern werde die Richtzahl sehr weit nach unten unterschritten. Auch werde nicht deutlich, weshalb sich aus der Ansiedlung des Europäischen Hauses der Andacht, des Bahá'í-Zentrums und anderer Organisationen in A-Stadt ... eine besondere Stabilität in Bezug auf Hessen ergeben solle.

Die Rechtsprechung des Europäischen Gerichtshofs für Menschenrechte (Urteil des EGMR vom 31.7. 2008 -Appl. No. 40825/98- KirchE 52, 57) führe nicht zu einer anderen Beurteilung. Dieses Urteil befasse sich mit dem Kriterium der Wartezeit bis zur Erlangung eines besonderen Rechtsstatus und sei insoweit anders gelagert. Der EGMR habe Differenzierungen für zulässig erachtet, soweit damit ein legitimes Ziel verfolgt werde. Der von Art. 140 GG iVm Art. 137 Abs. 5 Satz 2 WRV verfolgte Ausschluss nicht ausreichend konsolidierter Gemeinschaften von der Korporationsqualität und den damit verbundenen öffentlich-rechtlichen Befugnissen stelle ein legitimes Ziel dar für eine auf die Mitgliederzahl gestützte Differenzierung. Die lange Zeit des Bestandes der Klägerin rechtfertige kein anderes Ergebnis, denn sie sei wegen der geringen Mitgliederzahl schon nicht als konsolidierte Gemeinschaft anzusehen. Hinzuweisen sei außerdem noch darauf, dass der für die Entscheidung des EMGR maßgebliche § 11 Abs. 1 des österreichischen Bundes(verfassungs)gesetzes über die Rechtspersönlichkeit von religiösen Bekenntnisgemeinschaften in seiner Nr. 2 ein Quorum von sogar zwei Promille der Bevölkerung Österreichs fordert, und zwar als strikte

Vorgabe. Der EGMR habe dieses Kriterium mehrfach erwähnt, ohne es auch nur im Mindesten in Frage zu stellen.

Zur Aufklärung von Missverständnissen werde darauf hingewiesen, dass von der Klägerin über die in Art. 140 GG iVm Art. 137 Abs. 5 Satz 2 WRV verankerten Kriterien hinaus keine „Bereitschaft zur Lastentragung" verlangt werde. Auch verweigere das beklagte Land nicht mit dem Hinweis auf das „Fehlen einer ausformulierten Satzung" aus formalen Gründen die Zuerkennung der Körperschaftsrechte. Nach den verfassungsrechtlichen Vorgaben müsse die Klägerin unter anderem „nach ihrer Verfassung" die Gewähr der Dauer bietenl.

Die Berufung hatte Erfolg. Unter Aufhebung des Bescheides vom 21.6.2007 verpflichtet der Senat das beklagte Land, der Klägerin gem. Art. 140 GG iVm Art. 137 Abs. 5 Satz 2 WRV die Rechte einer Körperschaft des öffentlichen Rechts zu verleihen.

Aus den Gründen:

[33] Die Berufung ist ... begründet. Die Klägerin kann die Verleihung der Rechte einer Körperschaft des öffentlichen Rechts verlangen, weil die Voraussetzungen des Art. 140 GG iVm Art. 137 Abs. 5 Satz 1 und 2 WRV vorliegen, wo es heißt: „Die Religionsgesellschaften bleiben Körperschaften des öffentlichen Rechts, soweit sie solche bisher waren. Anderen Religionsgesellschaften sind auf ihren Antrag gleiche Rechte zu gewähren, wenn sie durch ihre Verfassung und die Zahl ihrer Mitglieder die Gewähr der Dauer bieten." Die in der Hessischen Verfassung enthaltene, ähnlich lautende Regelung des Art. 51 Abs. 1 HV, wonach die Rechtsstellung auf Antrag verliehen werden „kann", tritt hinter der Regelung des Grundgesetzes zurück (Art. 31 GG).

[34] In Übereinstimmung mit dem beklagten Land ist davon auszugehen, dass es sich bei der Bahá'í-Gemeinde um eine Religionsgesellschaft in diesem Sinne handelt. Der erforderliche Antrag der Klägerin liegt ebenfalls vor. Weiterhin ist eine prognostische Einschätzung erforderlich, wonach die Klägerin auch in Zukunft dauerhaft bestehen wird. Diese Einschätzung ist anhand ihrer Verfassung und der Zahl ihrer Mitglieder zu treffen (vgl. dazu Bonner Kommentar, GG, 145. Aktualisierung April 2010, Art. 140, Rn 388; Maunz-Dürig-Korioth, GG, 42. Lieferung Februar 2003, Art. 140, Rn 72). Unter der „Verfassung" der Religionsgesellschaft iSd Art. 140 GG iVm Art. 137 Abs. 5 Satz 2 WRV sind nicht allein Satzungsnormen zu verstehen, sondern der tatsächliche Zustand einer Gemeinschaft, ihre Verfasstheit, also der Gesamtzustand (BVerfG, Urteil vom 19.12.2000 -2 BvR 1500/97- KirchE 38, 502, Maunz-Dürig-Korioth, aaO, Rn 75). Er dient als Grundlage für die Einschätzung des künftigen Fortbestehens, um das es nach

Art. 140 GG iVm Art. 137 Abs. 5 Satz 2 WRV vor allem geht (BVerfG, aaO). Der tatsächliche Gesamtzustand der Gemeinschaft lässt sich anhand weiterer Indizien bewerten; so können eine ausreichende Finanzausstattung, eine Mindestbestandzeit und die Intensität des religiösen Lebens für die Beurteilung bedeutsam sein. Soweit das beklagte Land eine Verwaltungspraxis zugrunde legt, nach der eine Mindestbestandzeit von 30 Jahren gefordert wird, muss der Frage nach einer Angemessenheit dieser Frist nicht näher nachgegangen werden, denn angesichts des mehr als 100jährigen Bestehens der Bahá'í-Gemeinde in Deutschland ist diese Frist jedenfalls erfüllt. Eine ausreichende Finanzausstattung steht ebenfalls nicht in Zweifel. Weder hat das beklagte Land solche geltend gemacht noch sind sie sonst ersichtlich. In der Behördenakte (...) schätzt das beklagte Land die Finanzsituation wie folgt ein: „Den Anforderungen, den 'finanziellen Verpflichtungen auf Dauer nachzukommen' (BVerfGE 66,1 [24], NJW 1984, 2401 [2402], KirchE 21 307), wird die Gemeinschaft nach Sichtung der Unterlagen mit hoher Wahrscheinlichkeit nachkommen können. Dies geht aus den ordnungsgemäß geführten Buchführungsunterlagen hervor." U.a. besitze der Nationale Geistige Rat als rechtlich verfasstes Leitungsorgan der Gemeinschaft ein Vereinsvermögen in nennenswertem Umfang. Aus dem Kriterium der Intensität des religiösen Lebens lassen sich ebenfalls keine Anhaltspunkte dafür erkennen, dass die Gewähr der Dauer in Frage stehen könnte.

[35] Die Klägerin bietet auch nach der Zahl ihrer Mitglieder die Gewähr der Dauer. Eine verfassungsrechtliche Festlegung zur konkreten Ausfüllung dieses Kriteriums, wie sie nach Auffassung des beklagten Landes aufgrund der Regelung des Art. 140 GG iVm Art. 137 Abs. 5 WRV bestehen soll, ist nicht gegeben. Weder der vom Grundgesetz übernommene Wortlaut des Art. 137 Abs. 5 Satz 2 WRV noch die Entstehungsgeschichte dieser Bestimmung geben etwas dafür her, die Gewährung der Korporationsrechte von einer bestimmten Relation der Mitgliederzahl einer Religionsgesellschaft zur Gesamtbevölkerung abhängig zu machen.

[36] Der Senat hat - auch im Rahmen der Erörterung in der mündlichen Verhandlung - das Protokoll der 59. Sitzung der Deutschen Nationalversammlung vom 17.7.1919 (Band 6 S. 4001, 4004, 4013, 4015, 4052) herangezogen. In dieser Sitzung haben sich u.a. als Berichterstatter des Vorberatungsausschusses der Abgeordnete Prof. Dr. Joseph Mausbach (Zentrum), der Abgeordnete Prof. Dr. Wilhelm Kahl (DVP) und der Abgeordnete Max Quarck (SPD) geäußert und mit keinem Wort ein bestimmtes erforderliches Verhältnis der Mitgliederzahl einer korporierten Religionsgesellschaft zur Gesamtbevölkerung erwähnt. Mausbach begründete die der damaligen Badischen Verfassung entnommene und in dieser Sitzung beschlossene Fassung des Entwurfs des späteren Art. 137 Abs. 5 Satz 2 WRV („Anderen Religionsgesellschaften sind gleiche Rechte zu

gewähren, wenn sie durch die Zeit ihres Bestehens und die Zahl ihrer Mitglieder die Gewähr der Dauer bieten") mit folgenden Worten: „Sie [diese Formulierung] wurde auch innerlich damit begründet, dass nach der eben gegebenen Definition eine öffentlich-rechtliche Körperschaft eine erhebliche Bedeutung für das soziale und staatliche Leben haben müsse, darum nicht jeder Verein, der eben gegründet ist, schon diesen Anspruch erheben könne". Neben dem oben zitierten, später in der dritten Lesung der Weimarer Reichsverfassung nochmals abgeänderten Wortlaut stand noch eine weitere Fassung am 17.7.1919 zur - insoweit negativ verlaufenen - Abstimmung: „Anderen Religionsgesellschaften sind auf Antrag gleiche Rechte zu gewähren". In der am 11.8.1919 beschlossenen Endfassung des Art. 137 Abs. 5 Satz 2 WRV wurde die am 17.7.1919 beschlossene Formulierung „die Zeit ihres Bestehens" ersetzt durch „ihre Verfassung" und das Antragserfordernis ausdrücklich erwähnt.

[37] Von der durch Art. 137 Abs. 8 WRV eröffneten Möglichkeit, durch Landesgesetz ergänzende Regelungen zu treffen, hat das Land Hessen keinen Gebrauch gemacht.

[38] Allerdings bestehen Empfehlungen der Kultusministerkonferenz über die Verleihung der öffentlichen Körperschaftsrechte an Religionsgesellschaften und Weltanschauungsvereinigungen vom 12.3.1954, ergänzt durch die Erläuterungen vom 12.10.1962 (beide abgedruckt bei H. B., ZevKR 34 (1989), 377 ff.), die aber ebenfalls keine starre Relation von Mitgliederzahl und Gesamtbevölkerung aufstellen. Dort heißt es unter Anlage 2, Nr. 2.c): „Eine RG (WV) bietet nach der Zahl ihrer Mitglieder die Gewähr der Dauer, wenn die Mitgliederzahl in dem einzelnen Land so groß ist, dass die Organisation eine gewisse Bedeutung im öffentlichen Leben erlangt hat. Dabei ist die soziologische Struktur ihres Mitgliederbestandes (z.B. ihre räumliche Verteilung und örtliche Dichte, ihre Zusammensetzung nach Alter und Geschlecht, ihre soziale Gliederung) von Bedeutung." Das Bundesverfassungsgericht führt aus: „Eine Religionsgemeinschaft, die Körperschaft des öffentlichen Rechts werden will, muss durch ihre Verfassung und die Zahl ihrer Mitglieder die prognostische Einschätzung stützen, dass sie auch in Zukunft dauerhaft bestehen wird. Grundlage für diese Einschätzung sind der gegenwärtige Mitgliederbestand der Religionsgemeinschaft und ihre Verfassung im Übrigen" (BVerfG, aaO, *juris* Rn 66). In der Literatur heißt es, hinsichtlich der Zahl der Mitglieder handele es sich um eine Frage des Einzelfalles, welche unter dem Gesichtspunkt der Gewähr einer dauerhaften Existenz zu betrachten sei. Soweit sich die Verleihungspraxis der Länder an einer Mindestzahl von einem Tausendstel der Einwohner des betreffenden Landes orientiere, dürfe hier keine schematische Handhabung erfolgen. Eine größere Mitgliederzahl in anderen Bundesländern oder in ausländischen Staaten könne eine Abweichung nach unten nahelegen (Bonner Kommentar, aaO, Rn 394).

[39] Eine konkrete zahlenmäßige Festlegung, insbesondere eine Richtzahl im Sinne der von dem beklagten Land benannten Promillegrenze, ist weder in den Empfehlungen der Kultusministerkonferenz enthalten noch wird sie, soweit ersichtlich, in der Rechtsprechung oder in der Literatur gefordert. Es handelt sich um ein Kriterium, das sich in der Verwaltungspraxis herausgebildet haben soll, wie das beklagte Land behauptet. Dies ist aber schon deswegen unerheblich, da Behördenentscheidungen nach Art. 137 Abs. 5 Satz 2 WRV - anders als nach dem durch Bundesrecht verdrängten Art. 51 Abs. 1 HV - nicht im Ermessen der Behörde stehen, sondern die anwendbaren unbestimmten Rechtsbegriffe der vollen gerichtlichen Nachprüfung unterliegen, wobei das Tatbestandsmerkmal „Gewähr ... bieten" allenfalls einen gewissen behördlichen Prognosespielraum in Zweifelsfällen zulässt. Im Übrigen ist auch höchst zweifelhaft, ob die behauptete Behördenpraxis eines bestimmten Mitgliederquorums in Hessen je ernsthaft angestrebt und eingehalten worden ist. In Abschnitt 4.b) auf Seiten 6 f. der Ministervorlage vom 3.3.2005 (Bl. 103 - 110 der vorliegenden Behördenakten ist von vergleichbaren Fällen die Rede, in denen „unter teilweise noch erheblich gravierender[er] Abweichung von der Mindestmitgliederzahl" Religionsgesellschaften als öffentlich-rechtliche Körperschaften anerkannt worden sind. In dieser Vorlage ist im Übrigen überzeugend ausgeführt, warum die Klägerin aus vom Hessischen Kultusministerium letztlich nicht oder nicht richtig gewürdigten Gründen die Gewähr der Dauer iSd Art 137 Abs. 5 Satz 2 WRV schon damals geboten und auch die weiteren Anerkennungsvoraussetzungen erfüllt hat. Zur weiteren Begründung seiner Entscheidung nimmt der Senat auf dieses Dokument Bezug.

[40] Der dort erwähnte Beschluss des Bundesverfassungsgerichts vom 5.2.1991 -2 BvR 263/86- (BVerfGE 83, 341, *juris*, KirchE 29, 9) steht der Anerkennungsfähigkeit der Klägerin iSd Art. 137 Abs. 5 Satz 2 WRV nicht entgegen. In diesem vom damaligen Vorstand der Klägerin eingelegten Verfassungsbeschwerden stattgebenden Beschluss gegen die von den Zivilgerichten abgelehnte Eintragung der Klägerin ins Vereinsregister bei dem Amtsgericht Tübingen betreffenden Beschluss hat zwar das Bundesverfassungsgericht unter Bezugnahme auf eine Auskunft des Hessischen Kultusministeriums die Annahme, die Klägerin könne wegen ihrer bundesweit nur 4.000 bis 5.000 (Mitglieder), (verteilt) auf 50 örtliche Bahá'í-Gemeinden nicht als Körperschaft iSd Art 137 Abs. 2 WRV anerkannt werden, als nicht „fehlerhaft oder gar missbräuchlich" bezeichnet. Jedoch ist dieses Problem in der Entscheidung nur als Vorfrage angesprochen und nicht vertieft worden. Von einem Mitgliederquorum im Verhältnis zur Gesamtbevölkerung war damals keine Rede.

[41] Die von dem beklagten Land aufgestellte Anforderung, wonach die Mitgliederzahl einem Promille der hessischen Bevölkerung entsprechen muss,

mithin ca. 6.000 Mitglieder erforderlich wären, wäre im Übrigen auch kein taugliches Feststellungskriterium für einen dauerhaften Bestand. Zwar mag man davon ausgehen können, eine Religionsgemeinschaft werde, bei Vorliegen auch der übrigen Voraussetzungen, dauerhaft Bestand haben, wenn sie die Richtzahl von einem Promille tatsächlich erfüllt. Umgekehrt rechtfertigt sich eine negative Prognose jedoch nicht allein daraus, dass diese Richtzahl nicht erfüllt wird.

[42] Unter Heranziehung aller übrigen, zuvor bereits benannten Kriterien ergibt sich eine durchaus günstige Prognose, die den dauerhaften Bestand auch aufgrund der Mitgliederzahl erwarten lässt. Die Bahá'í-Gemeinde in Hessen hat zwar nur relativ wenige Mitglieder, insgesamt beträgt die Mitgliederzahl in Deutschland jedoch ca. 5.000. Weltweit hat die Religionsgemeinschaft zwischen 4,8 und 7,7 Millionen Mitglieder, verteilt über die gesamte Erde. Die Mitgliederzahl in Deutschland ist langsam, aber konstant angestiegen und die Altersstruktur lässt erwarten, dass sich die Mitgliederzahl zumindest auf absehbare Zeit nicht wesentlich verringern, sondern eher weiterhin ansteigen wird. Hinzu kommen eine solide Finanzausstattung und nicht zuletzt eine über 100-jährige Bestehenszeit in Deutschland. Der Dauer ihres Bestehens kommt hier umso größere Bedeutung zu, als die Bahá'í-Gemeinde ihr Verbot durch die Nazi-Diktatur, den nachfolgenden Zweiten Weltkrieg und ihr Verbot während der DDR-Diktatur überstanden und in Westdeutschland sofort nach dem Krieg, in der DDR sofort nach der Beseitigung des SED-Regimes wieder strukturierte Aktivitäten aufgenommen und bis heute konsequent fortgesetzt hat.

[43] Entgegen der Auffassung des Beklagten ist für die Bestandsgewähr der Bahá'í-Gemeinde gerade in Hessen von erheblicher Bedeutung, dass die Gemeinde hier in A-Stadt mittlerweile ihren Sitz und mit dem Europäischen Haus der Andacht und anderen Einrichtungen ein für ihre Mitglieder überregional bedeutsames Zentrum hat, in das auch erhebliche finanzielle Mittel investiert worden sind.

[44] Ohne Bedeutung sind entgegen der Auffassung des Beklagten die rechtlichen Verhältnisse in Österreich, wo nach seiner Darstellung durch staatliches Gesetz als Anerkennungsvoraussetzung für die Korporierung von Religionsgesellschaften ein Mitgliederquorum von sogar zwei Prozent der Bevölkerung festgelegt ist. Dass der Gesetzgeber in Deutschland und speziell in Hessen von der wohl durch Art. 137 Abs. 8 WRV eröffneten Möglichkeit, durch Gesetz eine entsprechende oder eine geringere Mindestmitgliederzahl vorzuschreiben, keinen Gebrauch gemacht hat, spricht für die Rechtswidrigkeit der nach Darstellung des Beklagten teilweise angewandten Verwaltungspraxis.

24

Ein Mieter, der die Duldung einer Parabolantenne zum Empfang alevitischer Sender anstrebt, muss darlegen, dass und wie auf Sendern, die nur über Parabolantenne empfangen werden können, Programme mit Bezug zu Kultur und Glauben der Aleviten ausgestrahlt werden.

Art. 4 Abs. 2, 5 Abs. 1, 14 Abs. 1 GG
BVerfG, Nichtannahmebeschluss vom 26. September 2011 -1 BvR 916/07-[1]

Die Verfassungsbeschwerde betrifft die Anbringung einer Parabolantenne durch die Mieter einer Wohnung. Sie möchten namentlich bezeichnete „alevitische Sender" empfangen, die über das vorhandene Netz nicht erreichbar sind. Im fachgerichtlichen Verfahren (AG München, Urteil vom 7.7.2006 -452 C 6611/06-; LG München I, Beschluss vom 28.2.2007 -15 S 13109/06- beide n.v.) hatten sie keinen Erfolg.

Ihre Verfassungsbeschwerde wurde nicht zur Entscheidung angenommen.

Aus den Gründen:

[2] Annahmegründe gem. § 93a Abs. 2 BVerfGG sind nicht gegeben. Die Verfassungsbeschwerde hat keine Aussicht auf Erfolg, weil die angegriffenen Entscheidungen Grundrechte der Beschwerdeführer nicht verletzen. Auslegung und Anwendung des einfachen Rechts sind Sache der Fachgerichte. Das Bundesverfassungsgericht prüft nur, ob die Grundrechte hierbei gewahrt bleiben (vgl. BVerfGE 7, 198 [205 ff.]; 18, 85 [92 f.]).

[3] Das Landgericht hat zwischen dem Eigentümerinteresse an der Erhaltung des Wohnhauses aus Art. 14 Abs. 1 Satz 1 GG und der in Art. 5 Abs. 1 Satz 1 GG verankerten Informationsfreiheit, wie in der Rechtsprechung des Bundesverfassungsgerichts gefordert (vgl. BVerfGE 90, 27 [33]), abgewogen. Diese Abwägung genügt im Ergebnis noch verfassungsrechtlichen Maßstäben. Tragfähig ist insoweit freilich nicht schon die Erwägung, ein Anspruch der Beschwerdeführer, die den Empfang alevitischer Sender anstreben, scheide bereits deshalb aus, weil sie türkische Fernsehprogramme und damit Sendungen in ihrer Sprache empfangen könnten. Das Gericht stellt der Sache nach jedoch auch - wenngleich ausdrücklich nur bezogen auf den hier jedenfalls nicht primär einschlägigen Maßstab des Art. 4 Abs. 2 GG - darauf ab, dass die Beschwerdeführer nicht

---

1 BeckRS 2013, 16079; *juris*.

dargelegt haben, warum der Empfang eines alevitischen Fernsehprogramms für sie von Belang wäre. Da die Beschwerdeführer im fachgerichtlichen Verfahren nur pauschal die Namen einiger „alevitischer Sender" genannt haben, ohne auch nur andeutungsweise anzuzeigen, dass und auf welche Art auf diesen Sendern tatsächlich Programme mit Bezug zu Kultur und Glauben der Aleviten ausgestrahlt werden, hält es sich noch im fachgerichtlichen Wertungsrahmen, hierin keinen ausreichenden Vortrag dafür zu sehen, dass die genannten Sender tatsächlich geeignet sind, das von Art. 5 Abs. 1 Satz 1 GG geschützte Interesse der Beschwerdeführer, sich als Aleviten über das Geschehen in ihrer Heimat unterrichten und die kulturelle Verbindung aufrechterhalten können (BVerfGE 90, 27 [36]), zu befriedigen.

25

Der Ausschlussgrund des § 11 Abs. 1 Nr. 1 StAG knüpft weder an einen bestimmten Glauben an noch zielt er darauf ab, Einfluss auf religiöse oder weltanschauliche Bekenntnisse sowie die Religionsausübung zu nehmen.

Art./§§ 3 Abs. 3, 4 Abs. 1 u. 2 GG, 8, 11 Satz 1 Nr. 1 StAG
VG München, Urteil vom 28. September 2011 -M 25 K 10.5078-[1]

Der 1976 geborene Kläger besitzt die marokkanische Staatsangehörigkeit. Er reiste 1999 zu Studienzwecken in das Bundesgebiet ein und erhielt zunächst eine Aufenthaltsbewilligung, die mehrmals verlängert wurde, zuletzt bis 2005. Aufgrund der Eheschließung mit einer deutschen Staatsangehörigen im Jahr 2004 erhielt er eine bis 2007 gültige Aufenthaltserlaubnis, die kurz nach Erteilung durch eine Aufenthaltsbewilligung, gültig bis 2005, ersetzt wurde, da die Voraussetzungen zur Erteilung einer Aufenthaltserlaubnis nicht vorgelegen hatten. Schließlich erhielt er 2005 eine Aufenthaltserlaubnis nach § 16 AufenthG zu Studienzwecken, die zuletzt bis 2008 verlängert wurde. Eine Aufenthaltserlaubnis nach § 18 Abs. 4 AufenthG zum Zweck der Erwerbstätigkeit erhielt der Kläger am 29.2.2008. Seit 15.6.2010 ist er im Besitz einer Niederlassungserlaubnis. Er arbeitet als Testingenieur bei einem international tätigen Technologieunternehmen.

Am 23.7.2008 beantragte der Kläger bei der Landeshauptstadt die Einbürgerung. An einem Einbürgerungstest nach § 10 Abs. 5 Satz 1 StAG hat er am

---

1 BeckRS 2012, 49808; *juris*. Der Antrag des Klägers auf Zulassung der Berufung wurde abgelehnt; BayVGH, Beschluss vom 17.4.2013 -5 ZB 12.706- n.v..

21.11.2008 teilgenommen und die volle Punktzahl erreicht. Im Fragebogen für Einbürgerungsbewerber verneinte der Kläger Kontakte zu extremistischen Organisationen.

Auf Nachfrage der Landeshauptstadt teilte das Bayerische Landesamt für Verfassungsschutz (BayLfV) mit Schreiben vom 14.4.2009 mit, der Kläger sei Gründungsmitglied des Vereins „D.-Q. e.V./Haus des Korans und der Sunnah e.V.“. Er leite seit 2007 als Vorbeter das Freitagsgebet der Moschee, wenn der eigentliche Imam nicht anwesend sei. Dies sei der Fall gewesen am 9.3. und 22.6.2007 und am 2. und 14.1.2008. Er sei ständiger Besucher dieser Moschee und stehe weiterhin als Vorbeter zur Verfügung. Als nach wie vor aktives Gründungsmitglied und mehr noch als Vorbeter müsse er sich die salafistische Ausrichtung dieser Moschee zurechnen lassen. Es folgen Ausführungen über Erkenntnisse über die D.-Q.-Moschee sowie zum sog. Salafismus generell. Die D.-Q.-Moschee werde vom Verein „D.-Q./Haus des Korans und der Sunnah e.V.“ getragen. Der Verein gehöre keiner übergeordneten Organisation an. Vorsitzender des Vereins und Imam der Moschee sei der gebürtige Ägypter H.S., der nach eigener Darstellung deutschlandweit einen gewaltfreien Islam verbreiten wolle. Ideologisch sei die Moschee und ihr Imam dem sogenannten Mainstream-Salafismus zuzuordnen. Zu diesen Erkenntnissen wurde der Kläger am 25.11.2009 bei der Landeshauptstadt im Rahmen einer Anhörung befragt.

Nach Vorlage der Einbürgerungsakte über die Regierung X. beim Bayerischen Staatsministerium des Innern (StMI) teilte dieses der Regierung X. mit Schreiben vom 8.3.2010 mit, dass die Ergebnisse der Anhörung nicht geeignet seien, die bestehenden Sicherheitsbedenken gegen die Einbürgerung auszuräumen. Es liege ein Ausschlussgrund iSd § 11 Abs. Absatz 1 Nr. 1 StAG vor.

Nach Anhörung lehnte der Beklagte durch die Regierung X. mit dem angefochtenen Bescheid den Antrag des Klägers auf Einbürgerung nach § 8 StAG (Ermesseneinbürgerung) ab. Zur Begründung führte der Beklagte im Wesentlichen aus, es sei die Annahme gerechtfertigt, dass der Kläger gegen die freiheitlich-demokratische Grundordnung gerichtete Bestrebungen unterstütze. Er sei Gründungsmitglied (Juni 2006) des Vereins „D.-Q. e.V.“. Des Weiteren leite er seit 2007 in der D.-Q.-Moschee in X. als Vorbeter gelegentlich vertretungsweise das Freitagsgebet. Er sei nach Erkenntnissen vom September 2008 ständiger Besucher der D.-Q.-Moschee und stehe weiterhin als Vorbeter zur Verfügung. Damit erfülle er einen Ausschlussgrund nach § 11 StAG. Ideologisch seien die D.-Q.-Moschee und Herr S. dem sog. Mainstream-Salafismus zuzuordnen. Die Moschee diene als Anlaufstelle salafistischer Prediger und deren Anhängerschaft. Die Mainstream-Salafisten, auch politische Salafisten genannt, hätten ein verstärktes Interesse an gesellschaftlichen Aspekten und politischer Einflussnahme. Sie seien junge Gelehrte, die stark vom Aktivismus der Ideologie der Muslimbruderschaft beeinflusst worden seien und den Anspruch erheben, die Probleme der Gegenwart und insbesondere die internationale Politik besser zu verstehen als ihre älteren puristischen Lehrer. Das von der Muslimbruderschaft angestrebte Herrschaftssystem weise deutliche Züge eines totalitären Herrschaftssystems auf, das die Selbstbestimmung des Volkes sowie die Prinzipien der Freiheit und Gleichheit der Menschen nicht garantiere. Ein Großteil der ideologischen Grundsätze sei somit unvereinbar mit den im Grundgesetz verankerten Prinzipien der Demokratie, des Rechtsstaats und einer auf der Menschenwürde basierenden politischen Ordnung. Nach Erkenntnissen des Bayerischen Landesamtes für Verfassungsschutz (BayLfV) seien in der D.-Q.-Moschee ab Ende August 2009 mehrere Broschüren verteilt worden, darunter die Broschüre „Frauen im Schutz des Islam". Die Broschüre werde in der Liste jugendgefährdender Medien geführt, da sie zu Gewalttätigkeiten anreize und verrohend und frauendiskriminierend wirke. Im Zuge eines bundesweiten Ermittlungsverfahrens seien am 20.1.2010 die Räumlichkeiten der Moschee durchsucht und mehrere Exemplare dieser Schrift aufgefunden und sichergestellt worden. Nach Erkenntnissen des BayLfV habe der Vereinsvorsitzende und Imam H.S. an dem auf die Durchsuchungsaktion folgenden Freitagsgebet am 22.1.2010 eine Predigt gehalten, die er dem Thema „Verräter innerhalb der muslimischen Gemeinschaft" gewidmet habe, die sich offensichtlich auf die vorangegangene Durchsuchungsmaßnahme bezogen habe. Er habe davon gesprochen, dass die Verräter tief in der Hölle schmoren würden. Einzelne Muslime würden durch ihr Verhalten Zwietracht in der muslimischen Gemeinschaft säen. Wer Informationen an die Behörden weiterleite, sei mit einem Bruder gleichzusetzen, der das Fleisch seines muslimischen Bruders esse. Der Kläger nehme eine exponierte Stellung innerhalb des Moscheelebens ein. Er habe eingeräumt, dass er dort Arabischunterricht gebe. Nach dem Willen des Gesetzgebers reiche für einen Ausschlussgrund iSv § 11 Satz 1 Nr. 1 StAG bereits ein durch hinreichende tatsächliche Anhaltspunkte gestützter Verdacht einer Unterstützung inkriminierter Bestrebungen aus. Feststellungen zur tatsächlichen inneren Einstellung des Einbürgerungsbewerbers seien nicht erforderlich. In der Anhörung sei es dem Kläger auch nicht gelungen, sich hiervon glaubhaft zu distanzieren. Seine Einlassungen wirkten taktisch motiviert. Für ein Abwenden von der früheren Unterstützung der inkriminierten Bestrebungen genüge ein bloß äußeres zeitweiliges oder situationsbedingtes Unterlassen der Unterstützungshandlungen nicht. Die Glaubhaftmachung einer veränderten Auffassung verlange angesichts der nur schwer zu fassenden Anhaltspunkte aus der inneren Sphäre des Ausländers und der ihn treffenden materiellen Beweislast eine substantiierte Darlegung von Umständen, die den nachvollziehbaren Schluss auf eine geänderte innere Einstellung zulasse. Die Vorschrift des § 8 StAG stelle die Einbürgerung eines Ausländers in das pflichtgemäße Ermessen der zuständigen Behörde. Dabei sei allein darauf abzustellen, ob ein staatliches Interesse an der beantragten Einbürgerung bestehe. Bereits mit Blick auf das Vorliegen des Ausschlussgrundes nach § 11 Satz 1 Nr. 1 StAG sei das Ermessen der Regierung X. von vornherein in der Weise reduziert, dass lediglich die Versagung in Betracht käme.

Zur Begründung der hierauf erhobenen Anfechtungs- und Verpflichtungsklage führte die Bevollmächtigte im Wesentlichen aus, der Kläger sei nicht wissentlich Gründungsmitglied des Vereins D.-Q. e.V. Die von dem Beklagten vorgelegte Unterschrift des Klägers in den Satzungsunterlagen sei von dritter Seite verwendet worden. Der Kläger könne zwar rekonstruieren, dass er Unterlagen mit anderem Inhalt in der D.-Q.-Moschee unterzeichnet habe, jedoch nicht die Vereinssatzung des D.-Q. e.V. Er besuche die D.-Q.-Moschee aufgrund der dort gesprochenen arabischen Sprache, aufgrund der zentralen Lage sowie der Tatsache, dass er dort Freunde treffen könne, nicht jedoch wegen einer dort angeblich oder tatsächlich vorherrschenden Strömung. Die in einer Moschee herrschenden Strömungen seien von den Gläubigen, die allein zur Ausübung ihrer Religion in die Moschee kämen, nur schwerlich erkennbar. Allein der Besuch der Moschee zum Gebet, auch zum Vorbeten, stelle keine Unterstützerhandlung dar, ebenso wenig wie die Tätigkeit als Lehrer für die arabische Sprache. Zur Ausübung des Freitagsgebets besuche er meist eine Moschee, die seiner Arbeitsstelle näher liege. Von einer herausragenden Stellung innerhalb des Moscheegeschehens könne angesichts einer viermaligen Tätigkeit als Vorbeter nicht gesprochen werden. Hierzu dränge er sich auch nicht in den Vordergrund. Sei der zuständige Imam nicht anwesend, so werde von den Betenden einer aus ihrer Mitte zum Vorbeter bestimmt. Hierzu werde regelmäßig derjenige bestimmt, der am besten reden könne; werde man gebeten, Vorbeter zu sein; so sei eine Ablehnung nicht möglich bzw. sehr unhöflich. Der Kläger sei aufgrund seines perfekten Hocharabisch in diese Stellung berufen worden. Er nehme hierbei jedoch weder eine Stellvertreterposition ein, noch verbreite er eine ihm vorgegebene Meinung oder Strömung, sondern er spreche lediglich das Gebet. Er sei auch als Arabischlehrer in der D.-Q.-Moschee tätig, habe hierdurch aber keine Funktion im Moscheeleben inne. Auch bei dem Unterricht werde von Seiten der Leitung der Moschee kein Einfluss auf die Lehrinhalte genommen, es handele sich allein um die Vermittlung der arabischen Sprache. Von der Tatsache, dass in der D.-Q.-Moschee jugendgefährdende Schriften gefunden worden seien, habe der Kläger erst in dem Rahmen der bundesweiten Durchsuchung Kenntnis erhalten. Auch hätten diese Broschüren entgegen der Ansicht des Beklagten nicht in öffentlich zugänglichen Räumen der Moschee ausgelegen, sondern in Räumen, zu denen nur der Imam und dessen Vertraute Zugang hätten, nicht jedoch der Kläger. Zu keinem Zeitpunkt habe der Kläger, weder privat noch beruflich, islamistische Tendenzen zu erkennen gegeben. Dem Schriftsatz lag eine Austrittsbestätigung aus dem Verein D.-Q. e. V. vom 16.12.2009 bei.

Der Beklagte macht im Wesentlichen geltend, der Arabischunterricht gehe über die reine Vermittlung von Sprachkenntnissen offenbar tatsächlich hinaus, wie sich aus den Stellungnahmen des Klägers in seiner Anhörung ergebe. Er mache dies, um die Missverständnisse der Religion aufzuklären. Er wolle aufklären und informieren, z.B. bzgl. der Gewalt von und gegen Muslimen. Bei der D.-Q.-Moschee handele es sich nach den Erkenntnissen des BayLfV um eine ideologisch dem salafistischen und damit dem islamistisch-extremistischen Spektrum zuzuordnende Moschee. Der Salafismus richte sich gegen die freiheitlich-demokratische Grundordnung. Für den Ausschlussgrund des § 11 StAG sei es nicht erforderlich, dem Kläger verfassungsfeindliche Bestrebung sicher nachzuweisen. Es stelle sich die Frage, ob der Imam einer in seiner Moschee unterrichtenden Person einen derartigen Gestaltungsfreiraum für die Unterrichtsausübung einräumen würde, wäre er nicht von der ideologischen Übereinstimmung mit den in der Moschee vertretenen Auffassungen überzeugt. Ungeachtet dessen müsse davon ausgegangen werden, dass dem Kläger die jedenfalls durch seine Unterrichtstätigkeit objektiv unterstützte und in der D.-Q.-Moschee vertretene salafistische Ideologie erkennbar gewesen sei und er sie trotz seiner behaupteten entgegenstehenden Überzeugungen nicht als Grund dafür angesehen habe, die betreffende Moschee nicht mehr fortgesetzt zu besuchen und durch seinen eigenen „Arabischunterricht" sogar zu ihrem Vorteil zu handeln. Angesichts der erkennbar gewordenen intellektuellen Fähigkeiten des Klägers könne ihm die in der D.-Q.-Moschee vertretene ideologische Ausrichtung nicht verborgen geblieben sein. Die in einer salafistischen Moschee geäußerten Ansichten seien nach Einschätzung des BayLfV auch aus Sicht eines gemäßigten Moslems so extrem, dass ihm diese auffallen müssten. Der Kläger müsse sich die oben dargelegten Bestrebungen deshalb auch subjektiv zurechnen lassen. Damit komme es aus Sicht des Beklagten auf die Frage, ob der Kläger tatsächlich Gründungsmitglied gewesen sei, nicht mehr an.- Am 9.3. 22.6., 7. und 28.12.2007 sei der Kläger als Vorbeter tätig geworden. Weiterhin habe er im Dezember 2008 die Leitung sowie die Freitagsgebete übernommen, da der eigentliche Imam nicht anwesend gewesen sei. Im November 2008 sei bekannt geworden, dass der Kläger diverse Aufgaben in der Moscheeverwaltung übernommen habe. Er habe schon im Jahr 2004 regelmäßig die Moschee in der D'straße besucht, engen Kontakt zu Imam S. gehabt und Spenden für die Moschee gesammelt. Hierbei handele es sich allerdings um nicht bestätigte Erkenntnisse.

Das Verwaltungsgericht weist die Klage ab.

Aus den Gründen:

Die zulässige Klage ist unbegründet.

Der Kläger hat gegen den Beklagten weder einen Anspruch auf Einbürgerung (§113 Abs. 5 Satz 1 VwGO) noch einen Anspruch auf eine erneute Entscheidung des Beklagten unter Beachtung der Rechtsauffassung des Gerichts (§ 113 Abs. 5 Satz 2 VwGO), da die Einbürgerung des Klägers nach § 11 Satz 1 Nr. 1 StAG ausgeschlossen ist. Das Gericht sieht von einer weiteren Darstellung der Entscheidungsgründe ab, da es der Begründung des genannten Bescheids folgt (§ 117 Abs. 5 VwGO). Darüber hinaus gilt Folgendes:

Der Bescheid des Beklagten erweist sich insbesondere deshalb als rechtmäßig, weil zur Überzeugung des Gerichts nach Würdigung des Inhalts der beigezogenen Behördenakten und des in der mündlichen Verhandlung vom Kläger gewonnen Eindrucks sowie der Aussage des dort einvernommenen Mitarbeiters des BayLfV als sachverständiger Zeuge tatsächliche Anhaltspunkte vorliegen, die iSv § 11 Satz 1 Nr. 1 StAG die Annahme rechtfertigen, dass der Kläger Bestrebungen verfolgt oder unterstützt oder verfolgt oder unterstützt hat, die gegen die freiheitliche demokratische Grundordnung gerichtet sind.

Der Ausschlussgrund der Unterstützung verfassungsfeindlicher Bestrebungen nach § 11 Satz 1 Nr. 1 StAG führt zu einer Vorverlagerung des Schutzes der freiheitlichen demokratischen Grundordnung. Hiernach steht einer Einbürgerung schon die personenbezogene Annahme entgegen, dass der Ausländer verfassungsfeindliche Bestrebungen verfolgt (hat) oder unterstützt (hat). Es genügt, dass konkrete Tatsachen vorliegen, die eine hinreichende Wahrscheinlichkeit für eine derartige Annahme begründen. Dadurch soll eine Einbürgerung auch dann verhindert werden, wenn verfassungsfeindliche Bestrebungen nicht sicher nachgewiesen werden können. Bestrebungen gegen die freiheitliche demokratische Grundordnung iSd § 11 Satz 1 Nr. 1 StAG sind politisch bestimmte, ziel- und zweckgerichtete Verhaltensweisen in einem oder für einen Personenzusammenschluss, der darauf gerichtet ist, die Grundprinzipien der politischen Ordnungs- und Wertvorstellungen, auf denen die Bundesrepublik Deutschland beruht, zu beeinträchtigen (vgl. BVerfGE 2, 1 [12]; s.a. Legaldefinition des § 4 Abs. 1 Satz 1 Buchst. c BVerfSchG idF vom 20.12.1990, BGBl. I S. 2954 [2971]). Ebenso wenig muss nachgewiesen sein, dass es zu einer Verfolgung oder Unterstützung derartiger Bestrebungen gekommen ist. Der begründete Verdacht genügt. Ferner genügt es für den Ausschluss der Einbürgerung nach § 11 Satz 1 Nr. 1 StAG, wenn die Bestrebungen gegen die freiheitliche demokratische Grundordnung gerichtet sind. Sie müssen nicht auch objektiv geeignet sein, diese zu beeinträchtigen. Es reicht aus, wenn der Träger der Bestrebungen mit ihnen das Ziel verfolgt, die besagten Grundprinzipien zu beeinträchtigen

(BVerwG vom 22.2.2007 BVerwGE 128, 140). Ebenfalls wird nicht verlangt, dass das Verhalten des Ausländers tatsächlich Erfolg hat oder für einen Erfolg ursächlich ist. Darüber hinaus ist durch die Rechtsprechung des Bundesverwaltungsgerichts geklärt, dass Unterstützung jede Handlung des Ausländers ist, die für die Bestrebungen iSd § 11 Satz 1 Nr. 1 StAG objektiv vorteilhaft ist, das heißt, sich in irgendeiner Weise positiv auswirkt. Dies muss für den Ausländer erkennbar sein und er muss zum Vorteil der genannten Bestrebungen handeln wollen (BVerwG vom 22.2.2007, aaO).

Bei der Beurteilung, ob die Anknüpfungstatsachen je für sich oder in ihrer Gesamtschau nach Inhalt, Art und Gewicht für die Annahme ausreichen, dass der Ausländer Bestrebungen iSd § 11 Satz 1 Nr. 1 StAG verfolgt (hat) oder unterstützt (hat), steht der Einbürgerungsbehörde kein Beurteilungsspielraum zu. Das Vorliegen dieses Ausschlussgrundes, einschließlich der Frage der glaubhaften Abwendung von verfassungsfeindlichen Bestrebungen, unterliegt vielmehr in vollem Umfang der verwaltungsgerichtlichen Kontrolle (BVerwG vom 2.12.2009 BVerwGE 135, 302, [305 ff.]).

Gemessen hieran ist die Einbürgerung des Klägers nach § 11 Satz 1 Nr. 1 StAG ausgeschlossen, da es sich bei den Aktivitäten der D.-Q.-Moschee bzw. ihrem Trägerverein sowie bei den Betätigungen des zuständigen Imams H.S. um Bestrebungen handelt, die gegen die freiheitlich-demokratische Grundordnung gerichtet sind (a) und tatsächliche Anhaltspunkte die Annahme rechtfertigen, dass der Kläger diese Bestrebungen, wenn nicht verfolgt, jedenfalls unterstützt (hat) (b). Der Kläger hat auch nicht glaubhaft gemacht, dass er sich von der Unterstützung dieser Bestrebungen abgewandt hat (c).

a) Innerhalb der D.-Q.-Moschee wird Gedankengut verbreitet, welches gegen die freiheitliche demokratische Grundordnung gerichtet ist. In den Aktivitäten des Trägervereins „D.-Q./Haus des Korans und der Sunnah“ (D.-Q. e.V.) sowie des amtierenden Imam H.S. sind daher Bestrebungen im Sinne von § 11 Satz 1 Nr. 1 StAG zu sehen. Das Gericht ist mit dem BayLfV zu der Überzeugung gelangt, dass die D.-Q.-Moschee als Anlaufstelle salafistischer Prediger und deren Anhängerschaft dient (...).

Der Salafismus ist derzeit weltweit eine der am schnellsten wachsenden islamistischen Bewegungen. Er orientiert sich kompromisslos an der islamischen Frühzeit vor 1.400 Jahren. Die Befürwortung frühislamischer Herrschafts- und Gesellschaftsformen führt zu Isolation und Ablehnung der als wesensfremd empfundenen Mehrheitsgesellschaft und ihrer demokratischen Werte und beinhaltet notwendig die Ablehnung der freiheitlich-demokratischen Grundordnung.

Das salafistische Spektrum in Deutschland lässt sich in eine politische und eine jihadistische Strömung unterteilen. Der politische Salafismus stützt sich auf intensive Propagandatätigkeit zur Verbreitung einer Ideologie; Jihad-Salafisten setzen hingegen auf eine Strategie der Gewaltanwendung. Die Übergänge zwischen den beiden Erscheinungsformen sind fließend (Verfassungsschutzbericht Bayern 2010, S. 36).

In diesem Zusammenhang wirft insbesondere die Sicherstellung von 30 Exemplaren der Schrift „Frauen im Schutz des Islam“ sowie die mittelbar beweisbaren Erkenntnisse des BayLfV zu einer Predigt des Imam in Folge der Durchsuchung ein bezeichnendes Licht auf die Geisteshaltung, die im Umfeld der D.-Q.-Moschee herrscht. Das in Saudi Arabien erschiene Buch mit dem beschönigenden Titel „Frauen im Schutz des Islam“, welches dem Gericht in Auszügen vorliegt, stellt in Wahrheit einen Leitfaden zur Unterdrückung der Frau dar und ist mit dem Menschenwürdekernsatz des Grundgesetzes und dem Rechtsstaatsprinzip nicht vereinbar. In den entsprechenden Passagen wird z.B. dargelegt, dass das Schlagen von Frauen zwar grundsätzlich verboten sei, es aber als letztes Mittel „d.h., wenn eine Frau den Anweisungen ihres Ehemannes nicht gehorcht“, zulässig sei. Nicht nur das Auffinden dieser Broschüre in einer erheblichen Stückzahl innerhalb der Moschee, sondern auch die Äußerungen des Imam H.S. nach der Sicherstellung zeigen, dass sich die Moscheeleitung offen mit diesem Gedankengut identifiziert. Denn nach Erkenntnissen des BayLfV hat der Imam den mutmaßlichen Informanten mehr oder weniger offen mit Tod und Verdammung gedroht. Letztlich bestätigt der Kläger selbst diese Einschätzung des BayLfV, wenn er in der mündlichen Verhandlung vor dem Verwaltungsgericht auf Nachfrage erklärt, er habe bei seinen Moscheebesuchen schon bemerkt, dass in der D.-Q.-Moschee eine etwas andere Strömung des Islam gepredigt werde als in anderen Moscheen.

b) Der Kläger unterstützt diese Bestrebungen bzw. hat sie unterstützt.

Die Tatsache allein, dass der Kläger, wie er selbst eingeräumt hat, wiederholt in der D.-Q.-Moschee gebetet hatte, ist nach Auffassung der Kammer jedoch nicht zu seinen Lasten zu werten, ebenso nicht, isoliert betrachtet, seine gelegentliche Eigenschaft als Vorbeter.

Die Einlassung des Klägers in der mündlichen Verhandlung, die Übernahme der Leitung eines Gebetes obliege dann, wenn mehrere Gläubige in einer Moschee versammelt seien und kein Imam da sei, auch einem der anwesenden „normal betenden“ (im Übrigen jedoch moscheebezogen funktionslosen) Gläubigen, ist nachvollziehbar und wird auch von dem Mitarbeiter des Landesamtes so bestätigt. Deshalb weist die so verstandene Kennzeichnung als „Vorbeter“ in einer Moschee für sich genommen noch nicht auf eine Funktion innerhalb dieser Moschee hin, die den Kläger von einem „normal betenden“ Gläubigen unterscheidet und hervorhebt.

Demgegenüber ist allerdings zu sehen, dass der Kläger an mindestens vier Freitagen das Freitagsgebet übernommen hat. Nach Angaben des sachverständigen Zeugen vom BayLfV erscheinen in der D.-Q.-Moschee zum Freitagsgebet regelmäßig Gläubige in einer Größenordnung von 300 Menschen. Hier müsse schon vorher bestimmt sein, wer in diesem Fall das Freitagsgebet übernimmt, was die Kammer für schlüssig hält. Es ist kaum vorstellbar, dass sich bei Abwesenheit des Imam Gläubige in einer Größenordnung von 300 Personen vor dem Freitagsgebet effizient auf die Person des Vorbeters einigen können. Hier entspricht es allgemeiner Lebenserfahrung, dass die Person des Vorbeters bereits feststehen muss. Dann aber ist die Übernahme des Freitagsgebets nach obigen Maßstäben eine Unterstützungshandlung, ohne die das Freitagsgebet zunächst nicht stattfinden könnte, und die der Kläger auch bewusst und gewollt übernommen hat. Dabei sei es nach Einschätzung des sachverständigen Zeugen zwar theoretisch denkbar, dass ein Besucher die Prägung dieser Moschee nicht mitbekomme. Bei mehrmaligem Besuch, spätestens nach wenigen Monaten, sei es nicht mehr denkbar, dass ein Moscheebesucher die Stimmung und die gedankliche Ausrichtung der Moschee, ihres Trägers und ihrer Besucher nicht mitbekomme. Dieser Aussage und Einschätzung schließt sich das Gericht insbesondere im Hinblick auf die eigenen Einlassungen des Klägers in der mündlichen Verhandlung an (s.o.).

Auch die Tatsache, dass der Kläger in den Räumen der Moschee kostenlos an erwachsene Gläubige Arabischunterricht erteilt, ist als tatsächlicher Anhaltspunkt zu werten, der die Annahme einer Unterstützungshandlung rechtfertigt. Zwar gibt der Kläger an, der Imam sei nicht auf ihn zugekommen, sondern andere Gläubige, die ihn aufgrund seiner guten Arabischkenntnisse darum gebeten hätten. Wenn man nach den obigen Feststellungen schlussfolgert, dass - und dies deckt sich mit der Einschätzung und den Erkenntnissen des BayLfV - sich in der D.-Q.-Moschee im Wesentlichen Publikum aufhält, welches für salafistisches Gedankengut empfänglich ist, so kommt die Erteilung von Arabischunterricht diesen Kreisen insofern zugute, als die Gläubigen nicht nur den Koran, sondern insbesondere auch die in Arabisch gehaltenen ausliegenden Schriften lesen und die Predigten salafistischer Glaubensautoritäten wie etwa des Imam H.S. besser verstehen können. Dies gilt in erhöhtem Maße für Gläubige, deren Muttersprache nicht arabisch ist. Doch auch die D.-Q.-Moschee profitiert hiervon, da der Kläger dazu beiträgt, sie als sozialen Treffpunkt zu etablieren und auch einen gewissen Personenkreis an sie zu binden. Auf die Frage, ob sich die Tätigkeit des Klägers im bloßen Sprachunterricht erschöpft oder ob er darüber hinaus auch inhaltlich Glaubensgrundsätze vermittelt, kommt es demnach nicht an. Es spricht jedoch aus Sicht des Gerichts Einiges für die letztgenannte Auffassung, da es sich bei der D.-Q.-Moschee um eine arabischsprachige

Moschee handelt. Dies war nach Aussage des Klägers für ihn auch maßgeblich dafür, diese Moschee aufzusuchen. Wenn aber die D.-Q.-Moschee im Wesentlichen von arabischstämmigen und arabischsprachigen Gläubigen besucht wird, so sollten sich die Lehrveranstaltungen, die der Kläger regelmäßig abgehalten hat, nicht nur in der bloßen Vermittlung des Arabischen erschöpft haben. Er hat dies auch bei seiner Befragung im Verwaltungsverfahren eingeräumt (...).

c) Der Kläger hat auch nicht glaubhaft gemacht, dass er sich von der Unterstützung salafistischer Bestrebungen in der D.-Q.-Moschee abgewandt hat.

In der mündlichen Verhandlung vor dem Verwaltungsgericht hat er auf die Frage, weshalb er seit ca. 3 Monaten die D.-Q.-Moschee nicht mehr regelmäßig besucht, die Entfernung zu seinem Wohnort in N. sowie die Tatsache angeführt, dass mittlerweile ein marokkanisches Kulturhaus in der S'straße eröffnet worden sei. Der Grund, warum er letztlich nicht mehr regelmäßig hingehe, sei zum einen zeitlich bedingt, zum anderen hänge es mit den Vorwürfen zusammen, die man dem Imam in letzter Zeit gemacht habe und die auch in der Zeitung gestanden hätten. Dies betrifft das durch die Presse gegangene Strafverfahren gegen den Imam aufgrund einer Anzeige einer seiner Frauen wegen Körperverletzung. Dieses Verfahren wurde letztendlich eingestellt. Hervorzuheben ist in diesem Zusammenhang nur, dass der Kläger sich nicht aufgrund einer inhaltlichen und inneren Distanzierung von dem Gedankengut, welches auch nach seiner eigenen Erkenntnis in der D.-Q.-Moschee herrscht, von dieser Einrichtung abgewandt hat. Jedenfalls hat diese Erkenntnis, die der Kläger schon zu einem früheren Zeitpunkt erlangt hat, nicht dazu geführt, dass er sich von diesen Kreisen ferngehalten hat. Vielmehr hat er einen wesentlichen Teil seiner freien Zeit (Abhalten der Gebete, Erteilen von Arabischunterricht, diverse Feierlichkeiten, Erteilung von Nachhilfe in Mathematik und Deutsch für die Kinder des Imams) in der Moschee verbracht. Jedenfalls reicht es für eine Glaubhaftmachung einer Abwendung von früheren Unterstützungshandlungen nicht aus, aus zeitlichen Gründen eine Moschee nicht mehr zu besuchen. Vielmehr muss ein innerer Lern- und Umkehrprozess glaubhaft gemacht werden. Die Einlassungen des Klägers in seiner Anhörung, in denen er sich von salafistischem Gedankengut distanziert bzw. dieses nicht mitbekommen haben will, hält das Gericht mit dem Beklagten vor diesem Hintergrund für unglaubwürdig. Dies gilt auch für die Äußerung des Klägers in der mündlichen Verhandlung, er sei nur zum Beten in die D.-Q.-Moschee gegangen und habe sich nicht weiter für die dort herrschende Strömung interessiert. Der Umgang des Klägers mit dem Publikum der D.-Q.-Moschee und die offenkundige Wertschätzung, die ihm unter mehreren Aspekten von den Gläubigen und auch vom Imam dort entgegengebracht wurden, sprechen vor diesem Hintergrund jedenfalls eine andere Sprache.

Auf die Frage, ob der Kläger tatsächlich Gründungsmitglied des Trägervereins der D.-Q.-Moschee war oder ob, wie er vorträgt, seine Unterschrift, die sich auf den entsprechenden Dokument findet, missbraucht oder gefälscht wurde, kommt es danach nicht mehr an.

Die grundrechtliche Freiheit des Glaubens, Gewissens sowie religiösen und weltanschaulichen Bekenntnisses einschließlich der ungestörten Religionsausübung stehen dem nicht entgegen. Der Ausschlussgrund des § 11 Abs. 1 Nr. 1 StAG knüpft weder an einen bestimmten Glauben an noch zielt er darauf ab, Einfluss auf religiöse oder weltanschauliche Bekenntnisse sowie die Religionsausübung zu nehmen. Selbst wenn die Vorenthaltung der deutschen Staatsangehörigkeit (faktisch) in die Glaubensfreiheit eingreifen würde, wäre ein solcher Eingriff gerechtfertigt. Vorenthalten würde nur eine Vergünstigung, die keinen Bezug zur Glaubensbetätigung aufweist. Außerdem räumt das Grundrecht der Glaubensfreiheit (Art. 4 Abs. 1 u. 2 GG) Ausländern kein Recht ein, politische Ziele zu verfolgen und zu unterstützen, die gegen die freiheitlich demokratische Grundordnung gerichtet sind. Die Glaubensfreiheit ist nicht dazu bestimmt, Ausländern einen sonst nicht bestehenden Anspruch auf Einbürgerung zu gewähren. Ebenso wenig hindert sie den Gesetzgeber, einen Ausschlusstatbestand zum Schutz der Verfassungsordnung vorzusehen. Darin liegt auch kein Verstoß gegen Art. 3 Abs. 3 Satz 1 GG (BVerwG, Urteil vom 2.12.2009 -5 C 24/08- *juris* Rn 19).

26

Zur Frage der Wirksamkeit einer Änderungskündigung, die auf der Grundlage einer Sanierungsvereinbarung im Diakonischen Werk ausgesprochen wurde.

§§ 1 Abs. 2, 2, 4 KSchG, 133, 157 BGB
BAG, Urteil vom 29. September 2011 -2 AZR 613/10-[1]

Die Parteien streiten über die Wirksamkeit einer außerordentlichen Änderungskündigung mit Auslauffrist.

Der Beklagte, der mehr als 1.000 Arbeitnehmer beschäftigt, ist Träger von Behinderteneinrichtungen in Niedersachsen. Er ist Mitglied im Diakonischen Werk der Ev.-luth. Landeskirche Hannovers e. V. Die Landeskirche ist ihrerseits Mitglied der Konföderation evangelischer Kirchen in Niedersachsen. Die Konfö-

1 BeckRS 2012, 68555; *juris*; Parallelentscheidung zu BAG, Urteil vom 29.9.2011 -2 AZR 523/10- AP Nr. 152 zu § 2 KSchG 1969; EzA § 2 KSchG Nr. 83; NZA 2012, 628; ZMV 2012, 228.

deration hat am 11.10.1997 das Kirchengesetz zur Regelung des Arbeitsrechts für Einrichtungen der Diakonie (ARRG-D) erlassen. Nach § 1 Abs. 2 ARRG-D gilt dieses Kirchengesetz nur für Einrichtungen der Diakonie, die sich ihm ausdrücklich angeschlossen haben. Der Beklagte hat keine entsprechende Erklärung abgegeben. Er wendet auf die Arbeitsverhältnisse seiner Mitarbeiter weder die Arbeitsvertragsrichtlinien des Diakonischen Werks der Evangelischen Kirche in Deutschland (AVR-DW EKD) noch die Arbeitsvertragsrichtlinien der Konföderation (AVR-K), sondern - überwiegend - die Tarifverträge des öffentlichen Diensts an.

Die Klägerin ist seit 1978 beim Beklagten als Heilerziehungshelferin beschäftigt. Gemäß Arbeitsvertrag vom 11.1.1985 gelten für das Arbeitsverhältnis die Bestimmungen des Bundes-Angestelltentarifvertrages (BAT-VKA) und die diesen ergänzenden oder ändernden Tarifverträge, soweit vertraglich nichts anderes vereinbart ist.

Am 16.12.2003 schloss der Beklagte wegen wirtschaftlicher Schwierigkeiten mit der Mitarbeitervertretung eine Sanierungsvereinbarung für den Zeitraum vom 1.1.2004 bis zum 31.12.2007. Danach sollten die Mitarbeiter durch Verschiebung der Fälligkeit der tariflichen Urlaubsgelder in den jeweiligen November und eine Verschiebung der Fälligkeit des tariflichen Weihnachtsgelds (Zuwendung) auf einen späteren Zeitpunkt zu einer Sanierung des Beklagten beitragen. Die Nachzahlung des Weihnachtsgelds für die Jahre 2004 bis 2007 sollte zudem vom positiven Ausgang eines Verwaltungsgerichtsverfahrens abhängen, mit dem der Beklagte eine Erhöhung der vom Land Niedersachsen an ihn zu zahlenden Betreuungsgelder anstrebte. Eine entsprechende Änderung der Arbeitsbedingungen erreichte der Beklagte bei der Klägerin mittels einer (ersten) Änderungskündigung. Die gegen diese erhobene Klage wurde rechtskräftig abgewiesen.

Am 25.4.2007 schlossen der Beklagte und die Mitarbeitervertretung für die Zeit vom 1.7.2007 bis zum 30.6.2012 eine neue Sanierungsvereinbarung. Danach sollte für die Arbeitsverhältnisse derjenigen Mitarbeiter, die eine Vergütung auf tariflicher Basis erhielten, mit Wirkung zum 1.7.2007 der Tarifvertrag für den öffentlichen Dienst (TVöD) gelten. Parallel dazu sollten sie „finanzielle Beiträge" zur weiteren Konsolidierung des Beklagten leisten. Diese „Mitarbeiterbeiträge" sollten im Wesentlichen - begrenzt auf die Laufzeit der Sanierungsvereinbarung - in dem Verzicht auf alle Jahressonderzahlungen gemäß TVöD-B und in der Erhöhung der durchschnittlichen wöchentlichen Arbeitszeit einer Vollzeitkraft von 38,5 auf 39,5 Stunden ohne Lohnausgleich bestehen. Hinsichtlich der Weihnachtsgeldzahlungen sollte es - mit bestimmten Modifizierungen für das Jahr 2007 - bei den Vereinbarungen aus der ersten Sanierungsvereinbarung verbleiben. Im Gegenzug sollten Beschäftigte gemäß näheren Festlegungen eine Erfolgsbeteiligung erhalten. Für die Laufzeit der Sanierungsvereinbarung wurden betriebsbedingte Beendigungskündigungen - mit gewissen Einschränkungen - ausgeschlossen. Zulässig blieben betriebsbedingte Änderungskündigungen gegenüber Mitarbeiterinnen und Mitarbeitern, die eine „aufgrund der Sanierungsvereinbarung erforderliche Änderungsvereinbarung nicht annehmen".

Mit Schreiben vom 30.5.2007 übersandte der Beklagte den infrage kommenden Beschäftigten Ausfertigungen entsprechender Änderungsverträge. Etwa 98 vH der Mitarbeiter nahmen das Änderungsangebot an. Die Klägerin lehnte es ab.

Mit Schreiben vom 28.12.2007 kündigte der Beklagte das Arbeitsverhältnis der Parteien - nach vorheriger Beteiligung der Mitarbeitervertretung - „außerordentlich mit einer sozialen Auslauffrist von 6 Monaten zum 30.6.2008". Zugleich bot er an, die Klägerin „nach Ablauf der Kündigungsfrist zu den Bedingungen der in der Anlage beigefügten Neufassung des Arbeitsvertrags" weiterzubeschäftigen. Der im Entwurf beigefügte Änderungsvertrag nebst Anlagen stimmt inhaltlich mit dem vorangegangenen Änderungsangebot überein und ist - wie dieses - auf den 30.5.2007 datiert. Auszugsweise heißt es dort:

> „Am 25.4.2007 haben Arbeitgeber und Mitarbeitervertretung eine Sanierungsvereinbarung geschlossen, um die Zukunftsfähigkeit der dwh zu gewährleisten. ... Zum Zwecke der Überleitung in den TVöD sowie der Umsetzung der oben genannten Sanierungsvereinbarung wird daher der Arbeitsvertrag vom 1.8.2002 wie folgt neu gefasst:
>
> ...
>
> § 2 Geltung des TVöD
> Ab dem 1.7.2007 richtet sich das Arbeitsverhältnis nach dem Tarifvertrag für den öffentlichen Dienst für den Dienstleistungsbereich Pflege- und Betreuungseinrichtungen (TVöD-B) und den diesen ergänzenden, ändernden oder ersetzenden Tarifverträgen in der für den Bereich der kommunalen Arbeitgeberverbände (VKA) jeweils geltenden Fassung, soweit in diesem Arbeitsvertrag nicht ausdrücklich etwas anderes vereinbart ist. Außerdem finden die im Bereich des Arbeitgebers jeweils geltenden sonstigen einschlägigen Tarifverträge Anwendung.
>
> § 3 Mitarbeiterbeiträge für die Laufzeit der Sanierungsvereinbarung
> (1) Jahressonderzahlung
> Der Anspruch auf die in § 20 TVöD-B tariflich gewährte Jahressonderzahlung wird für die Laufzeit der Sanierungsvereinbarung vom 25.4.2007 ausgeschlossen. Für die Jahre 2004 bis 2007 verbleibt es hinsichtlich der noch nicht gewährten 'Weihnachtsgeldzahlungen' bei den ... Regelungen des Sanierungsvertrags vom 16.12.2003 ... mit der Maßgabe, dass eventuelle Zahlungen für das Jahr 2007 nicht an den Mitarbeiter ausbezahlt werden, sondern als außerordentlicher Ertrag in die Ergebnisbeteiligung desjenigen Kalenderjahres einfließen, in dem der Zahlungszufluss auf einem Konto des Arbeitgebers festzustellen ist.

(2) Urlaubsgeld für 2007
Im Juli 2007 erhält der/die Mitarbeiter/in eine Einmalzahlung in Höhe des Urlaubsgeldanspruchs gem. § 4 des Tarifvertrags über ein Urlaubsgeld. Sonstige Einmalzahlungen werden nicht gewährt.
(3) Erhöhung der wöchentlichen Arbeitszeit
Ab dem 1.7.2007 wird für die Laufzeit der Sanierungsvereinbarung vom 25.4.2007 die regelmäßige Arbeitszeit eines Vollzeitbeschäftigten auf wöchentlich durchschnittlich 39,5 Stunden erhöht. Die Erhöhung erfolgt ohne Lohnausgleich ... Für Teilzeitbeschäftigte gilt eine entsprechende Regelung. Hieraus ergibt sich für die/den Mitarbeiter/in eine wöchentliche durchschnittliche Arbeitszeit von 29,63 Stunden.
...
(5) Leistungsentgelt
Der Mitarbeiter erhält ein Leistungsentgelt in Anlehnung an § 18 TVöD-B, das nach Maßgabe der nachfolgenden Vorgaben bestimmt wird: Das für das Leistungsentgelt zur Verfügung stehende Gesamtvolumen ist der Höhe nach auf die Erfolgsbeteiligung der Beschäftigten gem. § 5 dieses Arbeitsvertrages begrenzt. Der Anspruch auf das Leistungsentgelt wird auf den Anspruch des/der Mitarbeiters/in auf die Erfolgsbeteiligung gem. § 5 dieses Arbeitsvertrags angerechnet.

§ 4 Ausschluss betriebsbedingter Kündigungen
Für die Laufzeit der Sanierungsvereinbarung vom 25.4.2007 erklären die dwh gegenüber der Mitarbeiterin/dem Mitarbeiter einen Verzicht auf den Ausspruch betriebsbedingter Beendigungskündigungen. Betriebsbedingte Änderungskündigungen infolge der Umsetzung von Strukturveränderungsmaßnahmen sind - soweit unumgänglich - möglich.
...

§ 5 Erfolgsbeteiligung
Die Mitarbeiter/innen erhalten für die Laufzeit der Sanierungsvereinbarung vom 25.4.2007 einen Anspruch auf Erfolgsbeteiligung in Höhe von 40% des freien Cash-flow. Für den auf die/den einzelnen Mitarbeiter/in entfallenden Anteil der Erfolgsbeteiligung ist das Verhältnis der Bruttojahresvergütung der einzelnen Mitarbeiterin/des einzelnen Mitarbeiters zu der Summe der Bruttopersonalkosten aller anspruchsberechtigten Mitarbeiter/innen maßgebend.
...

§ 13 Schlussbestimmungen
...
(2) Änderungen und Ergänzungen des Arbeitsvertrags einschließlich von Nebenabreden sowie Vereinbarungen weiterer Nebenabreden sind nur wirksam, wenn sie schriftlich vereinbart werden. Auch die Aufhebung dieser Schriftformklausel kann nur schriftlich erfolgen."

Die Klägerin nahm das Änderungsangebot mit Bezug auf § 2 KSchG unter dem Vorbehalt seiner Wirksamkeit an. Mit ihrer Klage hat sie geltend gemacht, ein wichtiger Grund zur Änderung der Arbeitsbedingungen liege nicht vor. Der Beklagte habe sich nicht in einer finanziellen Notlage befunden. Alternative

Möglichkeiten zu den „Sanierungsbeiträgen" der Mitarbeiter seien nicht erwogen und ausgeschöpft worden.

Die Klägerin hat sinngemäß beantragt festzustellen, dass die Änderung der Arbeitsbedingungen aufgrund der Änderungskündigung vom 28.12.2007 unwirksam ist.

Der Beklagte hat die Auffassung vertreten, die Änderung der Arbeitsbedingungen sei zur Sicherung seiner Existenz unumgänglich gewesen. Er habe für die Jahre 2007 bis 2013 mit einem negativen Betriebsergebnis rechnen müssen, im Jahr 2013 mit einem solchen in Höhe von über 5,5 Millionen Euro. Um dem entgegenzuwirken, habe er mit der Mitarbeitervertretung eine zweite Sanierungsvereinbarung schließen müssen. Eine Sanierung sei nur über eine vorübergehende Senkung der Personalkosten, deren Anteil an seinen Gesamtausgaben 75 vH betrage, zu erreichen gewesen. Langfristig sei die angestrebte Tarifumstellung gegenüber einer statischen Weitergeltung des BAT, wie sie der Rechtslage vor Ausspruch der Änderungskündigung entsprochen habe, für die Klägerin sogar günstiger.

Die Vorinstanzen (ArbG Oldenburg, Urteil vom 10.12.2008 -6 Ca 56/08-; LAG Niedersachsen, Urteil vom 17.11.2009 -13 Sa 437/09- beide n.v.) haben der Klage stattgegeben.

Die Revision des Beklagten blieb ohne Erfolg.

Aus den Gründen:

[12] Die Revision ist unbegründet. Das Landesarbeitsgericht hat im Ergebnis zutreffend entschieden. Die Änderung der Arbeitsbedingungen im Zusammenhang mit der Änderungskündigung vom 28.12.2007 ist unwirksam.

[13] I. Ohne Erfolg rügt die Revision, das Landesarbeitsgericht hätte die Änderungsschutzklage deshalb abweisen müssen, weil die der Klägerin angetragenen Arbeitsbedingungen ohnehin seit dem 1.7.2007 für das Arbeitsverhältnis bestimmend gewesen seien. Die Änderungskündigung war nicht in diesem Sinne „überflüssig".

[14] 1. Die Begründetheit einer Änderungsschutzklage iSv § 4 Satz 2 KSchG setzt allerdings voraus, dass in dem Zeitpunkt, zu welchem die Änderungskündigung wirksam wird, das Arbeitsverhältnis nicht ohnehin zu den Bedingungen besteht, die dem Arbeitnehmer mit der Kündigung angetragen wurden (BAG 26.8.2008 -1 AZR 353/07- Rn 17, AP KSchG 1969 § 2 Nr. 139, EzA KSchG § 2 Nr. 72; 24.8.2004 -1 AZR 419/03- zu B I der Gründe, BAGE 111, 361). Zielt eine Änderungskündigung ausschließlich auf die Herbeiführung von Arbeitsbedingungen, die - etwa aufgrund einer unmittelbar anzuwendenden Betriebs- oder

Dienstvereinbarung - ohnehin für das Arbeitsverhältnis gelten, ist die Kündigung wegen der mit ihr einhergehenden Bestandsgefährdung zwar unverhältnismäßig. Streitgegenstand der Änderungsschutzklage ist aber nicht die Wirksamkeit der Kündigung, sondern der Inhalt der für das Arbeitsverhältnis geltenden Arbeitsbedingungen. Die Feststellung, dass die dem Arbeitnehmer mit der Änderungskündigung angetragenen neuen Arbeitsbedingungen nicht gelten, kann das Gericht nicht treffen, wenn sich das Arbeitsverhältnis bei Kündigungsausspruch aus anderen Gründen bereits nach den fraglichen Arbeitsbedingungen richtet (BAG 26.8.2008 -1 AZR 353/07- Rn 17, aaO; 24.8.2004 - 1 AZR 419/03- zu B I der Gründe, aaO). Das gilt auch im Fall der außerordentlichen Änderungskündigung, auf die § 4 Satz 2 KSchG entsprechende Anwendung findet (BAG 17.5.1994 -2 AZR 161/83- zu II 4 der Gründe, AP BAT § 55 Nr. 3, EzBAT BAT § 55 Nr. 1; 19.6.1986 -2 AZR 565/85- zu B III 2 der Gründe, AP KSchG 1969 § 2 Nr. 16, EzA KSchG § 2 Nr. 7). Erst recht sind diese Grundsätze auf die außerordentliche Änderungskündigung mit Auslauffrist zu übertragen, die der ordentlichen Änderungskündigung in den Rechtsfolgen angenähert ist.

[15] 2. Im Streitfall ist ein Rechtsgrund, der unabhängig von der ausgesprochenen Kündigung eine Änderung der Arbeitsbedingungen in dem fraglichen Umfang bewirkt haben könnte, nicht zu erkennen.

[16] a) Die Auffassung des Beklagten, die „streitbefangenen" Änderungen der Arbeitsbedingungen seien unmittelbar mit Inkrafttreten der - zweiten - Sanierungsvereinbarung zum 1.7.2007 eingetreten, trifft schon deshalb nicht zu, weil dieser sich ersichtlich nicht darauf beschränkt hat, der Klägerin Änderungen anzubieten, die Bestandteil der mit der Mitarbeitervertretung getroffenen Vereinbarung sind. Er hat ihr vielmehr unter § 13 des Änderungsvertrags eine sog. doppelte Schriftformklausel angetragen. Eine solche Regelung war ausweislich der vom Beklagten vorlegten Arbeitsverträge nebst Nachträgen weder Gegenstand schon der bisherigen arbeitsvertraglichen Vereinbarungen der Parteien, noch war sie in der Sanierungsvereinbarung vorgesehen.

[17] b) Abgesehen davon kommt der - zweiten - Sanierungsvereinbarung vom 25.4.2007 zumindest hinsichtlich der angestrebten Sanierungsbeiträge der Beschäftigten des Beklagten keine unmittelbare Wirkung zu. Das gilt selbst dann, wenn es sich bei der Vereinbarung um eine Dienstvereinbarung iSv § 37 Abs. 1 Satz 1 des Kirchengesetzes der Konföderation evangelischer Kirchen in Niedersachsen über Mitarbeitervertretungen (MVG-K) handeln sollte.

[18] aa) Die verfassten Kirchen können aufgrund ihrer in Art. 140 GG iVm Art. 137 Abs. 3 WRV garantierten Autonomie Mitarbeitervertretungsgesetze erlassen. Das betrifft auch kirchliche Einrichtungen mit eigener Rechtspersönlichkeit. Für den Beklagten gelten insoweit die Regelungen des MVG-K in der für den Streitfall maßgebenden Fassung der Bekanntmachung vom 21.4.2005

(KABl. S. 76) und ihrer Ergänzung und Berichtigung vom 25.8.2005 (KABl. S. 202). Nach § 1 Abs. 2 MVG-K sind in Einrichtungen der Diakonie, soweit sie sich dem Kirchengesetz angeschlossen haben, Mitarbeitervertretungen zu bilden. Zwischen den Parteien steht außer Streit, dass sich der Beklagte dem Gesetz angeschlossen hat.

[19] bb) Gem. § 37 Abs. 1 MVG-K können Mitarbeitervertretung und Dienststellenleitung Dienstvereinbarungen schließen (§ 37 Abs. 1 Satz 1 MVG-K). Solche Dienstvereinbarungen dürfen Regelungen weder erweitern, einschränken noch ausschließen, die auf Rechtsvorschriften, insbesondere Beschlüssen der Arbeits- und Dienstrechtlichen Kommission, auf Entscheidungen der Schlichtungskommission nach dem Gemeinsamen Mitarbeitergesetz, auf allgemeinverbindlichen Richtlinien der beteiligten Kirchen oder auf etwa anzuwendenden Tarifverträgen beruhen (§ 37 Abs. 1 Satz 2 MVG-K). Arbeitsentgelte und sonstige Arbeitsbedingungen, die durch eine Arbeits- und Dienstrechtliche Kommission geregelt sind oder üblicherweise geregelt werden, können nicht Gegenstand einer Dienstvereinbarung sein, es sei denn, die Regelung durch die Arbeits- und Dienstrechtliche Kommission lässt eine Dienstvereinbarung ausdrücklich zu (§ 37 Abs. 1 Satz 3 MVG-K). Dienstvereinbarungen sind nach § 37 Abs. 2 MVG-K schriftlich abzuschließen. Gem. § 37 Abs. 3 MVG-K gelten sie unmittelbar und zwingend und können im Einzelfall nicht abbedungen werden.

[20] cc) Es ist bereits fraglich, ob sich die unmittelbare Wirkung, die das Kirchengesetz Dienstvereinbarungen zuerkennt, auf dem Regime staatlichen Rechts unterfallende Arbeitsverhältnisse erstrecken kann. Nach ständiger Rechtsprechung des Bundesarbeitsgerichts entfalten die auf dem sog. Dritten Weg zustande gekommen kirchlichen Arbeitsrechtsregelungen (Arbeitsvertragsrichtlinien oder BAT-KF) keine normative Wirkung gegenüber Arbeitnehmern, die aufgrund eines privatrechtlichen Vertrags mit der Kirche oder einer ihrer Einrichtungen verbunden sind. Es bedarf vielmehr stets eines die Regelungen in Kraft setzenden säkularen Akts, typischerweise einer arbeitsvertraglichen Inbezugnahme (vgl. BAG 13.11.2002 -4 AZR 73/01- zu I 3 b bb der Gründe, BAGE 103, 353, KirchE 41, 169; 20. März 2002 -4 AZR 101/01- zu III 2 b aa der Gründe, BAGE 101, 9, KirchE 40, 203). Für die durch § 37 Abs. 3 MVG-K angeordnete unmittelbare Wirkung kirchenrechtlicher Dienstvereinbarungen gilt möglicherweise nichts anderes (vgl. Schliemann NZA 2005, 976, 977). Die Frage muss nicht abschließend beantwortet werden. In keinem Fall kann durch eine Dienstvereinbarung - ihre kirchenrechtliche Zulässigkeit unterstellt - zum Nachteil der Arbeitnehmer in bestehende arbeitsvertragliche Rechtspositionen eingegriffen werden. Dies vermöchte selbst eine auf staatlichem Recht fußende Betriebsvereinbarung iSv § 77 Abs. 2, Abs. 4 BetrVG nicht (vgl. BAG 12.12.2006 -1 AZR 96/06- Rn 21, BAGE 120, 308; 18.7.2006 -1 AZR 578/05- Rn 31 ff., BAGE 119, 122; vgl. auch

Bietmann, Betriebliche Mitbestimmung im kirchlichen Dienst S. 77; Richardi, Arbeitsrecht in der Kirche, 5. Aufl. S. 348).

[21] dd) Einer Wirksamkeit von Regelungen, die - wie die in Rede stehenden Bestimmungen der zweiten Sanierungsvereinbarung - auf eine Änderung von Arbeitsbedingungen im Bereich des Entgelts und der Arbeitszeit zielen, dürften zudem die Vorgaben des § 37 Abs. 1 Satz 2 und Satz 3 MVG-K entgegenstehen. Diese enthalten, wie das Landesarbeitsgericht im Ausgangspunkt richtig gesehen hat, eine an § 77 Abs. 3 BetrVG angelehnte „Regelungssperre". Ihr Zweck besteht nach allgemeinem Verständnis darin, den von den Kirchen beschrittenen „Dritten Weg" abzusichern und zu stärken (vgl. Baumann-Czichon/Germer, MVG-K § 37 Rn 10; Richardi, Arbeitsrecht in der Kirche, 5. Aufl. S. 371). Es soll - wie im Betriebsverfassungsrecht durch § 77 Abs. 3 BetrVG - verhindert werden, dass Arbeitgeber und Mitarbeitervertretung Normen erlassen, die inhaltlich zu den in § 37 Abs. 1 Satz 2 und Satz 3 MVG-K genannten „überbetrieblichen" Regelungen in Konkurrenz treten. Der Abschluss von Vereinbarungen auf Dienststellenebene ist bei diesem Verständnis bereits dann unzulässig, wenn die Dienstvereinbarung Gegenstände behandelt, derer sich die Arbeitsrechtliche Kommission angenommen hat oder üblicherweise annimmt, ohne dass es auf den Verbreitungsgrad solcher „überbetrieblicher" Regelungen oder darauf ankäme, ob sie im Arbeitsverhältnis Geltung beanspruchen könnten (ähnlich für die „Regelungssperre" in § 38 MAVO: BAG 16.3.2004 -9 AZR 93/03- zu B II 2 c aa und bb der Gründe, BAGE 110, 60, KirchE 45, 179).

[22] ee) Auch dies kann im Streitfall dahinstehen. Der Sanierungsvereinbarung vom 25.4.2007 kommt, soweit sie auf eine Änderung materieller Arbeitsbedingungen der Beschäftigten zielt, jedenfalls deshalb keine unmittelbare Geltung zu, weil sie selbst dies ausschließt. Die Sanierungspartner gehen, was die angestrebten Sanierungsbeiträge der Mitarbeiter anbelangt, ersichtlich von der Notwendigkeit einer einzelvertraglichen Umsetzung ihrer Abreden - ggf. durch Änderungskündigung - aus.

[23] (1) Dafür spricht zunächst die Präambel der zweiten Sanierungsvereinbarung. Im dortigen Absatz 3 heißt es, Vorstand und Mitarbeitervertretung seien übereingekommen, die bestehenden Arbeitsverträge „frühestmöglich" in neue Arbeitsverträge auf der Grundlage des „dynamischen" TVöD-B umzustellen. Das lässt auf einen erst noch in Gang zu setzenden Mechanismus schließen, der „frühestmöglich" Wirkung solle entfalten können. Noch deutlicher kommt das Fehlen des Willens, unmittelbar auf die materiellen Arbeitsbedingungen einzuwirken, in Nr. 3 der Sanierungsvereinbarung zum Ausdruck. Nach dieser Regelung, die betriebsbedingte Kündigungen für die Laufzeit der Vereinbarung grundsätzlich ausschließt, bleiben Änderungskündigungen gegenüber denjenigen Beschäftigten zulässig, die eine „aufgrund dieser Sanierungsvereinbarung

erforderliche Änderungsvereinbarung nicht annehmen". In dieselbe Richtung weist die unter Nr. 8 der Vereinbarung begründete Verpflichtung der Sanierungspartner, erneut in Verhandlungen einzutreten, falls „die in der Anlage zum Sanierungsvertrag genannten finanziellen Beiträge der Mitarbeiterinnen und Mitarbeiter nicht erzielt werden". Außerdem sollten nur diejenigen Beschäftigten Anspruch auf eine Erfolgsbeteiligung haben, die „zu einem Wechsel in den TVöD-B mit den in dieser Sanierungsvereinbarung niedergelegten Modifikationen bereit sind".

[24] (2) Diesem Verständnis der Vereinbarung entspricht das spätere Verhalten des Beklagten. Er hat allen Beschäftigten, mit denen er die Geltung der Tarifverträge des öffentlichen Dienstes vereinbart hatte, nach Abschluss der zweiten Sanierungsvereinbarung und unter Bezugnahme auf sie Angebote zur Vertragsänderung zugeleitet und gegenüber Mitarbeitern, die das Angebot ablehnten, eine Änderungskündigung erklärt.

[25] ff) Ob die Sanierungsvereinbarung vom 25.4.2007 unter diesen Umständen überhaupt eine Dienstvereinbarung iSv § 37 Abs. 1 Satz 1 MVG-K darstellt oder - zumindest in Teilen - als Regelungsabrede zu qualifizieren ist (für die Zulässigkeit von Regelungsabreden im Bereich des kirchlichen Mitarbeitervertretungsrechts: KGH EKD 26.5.2010 -I-0124/R73-09- zu II 3 der Gründe, ZMV 2011, 37; Baumann-Czichon/Germer, MVG.EKD, 2. Aufl., § 38 Rn 15; (ablehnend) Fey/Rehren, MVG.EKD, Stand Juli 2011 § 36 Rn 1), ist damit für die Beurteilung ihrer rechtlichen Wirkung auf die Arbeitsbedingungen der Klägerin ohne Belang.

[26] c) Die nach Maßgabe der Vereinbarung vom 25.4.2007 angestrebten Änderungen sind auch nicht aufgrund einer im Zusammenhang mit der ersten Änderungskündigung getroffenen Regelung Gegenstand der arbeitsvertraglichen Vereinbarungen geworden. Zwar mögen die Parteien dabei für einen möglichen Wegfall nicht ständiger Bezüge aufgrund Tarifvertragsänderung vereinbart haben, dass der in das (erste) Sanierungskonzept eingestellte Sanierungsbeitrag der Klägerin ggf. durch Einbehalt anderer Vergütungsbestandteile sichergestellt werden solle. Gegenstand der zweiten Sanierungsvereinbarung ist aber nicht eine solche „Sicherstellung". Entgegen der Auffassung des Beklagten kommt eine Vertragsanpassung auch nicht wegen Wegfalls der Geschäftsgrundlage in Betracht. Das arbeitsrechtliche Kündigungsrecht ist lex specialis gegenüber einer Anpassung nach § 313 BGB (BAG 8.10.2009 -2 AZR 235/08- Rn 32 mwN, AP KSchG 1969 § 2 Nr. 143, EzA KSchG § 2 Nr. 75).

[27] II. Die Änderung der Arbeitsbedingungen im Rahmen der Änderungskündigung vom 28.12.2007 ist unwirksam. Da die Klägerin bei Zugang der Kündigung nach § 53 Abs. 3 BAT (oder nach § 34 Abs. 2 TVöD-B) ordentlich „unkündbar" war, bedurfte die Änderungskündigung eines wichtigen Grundes iSv

§ 626 Abs. 1 BGB iVm §§ 55, 54 BAT (bzw. § 34 Abs. 2 TVöD-B). Hieran fehlt es. Dies beruht nicht entscheidend darauf, dass eine außerordentliche betriebsbedingte Änderungskündigung mit Auslauffrist wegen der Bindungen, die sich aus dem Ausschluss des ordentlichen Kündigungsrechts ergeben, ohnehin nur unter besonders strengen Voraussetzungen - etwa zur Abwendung einer Insolvenz des Arbeitgebers - gerechtfertigt ist (vgl. BAG 1.3.2007 -2 AZR 580/05- Rn 28 f., BAGE 121, 347). Die Änderung der Arbeitsbedingungen ist schon nach den Maßstäben unwirksam, die gem. § 2 Satz 1, § 1 Abs. 2 Satz 1 KSchG an eine ordentliche Änderungskündigung zu stellen sind. Es fehlt an einem ausreichend bestimmten Änderungsangebot. Zudem hat der Beklagte der Klägerin nicht nur solche Änderungen angetragen, die zur Erreichung des behaupteten Sanierungsziels unabweisbar notwendig waren. Ob die Änderungskündigung noch aus anderen Gründen unwirksam ist, bedarf keiner Entscheidung.

[28] 1. Im Rahmen von § 1 Abs. 2 Satz 1 iVm § 2 KSchG ist dabei zu prüfen, ob das Beschäftigungsbedürfnis für den Arbeitnehmer zu den bisherigen Vertragsbedingungen entfallen ist (BAG 29.9.2011 -2 AZR 451/10- Rn 17, PersR 2012, 90; 10.9.2009 -2 AZR 822/07- Rn 24, BAGE 132, 78). Dieser Maßstab gilt unabhängig davon, ob der Arbeitnehmer das Änderungsangebot abgelehnt oder unter Vorbehalt angenommen hat. Ob der Arbeitnehmer eine ihm vorgeschlagene Änderung billigerweise hinnehmen muss, ist nach dem Verhältnismäßigkeitsgrundsatz zu ermitteln. Die Änderungen müssen geeignet und erforderlich sein, um den Inhalt des Arbeitsvertrags den geänderten Beschäftigungsmöglichkeiten anzupassen. Diese Voraussetzungen müssen für alle Vertragsänderungen vorliegen. Ausgangspunkt ist die bestehende vertragliche Regelung. Die angebotenen Änderungen dürfen sich nicht weiter vom bisherigen Inhalt des Arbeitsverhältnisses entfernen, als dies zur Erreichung des angestrebten Ziels erforderlich ist (BAG 29.9.2011 -2 AZR 451/10- Rn 17, aaO; 10.9.2009 -2 AZR 822/07- Rn 24, aaO).

[29] 2. Das mit der Kündigung unterbreitete Änderungsangebot muss eindeutig bestimmt, zumindest bestimmbar sein (BAG 10.9.2009 -2 AZR 822/07- Rn 15, BAGE 132, 78; 15.1.2009 -2 AZR 641/07- Rn 16 mwN, AP KSchG 1969 § 2 Nr. 141, EzAÜG KSchG Nr. 30). Ihm muss zweifelsfrei zu entnehmen sein, welche Arbeitsbedingungen zukünftig gelten sollen. Da der Arbeitnehmer von Gesetzes wegen innerhalb kurzer Frist auf das Vertragsangebot des Arbeitgebers reagieren und sich entscheiden muss, ob er die Änderung der Arbeitsbedingungen ablehnt, ob er sie mit oder ohne Vorbehalt annimmt, ist dies schon im Interesse der Rechtssicherheit zu fordern. Nur so kann der Arbeitnehmer eine abgewogene Entscheidung über die Annahme oder Ablehnung des Angebots treffen. Unklarheiten gehen zulasten des Arbeitgebers. Sie führen zur Unwirksamkeit der Änderungskündigung (BAG 10.9.2009 -2 AZR 822/07- Rn 15 mwN, aaO).

[30] 3. Danach sind die Änderungen der Arbeitsbedingungen im Streitfall schon deshalb ungerechtfertigt, weil dem Änderungsangebot nicht zweifelsfrei entnommen werden kann, ab welchem Zeitpunkt sie gelten sollen.

[31] a) Ein Änderungsangebot kann auch dann den Bestimmtheitserfordernissen genügen, wenn sich sein Inhalt erst durch Auslegung (§§ 133, 157 BGB) hinreichend sicher ermitteln lässt. Dabei können und müssen auch außerhalb des Kündigungsschreibens liegende, zur Erforschung seines Inhalts geeignete Umstände herangezogen und berücksichtigt werden. Da sich das Schriftformerfordernis des § 623 BGB nicht nur auf die Kündigungserklärung als solche, sondern auch auf das Änderungsangebot erstreckt, ist nach der Ermittlung des wirklichen rechtsgeschäftlichen Willens weiter zu prüfen, ob dieser in der Urkunde Ausdruck gefunden hat. Bei formbedürftigen Erklärungen ist nur der Wille beachtlich, der unter Wahrung der vorgeschriebenen Form erklärt worden ist (vgl. BAG 16.12.2010 -2 AZR 576/09- Rn 20 ff., EzA KSchG § 2 Nr. 81; 16.9.2004 -2 AZR 628/03- zu B I 2 der Gründe, BAGE 112, 58).

[32] b) Der Beklagte hat in einer Vielzahl von Fällen im Wesentlichen inhaltsgleiche Änderungskündigungen ausgesprochen. Seine Erklärungen sind deshalb nach ihrem objektiven Inhalt und typischen Sinn einheitlich so auszulegen, wie sie von einem verständigen und redlichen Empfänger unter Berücksichtigung der Interessen der normalerweise beteiligten Verkehrskreise verstanden werden. Ansatzpunkt für die Auslegung typischer Willenserklärungen ist in erster Linie ihr Wortlaut. Ist dieser nicht eindeutig, kommt es für die Auslegung entscheidend darauf an, wie die Erklärung aus der Sicht typischerweise an Geschäften dieser Art beteiligter Verkehrskreise zu verstehen ist. Die Auslegung typischer Willenserklärungen unterliegt der uneingeschränkten revisionsrechtlichen Nachprüfung (BAG 18.5.2010 -3 AZR 102/08- Rn 28, AP BGB § 133 Nr. 58; 10.9.2009 -2 AZR 822/07- Rn 18 mwN, BAGE 132, 78).

[33] c) Anders, als das Landesarbeitsgericht im Rahmen seiner Hauptbegründung angenommen hat, lässt sich dem Änderungsangebot nicht eindeutig entnehmen, die der Klägerin angesonnene Vertragsänderung solle rückwirkend ab dem 1.7.2007 gelten. Das Angebot ist vielmehr perplex, d.h. in sich widersprüchlich.

[34] aa) Nach dem Wortlaut des Kündigungsschreibens hat der Beklagte der Klägerin angeboten, das Arbeitsverhältnis „nach Ablauf der Kündigungsfrist zu den Bedingungen der in der Anlage beigefügten Neufassung des Arbeitsvertrags“ fortzusetzen. Dem musste ein objektiver Erklärungsempfänger entnehmen, dass eine Änderung der Arbeitsbedingungen erst mit Ablauf der Auslauffrist - im Streitfall mit Wirkung ab dem 1.7.2008 - eintreten sollte.

[35] bb) In Widerspruch dazu steht der Inhalt des beigefügten Änderungsvertrags. Diesem zufolge wird eine Änderung der Arbeitsbedingungen bereits

zum 1.7.2007 angestrebt. So ist die Überleitung des Arbeitsverhältnisses in den TVöD ausdrücklich zum 1.7.2007 vorgesehen. Die gleichfalls vorgesehene Erhöhung der regelmäßigen wöchentlichen Arbeitszeit soll möglichst zum 1.7.2007, spätestens aber zum 1.1.2008 in Kraft treten (§ 2 und § 3 Abs. 3 des Änderungsvertrags). Andere Regelungen, wie etwa die zum Ausschluss betriebsbedingter Kündigungen und zur Erfolgsbeteiligung (§ 4 und § 5 des Änderungsvertrags), knüpfen an die „Laufzeit der Sanierungsvereinbarung“ und damit zumindest mittelbar ebenfalls an den 1.7.2007 an. Dieses wortlautorientierte Verständnis des Änderungsangebots wird auch durch eine Beachtung des Gebots der interessengerechten Auslegung von Willenserklärungen nicht korrigiert. Ein objektiver, mit den Umständen vertrauter Erklärungsempfänger musste vielmehr davon ausgehen, der Beklagte wolle durch eine Rückwirkung der Änderungen eine gleichmäßige Behandlung sämtlicher Mitarbeiter erreichen. Dies war gem. § 311a Abs. 1 BGB auch schuldrechtlich nicht ausgeschlossen.

[36] cc) Außerhalb der schriftlichen Änderungskündigung liegende Umstände führen nicht dazu, dass zweifelsfrei von einem Änderungsangebot ausgegangen werden könnte, das frühestens ab dem 1.7.2008 hat wirken sollen.

[37] (1) Zugunsten des Beklagten kann unterstellt werden, dass aufgrund von Änderungsvereinbarungen oder Änderungskündigungen, die im Zusammenhang mit der ersten Sanierungsvereinbarung standen, keine rückwirkende Änderung der Arbeitsbedingungen erfolgte. Dies mag z.B. dazu geführt haben, dass bei einigen Mitarbeitern das Weihnachtsgeld für das Jahr 2004 nicht als Sanierungsbeitrag einbehalten wurde. Selbst wenn die Klägerin von diesem Umstand Kenntnis gehabt haben sollte, war es - zumal angesichts der Komplexität der ihr nunmehr angetragenen Vertragsänderungen - nicht ihre Aufgabe, darüber zu spekulieren, ab welchem Zeitpunkt die Änderungen wirksam werden sollten. Es war Sache des Beklagten, dies von vorneherein zweifelsfrei klarzustellen. Die Rüge des Beklagten, das Landesarbeitsgericht hätte ihn auf eine - mögliche - Rückwirkungsproblematik hinweisen und ihm Gelegenheit geben müssen, die „Sanierungserfahrenheit“ der Klägerin darzustellen, bleibt dementsprechend erfolglos. Ein kundiger Prozessbevollmächtigter musste mit Blick auf den Inhalt der Änderungskündigung damit rechnen, dass deren Wirksamkeit auch unter dem Gesichtspunkt ihrer Bestimmtheit fraglich erscheinen konnte, und hatte von sich aus alle Umstände darzutun, die aus seiner Sicht für ein zweifelsfreies Auslegungsergebnis sprachen.

[38] (2) Es kommt auch nicht entscheidend darauf an, wie der Beklagte das Arbeitsverhältnis nach Ablauf der Kündigungsfrist tatsächlich abgerechnet hat. Der Arbeitnehmer muss schon im Zeitpunkt des Zugangs der Änderungskündigung die Tragweite der ihm angesonnenen Änderungen überblicken können. Selbst wenn der Beklagte erst ab Juli 2008 Abrechnungen auf der Grundlage

einer Vergütung nach TVöD-B erstellt haben sollte, hätte dies nicht ausgeschlossen, dass er sich zukünftig auf ein noch früheres Wirksamwerden berufen würde. Ebenso wenig konnte die Klägerin aus der mehrfachen Unterbreitung eines gleichlautenden Änderungsvertrags schließen, der Beklagte wolle sich nur die zeitliche Anpassung des Vertragstexts ersparen. Sein Vorgehen konnte, wie erwähnt, ebenso gut als Hinweis darauf verstanden werden, dass er die Änderungen aus Gründen der Praktikabilität und der Gleichbehandlung aller Beschäftigten einheitlich und ab demselben Zeitpunkt durchsetzen wollte.

[39] dd) Das Änderungsangebot wäre selbst dann nicht hinreichend bestimmt, wenn es eindeutig dahin zu verstehen wäre, es solle erst zum 1.7.2008 gelten. Dann bliebe beispielsweise unklar, ob die Klägerin ggf. Anspruch auf Auszahlung der verschobenen Weihnachtsgeldzahlung für das Jahr 2007 haben sollte oder ob die entsprechende Summe gem. § 3 Abs. 1 Satz 2 des Änderungsangebots als außerordentlicher Ertrag in die Ergebnisbeteiligung des Jahres einfließen würde, in dem ein möglicher Zahlungszufluss auf einem Konto des Arbeitgebers erfolgt. Unklar bliebe auch, ob Änderungen, die an die „Laufzeit" der Sanierungsvereinbarung vom 25.4.2007 anknüpfen, automatisch prolongiert würden, sollte sich der Beklagte - wie unter Nr. 8 der Vereinbarung vorgesehen - mit der Mitarbeitervertretung auf deren Verlängerung verständigen.

[40] 4. Wäre das Änderungsangebot dennoch - wie das Landesarbeitsgericht angenommen hat - dahin zu verstehen, dass es auf eine rückwirkende Änderung der Arbeitsbedingungen zum 1.7.2007 zielte, wäre es mangels eines diese Rückwirkung rechtfertigenden Grundes sozial ungerechtfertigt. Eine ordentliche Kündigung entfaltet Wirkungen erst mit Ablauf der Kündigungsfrist. Gleiches gilt für eine außerordentliche Kündigung, die mit einer Auslauffrist verbunden ist. Der Arbeitnehmer ist grundsätzlich nicht verpflichtet, in eine schon früher wirkende Vertragsänderung einzuwilligen (vgl. BAG 21.9.2006 - 2 AZR 120/06- Rn 22, 25 mwN, BAGE 119, 332). Eine solche Rückwirkung ist auch nicht deshalb gerechtfertigt, weil es um die einheitliche Umsetzung eines Sanierungskonzepts geht. Schon das Interesse des Arbeitgebers an einer zukünftigen Vereinheitlichung der Arbeitsbedingungen kann im Rahmen von § 1 Abs. 2 Satz 1 KSchG regelmäßig keine Beachtung finden (vgl. BAG 8.10.2009 -2 AZR 235/08- Rn 27, AP KSchG 1969 § 2 Nr. 143, EzA KSchG § 2 Nr. 75).

[41] 5. Die der Klägerin mit der Änderungskündigung vom 28.12.2007 angetragenen Änderungen der Arbeitsbedingungen sind zudem unwirksam, weil § 13 des Änderungsangebots eine sog. doppelte Schriftformklausel vorsieht, ohne dass der Beklagte hierfür Gründe iSv § 2 Satz 1, § 1 Abs. 2 KSchG dargetan hätte. Eine derartige Klausel war erkennbar weder Gegenstand der Sanierungsvereinbarung noch bisheriger arbeitsvertraglicher Regelungen. Die Klausel erweitert das im maßgebenden Arbeitsvertrag vom 11.1.1985 nur für „Nebenab-

reden" vorgesehene Schriftformerfordernis und kann insbesondere die Entstehung einer betrieblichen Übung verhindern (vgl. BAG 20.5.2008 -9 AZR 382/07- Rn 34, BAGE 126, 364). Damit handelt es sich, anders als der Beklagte gemeint hat, nicht nur um eine unwesentliche Änderung. Ob ggf. auch eine solche einer Rechtfertigung bedürfte und ob die Klausel im Hinblick auf § 305b BGB einer Überprüfung ihrer Wirksamkeit überhaupt standhielte, braucht nicht entschieden zu werden.

27

Die Entlassung eines Soldaten aus der Bundeswehr ist gerechtfertigt, wenn er sich ausdrücklich zur Scharia bekennt, diese als ein der freiheitlich-demokratischen Grundordnung vorzuziehendes Ordnungssystem betrachtet und Kontakte zu Einrichtungen und Personen pflegt, die der salafistischen Szene zuzurechnen sind.

Art./§ 20 Abs. 2 GG, 8, 55 Abs. 4 SG
VG Minden, Urteil vom 4. Oktober 2011 -10 K 823/10-[1]

Der 1982 geborene Kläger verpflichtete sich mit Erklärung vom 26.1.2006, zwölf Jahre Wehrdienst in der Bundeswehr zu leisten. Am 19.6.2005 hatte er im Zentrum für Nachwuchsgewinnung eine formularmäßig vorformulierte Erklärung über die Treuepflicht zum Grundgesetz unterschrieben.

Zum 1.4.2006 trat der Kläger in die Bundeswehr ein. Am 6.4.2006 ernannte ihn der Bundesminister der Verteidigung unter Berufung in das Dienstverhältnis eines Soldaten auf Zeit zum Jäger. Mit Wirkung vom 1.7.2006 wurde er zum Gefreiten ernannt, in der Folgezeit sodann zum Obergefreiten, danach zum Unteroffizier und schließlich - mit Wirkung vom 1.4.2008 -zum Stabsunteroffizier (Besoldungsgruppe A 6 BBesO). Mit Verfügung vom 27.4.2009 wurde seine Dienstzeit (endgültig) auf vier Jahre, endend mit dem Ablauf des 31.3.2010, festgesetzt.

Am 26.6.2009 - der Kläger leistete seinerzeit Dienst in einer Einheit in B. - wurde er durch seinen Kompaniechef zu dem Vorwurf vernommen, sich am selben Tag unerlaubt vom Dienst entfernt zu haben. Hierzu erklärte der Kläger,

1 BeckRS 2011, 54766; *juris*. Der Antrag des Klägers auf Zulassung der Berufung wurde zurückgewiesen; OVG Nordrhein-Westfalen, Beschluss vom 22.3.2012 -1 A 2752/11- n.v. Die geltend gemachten Zulassungsgründe (§ 124 Abs. 2 Nrn. 1 und 5 VwGO) waren nach Auffassung des Senats nicht hinreichend substantiiert bzw. lagen nach dem Sachvortrag des Klägers nicht vor.

der muslimischen Glaubens ist: Er habe sich vom Dienst entfernt, um zu frühstücken und zu beten. Der Kompaniechef wies ihn sodann darauf hin, dass er seine Gebete grundsätzlich außerhalb der Rahmendienstzeiten zu verrichten und im Falle unausweichlicher Gebete während der Dienstzeit den Vorgesetzten in Kenntnis zu setzen sowie sich abzumelden habe. Von einer disziplinarischen Ahndung des Entfernens vom Dienst sah der Kompaniechef ab. Darüber hinaus befahl er dem Kläger am 26.6.2009, seinen Bart bis zum 29.6.2009 bis auf eine Länge von einem Zentimeter zu kürzen.

In einer schriftlichen Stellungnahme vom 6.7.2009 äußerte sich der Kompaniechef wie folgt über den Kläger: Vor einem halben Jahr sei dieser ein ruhiger, aber sozial aktiver Kamerad gewesen. Während eines Lehrgangs in Munster habe er sich zu einem Einzelgänger, der nur noch durch sein Äußeres aufgefallen sei, entwickelt. Sein Erscheinungsbild sei durch einen langen Bart und traditionell arabisch-muslimische Kleidung geprägt. Seine extreme Weltanschauung und Haltung gebe er offen von sich.

Am 7.7.2009 wurde der Kläger zu dem Vorwurf vernommen, die Ausbildung eines Hauptgefreiten d.R. an einer Feuerwaffe verweigert zu haben, und zwar mit der Begründung, dass er es nicht gutheißen könne, wenn er Menschen ausbilde, die das so erworbene Wissen gegen ihn bzw. seine Glaubensbrüder einsetzen könnten. Hierzu äußerte der Kläger: Er habe die Ausbildung des betreffenden Soldaten zunächst verweigert, sei dann aber von einem Hauptmann darauf hingewiesen worden, dass es sich bei der Anweisung, den Soldaten auszubilden, um einen Befehl handele, der zu befolgen sei. Er habe seine Weigerung dann nicht mehr aufrechterhalten. Den Befehl zur Unterweisung des Hauptgefreiten d.R. habe er jedoch auch nicht mehr ausführen können, weil inzwischen jemand anderes herangezogen worden sei, um dies zu erledigen. Im Rahmen derselben Vernehmung erklärte der Kläger überdies, dass er seinen Bart nicht gekürzt habe, weil das Tragen seiner Barttracht zu seiner Religionsfreiheit gehöre. Soweit er wisse, gehe es bei dem geltenden „Haar- und Barterlass“ darum, sicherzustellen, dass die ABC-Schutzmaske ordnungsgemäß aufgesetzt werden könne. Die Gefahr einer Bedrohung durch ABC-Waffen sei jedoch so gering, dass seiner Religions- und Gewissensfreiheit höheres Gewicht zukomme.

In einer Aktennotiz vom 7.7.2009 führte der Kompaniechef aus, der Kläger habe nach dem Schlussgehör am gleichen Tage geäußert, dass er nach truppenärztlichem Befund seinen Bart behalten dürfe und er deshalb von einer Eingabe an den Wehrbeauftragten absehe. Auch von weiteren geplanten Schritten, z.B. von einer Kundgebung seiner Glaubensbrüder vor der Kaserne, könne nunmehr abgesehen werden. Weiter habe der Kläger erklärt, es sei zwar durchaus nachvollziehbar, dass ein langer Bart - wie er ihn trage - bei der Dienstausübung hinderlich sein könne. Er sei jedoch der Meinung, Allah werde ihn vor Verletzungen beschützen.

Mit Verfügung vom 13.7.2009 verhängte der Kompaniechef gegen den Kläger wegen der Nichtbefolgung von Befehlen zum Kürzen des Bartes sowie zur Ausbildung eines Hauptgefreiten eine Disziplinarbuße in Höhe von 250,00 €.

Ebenfalls am 13.7.2009 fertigte der Kompaniechef eine Aktennotiz, in welcher er ausführte, dass er den Kläger im Anschluss an die Verhängung der Disziplinarbuße erneut aufgefordert habe, den Bart zu kürzen, wobei eine Bartlänge von zwei Zentimetern akzeptabel sei. Der Kläger habe darauf erklärt, dass dies ihn für ihn nicht in Frage komme.

Aufgrund einer Untersuchung des Klägers am 7.7.2009 stellte ein Truppenarzt in Bezug auf diesen schriftlich fest: von der Rasur befreit für 3 Monate, Bart darf vorerst aus medizinischer Sicht bleiben.

In einem weiteren Vermerk vom 13.7.2009 legte der Kommandeur der Einheit dar, dass er ein Gespräch mit dem Kläger geführt habe. Dabei habe dieser erklärt: Er könne es mit seinem Gewissen nicht länger vereinbaren, Soldaten an der Waffe auszubilden. Der von ihm ausgebildete Soldat könne in Afghanistan eingesetzt werden und dann unschuldige Muslime töten. Konsequenterweise müsste er einen Antrag auf Anerkennung als Kriegsdienstverweigerer stellen. Dessen Bearbeitung dauere aber wahrscheinlich ohnehin bis zum Ende seiner regulären Dienstzeit, so dass er auch weiter Soldat bleiben könne. Er wolle sich die Stellung eines entsprechenden Antrags aber noch einmal überlegen.

Mit Schreiben vom 19.11.2009 wandte sich das Amt für den Militärischen Abschirmdienst (MAD) an den Leiter der Stammdienststelle der Bundeswehr und teilte mit, dass man den Kläger als Extremisten in der Bundeswehr bewerte. Bedienstete des MAD hätten am 9.9.2009 und am 8.10.2009 mit ihm gesprochen. Zum Inhalt dieser Gespräche heißt es in dem Schreiben:

> „Die eigenen Angaben des C. T. vom 9.9.2009 und 8.10.2009 sind nachfolgend aufgeführt: -Für ihn gebe es kein besseres Rechtssystem als die Scharia. Allerdings müsse dies in die kulturelle Umgebung passen. -Er sei der Meinung, dass die deutsche FDGO nur die zweitbeste Staatsform sei. Die Scharia sei die beste. -Seine Religionsausübung kollidiere in Teilen mit seinem Auftrag bei der Bundeswehr. So habe er freiwillig seine Dienstzeit auf SaZ 4 verkürzt. Er sei sich darüber bewusst, dass er konsequenterweise eigentlich einen Antrag auf KDV einreichen müsse. -Er räume ein, dass er in einem gewissen Spannungsfeld zwischen FDGO und seinem Glauben stehe: ‘Wenn ich konsequent wäre, würde ich die Bundeswehr verlassen. Aber dann habe ich kein Auskommen mehr. Der Koran schafft mir aber einen Ausweg: Wenn ich zwischen zwei Übeln wählen kann, die Bundeswehr oder kein Auskommen zu haben, entscheide ich mich für das kleinere und bleibe bei der Bundeswehr.’ -Er habe bei Problemen im dienstlichen Bereich bereits Rücksprache mit einem ‚Scheich' seines Vertrauens gehalten, so z.B. die Legitimation für die Durchführung von Waffenausbildungen. -Grundsätzlich wolle er betonen, dass er sich als Muslim fühle, der

bestrebt sei, seinen Platz im Paradies zu finden. Daher diene er Allah mit möglichst jeder Handlung. Dabei orientiere er sich am reinen Islam, wie er vom Propheten Mohammed bekannt gegeben und vorgelebt worden sei. Von diesem Koranverständnis versuche er auch andere Menschen zu überzeugen. So freue es ihn, dass sein Bruder neulich konvertiert sei, demnächst werde er auch seine Schwester mit zu einem Islamseminar nehmen. Dann würde in seiner näheren Familie nur noch seine Mutter fehlen, aber die werde er auch noch vom Islam überzeugen. Neulich sei auch ein Freund von ihm bei ihm am Telefon zum Islam konvertiert. -Die Frage, warum er sich freiwillig selbst den strengen Regeln des Islam unterwerfe, obwohl er als westlich aufgewachsener junger Mann doch die Vorzüge eines freiheitlichen Rechtssystems kenne, wolle er wie folgt beantworten: -Er strebe an, ein besserer Moslem zu sein. Er wolle nicht nur ins Paradies kommen, sondern dort auch die höchste Stufe erreichen. Die angedeuteten muslimischen Vorschriften seien aus seiner Sicht keine Beschränkung, er sehe in dem Dienst an Gott die wahre Erfüllung. Früher sei er nicht glücklich gewesen, er habe vielfältige Probleme gehabt. Nun finde er in den vorgeschriebenen Pflichten Halt, er sei glücklich, diese erfüllen zu dürfen. Der Rahmen seines Handelns sei aus seiner Sicht in keiner Weise eingeschränkt, da er im Dienste Allahs die größte persönliche Zufriedenheit erfahre. Er vermisse nichts von seinem früheren Leben, im Gegenteil, er sei froh, den Glauben gefunden zu haben. (...) -Gewalt sei grundsätzlich dann gerechtfertigt, wenn man unterdrückt werde. Dies gelte sowohl für Muslime als auch für den deutschen Staat. Er sei hier geboren, und wenn Deutschland angegriffen werde, wenn er das Land mit seinem Leben verteidige. Damit stehe auch den Palästinensern das Mittel des gewalttätigen Widerstandes gegen israelische Soldaten zu: ‚Die Gewalt der Palästinenser gegen Israel ist gerecht vor meiner Religion.' (...) -Er habe in der Vergangenheit auch die Al-Nur-Moschee in Berlin besucht. Hier habe er Anfang Oktober 2009 mit seinem Bruder, welcher dort zum Islam konvertiert sei, das Seminar ‚Die verborgene Welt' besucht. -In Mönchengladbach habe er sowohl die Masjid-al-Sunnah-Moschee als auch die Masjid-al-Rahman-Moschee besucht. Er wisse, dass die Sicherheitsbehörden die jeweiligen Imame beobachten würden. (...) -Er leiste ständig Dawa-Arbeit. Auch die Gespräche mit den MAD-Mitarbeitern sei Dawa. Er sei sich sicher, dass über kurz oder lang jeder Gesprächspartner vom Islam und von der in diesem ruhenden Güte überzeugt werde. Jedes von ihm geführte Gespräch sei Dawa. Er rede mit jedem, den er treffe, über den Islam, insbesondere mit anderen Muslimen. Er habe auch schon intensiv mit zwei Soldaten gesprochen. -Ein weiterer Teil seiner Dawa-Aktivitäten sei das Verteilen von Flyern. So habe er sich auf der Homepage von NN zwei Pakete mit Flyern bestellt (jedes enthalte ca. 900 Flyer und koste 22,- €) und habe diese vor den besuchten Moscheen verteilt. Derzeit sei noch ca. ein Paket übrig, welches er in seinem Auto habe. Innerhalb der Bundeswehr habe er noch keine Flugblätter verteilt und werde dies auch niemals tun. (...)."

Mit Schreiben der Stammdienststelle der Bundeswehr vom 26.1.2010 sollte der Kläger zu seiner Entlassung nach § 55 Abs. 4 Satz 1 SG angehört werden. In dem Entwurf des Schreibens heißt es im Wesentlichen: Nach Auswertung des Berichts des MAD vom 19.11.2009 komme man zu dem Ergebnis, dass er charakterlich zum Unteroffizier nicht geeignet erscheine. Im Rahmen der Befragungen durch Mitarbeiter des MAD habe er angegeben, dass seine Religionsauslebung in Teilen mit seinem Auftrag bei der Bundeswehr kollidiere und dass er sich darüber bewusst sei, dass er an und für sich einen Antrag auf Kriegsdienstverweigerung einreichen müsste. Er bezeichne die Bundeswehr als Übel und seinen Dienst als Notwendigkeit zur Bestreitung seines Lebensunterhaltes. Daher bestünden erhebliche Zweifel daran, dass er aufgrund seiner Lebenshaltung im Allgemeinen und seiner Einstellung zum Soldatenberuf im Besonderen den Anforderungen und Pflichten, die ihm als Soldat im Umgang mit Vorgesetzten, Kameraden und Untergebenen sowie dem Dienstherrn oblägen, gerecht zu werden vermöge. Er erhalte Gelegenheit, bis zum 1.2.2010 eine Stellungnahme zu der Absicht, ihn zu entlassen, zu übergeben. Außerdem werde darauf hingewiesen, dass seine Vertrauensperson anzuhören sei, sofern er dieser Anhörung nicht ausdrücklich widerspreche.

Durch den angefochtenen Bescheid vom 5.2.2010 entließ die Stammdienststelle der Bundeswehr den Kläger unter Hinweis auf § 55 Abs. 4 Satz 1 SG mit Ablauf des 15.3.2010 aus dem Dienstverhältnis eines Soldaten auf Zeit: Im Rahmen von Befragungen durch den MAD habe er die Bundeswehr als Übel bezeichnet. Im Einzelnen habe er gesagt:

> „Wenn ich konsequent wäre, würde ich die Bundeswehr verlassen. Aber dann habe ich kein Auskommen mehr. Der Islam schafft mir aber einen Ausweg: Wenn ich zwischen zwei Übeln wählen kann, die Bundeswehr oder kein Auskommen zu haben, entscheide ich mich für das kleinere und bleibe bei der Bundeswehr.“

Aufgrund seiner Einstellung zum Soldatenberuf sei nicht mehr davon auszugehen, dass er den Anforderungen an einen Soldaten in der Laufbahn der Unteroffiziere des allgemeinen Fachdienstes gerecht werden könne.

Dass zuvor eine Vertrauensperson angehört worden war, lässt sich den Verwaltungsvorgängen nicht entnehmen.

Am 17.2.2010 erhob der Kläger Beschwerde: Er habe die Bundeswehr nicht als Übel bezeichnet. Im Gegenteil sei er dazu bereit, sein Land mit dem Leben zu verteidigen. Er stehe zudem nicht in einem Konflikt mit der freiheitlich-demokratischen Grundordnung, sondern bekenne sich zu dieser Ordnung. Er sehe es als Mobbing durch die Bundeswehr an, wenn er nun unmittelbar vor dem regulären Ende seiner Dienstzeit entlassen werden solle. Im Übrigen dürfe er wegen seiner Religion nicht benachteiligt werden.

Mit Beschwerdebescheid vom 10.3.2010 wies die Stammdienststelle die Beschwerde als unbegründet zurück. Dabei legte sie dar: Die Verfassungstreue (§ 8 SG) sei bei der Prüfung der Eignung für die Laufbahn der Unteroffiziere ein wesentliches Kriterium, da der Unteroffizier als Ausbilder und Erzieher junger Wehrpflichtiger ein Vorbild in Haltung und Pflichtbewusstsein sein solle. Ihm, dem Kläger, fehle die charakterliche Eignung für diese Laufbahn. Es bestünden begründete Zweifel an seiner Verfassungstreue. Aus seinen Äußerungen gegenüber dem MAD lasse sich ableiten, dass er nicht mehr bereit sei, in dem für einen Vorgesetzten und Ausbilder erforderlichen Maß für die freiheitlich-demokratische Grundordnung einzutreten. Der MAD habe ihn als erkannten Extremisten in der Bundeswehr eingestuft. Wenn er vortrage, er habe die Bundeswehr nicht als Übel bezeichnet, so sei dies nicht glaubhaft. - Zugleich wurde die sofortige Vollziehung der Entlassungsverfügung angeordnet.

Mit der Anfechtungsklage macht der Kläger im Wesentlichen geltend: Es könne überhaupt keine Rede davon sein, dass er als erkannter Extremist anzusehen sei. Richtig sei, dass er anlässlich einer dienstlichen Befragung geäußert habe, die Scharia sei die beste bekannte Staatsform. Dies sei eine Meinungsäußerung gewesen, die zu keinem Zeitpunkt Niederschlag in seinen Taten gefunden habe. Er habe sich auch zu keiner Zeit gegen die freiheitlich-demokratische Grundordnung gestellt. Es sei ferner nicht richtig, dass er etwa dargelegt habe, die Ausübung seiner Religion kollidiere mit Teilen des Auftrags bei der Bundeswehr. Ferner verstoße die Entlassungsverfügung gegen den Grundsatz der Verhältnismäßigkeit. Wenn man bereits am 19.11.2009 erfahren haben wolle, dass Gründe für die Beendigung des Dienstverhältnisses vorlägen, so gehe es nicht an, ihm erst am 10.2.2010 und somit lediglich sechs Wochen vor dem regulären Ablauf seiner Dienstzeit die Entlassungsverfügung zuzustellen. Im Übrigen habe er gegen die Disziplinarmaßnahme vom 13.7.2009, auf welche die Beklagte sich berufe, Beschwerde erhoben. Auch sei ihm das Anhörungsschreiben der Beklagten vom 26.1.2010 nicht übermittelt worden.

Die Kammer weist die Klage ab.

Aus den Gründen:

[29] B. (Die Klage ist) unbegründet, da der Bescheid der Stammdienststelle der Bundeswehr vom 5.2.2010 in der Gestalt ihres Beschwerdebescheids vom 10.3.2010 rechtmäßig ist und den Kläger nicht in seinen Rechten verletzt (§ 113 Abs. 1 Satz 1 VwGO).

[30] Rechtsgrundlage für die Entlassung ist § 55 Abs. 4 Satz 1 des Gesetzes über die Rechtsstellung der Soldaten (Soldatengesetz - SG -). Danach kann ein Soldat auf Zeit in den ersten vier Jahren seiner Dienstzeit entlassen werden, wenn er die Anforderungen, die an ihn in seiner Laufbahn zu stellen sind, nicht mehr erfüllt.

[31] I. Die materiellen Voraussetzungen des § 55 Abs. 4 Satz 1 SG sind gegeben. Grund für die Entlassung des Klägers war die zukünftige mangelnde Eig-

nung zum Unteroffizier, woraus folgt, dass er die genannten Anforderungen nicht mehr erfüllte.

[32] Ein Eignungsmangel iSd § 55 Abs. 4 Satz 1 SG kann sich aus einer charakterlichen, geistigen, körperlichen oder fachlichen Nichteignung ergeben. Da für die Feststellung der mangelnden Eignung in erster Linie die spezifischen Anforderungen des militärischen Dienstes maßgeblich sind, können nur die militärischen Vorgesetzten sachverständig und zuverlässig beurteilen, ob der Soldat in der Zukunft den Anforderungen entsprechen wird. Damit ist eine auf einer Zukunftsprognose beruhende, wertende Entscheidung des Dienstherrn zu treffen, zu der dieser, weil niemand anders die Anforderungen an einen Unteroffizier zutreffend beurteilen kann, allein ermächtigt ist. Diese Entscheidung kann im verwaltungsgerichtlichen Verfahren nur daraufhin überprüft werden, ob die Entlassungsbehörde den Begriff der mangelnden Eignung und den gesetzlichen Rahmen, innerhalb dessen sie sich bewegen kann, verkannt hat, ob sie von einem unrichtigen Sachverhalt ausgegangen ist, allgemein gültige Wertmaßstäbe nicht beachtet oder sachwidrige Erwägungen angestellt hat (vgl. BVerwG, Beschluss vom 26.6.1986 -1 WB 128/85- BVerwGE 83, 200; VG Kassel, Urteil vom 22.1.2004 -7 E 2622/02- *juris*; Fürst, GKÖD, Stand: Mai 2010, Kommentierung zu § 55 SG Rn 8; Scherer/Alff/Poretschkin, Kommentar zum Soldatengesetz, 8. Aufl. (2008), § 55 Rn 11.

[34] Derartige Fehler liegen hier nicht vor. Der Entlassungsbescheid der Beklagten in der Gestalt des Beschwerdebescheides hält sich im Rahmen des eröffneten Beurteilungsspielraums. Zutreffend hat die Beklagte die mangelnde Eignung des Klägers damit begründet, dass Zweifel an seiner Bereitschaft bestehen, die freiheitlich-demokratische Grundordnung im Sinne des Grundgesetzes anzuerkennen und durch sein gesamtes dienstliches und außerdienstliches Verhalten hierfür einzutreten. Mit der Prüfung der Verfassungstreue hat die Entlassungsbehörde ein Kriterium zugrunde gelegt, das für die Eignung eines Unteroffiziers in besonderem Maße bedeutsam ist, da er als Ausbilder und Erzieher junger Wehrpflichtiger ein Vorbild in Haltung und Pflichterfüllung für diese sein soll. Dies folgt aus § 37 Abs. 1 Nr. 2 SG und § 8 SG. Danach muss ein Soldat auf Zeit jederzeit die Gewähr dafür bieten, für die freiheitlich-demokratische Grundordnung im Sinne des Grundgesetzes einzutreten. Diese Gewähr bietet nur derjenige, dem nach seiner Gesamtpersönlichkeit und seinem bisherigen Verhalten ohne jeden Zweifel zuzutrauen ist, dass er stets seiner Verpflichtung nach § 8 SG nachkommen wird. Die politische Treuepflicht des § 8 SG verlangt von dem Soldaten die Bereitschaft, sich mit der Idee des Staates, dem er dient, zu identifizieren. Dies gehört zu den Kernpflichten des Soldaten. Identifizieren bedeutet dabei nicht nur, die Grundordnung dieses Staates anzuerkennen, sondern verlangt ein Mehr an staatsbürgerlicher Verpflichtung, das

dem Soldaten, wie auch dem Richter und Beamten, auferlegt ist. Die Bundesrepublik Deutschland ist eine Demokratie, die von ihren Bürgern die Verteidigung der freiheitlichen Ordnung erwartet. Das Prinzip der streitbaren, wehrhaften Demokratie gilt auch für die innere Ordnung der Bundeswehr. Die politische Treuepflicht nach § 8 SG, die von jedem Soldaten die Bereitschaft verlangt, sich zu der Idee des Staates, dem er dient, zu bekennen und aktiv für ihn einzutreten, gehört daher zu den elementarsten soldatischen Pflichten, ihre Verletzung zu den schwersten denkbaren Pflichtwidrigkeiten. Ein Verstoß gegen die Verfassungstreuepflicht liegt dann vor, wenn sich ein Soldat für Ziele einsetzt, die geeignet sind, die freiheitlich-demokratische Grundordnung auszuhöhlen oder wenn er sich nicht eindeutig von Bestrebungen distanziert, die diesen Staat und die geltende Verfassungsordnung angreifen, bekämpfen und diffamieren. Das bloße Haben einer Überzeugung und die bloße Mitteilung, dass man diese habe, ist allerdings noch keine Verletzung der Treuepflicht, die dem Soldaten auferlegt ist. Die Grenze ist jedoch überschritten, wenn der Soldat aus seiner Auffassung Folgerungen für seine Einstellung gegenüber der verfassungsmäßigen Ordnung der Bundesrepublik Deutschland, für die Art und Weise der Erfüllung seiner Dienstpflichten, für den Umgang mit anderen Soldaten oder für Aktivitäten im Sinne seiner Überzeugung zieht (vgl. dazu BVerfG, Beschluss vom 22.5.1975 -2 BvL 13/73- BVerfGE 39, 334, NJW 1975, 1641; BVerwG, Urteil vom 28.9.1990 -2 WD 27/89- BVerwGE 86, 321; VG Kassel, Urteil vom 22.1.2004 -7 E 2622/02- aaO; Fürst, GÖKD, Kommentierung zu § 8 SG Rn 7 ff.; Scherer/Alff/Poretschkin, aaO, § 8 Rn 4).

[36] Gemessen an diesen Grundsätzen begegnet es keinen rechtlichen Bedenken, dass die Entlassungsbehörde im maßgeblichen Zeitpunkt des Erlasses des Beschwerdebescheides (vgl. zur Maßgeblichkeit der Sach- und Rechtslage im Zeitpunkt des Erlasses des Beschwerdebescheides etwa OVG Nordrhein-Westfalen, Urteil vom 23.7.2009 -1 A 2084/07- DVBl 2009, 1324; DÖV 2009, 964) Zweifel an der Verfassungstreue des Klägers gehabt und darauf gestützt seine Eignung zum Unteroffizier verneint hat.

[39] Der Kläger hat sich in seiner Befragung durch den MAD eingehend zu seinem religiösen Bekenntnis und seiner Weltanschauung sowie den hieraus folgenden Konsequenzen für seinen Dienst bei der Bundeswehr und seine Einstellung zur freiheitlich-demokratischen Grundordnung geäußert. Die weitaus meisten der in dem Schreiben vom 19.11.2009 wiedergegebenen Aussagen werden vom Kläger nicht (substantiiert) bestritten oder sogar ausdrücklich zugestanden. Lediglich Einiges will er nicht bzw. so nicht gesagt haben. Vor allem will er die Bundewehr nicht als „Übel“ bezeichnet haben. Zudem habe er nicht bekundet, seine Religionsausübung kollidiere in Teilen mit dem Dienst bei der Bundeswehr. Die Kammer geht der Frage, ob der Kläger Entsprechendes tat-

sächlich in der in dem Schreiben des MAD niedergelegten Weise geäußert hat, nicht weiter nach. Die Entlassung stößt nämlich auch dann nicht auf durchgreifende rechtliche Bedenken, wenn man zu Gunsten des Klägers lediglich die nicht bestrittenen oder sogar zugestandenen Erklärungen aus der Zusammenstellung des MAD sowie den Verwaltungsvorgängen im Übrigen zugrunde legt:

[40] Danach hatte der Kläger, der sich ausdrücklich zur Scharia bekennt und diese als ein der freiheitlich-demokratischen Grundordnung vorzuziehendes Ordnungssystem betrachtet, Kontakte zu Einrichtungen und Personen, die der - unter Beobachtung der Verfassungsschutzbehörden stehenden - salafistischen Szene zuzurechnen sind.

[41] So hat er die Al-Nur-Moschee in Berlin-Neukölln besucht, wo er nach eigener Aussage mit seinem Bruder an einem Seminar teilgenommen hat. Nach den Verfassungsschutzberichten des Landes Berlin für die Jahre 2003 und 2004 wurden Räume dieser Moschee zeitweise zur Ausbildung von islamistischen Terroristen genutzt. Auch aktuell gilt die Al-Nur-Moschee, von der offenbar eine große Anziehungskraft gerade auf Konvertiten ausgeht, als Hort eines strengen, „ultrafrommen" Islam nach der Richtung der Salafisten (vgl. http://www.spiegel.de/politik/deutschland/0,1518,739755,00.html.).

[43] Darüber hinaus hat der Kläger ausgeführt, er habe in Mönchengladbach u.a. die Masjid-al-Sunnah-Moschee besucht. Hierbei handelt es sich ebenfalls um eine dem Salafismus zuzurechnende Einrichtung (vgl. dazu beispielsweise http://www.rp-online.de/niederrhein-sued/moenchengladbach/nachrichten/islamschule-eine-chronologie-der-spannungen-1.719546).

[45] Ferner räumt der Kläger ein, sich Informationsmaterial bei dem muslimischen Prediger A. besorgt zu haben, das er nach eigenem Bekunden vor Moscheen verteilt hat. Bei A. handelt es sich um eine zentrale Figur der salafistischen Szene in Deutschland (vgl. http://www.spiegel.de/politik/deutschland/0,1518,771825,00.html).

[47] Im Verfassungsschutzbericht des Bundesministeriums des Innern für das Jahr 2010 heißt es zum Thema „salafistische Bestrebungen" u.a.:

> *[48]* „Dem Salafismus wird sowohl in Deutschland wie auch auf internationaler Ebene eine wachsende Bedeutung als ideologische Grundlage beigemessen. Salafisten geben vor, ihre religiöse Praxis und Lebensführung ausschließlich an den Prinzipien des Koran, dem Propheten Muhammad und an den vermeintlichen Vorstellungen der ersten Muslime und der islamischen Frühzeit auszurichten. Ziel von Salafisten ist die vollständige Umgestaltung von Staat, Gesellschaft und individuellem Lebensvollzug jedes einzelnen Menschen nach diesen - als 'gottgewollt' postulierten - Normen."

[49] Im Verfassungsschutzbericht des Landes Nordrhein-Westfalen über das Jahr 2010 wird zum Salafismus u.a. ausgeführt:

[50] „Die Grundpfeiler der salafistischen Ideologie sind mit der freiheitlichen demokratischen Grundordnung nicht vereinbar. Salafisten verstehen die islamische Religion als Ideologie, Ordnungs- und Herrschaftssystem und als unvereinbar mit der im Grundgesetz festgelegten parlamentarischen Demokratie. Gesetze können der salafistischen Ideologie zufolge nur von Gott (göttliche Souveränität), nicht vom Volke gemacht werden. Daraus folgt die absolute Unvereinbarkeit von Salafismus und dem Demokratiemodell westlicher Prägung. Salafisten behaupten, dass alle gesellschaftlichen Probleme nur durch eine uneingeschränkte Anwendung von und strikte Ausrichtung des Lebens nach Koran und Sunna gelöst werden können. Dazu zählt die uneingeschränkte Anwendung der 'Scharia' (islamischen Gesetzgebung). Sie betonen die rigide Trennung von Mann und Frau - nicht nur in der Moschee, sondern insgesamt im öffentlichen Raum. Auch die gemeinsame schulische Erziehung von Jungen und Mädchen wird grundsätzlich abgelehnt. Sie grenzen die Frau zudem auf den heimischen Bereich ein; die Berufstätigkeit der Frau wird abgelehnt. Sie soll sich ganz auf den Haushalt und die Kindererziehung konzentrieren. Die salafistische Ideologie widerspricht in wesentlichen Punkten (Gesellschaftsbild, politisches Ordnungssystem, individuelle Freiheit) den Grundprinzipien der freiheitlichen Demokratie, führt zur Bildung von Parallelgesellschaften und erschwert so die Integration. Schließlich kann sich aus dieser extrem vereinfachenden Ideologie eine weitere Radikalisierung entwickeln, die in Terrorismus münden kann. Denn letztlich rechtfertigt der Salafismus Gewalt gegen 'Ungläubige' und auch gegen nicht-salafistische Muslime. 'Jihad' (auch im Sinne der Ausübung von Gewalt) und 'Märtyrertum' werden nicht grundsätzlich abgelehnt, spielen aber vor allem als 'Selbstverteidigung der Muslime' eine Rolle."

[51] Die so beschriebenen Grundannahmen und Ziele des Salafismus (wie auch anderer fundamentalistischer Richtungen des Islam) sind mit der durch das Grundgesetz statuierten freiheitlich-demokratischen Grundordnung schlechthin unvereinbar. Die angestrebte theokratische Ordnung schließt die nach dem Demokratieverständnis des Grundgesetzes in Art. 20 Abs. 2 GG festgelegte, vom Volk ausgehende Staatsgewalt aus. Sie widerspricht durch die Verabsolutierung von Gott gegebenen Rechts der in der pluralistischen Demokratie westlicher Prägung vorgesehenen Rechtssetzung in einem politischen Prozess nach bestimmten demokratischen Verfahrensregeln. Der Salafismus steht damit - wie im Verfassungsschutzbericht des Landes Nordrhein-Westfalen zutreffend dargelegt - in einem fundamentalen Widerspruch zu einem Kernprinzip der freiheitlich-demokratischen Grundordnung, auf dessen Boden jeder Beamte, Richter und Soldat zu stehen hat. Zudem widerspricht die Stellung der Frau nach dem (u.a.) vom Salafismus propagierten fundamentalistischen Verständnis des Islam deutlich dem Gleichberechtigungsgrundsatz des Art. 3 Abs. 2 GG (vgl. zum Verhältnis eines fundamentalistischen Islamverständnisses zur freiheitlich-demokratischen Grundordnung etwa das Urteil des VG Berlin vom 21.3.2007 -2 A 79.04- *juris*, mwN).

[53] Dass der Kläger einem fundamentalistischen Verständnis des Islam anhängt und aus diesem Verständnis heraus für ein der freiheitlich-demo-

kratischen Grundordnung widersprechendes Gesellschaftssystem eintritt, manifestiert sich nicht nur darin, dass er Kontakt zur salafistischen Szene hatte, indem er einschlägige Einrichtungen besucht sowie Informationsmaterial auf der Internetseite des Predigers A. bestellt und verteilt hat, sondern gerade auch in seinem dienstlichen Verhalten. So hat er etwa deutlich erkennbar Konsequenzen aus seinen religiös fundierten Überzeugungen gezogen, indem er (zunächst) die Ausbildung eines Hauptgefreiten d.R. an einer Feuerwaffe verweigert und sich zur Rechtfertigung darauf bezogen hat, dass der Betreffende sein durch die Unterweisung erworbenes Wissen gegen muslimische Glaubensbrüder anwenden könnte. Auch hat der Kläger im Zusammenhang mit den Auseinandersetzungen um seine Barttracht im Juni und Juli 2009 gesagt, dass Glaubensbrüder ursprünglich vorgehabt hätten, vor der Kaserne für ihn zu demonstrieren, wovon jedoch abgesehen werden könne, nachdem der Truppenarzt den Konfliktfall letztlich in seinem Sinne entschieden habe. Dabei spielt es keine Rolle, inwieweit die betreffenden Verhaltensweisen jeweils disziplinarrechtlich relevant sind. Denn Eignungsmängel iSd § 55 Abs. 4 Satz 1 SG brauchen sich nicht in einem Dienstvergehen kundzutun, sondern können auch auf andere Weise sichtbar werden. Ein Dienstvergehen ist deshalb weder notwendige Voraussetzung der Entlassung, noch hat es notwendig die Entlassung zur Folge. Die Entlassung wegen mangelnder Eignung als Soldat auf Zeit ist nicht nur der Form, sondern auch der Sache nach keine Disziplinarmaßnahme, mit der ein Dienstvergehen in einem gegenüber der disziplinargerichtlichen Entfernung aus dem Dienst einfacheren und rascheren Verwaltungsverfahren geahndet werden kann (vgl. BVerwG, Urteil vom 26.6.1969 -VIII C 63.66- BVerwGE 32, 237).

[55] Mithin müssen vorliegend auch nicht die vom Kläger aufgeworfenen Fragen, ob die Disziplinarmaßnahme vom 13.7.2009 letztlich zu Recht verhängt und ggf. wirksam von ihm angefochten wurde, geklärt werden. Entscheidend ist allein, dass der Kläger es keineswegs - wie von ihm sinngemäß dargelegt - dabei belassen hat, seine Meinung zu bekunden, sondern aus seiner Hinwendung zu einer fundamentalistischen, mit der freiheitlich-demokratischen Grundordnung kollidierenden Variante des Islam praktische Konsequenzen für die Dienstausübung gezogen hat. Dies zeigt sich schon an den bereits angeführten Verhaltensweisen im Zusammenhang mit den Konflikten um seine Barttracht und um die Ausbildung eines Hauptgefreiten an der Waffe, aber auch daran, dass er nach eigenem Bekunden in Bezug auf konkrete Probleme der Dienstausübung, z.B. die Waffenausbildung, Rücksprache mit einem „Scheich" gehalten und somit eine außerdienstliche religiöse Autorität zur Klärung von Fragen herangezogen hat, die nach der in der Bundeswehr geltenden Ordnung ausschließlich durch Gesetze und sonstige Vorschriften sowie Weisungen der Dienstvorgeset-

zen bestimmt werden. Dass er gleichwohl meint, der Legitimation bestimmter Handlungen durch eine dienstfremde religiöse Autorität zu bedürfen, zeigt deutlich, dass er im maßgeblichen Entscheidungszeitpunkt nicht mehr fest auf dem Fundament des geltenden rechtlichen und politischen Ordnungssystems stand. Hinzu kommt, dass er nach eigener Aussage auch bereits mit Soldaten über den Islam gesprochen hat und überdies jedes Gespräch als „Dawa", also gleichsam als „Mission" versteht. Auch dieser Umstand zeigt, dass der Kläger es in Bezug auf seine Bekundungen zum Islam und zur Bedeutung der Scharia nicht bei reinen Meinungsbekundungen belassen, sondern seine Weltanschauung in den dienstlichen Bereich hineingetragen und die Dienstausübung zum Teil sogar konkret hierunter gelitten hat. Zudem hat der Kläger sich zu keinem Zeitpunkt glaubhaft von einem fundamentalistischen Verständnis des Islam distanziert. Soweit er sinngemäß geltend macht, entgegen der Auffassung der Beklagten stehe er auf dem Boden der freiheitlich-demokratischen Grundordnung, kann er hiermit jedenfalls nicht durchdringen. Denn seine Beteuerung, die durch das Grundgesetz errichtete Ordnung zu achten, steht in deutlichem Widerspruch zu seinem dienstlichen Verhalten sowie dazu, dass er sich einer fundamentalistischen Richtung des Islam zugewandt und hierbei Kontakte zu Vertretern sowie Einrichtungen einer Gruppierung unterhalten hat, deren Weltanschauung und Ziele nicht mit der freiheitlich-demokratischen Grundordnung der Bundesrepublik Deutschland vereinbar sind (vgl. zu entsprechenden Fallkonstellationen das Urteil des BVerwG vom 26.6.1981 -6 P 71/78- BVerwGE 62, 364).

[57] Darüber hinaus kann er sich gegenüber der Feststellung, er weise nicht mehr die für einen Zeitsoldaten in seiner Laufbahn erforderliche charakterliche Eignung auf, auch nicht mit Erfolg darauf berufen, dass er hierdurch unzulässig wegen seiner Religion benachteiligt werde. Dies folgt schon daraus, dass die in Art. 3 Abs. 3 GG und Art. 33 Abs. 3 GG enthaltenen Benachteiligungsverbote nicht isoliert ausgelegt werden können, sondern vielmehr aus dem Kontext der Verfassung heraus zu interpretieren sind. In diesen Zusammenhang gestellt ist es schlechterdings ausgeschlossen, dass dieselbe Verfassung, welche die Bundesrepublik Deutschland aus historischer Erfahrung heraus als eine streitbare, wehrhafte Demokratie konstituiert hat, diesen Staat Beamten, Richtern oder Soldaten ausliefert, deren Verfassungstreue nicht gewährleistet ist (vgl. BVerwG, Beschluss vom 22.5.1975 -2 BvL 13/73- aaO).

[59] Interpretiert man das verfassungsrechtliche Verbot der Benachteiligung wegen der Religion in dieser Weise, so ist dem Kläger aufgrund der bei ihm bestehenden Zweifel an der Verfassungstreue die Berufung auf dieses Verbot versagt. Dies hat erst recht für einfach-gesetzliche Benachteiligungsverbote zu gelten.

[60] Danach trifft die Einschätzung der Beklagten, der Kläger sei für den Dienst als Soldat auf Zeit charakterlich ungeeignet gewesen, nicht auf durchgreifende rechtliche Bedenken.

[61] II. In der Rechtsfolge sieht § 55 Abs. 4 Satz 1 SG („kann") vor, dass die zuständige Behörde nach ihrem pflichtgemäßen Ermessen über die Entlassung des betreffenden Soldaten entscheidet. Die Kammer meint, dass sich - werden zunächst nur die bislang angesprochenen Aspekte in den Blick genommen - das an sich durch § 55 Abs. 4 Satz 1 SG eröffnete Ermessen sich vorliegend dahin verengt hatte, dass nur noch die Entlassung des Klägers in Betracht kam und jede andere Entscheidungsvariante ausgeschlossen war. In der Rechtsprechung ist anerkannt, dass auch dann, wenn die betreffende Rechtsgrundlage der zuständigen Behörde grundsätzlich ein Ermessen einräumt, Fallkonstellationen denkbar sind, in denen angesichts der besonderen Umstände des konkreten Einzelfalls nur noch eine einzige Entscheidung zulässigerweise getroffen werden kann und jede andere Entscheidung ermessensfehlerhaft wäre. Dies hat in den betreffenden Fällen zur Folge, dass für eine eigentliche Ermessensentscheidung kein Spielraum mehr besteht (sog. Ermessensreduzierung auf null; vgl. etwa BVerwG, Beschluss vom 12.6.1981 -3 B 100/80- *juris*, mwN.

[63] So liegt der Fall auch hier: Angesichts der besonderen Bedeutung der Pflicht zur Verfassungstreue (vgl. dazu erneut den Beschluss des Bundesverfassungsgerichts vom 22.5.1975 -2 BvL 13/73- aaO) und des Gewichts der Störungen des Dienstbetriebs, die vom Kläger aufgrund seiner religiösen und weltanschaulichen Überzeugungen verursacht wurden, stellt sich der bei ihm gegebene Mangel an Eignung für die von ihm gewählte Laufbahn als so gravierend dar, dass der Beklagten letztlich keine andere Möglichkeit verblieb, als ihn zu entlassen. Ein Verbleiben im Dienstverhältnis als Zeitsoldat erscheint vor dem Hintergrund der genannten Umstände unter jedem erdenklichen Gesichtspunkt ausgeschlossen.

[66] Umstände, die die Wertung tragen könnten, a) sie seien bei der Entscheidung, den Kläger zu entlassen, zu berücksichtigen gewesen, b) ihre Berücksichtigung hätte dem Schluss, hier sei ein Fall der Ermessensreduzierung „auf null" zu Lasten des Klägers gegeben, entgegengestanden und die Annahme geboten, es sei durchaus eine Ermessensentscheidung zu treffen, die durch das Verwaltungsgericht im Hinblick auf mögliche Ermessensfehler zu würdigen sei, vermag die Kammer nicht zu erkennen.

[67] Unerheblich ist der Umstand, dass der Kläger mit Ablauf des 15.3.2009 entlassen worden ist, seine Dienstzeit aber ohnehin mit Ablauf des 31.3.2009 geendet hätte. (*wird ausgeführt*)

[70] Soweit ersichtlich, ist im vorliegenden Entlassungsverfahren die Anhörung der Vertrauensperson unterblieben. Zwar soll eine solche Anhörung gem.

§ 23 Abs. 1 Satz 1 SBG erst auf Antrag des betreffenden Soldaten erfolgen. Einen solchen Antrag hat der Kläger nicht gestellt. Jedoch ist er durch die Beklagte unzutreffend über die Möglichkeit, die Anhörung der Vertrauensperson zu beantragen, belehrt worden. (*wird weiter ausgeführt*)

28

Der Besuch der Jüngerschaftsschule des Missionswerks *Jugend mit einer Mission* stellt eine Berufsausbildung iSd § 32 Abs. 4 Satz 1 Nr. 2 Buchst. a EStG dar.

§§ 32 Abs. 4, 63 Abs. 1 EStG
FG Baden-Württemberg Urteil vom 11. Oktober 2011 -11 K 1908/10-[1]

Streitig ist, ob dem Kläger im Zeitraum von Oktober 2009 bis März 2010 Kindergeld für das am 1.7.1985 geborene Kind A. zusteht.

Das Kind studierte nach dem Abitur Rechtswissenschaften. Das Studium beendete es mit dem Bestehen des ersten juristischen Staatsexamens am 19.6.2009. Mit Ablauf des 30.9.2009 wurde es von der B.-Universität in C. exmatrikuliert. In der Zeit vom 1.1.2009 bis 30.9.2009 überstiegen die eigenen Einkünfte und Bezüge des Kindes den (anteiligen) Grenzbetrag des § 32 Abs. 4 Satz 2 EStG in der für das Jahr 2009 gültigen Fassung nicht. In der Zeit vom 23.9.2009 bis zum 5.3.2010 besuchte das Kind die „Jüngerschaftsschule" des Missionswerks „Jugend mit einer Mission" in D./Südafrika.

„Jugend mit einer Mission" ist der deutschsprachige Zweig von „Youth with a mission". Sie versteht sich als internationale Bewegung junger Christen, die sich dazu berufen wissen, Jesus Christus zu dienen und das Evangelium vom Reich Gottes ganzheitlich zu leben und zu verkünden. Nach ihren eigenen Angaben begann „Youth with a mission" ihre Tätigkeit in den 1960er Jahren. Der Hauptschwerpunkt liege darauf, Jugendlichen zu ermöglichen, im Rahmen von weltweiten Missionseinsätzen anderen von ihrem Glauben an Jesus nach seinem Vorbild in Wort und Tat weiterzugeben. Die Dienste und Aktivitäten ließen sich in drei Kategorien zusammenfassen: Evangelisation, Schulung und karitative Dienste. In Deutschland wird „Jugend mit einer Mission" vom Dachverband „Jugend mit einer Mission - Deutschlandverband e.V." getragen, der sieben Schulungs- und Missionszentren in der Struktur eingetragener Vereine unterhält. Der „Jugend mit einer Mission - Deutschlandverband e.V." ist Mitglied im

---

1 BeckRS 2012, 94458; *juris*; EFG 2012, 934; StE 2012, 118 (LS).

Ring Missionarischer Jugendbewegungen e.V. Letzterer wiederum ist als Fachverband Mitglied des Diakonischen Werks der EKD.

Die „Jüngerschaftsschulen“ sind ein von „Jugend mit einer Mission“ angebotener Studienkurs mit einer fünf- bis sechsmonatigen Dauer, der an der - ebenfalls von „Jugend mit einer Mission“ bzw. „Youth with a mission“ betriebenen - „University of the Nations“ registriert ist. Nach Angaben von „Jugend mit einer Mission“ gibt die Teilnahme an einer „Jüngerschaftsschule“ dem Schüler die Gelegenheit zu durchdenken, „ob dein Leben wirklich Gott ganz zur Verfügung steht. Hier wird dir eine Plattform gegeben, wo du träumen kannst und entdecken, was eigentlich in dir steckt und welche Pläne Gott für dein Leben hat.“

Vom 23.9. bis Mitte Dezember 2009 absolvierte das Kind des Klägers den vorgeschriebenen Studienblock. Nach dem vorgelegten Wochenplan erfolgte der Unterricht von Montag bis Freitag. Der Schultag begann in der Regel mit Gebeten um ca. 7:30 Uhr. Daran schloss sich die Unterrichtsphase bis zur Mittagspause um ca. 13:00 Uhr an. Themen des Unterrichts waren z.B. „Charakter und Wesen Gottes“, „Das Kreuz“, „Evangelismus“, „Biblische Weltsicht“ und „Heiliger Geist“. Am Nachmittag absolvierte das Kind von 14:00 Uhr bis gegen 16:00 Uhr Arbeitseinsätze in der Bibelschule. Schließlich standen nach dem Abendessen noch verschiedene Themen auf dem Stundenplan (z.B. „Methodik Bibelstudium“, „Gespräche in Kleingruppen“ sowie „Leitung einer christlichen Jugendgruppe“).

Nach dem Studienblock schloss sich ab Mitte Dezember 2009 bis März 2010 die Praxisphase mit einem Team der „Jüngerschaftsschule“ Y. in Kenia an. Hierfür erhielt das Kind keine Vergütung. In der Praxisphase sollen die Teilnehmer „Gelerntes in die Praxis umsetzen lernen und in Projekten vor Ort mitarbeiten, die u.a. folgende Inhalte haben: Kinder- und Jugendarbeit, Familiendienste, Entwicklungshilfe, Gemeindebau und Evangelisation, karitative Dienste & Völkerverständigung.“ (vgl. Auszug aus Internet).

Am 4.3.2010 erhielt das Kind das Abschlusszeugnis. Es wird nur vergeben, wenn folgende Voraussetzungen erfüllt sind:

1. Bezahlung der Schulgebühren,
2. Abfassung der Buchberichte,
3. Abfassung der Wochenberichte,
4. wöchentliche Teilnahme an einem „ehrenamtlichen“ Dienst vor Ort,
5. erfolgreiche Teilnahme am zehnwöchigen Praxiseinsatz,
6. aktive Teilnahme an allen Aufgabenbereichen, die im Zusammenhang mit der „Jüngerschaftsschule“ stehen,
7. durchgehend pünktliche Anwesenheit in der Klasse und in allen anderen Aufgabenbereichen, die im Zusammenhang mit der „Jüngerschaftsschule“ stehen.

Nach erfolgreichem Abschluss werden den Teilnehmern folgende Möglichkeiten eröffnet (www.jmem.de/Home/UofN/Jüngerschaftsschulen; Auszug aus Internet):

- Mitarbeit bei „Jugend mit einer Mission“ mit Diensten in Entwicklungshilfe, Bildung und Erziehung, Kinder-, Jugend- und Familienarbeit. Der Besuch der „Jüngerschaftsschule“ ist die Grundvoraussetzung für jeden Vollzeitmitarbeiter bei „Jugend mit einer Mission“ und bietet gleichzeitig das Einstiegsprogramm zu allen anderen Fortbildungsmöglichkeiten.
- Studium an der „University of the Nations“ mit den Fachbereichen Wissenschaft und Technik, Sprachen, Entwicklungshilfe und christliche Dienste. Hierfür ist Grundvoraussetzung das Durchlaufen der „Jüngerschaftsschule“ (vgl. Studienkatalog, Seite 1). Möglich sind Abschlüsse als „Associate of Arts”, „Associate of Science”, „Bachelor of Arts” oder „Bachelor of Science” und verschiedene Masterprogramme.

Mit Bescheid vom 5.11.2009 hob die beklagte Familienkasse die Kindergeldfestsetzung ab November 2009 mit der Begründung auf, das Kind habe das Studium abgebrochen.

Mit dem hiergegen erhobenen Einspruch machte der Kläger geltend, das Kind befinde sich weiterhin in Berufsausbildung. Er reichte eine Bescheinigung der „Jüngerschaftsschule“ ein, aus der die Dauer des Schulbesuchs und die wöchentliche Studiendauer von 50 Stunden zu entnehmen war.

Am 1.4.2010 begann das Kind mit dem juristischen Vorbereitungsdienst am Oberlandesgericht D. Die monatliche Ausbildungsvergütung betrug brutto 1.004,10 € abzüglich des Arbeitnehmeranteils zur Sozialversicherung von 105,68 €, d.h. netto 898,42 €. Von April bis Juni 2010 erhielt der Kläger nach seinen Angaben wieder Kindergeld. Aufgrund der Vollendung des 25. Lebensjahres des Kindes wurde ab Juli 2010 kein Kindergeld mehr gewährt.

Mit weiterem Bescheid vom 19.4.2010 hob die Familienkasse die Kindergeldfestsetzung für Oktober 2009 mit der Begründung auf, das Kind habe das Studium abgebrochen. Gleichzeitig forderte sie überzahltes Kindergeld in Höhe von 164 € zurück.

Die Einsprüche des Klägers gegen beide Bescheide wurden zurückgewiesen.

Zur Begründung seiner hierauf erhobenen Anfechtungs- und Verpflichtungsklage trägt der Kläger im Wesentlichen vor, die „Jüngerschaftsschule“ sei Teil des „Bachelor of Arts“ an der „University oft the Nations“ von „Jugend mit einer Mission“ und damit unmittelbar berufsqualifizierend. Dieser Abschluss befähige dazu, Vollzeittätigkeiten in christlichen Werken z.B. als Diakonin oder Pastorin auszuüben. Die „Jüngerschaftsschule“ umfasse ein wöchentliches Programm von 50 Stunden unter anderem mit Unterrichtseinheiten (ca. 25 Stunden/Woche), Arbeitseinsätzen und Leseaufgaben. Dadurch solle u.a. der christliche Glaube fundiert, biblisches Wissen vertieft, der Charakter gestärkt und die eigene Persönlichkeit und Begabungen ausgebildet werden. Es habe Anwesenheitspflicht bestanden. Außerdem seien begleitend Bücher, z.B. Biographien über christliche Persönlichkeiten oder zu einem der Themen zu lesen und Berichte hierzu abzugeben gewesen. Es habe also auch eine entsprechende Lernkontrolle stattgefunden. Zwar seien keine Noten vergeben worden. Wer jedoch unentschuldigt fehlte, habe die Schule verlassen müssen. Die Anwesenheit sei kontrolliert worden. Nur wer die Schule insgesamt mit allen Programmen absolviert habe, habe das Abschlusszeugnis erhalten. Bei dem Besuch der „Jüngerschaftsschule" handele es sich demnach um eine Berufsausbildung. Auch abrundende oder ergänzende Maßnahmen seien vom Begriff der Berufsausbildung umfasst. Aus einem Vergleich zu Au-pair-Aufenthalten, die nach der Rechtsprechung des BFH als Berufsausbildung anerkannt würden, wenn der Auslandsaufenthalt von einem theoretisch-systematischen Sprachunterricht mit einem Umfang von wöchentlich mindestens zehn Stunden begleitet werde, ergebe sich, dass der Besuch der „Jüngerschaftsschule" als Berufsausbildung einzustufen sei.

Das Kind sei bereits mehrere Jahre Mitglied in der freien evangelischen Gemeinde „Calvary Chapel E.". Es sei auch im Leitungsteam des Jugendcafés der Gemeinde aktiv. Ferner hätten bereits Aufnahmegespräche in den Mitarbeiterkreis der überkonfessionellen Initiative „Christ und Jurist" stattgefunden, zu deren Tagungen das Kind regelmäßig gefahren sei. Das Kind habe daher stetig und intensiv seinen christlichen Glauben verfolgt und diesen mit seinem beruflichen Werdegang verbunden. Es könne sich vorstellen, als Volljuristin in einem christlichen Werk zu arbeiten oder sich als Diakonin zu betätigen. Zunächst aber habe das Kind von Anfang an geplant, nach dem Besuch der „Jüngerschaftsschule" zeitnah das Rechtsreferendariat abzuleisten, um die im Jurastudium erlernten Inhalte nicht durch zu großen Zeitabstand zu vergessen. Deshalb habe es sich im September 2009 um einen Referendariatsplatz zum 1.4.2010 beworben. Es wollte sich jedoch die Option offen halten, nach erster beruflicher Tätigkeit das Studium an der „University of the Nations" abzuschließen. Aber alleine schon der Besuch der „Jüngerschaftsschule" stelle eine Qualifikation dar. Es gebe im Anwaltsberuf viele Mandanten, die christliche Anwälte suchten und davon ausgingen, dass diese über ein christliches und biblisches Wissen verfügten und in die Beratung einfließen ließen. Auch berücksichtigten mögliche Arbeitgeber wie das Diakonische Werk derartige Qualifikationen bei der Stellenvergabe.

Da sich das Kind mit dem Besuch der „Jüngerschaftsschule" bis zum 5.3.2010 in Berufsausbildung befunden habe, sei auch für die Zeit bis zum Beginn des juristischen Vorbereitungsdiensts am 1.4.2010 Kindergeld zu gewähren. Das Kind habe sich in dieser Zeit in einer Übergangsphase von höchstens vier Monaten zwischen zwei Ausbildungsabschnitten befunden.

Nach Auffassung der Beklagten stellt der Besuch der „Jüngerschaftsschule" keine Berufsausbildung dar. Ein Vergleich mit dem sog. Esra-Training sei nicht möglich, da keine strukturierte Wissensvermittlung erfolge, keine Lernkontrollen unter Vergabe von Noten durchgeführt würden und kein Abschlusszeugnis erteilt werde. Eine Ausbildungsmaßnahme müsse konkret berufsbezogen sein. Dies sei nicht der Fall, wenn die Vermittlung nur allgemein nützlicher Fähigkeiten, allgemeiner Lebenserfahrung oder die Herausbildung sozialer Eigenschaften im Vordergrund stehe. Die Inhalte der „Jüngerschaftsschule" dienten der Selbstfindung. Ein Zusammenhang mit dem anschließenden Rechtsreferendariat sei nicht gegeben. Die von der „Jüngerschaftsschule" eröffneten Möglichkeiten - Mitarbeit bei „Jugend mit einer Mission" oder Studium an der „University of the Nations" - seien vom Kind offensichtlich nicht beabsichtigt gewesen.

Unter Klageabweisung im Übrigen erkennt das Finanzgericht auf Aufhebung der angefochtenen Bescheide.

Aus den Gründen

[30] I. Die Klage ist zulässig, soweit mit ihr die Aufhebung der Bescheide der Familienkasse vom 5.11.2009 und vom 19.4.2010 in der Gestalt der Einspruchsentscheidungen begehrt wird. Eines darüber hinausgehenden Verpflichtungsantrags bedurfte es unter den im Streitfall gegebenen Umständen indessen nicht. (*wird ausgeführt*)

[32] II. Soweit die Klage danach - als Anfechtungsklage (§ 40 Abs. 1 FGO) - zulässig ist, ist sie auch begründet.

[33] Dem Kläger steht für sein Kind A. in den Monaten Oktober 2009 bis März 2010 Kindergeld zu. Das Kind des Klägers befand sich im genannten Zeitraum in Berufsausbildung. Zudem überschritten die eigenen Einkünfte und Bezüge des Kindes die jeweiligen Grenzbeträge des § 32 Abs. 4 Satz 2 EStG weder im Jahr 2009 noch im Jahr 2010 (2009: Grenzbetrag 7.680 €; Einkünfte und Bezüge: 4.704,24 €; 2010: Grenzbetrag 8.004 €, für ein halbes Jahr: 4.002 €; Einkünfte und Bezüge: 3 Monate x 898,42 € = 2.695,26 €).

[34] 1. Nach § 62 Abs. 1 iVm § 63 Abs. 1 Satz 2 und § 32 Abs. 4 Satz 1 Nr. 2 Buchst. a EStG wird ein Kind, das das 18. Lebensjahr vollendet hat, u.a. dann kindergeldrechtlich berücksichtigt, wenn es noch nicht das 25. Lebensjahr vollendet hat und für einen Beruf ausgebildet wird.

[35] Nach ständiger Rechtsprechung des BFH umfasst der Begriff der Berufsausbildung jede Ausbildung zu einem künftigen Beruf. In Berufsausbildung

befindet sich, wer seine Berufsziele noch nicht erreicht hat, sich aber ernsthaft darauf vorbereitet (BFH-Urteil vom 24.6.2004 -III R 3/03- BFHE 206, 413, BStBl II 2006, 294). Einzubeziehen sind alle Maßnahmen, die dem Erwerb von Kenntnissen, Fähigkeiten und Erfahrungen dienen, die als Grundlage für Ausübung des angestrebten Berufs geeignet sind, unabhängig davon, ob sie in einer Studien- oder Ausbildungsordnung vorgeschrieben sind oder - mangels solcher Regelungen - jedenfalls dem Erwerb von Kenntnissen und Fähigkeiten dienen, die für den angestrebten Beruf zwingend notwendig sind (BFH-Urteil vom 16.4.2002 -VIII R 58/01- BFHE 199, 111, BStBl II 2002, 523; vom 18.3.2009 – III R 26/06- BFHE 225, 331, BStBl II 2010, 296; vom 26.8.2010 -III R 88/08- BFH/NV 2011, 26). Maßgebend für die weite Auslegung des § 32 Abs. 4 Satz 1 Nr. 2 Buchst. a EStG ist die Erwägung, dass die steuerliche Leistungsfähigkeit der Eltern auch dann gemindert ist, wenn sich ihr Kind unabhängig von vorgeschriebenen Ausbildungsgängen in Ausbildung befindet und von ihnen unterhalten wird (BFH-Urteile vom 2.4.2009 -III R 85/08- BFHE 224, 546, BStBl II 2010, 298 und vom 7.4.2011 -III R 11/09- BFH/NV 2011, 1325). Da das Berufsziel und die Gestaltung der Ausbildung nach ständiger Rechtsprechung weitgehend von den Vorstellungen der Eltern und des Kindes bestimmt werden (vgl. BFH-Urteile vom 8.11.1972 -VI R 54/70- BFHE 107, 447, BStBl II 1973, 138; vom 11.10.1984 -VI R 69/83- BFHE 142, 140, BStBl II 1985, 91 und vom 2.7.1993 -III R 81/91- BFHE 172, 59, BStBl II 1993, 870), ist das Berufsziel nicht ohne Weiteres dann als erreicht anzusehen, wenn das Kind die Mindestvoraussetzungen für die Ausübung des von ihm gewählten Berufs erfüllt (BFH-Urteil BFHE 107, 447, BStBl II 1973, 138). Kindern muss deshalb zugebilligt werden, zur Vervollkommnung und Abrundung von Wissen und Fähigkeiten auch Maßnahmen außerhalb eines fest umschriebenen Bildungsgangs zu ergreifen (BFH-Urteil vom 9.6.1999 -VI R 24/99- BFH/NV 2000, 27 mwN).

[36] Danach kann sich ein Kind auch dann in Berufsausbildung befinden, wenn es nach erfolgreicher Absolvierung einer zur Berufsausübung berechtigenden Ausbildung zusätzliche Qualifikationen erwirbt, sofern diese als Grundlage für die Ausübung des angestrebten Berufs geeignet sind und das Kind seine Weiterqualifizierung ernsthaft und nachhaltig betreibt. Der BFH hat daher ein Studium nach einer Lehre, ein Zusatzstudium mit dem Ziel „Master of Laws (LLM)“ nach bestandenem Staatsexamen (BFH-Urteil vom 14.11.2000 -VI R 128/00- BFHE 193, 457, BStBl II 2001, 495) und die gegen geringe Entlohnung ausgeübte Volontärtätigkeit einer Wirtschaftsassistentin (BFH-Urteil vom 9.6.1999 -VI R 50/98- BFHE 189, 98, BStBl II 1999, 706) als Ausbildung angesehen. Der Begriff der Ausbildung für einen Beruf iSv § 32 Abs. 4 Satz 1 Nr. 2 Buchst. a EStG ist daher weiter als der Begriff der Berufsausbildung iSv § 10 Abs. 1 Nr. 7 EStG (vgl. BFH-Urteil vom 4.3.2010 -III R 23/08- BFH/NV 2010, 1264).

[37] 2. Unter Anwendung dieser Grundsätze der höchstrichterlichen Rechtsprechung, denen der Senat folgt, stellt der Besuch der „Jüngerschaftsschule" durch das Kind eine Berufsausbildung iSd § 32 Abs. 4 Satz 1 Nr. 2 Buchst. a EStG dar (ebenso für den vergleichbaren Sachverhalt des Besuchs einer Bibelschule: FG Sachsen-Anhalt, Urteil vom 12.10.2010 -4 K 1629/09- EFG 2011, 1000, KirchE 56, 316; für das Absolvieren eines theologisch-sozialen „Esra-Trainings": FG Baden- Württemberg, Urteil vom 15.2.2010 -4 K 361/09- EFG 2010, 1050, KirchE 55, 103).

[38] a) Die „Jüngerschaftsschule" umfasste ein wöchentliches Programm von 50 Stunden mit Unterrichtseinheiten (ca. 25 Stunden/Woche), Arbeitseinsätzen und Leseaufgaben. Die Ausbildung erfolgte anhand eines festgelegten Studienplans durch eine strukturierte Wissensvermittlung mit einem festen Zeitplan und einem Zeitaufwand für die Teilnehmer, der die Arbeitskraft und -zeit weitgehend in Anspruch nahm. Sie ist darüber hinaus nicht in das Belieben des Schülers gestellt, sondern unterliegt festen Regelungen. Es bestand Anwesenheitspflicht (vgl. Voraussetzungen für die Erteilung des Abschlusszeugnisses, FG-Akte Bl. 153). Wer unentschuldigt fehlte, musste die Schule verlassen. Außerdem waren begleitend Bücher, z.B. Biographien über christliche Persönlichkeiten oder zu einem der Themen, zu lesen und Berichte hierzu abzugeben. Damit fand auch eine entsprechende Lernkontrolle statt. Zwar wurden keine Noten vergeben. Dies ist jedoch nicht entscheidend für das Vorliegen einer Berufsausbildung, wie z.B. die Anerkennung eines Praktikums - auch außerhalb eines fest umschriebenen Prüfungsgangs - als Berufsausbildung zeigt (vgl. BFH-Urteil vom 9.6.1999 -VI R 16/99- BFHE 189, 113, BStBl II 1999, 713). Das Abschlusszeugnis erhielt darüber hinaus nur, wer die Schule mit den geforderten Inhalten wie etwa Teilnahme am Unterricht und Abfassung von Buch- und Wochenberichten absolvierte. Die Anwesenheit wurde nach den glaubhaften - und zwischen den Beteiligten unstreitigen - Angaben des Kindes, das sowohl im Erörterungstermin als auch in der mündlichen Verhandlung anwesend war, kontrolliert. Nach erfolgreichem Abschluss der „Jüngerschaftsschule" eröffnet sich den Teilnehmern die Möglichkeit, ein Studium an der „University of the Nations" mit dem Abschluss „Bachelor" oder eine Vollzeittätigkeit bei „Jugend mit einer Mission" aufzunehmen.

[39] b) Die inhaltliche Wertung der angestrebten Ausbildung steht dem Gericht und der Kindergeldkasse nicht zu. Maßgeblich ist, ob das Kind mit dem Schulbesuch eine nicht nur vorübergehende Betätigungsmöglichkeit schaffen wollte, die dem Aufbau oder der Erhaltung und Sicherung seiner beruflichen Existenz und damit der Erhaltung und Sicherung seiner Lebensgrundlagen dienen konnte und sollte (vgl. BFH-Urteil vom 18.12.1987 -VI R 149/81- BFHE 152, 337, BStBl II 1988, 494). Hierzu führte das Kind - zuletzt in seiner schriftlichen

Stellungnahme vom 27.9.2011 - aus, dass es sich nach dem ersten juristischen Staatsexamen auch vorstellen konnte, vollzeitlich für kirchliche Gemeinden zu arbeiten. Bis heute zieht es eine solche Betätigung in Betracht (...). Nach wie vor kann sich das Kind auch vorstellen, ein Studium an der „University of the Nations“ aufzunehmen (vgl. Niederschrift über den Erörterungstermin ...), für das das Durchlaufen der „Jüngerschaftsschule“ Grundvoraussetzung ist. Dem widerspricht auch nicht, dass das Kind nach Abschluss der „Jüngerschaftsschule“ zunächst den juristischen Vorbereitungsdienst antrat, in dem es sich derzeit noch befindet. Der Kläger begründete dies nachvollziehbar mit dem Argument, dass ansonsten - wenn sich das Kind nach einem vorgeschalteten Studium an der „University of the Nations“ für eine juristische Berufslaufbahn entschieden hätte - im Hinblick auf den dann noch zu absolvierenden juristischen Vorbereitungsdienst ein zu großer Wissensverlust eingetreten wäre.

[40] c) Diese weite Auslegung des Begriffs der Berufsausbildung im Streitfall entspricht der ständigen Rechtsprechung des BFH zu Au-pair-Aufenthalten im Ausland, wonach die Abgrenzung zwischen kindergeldrechtlich nicht förderungsfähigen Tätigkeiten zur Erlangung allgemeiner Erfahrungswerte und solchen, die unter den Begriff der Berufsbildung iSd § 32 Abs. 4 Satz 1 Nr. 2 Buchst. a EStG zu subsumieren sind, dergestalt vorzunehmen ist, dass eine Berufsausbildung in der Regel dann anzunehmen ist, wenn der Auslandsaufenthalt von einem theoretisch-systematischen Sprachunterricht mit einem Umfang von wöchentlich mindestens 10 Stunden begleitet wird (vgl. BFH-Urteile vom 9.6.1999 -VI R 143/98- BFHE 189, 107, BStBl II 1999, 710; vom 9.6.1999 -VI R 33/98- BFHE 189, 88, BStBl II 1999, 701; vom 9.6.1999 -VI R 24/99- BFH/NV 2000, 27; vom 19.2.2002 -VIII R 83/00- BFHE 198, 192, BStBl II 2002, 469; BFH-Beschluss vom 31.8.2006 -III B 39/06- BFH/NV 2006, 2256). Denn ebenso wie bei Au-pair-Aufenthalten im Ausland wird bei einer Betätigung, die auch dem Erwerb nicht unmittelbar beruflich zu nutzender Kenntnisse und Fähigkeiten dienen kann (bei Au-pair-Aufenthalten: das Erlangen bzw. Verbessern von Fremdsprachenkenntnissen; im Streitfall: die Beschäftigung mit theologisch-sozialen Inhalten), die Schwelle zur Berufsausbildung iSd § 32 Abs. 4 Satz 1 Nr. 2 Buchst. a EStG dann überschritten, wenn diese Betätigung einen gewissen zeitlichen Mindestaufwand und eine ausreichende theoretische Systematisierung erfährt. Dies ist im Streitfall angesichts des dargestellten sachlichen und zeitlichen Umfangs sogar deutlich stärker gegeben als bei einem Au-pair-Aufenthalt, der nur die zeitlichen Mindestvoraussetzungen von zehn Stunden wöchentlich erfüllen muss (zu dieser Überlegung vgl. auch FG Baden-Württemberg, Urteil vom 15.2.2010 -4 K 361/09- EFG 2010, 1050, KirchE 55, 103).

29

Eine im Rahmen eines vereinsrechtlichen Ermittlungsverfahrens erfolgende Durchsuchung hat zur Voraussetzung, dass konkrete Anhaltspunkte dafür gegeben sind, dass ein Vereinsverbot in Betracht kommt.
Das Verbot eines religiösen Vereins ist nur gerechtfertigt, wenn dessen Aktivitäten sich aggressiv-kämpferisch gegen die verfassungsmäßige Ordnung richten.
Zu den Voraussetzungen, unter deren der Verdacht solcher Aktivitäten begründet sein kann.

Art./§§ 4 Abs. 1, 9 Abs. 1 u. 2 GG, 3 Abs. 2, 4 Abs. 4 VereinsG
OVG Bremen, Beschluss vom 12. Oktober 2011 -1 S 11/11-[1]

Der Antragsgegner ist ein unter dem Namen „Islamisches Kulturzentrum Bremen e.V." eingetragener Verein (IKZ-Verein Bremen). Vereinszweck ist nach der Satzung die Förderung der Zusammenführung von Personen muslimischen Glaubens, die Bekanntmachung des Islams als Religion, die Zurverfügungstellung von Gebetsräumen für muslimische Gläubige, die Durchführung von Arabischunterricht für Kinder von Personen muslimischen Glaubens sowie die Vermittlung der arabischen Sprache und Kultur an interessierte Personen.

Am 30.11.2010 leitete das Bundesministerium des Inneren gegen den Antragsgegner sowie den Verein „Einladung zum Paradies e.V." in Braunschweig (EZP-Verein Braunschweig) nach § 4 VereinsG ein vereinsrechtliches Ermittlungsverfahren ein. Es bestehe der konkrete Verdacht, dass sich die Tätigkeit beider Vereine gegen die verfassungsmäßige Ordnung richte, indem sie diese als bundesweit agierendes salafistisches Netzwerk zugunsten der Errichtung eines islamischen Gottesstaates beseitigen wollten. Zur Begründung wurde dazu insbesondere auf das Wirken sowie Äußerungen des 1. Vorsitzenden des EZP-Vereins Braunschweig, Muhamed Seyfudin C. (Sheikh Abu A.) Bezug genommen. Eng in die Vereinsstruktur des EZP-Vereins eingebunden sei der salafistische Prediger Pierre V. In der Einleitungsverfügung wurde weiter ausgeführt, dass sich nach den vorhandenen Erkenntnissen die Schlussfolgerung aufdränge, dass zwischen dem EZP-Verein Braunschweig und dem IKZ-Verein Bremen enge Verbindungen bestünden.

Aufgrund eines Vollzugsersuchens des Bundesministeriums des Inneren beantragte die zuständige Behörde in Bremen für den Senator für Inneres und

1 Amtl. Leitsätze. BeckRS 2011, 55337; *juris*; DÖV 2012, 77 (LS); NordÖR 2012, 45; NVwZ-RR 2012, 64.

Sport beim VG Bremen einen Durchsuchungs- und Beschlagnahmebeschluss für die Vereinsräume des Antragsgegners.

Das VG Bremen erließ am 10.12.2010 (-E 1955/10-) folgenden Durchsuchungs- und Beschlagnahmebeschluss:

> 1. Die Durchsuchung der Räume des Islamischen Kulturzentrums Bremen e.V. - IKZ Bremen -, eingetragen beim Amtsgericht Bremen unter VR-Nr. 5981, B'weg 57/59 in Bremen, einschließlich etwaiger zu den Vereinsräumen gehörender Nebengelasse, zum Zwecke der Auffindung von Beweismitteln, die geeignet erscheinen, die Aktivitäten des Vereins im Bereich der Freien Hansestadt Bremen und seine Verbindungen zu den Vereinen Einladung zum Paradies e.V. - EZP - (Braunschweig/Mönchengladbach) sowie Deutschsprachige Muslimische Gesellschaft e.V. - DMG - (Braunschweig) weiter aufzuklären, insbesondere
>   - Internes Schulungsmaterial, Propagandamaterial insbesondere der „Conveying Islamic Messsage Society" - CIMS -,
>   - Unterlagen der Vereine EZP, IKZ Bremen und DMG zu deren Strategie, Vorgehensweise, Methoden und Taktiken (auch Jahrespläne)
>   - Unterlagen von EZP und IKZ Bremen mit Namenslisten, Verteilern (auch Email) für Propagandaschriften und vergleichbares Schriftgut,
>   - Unterlagen von EZP hinsichtlich ihrer Bemühungen zur Errichtung einer eventuellen Nachfolgestruktur,
>   - Unterlagen des IKZ Bremen zur Errichtung eines salafistischen Dachverbandes,
>   - Unterlagen betreffend einer Finanzierung aus dem Ausland,
>   - Unterlagen über Verbindungen der Islam-Schule Braunschweig zu Sprachschulen im Ausland,
>   - Schriftverkehr mit inländischen Organisationen und Moscheevereinen,
>
>   wird angeordnet.
> 2. Die Beschlagnahme von Gegenständen, die als Beweismittel im Sinne der Ziffer 1. dienen können, wird für den Fall angeordnet, dass sie sich bei der Durchsuchung der in Ziffer 1. genannten Vereinsräume und Nebengelasse im Gewahrsam einer nicht zur Herausgabe bereiten Person befinden.
> 3. Insbesondere wird auch die Beschlagnahme der Unterlagen über das Konto des Islamischen Kulturzentrums e.V. bei der Commerzbank Bremen (BLZ ...) mit der Kontonummer ... angeordnet. Dies betrifft sowohl die bei der Durchsuchung aufgefundenen als auch die bei der Bank vorgehaltenen Kontounterlagen.

Am 14.12.2010 wurde die Durchsuchung durchgeführt.

Gegen diesen Beschluss wendet sich der Antragsgegner mit der Beschwerde. Diese blieb ohne Erfolg.

Aus den Gründen:

[19] Die Beschwerde des Antragsgegners ist zulässig, aber unbegründet.

[20] 1. Entgegen der Ansicht des Antragsgegners war das Bundesministerium des Inneren für die Einleitung des vereinsrechtlichen Ermittlungsverfahrens zuständig.

[21] Zuständig für die Durchführung eines vereinsrechtlichen Ermittlungsverfahrens ist gem. § 4 Abs. 1 VereinsG die jeweilige Verbotsbehörde. Das Bundesministerium des Inneren ist gem. § 3 Abs. 2 Nr. 2 VereinsG Verbotsbehörde, wenn die Organisation oder Tätigkeit eines Vereins sich über das Gebiet eines Landes hinaus erstreckt. Diese Voraussetzung ist hier erfüllt. Auslöser für das vereinsrechtliche Ermittlungsverfahren war unter anderem die Tätigkeit des EZP-Vereins Braunschweig. In der Einleitungsverfügung des Bundesministeriums des Inneren vom 30.11.2010 wird im Einzelnen und unter Nennung konkreter Sachverhalte dargelegt, dass dieser Verein seit einiger Zeit seine Aktivitäten auf Bremen ausgeweitet hatte:

[22] So hatte der IKZ-Verein Bremen dem EZP-Verein in räumlicher und organisatorischer Hinsicht über längere Zeit - zumindest - ein Forum für seine Aktivitäten geboten. Der 1. Vorsitzende des EZP-Vereins, Muhamed Seyfudin C., sowie Pierre V., der in enger Verbindung zu dem Verein steht, haben zwischen 2008 und 2010 in den Räumen des IKZ-Vereins Bremen eine nicht nur gelegentliche Unterrichts- und Vortragstätigkeit entfaltet. In dem Einleitungsschreiben des Bundesministeriums des Inneren werden insoweit jeweils konkrete Termine sowie Themen genannt (...). Anhaltspunkte, die durchgreifende Zweifel an der Richtigkeit der Auflistung begründen könnten, sind nicht ersichtlich.

[23] Die miteinander verknüpften Internet-Auftritte sowie der Vertrieb von EZP-Materialien sind darüber hinaus Anhaltspunkte für eine noch weitergehende, auch inhaltliche Zusammenarbeit. Auch hierfür werden in der Einleitungsverfügung konkrete Sachverhalte benannt (...).

[24] Unter diesen Umständen ist nach § 3 Abs. 2 Nr. 2 VereinsG die Zuständigkeit des Bundesministeriums des Inneren begründet. Gegenstand des gegen den IKZ-Verein Bremen gerichteten Ermittlungsverfahrens war gerade die Frage des Einflusses, den der EZP-Verein Braunschweig aufgrund seiner fraglos bestehenden, ersichtlich nicht nur peripheren Kontakte auf den IKZ-Verein hatte. Zum Zeitpunkt der Einleitung des Ermittlungsverfahrens lagen konkrete Anhaltspunkte dafür vor, dass insoweit ein erheblicher Einfluss gegeben war.

[25] 2. Die Durchsuchung der Vereinsräume ist vom Verwaltungsgericht zu Recht angeordnet worden.

[26] a) Gem. § 4 Abs. 4 Satz 2 VereinsG kann die Durchsuchung der Räume eines Vereins oder eines Vereinsmitglieds angeordnet werden, wenn hinreichende Anhaltspunkte dafür bestehen, dass diese Maßnahme zur Auffindung von Gegenständen führt, die als Beweismittel im vereinsrechtlichen Verbotsverfahren von Bedeutung sein können. Die Einleitung eines vereinsrechtlichen

Verbotsverfahrens hat zur Voraussetzung, dass der Verdacht für das Vorliegen von vereinsrechtlichen Verbotsgründen besteht. Solche Verbotsgründe sind nach § 3 Abs. 1 Satz 1 VereinsG/Art. 9 Abs. 2 GG gegeben, wenn der Zweck des Vereins oder dessen Tätigkeit den Strafgesetzen zuwider läuft oder die Vereinigung sich gegen die verfassungsmäßige Ordnung oder gegen den Gedanken der Völkerverständigung richtet.

[27] Die Schranke des Art. 9 Abs. 2 GG gilt auch für religiöse Gemeinschaften, die sich vereinsmäßig zusammengeschlossen haben und religiöse Ziele propagieren. Allerdings ist zu beachten, dass die religiöse Vereinigungsfreiheit in der Verfassungsordnung des Grundgesetzes besonderes Gewicht besitzt, und zwar unabhängig davon, ob diese Gemeinschaften dem Staat und seiner Verfassungs- und Rechtsordnung kritisch gegenüber stehen (BVerfG, Kammerbeschluss vom 2.10.2003 -1 BvR 536/03- NJW 2004, S. 47 [48], KirchE 44, 247). Der schwerwiegende Eingriff des Verbots einer religiösen Vereinigung ist nur gerechtfertigt, wenn er bei der Abwägung mit den Verfassungsgütern, die mit dem Verbot geschützt werden sollen, nach dem Verhältnismäßigkeitsgrundsatz unerlässlich ist. Dies ist in der Regel der Fall, wenn sich die religiöse Vereinigung aggressiv-kämpferisch gegen die in Art. 79 Abs. 3 GG genannten Verfassungsgrundsätze, d.h. die verfassungsmäßige Ordnung iSv Art. 9 Abs. 2 GG richtet (BVerwG, Urteil vom 27.11.2002 -6 A 4/02- NVwZ 2003, 986 [989], KirchE 41, 189). In diesem Fall verletzt das Verbot auch nicht die in Art. 4 Abs. 1 GG garantierte Religionsfreiheit (BVerfG, Kammerbeschluss vom 2.10.2003, aaO [48]; BVerwG, Urteil vom 25.1.2006 -6 A 6/05- NVwZ 2006, 694 [695], KirchE 48, 45). Denn diese ist zwar vorbehaltslos, aber nicht schrankenlos gewährleistet. Sie kann ihre Grenze in den kollidierenden Grundrechten anderer Grundrechtsträger, aber auch in anderen mit Verfassungsrang ausgestatteten Rechtsgütern finden.

[28] Die Einleitung eines vereinsrechtlichen Ermittlungsverfahrens setzt voraus, dass konkrete Anhaltspunkte für das Vorliegen einer aggressiv-kämpferischen, gegen die verfassungsmäßige Ordnung gerichteten Wirkens des Vereins gegeben sind. Das gilt jedenfalls dann, wenn im Rahmen des Ermittlungsverfahrens Vereinsräume oder Wohnungen durchsucht werden sollen, es also zu Eingriffen in den Schutzbereich von Art. 13 Abs. 1 GG kommt. Durchsuchungen sind nur zulässig, wenn Verdachtsgründe vorhanden sind, die über bloße Vermutungen und vage Anhaltspunkte hinausgehen. Gegen diese Anforderung wird verstoßen, wenn sich sachlich zureichende plausible Gründe für die Maßnahme nicht mehr finden lassen (BVerfG, Kammerbeschluss vom 5.5.2011 -2 BvR 1011/10- NJW 2011, 2275, Rn 19). Die Durchsuchung darf nicht der Ermittlung von Tatsachen dienen, die zur Begründung eines Verdachts erforder-

lich sind; denn sie setzt einen Verdacht bereits voraus (BVerfG, Kammerbeschluss vom 10.09.2010 -2 BvR 2561/08- NJW 2011, 291, Rn 25).

[29] b) Im vorliegenden Fall waren Verdachtsgründe gegeben, die im Rahmen eines vereinsrechtlichen Ermittlungsverfahrens die Durchsuchung der Vereinsräume des Antragsgegners rechtfertigten.

[30] (1) In der Einleitungsverfügung des Bundesministeriums des Inneren vom 30.11.2010 heißt es, der EZP-Verein Braunschweig verstehe sich als salafistisches Zentrum. Der Salafismus sei dadurch gekennzeichnet, dass Lebensform und Glaubensvorstellung sich streng an das Vorbild der muslimischen Gründerväter hielten. Die parlamentarische Demokratie sowie die rechtsstaatliche Ordnung des Grundgesetzes würden abgelehnt. Das Ideal sei ein Gottesstaat, in dem Koran und Scharia allein als Gesetz gelten würden. Der IKZ-Verein Bremen berufe sich auf dieselbe ideologische Grundlage und rechne sich selbst der bundesweit agierenden salafistischen Bewegung zu.

[31] Der Antragsgegner wendet dagegen unter anderem ein, dass es keinen allgemeingültigen wissenschaftlichen Begriff des „Salafismus" gebe und er keine „salafistische Ideologie" vertrete.

[32] Wie der Begriff des Salafismus im Einzelnen zu verstehen ist und ob er zur Charakterisierung einer Vereinstätigkeit taugt, mag hier dahinstehen. Denn die Einleitungsverfügung erschöpft sich nicht in dieser Zuschreibung, sondern benennt konkrete Tatsachen, die auf ein aggressiv-kämpferisches Wirken gegen die verfassungsmäßige Ordnung hinweisen.

[33] (2) Dabei ist in Rechnung zu stellen, dass innerhalb der salafistischen Richtung des Islam ersichtlich Differenzierungen vorzunehmen sind. In der Einleitungsverfügung wird insoweit Bezug genommen auf eine Ausarbeitung, die zwischen einem puristischen, einem „Mainstream"- und einem jihadistischen Salafismus unterscheidet (Ministerium für Inneres und Kommunales des Landes Nordrhein-Westfalen, Zwischenbericht 2010, S. 37-45). Der puristische Salafismus lehne Gewalt strikt ab, während dies bei den anderen beiden Ausprägungen nicht der Fall sei (S. 41). Allein aus der Zugehörigkeit zur salafistischen Richtung des Islam kann deshalb noch nicht auf ein aggressiv-kämpferisches Wirken gegen die verfassungsmäßige Ordnung geschlossen werden. Dies gilt umso mehr, als die religiöse Vereinigungsfreiheit, wie dargelegt, auch religiöse Gruppen schützt, die sich gegenüber dem Staat sowie seiner Verfassungs- und Rechtsordnung kritisch verhalten und etwa der Überzeugung sind, die Gebote Gottes gingen den staatlichen Gesetzen vor (vgl. dazu BVerfG, Kammerbeschluss vom 2.10.2003 -aaO [48]).

[34] (3) Der Verdacht einer aggressiv-kämpferischen, gegen die verfassungsmäßige Ordnung gerichteten Wirkung ist bei einer religiösen Vereinigung erst dann gegeben, wenn im konkreten Fall belastbare Tatsachen darauf hin-

weisen, dass die Anwendung von Gewalt ernsthaft in Betracht gezogen wird. Solche Tatsachen werden in der Einleitungsverfügung genannt.

[35] Sie bestehen vor allem in Äußerungen des 1. Vorsitzenden des EZP-Vereins Braunschweig, Muhamed Seyfudin C. C. und der EZP-Verein hatten in den vergangenen Jahren ihre Aktivitäten auf Bremen ausgeweitet. An nicht nur gelegentlichen Kontakten zwischen dem EZP-Verein Braunschweig und dem IKZ-Verein Bremen konnte nach den vorhandenen Erkenntnissen kein Zweifel bestehen, wobei das tatsächliche Ausmaß des Einflusses des EZP-Vereins nicht offen lag. Das ist oben im Einzelnen ausgeführt; hierauf wird Bezug genommen.

[36] C. hat am 7.7.2007 - in den Räumen des IKZ Bremen - einen Vortrag gehalten, in dem er unter anderem zum Umgang mit Apostaten Stellung nahm. Seine - in der Einleitungsverfügung wörtlich wiedergegebenen - Ausführungen konnten von seinen Zuhörern nur so verstanden werden, dass er bei Apostasie für die Verhängung der Todesstrafe warb, zu deren Form er noch im Einzelnen Stellung nahm.

[37] In einem weiteren in das Internet eingestellten Vortrag aus dem Jahre 2007 nahm er dazu Stellung, unter welchen Bedingungen ein muslimischer Staat Ungläubige töten dürfte. Der muslimische Staat würde mit dieser Tötung keine Sünde auf sich laden, da es ihm von Gott befohlen sei, den Sheikh (Vielgötterei) von der Erde zu verdrängen.

[38] In einem weiteren, 2010 im Internet unter dem Titel „Vermännlichung der Frau" gehaltenen Vortrag führte er aus, dass Frauen nur eingeschränkte gesellschaftliche Rechte besäßen. Dies betreffe bereits das Verlassen des Hauses. Unter Umständen sei zur Durchsetzung ihrer Pflichten auch die Anwendung von Gewalt zulässig.

[39] Pierre V., der in die Vereinsstruktur des EZP-Vereins eingebunden ist und der nach vorhandenen Erkenntnissen allein im Jahr 2010 vier Mal in den Räumen des IKZ-Vereins als Referent aufgetreten ist (s.o.), hat sich am 18.9.2010 in einem Fernsehbeitrag dahin geäußert, dass der Koran die Steinigung von Ehebrechern als göttliches Gebot vorsehe. Wenn Gott die Steinigung befehle, müsse sie von dem, der diesen Befehl erhalte, vollzogen werden.

[40] In einem am 24.9.2009 in das Internet unter dem Titel „The New Muslim Army" eingestellten Video wird von ihm unverhüllt mit der Anwendung von Gewalt und einem „Aufräumen" gedroht.

[41] Die genannten Äußerungen weisen auf die Befürwortung religiös motivierter Gewalt hin. Für den Fall des Abweichens von den religiösen Normen bzw. gegenüber Nichtgläubigen werden das Töten und die Gewaltanwendung gedanklich durchgespielt und damit enttabuisiert. Die Äußerungen können - auch in ihrer sprachlichen Aggressivität - nicht als unbedeutende Einzelstimmen abgetan werden, sondern sie stammen von Personen, die eine hervorgeho-

bene Stellung besitzen. C. war zum Zeitpunkt der Einleitung des Ermittlungsverfahrens 1. Vorsitzender des EZP-Vereins Braunschweig. Seine wiederholte Vortragstätigkeit im IKZ-Verein Bremen, die Verknüpfung der Internet-Auftritte sowie die Verteilung von Material seines Vereins weisen darauf hin, dass ihm auch in Bremen ein besonderer Rang beigemessen worden ist. Für Pierre V. gilt dasselbe.

[42] In der Einleitungsverfügung des Bundesministeriums des Inneren vom 30.11.2010 werden insgesamt konkrete Tatsachen genannt, um den Verdacht eines aggressiv-kämpferischen Wirkens gegen die verfassungsmäßige Ordnung zu rechtfertigen. Damit sind die Voraussetzungen für eine Durchsuchungsanordnung erfüllt. Für den EZP-Verein Braunschweig hat das OVG Lüneburg dies im Rahmen der dort erfolgenden Durchsuchung mit Beschluss vom 13.12.2010 (-11 OB 533/10-) bestätigt. Der erkennende Senat kommt zu dem Ergebnis, dass im Zeitpunkt des Erlasses des Durchsuchungsbeschlusses - auf diesen Zeitpunkt kommt es maßgeblich an - auch in Bezug auf den IKZ-Verein Bremen ein solcher Verdacht bestanden hat.

[43] 3. Dass die Beschlagnahmeanordnung unter Rechtsfehlern leiden könnte, ist nicht erkennbar. Hierzu trägt die Beschwerde auch nichts vor.

30

Die Verantwortlichkeit für einen Pressebericht (hier über die Behandlung eines Missbrauchsfalls in der katholischen Kirche) erstreckt sich nur auf den Inhalt, der sich aus diesen Äußerungen selbst ergibt, gilt aber nicht für solche Inhalte, die Leser, etwa weil sie in ihrer Wahrnehmung von bestimmten Vorstellungen geprägt sind, von außen in diese Äußerungen hineintragen. Nur bei Inhalten, die sich seinen Äußerungen selbst entnehmen lassen, hat ihr Verbreiter die Möglichkeit, durch die Wahl anderer Ausdrücke, anderer Zusammenhänge oder klarstellender Zusätze darauf Einfluss zu nehmen, welches Verständnis seinen Äußerungen beizulegen ist.
Zur Frage der Abgrenzung von Tatsachenbehauptung und Meinungsäußerung in einem Pressebericht.

Art./§§ 5 Abs. 1 GG, 823 Abs. 2, 1004 Abs. 1 BGB, 186 StGB
OLG Hamburg, Urteil vom 18. Oktober 2011 -7 U 11/11-[1]

1 BeckRS 2013, 15676; *juris*; ZUM-RD 2013, 452. Die Nichtzulassungsbeschwerde der Klägerin wurde zurückgewiesen; BGH, Beschluss vom 19.3.2013 -VI ZR 346/11- n.v.

Die Klägerin, die katholische Diözese A. und Körperschaft öffentlichen Rechts, verlangt von den Beklagten die Unterlassung von Wortberichterstattungen und die Zahlung vorgerichtlicher Rechtsanwaltsgebühren. Die Beklagte zu 1) ist der Verlag der Zeitschrift „NN“; die Beklagte zu 2) ist Anbieterin des Internetangebots. Im Internet werden die Printausgaben der Zeitschrift „NN“ als E-Paper inhaltsgleich angeboten.

Der erstinstanzliche Antrag zu I.1.) betrifft Behauptungen der Beklagten über die Klägerin in der Ausgabe des „NN“ vom 8.2.2010. In der Titelgeschichte („Die Scheinheiligen“) berichtete die Beklagte zu 1) vor dem Hintergrund der bekannt gewordenen Missbrauchsfälle in katholischen Einrichtungen unter anderem auch über die Klägerin. Dieser Beitrag ist auch über das Internetangebot der Beklagten zu 2) abrufbar. Auf Seite 69 heißt es in dem Artikel:

> „‘Es geht ihnen nicht um die Opfer, sondern vor allem darum, dass nichts an die Öffentlichkeit kommt’, warf zum Beispiel ein missbrauchter Jugendlicher dem (Bischof der Diözese A.) vor. Ein Kaplan hatte ihm 1999 in den Schritt gegriffen. Statt aber den Fall aufzuklären und den Kaplan vor Gericht zu bringen, vermittelte das Bischöfliche Ordinariat der Familie eine Art Schmerzens- und Schweigegeld vom Täter.“

Mit dem Klageantrag zu I.1.) möchte die Klägerin den Beklagten untersagen, durch die genannte Berichterstattung den Eindruck zu erwecken, die Klägerin habe durch die Vermittlung einer Geldzahlung bewirken wollen, dass der in Rede stehende Vorfall nicht an die Öffentlichkeit komme.

Mit dem erstinstanzlichen Antrag I.2.a)-f) greift die Klägerin sechs Äußerungen an, die aus der Berichterstattung mit der Überschrift „Schweigen gegen Geld“ aus „NN“ Nr. 38 aus dem Jahr 2007 stammt. Auch dieser Artikel ist im Internetangebot der Beklagten zu 2) abrufbar. In dem Artikel finden sich unter anderem die folgenden Passagen:

> [...] „Schweigen gegen Geld“ [...] Massiv sind die Vorwürfe gegen (Anm.: Bischof der Diözese A.) Dem „NN“ liegen Dokumente vor, die belegen, dass sein Ordinariat - hart an der Grenze der Legalität - versucht hat, Kindesmissbrauch zu vertuschen: Schweigen sollte mit Geld erkauft werden. [...] J. T. ballt die Fäuste, wenn sie an Pfarrer K. und das Verhalten des Bistums denkt: „Das Verschweigen und Vertuschen von Anfang an“ macht sie wütend. Denn K. hatte sich schon an ihren Söhnen vergriffen, während des Osterfestes 1999. [...] Das Ordinariat in A. habe ... T. - ihrer Aussage nach – ‚überredet‘, ‚keine Anzeige bei der Polizei zu erstatten. Man wolle den Fall im Bistum lieber intern regeln.‘ [...] Die von der Fummelei geschockte Familie wollte sich zumindest vorbehalten, den Priester später noch anzeigen zu dürfen. [...] Da der künftige seelsorgliche Einsatz von Herrn K. allein im Kompetenzbereich des Bischöflichen Ordinariats verbleiben soll, wobei bei Art und Zeitpunkt des Einsatzes die Vorfälle berücksichtigt werden, können wir es nicht akzeptieren, dass ... eine Anzeige vorbehalten bleibt.“

Hintergrund für die Berichterstattungen war ein Missbrauchsvorfall am 31.3.1999, bei dem Kaplan P.K. in B. die beiden Söhne der Familie T. sexuell belästigte, was von der Schwester beobachtet und sodann den Eltern erzählt worden war. Die Eltern wandten sich bereits am nächsten Tag, dem 1.4.1999, an die Klägerin und berichteten über den Vorfall. Am 14.5.1999 fand wegen des Vorfalls ein Treffen der Eltern der geschädigten Kinder nebst ihrem Anwalt C. und für die Klägerin Domdekan D. und Generalvikar E. nebst ihrem Justitiar F. statt, während welchem das weitere Vorgehen abgestimmt worden war. In einem Schreiben vom 18.5.1999 an Justitiar F. hielt der Anwalt C. die Eckpunkte dieses Gesprächs schriftlich fest. Unter Punkt 1 heißt es in dem Schreiben: „Das Bischöfliche Ordinariat A. hat ausdrücklich bekundet, einem strafrechtlichen Ermittlungsverfahren gegen Herrn Kaplan P. K. nicht im Wege zu stehen."

Das weitere Geschehen ist im Wesentlichen streitig - insbesondere, wie es zu der im vorliegenden Verfahren eingereichten Vereinbarung zwischen der Klägerin, dem Kaplan und den Eltern der betroffenen Kinder kam, in welcher unter anderem unter Punkt 2 vereinbart worden war: „Zwischen den Beteiligten besteht Einigkeit, dass negative psychische Folgen für die betroffenen Kinder [...] soweit wie möglich verhindert bzw. durch Therapien abgemildert werden sollen. Im wohlverstandenen Interesse der Kinder und auf ausdrücklichen Wunsch der Eltern soll daher Stillschweigen gewahrt werden". Unter Punkt 4 heißt es unter anderem: „[...] Herr P.K... verpflichtet sich, den aus dem Vorfall vom 31.3.1999 entstandenen und ggf. noch entstehenden materiellen und immateriellen Schaden zu ersetzen. Er verpflichtet sich insbesondere, folgendes Schmerzensgeld zu bezahlen: a) [...] b) [...], c) [...]." Im Juni 1999 wurde eine vom Geschädigtenanwalt C. formulierte öffentliche Erklärung an die Presse und die Öffentlichkeit gegeben. Ende 1999 wurde Anzeige gegen Kaplan K. wegen der Missbrauchstaten zu Lasten der Söhne T. erstattet.

Die Klägerin trägt hierzu vor, die Berichterstattung der Beklagten sei bewusst unrichtig, denn es sei den Beklagten bekannt gewesen, dass es dem ausdrücklichen Wunsch der Eltern der geschädigten Kinder entsprochen habe, dass Stillschweigen gewahrt werde. Damit sei klar, dass sie, die Klägerin, weder „Schweigen gegen Geld" erkauft, noch versucht habe, Kindesmissbrauch zu vertuschen. Ebenso wenig habe sie versucht, „von Anfang an" etwas zu verschweigen oder zu vertuschen. Die Mutter der Kinder sei auch nicht überredet worden, keine Anzeige zu erstatten.

Die Klägerin stellte hierzu in erster Instanz folgende Anträge

Wörtlich und/oder sinngemäß mit Bezug auf die Klägerin zu behaupten und/oder zu verbreiten und/oder behaupten und/oder verbreiten zu lassen:

a) Unter Bezugnahme auf die im Jahr 1999 zwischen P. K., der Diözese und dem Ehepaar T. geschlossene Vereinbarung „Schweigen gegen Geld";
b) „(Anm.: Der oben genannten Zeitschrift NN) liegen Dokumente vor, die belegen, dass sein Ordinariat - hart an der Grenze der Legalität - versucht hat, Kindesmissbrauch zu vertuschen: Schweigen sollte mit Geld erkauft werden."
c) Unter Bezugnahme auf eine Äußerung von „J. T.": „'Das Verschweigen und Vertuschen von Anfang an' macht sie wütend."
d) Das Ordinariat in A. habe J.T. - ihrer Aussage nach - „überredet", „keine Anzeige bei der Polizei zu erstatten. Man wolle den Fall im Bistum lieber intern regeln."
e) Durch die Formulierungen:
„Die von der Fummelei geschockte Familie wollte sich zumindest vorbehalten, den Priester später noch anzeigen zu dürfen"
und
„Da der künftige seelsorgliche Einsatz von Herrn K. allein im Kompetenzbereich des Bischöflichen Ordinariats verbleiben soll, wobei bei Art und Zeitpunkt des Einsatzes die Vorfälle berücksichtigt werden, können wir es nicht akzeptieren, dass ... eine Anzeige vorbehalten bleibt."
den Eindruck zu erwecken, die Klägerin habe verlangt, dass eine Anzeige unterbleiben soll.
f) „Die Familie unterschrieb schließlich die Schweigevereinbarung."

Die Beklagten machen u.a. geltend: Es liege keine unabwendbare Schlussfolgerung des Lesers dahingehend vor, dass das Schweigen gegen Geld erkauft worden sein soll. Es handele sich vielmehr um die Kritik an der Klägerin, dass sie den Vorfall nicht selbst angezeigt habe, und fasse sodann die mit den Opfern getroffene Vereinbarung wertend zusammen. Aus dem Begriff „Schweigegeld" sei nicht auf ein Motiv der Klägerin zu schließen. Allerdings sei die Grundlage für die Vereinbarung die Schweigezusage gewesen, so dass der Eindruck jedenfalls den Tatsachen entspreche.

Das LG Hamburg (Urteil vom 21.1.2011 -324 O 274/10- ZUM-RD 2011, 511) hat der Klage stattgegeben mit Ausnahme des Klageantrags zu 2 f). Das Landgericht führt u.a. aus:

Es handelt sich bei dem Eindruck, die Klägerin habe durch die Vermittlung einer Geldzahlung bewirken wollen, dass der in Rede stehende Vorfall nicht an die Öffentlichkeit komme, um eine innere Tatsachenbehauptung, denn es geht um das Motiv für die Vermittlung der Geldzahlung, *also um eine innere, subjektive Absicht, nämlich um die Frage, ob die Geldzahlung mit der Intention vermittelt wurde, damit die Geschädigten sich nicht an die Öffentlichkeit wenden. Eine Tatsachenbehauptung liegt vor, wenn der Gehalt der Äußerung entsprechend dem Verständnis des durchschnittlichen Rezipienten der objektiven Klärung zugänglich ist, weil er als etwas Geschehenes grundsätzlich dem Beweis offen steht, er also mit den Mitteln der Beweiserhebung überprüfbar ist (vgl. Wenzel, Das Recht der Wort- und Bildberichterstattung, 5. Aufl., 2003, 4. Kapitel Rn 43 ff. mwN; Soehring, Presserecht, 3.Aufl., 2000 Rn 14.3 ff. mwN). Die Frage, ob die Klägerin durch die Vermittlung einer Geldzahlung habe bewirken wollen, dass der in Rede stehende Vorfall nicht an die Öffentlichkeit komme,*

ist dem Beweis zugänglich. Denn für die Klägerin haben seinerzeit Personen gehandelt, welche die behauptete Intention gehabt haben müssen, über die man Beweis erheben könnte. Die Behauptung hat jedenfalls prozessual als unwahr zu gelten. Die Darlegungs- und Beweislast für die Wahrheit dieser Tatsachenbehauptung liegt bei den Beklagten. Im Ausgangspunkt trägt zwar derjenige die Darlegungs- und Beweislast für die Unwahrheit einer Behauptung, der sich gegen die Äußerung wendet. Entgegen dieser im Zivilprozess grundsätzlich geltenden Regel, dass derjenige, der einen Anspruch geltend macht, dessen tatbestandliche Voraussetzungen zu beweisen hat, muss nach der ins Zivilrecht transformierten Beweislastregel des § 186 StGB derjenige, der Behauptungen aufstellt oder verbreitet, die geeignet sind, den Betroffenen in der öffentlichen Meinung herabzuwürdigen oder sonst wie seinen sozialen Geltungsanspruch zu beeinträchtigen, im Streitfalle ihre Richtigkeit beweisen (Soehring, Presserecht 3. Auflage. 2000, Rn 30.24, Prinz/Peters Medienrecht 1999, Rn 381). So liegt es hier, wird doch der Klägerin vorgeworfen, sich das Schweigen von Missbrauchsopfern zu erkaufen. Dieser Vorwurf ist geeignet, sie in der öffentlichen Meinung herabzuwürdigen und ihren Geltungsanspruch zu beeinträchtigen.
Den Beklagten ist es nicht gelungen, darzulegen und zu beweisen, dass die Klägerin durch die Vermittlung einer Geldzahlung habe bewirken wollen, dass der Missbrauchsvorfall T. nicht an die Öffentlichkeit komme.

Die Berufung der Beklagten führte Abänderung des erstinstanzlichen Urteils und Klageabweisung.

Aus den Gründen:

[14] Die Berufung der Beklagten ist zulässig. Sie ist auch in der Sache begründet. Der Klägerin stehen die aus § 1004 Abs. 1 Satz 2 BGB iVm § 823 Abs. 2 BGB und § 186 StGB geltend gemachten Ansprüche nicht zu.

[15] Das Landgericht ist allerdings zu Recht und mit zutreffender Begründung, auf die Bezug genommen wird, davon ausgegangen, dass der Klägerin Ansprüche der geltend gemachten Art zustehen können. Wie sich aus § 194 StGB ergibt, können auch Körperschaften des öffentlichen Rechts Ansprüche auf den Schutz der Rechtsgüter der §§ 185 ff. StGB zustehen. Dass bei einer Kollision der sich daraus ergebenden Rechte mit den Rechten anderer aus Art. 5 Abs. 1 GG im Rahmen der dann anzustellenden Abwägung der betroffenen Rechtsgüter zu berücksichtigen sein wird, dass die Klägerin als ein Träger auch öffentlicher Gewalt ein höheres Maß an Kritik hinzunehmen haben kann als private Rechtsträger, ändert daran im Ausgangspunkt der Betrachtungen nichts.

[16] Die geltend gemachten Ansprüche stehen der Klägerin aber aus anderen Gründen nicht zu.

[17] Soweit die Klägerin den Eindruck bekämpft, sie habe durch Vermittlung einer Geldzahlung bewirken wollen, dass die Misshandlung der Kinder der Familie durch einen katholischen Geistlichen nicht an die Öffentlichkeit komme (Klageantrag zu I.1.]) scheidet ein Anspruch schon deswegen aus, weil es sich bei der damit angegriffenen Behauptung nicht um eine unzutreffende Tatsachenbehauptung handelt. Bei allen abweichenden Darstellungen der Parteien über den Verlauf der Verhandlungen zwischen der Klägerin und den Eltern der misshandelten Kinder ist unstreitig, dass die Klägerin bei Abschluss der Vereinbarung mit den Eltern davon ausging, dass der Kaplan das Schmerzensgeld zahlen werde und die Kindeseltern nach Abschluss der Vereinbarung eine Anzeige gegen ihn nicht erstatten wollten. Vor diesem Hintergrund bildete der Abschluss der Vereinbarung aus Sicht der Beteiligten eine Ursache dafür, dass der Vorgang um die Misshandlung der Kinder nicht angezeigt oder sonst an die Öffentlichkeit dringen werde. Diese Mitwirkung aller an den Verhandlungen beteiligten Personen und damit auch der Klägerin stellte sich damit als eine Form des Bewirkens einer Verhinderung des Öffentlichwerdens des Vorfalls dar, weil alle Beteiligten bewusst daran mitwirkten, eine Ursache dafür zu setzen, dass der Missbrauchsfall nicht öffentlich gemacht werden würde. Soweit die Klägerin ihren Antrag weitergehend dahin verstanden wissen will, es solle dem Beklagten untersagt werden zu verbreiten, dass die Vermittlung der Geldzahlung eine „Gegenleistung" dafür gewesen sei, dass die Eltern den Vorgang nicht an die Öffentlichkeit tragen, ist das von diesem Antrag nicht gedeckt. Eine solche Äußerung wäre aber auch im Lichte der Meinungsäußerungsfreiheit des Art. 5 Abs. 1 GG nicht angreifbar. Die Frage, ob zwei in kausaler Verknüpfung zueinander eingegangene Verpflichtungen in der Art in einem Gegenseitigkeitsverhältnis stehen, dass die Eingehung der einen Verpflichtung die Gegenleistung - im Sinne eines „do ut des" - für die andere Verpflichtung ist, ist nicht eine Frage nach einer tatsächlichen Verknüpfung, sondern das Ergebnis einer wertenden Betrachtung des Zusammenhangs der Verpflichtungen und damit eine Meinungsäußerung. Umstände, nach denen eine dahingehende Meinungsäußerung, die Klägerin habe die Geldzahlung des Kaplans als Gegenleistung dafür vermittelt, dass die Sache nicht an die Öffentlichkeit komme, ausnahmsweise unzulässig sein könnte, sind nicht gegeben: Die hinter der Kritik des Beklagten stehende Ansicht, dass die Klägerin jedenfalls aus moralischen Gesichtspunkten heraus gehalten gewesen sei, von sich aus eine Strafanzeige gegen den Kaplan zu erstatten, als ihr der Missbrauchsfall angezeigt wurde und sie erkannte, dass die Anzeige zutraf, darf geäußert werden, weil ihr überwiegende berechtigte Interessen der Klägerin an dem Unterlassen einer solchen Kritik nicht entgegenstehen.

[18] Aus diesen Gründen kann die Klägerin von den Beklagten auch nicht verlangen, es zu unterlassen, in Bezug auf die Vereinbarung von 1999 zu äußern „Schweigen gegen Geld" oder zu verbreiten: „N.N. liegen Dokumente vor, die belegen, dass sein Ordinariat - hart an der Grenze der Legalität - versucht hat, Kindesmissbrauch zu vertuschen: Schweigen sollte mit Geld erkauft werden" (Klaganträge zu I.2.a] und b]). Auch mit diesen Äußerungen wird der Umstand, dass es zu der Vereinbarung von 1999 mit der Stillschweigensklausel gekommen ist, kritisch bewertet, ohne dass Tatsachen behauptet werden, die außerhalb des tatsächlichen Geschehensablaufs lägen. Diese Kritik mag inhaltlich scharf und in der Form plakativ sein, das Maß dessen, was in einer Angelegenheit von solchem Gewicht zulässig ist, überschreitet sie aber nicht. Der Klägerin steht daher auch kein Anspruch gegen die Beklagten darauf zu, es zu unterlassen, über die Mutter der misshandelten Kinder zu verbreiten: „Das Verschweigen und Vertuschen von Anfang an macht sie wütend" (Klagantrag zu I.2.c]). Auch diese Äußerung ist, soweit sie auf tatsächliche Vorgänge Bezug nimmt, zutreffend. Ein konkreter tatsächlicher Inhalt, der über die unstreitig wahren Ereignisse im Zusammenhang mit dem Missbrauch der Kinder hinausginge, kommt ihr nicht zu. Sie nimmt nach dem Inhalt der Gesamtveröffentlichung, in die sie eingebettet ist, nur auf den tatsächlichen Ablauf der Ereignisse Bezug, wonach die Kindeseltern den Kindesmissbrauch bei der Klägerin angezeigt haben, es aufgrund der Verhandlungen mit der Klägerin über eine Entschädigungsleistung des Täters nicht zu einer Strafanzeige gegen den Täter gekommen ist und die Klägerin ihn nach dem dann doch erfolgten Strafverfahren erneut als Priester eingesetzt hat, ohne in seinem Umfeld darauf hinzuweisen, dass von ihm eine Gefahr ausgehen kann. Dass die Beklagten und die zitierte Mutter der Kinder diese Ereignisse besonders negativ bewerten, ist von Art. 5 Abs. 1 GG gedeckt. Dass die Klägerin, statt sogleich selbst Anzeige gegen ihren Priester zu erstatten, den Priester weiter beschäftigte, langwierige Verhandlungen mit den Kindeseltern führte und es diesen überließ, eine Anzeige zu erstatten oder nicht, und dass die Klägerin schließlich den Priester nach seiner Bestrafung erneut in einer Gemeinde als Kaplan einsetzte, darf auf dieser tatsächlichen Grundlage als „Verschweigen und Vertuschen" bezeichnet werden.

[19] Auch bei der weiter angegriffenen Äußerung, das Ordinariat habe die Mutter der Kinder - ihrer Aussage nach - „überredet", „keine Anzeige bei der Polizei zu erstatten, man wolle den Fall im Bistum lieber intern regeln", handelt es sich um eine Meinungsäußerung, die einem Verbot nicht zugänglich ist. Die zitierte Äußerung der Kindesmutter wird von dem Leser nicht dahin verstanden, dass die Klägerin - was diese mit Nachdruck bestreitet - einseitig in den Kindeseltern den Entschluss hervorgerufen habe, keine Strafanzeige zu erstatten. Ein solches Verständnis, das allein an die Verwendung des Wortes „überreden"

anknüpft, wird dem Gesamtzusammenhang der Berichterstattung der Beklagten, in den das Zitat der Kindesmutter eingefügt ist, nicht gerecht. Die korrekte Schilderung des äußeren Geschehensablaufs macht vielmehr deutlich, dass mit „Überreden" nicht gemeint ist, dass Mitarbeiter der Klägerin auf die Kindeseltern eingeredet hätten, bis diese jeden Entschluss, Anzeige gegen den Kaplan zu erstatten, aufgegeben haben, sondern dass die Kindeseltern durch das Verhalten der Klägerin, mit ihnen langwierige Verhandlungen zu führen, zu deren Gegenstand immer wieder auch eine Stillschweigensvereinbarung gehörte, davon abgebracht worden sind, eine Strafanzeige gegen den Priester zu erstatten oder sonst an die Öffentlichkeit zu gehen. Dass dies mit der Äußerung gemeint ist, ergibt sich schon aus der Schilderung der Situation der Familie ... im Zeitpunkt des Missbrauchs der Kinder. Die Kindeseltern haben sich in ihrem ersten Erschrecken über den Vorfall nicht an die Polizei gewandt, sondern als gläubige Katholiken zunächst Hilfe bei der Klägerin gesucht. Diese machte nun ihrerseits nicht etwa den Eltern deutlich, dass hier ein Verhalten vorlag, dass strafrechtlicher Verfolgung bedurfte, sondern sie ließ den Gedanken daran, dass eigentlich die Einleitung einer öffentlichen Strafverfolgung geboten war, in der Vorstellungswelt der Kindeseltern in den Hintergrund treten, indem sie den Kaplan zwar versetzte, ihn aber weiterhin beschäftigte und in Verhandlungen über eine Entschädigung eintrat. Die dadurch bei den Eltern eingetretene Unsicherheit hat die Klägerin dann noch dadurch verstärkt, dass sie es zumindest zuließ, dass die Frage der Erstattung einer Anzeige zum Gegenstand der Verhandlungen gemacht wurde mit der Folge, dass jedenfalls während der Dauer dieser Verhandlungen eine Anzeigeerstattung auch tatsächlich unterblieb. Wenn die Kindeseltern das rückblickend so empfinden, als seien sie von der Klägerin „überredet" worden, eine Anzeige nicht zu erstatten, ist das als eine Bewertung dieses Geschehens aus Rechtsgründen ebenso wenig angreifbar wie die Wiedergabe dieser Empfindung durch die Beklagten.

[20] Soweit die Klägerin schließlich begehrt, den Beklagten zu untersagen, durch die Formulierungen „Die von der Fummelei geschockte Familie wollte sich zumindest vorbehalten, den Priester später noch anzeigen zu dürfen" und „Da der künftige seelsorgerische Einsatz von Herrn K. allein im Kompetenzbereich des Bischöflichen Ordinariats verbleiben soll, wobei bei Art und Zeitpunkt des Einsatzes die Vorfälle berücksichtigt werden, können wir es nicht akzeptieren, dass ... [Auslassungspunkte im Original der Berichterstattung] eine Anzeige vorbehalten bleibt" den Eindruck zu erwecken, dass die Klägerin verlangt habe, dass eine Anzeige unterbleiben soll (Klagantrag zu I.1.e]), ist die Klage schon deshalb nicht begründet, weil ein Eindruck mit dem beschriebenen Inhalt durch die Berichterstattung der Beklagten nicht erweckt wird. Da die Klägerin mit diesem Klagantrag einen Eindruck angreift, kommt es nicht darauf an, ob -

worüber die Parteien in rechtlicher Hinsicht streiten - durch die bei der Wiedergabe aus dem Schreiben der Klägerin vorgenommene (und durch Auslassungszeichen kenntlich gemachte) Kürzung eine Sinnentstellung eingetreten ist, sondern darauf, ob die Äußerung so, wie die Beklagten sie verbreitet haben, einen Eindruck mit dem angegriffenen Inhalt erweckt. Das ist nur dann der Fall, wenn der verbreitete Text aus sich heraus dahingehend verstanden werden kann, dass er eine weitere, nicht offen ausgesprochene Behauptung enthält. Denn der Äußernde ist nur für den Inhalt seiner Äußerungen verantwortlich, der sich aus diesen Äußerungen selbst ergibt, nicht aber für solche Inhalte, die Leser der Äußerung - etwa weil sie in ihrer Wahrnehmung von bestimmten Vorstellungen geprägt sind - von außen in diese Äußerungen hineintragen. Nur bei Inhalten, die sich seinen Äußerungen selbst entnehmen lassen, hat ihr Verbreiter die Möglichkeit, durch die Wahl anderer Ausdrücke, anderer Zusammenhänge oder klarstellender Zusätze darauf Einfluss zu nehmen, welches Verständnis seinen Äußerungen beizulegen ist; denn eben diese Möglichkeit, selbst Einfluss auf das Verständnis zu nehmen, das seinen Äußerungen beizulegen ist, ist es, worauf die Verantwortlichkeit des Verbreiters für den Inhalt seiner Äußerungen beruht (s. BVerfG, Beschluss vom 25.10.2005, NJW 2006, S. 207 ff. [208 f.]). Hier schildern die Beklagten in ihrem Beitrag, dass dem Abschluss der Vereinbarung vom 30.6./25.11.1999 ein Wechsel von Schriftverkehr und Besprechungen vorausgegangen war, zu deren Gegenstand es gehörte, dass die Kindeseltern die Frage, ob und unter welchen Voraussetzungen eine Anzeige noch sollte erstattet werden können, umfangreicher geregelt haben wollten als dies auf Seiten der Klägerin der Fall war, die auf dem Wortlaut der von ihr schon im Juni 1999 unterschriebenen Vereinbarung beharrte. Damit beschreiben die Beklagten, was auch tatsächlich geschehen ist, dass nämlich die Kindeseltern eine andere Regelung in die Vereinbarung aufnehmen wollten, die Klägerin aber nicht. Die Gründe beider Seiten und ihre jeweiligen Argumente werden in der Berichterstattung der Beklagten nicht näher dargelegt. Das mag zwar den einen oder anderen Leser des Beitrags dazu veranlassen, darüber zu spekulieren, was die Gründe für die jeweilige Haltung der Beteiligten gewesen sein könnten. Der Text des Beitrags aber sagt ihm dazu nichts, und bei dieser Sachlage wäre es mit der Meinungsäußerungsfreiheit des Art. 5 Abs. 1 GG nicht vereinbar, die Verbreitung des Textes nur deshalb zu verbieten, weil der durch ihn zum eigenständigen Weiterdenken veranlasste Leser möglicherweise Vermutungen anstellt, die nicht zutreffen. Das gilt hier umso mehr, als es das Verhalten der Klägerin selbst ist, das bei einem äußeren Betrachter den Eindruck entstehen lassen kann, dass sie nicht wollte, dass eine Strafanzeige gegen ihren Priester erstattet werde.

[21] Da die Beklagten die Unterlassung der abgemahnten Äußerungen nicht schulden, kann die Klägerin von ihnen auch nicht aus § 823 Abs. 1 BGB den Ersatz ihrer Abmahnkosten verlangen.

31

Der ernste Charakter eines Feiertages unterliegt als unbestimmter Rechtsbegriff der uneingeschränkten verwaltungsgerichtlichen Kontrolle. Für die Beurteilung einer Musikveranstaltung am Totensonntag ist allein maßgebend, ob Musikstil und Gesamtinszenierung die Bedeutung des stillen Tages wahren.

Art. 3 Abs. 2 BY.FTG
VG München, Beschluss vom 20. Oktober 2011 -M 18 SE 11.4905-[1]

Die Antragstellerin ist Konzertveranstalterin und plant in diesem Zusammenhang ein Konzert der Musikgruppe A. in der B.-Halle in C.

Im Juni 2011 ging bei der Beklagten eine diesbezügliche Anfrage des Bevollmächtigten der Antragstellerin ein. Nach Auffassung der Antragstellerin bestehe für ein Konzert dieser Musikgruppe kein Verbotstatbestand gem. Art. 3 Abs. 2 FTG. Der Bevollmächtigte bat die Antragsgegnerin um kurzfristige Stellungnahme bzw. die Bestätigung. Hierauf erklärte die Antragsgegnerin, dass nach erster Einschätzung das geplante Konzert nicht dem ernsten Charakter des Totensonntags entspreche. Gleichzeitig wurde darauf hingewiesen, dass die Angelegenheiten mit der Aufsichtsbehörde nochmals geprüft werden solle. Die Aufsichtsbehörde kam mit einem Schreiben von Juli 2011 zum Ergebnis, dass die Konzertveranstaltung mit dem ernsten Charakter des Totensonntages nicht vereinbar sei, und bat die Antragsgegnerin, die Veranstaltung zu untersagen.

Im August 2011 wurde die Antragstellerin zur beabsichtigten Untersagung angehört. Der Bevollmächtigte der Antragstellerin widersprach der Einschätzung, dass das Konzert nicht dem ernsten Charakter des Totensonntages entspreche, und beantragte vorsorglich Befreiung gem. Art. 5 FTG.

Mit dem angefochtenen Bescheid von September 2011 untersagte die Antragsgegnerin der Antragstellerin die Durchführung des Konzertes am 20.11.2011 in der B.-Halle (Ziffer 1 des Bescheides), lehnte den Antrag auf Befreiung nach

---

1 BeckRS 2011, 31519; *juris*. Im Hauptsacheverfahren wurde die Klage abgewiesen; VG München Urteil vom 10.10.2012 -M 18 K 11.49069-. Den hiergegen gerichteten Antrag auf Zulassung der Berufung lehnte der BayVGH mit Beschluss vom 16.12.2014 (-10 ZB 13.61-) ab. Beide Entscheidungen sind in die Datenbank Bayernrecht aufgenommen worden.

Art. 5 FTG ab (Ziffer 2 des Bescheides), ordnete für Ziffer 1 des Bescheides die sofortige Vollziehung gem. § 80 Abs.2 Nr. 4 VwGO an (Ziffer 3 des Bescheides) und drohte für den Fall, dass die Antragstellerin der Verpflichtung aus Ziffer 1 des Bescheides nicht nachkommt, ein Zwangsgeld in Höhe von 15.000,- € an (Ziffer 4 des Bescheides).

Zur Begründung wurde insbesondere ausgeführt, dass sich die Untersagung der Veranstaltung auf Art. 19 Abs. 5 Satz 2 LStVG iVm Art. 3 Abs. 2 FTG stütze. Die geplante Veranstaltung sei mit dem ernsten Charakter des Totensonntages unvereinbar. Nach den Ermittlungen der Antragsgegnerin handele es sich bei der Musikgruppe um eine Rockband, die musikalisch zur „Neuen Deutschen Härte" gezählt werde. Ihr Kennzeichen sei ein beispielsweise als „brachial" beschriebener Musikstil, den die Bandmitglieder selbst als„Tanzmetall" bezeichneten. Die Musik spanne einen Bogen zwischen Hardrock und Alternativ/ Heavy Metal, sie enthalte jedoch auch Deutschrock und Technoelemente und werde regelmäßig in großer Lautstärke und mit starken Basselementen aufgeführt. Die Texte der Band seien stellenweise bewusst mehrdeutig; viele Passagen könnten gleichermaßen als anzüglich wie auch als harmlos gedeutet werden. Einige Texte zu umstrittenen Themen ließen bewusst offen, ob sie die geschilderten Ansichten propagieren, ironisieren oder neutral schildern. Die Gesamtinszenierung sei geprägt durch eine Vielzahl von Licht- und Pyrotechnikeffekten sowie von besonderen Einzelaktionen wie etwa brennenden Personen, die über die Bühne liefen, oder sonstigen zum Teil obszönen Darbietungen. Es sei nicht vorgetragen worden, dass die Inszenierung des Konzertes 2011 wesentlich von denen vergangener Jahre abweichen solle. Die Untersagung sei geeignet, erforderlich und angemessen, um rechtmäßige Zustände sicherzustellen. Nachdem nicht nur einzelne Showelemente bzw. einzelne Musikstücke mit dem ernsten Charakter des Totensonntages unvereinbar seien, sondern der Musikstil der Gruppe und die Gesamtinszenierung der Konzerte insgesamt den ernsten Charakter des stillen Tages nicht wahre, sei auch ein Auflagenbescheid nicht ausreichend.

Auch die hilfsweise beantragte Befreiung für die Veranstaltung sei abzulehnen gewesen. Zwar könnten schwerwiegende wirtschaftliche Gründe für eine Befreiung von den Verboten des Art. 3 Abs. 2 FTG sprechen, die hier vorliegende bloße allgemeine Gewinnerzielungsabsicht reiche hierfür jedoch nicht aus. Dabei sei zu berücksichtigen, dass der Totensonntag als gesetzlich geschützter stiller Tag kalendarisch feststehe und daher im Zuge der Organisation einer Veranstaltung auch lange im Voraus berücksichtigt werden könne. Mindestens seit Juni 2011 habe die Antragstellerin gewusst, dass die Veranstaltung nach Auffassung der zuständigen Behörde mit großer Wahrscheinlichkeit nicht den

Vorgaben des Bayerischen Feiertagsgesetzes entspreche. Ein Vorverkaufsstart sei daher auf eigenes Risiko erfolgt.

Die Anordnung der sofortigen Vollziehung der Ziffer 1 des Bescheidtenors liege im besonderen öffentlichen Interesse an der Unterbindung rechtswidriger Tatbestände. Die betriebswirtschaftlichen Interessen der Antragstellerin seien als nachrangig anzusehen.

Mit der hierauf erhobenen Klage begehrt die Klägerin in erster Linie die Aufhebung des Bescheids der Antragsgegnerin von September 2011, hilfsweise, die Beklagte zu verpflichten, der Klägerin eine Befreiung nach Art. 5 FTG für die Durchführung des genannten Konzerts zu erteilen.

Gleichzeitig stellte der Bevollmächtigte der Antragstellerin Antrag gem. § 80 Abs. 5 VwGO, hilfsweise Antrag auf Erlass einer einstweiligen Anordnung gem. § 123 VwGO und beantragte, die aufschiebende Wirkung der Anfechtungsklage wiederherzustellen, hilfsweise der Antragsgegnerin aufzugeben, hinsichtlich der Veranstaltung eine Befreiung gem. Art. 5 FTG zu erteilen.

Zur Begründung wurde u.a. ausgeführt, die Antragstellerin gehe insoweit davon aus, dass - nicht zuletzt aufgrund der üblichen Verwaltungspraxis der Antragsgegnerin - Konzertveranstaltungen im Gegensatz etwa zu Disco-Tanzveranstaltungen als in der Regel dem „entsprechend ernsten Charakter“ von stillen Tagen angesehen würden. Diese Verwaltungspraxis werde auch dadurch bestätigt, dass in den vergangenen Jahren - ohne Beanstandung - zahlreiche Konzertveranstaltungen in C. durchgeführt worden seien und auch im Jahr 2011 (auch am Totensonntag), durchgeführt würden. Die Untersagungsverfügung sei daher bereits aufgrund des Verstoßes gegen Art. 3 GG (Willkürverbot) rechtswidrig. Für die Beurteilung des Begriffs „ernster Charakter“ sei zwingend auch auf die künstlerische Qualität der Veranstaltung abzustellen und nicht lediglich auf Musikstil und/oder Lautstärke. Die Gruppe A. setze sich in künstlerisch tiefgründiger Weise hauptsächlich mit Themen wie Liebe, Tod, Schmerz, etc. auseinander, wobei auch literarische Vorbilder als Inspiration dienten. Auch habe die Antragstellerin ausdrücklich zugesichert, dass obszöne Darbietungen nicht Inhalt der aktuellen Bühnenshow seien.

Die Untersagung des Konzerts würde für das Unternehmen der Antragstellerin zwingend eine Existenzgefährdung bzw. Insolvenz bedeuten. Im Falle der Untersagung sei die Antragstellerin nicht nur verpflichtet, die vereinbarte Gage der Musikgruppe in Höhe von 300.000,- € zu tragen, sondern auch noch weitere erhebliche Ausfallkosten in Höhe von ca. 200.000,- €. Die Entscheidung sei zudem ermessensfehlerhaft, da sie nicht berücksichtige, dass ein Großteil der säkular eingestellten Bürger bei Durchführung etwa der streitgegenständlichen Konzertveranstaltung sich keinesfalls gestört fühle.

Die Antragstellerin habe jedenfalls einen Anspruch auf Erteilung der Befreiung gem. Art. 5 FTG, da schwerwiegende wirtschaftliche Gründe für eine Befreiung des Art. 3 FTG sprächen. Im Falle der Nichtdurchführung würden zwingend die Insolvenz und damit die Existenzvernichtung der Antragstellerin einhergehen.

Das Verwaltungsgericht lehnt den Antrag ab.

Aus den Gründen:

[15] II. Sowohl der Antrag gem. § 80 Asb.5 VwGO, als auch der im Rahmen einer einstweiligen Anordnung nach § 123 VwGO auf Erteilung einer Befreiung gem. Art. 5 FTG gerichtete Hilfsantrag haben in der Sache keinen Erfolg.

[16] Die Kammer kommt nach Abwägung der widerstreitenden Interessen zur Einschätzung, dass die Klage in der Hauptsache voraussichtlich ohne Erfolg bleiben wird und auch das öffentliche Vollzugsinteresse das private Aussetzungsinteresse der Antragstellerin überwiegt.

[18] In materieller Hinsicht ist mit überwiegender Wahrscheinlichkeit davon auszugehen, dass die geplante Veranstaltung der Musikgruppe A. unvereinbar mit dem ernsten Charakter des Totensonntages iSv Art. 3 Abs. 2 FTG ist. Der streitgegenständliche Bescheid der Antragsgegnerin dürfte sich im Hauptsacheverfahren tendenziell als rechtmäßig erweisen.

[19] Die Antragsgegnerin stützt die Untersagung in Ziff. 1 des Bescheides auf Art. 19 Abs. 5 Satz 2 LStVG iVm Art. 3 Abs. 2 FTG. Danach können Vergnügungsveranstaltungen untersagt werden, wenn öffentlich-rechtliche Vorschriften, hier das Feiertagsgesetz, entgegenstehen. Auch gemischte Veranstaltungen, bei denen neben dem Element der Zerstreuung andere Elemente, wie z.B. künstlerische, kulturelle oder religiöse, hinzukommen, fallen unter den Anwendungsbereich des Art. 19 LStVG (vgl. Schenk, LStVG-Kommentar, Stand Juni 2010, Art. 19, Rn. 7). Soll eine Veranstaltung untersagt werden, durch deren Durchführung der Tatbestand eines Strafgesetzes oder einer Ordnungswidrigkeit (hier Art. 7 FTG) verwirklicht wird, so geht insoweit Art. 19 Abs. 5 Satz 1 LStVG der Generalklausel des Art. 7 Abs. 2 Nr. 1 LStVG vor (vgl. Schenk, aaO, Rn 88).

[20] Der 20.11.2011 (Totensonntag) ist ein sogenannter stiller Tag nach Art. 3 Abs. 1 FTG. Dieser evangelische Gedenktag dient dem Andenken, der Trauer und dem Abschied von den Verstorbenen, dem Nachdenken über den Tod sowie dem Hoffen an die Auferstehung nach dem Tod. In den Gottesdiensten werden die Namen der Verstorbenen des vergangenen Kirchenjahres vorgelesen und extra in das Gebet der Kirchengemeinde einbezogen.

[21] Die Festsetzung der gesetzlichen Feiertage ist Sache des Landesgesetzgebers, der bei der Abwägung der zahlreichen im Feiertagsrecht zu berücksichtigenden Gesichtspunkte ein Auswahlrecht hinsichtlich der Zahl der Feiertage und in Wahrung der Sinngebung kirchlicher Feiertage eine Gestaltungsfreiheit in Bezug auf die Intensität des Feiertagschutzes hat (vgl. BayVerfGH vom 25.2.1982, VerfGHE 35, 10, KirchE 19, 225; BayVerfGH vom 12.3.2007 -Vf.8-VII-06-KirchE 49, 216). Im Rahmen dieses Auswahlrechts hat der Bayerische Gesetzgeber für den Totensonntag zwar kein absolutes Musikverbot vorgesehen, eine Unterhaltungsveranstaltung aber nur dann als zulässig angesehen, wenn der diesem Tag entsprechende ernste Charakter gewahrt wird.

[22] Der Begriff „ernster Charakter“ als unbestimmter Rechtsbegriff unterliegt der uneingeschränkten verwaltungsgerichtlichen Kontrolle. Dabei geht es jedoch nicht um eine Unterscheidung in „gute“ oder „schlechte“ Kunst bzw. um eine Einteilung in anspruchsvolle bzw. qualitativ hochwertige Kunst und weniger anspruchsvolle Kunst und auch nicht um die Frage, ob es sich um beliebte und populäre Musikgruppen handelt oder um sogenannte Spartenkunst. Kriterium ist allein die Vereinbarkeit mit dem ernsten Charakter des stillen Tages, ob also Musikstil und Gesamtinszenierung die Bedeutung des stillen Tages wahren. Erhebliche Zweifel an der Wahrung der Ernsthaftigkeit dieses kirchlichen Gedenktages begründen sich vorliegend in dem als „brachial“ beschriebenen Musikstil mit extrem großer Lautstärke, sodass die Möglichkeit der Außenwirkung des Konzerts in der Nachbarschaft der B.-Halle besteht und in den oft mehrdeutigen, provozierenden Texten, die auch kirchenkritische Bezüge haben, was sich auch in der Bühnenshow niederschlägt.

[23] Aufgrund der angeführten Aspekte (Schock und Provokation mit teils religiös/kirchlichen Bezügen), die in ihrer Gesamtheit den speziellen musikalischen Charakter dieser Gruppe prägen und so den Unterschied zu anderen Veranstaltungen am Totensonntag ausmachen, deren Vereinbarkeit mit dem ernsten Charakter des Totensonntags ebenfalls problematisch sein könnte (...), stellt sich die Ermessensentscheidung der Antragsgegnerin noch nicht als willkürlich dar.

[24] Die Antragstellerin hat auch bei der im Eilverfahren allein möglichen summarischen Prüfung keinen Anspruch auf Erteilung einer Befreiung für die fragliche Veranstaltung am Totensonntag, den 20.11.2011. Auch wenn schwerwiegende wirtschaftliche Gründe für eine Befreiung von den Verboten des Art. 3 FTG sprechen können (vgl. BayVGH, Beschluss vom 9.10.2009 -22 ZB 08.756-KirchE 54, 278) ist dem entgegenzuhalten, dass die Antragstellerin das Risiko des Vorverkaufs bewusst in Kauf genommen hat. (*wird ausgeführt*)

32
Ein Arbeitnehmer kann sich nicht auf einen wichtigen Grund für den Abschluss eines Aufhebungsvertrages berufen, wenn er seine aus dem Dienstvertrag mit dem Caritasverband angeschlossenen Arbeitgeber folgende Loyalitätsobliegenheit, kirchenfeindliches Verhalten zu unterlassen, durch Veröffentlichung von Artikeln im Internet, in denen er Papst Benedikt XVI. in extremer Weise herabwürdigt, verletzt und ihm der Arbeitgeber deshalb eine fristlose verhaltensbedingte Kündigung androht.

§ 144 Abs. 1 u. 3 SGB III
LSG Baden-Württemberg, Urteil vom 21. Oktober 2011 -L 12 AL 2879/09-[1]

Zwischen den Beteiligten sind der Eintritt einer Sperrzeit für die Zeit vom 1.3. bis zum 23.5.2007 und ein Anspruch auf Arbeitslosengeld für die Zeit bis zum 27.3.2007 streitig.

Der 1971 geborene Kläger war vom 1.8.1998 bis zum 28.2.2007 als Krankenpfleger bei der V.-Krankenhaus AG in K. beschäftigt, die aus einer kirchlichen Einrichtung hervorgegangen ist. In dem zugrundeliegenden Dienstvertrag vom 27.7.1998 wurde darauf hingewiesen, dass die V.-Krankenhaus AG K. dem Deutschen Caritasverband angeschlossen ist und Caritas eine Lebens- und Wesensäußerung der katholischen Kirche ist. Der Dienstvertrag nimmt Bezug auf die Richtlinien für Arbeitsverträge in den Einrichtungen des Deutschen Caritasverbandes (AVR). In § 6 des Dienstvertrages ist Folgendes bestimmt: „Die Parteien stimmen darin überein, dass ein Verstoß gegen Grundsätze der katholischen Glaubens- und Sittenlehre Grund für eine Kündigung sein kann."

Am 7.2.2007 schloss der Kläger einen Aufhebungsvertrag, nach dem das Dienstverhältnis mit Ablauf des 28.2.2007 endet. Darin erklärte der Kläger, dass er durch die V.-Krankenhaus AG „über die Folgen dieser Vereinbarung - insbesondere bestehend aus Wegfall der Kündigungsschutzklage beim Arbeitsgericht, Verfügung einer Sperrzeit durch die Bundesagentur für Arbeit für den Bezug von Arbeitslosengeld - am 6.2.2007 und am 7.2.2007 vor Unterzeichnung dieser Vereinbarung informiert worden ist."

Am 9.2.2007 meldete sich der Kläger bei der Beklagten zum 1.3.2007 arbeitslos und beantragte die Gewährung von Arbeitslosengeld. Der Kläger nahm zur Beendigung seines Beschäftigungsverhältnisses dahingehend Stellung, dass es

---

1 Amtl. Leitsatz. BeckRS 2011, 78984; *juris*; LSK 2012, 260091; RDG 2013, 23. Die Nichtzulassungsbeschwerde des Klägers wurde als unzulässig verworfen; BSG, Beschluss vom 5.3.2012 -B 11 AL 120/11 B- (n.v.)

zu unüberbrückbaren Differenzen zu seinem Arbeitgeber gekommen sei. Dieser habe ihm Vertragsbruch vorgeworfen, weil er sich privat außerhalb des Betriebes gegen den Papst (satirisch) geäußert habe. Sein Arbeitgeber habe ihm die fristlose Kündigung sowie eine „Strafrechtsklage" wegen Verstoßens gegen den religiösen Frieden angedroht. Er habe sich das Weihnachtsgeld gesichert und seine Ausgangslage bei Bewerbungen verbessert.

Die Beklagte stellte mit Bescheid vom 14.2.2007 den Eintritt einer Sperrzeit vom 1.3. bis zum 23.5.2007, das Ruhen des Anspruchs auf Arbeitslosengeld für diese Zeit und eine Minderung des Anspruchs auf Arbeitslosengeld um 90 Tage fest. Sie bewilligte dem Kläger ab 1.3.2007 Arbeitslosengeld und setzte den Leistungsbetrag während der Sperrzeit mit 0 € fest (Bescheid vom 14.2.2007). Am 28.3.2007 nahm der Kläger eine Beschäftigung auf. Daraufhin hob die Beklagte die Bewilligung von Arbeitslosengeld zum 28.3.2007 auf (Bescheid vom 28.3.2007).

Mit der nach erfolglosem Widerspruch gegen den Bescheid vom 14.2.2007 erhobenen Klage macht der Kläger im Wesentlichen geltend: Er habe den Aufhebungsvertrag nur abgeschlossen, weil ihm anderenfalls eine fristlose Kündigung des Arbeitsverhältnisses angedroht worden sei. Grund hierfür sei gewesen, dass dem Arbeitgeber durch Hinweise seitens der Malteser, bei denen er, der Kläger, ehrenamtlich als Pressesprecher tätig war, bekannt geworden sei, dass er in seiner Freizeit unter einem Pseudonym Satiren, die sich mit dem Papst kritisch beschäftigten, schreibe und im Internet publiziere. Die beiden Satiren bewegten sich im Bereich der Meinungsäußerungsfreiheit und wären kein Grund gewesen, der eine fristlose oder nur fristgemäße Kündigung gerechtfertigt hätte. Er sei massiv unter Druck gesetzt worden, den Aufhebungsvertrag zu unterschreiben. Ihm sei auch mit einer Strafanzeige gedroht worden.

Der Kläger legte die von ihm unter Pseudonym „W." im Internet-Magazin „Z." veröffentlichten Beiträge „R. Reliquien" und „Papst B. ... Stationen seines Lebens" vor; auf dieses Magazin hatte er in seiner Homepage durch einen Link verwiesen.

Das SG Konstanz (Urteil vom 26.2.2009 -S 2 AL 1444/07- n.v.) hat den Sperrzeitbescheid aufgehoben und die Beklagte verurteilt, dem Kläger für die Zeit vom 1.3. bis zum 27.3.2007 Arbeitslosengeld zu gewähren. Eine Sperrzeit sei nicht eingetreten. Für die Dauer der Arbeitslosigkeit sei Arbeitslosengeld zu zahlen. Der Kläger sei arbeitslos gewesen, habe sich arbeitslos gemeldet und die Anwartschaftszeit erfüllt. Sein Anspruch ruhe auch nicht wegen des Eintritts einer Sperrzeit. Der Kläger habe sich nicht versicherungswidrig i.S.d § 144 Abs. 1 Satz 1 SGB III verhalten. Zwar habe der Kläger sein Beschäftigungsverhältnis gelöst und dadurch grob fahrlässig seine Arbeitslosigkeit ab 1.3.2007 herbeigeführt, jedoch habe er für sein Verhalten einen wichtigen Grund gehabt. Dem

Kläger sei die Fortsetzung des Beschäftigungsverhältnisses nicht mehr zumutbar gewesen. Die ehemalige Arbeitgeberin des Klägers sei als frühere kirchliche Einrichtung weiterhin einem christlichen Leitbild verpflichtet und fordere von ihren Mitarbeitern Loyalität gegenüber der katholischen Kirche. Die sich hieraus ergebenden Loyalitätsobliegenheiten habe der Kläger mit seinen „satirischen“ Ausfällen gegen Papst Benedikt XVI. nicht verletzt. Zwar seien die Artikel grundsätzlich für jedermann zugänglich, ihre Verbreitungsform ausschließlich im Internet schränke den Kreis potentieller Leser aber von vornherein ein. Entscheidend sei aus Sicht der Kammer, dass die Artikel aufgrund der Verwendung eines Pseudonyms nur schwer dem Kläger als Beschäftigten einer Einrichtung mit christlichem Leitbild zugeordnet werden könnten. Wenn es, wie im vorliegenden Fall, geradezu detektivischer Anstrengungen bedürfe, den Kläger als Autor der inkriminierten Texte zu identifizieren, handele es sich um eine dem privaten Lebensbereich zuzuordnende Äußerung, die die Loyalitätsobliegenheiten des Klägers nicht tangiert habe. Die ehemalige Arbeitgeberin hätte dies berücksichtigen müssen. Die Androhung einer fristlosen Kündigung sowie die Androhung, den Kläger der Strafverfolgung auszusetzen, stelle aus Sicht der Kammer einen massiven Verstoß gegen die Pflichten eines Arbeitgebers dar. Dem Kläger sei die Fortsetzung des Beschäftigungsverhältnisses objektiv nicht zumutbar gewesen.

Hiergegen wendet sich die Beklagte mit der Berufung. Als Arbeitgeberin des Klägers sei sie dem christlichen Leitbild verpflichtet und fordere von ihren Mitarbeitern Loyalität gegenüber der katholischen Kirche. Die sich daraus ergebenden Obliegenheitsverpflichtungen habe der Kläger mit seinen „satirischen“ Ausfällen gegen Papst Benedikt XVI. verletzt. Es gehöre zu den Loyalitätspflichten, öffentliche Schmähkritik gegenüber dem amtierenden Oberhaupt der katholischen Kirche zu unterlassen. Die im Internet verbreiteten Artikel seien für jedermann zugänglich. Die Identifikation des Klägers sei nach dem Vortrag des Klägers seitens der Malteser und der katholischen Kirche möglich gewesen. Durch den Link auf seiner Homepage zu den von ihm im Internet veröffentlichen Artikeln habe er sich mit dem Inhalt der Satireseiten identifiziert. Es sei durchaus nachvollziehbar, dass aus Sicht der Arbeitgeberin das Vertrauensverhältnis zerstört gewesen sei und sie auf eine sofortige Beendigung des Arbeitsverhältnisses gedrängt habe. Auch das Inaussichtstellen einer Strafanzeige wegen Störung des religiösen Friedens erscheine nachvollziehbar. Nicht dem Kläger, sondern ihr als seiner Arbeitgeberin sei es unzumutbar gewesen, das Arbeitsverhältnis fortzusetzen.

Die Berufung hatte Erfolg und führte zur Abweisung der Klage.

Aus den Gründen:

Die Berufung ist begründet. Der Sperrzeitbescheid des Beklagten vom 14.2.2007 in Gestalt des Widerspruchsbescheids vom 27.4.2007 stellt sich als rechtmäßig dar und verletzt den Kläger nicht in seinen Rechten. Die Beklagte hat zutreffend den Eintritt einer Sperrzeit vom 1.3. bis zum 23.5.2007, das Ruhen des Anspruchs auf Arbeitslosengeld für diese Zeit und eine Minderung des Anspruchs auf Arbeitslosengeld um 90 Tage festgestellt. Der Anspruch des Klägers auf Arbeitslosengeld hat für die Zeit seiner Arbeitslosigkeit vom 1. bis zum 27.3.2007 wegen des Eintritts einer Sperrzeit wegen Arbeitsaufgabe geruht (§144 Abs. 1 Satz 1 SGB III).

Eine Sperrzeit von 12 Wochen wegen Arbeitsaufgabe tritt nach § 144 Abs. 1 Satz 1 und 2 Nr. 1, Abs. 3 Satz 1 SGB III ein, wenn der Arbeitslose das Beschäftigungsverhältnis gelöst und er dadurch vorsätzlich oder grob fahrlässig die Arbeitslosigkeit herbeigeführt hat, ohne für sein Verhalten einen wichtigen Grund zu haben. Der Kläger, der keine konkreten Aussichten auf einen Anschlussarbeitsplatz hatte, hat durch den Abschluss des Aufhebungsvertrages vom 7.2.2007 sein Beschäftigungsverhältnis mit der V.-Krankenhaus AG gelöst und dadurch seine Arbeitslosigkeit zumindest grob fahrlässig herbeigeführt. Unerheblich ist in diesem Zusammenhang, ob die Arbeitslosigkeit auch unabhängig vom Abschluss des Aufhebungsvertrages aufgrund einer ansonsten ausgesprochenen Arbeitgeberkündigung eingetreten wäre. Denn für die Beurteilung der Frage, ob eine Lösung des Beschäftigungsverhältnisses zum Eintritt der Arbeitslosigkeit geführt hat, kommt es allein auf den tatsächlichen Geschehensablauf an (BSG SozR 4100 § 119 Nr. 24; BSG, Urteil vom 9.9.1995 -11 RAr 27/95- BSGE 77, 48/51; BSG, Urteil vom 25.4.2002 -B 11 AL 65/01 R- BSGE 89, 243 [245]). Keine Beachtung findet demgegenüber ein hypothetischer Geschehensablauf, zu der die angedrohte fristlose Kündigung gehört (vgl. BSGE 97, 1).

Dem Kläger stand für sein Verhalten nach Auffassung des Senats kein wichtiger Grund zur Seite. Nach ständiger Rechtsprechung des BSG ist das Vorliegen eines wichtigen Grundes unter Berücksichtigung von Sinn und Zweck der Sperrzeitregelung zu beurteilen. Sie soll die Solidargemeinschaft vor der Inanspruchnahme durch Leistungsberechtigte schützen, die den Eintritt des versicherten Risikos der Arbeitslosigkeit selbst herbeigeführt oder zu vertreten haben; eine Sperrzeit soll nur eintreten, wenn einem Arbeitnehmer unter Berücksichtigung aller Umstände des Einzelfalls und unter Abwägung seiner Interessen und der Interessen der Versichertengemeinschaft ein anderes Verhalten zugemutet werden kann. Dabei genügt es für die Bejahung eines wichtigen Grundes nicht, dass der Arbeitslose annimmt, er habe im Hinblick auf eine ansonsten drohende rechtmäßige Arbeitgeberkündigung einen wichtigen

Grund für den Abschluss eines Aufhebungsvertrages. Vielmehr muss der wichtige Grund objektiv vorgelegen haben (stRspr, vgl. nur BSG, Urteil vom 29.11.1989 -7 RAr 86/88- BSGE 66, 94 [101 f.], BSG SozR 3-4100 § 119 Nr. 11). Nach der Rechtsprechung des BSG kann sich ein Arbeitnehmer im Falle der Lösung des Beschäftigungsverhältnisses durch Aufhebungsvertrag auf einen wichtigen Grund berufen, wenn ihm der Arbeitgeber mit einer objektiv rechtmäßigen Kündigung aus einem von seinem Verhalten unabhängigen Grund (insbesondere aus betriebsbedingten Gründen) droht und ihm die Hinnahme dieser Kündigung nicht zuzumuten ist (vgl. BSG, Urteil vom 25.4.2002, -B 11 AL 65/01 R-BSGE 89, 243 [246 ff.]; BSG, Urteil vom 18.12.2003 -B 11 AL 35/03 R- BSGE 92, 74 [81]; BSG; Urteil vom 17.11.2005 -B 11a/11 AL 69/04 R-; Urteil vom 2.9.2004 -B 7 AL 18/04 R-). In Einzelfällen kann aufgrund sonstiger Umstände, etwa des Verhaltens des Arbeitgebers, ein wichtiger Grund auch bei einer (drohenden oder feststehenden, aber noch nicht erfolgten) rechtswidrigen Kündigung vorliegen (vgl. BSG, Urteil vom 2.9.2004 -B 7 AL 18/04 R-; Urteil vom 17.10.2002 -B 7 AL 136/01-). Vorliegend geht es um eine fristlose verhaltensbedingte Kündigung, die die V.-Krankenhaus AG dem Kläger konkret in Aussicht gestellt hat, und nicht um eine vom Verhalten des Klägers unabhängige Kündigung. Hier kommt allein ein wichtiger Grund wegen des Verhaltens der Arbeitgeberin bei drohender rechtswidriger Kündigung in Betracht.

Die dem Kläger von der V.-Krankenhaus AG in Aussicht gestellte fristlose Kündigung wegen seines außerdienstlichen Verhaltens stellt sich jedoch als rechtmäßig dar. Ein Arbeitgeber kann das Arbeitsverhältnis außerordentlich ohne Einhaltung einer Kündigungsfrist kündigen, wenn Tatsachen vorliegen, aufgrund derer dem Kündigenden unter Berücksichtigung aller Umstände des Einzelfalles und unter Abwägung der Interessen beider Vertragsteile die Fortsetzung des Arbeitsverhältnisses bis zum Ablauf der Kündigungsfrist nicht zugemutet werden kann (§ 626 Abs. 1 BGB). Dabei ist zunächst zu prüfen, ob ein Sachverhalt vorliegt, der an sich geeignet ist, eine außerordentliche Kündigung ohne Einhaltung einer Frist zu rechtfertigen. Danach ist in einem weiteren Schritt zu überprüfen, ob die konkrete Kündigung unter Berücksichtigung aller Umstände des Einzelfalls und unter Abwägung der Interessen beider Vertragsteile gerechtfertigt ist (vgl. z.B. BAG, Urteil vom 17.5.1984 -2 AZR 3/83-). Ein außerdienstliches Verhalten kann nur dann ein Grund für eine außerordentliche Kündigung sein, wenn dadurch das Arbeitsverhältnis konkret beeinträchtigt wird (vgl. z.B. BAG, Urteil vom 21.6.2001 -2 AZR 325/00-; Urteil vom 8.6.2000 -2 AZR 638/99-; Urteil vom 20.9.1984 -2 AZR 233/83-). Dies ist zum einen der Fall, wenn es sich bei dem außerdienstlichen Verhalten zugleich um ein vertragswidriges Verhalten handelt. Zum anderen kann aus einem außerdienstlichen Verhalten des Arbeitnehmers gegebenenfalls geschlossen werden, dass ihm die

Eignung für die vertraglich geschuldete Tätigkeit fehlt (vgl. Belling, in: Erman, BGB, 13. Aufl. 2011, § 626 Rn 59). Eine Kündigung wegen außerdienstlicher Verhaltensweisen kommt nur im Ausnahmefall in Betracht, weil die Privatsphäre vom betrieblichen Bereich zu trennen ist. Die Kündigung kann nur gerechtfertigt sein, wenn das Arbeitsverhältnis konkret beeinträchtigt wird (BAG, Urteil vom 8.6.2000 -2 AZR 638/99-). Im Bereich der Kirchen und der Tendenzbetriebe gehen die Möglichkeiten zu einer außerordentlichen Kündigung wegen außerdienstlicher Verhaltensweisen weiter als bei anderen Arbeitsverhältnissen (vgl. Dütz, NZA 2006, 65 ff.). Den Tendenzträgern bzw. den kirchlichen Mitarbeitern obliegt die Pflicht, sich nicht tendenzwidrig bzw. im Gegensatz zu den tragenden Grundsätzen der kirchlichen Glaubens- und Sittenlehre zu verhalten. Die kündigungsrechtlichen Auswirkungen werden von der Tendenznähe des sich tendenzwidrig verhaltenden Arbeitnehmers mitbestimmt. Vorliegend hat der Kläger durch die Veröffentlichung der zwei Artikel in der Internet-Zeitschrift „Z.“, in denen er Papst Benedikt XVI. in extremer Weise herabwürdigt (bspw. Versteigerung eines Bildes von Maria mit Jesus-Kind, das Joseph Ratzinger als tägliche Onaniervorlage gedient habe, Versteigerung einer Audio-Tape-Sammlung mit diversen Tonbandaufnahmen aus dem Beichtstuhl sowie einiger von Joseph Ratzinger angeblich verfasster Erpresserbriefe), gegen die arbeitsvertraglich verankerte Loyalitätsobliegenheit verstoßen. Seine Loyalitätsobliegenheiten gegenüber seiner Arbeitgeberin sind in der Erklärung der deutschen Bischöfe zum kirchlichen Dienst vom 22.9.1993 (sog. Grundordnung des kirchlichen Dienstes im Rahmen kirchlicher Arbeitsverhältnisse) konkretisiert. Nach Art. 4 Abs. 4 haben alle Mitarbeiter, egal ob katholisch, nichtkatholisch oder nichtchristlich, kirchenfeindliches Verhalten zu unterlassen und dürfen in ihrer persönlichen Lebensführung und in ihrem dienstlichen Verhalten die Glaubwürdigkeit der Kirche und der Einrichtung, in der sie beschäftigt sind, nicht gefährden. Durch seine von ihm selbst als Satire angesehene Kritik an Papst Benedikt XVI. hat der Kläger das Oberhaupt der katholischen Kirche und damit auch die katholische Kirche selbst angegriffen und seine Loyalitätsobliegenheit offenkundig verletzt. Dass er die beiden Artikel nicht unter seinem Namen, sondern unter Pseudonym verfasst und auf der Homepage der Satire-Zeitschrift „Z.“ veröffentlicht hat, steht einer Verletzung seiner Loyalitätsobliegenheit bereits deshalb nicht entgegen, weil der Kläger tatsächlich als Autor identifiziert wurde. Er hat diese Artikel gerade nicht - beispielsweise in sein Tagebuch - ausschließlich für sich geschrieben, sondern hat diese bewusst einer breiten Öffentlichkeit im Internet zugänglich gemacht und sich dem Risiko der Entschlüsselung seiner Autorenschaft ausgesetzt. Weiterhin ist zu beachten, dass der Kläger auf seiner eigenen Homepage durch einen Link auf die Homepage der Internet-Zeitschrift „Z.“ verwiesen und damit für die Inhalte der von seiner

Seite aus aufrufbaren Seite verantwortlich ist (vgl. OLG Stuttgart, Urteil vom 24.9.2006 -1 Ss 449/05-).

Nach Auffassung des Senats war eine Abmahnung vor Ausspruch der Kündigung nicht erforderlich. Die verhaltensbedingte fristlose Kündigung setzt bei einem steuerbaren Verhalten in der Regel eine Abmahnung voraus (ultima-ratio-Prinzip), wobei keine Unterscheidung im Hinblick auf das Erfordernis einer Abmahnung als Kündigungsvoraussetzung zwischen Störungen im Leistungsbereich und Störungen im Vertrauensbereich gemacht wird (vgl. bspw. BAG, Urteil vom 27.11.2003 -2 AZR 692/02-; Urteil vom 12.1.2006 -2 AZR 21/05-). Die Abmahnung hat sowohl Rüge-, Warn- und Hinweisfunktion. Nach Erteilung einer Abmahnung muss dem Arbeitnehmer grundsätzlich noch ausreichend Zeit gegeben werden, das beanstandete Verhalten aufzugeben. Die erforderliche Abmahnung ist mit konstitutiv für den Kündigungsgrund; bei ihrem Fehlen ist die Kündigung unwirksam. Mit dem Erfordernis einer einschlägigen Abmahnung vor Kündigungsausspruch soll vor allem dem Einwand des Arbeitnehmers begegnet werden, er habe die Pflichtwidrigkeit seines Verhaltens nicht erkennen bzw. nicht damit rechnen können, der Arbeitgeber werde sein vertragswidriges Verhalten als so schwerwiegend ansehen (BAG, Urteil vom 7.7.2005 -2 AZR 581/04 -). Auch wenn das Abmahnerfordernis stets zu prüfen ist, kann die Abmahnung in bestimmten Fällen - auch bei einmaligem Fehlverhalten - entbehrlich sein. Sie kann insbesondere dann entbehrlich sein, wenn eine grobe Pflichtverletzung Grund der Kündigung war, dem Arbeitnehmer die Rechtswidrigkeit erkennbar und die Hinnahme der groben Pflichtverletzung durch den Arbeitgeber offensichtlich ausgeschlossen ist, also nicht erwartet werden kann, dass das Vertrauen zwischen den Parteien wiederhergestellt wird, oder wenn im Einzelfall besondere Umstände vorgelegen haben, aufgrund derer eine Abmahnung als nicht erfolgversprechend angesehen werden durfte, so etwa, wenn auch im Falle einer Abmahnung keine Aussicht auf eine Rückkehr des Vertragspartners zum vertragskonformen Verhalten mehr besteht (vgl. beispielsweise BAG, Urteil vom 10. Juni 2010 - 2 AZR 541/09 -; Urteil vom 23. Juni 2009 -2 AZR 103/08 -; Urteil vom 11.12.2003 -2 AZR 36/03-). Bei Anwendung dieser Maßstäbe wäre vor Ausspruch einer fristlosen Kündigung keine Abmahnung erforderlich gewesen. Denn der Kläger hat sich durch seine heftigen Angriffe grob arbeitsvertragswidrig verhalten und konnte unter keinen Umständen mit der Hinnahme seines Verhaltens durch die V.-Krankenhaus AG rechnen. Zwar berührte das monierte Verhalten des Klägers nicht seine Arbeitsleistung als Krankenpfleger, jedoch hat er durch Art und Inhalt seiner Anfeindungen gegen Papst Benedikt XVI., das Oberhaupt der katholischen Kirche, sich offensichtlich kirchenfeindlich verhalten und damit seine arbeitsvertraglichen Loyalitätsobliegenheiten, denen er sich mit Abschluss des Dienstvertrages mit der V.-

Krankenhaus AG selbst unterworfen hat, gravierend verletzt. Das Verhalten des Klägers hatte zur Folge, dass das Vertrauensverhältnis zu seiner Arbeitgeberin dauerhaft zerstört war. Er selbst hat gegenüber der Beklagten in seiner Stellungnahme zur Beendigung seines Beschäftigungsverhältnisses eingeräumt, dass es wegen seiner Kritik am Papst zu unüberbrückbaren Differenzen gekommen ist. Auch konnte offensichtlich im Rahmen der am 6. und 7.2.2007 vor Unterzeichnung des Aufhebungsvertrages geführten Personalgespräche das Vertrauensverhältnis nicht mehr hergestellt werden. Aufgrund dieser Umstände bestand für die Arbeitgeberin Anlass, dem Kläger - auch unter Berücksichtigung des in Art. 5 Abs. 1 der Grundordnung des kirchlichen Dienstes im Rahmen kirchlicher Arbeitsverhältnisse enthaltenen abgestuftes Systems bei Verstößen gegen Loyalitätsobliegenheiten - eine fristlose Kündigung ohne Abmahnung in Aussicht zu stellen. Die dem Kläger konkret in Aussicht gestellte verhaltensbedingte fristlose Kündigung erscheint dem Senat unter Berücksichtigung der besonderen Umstände des Einzelfalls und unter Abwägung der Interessen der Arbeitsvertragsparteien gerechtfertigt.

Dem Kläger war es somit zumutbar, die drohende fristlose verhaltensbedingte rechtmäßige Arbeitgeberkündigung abzuwarten. Der Kläger hat durch sein arbeitsvertragswidriges Verhalten den Anlass für den Abschluss des Aufhebungsvertrages gegeben. Die Drohung mit einer fristlosen verhaltensbedingten Kündigung, die sich in der Rechtmäßigkeitsprüfung durch den Senat als objektiv rechtmäßig darstellt, und mit einer Strafanzeige wegen Beschimpfung von Bekenntnissen und Religionsgemeinschaften (§ 166 StGB) stellte die Reaktion des Arbeitgeberin dar. Auch wenn der Kläger mit der Veröffentlichung der Artikel über Papst Benedikt XVI. die (objektiven und subjektiven) tatbestandlichen Voraussetzungen des § 166 StGB nicht erfüllt haben dürfte (vgl. Dippel, in: Leipziger Kommentar, StGB, 12. Aufl. 2009, § 166 Rn 33 ff. und 108 mwN), so war ihm ein Abwarten zumutbar, ob die V.-Krankenhaus AG tatsächlich ihre Drohung mit einer Strafanzeige umsetzt. Der Senat lässt offen, ob der Kläger durch seine Äußerungen andere Straftatbestände erfüllt hat, weil es hierauf für die Entscheidung des vorliegenden Rechtsstreits nicht ankommt.

Die Dauer der Sperrzeit bei Arbeitsaufgabe beträgt nach § 144 Abs. 3 Satz 1 SGB III zwölf Wochen. Sie verkürzt sich nach Satz 2 Nr. 2b der Vorschrift auf sechs Wochen, wenn eine Sperrzeit von zwölf Wochen für den Arbeitslosen nach den für den Eintritt der Sperrzeit maßgebenden Tatsachen eine besondere Härte bedeuten würde. Das Vorliegen einer besonderen Härte ist von Amts wegen zu prüfen, der Beklagten steht dabei weder Ermessen noch ein Beurteilungsspielraum zu, es handelt sich vielmehr um einen unbestimmten Rechtsbegriff (vgl. BSG, SozR 4100 § 119 Nrn. 32 und 33; SozR 3-4100 § 119 Nr. 11). Nach dem Gesetzeswortlaut beurteilt sich das Vorliegen einer besonderen Härte allein nach den Umständen, die für den Eintritt der Sperrzeit maßgeblich sind, außerhalb des Sperrzeittatbestandes liegende Umstände können grundsätzlich nicht berücksichtigt werden (vgl. BSG, Urteil vom 15.11.1995 -7 RAr 32/95- BSGE 77, 61 [63], SozR 3-4100 § 119a Nr. 3). In Betracht kommen insoweit Umstände des Beschäftigungsverhältnisses, aber auch persönliche und sonstige Umstände, die zwar von ihrem Gewicht her den Eintritt einer Sperrzeit nicht verhindern, aber aufgrund der Besonderheiten des Einzelfalls den Eintritt der Regelsperrzeit als besonders hart erscheinen lassen (vgl. BSG, Urteil vom 23.6.1982 -7 Rar 89/81-, BSGE 54, 7 [14], SozR 4100 § 119 Nrn. 19 und 32; Curkovic, in: NK-SGB III, 3. Aufl., § 144 Rn 192). Die unmittelbaren Folgen der Sperrzeit, die nach dem SGB III bei allen Betroffenen eintreten wie Ruhen und Kürzung des Leistungsanspruchs sollen nach dem Willen des Gesetzgebers gerade keine Rolle spielen. Mittelbare Folgewirkungen sind nach dem Grundsatz der Verhältnismäßigkeit und des Übermaßverbots zu berücksichtigen (vgl. BSG, Urteil vom 15.11.1995 -7 RAr 32/95- BSGE 77, 61 [63], SozR 3-4100 § 119a Nr. 3).

Für den Senat sind keine Umstände ersichtlich, die von ihrem Gewicht her zwar den Eintritt einer Sperrzeit nicht verhindern, aber aufgrund der Besonderheiten des Einzelfalls den Eintritt der Regelsperrzeit als besonders hart erscheinen lassen. Der Kläger hat durch sein Verhalten Anlass für die Androhung einer fristlosen verhaltensbedingten Kündigung gegeben. Er wurde mithin nicht ohne Grund durch seine Arbeitgeberin aus dem Arbeitsverhältnis gedrängt (vgl. BSG, Urteil vom 10.8.2000 -B 11 AL 115/99 R-). Auch ansonsten liegen keine Gründe vor, die das Verhalten des Klägers, ohne dass es als wichtiger Grund anerkannt werden kann, gleichwohl als verständlich und vertretbar erscheinen ließen.

Die Beklagte hat den Beginn der Sperrzeit zutreffend auf den 1.3.2007 und das Ende der Sperrzeit auf den 23.5.2007 festgesetzt (§ 144 Abs. 2 Satz 1 SGB III) und die Anspruchsdauer um 90 Tage gemindert (§ 128 Abs.1 Nr. 4 SGB III).

33

Die Verpflichtung eines kirchlichen Dienstgebers, über die Geeignetheit des Seminarangebots eines außerkirchlichen Veranstalters zu arbeitsrechtlichen Fragen sachlich zu entscheiden, kann im Verwaltungsrechtsweg erstritten werden.

Vor den Gerichten der Verwaltungsgerichtsbarkeit finden bundes- oder landesrechtliche Vorschriften über persönliche Kostenfreiheit keine Anwendung.

Art./§§ 2 Abs. 1, 20 Abs. 3, 140 GG, 137 Abs. 3 WRV, 46 Abs. 7 BPersVG, 2 Abs. 4 GKG, 40 Abs. 1, 42, 43 Abs.1, 113, 154 VwGO
VG Wiesbaden, Urteil vom 27. Oktober 2011 -6 K 553/11.WI-[1]

Die Klägerin begehrt die Feststellung, dass der Beklagte verpflichtet war, über die geplante Veranstaltung „Bistum X.: Das Tarifergebnis TVöD (VKA) 2010 und seine Anwendung im Bistum X." im Rahmen einer Geeignetheitsprüfung sachlich zu entscheiden.

Die Klägerin bietet als gemeinnützige Seminarveranstalterin in ihrem Tätigkeitsfeld Seminare für Betriebsräte, Personalräte und andere Interessenvertretungen an. Der Beklagte ist Dienstgeber der mit dem Seminar angesprochenen Personengruppen und zugleich genehmigende Stelle für Seminare im Sinne des § 16 MAVO. Er hat bereits im Jahr 2007 die Bezahlung der Mitarbeiter dauerhaft an das Gehaltsniveau des öffentlichen Dienstes gekoppelt. Neue Tarifergebnisse für die im Dienste des Beklagten stehenden werden automatisch übernommen.

Die Klägerin entwickelte für die Mitarbeitervertretung der Beklagten und die betroffenen Personen der KODA-Mitarbeiterseite (Kommission zur Ordnung des Diözesanen Arbeitsvertragsrecht für das Bistum X.) ein Konzept für eine Tagesschulung zur Anwendung des Tarifergebnisses 2010.

Unter dem 2.2.2011 beantragte die Klägerin die Genehmigung des Seminars gem. § 16 MAVO bei der Beklagten unter Beifügung eines näher beschriebenen „Seminarangebotes". Ein Dozent war nicht benannt. Als Rechtsgrundlagen für die Freistellung der Mitarbeiter für die Teilnahme wurden § 16 MAVO und § 10 KODA-Ordnung für das Bistum X. genannt.

Bis zur Antragstellung durch die Klägerin wurden - nach dem Vortrag des Beklagten - entsprechende Anträge bei dem Beklagten ausschließlich durch Schulungsveranstalter aus dem kirchlichen Bereich gestellt.

Mit Schreiben vom 23.2.2011 lehnte der Beklagte die Anerkennung der Schulung mit folgender Begründung ab:

> „Schulungen für MAV-Mitglieder und KODA-Mitglieder erfolgen im Bistum X. in der Regel durch den 'Zentralverband der Mitarbeiter und Mitarbeiterinnen in Einrichtungen der kath. Kirche Deutschlands' in Köln, dem 'Heinrich Pesch Haus' in Ludwigshafen oder beim 'Katholisch- Sozialen Institut (KSI)' in Bad Honnef. Eine darüber hinausgehende Anerkennung sehen wir nicht als notwendig an."

Weitere Gründe für die Ablehnung insbesondere zu Geeignetheit gab der Beklagte nicht an. Das Schreiben war nicht mit einer Rechtsmittelbelehrung ver-

1 BeckRS 2011, 55814; *juris*; PersV 2012, 187; ZfPR online 2012, Nr. 3, 22 (LS).

sehen. Die Schulung war für den 29.3.2011 geplant und fand wegen der fehlenden Anerkennung durch den Beklagten als „geeignet" nicht statt.

Mit der Klage macht die Klägerin im Wesentlichen geltend, das Seminar habe das Tarifergebnis TVöD (VKA) 2010 und seine Anwendung im Bistum X. zum Thema. Dabei solle insbesondere auf Fragen unter anderem bezüglich der Verlängerung der Besitzzustände bei Bewährungs- und Zeitaufstiegen und Vergütungsgruppenzulagen nach §§ 8, 9 TVÜ-Voraussetzungen, Voraussetzungen für den Anspruch auf den Pauschalausgleich für entgangene Bewährungsaufstiege und der ausgewählten aktuellen Rechtsprechung eingegangen werden.

Für die vorliegende Streitigkeit sei der Verwaltungsrechtsweg eröffnet. Sie sei klagebefugt. Bei der ablehnenden Entscheidung handele es sich um einen Verwaltungsakt, da der Beklagte als Behörde gehandelt habe. Eine rein innerkirchliche Angelegenheit, die eine Behördeneigenschaft ausschließen könne, liege nicht vor. Das für eine Fortsetzungsfeststellungsklage notwendige Fortsetzungsfeststellungsinteresse liege vor. Es bestehe eine hinreichend konkrete Wiederholungsgefahr, da eine Änderung der rechtlichen oder tatsächlichen Verhältnisse vorliegend nicht gegeben sei. Aus dem Bescheid des Beklagten werde deutlich, dass dieser bei einem erneuten Antrag wieder mit gleichartigen Erwägungen ablehnen wird. Das von ihr konzipierte Tagesseminar sei für eine erfolgreiche Arbeit in der Mitarbeitervertretung des Beklagten und bei der KODA erforderlich und demnach geeignet iSd § 16 MAVO. Sie beantragt festzustellen, dass der Beklagte verpflichtet war, über die Geeignetheit der Schulungsveranstaltung „Bistum X.: Das Tarifergebnis TVöD (VKA) 2010 und seine Anwendung im Bistum X." sachlich zu entscheiden.

Der Beklagte ist der Auffassung, der Verwaltungsrechtsweg sei nicht eröffnet. Die Voraussetzungen der Generalklausel lägen nicht vor. Durch die Ablehnung sei der bürgerliche Rechtskreis nicht betroffen, da hier das Selbstbestimmungsrecht der Religionsgemeinschaften gem. Art. 140 GG iVm Art. 137 Abs. 3 WRV im Streit sei. Die streitentscheidenden Normen der KODA-Ordnung und der MAVO seien Ausfluss des kirchlichen Selbstbestimmungsrechts der Katholischen Kirche und bewegten sich daher im innerkirchlichen Bereich, ohne dass der staatliche Bereich tangiert werde. Die Regelung des § 16 Abs. 1 MAVO gewähre der Klägerin keinen Rechtsschutz vor den staatlichen Gerichten. Die Klägerin sei auch nicht klagebefugt, da die Vorschriften des § 10 KODA-Ordnung oder des § 16 Abs. 1 MAVO nicht dazu bestimmt seien, in irgendeiner Weise die Interessen der Klägerin zu schützen. Dazu komme, dass § 16 Abs. 1 MAVO auf die in Rede stehende Schulungsveranstaltung nicht anwendbar sei, da sie sich aufgrund der abgedeckten Themenbereiche ausschließlich an die KODA-Mitarbeiterseite gerichtet habe. Ferner liege kein berechtigtes Interesse der Klägerin an der begehrten Feststellung vor. Eine Wiederholungsgefahr sei nicht hinreichend konkret; die bloß theoretische Möglichkeit einer vergleichbaren Entscheidung in der Zukunft reiche nicht aus. - Darüber hinaus sei die Klage auch unbegründet. Weder § 10 KODA-Ordnung, noch § 16 Abs. 1 MAVO ließen erkennen, dass das Seminar von Seiten des Beklagten hätte genehmigt werden müssen. Die Veranstaltung sei vielmehr weder geeignet, noch erforderlich im Sinne der Vorschriften. Ferner sei nicht ausgeschlossen, dass die von dem Beklagten bereits anerkannten Veranstalter ebenfalls Schulungen über den TVöD anbieten könnten.

Die Klage hatte Erfolg. Das Verwaltungsgericht trifft die Feststellung, dass der Beklagte verpflichtet war, über die Geeignetheit der vorgenannten Schulungsveranstaltung sachlich zu entscheiden, und belastet den Beklagten mit den Kosten des Verfahrens.

Aus den Gründen;

[34] Die Klage ist zulässig und begründet. Der Beklagte war verpflichtet über die Geeignetheit der Schulungsveranstaltung „Bistum X.: Das Tarifergebnis TVöD (VKA) 2010 und seine Anwendung im Bistum X.“ sachlich zu entscheiden.

[36] Der Verwaltungsrechtsweg ist gem. § 40 Abs. 1 VwGO eröffnet. Vorliegend handelt es sich um eine öffentlich-rechtliche Streitigkeit nicht verfassungsrechtlicher Art, die nicht durch Bundesgesetz einem anderen Gericht ausdrücklich zugewiesen ist. Die Zuständigkeit ergibt sich hier aus zwei Gründen:

[37] Gegenstand des Rechtsstreits ist nämlich nicht, wie der Beklagte meint, eine rein innerkirchliche Angelegenheit, die wegen Art. 140 GG iVm Art. 137 Abs. 3 WRV den Kirchengerichten zugewiesen wäre. Der Beklagte hat hier als kirchenrechtliche Personal- und Verbandskörperschaft des öffentlichen Rechts gehandelt. Dies zeitigt Auswirkung auf Personen, die außerhalb der kirchlichen Organisationsstruktur stehen. Dabei ist zwischen dem Verhältnis der Beklagten zu ihren Mitarbeitern, die wegen des Seminars in eigener Sache richtigerweise vor dem kirchlichen Arbeitsgericht prozessieren, und dem Verhältnis der Beteiligten dieses Verfahrens zu trennen. Der Beklagte hat mit seiner Entscheidung, das Seminar „nicht als notwendig“ anzuerkennen, eine Maßnahme getroffen, die die Klägerin als Dritte berührt. Sie war dadurch nicht in der Lage, das Seminar durchzuführen.

[38] Dabei ist im Außenverhältnis zu der Klägerin gerade nicht das Selbstbestimmungsrecht der Religionsgemeinschaften gem. Art. 140 GG iVm Art. 137 Abs. 3 WRV betroffen. Dies gilt ungeachtet der Präambel der MAVO. Die MAVO beschreibt in ihrem wesentlichen Regelungszweck das Verhältnis der Mitarbeiter zu ihrem Dienstherren; über die Notwendigkeit der Anerkennung einer Fort-

bildungsveranstaltung als „geeignet" iSd § 16 MAVO werden aber auch Dritte zumindest mittelbar - wie hier die Klägerin - in den Regelungsbereich der MAVO mit einbezogen. Dass diese in der Präambel nicht eigens erwähnt sind, ist diesbezüglich ohne Belang. Auch ist die Versagung der Anerkennung nach der MAVO selbst nicht anfechtbar (Beilstein/Thiel, Kommentar zur Rahmenordnung für eine Mitarbeitervertretung (MAVO), 3. Auflage, 1997, § 16 Rn 35). Jedoch bestünden im Falle einer fehlenden Geeignetheit Ersatzansprüche der teilnehmenden MAV-Mitglieder gegen den Veranstalter, für die die staatlichen ordentlichen Gerichte zuständig sind (Beilstein/Thiel, aaO, § 17 Rn 37).

[39] Auch ist der Verwaltungsrechtsweg vor dem Hintergrund des Justizgewährungsanspruchs aus Art. 2 Abs. 1 iVm Art. 20 Abs. 3 GG und nunmehr auch Art. 47 Charta der Grundrechte eröffnet. Das Kirchenrecht kennt zwar eigene Verwaltungsgerichte, jedoch sind letztere bei der katholischen Kirche in Deutschland nicht errichtet. Dies führt zu einer Überprüfbarkeit der Entscheidung des Beklagten vor dem staatlichen Verwaltungsgericht.

[40] Die Auffassung des Beklagten, dass die Entscheidung nach § 16 Abs. 1 MAVO nicht anfechtbar sei und insoweit auch kein Vergleich zu der im Wortlaut gleichen Regelung des § 46 Abs. 7 BPersVG gezogen werden könne, trägt hier nicht. Die Vergleichbarkeit von § 16 Abs. 1 MAVO und § 46 Abs. 7 BPersVG ergibt sich hier aus dem identischen Wortlaut und der Regelungsstruktur. Denn auch nach dem BPersVG müssen die jeweiligen Fortbildungsveranstaltungen von der zuständigen Behörde als geeignet anerkannt sein. Der einzige Unterschied der Vorschriften liegt diesbezüglich darin, dass in der MAVO die Anerkennungsstelle und Entsendestelle identisch sind, wohingegen das im BPersVG nicht der Fall ist. Dass das BPersVG in Abs. 7 des § 46 eine Regelung aufstellt, die unbeschadet der Anforderungen des Abs. 6 der Norm gelten, ändert an dieser Beurteilung nichts. Insoweit mag hier eine unterschiedliche Systematik zugrunde liegen. Diese betrifft aber nicht den Teil der Vorschrift, der sich mit der Geeignetheit etwaiger Schulungsveranstaltungen befasst. Soweit sich der Beklagte auf die Unanfechtbarkeit der Entscheidung nach § 16 Abs. 1 MAVO beruft, bezieht sich dies ausschließlich auf eine Anfechtbarkeit der Entscheidung vor der nach §§ 40 ff. MAVO gebildeten Einigungsstelle. Auch ist die Frage der Geeignetheit keine Frage des Glaubens, sondern eine schlichte Sachentscheidung.

[41] Im vorliegenden Verfahren geht es nach dem nunmehrigen Klageantrag aber nicht mehr um die Anfechtung der Anerkennungsentscheidung als solche, sondern lediglich um die Feststellung, dass eine sachliche Entscheidung bezüglich der von der Klägerin angebotenen Fortbildungsveranstaltung geboten war. Mit diesem Begehren ist die Klage als Feststellungsklage iSd § 43 Abs. 1 VwGO statthaft, da die Klägerin die Feststellung des Bestehens eines Rechtsverhältnisses, namentlich des Anspruchs auf sachliche Antragsprüfung nach § 16 Abs. 1

MAVO, begehrt. Dieses Recht kann die Klägerin hier weder durch Anfechtungs- oder Leistungsklage geltend machen, § 43 Abs. 2 Satz 1 VwGO.

[42] Die Klägerin ist auch analog § 42 Abs. 2 VwGO klagebefugt. Sie genügt ihrer Darlegungspflicht, wenn sie hinreichend substantiierte Tatsachen vorträgt, die es zumindest als möglich erscheinen lassen, dass sie durch die Ablehnung oder Unterlassung eines beantragten Verwaltungsakts in einem eigenen Recht verletzt wird. Diese Voraussetzung ist erfüllt. Hier kann die Klägerin als Anbieterin von Fortbildungsveranstaltungen im Rahmen ihres Begehrens nach der sachlichen Überprüfung der im Klageantrag bezeichneten Veranstaltung ein solches Recht geltend machen. Dies fußt hier vor dem Hintergrund der durch Art. 12 und 14 GG geschützten unternehmerischen Freiheit auf § 16 Abs. 1 Satz 1 MAVO. Die konkrete Anwendbarkeit des § 16 Abs. 1 MAVO auf die zu beurteilende Veranstaltung stellt dabei eine Frage der Begründetheit und nicht der Zulässigkeit der Klage dar.

[43] Die Klägerin kann zuletzt auch ein Feststellungsinteresse für sich geltend machen, § 43 Abs. 1 VwGO. Bei der Beurteilung vergangener Rechtsverhältnisse orientiert sich das Feststellungsinteresse dabei an jenem aus § 113 Abs. 1 Satz 4 VwGO. Dies ist jedenfalls bei Wiederholungsgefahr gegeben. Für diese genügt eine in den Grundzügen fortbestehende Sachlage. Die Klägerin hat hier dargelegt, auch in Zukunft wieder entsprechende Fortbildungsveranstaltungen der im Klageantrag bezeichneten Art veranstalten zu wollen, beziehungsweise dies in Abhängigkeit vom Ausgang des Verfahrens nicht ausgeschlossen.

[44] Das Feststellungsinteresse entfällt vorliegend auch nicht, wenn der Beklagte im Schriftsatz vom 24.10.2011 nunmehr erklärt, dass von Seiten der Veranstalter von Schulungen für die Mitglieder der Mitarbeitervertretungen im Vorfeld durchaus bei der Beklagten die Anerkennung der jeweiligen Schulungsveranstaltung als geeignet iSv § 16 Abs. 1 MAVO beantragt werde und nach Prüfung dem jeweiligen Schulungsveranstalter die Entscheidung über den Antrag auf Anerkennung als geeignet mitgeteilt werde. Diese Bekundung steht im Widerspruch dazu, dass zuvor erklärt wurde, dass es einen solchen Fall wie den hier vorliegenden mit einem externen Veranstalter noch nie gegeben habe und hätte.

[45] Wenn der Beklagte diese „neue" Erklärung wirklich ernst gemeint hätte, so hätte der Beklagte auch erklären müssen, dass er zukünftig auch bei der Klägerin eine Entscheidung über die „Geeignetheit" und nicht wie geschehen über die „Notwendigkeit" - was etwas ganz anderes beinhaltet - trifft. Insoweit handelt es sich bei dem nunmehrigen Vortrag um gesteigertes Vorbringen des Beklagten, welches in sich unschlüssig ist. Gerade die Verweigerung einer Erklärung, zukünftig über die „Geeignetheit" zu entscheiden, zeigt das zwingende Feststellungsinteresse der Klägerin und räumt dieses gerade nicht aus.

[46] Eine Änderung der tatsächlichen Situation ist dabei ebenfalls nicht ersichtlich.

[47] Die Klage ist auch in der Sache begründet. Das um Feststellung begehrte Rechtsverhältnis besteht. Der Beklagte war verpflichtet, über die Geeignetheit der Schulungsveranstaltung „Bistum X.: Das Tarifergebnis TVöD (VKA) 2010 und seine Anwendung im Bistum X." sachlich zu entscheiden.

[48] Zunächst unterfällt die von der Klägerin angebotene Fortbildungsveranstaltung dem Regelungsbereich der MAVO. Der Beklagte ging in seiner ablehnenden Entscheidung selbst davon aus, dass die Schulungsveranstaltung sich sowohl an MAV-Mitglieder, als auch an die KODA-Mitarbeiterseite richte. Entscheidend ist dabei die Konzeption der Veranstaltung aus Sicht des Veranstaltungsanbieters.

[49] Die Klägerin wollte hier eine gemeinsame Veranstaltung sowohl für die MAV-Mitglieder, als auch für die KODA-Mitarbeiterseite anbieten. Dass lediglich die KODA-Mitarbeiterseite schlussendlich bei dem Beklagten die Freistellung für die von der Klägerin beabsichtigte Fortbildungsveranstaltung bei dem Beklagten beantragt hat, lässt ebenfalls nicht den Schluss darauf zu, dass sich die Veranstaltung alleine an die KODA-Mitarbeiterseite richtete. Ein solches Verhalten ist mitunter bereits dem unterschiedlichen Wortlaut der § 16 MAVO und § 10 KODA geschuldet. Letzterer erwähnt nicht eigens die „Vorstufe" der Geeignetheitsprüfung einer Schulungsveranstaltung. Ferner ändert alleine der Bezug auf das allgemeine Aufgabenfeld der MAV-Mitglieder nach § 26 Abs. 3 MAVO an der Einschlägigkeit der MAVO vorliegend nichts.

[50] Soweit in der Fortbildungsveranstaltung Themengebiete behandelt werden, die für die Arbeit der MAV-Mitglieder vor dem Hintergrund ihres Aufgabenfeldes irrelevant sind, ist dies eine Frage der Geeignetheit der Schulungsveranstaltung und nicht der Anwendbarkeit des Prüfungsmaßstabes des § 16 Abs. 1 MAVO.

[51] Nach § 16 Abs. 1 MAVO stand der Klägerin auch ein Anspruch gegen den Beklagten auf sachliche Entscheidung über die Geeignetheit der Fortbildungsveranstaltung zu. Zwar hat der Beklagte im Termin zur mündlichen Verhandlung noch vorgetragen, dass § 16 Abs. 1 MAVO bislang dahingehend verstanden worden sei, dass über die Frage der Geeignetheit einer Schulungsveranstaltung mit der Genehmigung und Anerkennung dieser durch die Dienstgeberseite nach Antragstellung der Dienstnehmerseite erfolge. Dafür findet sich aber in der MAVO keine Stütze. Überdies stellt eine solche Herangehensweise auch eine wenig praktikable Lösung dar, da eigentlich die Publizität der Anerkennung im Mittelpunkt stehen muss, die der Veranstalter eher zu bewerkstelligen im Stande ist.

[52] Soweit der Beklagte seine ursprüngliche Auffassung nunmehr mit Schriftsatz vom 25.10.2011 dahingehend revidiert haben sollte, dass der Beklagte auf Antrag sachlich prüfe, ob eine Schulungsveranstaltung nach § 16 Abs. 1 MAVO geeignet sei und diese Entscheidung dem jeweiligen Schulungsveranstalter mitteile, entspricht dies dem Begehren der Klägerin. Insoweit hätte dann auch ein Anerkenntnis erfolgen müssen, was jedoch gerade nicht geschehen ist.

[53] Wie sich auch aus der Kommentierung zur MAVO (Beilstein/Thiel, aaO, § 16 Rn 26 ff.) klar und deutlich ergibt, ist über eine Schulungsveranstaltung als geeignet von dem Bistum oder dem Diözesancaritasverband auf Antrag zu entscheiden (Beilstein/Thiel, aaO, Rn 29). Grundsätzlich ist davon auszugehen, dass die Kriterien für die Anerkennung von der für den Bereich der Dienststelle zuständigen Anerkennungskörperschaft festgelegt werden. Hieran fehlt es nach dem eigenen Vortrag des Beklagten vollständig. Eine gegensätzliche Entscheidung müsste praktisch die Inhalte der Veranstaltung anders bewerten (Beilstein/Thiel, aaO, Rn 26), weshalb eine Aussage wie die des Beklagten „eine darüber hinausgehende Anerkennung sehen wir nicht als notwendig an" gerade keine Entscheidung über die Frage der „Geeignetheit" ist.

[54] Soweit der Beklagte wegen fehlender Informationen über den Antrag des Veranstaltungsträgers, hier der Klägerin, nicht hätte entscheiden können, wären weitere Unterlagen zu fordern gewesen. Aus dem vorgelegten Programm haben sich jedoch Ort und Zeit sowie die Dauer der Veranstaltung, der Lehrstoff ergeben (Beilstein/Thiel, aaO, Rn 29), nicht aber die Dozenten. Entsprechende substantiierte Einwendungen durch den Beklagten erfolgten insoweit jedoch nicht.

[55] Nach alledem hatte die Beklagte einen Anspruch darauf, dass über die Frage der Geeignetheit ihrer Schulungsmaßnahme sachlich zu entscheiden war, weshalb wie geschehen zu entscheiden war.

[56] Als Unterlegener hat der Beklagte die Kosten des Verfahrens zu tragen, § 154 Abs. 1 VwGO.

[57] Eine Gerichtskostenfreiheit besteht nach § 2 GKG nicht. Nach § 2 Abs. 4 GKG finden vor den Gerichten der Verwaltungsgerichtsbarkeit bundes- oder landesrechtliche Vorschriften über persönliche Kostenfreiheit keine Anwendung. Soweit die Justizverwaltung durch Erlass des Hessischen Ministeriums der Justiz vom 16.8.1999 auf die Geltendmachung von Gerichtskosten verzichtet haben sollte, möge die Justizverwaltung die Kosten niederschlagen. Zumindest ist weder der Erlass, noch ein Landesgesetz, geeignet Bundesrecht außer Kraft zu setzen.

34
In der schlagwortartig gebildeten Wortfolge „Buddha's Schätze" wird kein betrieblicher Herkunftshinweis erkannt, sondern eine sachbezogene Angabe, die Merkmale und Eigenschaften der beanspruchten Waren der Klassen 5, 30 und 32 beschreibt oder zumindest einen engen beschreibenden Bezug zu diesen Waren aufweist. Daher fehlt der Anmeldemarke die erforderliche Unterscheidungskraft.

§ 8 Abs. 2 Nr. 1 MarkenG
BPatG, Beschluss vom 9. November 2011 -25 W (pat) 523/11-[1]

Die Wortkombination „Buddha's Schätze" ist am 9.9.2010 für die nachfolgend genannten Waren der Klassen 5, 30 und 32 zur Eintragung in das vom Deutschen Patent- und Markenamt geführte Markenregister angemeldet worden:

> „(Klasse 5) pharmazeutische Erzeugnisse; diätetische Erzeugnisse für medizinische Zwecke, Babykost;
> (Klasse 30) Kaffee, Tee. Kakao, Zucker, Reis, Tapioka, Sago, Honig, Melassesirup, Gewürze;
> (Klasse 32) Fruchtgetränke und Fruchtsäfte, Sirupe und andere Präparate für die Zubereitung von Getränken".

Die Markenstelle für Klasse 30 des Deutschen Patent- und Markenamts, besetzt mit einem Beamten des gehobenen Dienstes, hat diese Anmeldung nach entsprechender Beanstandung mit Beschluss vom 10.2.2011 zurückgewiesen. Aus Sicht der Markenstelle steht der Eintragung der angemeldeten Marke das Schutzhindernis des § 8 Abs. 2 Nr. 5 MarkenG entgegen, da sie religiös anstößig wirke und daher geeignet sei, das religiöse Empfinden eines beachtlichen Teils der beteiligten Verkehrskreise zu verletzen. Der Wortbestandteil „Buddha" bezeichne den Namen von Siddharta Gautama, des Stifters des Buddhismus, und könne auch zur Beschreibung eines Menschen verwendet werden, der im Sinne des Buddhismus vollkommen sei. Als Stifter der buddhistischen Lehre sei Buddha in dieser Lehre und im Kultus des Buddhismus allgegenwärtig, was in Deutschland auch weiten Teilen der Bevölkerung bekannt sei. Die angesprochenen Verkehrskreise würden die angemeldete Marke als Hinweis auf den Stifter des Buddhismus verstehen. Wegen der herausragenden Stellung des Stifters des Buddhismus für den buddhistischen Kultus und die tägliche Praxis der Buddhisten sei davon auszugehen, dass eine Kommerzialisierung des Wor-

1 Amtl. Leitsatz. BeckRS 2011, 26679; *juris*.

tes „Buddha" durch Eintragung einer entsprechenden Marke den religiösen und ethischen Vorstellungen eines beachtlichen Teils der Verkehrskreise widerspreche und von diesen als anstößig empfunden werde. Soweit in der Bezeichnung von Restaurants der Name „Buddha" verwendet werde oder auch Marken mit dem Bestandteil „Buddha" registriert worden seien, könne daraus nicht auf eine Veränderung allgemeiner sittlicher Maßstäbe geschlossen werden. Solche Voreintragungen hätten auch keine Bindungswirkung.

Dagegen richtet sich die von der Anmelderin erhobene Beschwerde. Sie ist der Auffassung, dass die angemeldete Marke schutzfähig sei. Es sei nicht der Begriff „Buddha" in Alleinstellung, sondern als Teil einer Zweiwortmarke angemeldet worden. Der weitere Markenbestandteil „Schätze" stelle einen berechtigten Bezug zu der Kennzeichnung der beanspruchten Waren dar. Die beteiligten Verkehrskreise würden hierin keine Herabwürdigung der Person Buddhas als Religionsstifter erkennen. Zudem sei eine kommerzielle Verwertung der Figur Buddhas allgegenwärtig (z.B. „grinsender Buddha" als Tischdekoration in chinesischen Restaurants; vegetarische Gerichte nach „Buddha-Art", wobei es auch eine buddhistische Küche gebe; „Buddha Art Shop"). Diese kommerzielle Verwertung stamme zum größten Teil aus dem Bereich der Anhänger des Buddhismus. Die beteiligten Verkehrskreise würden sich daher durch die Verwendung des Begriffs „Buddha's Schätze" zur Kennzeichnung der beanspruchten Waren nicht in ihren religiösen Gefühlen verletzt sehen.

Der Senat hat die Anmelderin darauf hingewiesen, dass auch die Schutzhindernisse des § 8 Abs. 2 Nr. 1 und Nr. 2 MarkenG vorliegen könnten. Aus Sicht der Anmelderin sind aber auch diese Schutzhindernisse nicht erfüllt. Insbesondere werde die Eignung der angemeldeten Marke als betrieblicher Herkunftshinweis für die Ware „Tee" nicht dadurch ausgeschlossen, dass Teegetränke in der buddhistischen Lehre eine besondere Rolle spielten. Insoweit sei kein im Vordergrund stehender beschreibender Begriffsinhalt gegeben. Die Wortfolge „Buddha's Schätze" existiere in der buddhistischen Küche nicht. Zudem nehme der Markenbestandteil „Schätze" eine die Unterscheidungskraft der angemeldeten Marke begründende Stellung ein; eine Verkürzung auf eine rein werbliche Aussage sei daher nicht angebracht.

Die Beschwerde blieb ohne Erfolg.

Aus den Gründen:

[19] Die Beschwerde ist zulässig, insbesondere gem. § 66 Abs. 1 iVm § 64 Abs. 6 MarkenG statthaft. Sie ist jedoch unbegründet. Entgegen der Auffassung der Anmelderin weist die angemeldete Marke keine Unterscheidungskraft auf, so

dass ihrer Eintragung das Schutzhindernis des § 8 Abs. 2 Nr. 1 MarkenG entgegensteht und die Markenstelle die Anmeldung - im Ergebnis -zu Recht zurückgewiesen hat (§ 37 Abs. 1 MarkenG).

[20] 1. Unterscheidungskraft ist die einer Marke innewohnende (konkrete) Eignung, vom Verkehr als betrieblicher Herkunftshinweis aufgefasst zu werden. Denn die Hauptfunktion einer Marke liegt darin, die Ursprungsidentität der damit gekennzeichneten Waren und Dienstleistungen zu gewährleisten (vgl. u.a. EuGH GRUR 2004, 428 [429 f., Tz. 30, 31] „Henkel"; BGH GRUR 2006, 850 [854, Tz. 17] „FUSSBALL WM 2006"). Keine Unterscheidungskraft besitzen insbesondere Bezeichnungen, denen der Verkehr im Zusammenhang mit den beanspruchten Waren und Dienstleistungen lediglich einen im Vordergrund stehenden beschreibenden Begriffsinhalt zuordnet (vgl. BGH 2006, 850 [854, Tz. 19] „FUSSBALL WM 2006"; EuGH GRUR 2004, 674 [678, Tz. 86] „Postkantoor"). Darüber hinaus fehlt die Unterscheidungskraft u.a. auch solchen Angaben, die sich auf Umstände beziehen, welche die beanspruchte Ware oder Dienstleistung zwar nicht unmittelbar betreffen, mit denen aber ein enger beschreibender Bezug zu dem betreffenden Produkt hergestellt wird (BGH - FUSSBALL WM 2006 aaO).

[21] Schlagwortartig gebildete Wortfolgen - wie die vorliegend angemeldete Wortfolge - sind, ähnlich Slogans, bei der Beurteilung der Unterscheidungskraft wie andere Wortmarken zu behandeln. Sie unterliegen keinen strengeren Schutzvoraussetzungen und müssen insbesondere keine zusätzliche Originalität aufweisen (vgl. Ströbele/Hacker, MarkenG, 9. Aufl., § 8 Rn 143 mwN). Es ist auch nicht erforderlich, dass sie einen selbständig kennzeichnenden Bestandteil enthalten oder in ihrer Gesamtheit einen besonderen phantasievollen Überschuss aufweisen (vgl. BGH GRUR 2002, 1070 [1071] - Bar jeder Vernunft). Gleichwohl ist zu berücksichtigen, dass der Verkehr in schlagwortartig gebildeten Wortfolgen regelmäßig dann keinen Herkunftshinweis sieht, wenn diese eine bloße Werbefunktion ausübt, die z.B. darin besteht, die Qualität der betreffenden Waren oder Dienstleistungen anzupreisen, es sei denn, dass die Werbefunktion im Vergleich zu ihrer behaupteten Herkunftsfunktion offensichtlich von untergeordneter Bedeutung ist (vgl. EuGH GRUR 2004, 1027 [1029 Tz. 35] DAS PRINZIP DER BEQUEMLICHKEIT). Diese Grundsätze werden durch die Entscheidung des EuGH in GRUR 2010, 228 - VORSPRUNG DURCH TECHNIK nicht entscheidend modifiziert. Auch wenn allein aus der Tatsache, dass es sich bei dem jeweiligen Zeichen um eine schlagwortartige Wortfolge handelt, nicht auf die fehlende Schutzfähigkeit dieses Zeichens geschlossen werden kann, so setzt die Bejahung der Unterscheidungskraft unverändert voraus, dass das Zeichen geeignet sein muss, die beanspruchten Waren und Dienstleistungen als von einem bestimmten Unternehmen stammend zu kennzeichnen (vgl. EuGH

GRUR 2010, 228, Tz. 44 - VORSPRUNG DURCH TECHNIK). Dies kann insbesondere dann der Fall sein, wenn es eine gewisse Originalität oder Prägnanz aufweist, die ein Mindestmaß an Interpretationsaufwand erfordert oder bei den angesprochenen Verkehrskreisen einen Denkprozess auslöst (EuGH GRUR 2010, 228, Tz. 57 - VORSPRUNG DURCH TECHNIK).

[22] Ausgehend von diesen Grundsätzen weist die Wortfolge „Buddha's Schätze" in Bezug auf die vorliegend beanspruchten Waren der Klassen 5, 30 und 32 keine Unterscheidungskraft auf.

[23] Der Wortbestandteil „Buddha" der angemeldeten Marke stammt aus dem Sanskrit, lautet in der deutschen Übersetzung „der Erwachte" bzw. „der Erleuchtete" und ist der Ehrentitel von Siddharta Gautama, dem Stifter der nach ihm benannten buddhistischen Philosophie bzw. Religion (vgl. Der Brockhaus, Religionen, 2. Aufl., S. 103). In der buddhistischen Philosophie, die Eingang in die Tibetische Medizin gefunden hat, spielt eine ausgewogene Ernährung eine wichtige Rolle (...). Nach dem Zen-Buddhismus sei jede Mahlzeit „gelebte buddhistische Praxis" (...). Ferner wird der besonders hergestellte japanische Amacha-Tee, der üblicherweise nur am 8. April, dem Geburtstag Gautamas, gereicht wird, auch als „Buddha Tee" bezeichnet (...).

[24] Jedoch ist ein Bezug zu der buddhistischen Philosophie und Lebensweise nicht nur hinsichtlich der Ware „Tee" gegeben. Denn eine der buddhistischen Philosophie und Lehre entsprechende, vornehmlich (aber nicht zwingend) vegetarische Küche wird auch als „buddhistische Küche" bezeichnet, wobei eines der bekanntesten Gerichte aus dieser Küche als „Buddha's Delight" bezeichnet wird (...). Auch hat die Anmelderin selber in der Beschwerdebegründung auf eine „buddhistische Küche" hingewiesen. Ferner gibt es in der chinesischen Küche die Richtung des Zhai Cai, die vegetarisch ausgerichtet ist, aber den Geschmack von Fleischgerichten nachahmt und ebenfalls als „buddhistische Küche" bezeichnet wird (...). Mithin ist der Bestandteil „Buddha" geeignet, auf bestimmte Eigenschaften von Nahrungsmitteln, Speisen und Getränken und deren Zutaten und Bestandteilen und auch von pharmazeutischen und diätetischen Erzeugnissen hinzuweisen, nämlich dahingehend, dass diese Erzeugnisse entsprechend den Grundsätzen der buddhistischen Lehre hergestellt sind oder für die „buddhistische Küche" geeignet sind.

[25] Entgegen der Auffassung der Anmelderin trägt der weitere Wortbestandteil „Schatz" nicht zur Unterscheidungskraft der angemeldeten Marke bei. Denn dieser Bestandteil bezeichnet nicht nur eine Ansammlung von materiellen Kostbarkeiten wie Schmuck oder Edelmetalle, sondern generell ein wertvolles Gut (vgl. Duden, Deutsches Universalwörterbuch, 7. Aufl., S. 1508). Dieser Begriff kann auch zur Bezeichnung von besonders wertvollen oder hochwertigen Speisen und Getränken bzw. Zutaten dazu verwendet werden. Insbesondere hat

das Wort „Schatz" auch Eingang in die Bezeichnung von Gerichten der asiatischen, vor allem der chinesischen Küche gefunden (...).

[26] Nach alledem wird der Verkehr in der angemeldeten Wortkombination „Buddha's Schätze" in Bezug auf die hier beanspruchten Waren keinen betrieblichen Herkunftshinweis erkennen, sondern eine sachbezogene Angabe, die Merkmale und Eigenschaften dieser Waren beschreibt oder zumindest einen engen beschreibenden Bezug zu diesen Waren aufweist, wobei diese Wortkombination zudem nicht über die Summe ihrer beschreibenden Bestandteile hinausgeht. Denn wenn den, hier aus den Endverbrauchern dieser Waren bestehenden, Verkehrskreisen diese Wortkombination auf den beanspruchten Waren der Klasse 30 begegnet, wird der Verkehr aus dieser Wortkombination schließen, dass es sich um Nahrungsmittel bzw. Zutaten handelt, die entsprechend der „buddhistischen Küche" hergestellt oder hierfür besonders geeignet sind und als „Schätze" auch eine besondere, hochwertige Qualität aufweisen. Gleiches gilt auch in Bezug auf die in der Klasse 32 beanspruchten Getränke und Präparate, zumal die buddhistische Lehre und Philosophie ganzheitlich ausgerichtet ist und (...) die Ernährung als solche einbezieht. Gleiches gilt aber auch in Bezug auf die beanspruchten pharmazeutischen und diätetischen Erzeugnisse der Klasse 5, da auch insoweit die Herstellung entsprechend Grundsätzen der buddhistischen Lehre eine für den Verbraucher wesentliche Eigenschaft dieser Waren darstellen kann.

[27] Unerheblich ist, ob die Wortfolge „Buddha's Schätze" in der buddhistischen Küche als Begriff bereits existiert. Die Neuheit einer Marke ist für die Beurteilung der markenrechtlichen Unterscheidungskraft irrelevant (vgl. Ströbele/Hacker, Markengesetz, 9. Aufl., § 8, Rn 89). Entscheidend ist allein, ob die konkrete Wortfolge als solche in Bezug auf die konkret beanspruchten Waren als betrieblicher Herkunftshinweis geeignet ist, was nach den o.g. Ausführungen vorliegend nicht der Fall ist.

[28] 2. Nach den o.g. Ausführungen spricht ferner einiges dafür, dass auch das Schutzhindernis des § 8 Abs. 2 Nr. 2 MarkenG erfüllt ist. Dies kann jedoch dahingestellt bleiben. Ebenfalls kann dahingestellt bleiben, ob der Auffassung der Markenstelle zuzustimmen ist, dass der Eintragung der angemeldeten Marke auch das Schutzhindernis des § 8 Abs. 2 Nr. 5 MarkenG entgegensteht. Der Senat war auch nicht gehindert, in der vorliegenden Entscheidung auf ein von der Markenstelle nicht erörtertes Schutzhindernis abzustellen, da Beschwerdegegenstand die Zurückweisung der Anmeldung als solche ist, so dass die Schutzfähigkeit der angemeldeten Marke in der Beschwerdeinstanz umfassend zu überprüfen ist, wobei das Amtsermittlungsprinzip gilt und der Senat dabei weder an das Vorbringen der Beteiligten, noch an die Begründung im angefochtenen Beschluss gebunden ist (vgl. Ströbele/Hacker, Markengesetz, 9. Aufl.,

§ 70, Rn 2). Ferner hat der Senat der Anmelderin Gelegenheit gegeben, sich zu der Frage zu äußern, ob die Schutzhindernisse des § 8 Abs. 2 Nr. 1 und 2 MarkenG erfüllt sind.

35

Ein erst nach unanfechtbarem Abschluss des vorhergehenden Asylverfahrens erfolgter Übertritt eines irakischen Staatsangehörigen kurdischer Volkszugehörigkeit zum evangelisch-lutherischen Glauben ist ein selbstgeschaffener Umstand, so dass in einem Folgeverfahren die Flüchtlingseigenschaft nicht zuerkannt werden kann.

§§ 60 Abs. 1 AufenthG, 28 Abs. 2 AsylVfG
VG Ansbach, Urteil vom 14. November 2011 -AN 14 K 11.30377-[1]

Der Kläger, ein irakischer Staatsangehöriger kurdischer Volkszugehörigkeit, stellte erstmals im Jahre 2001 Antrag auf Anerkennung als Asylberechtigter.

Mit Bescheid vom 14.7.2005 stellt das Bundesamt für Migration und Flüchtlinge fest, dass die Voraussetzungen des § 60 Abs. 1 AufenthG und Abschiebungsverbote nach § 60 Abs. 2 bis 7 AufenthG nicht vorliegen. Die hiergegen erhobene Klage blieb ohne Erfolg (Urteil vom 17.11.2005 -AN 14 K 05.30880-; BayVGH vom 13.2.2006 -13a ZB 06.30062- n.v.).

Mit Schriftsatz seines Bevollmächtigten vom 31.7.2010 ließ der Kläger die Wiederaufnahme des Asylverfahrens beantragen mit dem Ziel, ihn als Flüchtling gem. § 60 Abs. 1 AufenthG anzuerkennen. Er sei zum christlichen Glauben übergetreten. Vorgelegt wurde eine Taufbescheinigung des Evangelisch-Luthe Pfarramts A. vom 26.7.2010, wonach er am 25.7.2010 getauft wurde. Seit Dezember 2009 habe er sich dem christlichen Glaubens zugewandt, sonntags die Kirche besucht und auch an Gemeindeveranstaltungen in A. teilgenommen. Vielen insbesondere von Moslems verübte grausame Taten hätten ihm die Überzeugung vermittelt, dass die Nächstenliebe bei Christen eher angesiedelt sei. Er habe dann den Glauben gewechselt, weil er kein Moslem mehr habe sein wollen. Diesen christlich

n Glauben wolle er auch in Zukunft praktizieren, was ihm im Irak jedoch nicht möglich sei und ihn in Lebensgefahr bringe.

Bei seiner Anhörung vor dem Bundesamt für Migration und Flüchtlinge am 8.7.2011 gab der Kläger auf Fragen u.a. an, Anlass für seinen erneuten Asylan-

1 BeckRS 2012, 46738; *juris*.

trag sei, dass es in Deutschland Sicherheit gebe. Er wolle hier studieren. Außerdem sei er getauft worden. Er habe Angst, dass die Kurden davon erfahren könnten. Nach dem islamischen Recht werde, wer den Glauben ändert, Ungläubiger, und darauf stehe die Todesstrafe. Vorgelegt wurde eine Bescheinigung über die Zugehörigkeit des Klägers zur evangelischen Kirche.

Sieben Monate vor seiner Taufe habe er in B. eine Frau kennengelernt, die ihm die Adresse der Kirche in A. gegeben habe. Er sei dann immer sonntags hingegangen und habe den Gottesdienst besucht. Weiter habe er auch telefonischen Kontakt zu dem Pfarrer und habe ihn auch besucht. Er sei dann zu der Überzeugung gekommen, dass das der richtige Glaube sei. Sein früherer Glaube habe nur von Töten und Zerstörung gehandelt und nicht davon, dass der Mensch frei leben und sich frei entscheiden könne. Die Muslime glaubten und akzeptierten nur den eigenen Glauben und lehnten alles andere ab. Sein jetziger Glaube erlaube es ihm, eine freie Meinung zu haben. Vor der Taufe habe es mehrere Gespräche mit dem Pfarrer über den Glauben gegeben und dieser habe ihm gesagt, dass die Überzeugung von Herzen kommen müsse. Er gehe regelmäßig in die Kirche. Er habe eine Übersetzung der Bibel ins Kurdische. Diese habe er vor etwa zwei Wochen erhalten. Er habe etwa 20 Seiten schon gelesen. Darin stehe etwas von vier heiligen Personen. Gebete könne er keine auswendig, aber wenn er in der Kirche sei, könne er mitsingen. Er habe auch ein Buch, in dem Gebete und Lieder stehen. Wer der Begründer der evangelischen Kirche sei, wisse er nicht und auch nicht, warum es eine evangelische und eine katholische Kirche gebe. Er habe vor, unter den Mitgliedern der Kirchengemeinde zu leben und wolle auch weiterhin wöchentlich die Kirche besuchen. Außerdem habe er jetzt die Bibel und er wolle die Bibel lesen und mehr erfahren. Er habe vor, die Kirche zu unterstützen, beispielsweise finanziell oder mit Arbeit, beispielsweise bei Renovierungen. Er habe seine Hilfe angeboten und sei bereit, ohne Gegenleistung alles zu machen. Mit den älteren Damen aus der Kirchengemeinde spreche er über seinen Glauben, weil sie sich für den Irak interessierten. Außerhalb der Kirchengemeinde habe er keine Kontakte mehr. Er habe Abstand nehmen wollen von der kurdischen Gemeinde. Da man dort sehr neugierig seien, möchte er keine Fragen beantworten, warum er konvertiert sei.

Mit dem angefochtenen Bescheid stellte das Bundesamt für Migration und Flüchtlinge fest, dass die Voraussetzungen für die Zuerkennung der Flüchtlingseigenschaft gem. § 60 Abs. 1 AufenthG nicht vorliegen (Ziffer 1) und - unter Abänderung des Bescheides vom 14.7.2005 zu Ziffer 3 -, dass ein Abschiebungsverbot nach § 60 Abs. 2 AufenthG vorliegt (Ziffer 2).

Die hierauf erhobene Anfechtungs- und Verpflichtungsklage blieb ohne Erfolg.

Aus den Gründen:

[20] Die zulässige Klage ist nicht begründet. Der Kläger hat keinen Anspruch auf Feststellung, dass die Voraussetzungen des § 60 Abs. 1 AufenthG vorliegen. Der insoweit in Ziffer 1 angefochtene Bescheid des Bundesamtes vom 2.8.2011 ist nicht rechtswidrig und verletzt den Kläger nicht in seinen Rechten (§ 113 Abs. 1, Abs. 5 VwGO).

[21] Zu Recht hat das Bundesamt in dem in Ziffer 1 angefochtenen Bescheid vom 2.8.2011 ausgeführt, dass der Zuerkennung der Flüchtlingseigenschaft die Vorschrift des § 28 Abs. 2 AsylVfG entgegensteht. Nach dieser Vorschrift kann in einem Folgeverfahren in der Regel die Flüchtlingseigenschaft nicht zuerkannt werden, wenn der Ausländer nach Rücknahme oder unanfechtbarer Ablehnung eines Asylantrags erneut einen Asylantrag stellt und diesen auf Umstände stützt, die er nach Rücknahme oder unanfechtbarer Ablehnung seines früheren Asylantrags selbst geschaffen hat. Dies gilt für alle nach unanfechtbarer Ablehnung eines früheren Asylantrags vom Ausländer selbst geschaffenen Nachfluchttatbestände (vgl. BVerwG, Urteil vom 24.9.2009 -10 C 25/08- *juris*). Dies ergibt sich unzweifelhaft aus dem klaren Wortlaut der Vorschrift selbst ... Damit hat der Gesetzgeber die risikolose Verfolgungsprovokation durch Nachfluchtgründe, die der betreffende nach Abschluss des ersten Asylverfahrens selbst geschaffen hat, regelhaft unter Missbrauchsverdacht gestellt, wobei in dem (erfolglosen) Abschluss des Erstverfahrens die für das Verständnis der Vorschrift entscheidende zeitliche Zäsur (vgl. BVerwG, Urteil vom 18.12.2008 -10 C 27/07- *juris*) liegt. Da allein die zeitliche Zäsur maßgebend ist, wird für nach diesem Zeitpunkt selbstgeschaffene Nachfluchtgründe ein Missbrauch der Inanspruchnahme des Flüchtlingsschutzes in der Regel vermutet (vgl. OVG.SL, Beschluss vom 31.10.2011 -3 A 200/11- *juris*). In der Rechtsprechung des Bundesverwaltungsgerichts ist auch geklärt, dass diese Regelung mit den Regelungen der Genfer Flüchtlingskonvention - GFK - vereinbar ist und deshalb auch im Hinblick auf Art. 5 Abs. 3 der Richtlinie 2004/83/EG keine gemeinschaftsrechtlichen Zweifelsfragen aufwirft (BVerwG, Urteil vom 18.12.2008, aaO).

[22] Gemessen an diesen Grundsätzen stellt die Konversion des Klägers zum christlichen Glauben einen subjektiven Nachfluchtgrund dar, der gem. § 28 Abs. 2 AsylVfG die Feststellung des Vorliegens der Voraussetzungen des § 60 Abs. 1 AufenthG ausschließt. Eigenen Angaben zufolge wendet sich der Kläger dem christlichen Glauben etwa seit Dezember 2009 zu und ist seit dem 25.7.2010 getauft. Das vorangegangene Asylverfahren des Klägers ist jedoch bereits seit Februar 2006 rechtskräftig negativ abgeschlossen. Anhaltspunkte, die ein Abweichen vom Regelausschluss rechtfertigen, sind bei Würdigung aller Umstände im Fall des Klägers nicht erkennbar. Insbesondere ist nichts dafür ersicht-

lich, dass der Übertritt zum christlichen Glauben Ausdruck und Fortsetzung einer bereits im Herkunftsland bestehenden Überzeugung oder Ausrichtung des Klägers iSd § 28 Abs. 1 a AsylVfG wäre. Danach müssen Nachfluchtgründe, aufgrund derer eine Bedrohung nach § 60 Abs. 1 AufenthG für den Ausländer gesehen wird, auf einem Verhalten des Ausländers beruhen, das Ausdruck und Fortsetzung einer bereits im Herkunftsland bestehenden Überzeugung oder Ausrichtung ist. Der Kläger wendet zwar ein, es sei ihm im Irak gar nicht möglich gewesen, sich mit dem christlichen Glauben zu beschäftigen, weil die Gefahr bestehe, umgebracht zu werden und er auch keinen Zugang zu christlichen religiösen Schriften gehabt hätte, er aber schon vor seiner Ausreise aus dem Irak an einen Wechsel des Glaubens gedacht hätte. Diese Einlassungen vermögen aber nicht zu überzeugen. Denn der Kläger ist bereits im Jahr 2001 nach Deutschland gekommen, so dass es nahe gelegen wäre, wenn er sich bereits im Heimatland mit dem christlichen Glauben jedenfalls gedanklich beschäftigt hätte, zeitnah zur Einreise in Deutschland Kontakt zu christlichen Gemeinschaften aufzunehmen. Dies hat er jedoch nicht getan, sondern erst durch den Kontakt zu einem Mitglied in einer christlichen Gemeinschaft Ende 2009 Zugang zum christlichen Glauben gefunden ...

[23] Somit liegt vorliegend kein Ausnahmefall vor, sondern der in § 28 Abs. 2 AsylVfG normierte Regelfall, wonach der erst nach unanfechtbarem Abschluss des vorhergehenden Asylverfahrens im Februar 2006 erfolgte Übertritt zum evangelisch-lutherischen Glauben ein selbstgeschaffener Umstand ist, so dass im hier vorliegenden Folgeverfahren die Flüchtlingseigenschaft nicht zuerkannt werden kann. Dass der Kläger in Bezug auf ausländerrechtliche Vorschriften bei einer Feststellung der Voraussetzungen des § 60 Abs. 1 AufenthG günstiger gestellt wäre als bei der erfolgten Feststellung eines Abschiebungsverbotes nach § 60 Abs. 2 AufenthG, kann nicht Leitlinie der asylrechtlichen Entscheidung des Gerichts sein.

36

Art. 140 GG iVm Art. 139 WRV enthält nicht nur eine Institutsgarantie, sondern auch einen Schutzauftrag an den Gesetzgeber. Durch Gewährleistung eines Mindestschutzniveaus soll das Grundrecht der Religionsfreiheit eine Konkretisierung finden. Inhaltlich ist der Regelung ein religiöser, in der christlichen Tradition wurzelnder Gehalt eigen, welcher aber mit einer dezidiert sozialen und weltlich-neutral ausgerichteten Zwecksetzung einhergeht. Sie ist zudem als Konnexgarantie zu verschiedenen Grundrechten (Art. 2 Abs. 2, 4 Abs. 1, 6 Abs. 1, 9 Abs. 1 GG) zu begreifen.

Nach Landesrecht sind zurzeit Floh- und Trödelmärkte an Sonntagen mit Ausnahme der verkaufsoffenen Sonntage grundsätzlich unzulässig.

Art./§§ 2 Abs. 2, 4 Abs. 1, 6 Abs. 1, 9 Abs. 1, 12 Abs. 1, 140 GG, 139 WRV, 47, 57 Abs. 1 Satz 2 RP.LV, 69a Abs. 2 GewO, 11 Abs. 1 u. 2 RP.LÖG, 3 Abs. 2, 4 Abs. 1 RP.FeiertG
OVG Rheinland-Pfalz, Urteil vom 16. November 2011 -6 A 10584/11-[1]

Die Klägerin, die als gewerbliche Marktveranstalterin tätig ist, erstrebt die Feststellung, dass die Ablehnung ihres Antrags auf Festsetzung eines Jahrmarkts am 20.2.2011, einem Sonntag, durch die Beklagte rechtswidrig gewesen ist.

Ihren Festsetzungsantrag vom 11.10.2010 zur Durchführung eines Flohmarkts am 19. und 20.2.2011 in der Sporthalle O. lehnte die Beklagte mit Bescheid vom 2.12.2010 teilweise ab. Die Veranstaltung eines Jahrmarkts an einem Sonntag verstoße gegen das Verbot öffentlich bemerkbarer Tätigkeiten an Sonn- und Feiertagen gem. § 3 Abs. 2 LFtG und widerspreche daher dem öffentlichen Interesse iSd § 69a Abs. 1 Nr. 3 GewO. Den hiergegen eingelegten Widerspruch wies die Beklagte im Wesentlichen unter Bezugnahme auf die Begründung des Ausgangsbescheids zurück.

Zur Begründung ihrer hierauf erhobenen Klage hat die Klägerin im Wesentlichen geltend gemacht: Die Durchführung eines Flohmarkts an einem Sonntag sei bereits gem. § 4 Abs. 1 Nr. 1 LFtG vom Arbeitsverbot nach § 3 Abs. 2 LFtG ausgenommen. Jedenfalls könne bei verfassungskonformer Auslegung von keiner erheblichen Störung der öffentlichen Sicherheit und Ordnung iSd § 69a Abs. 1 Nr. 3 GewO ausgegangen werden. Allein Floh- und Trödelmärkte würden nämlich in sachlich nicht zu rechtfertigender Weise vom Regelungsbereich des § 11 LÖG ausgenommen, der ansonsten die Durchführung von Veranstaltungen an verkaufsoffenen Sonntagen gestatte. Zudem habe die Beklagte andere Veranstaltungen an Sonntagen zugelassen und andere Kommunen hätten die Durchführung von Flohmärkten an Sonntagen erlaubt.

Das VG Koblenz (Urteil vom 4.4.2011 -3 K 1586/10.KO- LKRZ 2011, 278) hat die Klage mit Urteil vom 4.4.2011 abgewiesen und zur Begründung im Wesentlichen ausgeführt: Die Ablehnung der begehrten Festsetzung als Jahrmarkt sei rechtmäßig gewesen, da die Durchführung des geplanten Flohmarkts wegen eines Verstoßes gegen die Verbotsnorm des § 3 Abs. 2 LFtG dem öffentlichen Interesse iSd § 69a Abs. 1 Nr. 3 GewO widersprochen habe. Eine solche Veran-

1 BeckRS 2011, 56324; *juris*; AS RP-SL 40, 313; GewArch 2012, 213; KommJur 2012, 110; LKRZ 2012, 65; NVwZ-RR 2012, 228.

staltung stehe nämlich mit dem Wesen eines Sonn- und Feiertags nicht in Einklang. Zwar schütze Art. 12 Abs. 1 GG die Freiheit der Gewerbeausübung. Jedoch genüge ein bloßes wirtschaftliches Umsatzinteresse von gewerblichen Marktveranstaltern und ein alltägliches Erwerbsinteresse potenzieller Käufer nicht, um Ausnahmen von dem grundgesetzlich verankerten Schutz der Arbeitsruhe und der Möglichkeit zu seelischer Erhebung an Sonn- und Feiertagen zu rechtfertigen. Eine ausnahmsweise Zulässigkeit ergebe sich insbesondere nicht aus den bundesrechtlichen Regelungen der Gewerbeordnung. Hierfür seien allein die Feiertagsgesetze der Länder maßgeblich. Eine solche Ausnahme sehe das rheinland-pfälzische Landesrecht aber nicht vor. Auch die in § 11 LÖG vorgesehene Möglichkeit, Groß- und Wochenmärkte im Gegensatz zu Jahrmärkten an verkaufsoffenen Sonntagen zu gestatten, stelle keine willkürliche Ungleichbehandlung dar, sondern sei durch das weite Ermessen des Gesetzgebers gerechtfertigt. Im Übrigen komme es auch nicht darauf an, ob sonstige Behörden Floh- und Trödelmärkte oder die Beklagte andere Veranstaltungen zu Unrecht an Sonntagen festsetzten. Denn ein etwaiger Gesetzesverstoß in diesen Fällen begründe keinen Anspruch der Klägerin auf Missachtung einer gesetzlichen Bestimmung.

Mit ihrer Berufung macht die Klägerin u.a. geltend, Art. 140 GG iVm Art. 139 WRV garantiere lediglich ein Mindestniveau des Sonntagsschutzes, der einen Ausgleich gegenläufiger Schutzgüter verlange. Insbesondere bedürfe es eines folgerichtigen Schutzkonzepts. Diesem Erfordernis genügten die im Ladenöffnungsgesetz getroffenen Regelungen nicht, da Flohmärkte im Gegensatz zu Verkaufsstellen sowie Groß- und Wochenmärkten auch an verkaufsoffenen Sonntagen dem Tätigkeitsverbot des § 3 Abs. 2 LFtG unterfielen. Die fehlende Folgerichtigkeit des Schutzkonzepts könne aber durch eine verfassungskonforme Auslegung und Anwendung des § 69a Abs. 1 Nr. 3 GewO ausgeglichen werden. Danach stellten Flohmärkte regelmäßig keine erhebliche Störung der öffentlichen Sicherheit im Sinne der genannten Regelung dar.

Der Vertreter des öffentlichen Interesses ist dem Verfahren beigetreten und hat sich im Wesentlichen wie folgt geäußert: Die Klägerin könne sich nicht auf eine fehlende Folgerichtigkeit der Schutzkonzeption des Landesfeiertagsgesetzes und des Ladenöffnungsgesetzes hinsichtlich der verfassungsrechtlich garantierten Sonn- und Feiertagsruhe berufen. Denn Floh- und Trödelmärkte könnten an verkaufsoffenen Sonntagen festgesetzt werden. Ihre Zulässigkeit folge aus § 11 Abs. 2 Satz 1 2.Hs LÖG, der das gewerbliche Anbieten von Waren im Rahmen eines Floh- und Trödelmarktes ungeachtet seiner gewerberechtlichen Festsetzung gestatte. Diese verschaffe den Veranstaltungsteilnehmern lediglich die sog. Marktprivilegien, die jedoch keine notwendige Voraussetzung für die Durchführung der Veranstaltungen darstellten. Die Regelung des § 11

Abs. 1 Satz 3 LÖG über einen Anwendungsausschluss dieses Gesetzes für Spezial- und Jahrmärkte stehe nicht entgegen. So gehe aus der amtlichen Begründung zu § 12 LÖG hervor, dass der Gesetzgeber keine Zweifel an der uneingeschränkten Zulässigkeit von Märkten, Messen und ähnlichen Veranstaltungen an den nach § 10 LÖG höchstzulässigen vier verkaufsoffenen Sonntagen gehegt habe. Hierfür spreche auch die Absicht, mit den genannten Regelungen des Ladenöffnungsgesetzes die Bestimmungen des Ladenschlussgesetzes des Bundes ohne inhaltliche Änderungen zu übernehmen, die eine Festsetzung auch von Floh- und Trödelmärkten an verkaufsoffenen Sonntagen ermöglicht hätten.

Der Senat weist die Berufung zurück.

Aus den Gründen:

[14] Die Berufung ist zulässig, aber unbegründet.

[15] Das Verwaltungsgericht hat die Fortsetzungsfeststellungsklage der Klägerin, die wegen ihres im Hinblick auf die Durchführung zukünftiger Flohmärkte berechtigten Interesses an einer Klärung der Rechtslage gem. § 113 Abs. 1 Satz 4 VwGO zulässig ist, zu Recht abgewiesen. Die Beklagte musste nämlich den Antrag der Klägerin auf Festsetzung eines von ihr am Sonntag, dem 20.2.2011 als Jahrmarkt iSd § 68 Abs. 2 der Gewerbeordnung - GewO - vom 10.6.1973 (BGBl. I S. 1227) geplanten gewerblichen Flohmarkts gem. § 69a Abs. 1 Nr. 3 GewO zwingend ablehnen. Denn die Durchführung des Markts widersprach wegen eines Verstoßes gegen das gesetzliche allgemeine Arbeitsverbot gem. § 3 Abs. 2 des Feiertagsgesetzes - LFtG - vom 15.7.1970 (GVBl. S. 225) dem öffentlichen Interesse. Auch war eine Ausnahme von diesem Arbeitsverbot nach § 4 Abs. 1 Nr. 1 LFtG nicht gegeben.

[16] Gem. § 69a Abs. 1 Nr. 3 GewO ist der Antrag auf Festsetzung einer Veranstaltung nach §§ 64 ff. GewO abzulehnen, wenn ihre Durchführung dem öffentlichen Interesse widerspricht, insbesondere der Schutz der Veranstaltungsteilnehmer vor Gefahren für Leben oder Gesundheit nicht gewährleistet ist oder sonstige erhebliche Störungen der öffentlichen Sicherheit oder Ordnung zu befürchten sind. Ein solcher Widerspruch zum öffentlichen Interesse liegt nach der ausdrücklichen Rechtsprechung des Bundesverwaltungsgerichts u.a. dann vor, wenn die Durchführung der Veranstaltung gegen eine Norm des Bundes- oder Landesrechts verstößt, z.B. gegen eine Norm des Sonn- und Feiertagsschutzes (Beschluss vom 17.5.1991 -1 B 43.91- GewArch 1991, 302). Für eine entsprechende Feststellung bedarf es daher keines Rückgriffs auf das in der maßgeblichen Bestimmung genannte Regelbeispiel einer sonstigen erheblichen Störung der öffentlichen Sicherheit. Dieses erfasst allerdings nach allgemeiner

Auffassung gleichfalls Verstöße gegen Bestimmungen des Sonn- und Feiertagsrechts (Wagner, in: Friauf, Gewerbeordnung, § 69a Rn 14; Ennuschat, in: Tettinger/Wank/Ennuschat, Gewerbeordnung, 8. Aufl. 2011, § 69a Rn 29 ff.).

[17] Die von der Klägerin beabsichtigte Durchführung eines gewerblichen Flohmarkts am Sonntag, dem 20.2.2011, verstieß gegen die Vorschrift des § 3 Abs. 2 LFtG. Danach sind an Sonntagen und gesetzlichen Feiertagen alle öffentlich bemerkbaren Tätigkeiten (I.) verboten, die die äußere Ruhe beeinträchtigen oder dem Wesen des Sonn- und Feiertages (II.) widersprechen. Beide Tatbestandsmerkmale treffen auf den von der Klägerin gewerblich geplanten Flohmarkt zu, dessen Durchführung auch nicht ausnahmsweise gem. § 4 Abs. 1 Nr. 1 LFtG gestattet war (III.).

[18] I. Dass es sich bei der fraglichen Veranstaltung um eine öffentlich bemerkbare Tätigkeit iSd § 3 Abs. 2 LFtG handelte, ist offenkundig. Die gewerbliche Durchführung eines Flohmarkts zielt nämlich gerade darauf ab, öffentlich bemerkt zu werden. Sein Erfolg hängt vom Besuch durch die Allgemeinheit und einem möglichst hohen Publikumsverkehr ab, der nicht nur in Kauf genommen, sondern bezweckt wird (vgl. OVG.RP, Urteil vom 13.1.1988, GewArch 1988, 174 [175 f.]).

[19] II. Des Weiteren widerspricht die gewerbliche Durchführung eines Flohmarkts dem Wesen des Sonn- und Feiertags iSd § 3 Abs. 2 LFtG.

[20] 1. Dessen Sinngehalt ist verfassungsrechtlich in zweierlei Hinsicht entscheidend vorgeprägt:

[21] a) Gem. Art. 140 GG iVm Art. 139 WRV bleiben der Sonntag und die staatlich anerkannten Feiertage als Tage der Arbeitsruhe und der seelischen Erhebung gesetzlich geschützt. Dabei ist die durch Art. 140 GG aufgenommene Vorschrift des Art. 139 WRV von gleicher Normqualität wie die sonstigen Bestimmungen des Grundgesetzes (BVerfG, Urteil vom 1.12.2009 -1 BvR 2857/07- und -1 BvR 2858/07- *juris* Rn 138, KirchE 54, 402). Sie stellt nicht nur eine Institutsgarantie dar, sondern enthält einen Schutzauftrag an den Gesetzgeber im Sinne der Konkretisierung des aus Art. 4 Abs. 1 und 2 GG folgenden Grundrechts der Religionsfreiheit, dem er durch Gewährleistung eines Mindestschutzniveaus Gehalt gibt (BVerfG, aaO, Rn 136 ff.). Inhaltlich ist der Regelung ein religiöser, in der christlichen Tradition wurzelnder Gehalt eigen, welcher aber mit einer dezidiert sozialen und weltlich-neutral ausgerichteten Zwecksetzung einhergeht (BVerfG, aaO, Rn 141). Sie ist zudem als Konnexgarantie zu verschiedenen Grundrechten zu begreifen (BVerfG, aaO, Rn 139). So fördert und schützt die Gewährleistung von Tagen der Arbeitsruhe und der seelischen Erhebung nicht nur die Ausübung der Religionsfreiheit (Art. 4 Abs. 1 GG), sondern dient darüber hinaus der physischen und psychischen Regeneration und damit der körperlichen Unversehrtheit (Art. 2 Abs. 2 GG). Die Statuierung gemeinsamer Ruhetage

dient dem Schutz von Ehe und Familie (Art. 6 Abs. 1 GG) und der effektiven Wahrnehmung der Vereinigungsfreiheit (Art. 9 Abs. 1 GG). Schließlich ist der Sonn- und Feiertagsgarantie ein besonderer Bezug zur Menschenwürde beizumessen, weil sie dem ökonomischen Nutzendenken eine Grenze zieht und dem Menschen um seiner selbst willen dient (BVerfG, aaO, Rn 144). Die aus alledem folgende auch soziale Bedeutung der Sonn- und Feiertagsruhe beruht wesentlich auf der synchronen Taktung des sozialen Lebens. Insoweit ist der zeitliche Gleichklang einer für alle Bereiche regelmäßigen Arbeitsruhe ein grundlegendes Element für die Wahrnehmung der verschiedenen Formen sozialen Lebens (BVerfG, aaO, Rn 145).

[22] b) Dieser grundgesetzlich vermittelte Schutz der Arbeitsruhe an Sonn- und Feiertagen wird durch die Verfassung für Rheinland-Pfalz noch verstärkt. So greift die Bestimmung des Art. 47 LV die Regelung des Art. 139 WRV auf, ergänzt die dort genannten Schutzzwecke der Sonn- und Feiertagsruhe aber um das aufgrund der Rangfolge besonders hervorgehobene Motiv der „religiösen Erbauung". Schwerpunkt der Regelung ist daher ihr religiöser Gehalt, der durchaus gewollt stärker betont wurde als in anderen Landesverfassungen (Süsterhenn/Schäfer, Kommentar der Verfassung für Rheinland-Pfalz, Art. 47 Anm. 2 und Art. 57 Anm. 2.b); vgl. Bartz, in: Grimm/Caesar, Verfassung für Rheinland-Pfalz, Art. 57 Rn 3). Darüber hinaus stellt Art. 57 Abs. 1 Satz 2 LV ausdrücklich fest, dass Sonntage und gesetzliche Feiertage arbeitsfrei sind. Diese dezidiert sozialpolitische Zweckbestimmung, die das Prinzip der Arbeitsruhe ausdrücklicher hervorhebt als das Grundgesetz, wird teilweise als unmittelbar geltendes Recht verstanden, das entsprechende subjektive Rechte einräumt (Bartz, aaO, Art. 57 Rn 2). Eine Gesamtschau der Bestimmungen des Art. 47 und des Art. 57 Abs. 1 Satz 2 LV lässt deutlich werden, dass die Landesverfassung den Schutz von Sonn- und Feiertagen als grundsätzlich arbeitsfreie Tage noch stärker garantiert als das Grundgesetz.

[23] 2. Die aufgrund des Zusammenspiels der beschriebenen grundgesetzlichen und landesverfassungsrechtlichen Gewährleistungen bestehende Schutzpflicht ist verletzt, wenn der Gesetzgeber die hieraus folgenden Mindestanforderungen an den Sonn- und Feiertagsschutz unterschreitet. Diese konkretisieren sich u.a. darin, dass Art. 139 WRV für die Arbeit an Sonn- und Feiertagen ein Regel-Ausnahme-Verhältnis bestimmt. Danach soll die typische „werktägliche Geschäftigkeit" sowie die Geschäftstätigkeit in Form der Erwerbsarbeit an Sonn- und Feiertagen grundsätzlich ruhen (BVerfG, aaO, Rn 152 und 154). Dieser Schutz kann allerdings durch den Gesetzgeber bei Wahrung eines hinreichenden Schutzniveaus unter Einbeziehung anderer Belange eingeschränkt werden. So darf er einen Ausgleich zwischen den Garantien des Art. 140 GG iVm Art. 139 WRV sowie der Art. 47 LV und Art. 57 Abs. 1 Satz 2 LV einerseits und den durch

Art. 12 Abs. 1 GG, aber auch Art. 2 Abs. 1 GG vermittelten Gewährleistungen andererseits schaffen, wobei auch eine geänderte soziale Wirklichkeit Berücksichtigung finden kann (BVerfG, aaO, Rn 153 und 155). Allerdings müssen gesetzliche Schutzkonzepte für die Sonn- und Feiertagsruhe diese Tage als solche der Arbeitsruhe zur Regel erheben und Ausnahmen hiervon als solche für die Öffentlichkeit erkennbar bleiben. Ein bloß wirtschaftliches Umsatzinteresse von Warenanbietern und ein alltägliches Erwerbsinteresse potenzieller Käufer genügen insoweit grundsätzlich nicht, um derartige Ausnahmen zu rechtfertigen (BVerfG, aaO Rn 157).

[24] 3. Dieser verfassungsrechtliche Hintergrund, der das Verständnis dafür prägt, wie das Wesen des Sonn- und Feiertags inhaltlich zu bestimmen ist, hat zur Folge, den von der Klägerin geplanten gewerblichen Flohmarkt als mit der Regelung des § 3 Abs. 2 LFtG nicht vereinbar zu erachten.

[25] So dient die gewerbliche Durchführung eines Flohmarkts dem Verkaufen und Kaufen von Gegenständen und stellt eine auf Warenumsatz gerichtete Marktveranstaltung dar, die mit Ausnahme des spezifischen Warenangebots einer werktäglichen Marktveranstaltung entspricht (vgl. OVG.RP, aaO [176]). Ein Beleg für die in erster Linie wirtschaftlichen Interessen der Klägerin ist gerade ihr Ziel, eine gewerberechtliche Festsetzung des von ihr u.a. an einem Sonntag geplanten Flohmarkts als Jahrmarkt und damit die Einräumung der sog. Marktprivilegien zu erreichen. Die Durchführung des Flohmarkts sollte darüber hinaus der Sicherung des Lebensunterhalts ihrer Familie dienen und stellt sich deshalb als Erwerbsarbeit dar. Diese Einschätzung wird zudem im Hinblick auf die übrigen Marktteilnehmer durch den erstinstanzlichen Vortrag der Klägerin bestätigt, wonach sie für den Fall einer nicht zeitnah erfolgenden gerichtlichen Entscheidung die Abwanderung von Standplatzmietern nach Nordrhein-Westfalen oder Hessen befürchtete. Damit dürften schwerlich private (Gelegenheits-)Anbieter aus dem näheren räumlichen Einzugsbereich der Beklagten gemeint gewesen sein. Vielmehr ist davon auszugehen, dass es sich insoweit gleichfalls um gewerbliche Anbieter handelte, deren Tätigkeit auf Dauer angelegt ist. Auch hat der Ehemann der Klägerin in der mündlichen Berufungsverhandlung - wenn auch in anderem Zusammenhang - bekundet, Flohmarktaussteller nähmen teilweise mehrere hundert Kilometer Anfahrtsweg auf sich. Dies spricht für eine der Sache nach gewerbliche Tätigkeit. Sie soll lediglich deshalb an einem Sonntag stattfinden, um dem Veranstalter und den Standplatzmietern höhere und sicherere Umsätze zu gewährleisten, da potenzielle Käufer an anderen Tagen für einen Flohmarktbesuch nicht über die notwendige Zeit und das erforderliche Interesse verfügen. Ein solches Motiv läuft aber dem verfassungsrechtlich vorgeprägten Wesen des Sonntags iSd § 3 Abs. 2 LFtG zuwider.

[26] Die gleichwohl von der Klägerin erstrebte Zulässigkeit ihres geplanten gewerblichen Flohmarkts an einem Sonntag setzt deshalb angesichts des aufgezeigten und verfassungsrechtlich fundierten Regel-Ausnahme-Verhältnisses eine positive Entscheidung des zuständigen Landesgesetzgebers unter Abwägung der gegenläufigen Belange voraus. Eine solche ausdrückliche Regelung hat der rheinland-pfälzische Landesgesetzgeber bislang aber nicht getroffen.

[27] III. Insbesondere war die Durchführung des von der Klägerin für Sonntag, den 20.2.2011, vorgesehenen Flohmarkts nicht ausnahmsweise gem. § 4 Abs. 1 Nr. 1 LFtG gestattet. Weder Bundes- noch Landesrecht ließ die beabsichtigte Tätigkeit zu.

[28] 1. Zwar wird teilweise die Auffassung vertreten, mit Regelungen nach dem Vorbild des § 4 Abs. 1 Nr. 1 LFtG habe der jeweilige Landesgesetzgeber eine Öffnungsklausel geschaffen, wonach auch eine gewerbliche Festsetzung iSd § 69 GewO ein landesrechtliches Arbeitsverbot an Sonn- und Feiertagen verdränge. Es handele sich dabei um ein durch Landesrecht zusätzlich vermitteltes Marktprivileg (Schönleiter, in: Landmann/Rohmer, Gewerbeordnung, § 69a Rn 4; Wagner, aaO, § 69a Rn 14a und b; Ennuschat, aaO, § 69a Rn 33). Jedoch hat das Bundesverwaltungsgericht wiederholt betont, die Frage der Zulässigkeit von Jahrmärkten - und damit von Floh- und Trödelmärkten - an Sonn- und Feiertagen sei bundesrechtlich nicht geregelt, insbesondere nicht in den §§ 68 ff. GewO. Maßgebend seien vielmehr die Feiertagsgesetze der Länder. Das Landesrecht könne - müsse aber nicht - bestimmen, dass ein darin enthaltenes grundsätzliches Verbot der Sonntagsarbeit auf die behördliche Festsetzung von Marktveranstaltungen keine Anwendung finde (Beschlüsse vom 17.5.1991 -1 B 43.91- GewArch 1991, 302, und vom 4.12.1992 -1 B 194.92- GewArch 1995, 117).

[29] Diese Rechtsprechung muss auch im Hinblick auf die Bestimmung des § 4 Abs. 1 Nr. 1 LFtG Anwendung finden, da ihr vergleichbare landesrechtliche Regelungen zugrunde lagen, wie schon das VG Neustadt/W. in seinem von dem erstinstanzlichen Gericht in Bezug genommenen Urteil vom 3.9.2009 -4 K 668/09.NW- eingehend und zutreffend dargelegt hat. Daher kann nicht angenommen werden, der Landesgesetzgeber habe mit § 4 Abs. 1 Nr. 1 LFtG die gewerberechtliche Regelung des Bundes in § 69 GewO über die Festsetzung u.a. von Märkten als landesrechtliche Regelung zum Sonn- und Feiertagsschutz inkorporiert. Hierzu bedürfte es vielmehr einer ausdrücklichen gesetzlichen Befreiung vom in § 3 Abs. 2 LFtG festgelegten grundsätzlichen Arbeitsverbot (vgl. OVG.RP, Urteil vom 13.1.1988, aaO, [175]). Dieses Regelungsverständnis gilt erst recht bei Berücksichtigung des von Verfassungs wegen vorgegebenen Regel-Ausnahme-Verhältnisses. Es erfordert, dass die Entscheidung über die Voraussetzungen einer Ausnahme vom grundsätzlichen Verbot sonntäglicher

Arbeit der zuständige Gesetzgeber treffen muss und er diese Kompetenz nicht auf die für Marktfestsetzungen nach § 69 GewO fachlich zuständige Behörde delegieren kann. Deshalb konnte auch die Beklagte nicht durch eine Festsetzung nach § 69 GewO eine Befreiung vom gesetzlichen Arbeitsverbot des § 3 Abs. 2 LFtG vornehmen.

[30] 2. Die Zulässigkeit des von der Klägerin an einem Sonntag beabsichtigten Flohmarkts folgt auch nicht aus den §§ 10 ff. des Ladenöffnungsgesetzes Rheinland-Pfalz - LÖG - vom 21.11.2006 (GVBl. S. 351).

[31] a) Dies gilt schon deshalb, weil sich die fraglichen Vorschriften im Wesentlichen zu den Konsequenzen der Ladenschluss- und Ladenöffnungszeiten an verkaufsoffenen Sonntagen verhalten. Da die Beklagte den 20.2.2011, d.h. den von der Klägerin geplanten Veranstaltungstag, aber nicht als verkaufsoffenen Sonntag bestimmt hatte, kann die Klägerin aus dem fraglichen Vorgehen von vornherein keine ihr günstige Rechtsfolge ableiten.

[32] b) Sie kann des Weiteren nicht geltend machen, der Gesetzgeber habe sich mit den §§ 10 ff. LÖG für ein gelockertes Schutzkonzept hinsichtlich der mit der grundsätzlichen Arbeitsruhe an Sonn- und Feiertagen verfolgten Zwecke entschieden, dessen Ausgestaltung die notwendige Folgerichtigkeit vermissen lasse und sich deshalb als verfassungswidrig darstelle. Selbst wenn diese Annahme sachlich gerechtfertigt wäre, ergäbe sich hieraus kein Anspruch auf die Festsetzung eines Jahrmarkts iSd § 68 Abs. 2 GewO an einem nicht verkaufsoffenen Sonntag. Die Konsequenz wäre vielmehr allenfalls eine Nichtanwendbarkeit der Bestimmungen der §§ 10 ff. LÖG. Es verbliebe bei dem verfassungsrechtlich vorgegebenen Regel-Ausnahme-Verhältnis, d.h. bei der grundsätzlichen Unzulässigkeit der Festsetzung eines Jahrmarkts an einem normalen Sonntag, weil die notwendige und dem Gesetzgeber vorbehaltene Ausnahmeregelung fehlen würde.

[33] c) Darüber hinaus ist festzustellen, dass sich entgegen der Auffassung der Klägerin das Regelungskonzept der §§ 10 ff. LÖG als folgerichtig erweist, da es insbesondere eine hinreichende Gleichbehandlung der von den Einzelbestimmungen Betroffenen gewährleistet.

[34] So regelt § 10 Abs. 1 Satz 1 LÖG die Zulässigkeit der Öffnung von Verkaufsstellen iSd § 2 Abs. 1 LÖG an bis zu vier verkaufsoffenen Sonntagen in einem Kalenderjahr. Gemeint sind damit Einrichtungen, bei denen von einer festen Stelle aus ständig Waren zum Verkauf an jedermann vorgehalten werden.

[35] Des weiteren gilt gem. § 11 Abs. 1 Satz 1 LÖG das Verbot des Anbietens von Waren zum Verkauf auf behördlich festgesetzten Groß- oder Wochenmärkten u.a. ebenfalls nicht während der auf der Grundlage des § 10 LÖG zugelassenen Ladenöffnungszeiten an verkaufsoffenen Sonntagen. Diese Vorschrift er-

fasst keine Floh- und Trödelmärkte, die als Jahrmärkte gem. § 68 Abs. 2 GewO, nicht aber als Groß- oder Wochenmärkte gem. §§ 66, 67 GewO festgesetzt werden können.

[36] Allerdings bestimmt § 11 Abs. 1 Satz 2 LÖG, am 24.12. dürften nach 14 Uhr auch im sonstigen Marktverkehr keine Waren angeboten werden. Diese Vorschrift gilt für alle Märkte, auf die § 11 Abs. 1 Satz 1 LÖG keine Anwendung findet, d.h. auch für Floh- und Trödelmärkte. Sie trifft aber inhaltlich keine Aussage zu deren ausnahmsweiser Zulässigkeit an Sonntagen. Die Vorschrift wird ergänzt durch § 11 Abs. 1 Satz 3 LÖG, wonach im Übrigen die Bestimmungen dieses Gesetzes für Märkte sowie für Messen und Ausstellungen keine Anwendung finden.

[37] Mit den genannten Regelungen des § 11 Abs. 1 LÖG wollte der Gesetzgeber nach Übergang der Gesetzgebungskompetenz für das Ladenschlussrecht in die Zuständigkeit der Länder gem. Art. 74 Abs. 1 Nr. 11 GG im Rahmen der Föderalismusreform (Gesetz zur Änderung des Grundgesetzes vom 28.8.2006 [BGBl. I S. 2043]) weitgehend die Vorschriften des bis dahin maßgeblichen § 19 des Gesetzes über den Ladenschluss - LadSchlG - idF der Bekanntmachung vom 2.6.2003 (BGBl. I S. 744) übernehmen (vgl. LT-Drs. 15/387, S. 19). Insbesondere sollte § 11 Abs. 1 Satz 3 LÖG entgegen seinem Wortlaut nicht nur klarstellen, das neue Ladenöffnungsgesetz des Landes finde im Übrigen auf Märkte, Messen und Ausstellungen keine Anwendung; vielmehr sollte es darüber hinaus - vergleichbar § 19 Abs. 3 LadSchlG - bei den einschlägigen Regelungen der Gewerbeordnung verbleiben (LT-Drs. 15/387, aaO). § 19 Abs. 3 LadSchlG hatte nämlich bis dahin bestimmt, im Übrigen verbleibe es bei den Vorschriften der §§ 64 bis 71a der Gewerbeordnung, insbesondere bei den aufgrund des § 69 Abs. 1 Satz 1 der Gewerbeordnung festgesetzten Öffnungszeiten für Messen, Ausstellungen und Märkte. Diese Rechtslage wollte der Landesgesetzgeber trotz Änderung des Gesetzeswortlauts erklärtermaßen aufrechterhalten. Er hat aber mit seiner sinngemäßen Bezugnahme auf die Gewerbeordnung keine ausdrückliche landesrechtliche Regelung für eine Ausnahme vom Arbeitsverbot des § 3 Abs. 2 LFtG an Sonn- und Feiertagen geschaffen, da - wie dargelegt - (bundes-)gewerberechtlich eine solche Festlegung nicht erfolgen konnte.

[38] Eine derartige Ausnahmeregelung ergibt sich hingegen aus der Vorschrift des § 11 Abs. 2 Satz 1 2. Hs LÖG. Hierauf hat der Vertreter des öffentlichen Interesses zu Recht hingewiesen. Danach gilt das Verbot des gewerblichen Anbietens von Waren zum Verkauf an jedermann außerhalb von Verkaufsstellen u.a. nicht während der auf der Grundlage des § 10 LÖG zugelassenen Ladenöffnungszeiten an verkaufsoffenen Sonntagen. Gestattet ist danach auch das gewerbliche Anbieten von Waren im Rahmen eines gewerblichen Floh- oder Trödelmarkts. Dies gilt jedenfalls dann, wenn er nicht iSd § 69 GewO festgesetzt

worden ist (Wagner, aaO, Vorbem. vor Titel IV, Rn 36; Stollenwerk, in: Praxis der Kommunalverwaltung, K 2f RhPf, Erl. zu § 11). Eine solche Vorgehensweise ist denkbar, da die Zulässigkeit der in der Gewerbeordnung geregelten Veranstaltungstypen nicht von einer zuvor erfolgten Festsetzung abhängig ist (Ennuschat, aaO, vor §§ 64 ff. Rn 7). Vielmehr können bei Einhaltung der gesetzlichen Voraussetzungen im Übrigen auch festsetzungsfähige, aber nicht festgesetzte Märkte durchgeführt werden (Wagner, aaO, Vorbem. vor Titel IV, Rn 23). Die Festsetzung eines Markts dient nämlich lediglich der Verleihung der sog. Marktprivilegien, die vor allem in der Befreiung von den Vorschriften der Titel II und III der Gewerbeordnung bestehen (Ennuschat, aaO, vor §§ 64 ff. Rn 4).

[39] Erlaubt aber der Landesgesetzgeber mit der von ihm in § 11 Abs. 2 Satz 1 2. HS LÖG getroffenen ausdrücklichen Regelung auch die Durchführung eines gewerblichen Floh- oder Trödelmarkts an einem verkaufsoffenen Sonntag, ist weder ein rechtlicher noch ein sachlicher Grund dafür ersichtlich, solche Veranstaltungen nicht gem. § 69 GewO als Jahrmarkt festsetzen zu können. Die vermeintliche Sperrwirkung des § 11 Abs. 1 Satz 3 LÖG kann einer solchen Festsetzung nämlich nicht entgegenstehen, da - wie ausgeführt - der Landesgesetzgeber mit ihr gerade die Anwendung der einschlägigen Regelungen der Gewerbeordnung ermöglichen und nur die bis dahin maßgebliche Bestimmung des § 19 Abs. 3 LadSchlG nachvollziehen wollte.

[40] Dieses Regelungsverständnis wird bestätigt durch die Vorschrift des § 12 LÖG über die Zulassung von Ausnahmen von den Bestimmungen der §§ 3 bis 11 LÖG. In diesem Zusammenhang hat der Landesgesetzgeber nämlich ausdrücklich festgehalten, Märkte, Messen oder ähnliche Veranstaltungen könnten über die nach § 10 höchstzulässigen vier verkaufsoffenen Sonntage hinaus nicht zu Ausnahmezulassungen nach § 12 führen (LT-Drs. 15/387, S. 20). Er ist demnach ohne weiteres davon ausgegangen, Märkte könnten an verkaufsoffenen Sonntagen durchgeführt werden, ohne dabei zwischen verschiedenen Marktformen zu differenzieren. Auch im Hinblick auf diesen eindeutigen gesetzgeberischen Willen ist deshalb von der grundsätzlichen Zulässigkeit von Spezialmärkten und Jahrmärkten und ihrer möglichen Festsetzung an verkaufsoffenen Sonntagen auszugehen. Das in den § 10 ff. LÖG zum Ausdruck kommende Konzept zum Schutz der Arbeitsruhe an Sonn- und Feiertagen führt demnach nicht zu einer verfassungsrechtlich bedenklichen Ungleichbehandlung bestimmter Veranstaltungsarten.

[41] d) Ergänzend ist darauf hinzuweisen, dass entgegen der Auffassung der Klägerin die nach alledem zurzeit bestehende grundsätzliche Unzulässigkeit von Floh- und Trödelmärkten an Sonntagen mit Ausnahme der verkaufsoffenen Sonntage nicht für die Durchführung von Weihnachtsmärkten an (Advents-)

Sonntagen gilt. Insoweit liegt nämlich jedenfalls bei traditionellen Weihnachtsmärkten, die innerhalb eines entsprechenden örtlichen und inhaltlichen Rahmens stattfinden und bei denen die Aussteller zudem ein auf den Anlass ausgerichtetes spezielles Warenangebot präsentieren, die Annahme nahe, solche Veranstaltungen widersprächen nicht dem Wesen des Sonntags im Sinne des § 3 Abs. 2 LFtG. Auch könnte in derartigen Fällen die Zulassung von Ausnahmen gem. § 12 LÖG - vorbehaltlich einer Prüfung des Einzelfalls - zumindest in Betracht gezogen werden.

37

Eine mit Schmähungen und Diffamierungen durchsetzte Kritik an dem militärischen Vorgehen der ISAF-Truppen in Afghanistan, die sich lediglich gegen die westlichen Staaten, die NATO, die amerikanische Regierung oder sonstige Institutionen oder sonstige nicht abgrenzbare Personenmehrheiten richtet („Aggressoren", „Barbaren" u.ä.), ohne dass damit ausdrücklich oder verdeckt auch deutsche Soldaten oder die deutschen Truppen in Afghanistan oder sonstige Teile der Bevölkerung in Deutschland angegriffen werden, erfüllt nicht den Ausweisungstatbestand in § 55 Abs. 2 Nr. 8b AufenthG. Dies gilt auch dann, wenn diese Kritik mit einer verachtenden Ablehnung der westlichen Demokratie und Lebensform und der Forderung nach Vorrang der islamischen Ordnung vor staatlichen Gesetzen verbunden wird.

Art./§§ 4 Abs. 1, 5 Abs. 1 GG, 55 Abs. 2 Nr. 8b AufenthG, 130 StGB
Hessischer VGH, Urteil vom 16. November 2011 -6 A 907/11-[1]

Der Kläger begehrt die Aufhebung einer Ausweisungsverfügung und die Verpflichtung der Beklagten, ihm eine Aufenthaltserlaubnis zu erteilen.

Der Kläger wurde 1959 in Logar (Afghanistan) geboren und ist afghanischer Staatsangehöriger. Er reiste im März 1991 gemeinsam mit seiner Ehefrau und zwei Kindern in die Bundesrepublik Deutschland ein und stellte einen Asylantrag, der sowohl bei dem Bundesamt für die Anerkennung ausländischer Flüchtlinge (Bundesamt) als auch im gerichtlichen Verfahren erfolglos blieb. Durch Urteil vom 26.7.1994 verpflichtete das VG Freiburg das Bundesamt jedoch, die Feststellung des Vorliegens der Voraussetzungen des § 53 Abs. 4

---

1 Amtl. Leitsatz. BeckRS 2012, 46295; *juris*; EzAR-NF 43 Nr. 3. In der Revisionsinstanz ist das Verfahren eingestellt worden, nachdem der Kläger die Revision zurückgenommen hat; BVerwG, Beschluss vom 2.2.2012 -1 C 5.12- n.v.

AuslG zu treffen, was mit Bescheid vom 19.12.1994 erfolgte. In der Folgezeit erhielt der Kläger von der zu diesem Zeitpunkt zuständigen Ausländerbehörde der Stadt X. Duldungen. Ein Asylfolgeantrag vom 22.9.1995 wurde vom Bundesamt mit Bescheid vom 29.8.1996 abgelehnt; die entsprechende Klage wurde vom VG Freiburg mit Urteil vom 24.11.1998 (-4 K 12369/96-) abgewiesen. Am 9.5.2000 erteilte die Ausländerbehörde dem Kläger eine Aufenthaltsbefugnis gem. § 30 Abs. 3 AuslG, die mehrfach, letztmalig zum 11.1.2004, verlängert wurde; zwei zwischenzeitliche Anträge auf Erteilung einer unbefristeten Aufenthaltserlaubnis wurden hingegen abgelehnt.

Der Kläger war nach dem Umzug der Familie - inzwischen hat der Kläger sechs Kinder - nach B-Stadt im Jahr 2000 bis zum Jahr 2004 als Imam in der Ansar-Moschee (M.Verein e.V., X-Straße, B-Stadt - Afghanisches Kulturzentrum -) als Imam tätig. Mit Schreiben vom 15.4.2003 kündigte der Verein die Zusammenarbeit mit dem Kläger indes mit der Begründung auf, der Kläger habe in Kenntnis der Satzung des Vereins mehrmals gegen diese verstoßen und öffentlich politische Äußerungen gemacht. Nachdem ein Räumungsurteil in Bezug auf die dem Verein gehörende Wohnung ergangen und seitens des Vereins ein Hausverbot gegen den Kläger ausgesprochen worden war, verzog die Familie im April 2004 nach A-Stadt. Derzeit ist der Kläger als Hausmeister tätig und erzielt ein monatliches Einkommen aus dieser Beschäftigung von 900 € (netto) sowie aus einer weiteren Tätigkeit 400 €.

Gegen den Kläger wurden mehrere strafrechtliche Ermittlungsverfahren geführt: Das erste Ermittlungsverfahren wegen des Verdachts öffentlicher Aufforderung zu Straftaten (§ 111 StGB) stellte die Staatsanwaltschaft nach umfangreichen Ermittlungen mit Beschluss vom 7.9.2004 nach § 170 Abs. 2 StPO mit der Begründung ein, sie habe nicht feststellen können, dass der Kläger tatsächlich zur Begehung konkreter Straftaten aufgerufen habe. Mit Beschluss vom 26.10.2005 stellte die Staatsanwaltschaft ein weiteres Verfahren mit dem gleichen Straftatsverdacht ein, das auf den Bericht des Fernsehmagazins Report Mainz vom 8.8.2005 hin eingeleitet worden war. Zuletzt endete auch ein weiteres Ermittlungsverfahren mit einer Einstellung (Beschluss vom 7.12.2007). Einträge über den Kläger im Bundeszentralregister sind nicht vorhanden.

Am 12.11.2003 stellte der Kläger bei der zu dieser Zeit zuständigen Behörde der Stadt F. den Antrag auf Erteilung einer unbefristeten Aufenthaltserlaubnis und erhielt daraufhin sogenannte Fiktionsbescheinigungen nach § 69 Abs. 3 AuslG, ab dem 1.10.2005 nach § 81 Abs. 4 AufenthG. Bevor die Beklagte als aufgrund des Umzugs der Familie nunmehr zuständige Ausländerbehörde über den Antrag auf Erteilung eines Aufenthaltstitels befunden hatte, widerrief das Bundesamt mit Bescheid vom 21.10.2004 die Feststellung des Vorliegens der Voraussetzungen des § 53 Abs. 4 AuslG mit der Begründung, die Sicherheitslage in Afghanistan habe sich grundlegend geändert und in der Person des Klägers lägen keine Abschiebungshindernisse mehr vor. Auf Anregung des Hessischen Ministeriums des Innern hin ordnete das Bundesamt mit Bescheid vom 12.8.2005 die sofortige Vollziehbarkeit der Widerrufsentscheidung an, nahm mit Bescheid vom 17.11.2005 die Anordnung jedoch zurück. Die asylrechtliche Entscheidung des Bundesamts wurde bestandskräftig, nachdem das VG Frankfurt a.M. (Urteil vom 26.1.2006 -5 E 5870/04- n.v.) die gegen den Widerruf erhobene Klage mit abgewiesen hatte.

Im August 2005 teilte das um Auskunft gebetene Landesamt für Verfassungsschutz Hessen der Ausländerbehörde mit, der Kläger sei ihm bekannt. Es lägen Informationen vor, dass der Kläger im April bis Juni 2005 in vier Predigten seine Zuhörer bzw. alle Muslime zum Kampf gegen die Besatzungsmächte in Afghanistan aufgerufen habe. Nach Anhörung des Klägers lehnte die Beklagte mit Verfügung vom 25.10.2005 nicht nur den Antrag des Klägers auf Erteilung einer unbefristeten Aufenthaltserlaubnis (nunmehr Niederlassungserlaubnis nach § 9 AufenthG) ab, sondern wies den Kläger gleichzeitig aus der Bundesrepublik Deutschland aus. Zur Begründung führte sie im Wesentlichen an, der Kläger sei wegen Aufforderung zur Gewalt in seinen Predigten aufgefallen. Aus der Gesamtschau seines Verhaltens folge der Ausweisungsgrund des § 54 Nr. 5a AufenthG; ein besonderer Ausweisungsschutz liege nicht vor. Die Abwägung der Interessen des Klägers zeige keine das öffentliche Interesse an der Ausweisung überwiegenden Belange auf. Wegen der Ausweisungsgründe dürfe auch kein Aufenthaltstitel erteilt oder verlängert werden. Zudem beziehe der Kläger mit seiner Familie staatliche Hilfe, was eine Ermessensausweisung nach § 55 Abs. 1, Abs. 2 Nr. 6 AufenthG rechtfertige. Die Beklagte setzte dem Kläger eine Frist zur Ausreise bis zum 29.11.2005 und drohte ihm die Abschiebung nach Afghanistan an. Zudem beschränkte die Beklagte den Aufenthalt des Klägers gemäß § 54a Abs. 1 Satz 1 AufenthG auf das Stadtgebiet von B. und sprach eine wöchentliche Meldepflicht bei der Ausländerbehörde aus. Von der Anordnung der sofortigen Vollziehbarkeit der Ausweisungsverfügung nahm die Behörde mit der Begründung Abstand, der Kläger sei bereits auf Grund der Versagung der Verlängerung der Aufenthaltserlaubnis vollziehbar ausreisepflichtig.

Mit Schreiben vom 8.11.2005 legte der Kläger Widerspruch gegen die Verfügung ein - wie als möglicher Rechtsbehelf in der Belehrung des Bescheides genannt - und stellte bei dem VG Darmstadt einen Antrag auf Eilrechtsschutz (-8 G 2018/05-). Nach beidseitigen Erledigungserklärungen wurde das gerichtliche Verfahren mit Beschluss vom 19.12.2005 eingestellt.

Am 3.3.2006 erhob der Kläger gegen den Bescheid vom 25.10.2005 Klage und stellte am 8.5.2006 einen erneuten Antrag auf gerichtlichen Eilrechtsschutz. Dieses Verfahren endete mit einem Vergleich, in dem die Beklagte sich verpflichtete, die Vollziehung ihrer Verfügung vom 25.10.2005 bis zur erstinstanzlichen Entscheidung im Hauptsacheverfahren auszusetzen.

Nach Durchführung eines Erörterungstermins erließ das VG Darmstadt am 18.10.2007 einen Beweisbeschluss zur Feststellung der von der Beklagten behaupteten Tatsache, der Kläger habe in seinen Predigten in der Moschee zu Gewalttaten aufgerufen. In der Folgezeit wurden in einem langwierigen Verfahren Tonbandmitschnitte von Predigten, die der Kläger selbst dem Gericht vorgelegt hatte, durch mehrere Dolmetscher übersetzt. Die inhaltliche Richtigkeit der Übersetzungen blieb streitig. Bezüglich weiterer Unterlagen verfügte das Hessische Ministerium des Innern am 26.3.2008 eine Sperrerklärung nach § 99 Abs. 2 VwGO.

Im Verlauf des Verfahrens ergänzte und vertiefte die Beklagte die Begründung des angegriffenen Bescheides mit Verfügung vom 25.2.2008. Hierin führte sie u.a. aus, die Ausweisung werde auf das Merkmal „Aufrufen zur Gewaltanwendung“ (§ 54 Nr. 5a AufenthG) gestützt. Zugleich ergänzte die Behörde die Begründung des Bescheides vom 25.10.2005, soweit die Verfügung auf § 55 Abs. 2 Nr. 8b AufenthG gestützt war.

Mit der Klage begehrt der Kläger, die Beklagte unter Aufhebung der Verfügung vom 25.10.2005 in der Fassung der Ergänzungsverfügung vom 25.2.2008 zu verpflichten, die Aufenthaltserlaubnis des Klägers zu verlängern. Er macht im Wesentlichen geltend, die angefochtenen Verfügungen beruhten auf einem unzutreffenden Sachverhalt. Auslöser sei im Wesentlichen eine Fernsehsendung vom 8.8.2005 gewesen, in der von Dritten unzutreffende Aussagen über ihn gemacht worden seien. Die von dem Fernsehsender vorgetragenen Übersetzungen seiner Reden seien jedoch fehlerhaft. Dies gelte auch für die angeblichen Informationen, die das Landesamt für Verfassungsschutz benannt habe.

Mit Urteil vom 18.11.2009 hat das VG Darmstadt (-6 K 516.06.DA- KirchE 54, 369) die angegriffene Verfügung insoweit aufgehoben, als darin Anordnungen zur Überwachung des Klägers nach § 54a Abs. 1 und 2 AufenthG getroffen worden waren. Im Übrigen hat es die Klage abgewiesen.

Zur Begründung seiner vom Hess.VGH zugelassenen Berufung führt der Kläger u.a. aus, das Verwaltungsgericht habe maßgeblichen Tatsachenvortrag unbeachtet gelassen und sei dadurch zu einer unzutreffenden Wertung und Normanwendung gelangt. Die in § 55 Abs. 2 Nr. 8b AufenthG genannten Voraussetzungen seien nicht erfüllt. Das Verwaltungsgericht habe Passagen aus seinen Ansprachen einseitig ausgewählt und sie aus dem Zusammenhang gerissen. Diese Predigten seien Reaktionen auf (Kriegs-) Verbrechen und das Leid der Zivilbevölkerung in Afghanistan gewesen und unterstünden dem Recht auf freie Meinungsäußerung. Auch werde in seinen Predigten deutlich, dass er, der Kläger, im Islam verwurzelt sei, gleichwohl die Menschenrechte, wie sie in westlichen Verfassungen verankert seien, schätze, von ihnen Gebrauch mache und sie verteidige. Er kritisiere in seinen Predigten zwar alles, was dem Selbstbestimmungsrecht Afghanistans, der territorialen Integrität, dem Frieden, der Gerechtigkeit und der Konfliktbeendigung durch Dialog im Wege stehe. Er wiegele in diesem Zusammenhang jedoch nicht zum Hass gegen Teile der Bevölkerung auf, sondern benenne die beim Namen, die für die Kriegsführung und die schlechten Zustände in seinem Heimatland verantwortlich seien. Zudem biete er im Dialog Vorschläge an, wie ein Aufbau des Landes erfolgen könne. Die Kritik an den handelnden Personen entspreche im Übrigen auch Stellungnahmen von Experten und Journalisten zu den Verhältnissen in Afghanistan. Auch seine Äußerungen zur Scharia, zu Märtyrern, dem Dschihad und Religionskriegen missverstehe das Verwaltungsgericht. So könne beispielsweise die Scharia schon deshalb nicht negativ gesehen werden, weil Deutschland aktiv Afghanistan unterstütze, dessen Verfassung auf Koran und Scharia beruhe. Zudem habe er, der Kläger, als Moslem in seinen Ansprachen nicht gefordert, die hiesige Rechtsordnung zugunsten einer Rechtsordnung mit religiösem Wertesystem abzuschaffen, sondern im Rahmen der bestehenden Rechtsordnung moralisch und sittlich nach den religiösen Geboten zu leben. Deshalb beruhe die Ansicht des Verwaltungsgerichts, er trenne nicht zwischen Religion und Politik, auf einem Fehlverständnis. Auch habe er niemals einen Gottesstaat - zu verstehen als Herrschaft der Rechtsgelehrten - gefordert. Bei seinen Ausführungen stehe die Änderung der Zustände in Afghanistan im Mittelpunkt. Keineswegs habe er, so wie das Verwaltungsgericht es meine verstanden zu haben, in seinen Ansprachen aufgefordert, den Märtyrertod zu suchen oder den Djihad zu fördern. Unter dem Begriff Djihad sei nämlich nicht nur der sogenannte Heilige Krieg gemeint, sondern es werde damit zunächst die Anstrengung zum Wissenserwerb bezeichnet; diese liege ihm aber am Herzen. Die andere Vorstellung des Verwaltungsgerichts rühre auch erkennbar von einem Übersetzungsfehler her. Zwang und Gewalt im Zusammenhang mit dem Glauben habe er stets abgelehnt. Irreführend sei in diesem Zusammenhang auch die Ansicht des Verwaltungsgerichts, es habe wegen seiner, des Klägers, Äußerungen Spannungen in der X-Moschee gegeben, eine Intrige gegen den Kläger könne aber ausgeschlossen werden. Im Gegenteil müsse festgestellt werden, dass ihm, dem Kläger, mehrfach Äußerungen untergeschoben worden seien, die er nicht gemacht habe. Deutlich werde die unzutreffende Feststellung des Sachverhalts auch daran, dass der das ganze Verfahren auslösende Bericht des Magazins Report vom 8.8.2005 bereits markante Übersetzungsfehler enthalten habe. Dies gehe etwa aus der Stellungnahme des Polizeipräsidiums Frankfurt vom 21.10.2005 hervor. Vor allem aber habe er wie viele andere Kritiker mit seinen Äußerungen zu dem ungerechten Krieg in Afghanistan nur sein Recht auf freie Äußerung der eigenen Meinung ausgeübt, so dass die grundrechtliche Gewährleistung Wirkung zeigen müsse.

Zu seiner aktuellen Beschäftigung als Imam trägt der Kläger vor, er lasse diese wie auch die Mitgliedschaft im M.Verein derzeit ruhen, predige jedoch regelmäßig über das Internet. In diesen Ansprachen thematisiere er eine Lösung des Afghanistan-Problems jenseits der Gewalt.

Der Kläger vertritt des Weiteren die Ansicht, ihm stehe ein Anspruch auf Erteilung einer Aufenthaltserlaubnis zu. In dem Antrag auf Erteilung einer unbefristeten Aufenthaltserlaubnis vom 12.11.2003 stecke als Minus ein Antrag auf Verlängerung der bisherigen Aufenthaltsbefugnis. Dies sei nach Inkrafttreten des Aufenthaltsgesetzes zwar als Antrag auf Erteilung einer Aufenthaltserlaubnis gem. § 25 Abs. 3 AufenthG zu werten, doch fehle es nunmehr an der Zuerkennung der Flüchtlingseigenschaft. Jedoch stehe ihm ein Anspruch auf den Aufenthaltstitel nach § 104a Abs. 1 Satz 2 iVm § 23 Abs. 1 Satz 1 AufenthG zu; seine Angehörigen seien im Besitz von gültigen Aufenthaltserlaubnissen nach dieser Norm. Er und seine Familie bezögen seit einiger Zeit auch keine steuerfinanzierten Leistungen zur Sicherung des Lebensunterhalts.

In ihrer Berufungserwiderung macht sich die Beklagte eine Stellungnahme des Landesamts für Verfassungsschutz Hessen vom 1.6.2011 zu eigen. In dieser Stellungnahme vertrete das Landesamt die Auffassung, der Kläger lenke durch die Heraushebung einzelner Textpassagen seiner Predigten von deren Gesamtumständen ab. Nach vorliegenden Presseartikeln sei die Trennung des Klägers von dem M.Verein zudem nur vorgeschoben. Denn der Verein sei auf die Persönlichkeit des Klägers angewiesen und der Kläger lebe von der finanziellen Unterstützung des Vereins. Im Übrigen stehe der Kläger nicht für die freiheitlich demokratische Grundordnung ein, was sich etwa anhand eines Beitrags im Programm „NN“ vom 4.4.2010 zeige, in der er u.a. die Rechte der Frauen nicht achte. Die fortwährenden Agitationen belegten weitere Zeugnisse der Landesämter für Verfassungsschutz Hessen vom 10.10.2011 und der Freien und Hansestadt Hamburg vom 27.10.2011.

Das Rechtsmittel hatte teilweise Erfolg. Der Senat hebt den Bescheid der Beklagten vom 25.10.2005 in der Fassung der Ergänzung vom 25.2.2008 auf, soweit der Kläger aus der Bundesrepublik Deutschland ausgewiesen wird. Im Übrigen wird die Klage abgewiesen, soweit ihr nicht in erster Instanz stattgegeben wurde.

Aus den Gründen:

Die zulässige Berufung ist nur zum Teil begründet. Das Urteil des Verwaltungsgerichts Darmstadt vom 18.11.2009 hat keinen Bestand, soweit hiermit die Klage bezogen auf die angefochtene Ausweisung des Klägers abgewiesen wurde. Im Übrigen ist die angefochtene Entscheidung rechtmäßig.

I. Die Klage vom 3.3.2006 ist zulässig. (*wird ausgeführt*)

II. Die Klage ist indes nur insoweit begründet, als der Kläger die Aufhebung der Ausweisungsverfügung begehrt. Im Übrigen steht dem Kläger ein Anspruch auf Erteilung eines Aufenthaltstitels nicht zu und auch die weiteren in der angegriffenen Verfügung enthaltenen Verwaltungsakte sind rechtmäßig.

1. Die in der angefochtenen Verfügung vom 25.10.2005 verfügte - mit der Ergänzungsverfügung vom 25.2.2008 ergänzend begründete - Ausweisung des Klägers ist rechtswidrig und verletzt ihn in seinen Rechten (§ 113 Abs. 1 VwGO). Die Ausweisung des Klägers lässt sich weder auf § 54 Nr. 5a AufenthG noch auf § 55 Abs. 2 Nr. 8b AufenthG stützen. Die gesetzlichen Tatbestandsvoraussetzungen dieser Vorschriften sind nicht erfüllt.

a) Das Verwaltungsgericht hat zunächst zutreffend dahingehend erkannt, dass in der Person des Klägers keine Gründe für eine Regelausweisung nach § 54 Nr. 5a AufenthG vorliegen. Wie die Vorinstanz in den Entscheidungsgründen ihres Urteils umfassend dargelegt hat, fehlt es an belastbaren Tatsachenfeststellungen für den von der Beklagten in ihrer Ergänzungsverfügung vom 25.2.2008 präzisierten Vorwurf des „Aufrufens zur Gewaltanwendung" im Sinne des oben genannten Regelausweisungstatbestands. Weiterer Ausführungen hierzu bedarf es nicht, nachdem die Beklagte selbst in der mündlichen Verhandlung am 16.11.2011 erklärt hat, dass auch aus ihrer Sicht eine Ausweisung auf den Ausweisungstatbestand in § 54 Nr. 5a AufenthG nicht zu stützen sei. Der Senat kann folglich auf eine weitere Begründung verzichten und gem. § 130b Satz 2 VwGO auf die zutreffenden Ausführungen des Verwaltungsgerichts in dem angegriffenen Urteil (Seite 9, 3. Absatz bis Seite 11, 1. Absatz der Urteilsausfertigung) verweisen. Mit Rücksicht hierauf scheidet auch eine Anwendung der Regelung in § 55 Abs. 2 Nr. 8a AufenthG aus, die eine (Ermessens-)ausweisung unter ähnlichen Voraussetzungen ermöglicht und die folglich von der Beklagten und dem Verwaltungsgericht auch nicht erwogen worden ist.

b) Nach dem Ergebnis der mündlichen Verhandlung im Berufungsverfahren liegen aber auch die von der Beklagten weiter geltend gemachten Voraussetzungen einer Ausweisung nach § 55 Abs. 1 iVm Abs. 2 Nr. 8b AufenthG im Fall des Klägers nicht vor.

Die vorgenannten, vom Zeitpunkt der letzten Behördenentscheidung am 25.2.2008 bis zu dem für die Beurteilung der Rechtmäßigkeit der Ausweisung maßgeblichen Zeitpunkt der mündlichen Verhandlung am 16.11.2011 (vgl. BVerwG, Urteil vom 15.11.2007 -1 C 45.06- BVerwGE 130, 20 [22 ff.]; Discher, in: GK-AufenthG, vor §§ 53 ff., Rn 1683) unverändert fortgeltenden Bestimmungen haben folgenden Wortlaut:

> „(1) Ein Ausländer kann ausgewiesen werden, wenn sein Aufenthalt die öffentliche Sicherheit und Ordnung oder sonstige erhebliche Interessen der Bundesrepublik Deutschland beeinträchtigt.
> (2) Ein Ausländer kann nach Absatz 1 insbesondere ausgewiesen werden, wenn er ...
> b) in einer Weise, die geeignet ist, die öffentliche Sicherheit und Ordnung zu stören, zum Hass gegen Teile der Bevölkerung aufstachelt oder zu Gewalt- oder Willkürmaßnahmen gegen sie auffordert oder die Menschenwürde anderer dadurch angreift, dass er Teile der Bevölkerung beschimpft, böswillig verächtlich macht oder verleumdet, ...“

Diese Voraussetzungen sind nicht erfüllt. Der Senat hat nach Würdigung der Gesamtumstände, wie sie sich ihm nach der mündlichen Verhandlung im vorliegenden Berufungsverfahren darstellen, nicht die erforderliche Überzeugung gewonnen, dass der Kläger durch seine Äußerungen während verschiedener Predigten, durch seine Erklärungen im Rahmen von Radiosendungen oder durch sein sonstiges Verhalten iSv § 55 Abs. 2 Nr. 8b, 1. Alternative AufenthG in einer Weise, die geeignet ist, die öffentliche Sicherheit und Ordnung zu stören, zum Hass gegen Teile der Bevölkerung aufgestachelt hat. Der gegenteiligen Einschätzung des Verwaltungsgerichts, die es auf der Grundlage des Inhalts von übersetzten Predigten des Klägers gewonnen hat, vermag der Senat nicht zu folgen. Er kann auch nicht davon ausgehen, dass der Kläger den Ausweisungstatbestand in der Form der weiteren tatbestandlichen Alternativen in § 55 Abs. 2 Nr. 8b AufenthG (Aufruf zu Gewalt- und Willkürmaßnahmen gegen Teile der Bevölkerung) verwirklicht oder die Menschenwürde anderer dadurch angegriffen hat, dass er Teile der Bevölkerung beschimpft, böswillig verächtlich gemacht oder verleumdet hat.

Gemeinsam ist den in der Vorschrift genannten tatbestandlichen Alternativen, dass sich die hierdurch erfassten Handlungen jeweils gegen „Teile der Bevölkerung“ richten müssen. Das Verständnis dieses Begriffs erschließt sich aus dem Rückgriff auf den Straftatbestand der Volksverhetzung in § 130 StGB, dem § 55 Abs. 2 Nr. 8b AufenthG mit dem Unterschied nachgebildet ist, dass das geschützte Rechtsgut nicht der „öffentliche Friede“, sondern das der „öffentlichen Sicherheit und Ordnung“ ist (vgl. Discher, in: GK-AufenthG, Stand Juli 2009, § 55 Rn 1176; Marx, Terrorismusvorbehalte des Zuwanderungsgesetzes, ZAR 2004, 275 [277]). Gemeinsames Tatbestandsmerkmal der gesetzlichen Alternativen in § 55 Abs. 2 Nr. 8b AufenthG ist ferner die Geeignetheit der Aufrufe, Äußerungen etc. zur Störung der öffentlichen Sicherheit oder Ordnung. Eine

Handlung ist geeignet, die öffentliche Sicherheit oder Ordnung zu stören, wenn bei einer Gesamtwürdigung aller Umstände des konkreten Falles aus der Sicht eines objektiven Betrachters die begründete Befürchtung besteht, dass nach dem voraussehbaren Geschehensablauf eine solche Störung eintreten kann (Discher, aaO, Rn 1081).

Eine Gruppe von Menschen ist dann als „Teil" der Bevölkerung zu verstehen, wenn sie sich von der übrigen Bevölkerung auf Grund gemeinsamer äußerer oder innerer Merkmale politischer, nationaler, ethnischer, religiöser, weltanschaulicher oder sonstiger Natur unterscheidet und zahlenmäßig so erheblich ist, dass sie individuell nicht mehr überschaubar ist. Soweit der Handelnde mithin lediglich gegen bestimmte einzelne Personen oder eine einzelne Person agiert, ist das Merkmal nicht zu bejahen, es sei denn, es ist nach den konkreten Umständen - etwa infolge der Verwendung einer Kollektivbezeichnung - die Absicht eines Angriffs gegen den hinter dem Individuum oder den einzelnen Personen stehenden Bevölkerungsteil erkennbar (vgl. Discher, aaO, Rn 1182 ff.; Miebach/Schäfer, in: Münchener Kommentar zum StGB, § 130 Rn 21 mwN). Staaten, Regierungen und sonstige Institutionen als solche bilden keine Bevölkerungsteile und sind somit keine tauglichen Angriffsobjekte für die von § 130 StGB und § 55 Abs. 2 Nr. 8b AufenthG erfassten Handlungen (vgl. Miebach/Schäfer, aaO, Rn 23, mwN).

Des Weiteren müssen sich die tatbestandlichen Handlungen gegen eine Gruppe richten, die Teil der im Bundesgebiet lebenden Bevölkerung ist. Die Nationalität der Mitglieder der Gruppe oder ihre nähere Zusammensetzung ist dabei unerheblich, solange die Gruppe - ganz oder auch nur zum Teil - als inländische Bevölkerung erkannt werden muss (Discher, aaO, Rn 1183 f.). Eine Hetze oder Stimmungsmache, die sich ausschließlich gegen im Ausland lebende Teile der - dortigen - Bevölkerung richtet, erfüllt den Tatbestand nicht, soweit nicht zugleich feindselige Gefühle gegen in Deutschland lebende Teile dieser Bevölkerungsgruppe geschürt werden sollen (vgl. Miebach/Schäfer, aaO, Rn 22, mwN) oder gegen eine im Ausland lebende Gruppe von Personen agitiert werden soll, die, wie etwa im Ausland stationierte deutsche Soldaten, einen Teil der inländischen Bevölkerung bildet (OLG Hamburg, Urteil vom 28.4.1970 -2 Ss 41/70- NJW 1970, 1649 [1650]; Lenckner/Sternberg-Lieben, in: Schönke/Schröder, StGB, 28. Aufl., § 130 StGB Rn 2).

Das „Aufstacheln zum Hass" iSv § 55 Abs. 2 Nr. 8b AufenthG, das nach Ansicht der Vorinstanz durch die Parolen und Äußerungen des Klägers in seinen in Übersetzung vorliegenden Predigten verwirklicht worden sein soll, bedeutet eine Einwirkung auf die Sinne, die Leidenschaften oder auf den Intellekt des angesprochenen Personenkreises, die objektiv geeignet und subjektiv im Sinne zielgerichteten Handelns dazu bestimmt ist, eine gesteigerte, über die bloße

Ablehnung und Verachtung hinausgehende feindselige Haltung gegen den betreffenden Bevölkerungsteil zu erzeugen oder zu steigern (vgl. z.B. Lenckner/Sternberg-Lieben, aaO, Rn 5a, mwN).

Da die verbale Einwirkung auf ein Publikum im vorgenannten Sinn zwangsläufig mit der Äußerung einer bestimmten Meinung verbunden ist, müssen - wie das Verwaltungsgericht zutreffend festgestellt hat - die Anforderungen und Grenzen des Grundrechts nach Art. 5 Abs. 1 Satz 1 GG Berücksichtigung finden. Hierbei ist zu beachten, dass Meinungen den Schutz der Meinungsfreiheit unabhängig von ihrer Begründetheit, Werthaltigkeit oder Richtigkeit genießen. Sie verlieren diesen Schutz auch dann nicht, wenn sie scharf und überzogen geäußert werden. Die zum Ausdruck gebrachte Meinung ist unter Berücksichtigung der Umstände des Einzelfalls aus der Sicht eines unvoreingenommenen und verständigen Durchschnittspublikums in zutreffender Weise zu ermitteln. Einer besonders eingehenden Begründung bedarf die Annahme, dass sich bei mehrdeutigen oder versteckten Äußerungen hinter der gewählten sprachlichen Fassung eine Einwirkung im oben genannten Sinne verbirgt. Ob dies der Fall ist, ist auf der Grundlage einer Gesamtwürdigung aller Begleitumstände zu prüfen.

Die Meinungsfreiheit findet gem. Art. 5 Abs. 2 GG ihre Grenze stets dann, wenn die Äußerung einer Meinung die Menschenwürde eines anderen antastet. Das Infragestellen oder die Verletzung der Ehre einer Person allein sind nicht als ein Angriff auf die Menschenwürde einzuordnen. Hierzu ist vielmehr erforderlich, dass der angegriffenen Person ihr Lebensrecht als gleichwertige Persönlichkeit in der staatlichen Gemeinschaft abgesprochen und sie als unterwertiges Wesen behandelt wird. Der Angriff muss sich mithin gegen den ihre menschliche Würde ausmachenden Kern der Persönlichkeit, nicht lediglich gegen einzelne Persönlichkeitsrechte, richten.

Wegen der einschneidenden Folgen, die die Bejahung des Ausweisungstatbestandes gem. § 55 Abs. 2 Nr. 8b AufenthG nach sich zieht, dürfen die entsprechenden Feststellungen nur auf einer fundierten und belastbaren Tatsachengrundlage getroffen werden (vgl. zum Vorstehenden BVerfG, Beschlüsse vom 4.2.2010 -1 BvR 369/04- u.a., NJW 2010, 2193 [2194, 2195], und vom 13.6.2005 -2 BvR 485/05- NVwZ 2005, 1053 [1055]; BayObLG, Beschluss vom 31.1.1994 -4 StR RR 209/93- NJW 1994, 952 [953]).

Die Erfüllung dieser Tatbestandsmerkmale kann das Gericht aufgrund der von der Ausländerbehörde vorgelegten Unterlagen und der nur verkürzt offen gelegten Feststellungen des Landesamts für Verfassungsschutz Hessen und des Landesamts für Verfassungsschutz der Freien und Hansestadt Hamburg nicht feststellen.

Die Beklagte stellt im Wesentlichen darauf ab, der Kläger habe in seinen öffentlichen Ansprachen in der „X"- und in der „Y"-Moschee in Frankfurt, seinen

Auftritten in anderen deutschen Städten (Hamburg) sowie in verschiedenen Medien seine Zuhörer aufgestachelt, alle Nichtmuslime, die USA und England sowie die westlichen Werte und Staatsorganisation radikal abzulehnen und zu bekämpfen und habe seine Predigten seit dem Jahre 2001 (auch) dazu genutzt, die Zuhörer gegen die nicht dem moslemischen Glauben angehörigen Bevölkerungsgruppen aufzuhetzen und sie damit im oben genannten Sinne zum Hass gegen die nichtmoslemische Bevölkerung aufzustacheln. Er habe als „geistiger Brandstifter" agiert, indem er die Zuhörer gegen große Teile der Bevölkerung aufhetze und sie zum Kampf gegen Andersgläubige auffordere.

Diese von dem Verwaltungsgericht im Ergebnis geteilte Einschätzung ist auf der Basis der verwertbaren Erkenntnisse über den Inhalt der Predigten des Klägers und seiner sonstigen Äußerungen gegenüber einem größeren Publikum nicht tragfähig.

Soweit sich die Beklagte auf die Wiedergabe des Inhalts von Predigten des Klägers in den Behördenzeugnissen des Landesamts für Verfassungsschutz Hessen vom 23.11.2005 und vom 24.9.2007 stützt, können diese Feststellungen zur Untermauerung des Vorwurfs, der Kläger habe zum Hass gegen die nichtmuslimische Bevölkerungsmehrheit in Deutschland aufgestachelt, nicht herangezogen werden.

Auf die in den Behördenzeugnissen niedergelegten Berichte könnte mit Rücksicht auf die Erfordernisse des Überzeugungsgrundsatzes nach § 108 Abs. 1 Satz 1 VwGO nur dann zurückgegriffen werden, wenn gegen die Richtigkeit der hierin dokumentierten Vorgänge kein vernünftiger Zweifel bestünde (vgl. zu diesem Maßstab: Kopp/Schenke, VwGO, 17. Aufl., § 108 VwGO, Rn 5, mwN). Dies ist indessen nicht der Fall. Der Kläger stellt in Abrede, die ihm vorgehaltenen Äußerungen getätigt zu haben und es liegen keine weiteren Erkenntnisse vor, die die Berichte der Informanten der Verfassungsschutzbehörden erhärten könnten. Unter diesen Umständen kommt - wie das Verwaltungsgericht im Rahmen seiner Ausführungen zu § 54 Nr. 5a AufenthG zutreffend festgestellt hat - eine Heranziehung der Behördenzeugnisse nicht in Betracht.

Zwar ist die Verwertung eines - einfachen - Behördenzeugnisses einer Verfassungsschutzbehörde, mit der Feststellungen der Behörde, deren Mitarbeitern oder Informanten wiedergegeben werden, zu Beweiszwecken grundsätzlich ebenso möglich wie die Berücksichtigung des Zeugnisses eines „Zeugen vom Hörensagen". Allerdings ist bei der Verwertung dieser Erkenntnisquellen als Beweismittel Zurückhaltung geboten. Insbesondere dann, wenn - wie auch hier geschehen - die Verfassungsschutzbehörden unter Hinweis auf die Gefährdung ihrer Arbeitsweise die Identität der nachrichtendienstlichen Quelle nicht preisgeben, darf nicht übersehen werden, dass keine Möglichkeit besteht, die persönliche Glaubwürdigkeit des unbekannt bleibenden Verfassungsschutzmitarbeiters oder -informanten zu überprüfen. Das Gericht darf seine Entscheidung in diesem Fall grundsätzlich nicht allein auf ein Behördenzeugnis stützen, sondern muss prüfen, ob die Entscheidung durch andere wichtige Gesichtspunkte gestützt oder bestätigt wird (vgl. OVG Rheinland-Pfalz, Beschluss vom 17.2.2009 -7 A 11063/08- *juris*, Rn 21; VG Darmstadt, Urteil vom 14.3.2011 -5 K 76/09.DA- *juris*, Rn 58, jeweils mwN). Solche weiteren Erkenntnisse stehen im vorliegenden Fall nicht zur Verfügung.

Den Nachweis eines „Aufstachelns zum Hass" iSd § 55 Abs. 2 Nr. 8b AufenthG lässt sich auch nicht durch die Auswertung der Predigten bzw. Ansprachen des Klägers führen.

Bezüglich des Inhalts der vorgelegten Ansprachen hat das Verwaltungsgericht ausgeführt (...), es sei nach der Gesamtschau der Ereignisse unter besonderer Berücksichtigung der in Übersetzung vorliegenden Predigten davon überzeugt, dass der Kläger durch sein Verhalten die tatbestandliche Voraussetzung des Aufstachelns zum Hass erfülle. Die Reden stellten verzerrende politische Aussagen aus der Sicht eines orthodoxen Moslems dar, der als Staatsform nur den islamischen Gottesstaat akzeptiere. Sie seien geprägt von einer tiefen Verachtung und Verabscheuung der USA und des Westens sowie der (derzeitigen) Regierung Afghanistans. Die Art und Weise, wie der Kläger in seiner Funktion als Imam agitatorisch zu aktuellen politischen Ereignissen Stellung nehme, sei geeignet, bei den Zuhörern Hass gegen die nichtmuslimische Mehrheitsbevölkerung in Deutschland zu säen. Der zumeist undifferenzierte Inhalt der Predigten, der mit entsprechenden rhetorischen Mitteln vorgetragen werde, erzeuge ein Klima psychischer Gereiztheit und Anspannung. Der Kläger prangere nicht nur Fehlverhalten an, sondern überhöhe und verzerre in einem Maße, dass die Kritik den nach Art. 5 Abs. 1 GG gegebenen Rahmen verlasse. Bezeichnend sei, dass der Kläger zwar nicht ausdrücklich zum Djihad aufrufe, diesen aber positiv darstelle und den Märtyrertod verherrliche.

Die Ausführungen des Klägers stellt das Verwaltungsgericht in den Zusammenhang mit weltpolitischen Themen, nämlich den Anschlägen vom 11.9.2001 in New York, vom 11.3.2004 in Madrid und vom 7.7.2005 in London, dem Karikaturenstreit und der angespannten Lage im Hinblick auf die Bekämpfung des Terrorismus. Durch die Verbindung dieser Ereignisse mit einem angenommenen Religionskrieg und unter Berücksichtigung der Tatsache, dass die Ansprachen des Klägers über einen Zeitraum von Jahren hinweg öffentlich jeweils vor einer mehrere hundert Gläubige umfassenden Zuhörerschaft jeden Alters gemacht worden seien, seien die Predigten als volksverhetzend anzusehen. Das Verhalten des Klägers sei geeignet, ihm hörige Glaubensbrüder zu radikalisieren. Dies werde durch die Tatsache bestätigt, dass der Kläger im Jahr 2003 die Tätigkeit als Imam des Moscheevereins wegen dortiger Differenzen über den

Inhalt seiner Predigten habe beenden müssen. Wegen der Vielzahl der agitatorischen Äußerungen des Klägers sei die öffentliche Ordnung und Sicherheit der Bundesrepublik Deutschland gefährdet; insoweit sei eine Prognose ausreichend. Dieser Einschätzung kann sich der Senat nicht anschließen.

Aus den übersetzten Aufzeichnungen der Ansprachen des Klägers ergeben sich keine zureichenden Anhaltspunkte dafür, dass der Kläger seine Zuhörer zum Hass gegen Teile der Bevölkerung aufgewiegelt oder aufgehetzt hat.

Die Verlautbarungen des Klägers in seinen Predigten enthalten ausweislich der vorliegenden Übertragungen zunächst an zahlreichen Stellen eine harsche Kritik an den ISAF-Truppen in Afghanistan. Soweit sich die von dem Verwaltungsgericht auf Seite 13, 3. Absatz bis Seite 20, erster Absatz der Urteilsausfertigung exemplarisch zitierten Äußerungen mit den objektiven Geschehnissen in Afghanistan, dem Vorgehen der ISAF-Truppen und der Politik der afghanischen Regierung beschäftigen, sind sie, auch wenn sie die Verhältnisse in Afghanistan in grob einseitiger, extrem übertreibender und damit stark verzerrender Weise darstellen, nicht mit einer die Menschenwürde bestimmter Personen oder Personengruppen verletzender Schmähung verbunden und können folglich, weil (noch) durch die grundrechtlich verbürgte Meinungsfreiheit gedeckt, von Vornherein kein tauglicher Anknüpfungspunkt für die Annahme eines Aufstachelns zum Hass iSv § 55 Abs. 2 Nr. 8b AufenthG sein; so etwa die Stelle aus der Predigt vom 5.1.2007 (...): „In den islamischen Ländern fließen Bäche und Meere voller Blut! ... Das ist eine Sache, dass die Nato in Afghanistan tausende Kinder und Frauen, moslemische Frauen und Kinder in Blut und Staub gezerrt hat!" oder der Passus aus der Predigt vom 12.1.2007 (...): „Oh ihr westlichen Länder! Oh ihr Europäer... Wir sagen ihnen, warum genießt ihr das Blutvergießen? Warum genießt ihr das Töten von Menschen? Warum genießt ihr die Bombardierungen?"

Daran ändert der Umstand nichts, dass diese Kritik durchweg mit einer verachtenden Abwertung der demokratischen Staatsform und der westlichen Werteordnung verknüpft wird. Für den hier maßgeblichen Tatbestand in § 55 Abs. 2 Nr. 8b AufenthG ist es entgegen der Auffassung des Verwaltungsgerichts unerheblich, dass der Kläger aus der Sicht eines extrem orthodoxen Verständnisses des Islam lediglich die im Koran verankerte Werteordnung als verbindlich betrachtet und jegliches andere Werteverständnis, insbesondere die westlichen Vorstellungen einer Trennung von Religion und Staat kategorisch ablehnt. Die grundrechtlich gewährleistete Meinungsfreiheit fordert nicht, dass die allgemeinen Werte der Verfassung akzeptiert werden. Die Bürger sind vielmehr grundsätzlich frei, bei ihren Meinungsäußerungen auch grundlegende Wertungen der Verfassung in Frage zu stellen (BVerfG, Beschluss vom 4.2.2010, aaO). Im Falle der religiösen Meinungsbekundung ist darüber hinaus die verfassungsrechtlich garantierte Glaubensfreiheit nach Art. 4 Abs. 1 GG zu beachten. Danach ist für ein staatliches Eingreifen grundsätzlich die bloße Äußerung der Überzeugung, Gottes Gebote gingen dem staatlichen Gesetz vor, nicht ausreichend. Dies gilt auch dann, wenn diese Überzeugungen durch Imame im Rahmen von Predigten, Gebeten oder sonstigen religiösen Ansprachen geäußert werden und sich als Ausdruck eines fundamentalistischen Islamverständnisses darstellen (vgl. BVerfG, Beschluss vom 2.10.2003 -1 BvR 536/03- NJW 2004, 47, 48 [Kalifatstaat], KirchE 44, 247; OVG Rheinland-Pfalz, Urteil vom 8.10.2009 -7 A 10165/09- *juris*, Rn 28, KirchE 54, 266).

Über den noch dem Bereich der Sachkritik zuzuordnenden Äußerungen gehen allerdings diejenigen Bekundungen hinaus, in denen der Kläger seine Angriffe mit beleidigenden Anwürfen versieht, z.B. „Ich wundere mich, dass man in unserem Zeitalter unschuldige Menschen umbringt und dann sagt, wir haben einen Taliban getötet! Diese Barbaren des Westens! Diese Mörder der NATO! Diese Feinde der Menschen und der Menschlichkeit!“ (Predigt vom 13.4.2007...) oder in der gleichen Predigt (...): „Bei Gott, das sind Barbaren! Das sind böse Menschen! Das sind Bestien! Das sind Blutvergießer! Das sind Mörder!“(Predigt vom 13.4.2007) sowie in der Predigt vom 5.1.2007 (...): „Aber die bezahlten Spitzel! Die Menschen, die einen bösen Charakter haben! Die schlechter sind als Schweine - in ihrer Rolle - solche Leute sind dahin und haben erzählt, dass der sagt, die NATO bombardiere und das ist nicht richtig!“

Derartige unter grober Verdrehung und Verfälschung von Tatsachen angebrachte persönlich schmähende und herabwürdigende Kritik kann zwar dem Grundsatz nach geeignet sein, als Aufstachelung zum Hass im oben genannten Sinne bewertet zu werden (vgl. etwa BGH, Beschluss vom 16.11.1993 -1 StR 193/93- *juris*, Rn 4). Dies setzt allerdings zunächst voraus, dass die Schmähungen auf bestimmte abgrenzbare Bevölkerungsteile oder auf sie repräsentierende Individuen abzielen, indem diese Bevölkerungsteile oder Einzelpersonen einem über eine Ehrverletzung hinausreichenden Angriff auf ihre Menschenwürde ausgesetzt werden, dem oder den Betreffenden also in menschenverachtender Weise ein Existenzrecht in der Gesellschaft abgesprochen wird und er oder sie als unterwertige(s) Wesen herabgestuft werden. Hieran fehlt es im vorliegenden Fall, soweit die Predigten des Klägers seine Angriffe durch pauschale Verdikte wie „Agressoren“, „Barbaren“, „Pharaonen“ usw. auf die westlichen Staaten und Gesellschaften, sonstige nicht weiter abgrenzbare Personenmehrheiten oder auf Institutionen, nämlich die NATO, die amerikanische Regierung unter Präsident George W. Bush oder pauschal die „Führer des Westens“ bezieht; dass der Kläger tatsächlich (nur) diese „Führer“ im Auge hat, stellt er an einigen Stellen ausdrücklich klar: „Die Menschen hassen die Amerikaner! Das heißt, sie hassen die amerikanischen Politiker! Keiner hegt hier eine

Feindschaft gegen die unschuldigen (mathloum) amerikanischen Bürger. Niemand hegt Feindschaft gegen die unschuldigen europäischen Bürger!“ (Predigt vom 11.8.2006) und an gleicher Stelle „Diese Massenmorde, die wir weltweit verfolgen! Diese Aggressionen, die wir weltweit sehen! Diese Morde und Plünderungen, die wir weltweit sehen! Das alles ist gänzlich die Folge der Unwissenheit extremistischer Unwissender! Extremistische Führer!“

Diese Personenmehrheiten und Institutionen sind keine Bevölkerungsteile iSv § 55 Abs. 2 Nr. 8b AufenthG, sodass eine gegen sie gerichtete Kritik auch dann keine Aufstachelung zum Hass beinhaltet, wenn sie in Form einer entwürdigenden Diffamierung oder Beleidigung erfolgt, die alle möglicherweise diesen Personenmehrheiten oder Institutionen zuzurechnenden Personen erfasst. Da es bei diesen Äußerungen des Klägers schon an einem für § 55 Abs. 2 Nr. 8b AufenthG relevanten Angriffsobjekt fehlt, bedarf es keiner weiteren Überlegung, ob diese Kritik etwa auch auf deutsche Soldaten oder deutsche Truppen in Afghanistan bezogen werden könnte.

Diese hat der Kläger, soweit sich seinen Predigten und sonstigen Äußerungen nicht nur auf Institutionen oder nicht abgrenzbare Personenmehrheiten, sondern - an vereinzelten Stellen - auf einzelne Personen oder auf bestimmbare Personengruppen ausgerichtete verbale Angriffe entnehmen lassen, weder ausdrücklich noch etwa verdeckt in seine Schmähkritik einbezogen. Auch die in Deutschland lebende nichtmuslimische Bevölkerung oder etwa die Regierung Karzai unterstützende Muslime in Deutschland sind erkennbar nicht Ziel der diffamierenden Äußerungen des Klägers. Die gegenteilige Einschätzung des Verwaltungsgerichts findet in den vorliegenden Übersetzungen der Predigten des Klägers keine tragfähige Grundlage.

Eine ausdrücklich geäußerte schmähende oder diffamierende Kritik an deutschen Soldaten oder deutschen Truppen in Afghanistan enthalten die Predigten und sonstigen Bekundungen des Klägers nicht. Soweit der Kläger in seinen Predigten und sonstigen Äußerungen im Rahmen seiner Angriffe gegen das militärische Vorgehen der ISAF-Truppen in Afghanistan überhaupt auf das Verhalten einzelner Soldaten oder näher bezeichneter Truppen oder Truppenteile zu sprechen gekommen ist, handelt es sich nicht um deutsche Soldaten, vgl. Predigt vom 30.12.2006, ...: „Aber dann kommt eine Truppe von Kanadiern, Amerikanern, Dänen und Engländern und reißt diesen liebsten elf- zwölf- oder dreizehnjährigen Sohn aus dem Schoß der Mutter!“

Die in Afghanistan stationierten Deutschen werden im Gegenteil mehrfach von der Kritik ausgenommen: „Warum bekriegen die Menschen beispielsweise die Deutschen Streitkräfte nicht in Afghanistan? Warum greifen sie die Deutschen nicht an? Die Menschen hassen die Amerikaner! Das heißt, sie hassen die amerikanischen Politiker!“ (Predigt vom 11.8.2006...) und „Warum werden die

Deutschen nicht angegriffen sondern die Amerikaner? Weil die USA die ganze islamische Welt als Terroristen bezeichnen."(Freitagsgebet vom 19.9.2003...).

Die von der Vorinstanz in diesem Zusammenhang zitierte Stelle aus der Predigt vom 23.3.2007 (...) beinhaltet eine - überdies in sachlichem Ton gehaltene - Kritik an dem militärischen Engagement allein der deutschen Regierung, die als Institution kein Teil der Bevölkerung iSv § 55 Abs. 2 Nr. 8b AufenthG ist.

Mit Rücksicht hierauf lassen die Bekundungen des Klägers auch nicht den Rückschluss zu, er habe seine Schmähkritik zwar nicht ausdrücklich, wohl aber in verdeckter Form auch auf die deutschen Soldaten oder Truppen in Afghanistan beziehen wollen. Für eine solche verdeckte Einwirkung auf das Publikum zur Erzeugung von Hass bedürfte es unter Berücksichtigung der oben genannten Grundsätze in diese Richtung weisender eindeutiger Anhaltspunkte, an denen es angesichts der dargestellten relativierenden Äußerungen des Klägers aber gerade fehlt. Zwar mag es sich hierbei um vereinzelte, „eingestreute" Bemerkungen handeln. Sie können aber, da direkte und ausdrücklich formulierte Angriffe gegen deutsche Soldaten oder deutsche Truppen in Afghanistan fehlen, entgegen der Ansicht des Verwaltungsgerichts nicht unberücksichtigt bleiben.

Es ist ferner nicht erkennbar, dass sich die Tiraden des Klägers in seinen Predigten im Rahmen seiner Auseinandersetzung mit den Verhältnissen in Afghanistan gegen die nichtmuslimische Bevölkerung in Deutschland oder etwa gegen als „Verräter" betrachtete Muslime in Deutschland richten könnten, die mit den deutschen Behörden zusammenarbeiten oder die die afghanische Regierung oder die ISAF-Truppen unterstützen oder deren Politik oder Vorgehen billigen. Die in diese Richtung deutende Bemerkung des Klägers

> „Aber die bezahlten Spitzel! Die Menschen, die einen bösen Charakter haben! Die schlechter sind als Schweine - in ihrer Rolle - solche Leute sind dahin und haben erzählt, dass der sagt, die NATO bombardiere und das ist nicht richtig!"(Predigt vom 5.1.2007 (...)

bezieht sich nach Aussage des Klägers in der mündlichen Verhandlung am 16.11.2011 auf diejenigen, deren falsche Berichte und Informationen dazu geführt hätten, dass in Afghanistan unschuldige Personen, darunter auch Frauen und Kinder, bei Angriffen der NATO und ihrer Verbündeten ums Leben gekommen seien. Damit meint der Kläger „diejenigen Leute im afghanischen Parlament und auf offizieller afghanischer Seite, die sich nicht nur passiv an die Seite der ISAF stellen, sondern die aktiv an dem Handeln der heutigen afghanischen Regierung beteiligt" seien und auf die der Kläger auch seine Äußerung „Bei Gott, das sind Barbaren! Das sind böse Menschen! Das sind Bestien! Das sind Blutvergießer! Das sind Mörder!" (Predigt vom 13.4.2007) bezogen haben möchte. Diese Personen gingen - so der Kläger in der mündlichen Verhandlung - abseits dieser Tätigkeit Räubereien und Mördergeschäften nach. Die Mehrheit der Afghanen lehne diese Leute ab. Auch die Gegner der heutigen Regierung hätten sich in der Vergangenheit schwerer Verbrechen schuldig gemacht. Auch diese Personen würden von der afghanischen Bevölkerung abgelehnt.

Nach alledem ist auch nichts dafür ersichtlich, dass der Kläger in seinen Predigten oder sonstigen Beiträgen eine der beiden anderen tatbestandlichen Alternativen des § 55 Abs. 2 Nr. 8b AufenthG dadurch verwirklicht haben könnte, dass er zu Gewalt- oder Willkürmaßnahmen gegen Teile der Bevölkerung aufgerufen oder durch Beschimpfung, böswillige Verächtlichmachung oder Verleumdung von Teilen der Bevölkerung die Menschenwürde anderer angegriffen hätte.

Hierfür ist es nicht ausreichend, dass, wie von der Beklagten in der Begründung ihrer Ausweisungsergänzungsverfügung vom 25.2.2008 vorgetragen und in der mündlichen Verhandlung am 16.11.2011 nochmals betont wird, die Auswertung eines im Zuge gegen den Kläger laufenden Strafverfahrens sichergestellten Videobandes ergeben habe, dass der Kläger mit seinen Zuhörern u.a. „Tod den USA und Großbritannien“ gerufen habe. Mit diesem Ausruf ist kein Angriff auf Teile der Bevölkerung im Sinne des oben genannten Ausweisungstatbestandes verbunden. Gleiches gilt - mangels Eingrenzbarkeit des angesprochenen Personenkreises und ungeachtet des Umstandes, dass der Kläger abgestritten hat, eine solche Aussage überhaupt getätigt zu haben - bezüglich der dem Kläger von der Beklagten zugeschriebenen Äußerung „Gott möge alle Feinde Afghanistans und des Islams sowie deren Familien vernichten“. Ebenso wenig von Relevanz ist es für § 55 Abs. 2 Nr. 8b AufenthG, dass in mehreren Gebeten, von wem wird nicht erklärt, es geheißen habe, Gott möge alle Feinde Afghanistans und des Islams sowie deren Familien vernichten. Der Kläger hat in der mündlichen Verhandlung hierzu befragt zudem erklärt, eine solche Äußerung nicht getan zu haben. Es sei ihm durchaus bewusst gewesen, dass es sich bei solchen Äußerungen um eine Straftat handeln würde. Schließlich haben auch die von der Vorinstanz als Hinweis auf das Vorliegen einer volksverhetzenden Tendenz in den Predigten des Klägers verwerteten Stellen, in denen er auf den „Djihad“ und die von ihm verherrlichte Rolle der Märtyrer zu sprechen gekommen ist (...), keinen erkennbaren Bezug zu einem Teil der Bevölkerung iSv § 55 Abs. 2 Nr. 8b AufenthG; insbesondere ergeben sich weder aus den im Urteil wiedergegebenen Äußerungen noch auch aus den sonstigen in Übersetzung vorliegenden Auszügen aus den Predigten und Beiträgen des Klägers irgendwelche deutlichen Hinweise darauf, dass der Kläger mit diesen Äußerungen zur Gewalt gegen die nichtmuslimische Bevölkerung in Deutschland aufrufen oder diese Bevölkerungsgruppe in einer die Menschenwürde der einzelnen Personen missachtenden Weise herabwürdigen wollte.

Der Umstand, dass die Predigten des Klägers als Imam vor einem möglicherweise bereits radikalisierten Publikum dem Grundsatz nach dazu hätten geeignet sein können, eine hasserzeugende Stimmung zu entfachen oder zu steigern, von der potentiell auch Teile der Bevölkerung in Deutschland hätten betroffen sein können, genügt als solcher ohne die Erfüllung des gesetzlichen Tatbestands in § 55 Abs. 2 Nr. 8b AufenthG nicht. Ohne erkennbare Relevanz sind in diesem Zusammenhang ferner die von dem Verwaltungsgericht angesprochenen Konflikte zwischen dem Kläger und Angehörigen der Ansar-Moschee-Gemeinde und anderen Personen und Gruppierungen der afghanischen Gemeinschaft.

Eine andere Einschätzung rechtfertigt sich auch nicht aus dem Ergebnis einer von dem Verwaltungsgericht zu Recht befürworteten Gesamtwürdigung. Auch bei Gesamtbetrachtung aller verwertbaren relevanten Erkenntnisse ergeben sich keine Anhaltspunkte dafür, dass der Kläger den Ausweisungstatbestand in § 55 Abs. 2 Nr. 8b AufenthG verwirklicht hat.

Der Senat sieht sich in dieser Einschätzung durch die Stellungnahme des Landesamtes für Verfassungsschutz Hessen vom 14.7.2009 (...) bestätigt. Dieses gelangt am Schluss seiner Stellungnahme zu folgendem zusammenfassenden Ergebnis: „Ein Nachweis, dass es sich bei A. um einen ‚Hassprediger' handelt bzw. dass er sich in seinen Predigten volksverhetzend äußert, dürfte durch die in den vorliegenden Texten vorgenommene Differenzierung zwischen feindlichen westlichen Regierungen und ‚unschuldigen' westlichen Völkern erschwert werden."

Da die Voraussetzungen für eine Ausweisung nach § 55 AufenthG nicht vorliegen, bedarf es keiner Entscheidung darüber, ob die Beklagte das ihr zustehende Ermessen, ob sie den Ausländer ausweist oder nicht, sachgerecht ausgeübt hat. Die rechtswidrige Ausweisungsverfügung verletzt den Kläger in seinen Rechten und ist daher aufzuheben.

2. Dem Kläger steht jedoch der geltend gemachte Anspruch auf Erteilung einer Aufenthaltserlaubnis nicht zu, so dass die Versagung durch die Beklagte rechtmäßig ist und den Kläger nicht in seinen Rechten verletzt, § 113 Abs. 1 und 5 VwGO; die entsprechende Verpflichtungsklage ist mithin unbegründet.

Das Verwaltungsgericht hat den geltend gemachten Anspruch auf Erteilung abgelehnt, da es die Sperrwirkung des § 11 Abs. 1 Satz 2 AufenthG für gegeben erachtet hat.

Aufgrund der vorliegenden Berufungsentscheidung, mit der die Ausweisungsverfügung aufgehoben wird, steht dem Begehren des Klägers § 11 Abs. 1 Satz 2 wie § 5 Abs. 1 Nr. 2 AufenthG nicht im Wege.

Die Erteilung der Aufenthaltserlaubnis scheitert auch nicht am Vorliegen des Ausweisungsgrundes nach § 5 Abs. 1 Nr. 2 iVm § 55 Abs. 2 Nr. 6 und § 27 Abs. 3 Satz 2 AufenthG, denn der Kläger erfüllt nicht den Ausweisungstatbestand des § 55 Abs. 2 Nr. 6 AufenthG. Dieser setzt voraus, dass der Ausländer für sich, seine Familienangehörigen oder für sonstige Haushaltsangehörige Sozialhilfe in Anspruch nimmt. Der Kläger nimmt jedoch - jedenfalls seit einiger Zeit und noch im Verlauf des gerichtlichen Verfahrens - keine staatlichen Leistungen in Anspruch. Der Ausweisungstatbestand erfasst im Übrigen nur die Sozialhilfe im engeren Sinne, insbesondere Leistungen nach dem SGB XII und nicht etwaige Zahlungen nach dem Kindergeldgesetz (vgl. BVerwG, Urteil vom 16.11.2010 -1 C 20.09- BVerwGE 138, 135, Rn 18).

Dem behaupteten Anspruch des Klägers auf Erteilung einer Aufenthaltserlaubnis steht jedoch - nach wie vor - entgegen, dass der Kläger den Lebensunterhalt für sich und seine Familie nicht ohne die Inanspruchnahme staatlicher Mittel sichern kann. (*wird ausgeführt*)

Der Kläger kann einen Anspruch auf Erteilung einer Aufenthaltserlaubnis auch nicht aus der sogenannten Altfallregelung des § 104a Abs. 1 AufenthG herleiten. Zwar erfüllt der Kläger die Voraussetzungen der vorgenannten Bestimmung insoweit, als er sich seit mehr als sechs Jahren ununterbrochen gestattet bzw. mit einer Aufenthaltserlaubnis aus humanitären Gründen (hier § 25 Abs. 3 AufenthG) im Bundesgebiet aufgehalten hat. Der Erteilung der Aufenthaltserlaubnis nach § 104a AufenthG steht indessen entgegen, dass der Kläger seinen Lebensunterhalt nicht eigenständig durch Erwerbstätigkeit sichern kann. (*wird ausgeführt*)

3. Die Klage ist auch im Übrigen - soweit nicht durch das Urteil vom 18.11.2009 rechtskräftig über die Maßnahmen nach § 54a AufenthG entschieden wurde - unbegründet.

Das Verwaltungsgericht hat die in der Verfügung vom 25.10.2006 enthaltene Abschiebungsandrohung zutreffend als rechtmäßig angesehen, indes die Ausreisefrist als zu kurz bemessen erachtet. Die Setzung einer zu kurzen Frist verletze den Kläger aufgrund der Länge des Verfahrens durch Zeitablauf jedoch nicht (mehr) in seinen Rechten. Diese Ausführungen werden vom Kläger nicht substantiiert angegriffen. Die Androhung der Abschiebung selbst ist unabhängig von der Rechtmäßigkeit der Ausweisung rechtmäßig, weil der Antrag des Klägers auf Erteilung eines Aufenthaltstitels rechtsfehlerfrei zurückgewiesen worden ist.

38
Die im Zensusgesetz 2011 vorgesehene Befragung nach der Zugehörigkeit zu einer öffentlich-rechtlichen Religionsgemeinschaft und nach Religion, Glaubensrichtung oder Weltanschauung ist verfassungskonform.

Art./§§ 1 Abs. 1, 2 Abs. 1, 4 Abs. 1 GG, 7, 18 Abs. 1 u. 3 ZensG 2011
VG Neustadt/Wstr., Urteil vom 21. November 2011 -4 K 817/11.NW-[1]

Der Kläger wendet sich gegen die Erhebung seiner personenbezogenen Daten im Rahmen der Haushaltebefragung auf Stichprobenbasis nach § 7 des ZensG 2011.

Innerhalb des Zensus 2011 wurde der Kläger - ebenso wie seine Ehefrau - für eine Haushaltebefragung auf Stichprobenbasis mit dem Stand vom 9.5.2011 ausgewählt. Eine Erhebungsbeauftragte des Beklagten übergab dem Kläger den Fragebogen am 20.5.2011 unter seiner Anschrift zwecks Selbstausfüllung. In der Folgezeit übersandte der Kläger die ihm überlassenen Erhebungsunterlagen an den Beklagten zurück. Eine Reihe von Fragen, u.a. zu Nr. 7 (Religionsgesellschaft), hatte der Kläger nicht beantwortet. In dem hierauf folgenden Schriftverkehr teilte der Beklagte dem Kläger u.a. mit, dass bis auf die Frage zum Glaubensbekenntnis für alle Fragen eine gesetzliche Auskunftspflicht vorgesehen sei.

Mit der nach erfolglosem Widerspruch erhobenen Anfechtungsklage macht der Kläger u.a. geltend, es bestehe keine rechtliche Grundlage für das Auskunftsbegehren. Das Zensusgesetz 2011 verstoße gegen das Grundrecht auf informationelle Selbstbestimmung. Der Fragebogen und die darin gestellten Fragen seien derart „intim", dass sie nachhaltig in seine Privatsphäre eindringen würden.

Die Kammer weist die Klage ab.

Aus den Gründen:

II. Die Klage ist in der Sache unbegründet. Der „Bescheid" des Beklagten vom 1.6.2010 und der hierzu ergangene Widerspruchsbescheid vom 5.8.2011 sind rechtmäßig und verletzen den Kläger nicht in seinen Rechten (§ 113 Abs. 1 S. 1 VwGO).

---

1 BeckRS 2011, 56230; der Antrag des Klägers auf Zulassung der Berufung wurde zurückgenommen; OVG Rheinland-Pfalz, Beschluss vom 17.1.2012 -10 A 11498/11.OVG- n.v.

1. Rechtsgrundlage für die Heranziehung des Klägers zur Auskunftserteilung im Rahmen der „Haushaltsbefragung auf Stichprobenbasis im Zensus 2011" ist § 18 Abs. 1 Satz 1, Abs. 3 iVm § 7 ZensG. Nach der zuerst genannten Vorschrift besteht für die Erhebungen nach diesem Gesetz Auskunftspflicht. Gem. § 7 Abs. 1 ZensG führen die statistischen Ämter der Länder zum Berichtszeitpunkt eine Haushaltebefragung auf Stichprobenbasis (Haushaltsstichprobe) durch. Auskunftspflichtig für die Haushaltsstichprobe nach § 7 sind gem. § 18 Abs. 3 ZensG alle Volljährigen oder einen eigenen Haushalt führenden Minderjährigen, jeweils auch für minderjährige Haushaltsmitglieder, die unter den ausgewählten Anschriften wohnen.

Grundlage des Zensusgesetzes 2011 ist die europäische Verordnung EG Nr. 763/2008 des Europäischen Parlaments und des Rates vom 9.7.2008 über Volks- und Wohnungszählungen (ABl. EU Nr. L 218 S. 14; zur Europäisierung des Datenschutzes s. Spieker gen. Döhmann, JZ 2011, S. 169; Kotzur, EuGRZ 2011, S. 105; Meyerholt, DuD 2011, S. 683). Zweck des Zensusgesetzes 2011 ist u.a. die Feststellung amtlicher Einwohnerzahlen, die Gewinnung von Strukturdaten über die Bevölkerung als Datengrundlage für politische Entscheidungen sowie die Erfüllung von Berichtspflichten gegenüber der Europäischen Gemeinschaft (§ 1 Abs. 3 ZensG). Die für den Zensus 2011 erforderlichen Daten werden mit einem registergestützten Zensus erhoben. Dieser besteht aus einer Kombination von fünf Elementen (s. § 1 Abs. 2 ZensG): der Auswertung der Melderegister, der Auswertung von Daten der Bundesagentur für Arbeit sowie von Dateien zum Personalbestand der öffentlichen Hand, der postalischen Befragung der rund 17,5 Millionen Gebäude- und Wohnungseigentümer zur Gewinnung der Wohnungs- und Gebäudedaten, Stichproben zur Sicherung der Datenqualität und zur Erfassung weiterer, z. B. erwerbs- und bildungsstatistischer Erhebungsmerkmale bei etwa 7 Prozent der Bevölkerung sowie der Befragung der Verwalter oder Bewohner von Gemeinschaftsunterkünften, Anstalten, Wohnheimen und ähnlichen Einrichtungen, d.h. von maximal zwei Millionen Personen (BT-Drucksache 16/12219, S. 19).

Auswahlgrundlage bildet das Anschriften- und Gebäuderegister, welches die Statistischen Ämter durch Zusammenführung bestehender Registerdaten gem. § 2 des Zensusvorbereitungsgesetzes entwickelt haben. In einem mathematisch-statistischen Zufallsverfahren werden Anschriften aus dem Register gezogen und alle dort wohnhaften Personen im Rahmen der Haushaltsstichprobe befragt. Zu erheben sind die in § 7 Abs. 4 ZensG genannten Erhebungsmerkmale sowie die in § 7 Abs. 5 ZensG genannten Hilfsmerkmale. Für die entsprechende Erhebung besteht Auskunftspflicht gem. § 7 ZensG 2011 iVm § 18 Abs. 1 ZensG 2011. Lediglich die Auskunft über die Erhebungsmerkmale nach § 7 Abs. 4 Nr. 19 ZensG 2011 (Glaubensbekenntnis) ist freiwillig.

2. Die Kammer teilt die verfassungsrechtlichen Bedenken des Klägers an den einschlägigen Vorschriften der §§ 7, 18 ZensG 2011 nicht.

a. Die auf Tatsachen bezogene Auskunftspflicht des § 18 ZensG 2011 stellt bereits keinen Eingriff in das Grundrecht der Meinungsfreiheit dar (BVerfGE 65, 1 [40]).

b. Die Verpflichtung zu wahrheitsgemäßen Angaben gem. § 18 Abs. 1 ZensG 2011 iVm § 15 Abs. 3 BStatG über die rechtliche Zugehörigkeit oder Nichtzugehörigkeit zu einer Religionsgesellschaft (§ 7 Abs. 4 Nr. 18 ZensG 2011) - Frage 7 im Fragebogen - verstößt nicht gegen das Grundrecht des Klägers auf Glaubensfreiheit (Art 4 Abs. 1 GG). Zur Bekenntnisfreiheit gehört nicht nur das Recht, seine religiöse Überzeugung zu bekennen, sondern auch zu schweigen, wie dies durch Art. 140 GG iVm Art. 136 Abs. 3 WRV besonders anerkannt ist. Diese negative Bekenntnisfreiheit wird aber durch den Vorbehalt des Art. 136 Abs. 3 Satz 2 WRV eingeschränkt, der es den Behörden gestattet, nach der Zugehörigkeit zu einer Religionsgesellschaft zu fragen, wenn davon Rechte und Pflichten abhängen oder eine gesetzlich angeordnete statistische Erhebung dies erfordert. Eine solche zulässige Ausnahme liegt hier vor, da es sich um eine gesetzlich angeordnete statistische Erhebung für Bundeszwecke (Art. 73 Nr. 11 GG) handelt (vgl. BVerfGE 65, 1, [38]).

Die weitere - nicht europarechtlich vorgegebene - Auskunft, die gem. § 7 Abs. 4 Nr. 19 ZensG 2011 das Bekenntnis zu einer Religion, Glaubensrichtung oder Weltanschauung (sunnitischer Islam, schiitischer Islam, alevitischer Islam, Buddhismus, Hinduismus und sonstige Religionen, Glaubensrichtungen oder Weltanschauungen) als Erhebungsmerkmal betrifft - Frage 8 im Fragebogen -, ist nach § 18 Abs. 1 Satz 2 ZensG 2011 freiwillig und berührt daher nicht den Schutzbereich des in Art. 4 GG verankerten Grundrechts auf Glaubensfreiheit (Stepputat, DÖV 2011, S. 111 [114 mwN]; vgl. auch den Tätigkeitsbericht zum Datenschutz für die Jahre 2009 und 2010 des Bundesbeauftragten für den Datenschutz und die Informationsfreiheit, S. 96).

d. Nach Ansicht der Kammer verstößt die Haushaltebefragung auf Stichprobenbasis nach § 7 ZensG 2011 sowie die damit im Zusammenhang stehende Auskunftspflicht nach § 18 ZensG 2011 auch nicht gegen das Recht auf informationelle Selbstbestimmung. Nach der Rechtsprechung des Bundesverfassungsgerichts (s. z.B. NJW 2000, 1021) gewährleistet das allgemeine Persönlichkeitsrecht (Art. 2 Abs. 1 iVm Art. 1 Abs. 1 GG) dem Einzelnen einen räumlich und thematisch bestimmten Bereich, der grundsätzlich frei von unerwünschter staatlicher Einsichtnahme bleiben soll. Das hieraus abgeleitete Recht auf informationelle Selbstbestimmung gibt dem Einzelnen die Befugnis, grundsätzlich selbst über die Preisgabe und Verwendung seiner persönlichen Daten zu bestimmen (BVerfGE 65, 1). Der Schutzumfang dieses Grundrechts beschränkt sich nicht auf Informationen, die bereits ihrer Art nach sensibel sind und schon deshalb grundrechtlich geschützt werden. Auch der Umgang mit personenbezogenen Daten, die für sich genommen nur geringen Informationsgehalt haben, kann - je nach Ziel des Zugriffs und der bestehenden Verarbeitungs- und Verknüpfungsmöglichkeiten - Auswirkungen auf die Privatheit und Verhaltensfreiheit des Betroffenen haben (BVerfG NJW 2008, S. 822; BVerwG NVwZ-RR 2011, S. 698).

Das im Zensusgesetz 2011 enthaltene staatliche Informationsverlangen stellt zweifelsfrei einen Eingriff in das Recht auf informationelle Selbstbestimmung des Einzelnen dar. Denn § 18 ZensG 2011 normiert eine Auskunftspflicht; ferner beruht die Weitergabe und Zusammenführung der Datensätze nach § 9 ZensG 2011 durch das Statistische Bundesamt und die statistischen Ämter der Länder nicht auf freiwilliger Basis (Stepputat, DÖV 2011, S. 111 [114]).

Dem Recht auf informationelle Selbstbestimmung sind allerdings Schranken gesetzt. Einschränkungen dieses Rechts sind im überwiegenden Allgemeininteresse zulässig, wenn sie auf einer verfassungsgemäßen gesetzlichen Grundlage, die überdies dem rechtsstaatlichen Gebot der Normenklarheit entsprechen muss (BVerfG NJW 2008, S. 1505), beruhen und der Gesetzgeber ferner den Grundsatz der Verhältnismäßigkeit beachtet und organisatorische und verfahrensrechtliche Vorkehrungen getroffen hat, die der Gefahr einer Verletzung des Persönlichkeitsrechts entgegenwirken (vgl. hierzu BVerfGE 65, 1 [44 f.]).

Diese Voraussetzungen sind hier erfüllt. Die Erhebung im Wege der Haushaltsbefragung beruht auf einem förmlichen Gesetz, das in §§ 1 ff., § 18 ZensG 2011 iVm §§ 1, 15 BStatG den Zweck der Erhebung klar umgrenzt und sowohl die erhebungsberechtigte Stelle als auch den Kreis der Auskunftspflichtigen festlegt. Die Erhebung dient legitimen Zwecken des gemeinen Wohls, weil die Ergebnisse der Bevölkerungszählung ebenso wie die Gebäude- und Wohnungszählung u. a. als Liefermerkmale der Bundesrepublik Deutschland zur Erfüllung der Berichtspflichten nach der Verordnung EG Nr. 763/2008 sowie zu den Berechnungen im Rahmen volkswirtschaftlicher Gesamtrechnungen benötigt werden (vgl. § 1 Abs. 3 ZensG 2011), und ist nicht unverhältnismäßig, insbesondere belastet sie den Kläger nicht übermäßig. Die verlangten Daten (Persönliche Angaben, Zuwanderung, Bildung und Ausbildung, Berufstätigkeit) betreffen entweder den Gemeinschaftsbezug des Individuums oder sind - was die höchstpersönliche Frage 8 nach Religion, Glaubensrichtung oder Weltanschauung betrifft - freiwillig zu geben.

39

Das Zeugnisverweigerungsrecht des Geistlichen beschränkt sich nicht auf seelsorgerische Gespräche mit Personen, für die der Geistliche nach den Gesetzen der Religionsgemeinschaft örtlich zuständig ist. Entscheidend ist vielmehr, ob der einzelne Gläubige darauf vertrauen konnte, dass die mitgeteilte Tatsache von dem betreffenden Geistlichen geheim gehalten werden würde.
Auch nachdem der Gläubige den Geistlichen von der Schweigepflicht entbunden hat, kann dieser nicht um Auskunft über den Inhalt des Gesprächs angehalten werden.

Art./§§ 3 Abs. 3 GG, 9 ReichsK, 383 Abs. 1, 387 ZPO
LG Kiel, Teilurteil vom 25. November 2011 -1 S 58/11-[1]

N., Ältester einer Versammlung der Zeugen Jehovas, ist in vorliegenden Zivilrechtsstreit als Zeuge für den Inhalt eines Telefongesprächs benannt worden, das er Ende August 2007 mit der Beklagten geführt hat. Im Beweisaufnahmetermin berief sich N. auf den seelsorglichen Charakter dieses Telefongesprächs und machte vom Zeugnisverweigerungsrecht gem. § 383 Abs. 1 Nr. 4 ZPO Gebrauch.

Die Kammer erkennt durch Zwischenurteil, dass der Zeuge zur Verweigerung des Zeugnisses über den Inhalt des Telefongesprächs mit der Beklagten Ende August 2007 berechtigt ist.

Aus den Gründen:

Nachdem der Kläger im Beweisaufnahmetermin das Zeugnisverweigerungsrecht in Abrede gestellt hat, war hierüber durch Zwischenurteil zu entscheiden (§ 387 ZPO).

Dem Zeugen steht das Zeugnisverweigerungsrecht gem. § 383 Abs. 1 Nr. 4 ZPO zu. Nach dieser Vorschrift sind Geistliche in Ansehung desjenigen, was ihnen bei der Ausübung der Seelsorge anvertraut ist, zur Verweigerung des Zeugnisses berechtigt.

Der Zeuge ist ein Geistlicher. Geistliche sind Religionsdiener, die in einer Religionsgesellschaft die Funktionen der Seelsorge als Amt verrichten (Stein/Jonas-Berger, ZPO, 22. Aufl. 2006, § 383 Rn 29), ohne dass es darauf ankommt,

1 BeckRS 2012, 18925.

ob sie haupt- oder ehrenamtlich tätig sind oder welche Ausbildung sie genossen haben. Das trifft auf den Zeugen zu. Er ist Ältester einer Versammlung (Gemeinde) der Zeugen Jehovas, welche - unabhängig von einer Anerkennung als Körperschaft des öffentlichen Rechts - eine Religionsgemeinschaft sind (BVerfG NJW 2001, 429; KirchE 38, 502). Als solcher ist der Zeuge - wie auch der Kläger einräumt - seelsorgerisch tätig, weil ihm im Rahmen seiner Tätigkeit in vertraulichen Gesprächen Informationen anvertraut werden. Dass ihm daneben auch andere Tätigkeiten zugewiesen sind, ist unerheblich.

Das Telefonat zwischen der Beklagten und dem Zeugen ist ein seelsorgerisches Gespräch. Unstreitig sind dabei vertrauliche Dinge, nämlich die Frage eines sexuellen Missbrauchs der Beklagten durch den Kläger, besprochen worden. Der Einwand des Klägers, der Zeuge habe keine seelsorgerischen Ziele verfolgt, weil er nach den Angaben der Beklagten bei ihr angerufen habe, um dem Kläger ungebührliches Verhalten nachweisen zu können, greift nicht durch. Der Inhalt des Gesprächs ist gerade streitig. Der Kläger selbst trägt vor, die Beklagte habe beim Zeugen angerufen, um ihm von dem sexuellen Missbrauch zu berichten.

Der Zeuge hat das Telefonat mit der Beklagten in seiner Eigenschaft als Ältester geführt. Dabei kommt es nicht darauf an, ob das Telefongespräch vom privaten Telefon des Zeugen oder von einem anderen Telefon geführt worden ist. Die Seelsorge hängt nicht davon ab, wo sie ausgeübt wird; das seelsorgerische Gespräch kann auch an Freizeitorten oder zufällig stattfinden (Wieczorek/Schütze-Ahrens, ZPO, 3. Aufl. 2010, § 383 Rn 35). Aus diesem Grund ist es auch unerheblich, ob die Beklagte zu der vom Zeugen geführten Versammlung gehörte. Das Zeugnisverweigerungsrecht beschränkt sich nicht auf seelsorgerische Gespräche mit Personen, für die der Geistliche nach den Gesetzen der Religionsgemeinschaft örtlich zuständig ist. Entscheidend ist vielmehr, ob der einzelne Gläubige darauf vertrauen konnte, dass die mitgeteilte Tatsache von dem betreffenden Geistlichen geheim gehalten werden würde (Stein/Jonas-Berger, § 383 Rn 30). Das ist hier der Fall. Zwar war der Beklagten klar, dass der Zeuge den Kläger mit der Frage des sexuellen Missbrauchs konfrontieren würde. Das hindert die Geheimhaltung gegenüber anderen Personen aber nicht.

Unerheblich ist, ob die Beklagte den Zeugen von der Schweigepflicht entbunden hat. § 385 Abs. 2 ZPO, wonach das Zeugnisverweigerungsrecht nicht besteht, wenn der Zeuge von der Schweigepflicht entbunden worden ist, steht dem nicht entgegen. Insoweit ist nämlich Art. 9 des Reichskonkordats vom 20.7.1933 (RGBl. II 679), wonach Geistliche nicht um Auskünfte angehalten werden können, die ihnen bei Ausübung der Seelsorge anvertraut worden sind, die speziellere Vorschrift. Sie gilt unmittelbar zwar nur für katholische Geistliche, ist aber auch auf Geistliche anderer Religionsgemeinschaften entsprechend anzuwenden, weil Art. 3 Abs. 3 Satz 1 GG eine Ungleichbehandlung wegen der Religionszugehörigkeit ausschließt (Wieczorek/Schütze-Ahrens, § 385 Rn 42; Stein/Jonas-Berger, § 385 Rn 11 f.).

40

In einer Rechtsbehelfsbelehrung über den Einspruch gegen die Festsetzung der Kirchensteuer ist mindestens der geographische Ort der kirchlichen Einlegungsbehörde anzugeben.
Die in der römisch-katholischen Weltkirche begründete und für die Kirchensteuerpflicht in Deutschland maßgebliche Mitgliedschaft wird durch einen Wohnsitzwechsel nicht berührt.
Ein Ausländer mit gewerblichem Nebenwohnsitz in Deutschland kann hier seinen Kirchenaustritt auch dann erklären, wenn eine solche Möglichkeit an seinem Hauptwohnsitz im Ausland nicht gegeben ist.

Art./§§ 140 GG, 137 Abs. 6 WRV, 8, 356 Abs. 1 u. 2 AO,
3 Abs. 1, 14 Abs. 2 NW.KiStG
FG Münster, Urteil vom 25. November 2011 -4 K 597/10 Ki-[1]

Der Kläger wurde in Polen geboren und ist dort in der römisch-katholischen Kirche getauft worden. Er unterhält eine Wohnung in B-Stadt/Deutschland und erzielt dort als Fliesenleger Einkünfte aus Gewerbebetrieb.

Mit Bescheid vom 22.6.2009 setzte das Finanzamt B-Stadt/Deutschland gegenüber dem Kläger Kirchensteuer für 2008 in Höhe von 17,64 € fest. In der Rechtsbehelfsbelehrung heißt es u.a.: „Gegen die Festsetzung der Kirchensteuer ist ebenfalls der Einspruch gegeben. Der Einspruch ist insoweit bei dem zuständigen (erz-)bischöflichen Generalvikariat schriftlich einzureichen oder zur Niederschrift zu erklären".

Am 27.7.2009 legte der Kläger gegen den Kirchensteuerbescheid beim Finanzamt B-Stadt/Deutschland Einspruch ein. Da er Mitglied der polnischen römisch-katholischen Kirche sei, sei die deutsche römisch-katholische Kirche nicht Gläubigerin der Kirchensteuer.

Das Finanzamt B-Stadt/Deutschland leitete den Einspruch am 12.1.2010 an den Beklagten, das für den Nebenwohnsitz des Klägers örtlich zuständige Bistum, weiter. Dieser wies ihn mit Einspruchsentscheidung vom 14.1.2010 als unbegründet zurück. In der römisch-katholischen Kirche gebe es nach c. 96 CIC

1 BeckRS 2012, 94184; *juris*; EFG 2012, 390; StE 2012, 88 (LS).

nur eine universelle Zugehörigkeit. Eine Zugehörigkeit nach einzelnen Nationalitäten existiere nicht. Die Pflicht zur Zahlung der römisch-katholischen Kirchensteuer ergebe sich für den Kläger aus § 3 Abs. 1 KiStG, da er getauft sei, seinen Wohnsitz in B-Stadt/Deutschland habe und über Einkommen verfüge.

Mit der Anfechtungsklage verfolgt der Kläger sein Begehren weiter. Er ist der Ansicht, dass trotz Vorliegens der tatbestandlichen Voraussetzungen des § 3 Abs. 1 KiStG die Festsetzung von Kirchensteuer ihm gegenüber rechtswidrig sei. Nach c. 87 CIC sei er Mitglied der polnisch römisch-katholischen Kirche. Eine Möglichkeit, aus dieser Mitgliedschaft auszutreten, bestehe nach (derzeitigem) polnischem Recht nicht. Damit könne er das als Merkmal des Freiheitsrechts aus Art. 9 GG bestehende Recht zum Austritt aus der römisch-katholischen Kirche nach polnischem Recht nicht in Anspruch nehmen. Der Beklagte sei nicht berechtigt, allein aufgrund der Wohnsitznahme in seinem Zuständigkeitsbereich ihn, den Kläger, ohne seinen Willen der Kirchengewalt der deutschen römisch-katholischen Kirche bzw. dem Bistum zu unterwerfen.

Zudem verfüge der er über einen weiteren Wohnsitz in Polen. Dort befinde sich neben seiner weit überwiegenden Habe auch seine Familie. Er habe lediglich für die Ausübung einer Beschäftigung in Deutschland einen inländischen Wohnsitz begründet. Erkennbarer Lebensmittelpunkt sei jedoch sein polnischer Heimatwohnsitz. Er unterliege daher auch nur dem katholischen Kirchenrecht in Polen. Bei dem von ihm im Inland innegehaltenen Wohnsitz handele es sich im Sinne des Kirchenrechts um einen Nebenwohnsitz iSd c. 102 § 2 CIC. Unter Berücksichtigung von c. 104 CIC, wonach Eheleute einen gemeinsamen Wohnsitz oder Nebenwohnsitz haben sollen, müsse dies auch im vorliegenden Fall Berücksichtigung finden. Er verfüge nach diesem Verständnis im Inland nur über einen unerheblichen Nebenwohnsitz.

Auch im Bereich der evangelischen Landeskirche werde mit dem Umzug eines Mitgliedes dessen Mitgliedschaft in der Kirche des bisherigen Wohnsitzes beendet und allenfalls in der Kirche am neuen Wohnsitz neu begründet. Weiterhin liege zwischen der deutschen römisch-katholischen Kirche einerseits und der polnischen römisch-katholischen Kirche andererseits keine Bekenntnisidentität vor, so dass seine Zuordnung als Mitglied der deutschen römisch-katholischen Kirche bereits aus diesem Grunde ausscheide

Der Beklagte macht hingegen geltend, die Ansicht des Klägers beruhe auf einer in der evangelischen Kirche vorherrschenden Auffassung. Die Mitgliedschaft zur römisch-katholischen Kirche bestimme sich allein nach deren Regelungen, die der Staat als verbindlich anerkenne. Die römisch-katholische Kirche verstehe sich als weltweite Bekenntnisgemeinschaft, der eine Aufteilung in einander ausschließende nationale Einzelkirchen fremd sei. Alle durch die Taufe oder Konversion in die katholische Kirche aufgenommenen Gläubigen seien

Glieder dieser einen weltweiten römisch-katholischen Kirche in der Einheit des einen und gleichen Bekenntnisses. Die einzelnen katholischen Diözesen seien lediglich territoriale Zusammenfassungen. Es handele sich aber immer um die Mitgliedschaft in der einen römisch-katholischen Kirche, die innerhalb einer konkreten territorialen Umschreibung (Diözese oder Bistum) verwirklicht werde. Nach dem Kirchenrecht komme es ausschließlich auf den aktuellen Wohnsitz an, die Herkunft des Gläubigen spiele keine Rolle. Der Kläger könne sich der Verpflichtung aus § 3 Abs. 1 NW.KiStG nur durch Kirchenaustritt entziehen.

Das Finanzgericht weist die Klage ab.

Aus den Gründen:

[16] Der angefochtene Kirchensteuerbescheid für 2008 vom 22.6.2009 in Gestalt der Einspruchsentscheidung vom 14.1.2010 ist rechtmäßig und verletzt den Kläger nicht in seinen Rechten (§ 100 Abs. 1 Satz 1 FGO).

[17] Der Bescheid ist nicht durch verspätete Einspruchseinlegung in Bestandskraft erwachsen und gilt nicht bereits aus diesem Grunde als rechtmäßig. Trotz der erst am 12.1.2010 erfolgten Weiterleitung an die zuständige Behörde ist der Einspruch fristgerecht erhoben worden. Die Einspruchseinlegung bei einer unzuständigen Behörde ist gem. § 14 Abs. 2 Satz 2 KiStG iVm § 357 Abs. 2 Satz 4 AO unschädlich, wenn der Einspruch vor Ablauf der Einspruchsfrist der zuständigen Behörde übermittelt worden ist. Gem. § 14 Abs. 1 Satz 1 KiStG iVm § 15 Abs. 2 Satz 1 der Kirchensteuerordnung des betroffenen Bistums (KiStO des betroffenen Bistums) wäre der Einspruch beim Beklagten und nicht beim Finanzamt B-Stadt/Deutschland einzulegen gewesen. Wegen dieser Sonderregelungen greift § 357 Abs. 2 Satz 1 AO, wonach der Einspruch bei der Behörde einzulegen ist, die den Verwaltungsakt erlassen hat, im Streitfall nicht ein.

[18] Die Weiterleitung erfolgte jedoch fristgerecht, weil sich die Einspruchsfrist mangels ordnungsgemäßer Rechtsbehelfsbelehrung auf ein Jahr verlängert hat (§ 14 Abs. 2 Satz 2 KiStG iVm § 356 Abs. 1 und Abs. 2 AO). Gem. § 356 Abs. 1 AO beginnt die Frist bei einem schriftlichen Verwaltungsakt für die Einlegung des Einspruchs nur, wenn der Beteiligte über den Einspruch und die Finanzbehörde, bei der er einzulegen ist, deren Sitz und die einzuhaltende Frist in der für den Verwaltungsakt verwendeten Form belehrt worden ist. Zwar ist für die Angabe des Sitzes die Angabe der postalischen Anschrift nicht erforderlich. Jedoch muss jedenfalls der geographische Ort der Einlegungsbehörde angegeben sein (BFH vom 20.2.1976 -VI R 150/73- BStBl. II 1976, 477). Eine vergleichbare Angabe fehlt in der vorliegenden Rechtsbehelfsbelehrung. Die Angabe, der Einspruch gegen die Festsetzung der Kirchensteuer sei bei dem „zuständigen" (erz-)

bischöflichen Generalvikariat einzulegen, entspricht diesen Anforderungen nicht, da überhaupt kein räumlicher Bezug ersichtlich ist. Diese Information vermag dem Steuerpflichtigen nicht zu verhelfen, fristgerecht seinen Rechtsbehelf bei der zuständigen Behörde einzureichen.

[19] Die Kirchensteuer ist jedoch zu Recht vom Kläger erhoben worden, da dieser Steuerschuldner derselben ist. Die römisch-katholische Kirche ist als öffentlich-rechtliche Körperschaft und anerkannte Religionsgemeinschaft gem. Art. 140 GG iVm Art. 137 Abs. 6 WRV berechtigt, Steuern nach Maßgabe der landesrechtlichen Bestimmungen zu erheben.

[20] Der Kläger ist gem. § 3 Abs. 1 KiStG und § 5 KiStO des betroffenen Bistums kirchensteuerpflichtig. Hiernach sind kirchensteuerpflichtig alle Angehörigen der römisch-katholischen Kirche, die ihren Wohnsitz oder gewöhnlichen Aufenthalt iSd §§ 8, 9 AO im Land Nordrhein-Westfalen bzw. im Gebiet des betroffenen Bistums haben. Der Kläger ist Angehöriger der römisch-katholischen Kirche, auch wenn er die Taufe in die römisch-katholische Kirche in Polen erhielt, und hat seinen Wohnsitz im Geltungsbereich des KiStG sowie der KiStO des betroffenen Bistums.

[21] Die Frage der Mitgliedschaft zur römisch-katholischen Kirche bestimmt sich nach innerkirchlichem Recht (vgl. Art. 140 GG iVm Art. 137 Abs. 3 WRV). Aufgrund der staatlichen Neutralitätspflicht ist es dem Staat verwehrt, die Frage der mitgliedschaftlichen Zugehörigkeit selbst zu regeln. Der Staat erkennt diese kirchenrechtlichen Mitgliedschaftsregelungen innerhalb der Schranken des für alle geltenden Gesetzes auch für den staatlichen Rechtsbereich als verbindlich an (BVerfG vom 31.3.1971 -1 BvR 744/67- BVerfGE 30, 415, KirchE 71, 101).

[22] Die Eingliederung in die römisch-katholische Kirche erfolgt durch die Taufe oder durch Konversion. Die römisch-katholische Kirche versteht sich als die unter päpstlicher Oberhoheit geeinte weltweite bekenntnisgleiche Gemeinschaft aller römisch-katholisch getauften oder konvertierten Gläubigen (vgl. BVerwG-Urteil vom 23.9.2010 7 -C 22/09- NVwZ-RR 2011, 90, KirchE 56, 266). Sie ist eine weltweite Bekenntnisgemeinschaft, die eine Aufteilung der Zugehörigkeit in einander ausschließende nationale Einzelkirchen mit voneinander abweichendem Bekenntnis nicht kennt. Nach römisch-katholischer Auffassung fallen die Zugehörigkeit zur Gesamtkirche und die Einordnung in eine Teilkirche notwendig zusammen (Engelhard, Die Kirchensteuer in den neuen Bundesländern, 1991, S. 36). Die einmal in der Weltkirche begründete Mitgliedschaft wird durch den Wohnsitzwechsel nicht berührt. Der Betroffene wird lediglich einer Organisationshoheit der weltumspannenden Kirche zugeordnet, also den Diözesen, die in die formale Stellung eines Steuergläubigers eintreten (vgl. Engelhardt, Die Kirchensteuer in den neuen Bundesländern, 1991, S. 36). Es kommt für die Zuordnung zu den Diözesen ausschließlich auf den Wohnsitz des

Gläubigen an und nicht auf seine Herkunft. Dementsprechend entsteht die Kirchensteuerpflicht ohne Rücksicht auf die Staatsangehörigkeit. Bei einem Wohnsitzwechsel in einen anderen Staat bedarf es keines erneuten Mitgliedschaftserwerbs; die im Ausland erworbene Mitgliedschaft bleibt erhalten.

[23] Der vom Kläger angeführte Vergleich zur evangelischen Kirche kommt nicht zum Tragen. Denn in diesem Verständnis unterscheidet sich die römisch-katholische Kirche von der evangelischen Kirche insoweit, als die evangelische Kirche einzelne Landeskirchen kennt, die ein gewisses Maß an Autonomie haben und sich zum Teil auch konfessionell voneinander unterscheiden. Das Recht der evangelischen Landeskirchen in Deutschland sieht beim Umzug eines Mitgliedes zwischen ihnen nicht nur die Beendigung der Mitgliedschaft in der Kirche des bisherigen, sondern auch ihren Erwerb in der Kirche des neuen Wohnsitzes vor (Engelhardt, Die Kirchensteuer in den neuen Bundesländern, 1991, S. 35).

[24] Der Kläger hat seinen Wohnsitz im Bezirk des betroffenen Bistums. Nach § 8 AO hat jemand einen Wohnsitz dort, wo er eine Wohnung unter Umständen innehat, die darauf schließen lassen, dass er die Wohnung beibehalten und benutzen wird. Auf die Staatsangehörigkeit kommt es hierbei nicht an. Dass der Kläger nach seinem Vortrag im Inland lediglich einen „Nebenwohnsitz" innehabe, ist nicht von Belang. Es sind vielmehr auch mehrfache Wohnsitze eines Steuerpflichtigen im In- und Ausland möglich (BFH-Urteile vom 28.1.2004 -I R 56/02- BFH/NV 2004, 917 und vom 19.3.1997 -I R 69/96- BStBl II 1997, 447). Ein etwaiger Hauptwohnsitz ist im Vergleich zu einem Nebenwohnsitz steuerlich gleichwertig (BFH-Urteil vom 24.1.2001 -I R 100/99- BFH/NV 2001, 1402). Schließlich muss sich auch der Mittelpunkt der Lebensinteressen nicht am Wohnort befinden (BFH-Urteil vom 19.3.1997 -I R 69/96- BStBl II 1997, 447).

[25] Zwar hat der Ehegatte seinen Wohnsitz grundsätzlich dort, wo seine Familie ständig wohnt (Koenig, in: Pahlke/Koenig, Abgabenordnung, 2. Aufl. 2009, § 8 AO Rn 15). Dies gilt jedoch dann nicht, wenn ein Ehegatte im Inland berufsbedingt einen neuen Wohnsitz nimmt. Der Kläger hat in B-Stadt/Deutschland einen eigenständigen Wohnsitz, auch wenn er seinen Lebensmittelpunkt wegen der Familie noch in Polen sieht. Die von ihm genutzte Wohnung steht ihm nach Belieben tatsächlich und jederzeit zur Nutzung zur Verfügung. Der Kläger hat nicht vorgetragen, die Wohnung in B-Stadt/Deutschland nur vorübergehend innehaben zu wollen. Aufgrund der dargelegten Umstände ist vielmehr davon auszugehen, dass er dauerhaft in B-Stadt/Deutschland seiner Tätigkeit als Fliesenleger auch in Zukunft nachgehen wird. Dementsprechend wurde er bislang von den Finanzbehörden als unbeschränkt einkommensteuerpflichtig behandelt, wogegen er sich nicht zur Wehr gesetzt hat. Zudem gesteht

der Kläger selbst ausdrücklich zu, zur Ausübung seiner Beschäftigung in Deutschland einen inländischen Wohnsitz begründet zu haben.

[26] Dass c. 104 CIC, wie der Kläger ausführt, davon ausgeht, dass Ehegatten nach dem Kirchenrecht grundsätzlich nur einen gemeinsamen Wohnsitz haben sollen, ist vorliegend nicht von Bedeutung. Denn die Beurteilung, ob der Kläger der Kirchensteuerpflicht unterliegt, richtet sich alleine nach dem KiStG sowie der KiStO des betroffenen Bistums, die ausdrücklich auf die Regelungen §§ 8, 9 AO abstellen. Nur die Mitgliedschaft zur römisch-katholischen Kirche bestimmt sich nach dem innerkirchlichen Recht, nicht jedoch die Bestimmung des Wohnsitzbegriffs. Im Übrigen geht auch aus c. 104 hervor, dass Ehegatten jeweils einen eigenen Wohnsitz innehaben können.

[27] Für die Beurteilung ist es weiterhin unerheblich, dass dem Kläger in Polen keine Möglichkeit zum Kirchenaustritt geboten wird. Jedenfalls in Deutschland hat der Kläger nicht von der Möglichkeit Gebrauch gemacht, sich von der Kirchensteuerpflicht gemäß den Regelungen des Gesetzes zur Regelung des Austritts aus Kirchen, Religionsgemeinschaften und Weltanschauungsgemeinschaften des öffentlichen Rechts (KiAustrG) befreien zu lassen, obwohl ihm dies möglich und zumutbar war. Nach § 3 Abs. 2 KiStG bzw. § 6 Nr. 3 KiStO des betroffenen Bistums endet die Kirchensteuerpflicht bei einem nach Maßgabe der geltenden staatlichen Vorschriften erklärten Kirchenaustritt mit Ablauf des Kalendermonats, in dem die Erklärung des Kirchenaustritts wirksam geworden ist. Infolge des Austritts entfallen die Voraussetzungen für die Kirchensteuererhebung.

[28] Diese Austrittserklärung gewährleistet der Staat zur effektiven Verwirklichung des Rechts auf negative Religionsfreiheit gem. Art. 4 Abs. 1 GG. Der Staat muss dafür Sorge tragen, dass der Einzelne sich jederzeit von der kirchlichen Mitgliedschaft mit Wirkung für das staatliche Recht durch Austritt zurückziehen kann (BVerfG-Beschluss vom 8.2.1977 -1 BvR 2237/73- BVerfGE 44, 37, KirchE 16, 47; BVerwG-Urteil vom 21.5.2003 -9 C 12/02- BVerwGE 118, 201, KirchE 43, 277). Als Folge wird der Austretende auf staatlicher Ebene nicht mehr als Mitglied der Religionsgemeinschaft angesehen. Zur Kirchensteuer als einer mit staatlicher Hilfe zu erhebenden Abgabe kann der Austretende dann jedenfalls nicht mehr herangezogen werden. Dass nach § 6 KiAustrG ggf. für den Austritt Gebühren anfallen können, ist vom Bundesverfassungsgericht ausdrücklich als verfassungsgemäß erachtet worden (BVerfG-Beschluss vom 2.7.2008 -1 BvR 3006/07- HFR 2008, 1068, KirchE 52, 1).

[29] Da der Kläger in Deutschland Steuerschuldner der Kirchensteuer ist, kommt es auf eine Austrittsmöglichkeit in Polen nicht an. Maßgeblich ist vorliegend, dass der deutsche Gesetzgeber zur Gewährleistung der negativen Vereinigungsfreiheit aus Art. 4 Abs. 1 GG den Steuerpflichtigen die Möglichkeit eines

Kirchenaustritts ermöglicht. Dieser Verpflichtung ist der nordrhein-westfälische Gesetzgeber mit Erlass des Kirchenaustrittsgesetzes in verfassungsgemäßer Weise nachgekommen. Auch der Kläger hätte dieses vom deutschen Verfassungsgesetzgeber gewährte Grundrecht für sich in Anspruch nehmen können.

41

Die mit der Erwartung hoher Rendite verbundene Geldanlage bei einer islamkonformen Anlagegesellschaft ist mit dem Zins- und Spekulationsverbot des Koran nur vereinbar, wenn sich der Anleger am operativen Geschäft der Gesellschaft beteiligt.

§ 1 Abs. 1 Satz 2 Nr. 1 KWG a.F.
BGH, Urteil vom 29. November 2011 -VI ZR 251/10-[1]

Die Beklagte zu 1) ist eine 1997 gegründete Gesellschaft mit Sitz auf den British Virgin Islands. Nach ihrer Satzung handelt sie mit Aktien und zahlreichen anderen Wertsachen, betreibt Grundstücksgeschäfte, garantiert Kredite und darf alle sonstigen Geschäfte durchführen. Sie hält als einzigen Vermögenswert mittelbar die Mehrheit an der Beklagten zu 2), die ihrerseits Mehrheitsbeteiligungen an acht weiteren Aktiengesellschaften türkischen Rechts hielt, die in unterschiedlichen Branchen am Markt auftreten.

Der Kläger suchte eine islamkonforme Anlage ohne Zinszahlungen, die die türkische Wirtschaft unterstützen sollte. Deswegen zeichnete er am 16.1.1998, 1.1.1999, 25.1.1999 und 1.1.2000 stimmrechtslose, nicht börsennotierte Aktien des Typs C an der Beklagten zu 1) für insgesamt umgerechnet 34.307,69 €. Das Geld nahm der Zeuge E. in bar vom Kläger entgegen. Die Aktien der Beklagten zu 1) wurden überwiegend in Deutschland an etwa 5.000 türkischstämmige Kleinanleger veräußert; dabei wurde herausgestellt, dass die Anlagen mit dem islamischen Zinsverbot konform seien. Sie erwirtschaften nur Erträge, die das Unternehmen ausschüttet. Die Beklagten verfügten nicht über die Erlaubnis nach § 32 KWG a.F.

Mit der Klage nimmt der Kläger die Beklagten auf Rückzahlung der eingezahlten Gelder in Anspruch.

Das Landgericht hat die Klage nach Durchführung einer Beweisaufnahme abgewiesen. Die Berufung des Klägers hatte keinen Erfolg (OLG Düsseldorf,

1 BeckRS 2011, 27601; *juris*; GWR 2012, 41; WM 2012, 744.

Urteil vom 3.9.2010 -I-17 U 124/09- WM 2012, 739). Unter anderem führte das Berufungsgericht aus:

> Ein Schadensersatzanspruch gemäß § 823 Abs. 2 BGB iVm § 32 KWG bestehe nicht, weil die Tätigkeit der Beklagten zu 1) keiner Erlaubnis nach dem Gesetz über das Kreditwesen in der bis zum 31.12.2001 geltenden Fassung (KWG a.F.) bedurft habe.
> Schon nach der Darstellung des Klägers stelle der Erwerb der Anteilsscheine kein Einlagengeschäft iSd § 1 Abs. 1 Satz 2 Nr. 1 KWG a.F. dar. Bei einer zu jeder Zeit rückzahlbaren Geldanlage mit fester Rendite handele es sich um ein verzinstes Darlehen. Ein solches sei aber für den Kläger aus religiösen Gründen nicht in Betracht gekommen. Er habe zwar eine hohe Rendite erzielen, jedoch nicht ein von ihm angenommenes Zins- und Spekulationsverbot des Korans verletzen wollen. Die Verfolgung seiner Anlageziele habe der Kläger nur dann mit seinen Glaubensgrundsätzen vereinbaren können, wenn er sich - wie geschehen - am operativen Geschäft der Beklagten beteiligte.
> Auch ein Finanzkommissionsgeschäft gem. § 1 Abs. 1 Satz 2 Nr. 4 KWG a.F. sei abzulehnen. Ein solches setze ein Handeln für fremde Rechnung voraus. Auch der Kläger behaupte aber nicht, dass die Beklagten auf seine Rechnung Wertpapiere angeschafft und veräußert hätten.
> Die mittlerweile aufgehobene Regelung der Investmentgeschäfte in § 1 Abs. 1 Satz 2 Nr. 6 KWG a.F. komme vorliegend schon deshalb nicht zur Anwendung, weil ausländische Investmentgeschäfte zum Zeitpunkt des Erwerbs der Anteile durch den Kläger im Jahre 1999 speziell durch die Vorschriften des Auslandinvestment-Gesetzes geregelt gewesen seien.
> Die Veräußerung eigener Aktien stelle keine Finanzdienstleistung dar. Zu Recht verneine das Landgericht eine Vermittlertätigkeit der Beklagten iSv § 1 Abs. 1a Satz 2 Nr. 1 und 2 KWG a.F. Die Beklagten seien nicht als Vermittlerinnen einer Geldanlage tätig gewesen. Sie hätten die Geschäfte nur für sich selbst abgeschlossen, so dass weder eine Anlage- noch eine Abschlussvermittlung in Betracht komme. Eine Drittstaateneinlagenvermittlung iSv § 1 Abs. 1a Satz 2 Nr. 5 KWG a.F. scheide aus, weil der Kaufpreis für die Aktien keine Einlage im Sinne des Kreditwesengesetzes sei.
> Für eine Haftung der Beklagten zu 2) fehle es danach an jeder rechtlichen Grundlage. Für eine schuldhaft deliktische oder vorsätzlich sittenwidrige Tätigkeit der Beklagten zu 2) habe der Kläger keine tatsächlichen Anhaltspunkte vorgetragen. Es fehle jeder tatsächliche Vortrag dazu, welche Tätigkeit die Beklagte zu 2) im Rahmen der Zeichnung der Anteile an der Beklagten zu 1) - etwa im Rahmen des Anteilsvertriebs - vorgenommen haben solle. Sie solle nur - im Verhältnis der Beklagten untereinander - letztlich Empfängerin der Anlagegelder sein, was dem Anlagezweck der Beklagten zu 1) entspreche.

Die dagegen gerichtete Revision hat keinen Erfolg.

Aus den Gründen:

[12] 1. Die Revision greift die aus Sicht des Berufungsgerichts relevanten Rechtsfragen nicht auf. Insoweit ist auch von Rechts wegen nichts zu erinnern.

[13] 2. Die Revision beanstandet lediglich, dass das Berufungsgericht einen Anspruch des Klägers gem. § 823 Abs. 2 BGB iVm § 32 KWG a.F. verneint hat. Einen solchen Anspruch hat das Berufungsgericht indes ohne Rechtsfehler versagt.

[14] a) Insoweit hat der erkennende Senat bereits entschieden, dass die hier in Frage stehende unternehmerische Tätigkeit der Beklagten weder als Bankgeschäft in Form des Einlagengeschäfts (§ 1 Abs. 1 Satz 2 Nr. 1 KWG a.F.) noch als Finanzkommissionsgeschäft (§ 1 Abs. 1 Satz 2 Nr. 4 KWG a.F.) noch als Finanzdienstleistung (Vermittlertätigkeit der Beklagten iSv § 1 Abs. 1a Satz 2 Nr. 1 und 2 KWG a.F.) zu qualifizieren ist (vgl. Senatsurteil vom 23.11.2010 -VI ZR 334/09- aaO, Rn 28 f.). Der Senat hat sich insoweit auf sein Urteil vom 23.3.2010 (-VI ZR 57/09- VersR 2010, 910, Rn 15 ff. mwN) bezogen.

[15] b) Die dagegen von der Revision vorgebrachten Argumente überzeugen nicht.

[16] Die Revision verkennt nicht, dass derjenige keine Finanzdienstleistungen erbringt, also auch keine Anlagevermittlung iSv § 1 Abs. 1a Satz 2 Nr. 1 KWG a.F. betreibt, der lediglich Anteile am eigenen Unternehmen veräußert (vgl. Senatsurteil vom 23.3.2010 -VI ZR 57/09- aaO, Rn 21). Sie meint aber, so liege der Fall hier nicht, weil es sich bei der Beklagten zu 1) und der Beklagten zu 2) um zwei selbständige Rechtssubjekte handele, wobei ein Unternehmen Anteile an dem anderen vertreibe. Insoweit sei von Bedeutung, dass es sich bei der Beklagten zu 1) um eine Briefkastenfirma handele, was revisionsrechtlich ebenso zu unterstellen sei wie der Vortrag des Klägers, dass der Vertrieb der Aktien von der Beklagten zu 2) vorgenommen worden sei. Bei dieser Sachlage sei die Folgerung des Berufungsgerichts, die Beklagte zu 2) habe die Gesellschaftsanteile als „Geschäfte nur für sich selbst" vertrieben, unrichtig.

[17] Dem ist nicht zu folgen. Die Revision stellt die Feststellung des Berufungsgerichts nicht in Frage, dass die Beklagte zu 1) als einzigen Vermögenswert mittelbar die Mehrheit an der Beklagten zu 2) hält. Sie bezieht sich zudem auf den Vortrag des Klägers, wonach die Beklagten ein gemeinsames Vertriebssystem unterhalten hätten, in dessen Rahmen allein die Beklagte zu 2) aktiv tätig gewesen sei, während die Beklagte zu 1) keinerlei eigene geschäftliche Tätigkeit entfaltet habe („Briefkastenfirma") und die für die Aktien der Beklagten zu 1) eingenommenen Gelder direkt an die Beklagte zu 2) geflossen seien.

[18] Bei dieser Sachlage können die Beklagten nicht als Finanzdienstleister angesehen werden. Sie sind allenfalls Finanzunternehmen gem. § 1 Abs. 3 Nr. 1 KWG, die nicht erlaubnispflichtig sind, soweit sie nicht wegen des Betreibens der Anlagevermittlung oder des Eigenhandels Finanzdienstleistungsinstitute nach § 1 Abs. 1a Satz 2 Nr. 1 und 4 KWG sind (vgl. Schäfer in Boos/Fischer/Schulte-Mattler, Kreditwesengesetz, 3. Aufl., § 1 Rn 165).

[19] Nach dem für die rechtliche Prüfung maßgeblichen Sachverhalt kann nicht davon ausgegangen werden, die Beklagte zu 2) habe den Absatz der Aktien der Beklagten zu 1) vermittelt und hierdurch Anlagevermittlung iSd § 1 Abs. 1a Satz 2 Nr. 1 KWG a.F. betrieben. Das Berufungsgericht hat ausgeführt, es fehle jeder tatsächliche Vortrag, welche Tätigkeit die Beklagte zu 2) im Rahmen der Zeichnung der Anteile an der Beklagten zu 1) - etwa im Rahmen des Anteilvertriebs - vorgenommen haben solle; sie habe nur - im Verhältnis der Beklagten untereinander - letztlich Empfängerin der Anlagegelder sein sollen, was dem Anlagezweck der Beklagten zu 1) entsprochen habe. Die Revision zeigt keinen konkreten Vortrag des Klägers in den Tatsacheninstanzen auf, der diese Bewertung in Frage stellen könnte.

Eine Erlaubnispflicht nach §§ 1, 32 KWG in der Fassung vom 9.9.1998 besteht nicht, wenn eine Holding-Gesellschaft mit dem Ziel der mittelbaren Beteiligung an ihrer operativen Tochtergesellschaft im eigenen Namen und auf eigene Rechnung die Zeichnung eigener Aktien vermittelt.

42

Das Dienstverhältnis eines Pfarrers besteht auch nach dessen Eintritt in den Ruhestand fort.

Übt ein Pfarrer nach Eintritt in den Ruhestand sein Amt aus, so handelt es sich um eine versicherungsfreie Tätigkeit iSv § 4 Abs. 1 Nr. 1 SGB VII. Ein hierbei erlittener Unfall stellt einen Dienstunfall dar, der nicht nach den Vorschriften der gesetzlichen Unfallversicherung zu entschädigen ist.

Art./§§ 140 GG, 137 Abs. 3 WRV, 2 Abs. 1, 4 Abs. 1 SGB VII, 29 Abs. 2, 45 Abs. 2, 54 Abs. 1 PfarrDG, 30 BBG
Hessisches LSG, Urteil vom 29. November 2011 -L 3 U 207/10-[1]

Zwischen den Beteiligten ist streitig, ob der Kläger zum Zeitpunkt des Unfalls zum anspruchsberechtigten Personenkreis nach SGB VII gehörte.

Der Kläger ist seit dem 1.7.1997 Pfarrer im Ruhestand bei der Ev. Kirche in Hessen und Nassau (EKHN). Er war zuvor bei der ev.-luth. A-Gemeinde in B-Stadt tätig. Gegenüber dieser Gemeinde erklärte er sich vertretungsweise bereit, am 10.4.2009 den Karfreitags-Gottesdienst zu gestalten und durchzuführen. Kurz vor Beginn des Gottesdienstes stürzte der Kläger auf der Treppe zur Or-

1 Amtl. Leitsätze. BeckRS 2011, 78972; *juris*; UV-Recht Aktuell 2012, 152.

gelempore und brach sich das linke Bein. Der Kläger wurde noch am gleichen Tag operiert und anschließend stationär und ambulant behandelt.

Mit dem angefochtenen Bescheid lehnte die Beklagte Entschädigungsleistungen aus der gesetzlichen Unfallversicherung aufgrund des Ereignisses vom 10.4.2009 ab. Zur Begründung führte sie aus, dass der Kläger zum Zeitpunkt des Unfalls nicht zum versicherten Personenkreis nach § 2 SGB VII gehört habe. Pfarrer seien nach § 4 Abs. 1 Nr. 1 SGB VII als Personen, für die beamtenrechtliche Unfallfürsorgepflichten gelten, versicherungsfrei und somit nicht in der gesetzlichen Unfallversicherung versichert. Der Kläger sei daher zum Unfallzeitpunkt nicht wie ein Beschäftigter nach § 2 Abs. 1 Nr. 1 SGB VII, sondern wie eine versicherungsfreie Person nach § 4 Abs. 1 Nr. 1 SGB VII tätig geworden. Es habe sich somit bei dem Ereignis vom 10.4.2009 nicht um einen Arbeitsunfall im Sinne der gesetzlichen Unfallversicherung gehandelt.

Das SG Frankfurt/M. (Urteil vom 10.9.2010 -S 23 U 250/09- KirchE 56, 182) hat die nach erfolglosem Widerspruch erhobene Klage abgewiesen.

Mit der Berufung macht der Kläger im Wesentlichen geltend, dass er mit der Versetzung in den Ruhestand keinen dienstlichen Verpflichtungen gegenüber der evangelischen Landeskirche mehr unterliege. Demgemäß fehle es auch an einem Weisungsrecht des ehemaligen Dienstherrn. § 4 Abs. 1 Nr. 1 SGB VII stelle zudem nur solche Personen versicherungsfrei, für die die beamtenrechtlichen Unfallfürsorgevorschriften oder entsprechende Grundsätze gelten würden. Dies sei bei Ruhestandsbeamten jedoch gerade nicht mehr der Fall, da sie nicht mehr im Dienst seien und somit auch keine Dienstunfälle erleiden könnten. Zwar habe er, der Kläger, nach wie vor alle Ordinationsrechte und damit die Möglichkeit, Gottesdienste abzuhalten; verpflichtet sei er hierzu jedoch nicht. Da er am Unfalltag freiwillig und ohne hierfür eine finanzielle Entschädigung zu erhalten einen Gottesdienst gehalten habe, sei er ehrenamtlich tätig geworden. Er falle daher unter § 2 Nr. 10b SGB VII. Für das Dienstverhältnis sei zudem das Kirchengesetz über die Dienstverhältnisse der Pfarrerinnen und Pfarrer (Pfarrdienstgesetz - PfDG) maßgebend, wonach sich gemäß § 29 Abs. 2 die Unfallfürsorge bei Dienstunfällen nach den für Bundesbeamte geltenden Vorschriften regle. Er sei jedoch zum Zeitpunkt des Unfalls bereits im Ruhestand und nur freiwillig und ohne Vergütung tätig gewesen, so dass für ihn § 31 BeamtVG ausscheide.

Das Landessozialgericht weist Berufung zurück.

Aus den Gründen:

[18] Die Berufung ist zulässig, jedoch nicht begründet. Der angefochtene Bescheid und das erstinstanzliche Urteil sind rechtmäßig. Der Kläger hat keinen Anspruch auf Anerkennung seines Unfalls vom 10.4.2009 als Arbeitsunfall nach dem Recht der gesetzlichen Unfallversicherung. Er kann sich nicht darauf berufen, dass er nach seinem Eintritt in den Ruhestand als Pfarrer die Gestaltung und Durchführung des Gottesdienstes nur ehrenamtlich iSd § 2 Abs.1 Nr. 10b SGB VII übernommen habe. Vorliegend ist der Kläger im Rahmen seines bestehenden Dienstverhältnisses als Pfarrer und damit versicherungsfrei nach § 4 Abs.1 Nr. 1 SGB VII tätig geworden.

[19] Entgegen der klägerischen Auffassung ist aus dem Umstand, dass sich nach § 29 Abs. 2 Satz 2 PfDG die Unfallfürsorge bei Dienstunfällen nach den für Bundesbeamtinnen und Bundesbeamte geltenden Vorschriften richtet, keinesfalls abzuleiten, dass sich insoweit auch das Bestehen des Dienstverhältnisses nach den Regelungen des Bundesbeamtenrechts richtet. Vielmehr gehen diesbezüglich die im PfDG getroffenen Regelungen vor, die kraft der normativen Rechtsetzungsbefugnis der ev.-luth. Kirche gem. Art. 140 GG iVm Art. 137 Abs. 3 WRV für das Dienstverhältnis zwischen dem Kläger und der EKHN Anwendung finden.

[20] Hinsichtlich der Beendigung des Dienstverhältnisses trifft das PfDG eine gegenüber dem Bundesbeamtengesetz (BBG) abweichende Regelung. Während nach § 30 BBG das Beamtenverhältnis durch Entlassung (Nr.1), Verlust der Beamtenrechte (Nr. 2), Entfernung aus dem Beamtenverhältnis nach dem Bundesdisziplinargesetz (Nr. 3) oder eben durch Eintritt oder Versetzung in den Ruhestand (Nr. 4) beendet wird, endet das Dienstverhältnis der Pfarrerinnen und Pfarrer nach § 54 Abs. 1 PfDG außer mit dem Tod durch Entlassung (a), Ausscheiden (b) oder Entfernung (c) aus dem Dienst. Die Versetzung in den Ruhestand stellt insoweit auch kein „Ausscheiden aus dem Dienst“ iSv § 54 Abs. 1b PfDG dar; ein solches Ausscheiden folgt gem. § 56 Abs. 1 PfDG dem Kirchenaustritt oder dem Übertritt zu einer anderen Religionsgemeinschaft (a), der Aufgabe des Dienstes mit der Absicht, diesen nicht wieder aufzunehmen (b), dem Verzicht auf die durch die Ordination erworbenen Rechte (c) oder einem Verhalten nach § 17 b Abs. 2 Satz 2 PfDG (d) im Falle unterlassener Bewerbung oder Nichtübernahme einer angebotenen Dienststelle. Die Versetzung in den Ruhestand ist dagegen nicht nur in § 54 Abs. 1 PfDG nicht als Beendigungskriterium des Dienstverhältnisses aufgeführt, sondern das Dienstverhältnis des Pfarrers besteht mit Eintritt des Ruhestandes gem. § 45 Abs. 2 PfDG unter Beibehaltung aller mit der Ordination erworbenen Rechte und der Fortsetzung der

Anwendung des kirchlichen Disziplinarrechts ausdrücklich fort. Lediglich die Verpflichtung zur Dienstleistung entfällt (§ 45 Abs. 1 PfDG).

[21] Damit findet aber auch die außerhalb der Verpflichtung zur Dienstleistung weiterhin regelmäßige oder gelegentliche Ausübung des Dienstes im Rahmen des bestehenden Dienstverhältnisses statt. Durch die Ausübung des Amtes nach Eintritt des Ruhestandes wird diese damit keinesfalls eine ehrenamtliche, außerhalb des Dienstverhältnisses stehende Tätigkeit. Hierfür spricht auch, dass die ehrenamtliche Beauftragung von nicht im Dienstverhältnis Stehenden ausdrücklich im „Kirchengesetz über die Beauftragung von anstellungsfähigen Theologinnen oder Theologen und über die Ordination zur Pfarrerin oder zum Pfarrer im Ehrenamt" geregelt ist. Für die Beauftragung im Dienstverhältnis stehender Pfarrerinnen und Pfarrer braucht es naturgemäß keine entsprechenden Regelungen, da die Tätigkeit jeweils im Rahmen des bestehenden Dienstverhältnisses ausgeübt wird. Damit handelt es sich - wie das Sozialgericht zu Recht ausgeführt hat - auch bei einem Unfall eines im Ruhestand befindlichen Pfarrers, den dieser in Ausübung seines Dienstverhältnisses erleidet, um einen Dienstunfall nach § 29 Abs. 2 Satz 2 PfDG.

43

Die Glaubensfreiheit des Schülers aus Art. 4 Abs. 1 und 2 GG berechtigt ihn grundsätzlich, während des Besuchs der Schule außerhalb der Unterrichtszeit ein Gebet zu verrichten. Diese Berechtigung findet ihre Schranke in der Wahrung des Schulfriedens.

Art./§§ 4 Abs. 1 u. 2 , 6 Abs. 2, 7 Abs. 1, 8 Abs. 1 GG, 43, 62 Abs. 1 VwGO, 46 Abs. 2 BE.SchulG, 5 RelKErzG
BVerwG, Urteil vom 30. November 2011 -6 C 20/10-[1]

Der Kläger, ein Schüler, begehrt die Feststellung, dass er berechtigt ist, in der von ihm besuchten Schule außerhalb der Unterrichtszeit ein islamisches Gebet zu verrichten.

---

1 Amtl. Leitsatz. BeckRS 2011, 56823; *juris*; BVerwGE 141, 223; BayVBl 2012, 435; Buchholz 421 Kultur- und Schulwesen Nr. 137; DÖV 2012, 323 (LS); DVBl 2012, 240; EuGRZ 2012, 124; FamRZ 2012, 228 (LS); JA 2012, 235; JuS 2012, 663; JZ 2012, 358; KuR 2012, 128 (LS); LKV 2012, 27; NordÖR 2012, 436, NVwZ 2012, 162; Städte- und Gemeinderat 2012, Nr. 1-2, 29 ; VR 2012, 138 (LS).

Der 1993 geborene Kläger ist muslimischen Glaubens. Er besucht das D.-Gymnasium in Berlin-Wedding. Im November 2007 verrichtete er in der Pause zwischen zwei Unterrichtsstunden zusammen mit Mitschülern auf einem Flur des Schulgebäudes das Gebet nach islamischem Ritus. Die Schüler knieten dabei auf ihren Jacken, vollzogen die nach islamischem Ritus erforderlichen Körperbewegungen und deklamierten den vorgegebenen Text. Das Gebet dauerte etwa zehn Minuten. Andere Schüler sahen zu.

Am folgenden Tag wies die Leiterin der Schule die Schüler, die an dem Gebet beteiligt waren, darauf hin, die Verrichtung eines Gebets werde auf dem Schulgelände nicht geduldet. Mit Schreiben vom selben Tag teilte sie den Eltern des Klägers mit, an der Schule seien religiöse Bekundungen nicht erlaubt; zu ihnen gehörten insbesondere Gebete.

Mit seiner hierauf erhobenen Klage begehrt der Kläger die Feststellung, dass er berechtigt ist, während des Besuchs des D.-Gymnasiums außerhalb der Unterrichtszeit einmal täglich sein islamisches Gebet zu verrichten.

Das VG Berlin (Urteil vom 29.9.2009 -3 A 984.07- KirchE 54, 207) hat der Klage stattgegeben. Der Kläger könne sich für sein Anliegen auf das Grundrecht der Glaubensfreiheit berufen; ein Vorrang anderer Verfassungsgüter scheide hier aus.

Auf die Berufung des beklagten Landes hat das OVG Berlin-Brandenburg, (Urteil vom 27.5.2010 -3 B 29.09- KirchE 55, 281) das erstinstanzliche Urteil aufgehoben und die Klage abgewiesen. Das Anliegen des Klägers werde zwar vom Schutzbereich der verfassungsrechtlich gewährleisteten Freiheit der Religionsausübung erfasst. Dieses Grundrecht sei hier jedoch zum Schutz von Grundrechten Dritter und von Gemeinschaftswerten mit Verfassungsrang eingeschränkt. Die Verrichtung des Gebets im Schulgebäude beeinträchtige die negative Glaubensfreiheit der Mitschüler. Sie hätten grundsätzlich einen Anspruch darauf, von Äußerungen eines Glaubens verschont zu bleiben, den sie nicht teilten. Die deshalb erforderliche Abwägung zwischen dem Grundrecht auf Glaubensfreiheit des Klägers und den betroffenen Grundrechten Dritter falle zu Lasten des Klägers aus. An der von ihm besuchten Schule sei unter den Schülern eine Vielzahl von Religionen und Glaubensrichtungen vertreten. Dort würden bereits religiös motivierte Konflikte ausgetragen. Dies führe zu einer konkreten Gefährdung des Schulfriedens. Eine solche Konfliktlage würde sich noch verschärfen, wenn dem Anliegen des Klägers Rechnung getragen würde.

Mit der Revision macht der Kläger u.a. geltend: Ihm stehe aufgrund der verfassungsrechtlich gewährleisteten Glaubensfreiheit das Recht zu, im Schulgebäude das islamische Ritualgebet zu verrichten. Die Glaubensfreiheit sei weder durch Grundrechte Dritter noch durch andere mit Verfassungsrang versehene Rechtsgüter eingeschränkt. Insbesondere könne eine Einschränkung nicht aus der negativen Religionsfreiheit anderer Schüler, dem Gebot der religiösen Neutralität des Staates und der Verpflichtung zur Wahrung des Schulfriedens hergeleitet werden. In der Sache unzutreffend sei die Annahme des Oberverwaltungsgerichts, aufgrund religiöser Konflikte zwischen Schülern bestehe bereits jetzt eine konkrete Gefahr für den Schulfrieden, die durch die Verrichtung des Gebets verschärft werde.

Das BVerwG weist das Rechtsmittel zurück.

Aus den Gründen:

[9] Die Revision des Klägers ist unbegründet. Das Oberverwaltungsgericht hat die Klage ohne Verstoß gegen Bundesrecht abgewiesen (§ 137 Abs. 1 Nr. 1 VwGO).

[10] 1. Das Oberverwaltungsgericht hat in Einklang mit Bundesrecht die Klage als zulässig angesehen.

[11] a) Das Begehren des Klägers ist als allgemeine Feststellungsklage nach § 43 Abs. 1 VwGO zulässig. Danach kann durch Klage die Feststellung des Bestehens oder Nichtbestehens eines Rechtsverhältnisses begehrt werden, wenn der Kläger ein berechtigtes Interesse an der baldigen Feststellung hat.

[12] Unter einem feststellungsfähigen Rechtsverhältnis sind die rechtlichen Beziehungen zu verstehen, die sich aus einem konkreten Sachverhalt aufgrund einer öffentlich-rechtlichen Norm für das Verhältnis von (natürlichen oder juristischen) Personen untereinander oder einer Person zu einer Sache ergeben, kraft deren eine der beteiligten Personen etwas Bestimmtes tun muss, kann oder darf oder nicht zu tun braucht. Rechtliche Beziehungen haben sich nur dann zu einem Rechtsverhältnis iSd § 43 Abs. 1 VwGO verdichtet, wenn die Anwendung einer bestimmten Norm des öffentlichen Rechts auf einen bereits übersehbaren Sachverhalt streitig ist (Urteil vom 26.1.1996 -BVerwG 8 C 19.94- BVerwGE 100, 262 [264 f.], Buchholz 454.9 Mietpreisrecht Nr. 15 S. 3). Der Streit der Beteiligten betrifft die Bedeutung und Tragweite des Art. 4 Abs. 1 GG, einer Vorschrift des öffentlichen Rechts, und dessen Anwendung auf einen konkreten Sachverhalt, nämlich den Vorgang aus dem November 2007, als der Kläger zusammen mit Mitschülern auf dem Flur des Schulgebäudes in einer Pause das rituelle islamische Gebet verrichtete. Der Kläger berühmt sich des Rechts, in dieser Weise auch künftig vorgehen zu dürfen. Die Schulverwaltung bestreitet das Bestehen eines solchen Rechts.

[13] Der Kläger hat ein berechtigtes Interesse an der erstrebten Feststellung. Nachdem die Schulleiterin ihn und seine Eltern darauf hingewiesen hat, religiöse Bekundungen wie Gebete seien in der Schule nicht erlaubt, muss er mit Sank-

tionen in der Gestalt von Erziehungs- und Ordnungsmaßnahmen rechnen, wenn er das von ihm als erlaubt angesehene Verhalten fortsetzt. Ihm ist nicht zuzumuten, solche Sanktionen abzuwarten und erst im Zusammenhang mit ihnen die streitige Rechtsfrage gerichtlich klären zu lassen.

[14] Der Feststellungsklage steht nicht der Grundsatz der Subsidiarität entgegen (§ 43 Abs. 2 VwGO). Namentlich konnte der Kläger seine Rechte nicht durch eine Anfechtungsklage verfolgen. Wie das Verwaltungsgericht festgestellt hat, enthielten sowohl der mündliche Hinweis der Schulleiterin an den Kläger, die Verrichtung eines Gebets auf dem Schulgelände werde nicht geduldet, als auch das nachfolgende Schreiben an seine Eltern lediglich Hinweise auf die Rechtslage, wie sie nach Ansicht der Schulleiterin besteht, aber keine Regelungen. Sie waren mithin keine Verwaltungsakte. Das Oberverwaltungsgericht hat sich diese tatsächlichen Feststellungen des Verwaltungsgerichts zu eigen gemacht. Der Senat hat keinen Anlass zu einer abweichenden Würdigung.

[15] b) Der Kläger hat die Klage wirksam erhoben. Obwohl er zu diesem Zeitpunkt das 18. Lebensjahr noch nicht vollendet hatte und deshalb nach bürgerlichem Recht in seiner Geschäftsfähigkeit noch beschränkt war, war er dennoch prozessfähig. Er war iSd § 62 Abs. 1 Nr. 2 VwGO durch Vorschriften des bürgerlichen oder des öffentlichen Rechts für den Gegenstand seines Verfahrens als geschäftsfähig anerkannt. Nach § 5 Satz 1 des Gesetzes über die religiöse Kindererziehung vom 15.7.1921 (RGBl S. 939, BGBl III 404-9) steht dem Kind nach Vollendung des 14. Lebensjahres die Entscheidung darüber zu, zu welchem religiösen Bekenntnis es sich halten will. Die Bestimmung legt das Alter fest, bei dem angenommen wird, dass der Einzelne weitgehend selbst über sein Recht auf Glaubensfreiheit nach Art. 4 GG zu verfügen vermag (Religionsmündigkeit). Die Religionsmündigkeit erstreckt sich auf alle mit der religiösen Selbstbestimmung im Zusammenhang stehenden Fragen einschließlich der Verrichtung religiöser Handlungen (Huber, in: MünchKommBGB, 5. Aufl. 2008, Anhang zu § 1631 § 5 RelKErzG Rn 2). Mithin wird der Gegenstand des vorliegenden Verfahrens von der Religionsmündigkeit erfasst.

[16] 2. Ebenfalls mit Bundesrecht vereinbar ist die Annahme des Oberverwaltungsgerichts, der Kläger könne die von ihm begehrte Feststellung nicht beanspruchen und seine Klage sei deshalb unbegründet. Ein solcher Anspruch ergibt sich nicht aus der verfassungsrechtlich verbürgten Glaubensfreiheit des Art. 4 Abs. 1 GG. Auf der Grundlage des Sachverhalts, den das Oberverwaltungsgericht bindend festgestellt hat (§ 137 Abs. 2 VwGO), berechtigt diese Verfassungsbestimmung den Kläger nicht, in der von ihm besuchten Schule außerhalb der Unterrichtszeit einmal täglich sein rituelles islamisches Gebet zu verrichten.

[17] a) Das Anliegen des Klägers wird allerdings durch den Schutzbereich der verfassungsrechtlich garantierten Glaubensfreiheit erfasst.

[18] Art. 4 Abs. 1 und 2 GG enthält ein Grundrecht der Glaubensfreiheit, das umfassend zu verstehen ist (BVerfG, Urteil vom 1.12.2009 -1 BvR 2857, 2858/07- BVerfGE 125, 39 [79], KirchE 54, 402). Dieses Grundrecht bezieht sich nicht nur auf die innere Freiheit, zu glauben oder nicht zu glauben, sondern auch auf die äußere Freiheit, den Glauben zu bekunden und zu verbreiten (BVerfG, Urteil vom 24.9.2003 -BvR 1436/02- BVerfGE 108, 282 [297], KirchE 44, 166). Das von der Glaubensfreiheit umfasste Recht der Religionsausübung ist extensiv auszulegen und erstreckt sich auf kultische Handlungen, die ein Glauben vorschreibt oder in denen er Ausdruck findet, wie z.B. Gebete (BVerfG, Beschluss vom 16.5.1995 -1 BvR 1087/91- BVerfGE 93, 1 [15 f.], KirchE 33, 191). Zwar kann nicht jedes Verhalten einer Person nach deren subjektiver Bestimmung als Ausdruck einer besonders geschützten Glaubensfreiheit angesehen werden. Beansprucht der Einzelne ein Verhalten als Ausdruck seiner Glaubensfreiheit für sich, darf vielmehr bei der Würdigung das Selbstverständnis der jeweiligen Religionsgemeinschaft nicht außer Betracht bleiben. Es kommt darauf an, ob sich das Verhalten nach Gehalt und Erscheinung als Glaubensregel der jeweiligen Religionsgemeinschaft dem Schutzbereich des Art. 4 Abs. 1 und 2 GG hinreichend plausibel zuordnen lässt (BVerfG, Urteil vom 24.9.2003 -BvR 1436/02- BVerfGE 108, 282 [298 f.], KirchE 44, 166).

[19] Daran gemessen unterfällt die streitige Verrichtung des Gebets durch den Kläger dem Schutzbereich von Art. 4 Abs. 1 und 2 GG. Nach den Feststellungen des Oberverwaltungsgerichts geht es dem Kläger um das rituelle Pflichtgebet („as-salat"), das nach den Regeln des islamischen Glaubens fünfmal täglich zu festgelegten Zeiten zu verrichten ist. Dieses Pflichtgebet zeichnet sich dadurch aus, dass der Betende auf einem rituell sauberen Platz mit dem Gesicht gen Mekka in einer vorgegebenen Abfolge von Körperhaltungen bestimmte Gebetstexte deklamiert. Ein solches Pflichtgebet ist unter anderem zur Mittagszeit zu verrichten. Der Kläger möchte diese rituelle Handlung in der Schule außerhalb der Unterrichtszeit vornehmen, wenn die Zeitspanne, die für das Gebet vorgeschrieben ist, in die Zeit des Schulbesuchs fällt. Nach den bindenden Feststellungen des Oberverwaltungsgerichts lässt sich ein Gebot, das rituelle Pflichtgebet zu den dafür festgesetzten Zeiten zu verrichten, als islamisch-religiös begründete Glaubensregel dem Schutzbereich der Glaubensfreiheit hinreichend plausibel zuordnen. In dem angefochtenen Urteil wird festgestellt, dass der Kläger die Einhaltung dieser Glaubensregel als für sich verbindlich ansieht. Deshalb vermag er sich grundsätzlich auf den Schutz der Glaubensfreiheit zu berufen.

[20] Der Schutzbereich des Art. 4 Abs. 1 und 2 GG umfasst hier auch die freie Wahl des Ortes, an dem der Kläger das Gebet verrichten möchte.

[21] Um sein rituelles Gebet zu verrichten, benötigt der Kläger Raum, konkret einen Bereich des Schulflurs, dessen Nutzung nicht seinem Bestimmungsrecht, sondern dem Bestimmungsrecht der Schulverwaltung unterliegt und der als Verkehrsfläche, nämlich als Zugang zu Klassenräumen, Fachräumen, Lehrerzimmern, Toiletten und Ausgängen zur Verfügung gestellt ist.

[22] Für das Grundrecht der Versammlungsfreiheit aus Art. 8 Abs. 1 GG hat das Bundesverwaltungsgericht angenommen, es begründe kein Benutzungsrecht, das nicht schon nach allgemeinen Rechtsgrundsätzen besteht. Die Entscheidung über Ort und Zeit der Versammlung ist zwar frei, setzt aber die rechtliche Verfügungsbefugnis über den Versammlungsort voraus. Das Recht der freien Ortswahl umfasst nicht das Recht, fremdes Eigentum nach Belieben in Anspruch zu nehmen. Dies gilt auch für ein Grundstück, das nach dem Willen des Trägers nur im Rahmen einer eingeschränkten Zweckbestimmung zur Verfügung steht (Urteil vom 29.10.1992 -BVerwG 7 C 34.91- BVerwGE 91, 135 [138 f.], Buchholz 11 Art. 8 GG Nr. 6 S. 15; vgl. auch BVerfG, Urteil vom 22.2.2011 -1 BvR 699/06- NJW 2011, 1201 [1204]).

[23] Hiervon unterscheidet sich jedoch die Ausübung der Glaubensfreiheit. Zwar verschafft auch sie dem Einzelnen keinen Anspruch auf Zutritt zu ihm sonst nicht zugänglichen Räumen. Die Glaubensfreiheit ist dem Bürger nur dort gewährleistet, wo er tatsächlich Zugang findet. Anders als die kollektiv ausgeübte Versammlungsfreiheit schließt die Ausübung der Glaubensfreiheit als Recht des Einzelnen in der Regel keinen besonderen Raumbedarf ein, der typischerweise mit Belästigungen verbunden ist. Als Individualgrundrecht steht sie dem Bürger vom Grundsatz her überall dort zu, wo er sich jeweils befindet (vgl. zu der in dieser Hinsicht vergleichbaren Freiheit der Meinungsäußerung: BVerfG, Urteil vom 22.2.2011 -1 BvR 699/06- NJW 2011, 1201 [1208]).

[24] Das gilt jedenfalls für einen Schüler, der in der Schule ein ihm von seiner Religion vorgeschriebenes Gebet verrichten will. Art. 4 Abs. 1 und 2 GG gebietet, den Raum für die aktive Betätigung der Glaubensüberzeugung und die Verwirklichung der autonomen Persönlichkeit auf weltanschaulich-religiösem Gebiet zu sichern (BVerfG, Beschluss vom 17.12.1975 -1 BvR 63/68- BVerfGE 41, 29 [49], KirchE 15, 128). Dies gilt insbesondere für den vom Staat in Vorsorge genommenen Bereich der Schule (BVerfG, Urteil vom 24.9.2003 -2 BvR 1436/02- BVerfGE 108, 282 [300], KirchE 44, 166). Der Schüler bringt seine Persönlichkeitsrechte in die Schule ein. Gleichzeitig ist er in die Schule und den Unterrichtsablauf eingebunden. Er kann die Schule auch während der Pausen zwischen den Unterrichtsstunden nicht ohne weiteres verlassen. Darauf könnte er auch nicht verwiesen werden. Er hält sich auch während der Pausen bestim-

mungsgemäß in der Schule auf und kann - vorbehaltlich noch zu erörternder Schranken - sich dort seinen persönlichen Neigungen und Bedürfnissen entsprechend betätigen. Jedenfalls aufgrund dieser Eingebundenheit in die Schule kann ihm die Wahl von Zeit und Ort des Gebets nicht unter Hinweis darauf von vornherein verwehrt werden, die Schulverwaltung habe die überhaupt in Betracht kommenden Räume ausschließlich für eine andere Nutzung vorgesehen. Der Schutzbereich der Glaubensfreiheit umfasst in dieser Lage den Zugriff auf einen Raum, der hierfür tatsächlich zur Verfügung steht.

[25] b) Insoweit besteht das Grundrecht der Glaubensfreiheit aber nicht uneingeschränkt. Die Glaubensfreiheit verleiht dem Kläger hier nicht das Recht, das Gebet auf dem Schulflur zu verrichten.

[26] Die in Art. 4 Abs. 1 und 2 verbürgte Glaubensfreiheit ist vorbehaltlos gewährleistet. Einschränkungen müssen sich daher aus der Verfassung selbst ergeben. Hierzu zählen die Grundrechte Dritter sowie Gemeinschaftswerte von Verfassungsrang. Die Einschränkung der vorbehaltlos gewährleisteten Glaubensfreiheit bedarf überdies einer hinreichend bestimmten gesetzlichen Grundlage (BVerfG, Urteil vom 24.9.2003 -2 BvR 1436/02- BVerfGE 108, 282 [297], KirchE 44, 166).

[27] Zwar ist das Recht des Klägers, seinen Glauben zu bekunden, nicht durch die negative Glaubensfreiheit anderer Schüler und der Lehrer eingeschränkt. Ebenso wenig findet sein Grundrecht eine Schranke in dem elterlichen Erziehungsrecht. Eine solche Schranke kann ferner nicht aus dem Gebot religiöser Neutralität hergeleitet werden, das den Staat verpflichtet. Das Grundrecht des Klägers auf Glaubensfreiheit ist aber zum Schutze des Schulfriedens eingeschränkt, der zu den Gemeinschaftswerten mit Verfassungsrang gehört.

[28] aa) Die in Art. 4 Abs. 1 GG geschützte Glaubensfreiheit umfasst neben der Freiheit, religiöse und weltanschauliche Überzeugungen zu bilden und zu haben sowie sich zu diesen Überzeugungen zu bekennen und sie zu verbreiten, auch die negative Glaubensfreiheit, also die Freiheit, keine religiöse oder weltanschauliche Überzeugung zu haben oder eine solche abzulehnen (BVerfG, Beschluss vom 28.10.2008 -1 BvR 462/06- BVerfGE 122, 89 [119], KirchE 52, 173). Insoweit ist auch die Freiheit gewährleistet, kultischen Handlungen eines nicht geteilten Glaubens fernzubleiben; das bezieht sich auch auf Kulte und Symbole, in denen ein Glaube oder eine Religion sich darstellt (vgl. BVerfG, Urteil vom 24.9.2003 -2 BvR 1436/02- BVerfGE 108, 282 [301 f.], KirchE 44, 166).

[29] Indes wird in die negative Glaubensfreiheit der Mitschüler nicht eingegriffen, wenn sie auf dem Flur des Schulgebäudes dem betenden Kläger begegnen.

[30] Die negative Glaubensfreiheit ist ein Abwehrrecht, das sich gegen den Staat richtet. Der Staat darf keine Lage schaffen, in welcher der Einzelne ohne

Ausweichmöglichkeit dem Einfluss eines bestimmten Glaubens, den Handlungen, in denen dieser sich manifestiert, und den Symbolen, in denen er sich darstellt, ausgesetzt ist. Insofern entfaltet Art. 4 Abs. 1 und 2 GG seine Freiheit sichernde Wirkung gerade in Lebensbereichen, die nicht der gesellschaftlichen Selbstorganisation überlassen, sondern vom Staat in Vorsorge genommen sind, wie dies auf die Schule zutrifft (BVerfG, Beschluss vom 16.5.1995 -1 BvR 1087/91- BVerfGE 93, 1 [16], KirchE 33, 191). Auch insoweit wendet sich die negative Glaubensfreiheit aber gegen den Staat. Ihm ist es verwehrt, den Einzelnen gegen seinen Willen zwangsweise mit fremden Glaubensbekundungen, kultischen Handlungen und religiösen Symbolen zu konfrontieren, etwa indem er Klassenräume mit solchen Symbolen ausstattet oder den Schülern in der Gestalt von Lehrkräften entgegentritt, die durch ihr Auftreten ihre religiösen Überzeugungen in den Unterricht hineintragen. Machen hingegen Schüler in der Schule von ihrer Glaubensfreiheit durch das Tragen religiöser Symbole oder durch kultische Handlungen Gebrauch, ist allenfalls eine Schutzpflicht des Staates gegenüber den Mitschülern betroffen. In dem von ihm in Vorsorge genommenen Bereich der Schule muss der Staat auch garantieren, dass der Einzelne nicht mit Verantwortung des Staates einer religiösen Äußerung eines privaten Dritten ausgesetzt ist, die seine negative Religionsfreiheit zu verletzen geeignet ist. Glaubensäußerungen von Schülern hat der Staat nicht veranlasst. Sie sind ihm nicht zuzurechnen. Seine Verantwortung besteht darin, dass er Schüler unterschiedlicher Glaubensrichtungen und Glaubenshaltungen in einer Schule zusammenführt. Seine Schutzpflicht für deren negative Glaubensfreiheit fällt weithin mit seiner Aufgabe zusammen, den Schulfrieden zu wahren, also keine auch religiösen Konflikte zuzulassen, die der Verwirklichung des staatlichen Bildungs- und Erziehungsauftrags und dem ordnungsgemäßen Unterrichtsablauf entgegenstehen. Die Schutzpflicht des Staates geht jedenfalls nicht soweit, dass er Schüler oder auch Lehrkräfte vor jeder Begegnung mit Äußerungen eines ihnen fremden, von ihnen nicht geteilten Glaubens bewahren müsste. Mitschüler und Lehrkräfte werden mit dem betenden Kläger nicht unausweichlich konfrontiert. Sie haben es zwar nicht selbst in der Hand, ob sie auf einem Weg durch die Schule auf den Kläger bei der Verrichtung seines Gebets treffen. Es bleibt ihnen aber unbenommen, bei einer Begegnung mit dem betenden Kläger einen anderen Weg zu nehmen. Das Oberverwaltungsgericht hat zwar festgestellt, dass in der Schule die Möglichkeiten des Ausweichens beschränkt seien, hat damit aber zugleich zum Ausdruck gebracht, dass solche Möglichkeiten tatsächlich, wenn auch in eingeschränktem Umfang, bestehen. Diese tatsächliche Feststellung bindet den Senat (§ 137 Abs. 2 VwGO). Eine Begegnung mit dem betenden Kläger beschränkt sich mithin auf ein eher flüchtiges Zusammentreffen. Mitschüler und Lehrkräfte werden dadurch nicht dem Einfluss eines anderen, von ihnen abgelehnten Glaubens in einer Weise ausgesetzt, die ihnen nicht zumutbar ist. Der Einzelne hat in einer Gesellschaft, die unterschiedlichen Glaubensüberzeugungen Raum gibt, kein Recht darauf, von fremden Glaubensbekundungen, kultischen Handlungen und religiösen Symbolen gänzlich verschont zu bleiben (BVerfG, Urteil vom 24.9.2003 -2 BvR 1436/02-BVerfGE 108, 282 [302], KirchE 44, 166). Dies gilt auch für den Lebensbereich der Schule.

[31] bb) Die Glaubensfreiheit des Klägers kann nicht mit der Erwägung eingeschränkt werden, dies diene dem Schutz des Erziehungsrechts der Eltern seiner Mitschüler.

[32] Art. 6 Abs. 2 Satz 1 GG garantiert den Eltern die Pflege und Erziehung ihrer Kinder als natürliches Recht. Dieses Grundrecht umfasst zusammen mit Art. 4 Abs. 1 GG das Recht zur Kindererziehung in weltanschaulicher und religiöser Hinsicht. Daher ist es zuvörderst Sache der Eltern, ihren Kindern diejenigen Überzeugungen in Glaubens- und Weltanschauungsfragen zu vermitteln, die sie für richtig halten (BVerfG, Beschluss vom 16.5.1995 -1 BvR 1087/91-BVerfGE 93, 1 [17], KirchE 33, 191). Dem entspricht das Recht, die Kinder von Glaubensüberzeugungen fernzuhalten, die den Eltern als falsch oder schädlich erscheinen (BVerfG, Urteil vom 24.9.2003 -2 BvR 1436/02- BVerfGE 108, 282 [301], KirchE 44, 166).

[33] Was die Begegnung von Kindern mit religiösen Handlungen Dritter angeht, reicht das elterliche Erziehungsrecht aber nicht weiter als die negative Glaubensfreiheit der Kinder. Dementsprechend verleiht das Erziehungsrecht den Eltern nicht die Befugnis, ihre Kinder vor jeglicher Begegnung mit religiösen Handlungen Dritter zu schützen. Das Erziehungsrecht als ebenfalls gegen den Staat gerichtetes Grundrecht kann nur dann betroffen sein, wenn das Kind mit Verantwortung des Staates solchen Handlungen unausweichlich ausgesetzt ist. Dies ist hier mit Blick auf die Mitschüler des Klägers - wie aufgezeigt - nicht der Fall.

[34] cc) Die Glaubensfreiheit des Klägers ist nicht durch das verfassungsrechtliche Gebot religiöser Neutralität des Staates beschränkt. Die Schulverwaltung wäre nicht berechtigt, unter Hinweis auf dieses Gebot die Verrichtung des Gebets im Schulgebäude zu unterbinden.

[35] Das Grundgesetz begründet für den Staat als Heimstatt aller Staatsbürger die Pflicht zu weltanschaulich-religiöser Neutralität. Es verbietet, staatskirchliche Rechtsformen einzuführen, und untersagt, bestimmte Bekenntnisse zu privilegieren und Andersgläubige auszugrenzen. Der Staat hat auf eine am Gleichheitssatz orientierte Behandlung der verschiedenen Religions- und Weltanschauungsgemeinschaften zu achten. Er darf sich nicht mit einer bestimmten Religionsgemeinschaft identifizieren. Die dem Staat gebotene religiös-welt-

anschauliche Neutralität ist indes nicht als eine distanzierende Haltung im Sinne einer strikten Trennung von Staat und Kirche zu verstehen, sondern als eine offene und übergreifende Haltung, die Glaubensfreiheit für alle Bekenntnisse gleichermaßen fördert. Der Staat darf lediglich keine gezielte Beeinflussung im Dienste einer bestimmten politischen, ideologischen oder weltanschaulichen Richtung betreiben oder sich durch von ihm ausgehende oder ihm zuzurechnende Maßnahmen ausdrücklich oder konkludent mit einem bestimmten Glauben oder einer bestimmten Weltanschauung identifizieren und dadurch den religiösen Frieden in einer Gesellschaft von sich aus gefährden (BVerfG, Urteil vom 24.9.2003 -2 BvR 1436/02- BVerfGE 108, 282 [299 f.], KirchE 44, 166).

[36] Dies gilt nach dem bisherigen Verständnis des Verhältnisses von Staat und Religion, wie es in der Rechtsprechung des Bundesverfassungsgerichts seinen Niederschlag gefunden hat, insbesondere für den vom Staat in Vorsorge genommenen Bereich der Schule, für den seiner Natur nach religiöse und weltanschauliche Vorstellungen von jeher relevant waren. Danach muss die Schule für unterschiedliche weltanschauliche und religiöse Inhalte und Werte offen sein. In dieser Offenheit bewahrt der freiheitliche Staat des Grundgesetzes seine religiöse und weltanschauliche Neutralität. Für die Spannungen, die bei der gemeinsamen Erziehung von Kindern unterschiedlicher Weltanschauungs- und Glaubensrichtungen unvermeidlich sind, muss unter Berücksichtigung des Toleranzgebots als Ausdruck der Menschenwürde nach einem Ausgleich gesucht werden (BVerfG, Urteil vom 24.9.2003 -2 BvR 1436/02- BVerfGE 108, 282 [300 f.], KirchE 44, 166). Die Neutralitätspflicht des Staates verlangt danach keine Schule, die von jeglichen religiösen Bezügen frei gehalten wird. Die Schule ist vielmehr gehalten, die weltanschaulichen und religiösen Zusammenhänge unter Berücksichtigung der gesellschaftlichen Realitäten zu vermitteln, ohne sie in die eine oder andere Richtung einseitig zu bewerten (Urteil vom 26.6.2008 -BVerwG 2 C 22.07- BVerwGE 131, 242 Rn 13, Buchholz 11 Art. 12 GG Nr. 265, KirchE 51, 345).

[37] Daran gemessen ist eine Verletzung des Gebots staatlicher Neutralität nicht zu besorgen, wenn die Schulverwaltung zulässt, dass der Kläger sein Gebet auf dem Flur des Schulgebäudes verrichtet. Darin läge keine einseitige Bevorzugung des islamischen Glaubens oder eine Beeinflussung im Sinne dieses Glaubens. Eine ausdrückliche oder konkludente Identifikation mit diesem Glauben wäre ebenfalls nicht zu verzeichnen. Das Gebet als kultische Handlung ist nicht von der Schulbehörde veranlasst, sondern beruht auf einer eigenen Entscheidung des Gläubigen. Duldet der Staat in der Schule die Verrichtung des islamischen Gebets durch den Kläger, macht er sich dessen Bekenntnis zum islamischen Glauben, das in dem Gebet zum Ausdruck kommt, nicht zueigen. Er muss es sich auch nicht als von ihm beabsichtigt zurechnen lassen.

[38] Allerdings könnte der gesellschaftliche Wandel, der mit einer zunehmenden religiösen Pluralität verbunden ist, Anlass sein, das Ausmaß abweichend zu bestimmen, in dem religiöse Bezüge in der Schule zulässig sein sollen. Es lassen sich einerseits Gründe dafür anführen, die zunehmende religiöse Vielfalt in der Schule aufzunehmen und als Mittel für die Einübung von gegenseitiger Toleranz zu nutzen, um so einen Beitrag in dem Bemühen um Integration zu leisten. Andererseits ist die zunehmende religiöse Vielfalt mit einem größeren Potenzial möglicher Konflikte in der Schule verbunden. Es mag deshalb auch gute Gründe dafür geben, der staatlichen Neutralitätspflicht im schulischen Bereich eine striktere und mehr als bisher distanzierende Bedeutung beizumessen und demgemäß religiöse Bezüge, die von Schülern in die Schule hineingetragen werden, aus der Schule grundsätzlich fernzuhalten, um Konflikte mit Schülern, Eltern oder anderen Lehrkräften von vornherein zu vermeiden (vgl. BVerfG, Urteil vom 24.9.2003 -2 BvR 1436/02- BVerfGE 108, 282 [310], KirchE 44, 166).

[39] Wie auf die gewandelten Verhältnisse zu antworten ist, insbesondere, welche Verhaltensregeln für Schüler zur Wahrung des religiösen Friedens in der Schule aufgestellt werden sollen, hat aber nicht die Exekutive zu entscheiden. Vielmehr bedarf es hierfür einer Regelung durch den demokratisch legitimierten parlamentarischen Landesgesetzgeber. Es hängt von einer Beurteilung der tatsächlichen Entwicklungen ab, ob gegenläufige Grundrechtspositionen von Schülern und Eltern oder andere Werte von Verfassungsrang eine Regelung rechtfertigen, die kultische Handlungen und die Verwendung von Kennzeichen mit religiösem Bezug weitgehend aus der Schule verbannen. Für diese Beurteilung verfügt nur der Gesetzgeber über eine Einschätzungsprärogative, die Behörden und Gerichte nicht für sich in Anspruch nehmen können. Er hat zu beurteilen, ob von der Verrichtung kultischer Handlungen in der Schule oder der Verwendung von religiösen Symbolen bereits eine abstrakte Gefährdung des Schulfriedens ausgeht, und muss gegebenenfalls zu deren Abwehr eine darauf zugeschnittene Rechtsgrundlage schaffen (vgl. BVerfG, Urteil vom 24.9.2003 -2 BvR 1436/02- BVerfGE 108, 282 [307], KirchE 44, 166).

[40] Eine solche durch den parlamentarischen Gesetzgeber geschaffene Rechtsgrundlage fehlt im Landesrecht von Berlin. Zwar regelt die Schulordnung des D.-Gymnasiums in ihrer Nr. II 16 unter Hinweis auf das Gebot weltanschaulicher und religiöser Neutralität des Staates, dass die Ausübung religiöser Riten im Religionsunterricht erfolgt. Die Schulordnung lässt sich ihrerseits auf eine parlamentarische Ermächtigung zurückführen. Nach § 76 Abs. 2 Nr. 8 des Schulgesetzes für das Land Berlin (Schulgesetz - SchulG) vom 26.1.2004 (GVBl 2004, 26) entscheidet die Schulkonferenz über Verhaltensregeln für den geordneten Ablauf des äußeren Schulbetriebs (Hausordnung), an die die Schüler

nach § 46 Abs. 2 Satz 3 SchulG in der Auslegung des Oberverwaltungsgerichts gebunden sind. Die allgemeine Ermächtigung, auch für die Schüler verbindliche Verhaltensregeln zu erlassen, stellt nicht die erforderliche hinreichend bestimmte gesetzliche Grundlage dar, um Glaubensäußerungen der Schüler, wie der Vornahme religiöser Riten, bereits wegen der bloßen Möglichkeit einer Gefährdung oder eines Konflikts zu beschränken (vgl. BVerfG, Urteil vom 24.9.2003 -2 BvR 1436/02- BVerfGE 108, 282 [303], KirchE 44, 166). Deshalb ist es der Schulverwaltung derzeit verwehrt, ohne Rücksicht auf eine konkrete Gefährdung des Schulfriedens im Einzelfall vorbeugend die Verrichtung von Gebeten und die Vornahme vergleichbarer kultischer Handlungen in der Schule wegen deren abstrakter Eignung, den Schulfrieden zu gefährden, zu unterbinden.

[41] dd) Die Glaubensfreiheit des Klägers und seine daraus herleitbare Berechtigung, auch in der Schule sein Gebet zu verrichten, finden ihre Schranke aber in dem Gebot, den Schulfrieden zu wahren.

[42] Die Erfüllung des staatlichen Erziehungs- und Bildungsauftrags nach Art. 7 Abs. 1 GG setzt voraus, dass der Schulfrieden gewahrt ist (vgl. BVerfG, Urteil vom 24.9.2003 -2 BvR 1436/02- BVerfGE 108, 282 [303], KirchE 44, 166). Damit ist ein Zustand der Konfliktfreiheit und -bewältigung gemeint, der den ordnungsgemäßen Unterrichtsablauf ermöglicht, damit der staatliche Bildungs- und Erziehungsauftrag verwirklicht werden kann (vgl. Zimmermann, LKV 2010, 394 [398] mwN). Der Schulfrieden kann auch durch religiös motiviertes Verhalten beeinträchtigt werden (vgl. BVerfG, Urteil vom 24.9.2003 -2 BvR 1436/02- BVerfGE 108, 282 [303 und 307], KirchE 44, 166). Der religiöse Schulfrieden ist ein Schutzzweck von herausragender Bedeutung (Urteil vom 24.6.2004 -BVerwG 2 C 45.03- BVerwGE 121, 140 [152], Buchholz 237.0 § 9 BaWüLBG Nr. 1 S. 10, KirchE 45, 361). Die Vermeidung religiös-weltanschaulicher Konflikte in öffentlichen Schulen stellt ein gewichtiges Gemeinschaftsgut dar (Urteil vom 26.6.2008 -BVerwG 2 C 22.07- BVerwGE 131, 242 Rn 21, Buchholz 11 Art. 12 GG Nr. 265, KirchE 51, 345).

[43] Nach den tatsächlichen Feststellungen des Oberverwaltungsgerichts würde die Verrichtung des Gebets auf dem Schulflur durch den Kläger eine ohnehin bereits bestehende konkrete Gefahr für den Schulfrieden weiter verschärfen.

[44] Nach diesen Feststellungen ist an dem D.-Gymnasium unter den Schülern eine Vielzahl von Religionen und Glaubensrichtungen vertreten. Aufgrund dieser heterogenen Zusammensetzung der Schülerschaft sind unter den Schülern teilweise sehr heftige Konflikte ausgetragen worden, die von Vorwürfen gegen Mitschüler ausgingen, diese seien nicht den Verhaltensregeln gefolgt, die sich aus einer bestimmten Auslegung des Korans ergäben, wie beispielsweise

dem Gebot, ein Kopftuch zu tragen, Fastenvorschriften einzuhalten, Gebete abzuhalten, kein Schweinefleisch zu verzehren, „unsittliches Verhalten" und „unsittliche Kleidung" sowie persönliche Kontakte zu „unreinen" Mitschülern zu vermeiden. Aus derartigen Anlässen sei es etwa zu Mobbing, Beleidigung, insbesondere mit antisemitischer Zielrichtung, Bedrohung und sexistischen Diskriminierungen gekommen. Hierauf aufbauend hat das Oberverwaltungsgericht den Schluss gezogen, die ohnehin bestehende Konfliktlage würde sich verschärfen, wenn die Ausübung religiöser Riten auf dem Schulgelände gestattet wäre und deutlich an Präsenz gewönne.

[45] An diese tatsächlichen Feststellungen und die darauf aufbauende Beweiswürdigung ist der Senat gem. § 137 Abs. 2 VwGO gebunden. Der Kläger hat dagegen keine zulässigen und begründeten Revisionsgründe vorgebracht.

[46] Der Kläger beanstandet im Kern, das Oberverwaltungsgericht habe jedenfalls auf der Grundlage einer zu schmalen Tatsachenbasis angenommen, an der von ihm besuchten Schule sei bereits jetzt der Schulfrieden konkret gefährdet. Der Kläger rügt damit der Sache nach, das Oberverwaltungsgericht habe den Überzeugungsgrundsatz des § 108 Abs. 1 Satz 1 VwGO verletzt. Ein Verstoß gegen diesen Grundsatz liegt jedoch nicht vor.

[47] Der Überzeugungsgrundsatz ist verletzt, wenn der Vorgang der Überzeugungsbildung an einem Fehler leidet, weil das Gericht von einem unrichtigen oder unvollständigen Sachverhalt ausgegangen ist, insbesondere Umstände übergangen hat, deren Entscheidungserheblichkeit sich ihm hätte aufdrängen müssen (Urteil vom 21.6.2006 -BVerwG 6 C 19.06- Buchholz 11 Art. 12 GG Nr. 264 Rn 28), oder weil seine Beweiswürdigung aktenwidrig oder objektiv willkürlich ist, gegen Denkgesetze verstößt oder einen allgemeinen Erfahrungssatz missachtet (Beschluss vom 14.7.2010 -BVerwG 10 B 7.10- Buchholz 310 § 108 Abs. 1 VwGO Nr. 66 Rn 4). Das Revisionsgericht kann die Beweiswürdigung nicht daraufhin überprüfen, ob sie überzeugend ist, ob festgestellte Einzelumstände mit dem ihnen zukommenden Gewicht in die abschließende Sachverhaltswürdigung eingegangen sind und ob solche Umstände die Würdigung zu tragen vermögen (Urteil vom 25.5.1984 -BVerwG 8 C 108.82- Buchholz 448.0 § 11 WPflG Nr. 35 S. 16 f., KirchE 22, 108).

[48] Der Revisionsbegründung lässt sich nicht entnehmen, dass das Oberverwaltungsgericht in dieser Hinsicht das Gebot der freien Beweiswürdigung verletzt hat. Es hat seine Feststellung, der Schulfrieden sei bereits jetzt konkret gefährdet, auf eine Reihe von Beispielen gestützt, die das beklagte Land nach Auffassung des Oberverwaltungsgerichts substantiiert vorgetragen hatte und die in dem Urteil beispielhaft wiedergegeben werden. Das Oberverwaltungsgericht ist dabei zwar nicht ausdrücklich auf den Hinweis des Klägers eingegangen, die geschilderten Konflikte mit religiösem Hintergrund wiesen keinen Be-

zug zu dem von ihm geübten Gebet auf, er - der Kläger - sei an diesen Konflikten nicht beteiligt gewesen, habe im Gegenteil auf der Schule viele christliche Freunde, die seine streng religiöse Haltung sogar gut fänden. Indes kam es auf diese Umstände nicht entscheidungserheblich an. Das Oberverwaltungsgericht hat der Sache nach festgestellt, dass an dem D.-Gymnasium aufgrund der heterogenen religiösen Zusammensetzung der Schülerschaft ein Klima herrscht, in dem sich an religiösem Verhalten ebenso wie an offener Distanz zu religiösen Geboten aus durchaus geringem Anlass Konflikte entzünden. Von daher kam es nicht darauf an, ob schon bisher die Verrichtung ritueller Gebete in der Schule zu solchen Konflikten geführt hatte. Denn die offene Verrichtung eines rituellen Gebets konnte nach der Würdigung des Oberverwaltungsgerichts in diesem Klima wiederum die Auseinandersetzungen zwischen unterschiedlichen Einstellungen zum Glauben und ihren Geboten aufbrechen lassen, weil es zum Mitmachen auffordert und geeignet ist, zwischen strengen und weniger strengen Anhängern einer Religion zu scheiden. Ob der Kläger in einer solchen Absicht gehandelt hat oder gar Auseinandersetzungen schüren wollte, war für das Oberverwaltungsgericht unerheblich, weil es aus seiner Sicht nur darauf ankam, dass in dem herrschenden Klima an der Schule die Verrichtung eines rituellen Gebets objektiv geeignet war, weiteren Unfrieden zu stiften. Ein Schuldvorwurf an den Kläger war damit nicht verbunden, so dass das Oberverwaltungsgericht auch nicht ausdrücklich auf seine Beteuerung eingehen musste, er sei an religiös motivierten Auseinandersetzungen nicht beteiligt; es konnte diesen Vortrag vielmehr ohne weiteres Eingehen darauf als wahr unterstellen. Ebenso musste das Oberverwaltungsgericht in seiner Beweiswürdigung nicht eigens auf die Aussage des Klägers eingehen, ihm - dem Kläger - seien die Vorfälle nicht bekannt, die das beklagte Land zur Stützung seines Vortrags heranziehe, an dem D.-Gymnasium sei bereits jetzt durch religiös motivierte Konflikte der Schulfriede gefährdet. Das Oberverwaltungsgericht durfte ohne weiteres davon ausgehen, dass die Schulverwaltung den vollständigen Überblick über das Geschehen an dieser Schule hat, der dem Kläger nicht notwendig in derselben Weise zugänglich ist.

[49] Sollte der Kläger die Revisionsbegründung insoweit auch als Rüge verstanden wissen wollen, das Oberverwaltungsgericht habe sein rechtliches Gehör verletzt, wäre die Rüge aus denselben Gründen unbegründet. Es lässt sich nicht feststellen, dass das Oberverwaltungsgericht entscheidungserheblichen Tatsachenvortrag des Klägers übergangen hat.

[50] ee) Die Einschränkung des Grundrechts des Klägers auf Glaubensfreiheit steht im Einklang mit dem Gebot eines schonenden Ausgleichs der widerstreitenden Verfassungsgüter. Der Grundsatz der Verhältnismäßigkeit ist gewahrt.

[51] Die Einschränkung der Möglichkeit, in der Schule das rituelle islamische Mittagsgebet zu verrichten, ist geeignet, den damit verfolgten legitimen Zweck zu erreichen, der zutreffend prognostizierten Verschärfung der ohnehin bereits bestehenden konkreten Gefahr für den Schulfrieden zu begegnen.

[52] An diesem Zweck ausgerichtet erweist sich die Beschränkung der Glaubensfreiheit als erforderlich. Der vorhersehbaren Gefährdung des Schulfriedens kann nicht durch eine andere gleich wirksame Maßnahme begegnet werden, die die Glaubensfreiheit des Klägers nicht oder weniger einschränkt.

[53] Allerdings ist die Schule zunächst gehalten, konkreten religiös motivierten Konflikten mit erzieherischen Mitteln gegenzusteuern. Die gewachsene religiöse Vielfalt in der Gesellschaft spiegelt sich besonders deutlich in der Schule wider. Sie ist der Ort, an dem unterschiedliche religiöse Auffassungen unausweichlich aufeinander treffen und an dem sich dieses Nebeneinander in besonders empfindlicher Weise auswirkt. Ein tolerantes Miteinander mit Andersgesinnten kann hier am nachhaltigsten durch Erziehung geübt werden (vgl. BVerfG, Urteil vom 24.9.2003 -2 BvR 1436/02- BVerfGE 108, 282 [310], KirchE 44, 166). Hieran anknüpfend hat das Oberverwaltungsgericht in Auslegung des irrevisiblen Landesrechts festgestellt, dem Schulgesetz liege das Konzept zugrunde, dem beschriebenen Konfliktpotential mit erzieherischen Mitteln zu begegnen. Es ist gerade Aufgabe der Schule, ein tolerantes Miteinander mit Andersgesinnten durch Erziehung zu üben. Nach § 1 Abs. 3 SchulG gehört es zum Auftrag der Schule, Persönlichkeiten heranzubilden, deren Haltung von der Achtung vor jeder ehrlichen Überzeugung bestimmt wird. Schulische Bildung und Erziehung sollen die Schüler insbesondere befähigen, ihre eigene Kultur sowie andere Kulturen kennen zu lernen und zu verstehen, Menschen anderer Herkunft, Religion und Weltanschauung vorurteilsfrei zu begegnen und für das Lebensrecht und die Würde aller Menschen einzutreten (§ 3 Abs. 3 SchulG). Dem liegt die Vorstellung des Landesgesetzgebers zugrunde, dass die Integrationsaufgabe des Staates in einer pluralistischen Gesellschaft einen eigenständigen und umfassenden staatlichen Bildungs- und Erziehungsauftrag erfordert, der über die Anforderungen an die Vermittlung von Wissen und Kenntnissen hinausgeht und dessen Ziele einen ethischen, weltanschaulichen und politischen Mindestkonsens darstellen, der gleichzeitig die Offenheit für die in der Gesellschaft vorhandenen Wertauffassungen gewährleisten muss (Begründung der Regierungsvorlage zum Schulgesetz, Abghs-Drs 15/1842, S. 7).

[54] Die Schule kann danach nicht stets sogleich gegen religiös geprägtes Verhalten eines Schülers vorgehen, wenn es Gegenreaktionen und Unruhe bei anderen Schülern auslöst. Von Fällen bewusster und gewollter Provokation abgesehen, stört nicht der Schüler den Schulfrieden, der nur von der ihm im Grundgesetz verheißenen Glaubensfreiheit Gebrauch macht, sondern derjenige,

der daran in einer Weise Anstoß nimmt, die mit den Geboten der Toleranz nicht vereinbar ist. Hierdurch ausgelöste Störungen geben Anlass, sich damit etwa im Unterricht mit dem Ziel, wechselseitiges Verständnis zu wecken, auseinanderzusetzen. Anderenfalls hätten es einzelne oder wenige Schüler in der Hand auch bei einem an sich offenen Klima in der Schule durch unduldsames Anstoßnehmen Störungen herbeizuführen, die dann zum Anlass einseitigen Einschreitens genommen werden.

[55] Andererseits sind den Möglichkeiten der Schule Grenzen gesetzt, konkreten religiös motivierten Konflikten mit erzieherischen Mitteln zu begegnen. Das gilt namentlich in Fällen, in denen religiös geprägtes und umgekehrt betont religionsfernes Verhalten wechselseitig zu Auseinandersetzungen geführt und ein allgemeines Klima geschaffen haben, in dem das Aufgreifen einzelner Vorgänge angesichts des damit verbundenen Aufwands keinen Sinn mehr verspricht. Jedenfalls in einem solchen Fall setzt sich der übergeordnete Zweck der staatlichen Veranstaltung Schule durch, im Interesse des Bildungs- und Erziehungsauftrags der Schule für alle Schüler einen geordneten Unterrichtsablauf sicherzustellen. Diesem eigentlichen Zweck der Schule sind alle Schüler verpflichtet. Der Einzelne muss um dieses Zweckes willen in einer solchen Lage auf ein an sich erlaubtes Verhalten verzichten, ohne dass es darauf ankommt, ob ihm der Vorwurf gemacht werden kann, gerade er störe schuldhaft den Schulfrieden.

[56] Derartige Verhältnisse hat das Oberverwaltungsgericht für das D.-Gymnasium festgestellt und darauf aufbauend, den Sachverhalt dahin gewürdigt, angesichts der konkreten Verhältnisse an dieser Schule genügten erzieherische Mittel allein nicht, den erheblichen Konflikten ausreichend zu begegnen, die zu erwarten wären, wenn die streitige Verrichtung des Gebets zugelassen würde. Das Oberverwaltungsgericht hat insbesondere darauf hingewiesen, soweit die Schule überhaupt in der Lage gewesen sei, an Konflikten beteiligte Schüler zu einem Gespräch zusammenzubringen, seien diese Gespräche fruchtlos geblieben. An diese tatsächlichen Feststellungen ist der Senat wiederum gebunden.

[57] Als ein milderes Mittel kommt grundsätzlich auch in Betracht, betwilligen Schülern einen Raum zuzuweisen, wo sie ihre Gebete unbeobachtet von anderen Schülern verrichten können. Zwar verleiht Art. 4 GG keinen Anspruch darauf, der Glaubensüberzeugung mit staatlicher Unterstützung Ausdruck zu verleihen (BVerfG, Beschluss vom 16.5.1995 -1 BvR 1087/91- BVerfGE 93, 1 [16], KirchE 33, 191). Darum geht es in diesem Zusammenhang aber auch nicht. Der Kläger begehrt keine Leistung der Schule, auf die er keinen Anspruch hätte. Es geht nur darum, ob die Schule, bevor sie die Verrichtung des Gebets gänzlich unterbindet, im Rahmen des verhältnismäßigen Ausgleichs aus dem ohnehin

Vorhandenen einen Raum anbieten kann, der für die Verrichtung des Gebets zur Verfügung steht. Sie muss hingegen nicht erst Räume für diesen Zweck schaffen. Der Kläger muss die Schule so hinnehmen, wie sie ist.

[58] Jedoch hat das Oberverwaltungsgericht festgestellt, dass die Einrichtung eines speziellen Raums zur Verrichtung des Gebets die organisatorischen Möglichkeiten der Schule sprengen würde. An diese Feststellung ist der Senat gebunden. Danach liegen bereits fünf Anträge vor, am D.-Gymnasium Gebetsräume einzurichten. Das Oberverwaltungsgericht hat darauf hingewiesen, die Schule habe in der Vergangenheit schon einmal einen gemeinsamen Gebetsraum eingerichtet, der wieder habe geschlossen werden müssen, nachdem es zu verbalen Auseinandersetzungen zwischen Schülerinnen, die ein Kopftuch getragen hätten, und anderen, die dies nicht getan hätten, gekommen sei, und nachdem die Jungen es abgelehnt hätten, gemeinsam mit Mädchen zu beten. Hieran anknüpfend hat das Oberverwaltungsgericht den Sachverhalt dahin gewürdigt, es müssten umfangreiche Vorkehrungen für eine differenzierte räumliche Aufteilung getroffen und deren ungestörte Benutzung durch Aufsichtspersonal gewährleistet werden.

[59] Die Einschränkung der Glaubensfreiheit erweist sich als angemessen. Sie steht nicht außer Verhältnis zu dem sie rechtfertigenden legitimen Zweck.

[60] Allerdings wiegt die Einschränkung der Glaubensfreiheit des Klägers nicht leicht. Er unterliegt zwar nicht mehr der Schulpflicht. Um den angestrebten Schulabschluss zu erreichen, ist er jedoch gehalten, sich zu den Zeiten im Schulgebäude aufzuhalten, die von der Schule vorgegeben sind. Die Einschränkung des Grundrechts wiegt nicht deshalb leichter, weil das hier inmitten stehende Mittagsgebet nach Ablauf des dafür vorgesehenen Zeitraums nachgeholt werden könnte. Hierauf kann der Kläger nicht verwiesen werden. Er sieht die Einhaltung der vorgegebenen Zeitspanne als für sich verbindlich an. Dies lässt sich - wie dargelegt - dem Schutzbereich der Glaubensfreiheit hinreichend plausibel zuordnen.

[61] Der mit der Einschränkung des Grundrechts verfolgte Zweck ist aber höher zu gewichten als die Beeinträchtigung der Glaubensfreiheit des Klägers. Der Wahrung des Schulfriedens kommt besonderes Gewicht zu. Dies gilt hier in besonderem Maße, weil durch die Verrichtung des Gebets eine bereits bestehende hinreichende Wahrscheinlichkeit der Störung des Schulfriedens aufgrund religiöser Konflikte erhöht würde und deshalb eine besonders intensive Gefahrenlage für den Schulfrieden zu besorgen wäre. Bei einer solchen Fallgestaltung muss die Religionsausübung des Klägers hinter die Wahrung des ebenfalls verfassungsrechtlich geschützten Schulfriedens zurücktreten.

[62] ff) Die Einschränkung der Glaubensfreiheit des Klägers kann auf eine ausreichende gesetzliche Grundlage zurückgeführt werden. Wie bereits darge-

legt, ist nach der Auslegung des irrevisiblen Landesrechts durch das Oberverwaltungsgericht die Verrichtung des Gebets auf dem Flur des Schulgebäudes nach § 46 Abs. 2 Satz 3 SchulG iVm Nr. II. 16 der Schulordnung des D.-Gymnasiums nicht zulässig. Obwohl § 46 Abs. 2 Satz 3 SchulG als Generalklausel die Einschränkung der Religionsausübung nicht speziell anspricht und Nr. II. 16 der Schulordnung nicht vom parlamentarischen Gesetzgeber verantwortet ist, reichen diese Bestimmungen als Grundlage für eine Einschränkung der Glaubensfreiheit aus, soweit es nicht um die Konkretisierung des Gebots staatlicher Neutralität mit Blick auf abstrakt mögliche Gefährdungen des Schulfriedens, sondern - wie hier - um die Abwehr konkreter Gefahren für dieses Schutzgut geht (vgl. BVerfG, Urteil vom 24.9.2003 -2 BvR 1436/02- BVerfGE 108, 282 [303], KirchE 44, 166).

44

Die im Zensusgesetz 2011 vorgesehene Befragung nach der Zugehörigkeit zu einer öffentlich-rechtlichen Religionsgemeinschaft und nach Religion, Glaubensrichtung oder Weltanschauung ist verfassungskonform.

Art./§§ 1 Abs. 1, 2 Abs. 1, 4 Abs. 1, 140 GG, 136 WRV, 7, 18 Abs. 1 u. 3 ZensG 2011
VG Stuttgart, Beschluss vom 30. November 2011 -13 K 3766/11-[1]

Der Antragsteller begehrt die Anordnung der aufschiebenden Wirkung seines Widerspruchs gegen einen Bescheid der Stadt O. vom 5.10.2011, mit dem er zur Auskunftserteilung im Rahmen der Haushaltebefragung nach dem Zensusgesetz 2011 verpflichtet und ihm für den Fall der Nichterfüllung ein Zwangsgeld in Höhe von 300 € angedroht wurde.

Das Verwaltungsgericht weist den Antrag zurück.

Aus den Gründen:

[3] Der Antrag ist nicht begründet.

[4] Dies ergibt sich schon daraus, dass der Antragsgegner nicht passivlegitimiert ist (vgl. dazu Kopp/Schenke, VwGO, 17. Aufl., Vorbem. § 40, Rn 28, § 78 Rn 16). (*wird ausgeführt*)

---

1 BeckRS 2012, 55565; *juris*; RDV 2012, 208 (LS).

[5] Unabhängig hiervon hätte der vorliegende Antrag aber auch in der Sache keinen Erfolg gehabt. Denn nach Auffassung des Gerichts bestehen bei summarischer Prüfung der Sach- und Rechtslage keine durchgreifenden Zweifel an der Rechtmäßigkeit des angefochtenen Heranziehungsbescheids. Die durch den angefochtenen Bescheid konkretisierte Verpflichtung des Antragstellers (vgl. OVG Lüneburg, Beschluss vom 12.9.2011 -11 ME 261/11-), Angaben zu den in dem ihm ausgehändigten Fragebogen enthaltenen Fragen zu machen, beruht auf § 18 Abs. 1 Satz 1, Abs. 3 iVm § 7 ZensG. Darin wird insbesondere geregelt, welche Angaben von den Auskunftspflichtigen zu machen sind. Diesen gesetzlichen Vorgaben des ZensG entspricht der dem Antragsteller vorgelegte Fragebogen. Die auf dieser gesetzlichen Grundlage erfolgende Datenerhebung verstößt nach Auffassung des Gerichts auch nicht gegen das informationelle Selbstbestimmungsrecht, sondern berücksichtigt vielmehr die sich aus dem Urteil des BVerfG vom 15.12.1983 (BVerfGE 65, 1 „Volkszählungsurteil") ergebenden Schranken (so insbes. VG Gießen, Beschluss vom 13.10.2011 -4 L 2533/11.GI-). Die verlangten Daten betreffen ganz überwiegend den Gemeinschaftsbezug des Einzelnen. Soweit es um die rechtliche Zugehörigkeit zu einer öffentlich-rechtlichen Religionsgemeinschaft geht, wird zwar in die verfassungsrechtlich normierte negative Bekenntnisfreiheit eingegriffen; dieser Eingriff ist aber durch den gem. Art. 140 GG übernommenen Vorbehalt in Art. 136 WRV gerechtfertigt (vgl. BVerfGE 65, 1 [38 f.]). Hinsichtlich der höchstpersönlichen Frage 8 nach Religion, Glaubensrichtung oder Weltanschauung ist die Beantwortung ausdrücklich als freiwillig gekennzeichnet, so dass auch insoweit kein Eingriff in den Schutzbereich der Glaubensfreiheit (Art. 4 Abs. 1 GG) vorliegt.

[6] Auch im Hinblick auf die Erhebung und Verarbeitung der Daten ist für das Gericht derzeit ein Verstoß gegen das aus Art. 2 Abs. 2 iVm Art. 1 Abs. 1 GG abgeleitete Recht der informationellen Selbstbestimmung (vgl. BVerfGE 65,1) nicht ersichtlich. Dem Schutz dieses Rechts dienen die bei der Erhebung der Daten zu beachtenden Regelungen, die eine räumliche, organisatorische und personelle Trennung von den Verwaltungsstellen erfordern (vgl. z.B. § 10 Abs. 2 ZensG und §§ 7, 8 AGZensG). Für die weitere Verarbeitung besteht die Verpflichtung zur Geheimhaltung (vgl. § 16 BStatG) sowie zur frühestmöglichen Löschung sowohl der erhobenen Daten (vgl. §§ 12 BStatG, 19 Abs. 2 ZensG) als auch der eine individuelle Zuordnung ermöglichenden Ordnungsnummern (§ 19 Abs. 1 ZensG), die zudem getrennt aufzubewahren sind (§ 13 ZensG). Nach Auffassung des Gerichts wird dadurch den vom BVerfG in seinem bereits erwähnten „Volkszählungsurteil" aufgestellten Anforderungen Rechnung getragen. Das BVerfG hat im Hinblick auf das ZensG eine auf einen Verstoß gegen das informationelle Selbstbestimmungsrecht gestützte Verfassungsbeschwerde

mangels einer hinreichend substantiierten Darlegung eines Grundrechtsverstoßes nicht zur Entscheidung angenommen (vgl. Beschluss vom 21.9.2010 – 1 BvR 1865/10- *juris*). Die angefochtene Verpflichtung zur Auskunftserteilung ist deshalb voraussichtlich rechtlich nicht zu beanstanden.

45

Art. 6 EMRK begründet keinen Anspruch auf Zugang zu einem Gericht mit vollumfänglicher Kompetenz und ist daher nicht verletzt, wenn Maßnahmen von Religionsgemeinschaften im Hinblick auf deren verfassungsrechtlich abgesichertes Selbstbestimmungsrecht nur einer eingeschränkten materiellen Prüfung durch staatliche Gerichte unterliegen.

Art./§§ 140 GG, 137 WRV, 138 Abs. 1 BGB, 6 EGBGB, 6 EMRK
EGMR, Entscheidung vom 6. Dezember 2011 -No. 12986/04-
(Müller ./. Deutschland)[1]

SACHVERHALT

Die Beschwerdeführer, Frau und Herr M., sind schweizerische bzw. deutsche Staatsangehörige und wohnhaft in A./Schweiz.

I. Die Umstände des Falles

Im Jahr 1975 traten die Beschwerdeführer der Heilsarmee bei. Sie unterschrieben eine Verpflichtungserklärung, in der sie sich ausdrücklich damit einverstanden erklärten, in der Heilsarmee nicht angestellt zu sein und mit ihr auch keinen Arbeitsvertrag abzuschließen. Nach ihrer Offiziersausbildung in B. wurden sie im missionarischen Dienst der Gemeinde zu P. eingesetzt, in dem sie zuletzt den Rang eines M. bekleideten. Im Jahr 1998 kam es gegenüber den Beschwerdeführern zu Beanstandungen durch den Territorialleiter der Heilsarmee, insbesondere in Bezug auf die Buch- und Kassenführung sowie den Zustand der Räumlichkeiten. Nach mehrfachen fruchtlosen Ermahnungen wurden die Beschwerdeführer in die Schweiz versetzt. Nachdem die Heilsarmee der Schweiz die Betroffenen „indisponibel" gestellt hatte, erklärte der Territorialleiter der Heilsarmee in Deutschland mit Schreiben vom 29.1.2011 ihren Offiziersdienst für beendet, weil ihr Versuch eines Neuanfangs in der Schweiz gescheitert sei und sie zum Offiziersdienst nicht weiter geeignet seien. Danach haben die Beschwerdeführer die Heilsarmee vor den Arbeitsgerichten verklagt, um die

---

1 HUDOC; *juris*. Nichtamtl. Übersetzung der Bundesregierung.

Zahlung von 9.219,07 DM bzw. 30.294,54 DM als Vergütungsansprüche für die Monate März bis November 2001 zu erhalten. Sie vertraten die Ansicht, dass sie in einem Arbeitsverhältnis zur Heilsarmee gestanden hätten, dass dieses Verhältnis weder durch ihre Versetzung in die Schweiz noch ihre Entlassung aus dem Offiziersdienst beendet worden sei und dass sie der Heilsarmee in Deutschland ihre Arbeitskraft nach der Rückkehr aus der Schweiz angeboten hätten.

Das Arbeitsgericht P. erklärte sich am 15.5.2001 ratione loci für unzuständig und verwies die Sache an das Arbeitsgericht Köln. Am 13.7.2001 erklärte sich das Arbeitsgericht mit der Begründung für unzuständig, dass zwischen den Beschwerdeführern und der Heilsarmee kein Arbeitsverhältnis bestanden habe, und verwies die Sache an das Landgericht Köln.

Das Landgericht wies die Klage der Beschwerdeführer am 7.2.2002 als unzulässig ab, weil ihre Entlassung eine innere Angelegenheit der Heilsarmee darstelle und daher keiner gerichtlichen Überprüfung durch staatliche Gerichte unterliege.

Unter Berufung auf die Entscheidung des Bundesgerichtshofs vom 11.2.2000 (siehe unten „Das einschlägige innerstaatliche Recht und die einschlägige innerstaatliche Praxis“) änderte das Oberlandesgericht Köln mit Urteil vom 23.7.2002 das angefochtene Urteil ab, indem es die Klage der Beschwerdeführer für zulässig, aber unbegründet erklärte.

Am 28.3.2003 (-V ZR 261/02- KirchE 43, 201) verwarf der Bundesgerichtshof die Revision der Beschwerdeführer. Unter Hinweis auf die in seinem Urteil vom 11.2.2000 (KirchE 38, 60) dargelegten Kriterien, die sich nach seiner Auffassung nicht auf die Umstände des Falles beschränkten, sondern allgemeiner Natur waren, führte er aus, dass die Justizgewährungspflicht ebenfalls geltend gemacht werden könne, wenn die für alle geltenden allgemeinen Gesetze auf einen Rechtsstreit angewandt werden sollen, der ausschließlich auf dem Kirchenrecht oder einer innerkirchlichen Rechtsfrage beruht. (*Der Gerichtshof referiert weiter die Entscheidung des BGH vom 28.3.2003.*)

Das Bundesverfassungsgericht hat am 8.10.2003 die Beschwerde der Beschwerdeführer ohne Angabe von Gründen nicht zur Entscheidung angenommen.

II. Das einschlägige innerstaatliche Recht und die einschlägige innerstaatliche Praxis

A. Das Grundgesetz

(*Der Gerichtshof referiert Art. 3 Abs. 1, 140 GG, 137 WRV.*)

B. Das Bürgerliche Gesetzbuch und das Einführungsgesetz zum Bürgerlichen Gesetzbuch

(*Der Gerichtshof referiert § 138 Abs. 1 BGB, Art. 6 EGBGB.*)

C. Die Rechtsprechung der innerstaatlichen Gerichte

1. Das Urteil des Bundesgerichtshofs vom 11.2.2000

Mit seinem Urteil vom 11.2.2000 (KirchE 38, 60) hat der Bundesgerichtshof eine neue Rechtsprechung zum Thema gerichtliche Beurteilung kirchlicher Maßnahmen entwickelt. Die geprüfte Rechtssache betraf den Antrag einer jüdischen Gemeinschaft, der an eines ihrer Mitglieder gerichtet war, bestimmte Verhaltensweisen und Erklärungen zu unterlassen. Der Bundesgerichtshof hat dargelegt, dass die nach den Art. 2 Abs. 1 und 92 des Grundgesetzes vorgesehene Pflicht des Staates, sicherzustellen, dass alle dem staatlichen Recht unterworfenen Rechtsfragen der gerichtlichen Beurteilung unterliegen, dazu führe, dass die Kirchen und die Religionsgemeinschaften in gleicher Weise zu behandeln seien wie alle Rechtssubjekte auf dem Staatsgebiet, selbst dann, wenn bei der Anwendung staatlicher Rechtssätze zuvor den kirchlichen Bereich betreffende Fragen zu klären seien. Er hat darauf hingewiesen, dass das nach Art. 137 Abs. 3 WRV garantierte Selbstbestimmungsrecht der Kirchen und Religionsgemeinschaften jede staatliche Einmischung - auch eine Überprüfung durch staatliche Gerichte - in die innergemeinschaftlichen Angelegenheiten der Kirchen in der Regel ausschließe. Er fügte hinzu, dass das Selbstbestimmungsrecht folglich dem staatlich garantierten Rechtsschutz Grenzen setze und mit den allgemeinen Gesetzen sowie deren Durchsetzung durch die staatlichen Gerichte abgewogen werden müsste, wobei aber dem Selbstverständnis der Kirchen und Religionsgemeinschaften in besonderer Weise Rechnung zu tragen sei. Diesbezüglich rief der Bundesgerichtshof in Erinnerung, dass das Selbstbestimmungsrecht der Kirchen und Religionsgemeinschaften mit der Religionsfreiheit und der Trennung von Staat und Kirche eine der drei Säulen der kirchenrechtlichen Ordnung darstellt. Er legte dar, dass es deshalb darauf ankäme, ob und inwieweit die streitgegenständliche Maßnahme vom Selbstbestimmungsrecht erfasst werde und ob sie die Schranken des für alle geltenden Gesetzes nicht überschreite.

In dem ihm vorgelegten Fall hat der Bundesgerichtshof hervorgehoben, dass das von der jüdischen Gemeinschaft geltend gemachte Recht zivilrechtlicher Natur sei und es, da das Zivilrecht zu den für alle geltenden Gesetzen gehört, daher nicht zu ihren innergemeinschaftlichen Angelegenheiten gehöre. Dass innergemeinschaftliche Regelungen oder Entscheidungen von präjudizieller Bedeutung für die Beurteilung des Rechtsstreits vor dem staatlichen Gericht sind, steht dieser Feststellung nach seiner Auffassung nicht entgegen. Danach merkte er an, dass in der geprüften Sache ein Urteil des Schiedsgerichts beim Zentralrat der Juden in Deutschland vorliege, das einer Überprüfung nicht zugänglich sei. Er vertrat nämlich die Auffassung, die staatlichen Gerichte hätten, obwohl diese Entscheidung mittelbare Rechtswirkungen im bürgerlichen Recht habe, keine Kompetenz zur Prüfung der Begründetheit dieser Entscheidung, selbst wenn dies im Einzelfall dazu führen könne, dass staatliche Gerichte an der Durchsetzung von Entscheidungen mitwirkten, von denen sie nicht wüssten, ob diese berechtigt sind. Der Bundesgerichtshof stellte fest, diese Einschränkung sei im Hinblick auf das verfassungsrechtlich abgesicherte Selbstbestimmungsrecht der Kirchen und Religionsgemeinschaften hinzunehmen, solange jedenfalls die streitgegenständliche Maßnahme nicht willkürlich sei oder gegen fundamentale Rechtsprinzipien verstoße.

2. Die Rechtsprechung des Bundesverwaltungsgerichts

Nach ständiger Rechtsprechung des Bundesverwaltungsgerichts steht es den Verwaltungsgerichten nicht zu, kirchliche Maßnahmen im Zusammenhang mit Statusklagen zu beurteilen. Nach Auffassung des Bundesverwaltungsgerichts müssen Klagen dieser Art für unzulässig erklärt werden (siehe z.B. das Urteil vom 28.4.1994 -2 C 23/92- KirchE 32, 148).

Während der 7. Senat des Bundesverwaltungsgerichts sich der neuen Rechtsprechung des Bundesgerichtshofs angeschlossen hat (Urteil vom 28.2.2002 -7 C 7/01- KirchE 40, 140), hat der 2. Senat desselben Gerichts seine ständige Rechtsprechung bekräftigt, indem er darlegte, dass die Exemtion der kirchlichen Entscheidungen von der staatlichen Gerichtsbarkeit sich auch auf die Einhaltung der fundamentalen Grundsätze der staatlichen Rechtsordnung durch die kirchlichen Stellen beziehe (Urteil vom 30.10.2002 -2 C 23/01- KirchE 41, 148).

3. Die Rechtsprechung des Bundesverfassungsgerichts

In zwei Entscheidungen vom 27.1.2004 (-2 BvR 496/01- KirchE 45, 69 und -1978/00-) hat der zweite Senat des Bundesverfassungsgerichts die Verfassungsbeschwerden der Betroffenen (evangelische Pfarrer) nicht zugelassen, ohne sich zu der Übereinstimmung der Rechtsprechung der Verwaltungsgerichte betreffend die Kontrolle von kirchlichen Maßnahmen durch die staatlichen Gerichte mit dem Grundgesetz zu äußern. Es vertrat die Auffassung, dass selbst bei Anwendung der neuen Rechtsprechung des Bundesgerichtshofes die streitigen Kirchenmaßnahmen den von diesem aufgestellten Maßstäben nicht entgegenstünden (vgl. auch EGMR, Entscheidung vom 6.12.2011 -Nr. 38254/04- KirchE 58, 409).

Mit Entscheidung vom 9.12.2008 (-2 BvR 717/08- KirchE 52, 337) hat das Bundesverfassungsgericht die Verfassungsbeschwerde eines evangelischen Pfarrers mit der Begründung für unzulässig erklärt, dass die angefochtenen Entscheidungen keine Akte der öffentlichen Gewalt seien. Es betonte insbesondere, dass die staatlichen Gerichte, wenn sie über kirchliche Angelegenheiten zu entscheiden hätten, an dem innerkirchlichen Entscheidungsprozess selbst dann beteiligt würden, wenn sie sich bemühten, der kirchlichen Eigenständigkeit bei der Entscheidungsfindung gerecht zu werden. Nach Auffassung des Bundesverfassungsgerichts kann die Abwägung der in Rede stehenden Interessen erfahrungsgemäß zu einer allmählichen Steigerung der richterlichen Kontrolldichte führen und birgt so die Gefahr, dass die staatlichen Gerichte die religiöse Legitimation kirchenrechtlicher Normen verkennen und damit gegen den Grundsatz der Neutralität des Staates in religiösen Dingen verstoßen würden. Das Bundesverfassungsgericht war der Meinung, dies treffe gerade in dem sensiblen Bereich des durch Art. 137 Abs. 3 Satz 2 WRV ausdrücklich gewährleisteten Selbstbestimmungsrechts der Kirchen zu, ihre Ämter ohne staatliche Mitwirkung zu vergeben.

Das Bundesverfassungsgericht schlussfolgerte, es handele sich um einen Streit im Bereich der inneren kirchlichen Angelegenheiten, da die angefochtenen Entscheidungen die Versetzung dieses Pfarrers in den Ruhestand und die Festsetzung seines Ruhegehalts betroffen hätten. Es fügte hinzu, dass die Verfassungsbeschwerde in jedem Fall unbegründet gewesen wäre, denn die Vorschriften des Kirchenrechts (über die Versetzung in den Warte- und Ruhestand ebenso wie die Regelungen zum sich daraus ergebenden Gehalt) würden nicht gegen Verfassungsrecht verstoßen und insbesondere nicht das Willkürverbot verletzen[2].

RÜGEN

Unter Berufung auf Art. 6 Abs. 1 der Konvention greifen die Beschwerdeführer die Entscheidung der Zivilgerichte an, die sich für unzuständig erklärten, die Rechtmäßigkeit der gegen sie ergangenen Maßnahme zu überprüfen, weil es sich um eine innerkirchliche Angelegenheit handele. Nach ihrer Ansicht beanspruchen die Kirchen und Religionsgemeinschaften einen rechtsfreien Raum, in dem sie ihre kirchlichen Mitarbeiter nach ihrem Gutdünken ohne gerichtliche Überprüfung behandeln könnten. Die Betroffenen tragen vor, es gebe innerhalb der Heilsarmee keine Gerichtsinstanz, vor der sie ihre Rügen hätten geltend machen können.

RECHTLICHE WÜRDIGUNG

Die Beschwerdeführer rügen, keinen Zugang zu einem Gericht mit vollumfänglicher Kompetenz gehabt zu haben. Sie berufen sich auf Art. 6 Abs. 1 der Konvention, dessen einschlägiger Passus wie folgt lautet:

---

2 Vgl. EGMR, Entscheidung vom 17.1.2012 -No. 32741/06, 19568/09- (R. ./. Deutschland), HUDOC.

„Jede Person hat ein Recht darauf, dass über Streitigkeiten in Bezug auf ihre zivilrechtlichen Ansprüche und Verpflichtungen (...) von einem unabhängigen und unparteiischen, auf Gesetz beruhenden Gericht in einem fairen Verfahren (...) verhandelt wird."

A. Das Vorbringen der Parteien

1. Die Regierung

Der Regierung zufolge vertraten die deutschen Gerichte die Auffassung, dass die Pflicht des Staates, sicherzustellen, dass alle dem staatlichen Recht unterworfenen Rechtsfragen der gerichtlichen Beurteilung unterliegen, auch auf die Kirchen und die Religionsgemeinschaften anzuwenden ist und diese in gleicher Weise zu behandeln sind wie alle Rechtssubjekte auf dem Staatsgebiet, selbst dann, wenn bei der Anwendung staatlicher Rechtssätze innergemeinschaftliche Vorfragen zu klären seien. Die Regierung führte weiter aus, dass die deutschen Gerichte dargelegt haben, den Beschwerdeführern stehe der Rechtsweg offen, weil ihre Klage vermögensrechtlicher Natur sei und auf ein Dienstverhältnis zurückgehe und ihnen kein kirchlicher Rechtsweg zur Verfügung stehe.

Unter Bezugnahme auf das Urteil Roche ./. Vereinigtes Königreich ([GK] -Nr. 32555/96- Rn 119 ff., CEDH 2005-X), legt die Regierung danach dar, dass Art. 6 der Konvention den zivilrechtlichen Ansprüchen keinen bestimmten materiellen Gehalt in der Rechtsordnung der Konventionsstaaten zusichert und nur ihre prozessuale Durchsetzung schützt. In ihren Augen war das von den Beschwerdeführern vor den deutschen Gerichten geltend gemachte materielle Recht aufgrund des den Kirchen und Religionsgemeinschaften, darunter die Heilsarmee, vom deutschen Verfassungsrecht zuerkannten Selbstbestimmungsrechts von Beginn an beschränkt. Die Regierung legt dar, dass aufgrund dieser Beschränkung, die nicht im Stadium der Zulässigkeitsprüfung, sondern der Prüfung der Begründetheit des geltend gemachten Anspruchs der Beschwerdeführer erfolgt sei, die Zivilgerichte nicht die Rechtmäßigkeit der Kirchenmaßnahme, sondern nur ihre Wirksamkeit prüfen könnten (Dudová und Duda ./. Tschechische Republik [Entsch.] -Nr. 40224/98- 30.1.2001, KirchE 42, 476). Nach Auffassung der Regierung ist Art. 6 der Konvention daher nicht verletzt worden.

Hilfsweise führt die Regierung aus, dass die Beschränkung des Rechts auf Zugang zu einem Gericht, die der eingeschränkte Charakter der gerichtlichen Überprüfung darstellen würde, mit der Konvention vereinbar sei. Nach ihrer Auffassung verfolgt diese Beschränkung zunächst ein legitimes Ziel, nämlich die Achtung des in Art. 137 Abs. 3 WRV vorgesehenen Selbstbestimmungsrechts der Heilsarmee, das auch durch Art. 9 der Konvention geschützt ist, der im Lichte von Art. 11 der Konvention zu interpretieren sei (Hassan und Tchaouch ./. Bulgarien [GK] -Nr. 30985/96- Rn 62, CEDH 2000-XI, KirchE 42, 444). Die Regierung erachtet schließlich die Zugangsbegrenzung für verhältnismäßig, denn sie zielte auf die Herstellung eines gerechten Ausgleichs zwischen einerseits den Interessen der Beschwerdeführer, die streitige Maßnahme von einem Gericht überprüfen zu lassen, und dem Selbstbestimmungsrecht der Heilsarmee und andererseits dem Gebot der Neutralität des Staates in religiösen Dingen. Unter Bezugnahme auf das Urteil Philis ./. Griechenland ([Nr. 1], 27.8.1991, Rn 65, Serie A Bd. 209) behauptet die Regierung schließlich, dass die in Rede stehende Beschränkung den Wesensgehalt des Rechts auf Zugang zu einem Gericht nicht beeinträchtigt hat. Der Gerichtshof habe nämlich in der Sache W. und K. ./. Deutschland ([GK] -Nr. 26083/94- CEDH 1999-I) die Auffassung vertreten, dass Immunität von der Gerichtsbarkeit nicht das Recht auf Zugang zu einem Gericht in solchen Sachen verletzten, wenn es andere angemessene Wege gebe, um die den Beschwerdeführern von der Konvention garantierten Rechte wirksam zu schützen. In Bezug auf den vorliegenden Fall ist die Regierung der Auffassung, dass die Heilsarmee nicht von jeglicher Kontrolle durch die Gerichte befreit sei, das deutsche Rechtssystem den Beschwerdeführern jedoch eine eingeschränkte gerichtliche Kontrolle biete. Die Beschränkung des Rechts auf Zugang zu einem Gericht habe daher die von der Rechtsprechung des Gerichtshofes gewährten Grenzen nicht überschritten.

Angesichts eines diesbezüglich fehlenden europäischen Konsenses macht die Regierung schließlich den Ermessensspielraum der Vertragsstaaten geltend, wie dies eine vergleichende Rechtsstudie zeige, die ihrer Stellungnahme beigefügt ist.

2. Die Beschwerdeführer

In ihren Antworten auf die Stellungnahme der Regierung haben sich die Beschwerdeführer darauf beschränkt, darzulegen, dass sie die besondere Rolle der Kirchen und Religionsgemeinschaften im deutschen Rechtssystem nicht infrage stellen, jedoch rügen, dass „normale" Bedienstete über Rechtswege verfügen, um ihre Kündigung anzufechten, während kirchliche Mitarbeiter - und dies sei ihre Situation - noch nicht einmal die Möglichkeit hätten, willkürliche kirchliche Maßnahmen vor kirchlichen Instanzen anzufechten. Sie betonen, dass die Zivilgerichte ihre Klage zwar zunächst im Hinblick auf eine gerichtliche Überprüfung zugelassen, schließlich jedoch festgestellt hätten, dass sie nicht über ihre Klage entscheiden könnten, und ihnen somit ihre Rechte entzogen hätten.

B. Stellungnahme der Drittbeteiligten

Die Heilsarmee betont, dass Art. 6 der Konvention im vorliegenden Fall nicht anwendbar sei, denn die Fragen nach dem Status ihrer Offiziere - die ordinierten Seelsorgern gleichgestellt seien - beträfen keinen zivilrechtlichen Anspruch, sondern ausschließlich die autonome und geistliche Existenz der Heilsarmee. Nach ihrer Auffassung kann ein neutraler Staat nicht die Frage entscheiden, ob ein Seelsorger die ihm von den kirchlichen Dienststellen übertragenen Funktionen gut ausfüllt. Die Heilsarmee führt zudem an, dass selbst wenn eine Anwendbarkeit von Art. 6 der Konvention angenommen würde, diese Bestimmung nicht verletzt worden sei, da die deutschen Gerichte über die Klage der Beschwerdeführer entschieden hätten. Sie fügt hinzu, dass insoweit die genannten Gerichte die Überprüfung der Rechtmäßigkeit der streitbefangenen Entscheidung abgelehnt haben, es sich um eine Einschränkung der Gerichtsbarkeit handle, die ein legitimes Ziel verfolgte, nämlich den Schutz des Rechts einer Kirche, im Hinblick auf den Status ihrer Offiziere selbst Entscheidungen zu treffen.

Die Heilsarmee trägt dann vor, dass sie über eine Untersuchungskommission verfügt, an die sich die Beschwerdeführer hätten wenden können. Diese Kommission sei zuständig für die Entscheidung etwaiger disziplinarrechtlicher Streitigkeiten zwischen der Heilsarmee und ihren Mitgliedern, wenn diese Konflikte nicht anderweitig gelöst werden können. Ihre Entscheidungen könnten im Übrigen bei dem General der Heilsarmee angefochten werden. Nach Auffassung der Heilsarmee hatte die unterlassene Anrufung dieser Kommission durch die Beschwerdeführer zur Folge, dass sie kein berechtigtes Interesse mehr daran haben konnten, vor den staatlichen Gerichten aufzutreten. Die Heilsarmee legt ferner dar, dass das Verfahren, das vor der Untersuchungskommission geführt werden kann, ein kirchliches Verfahren ist und diese Instanz kein Gericht („court of law") ist. Sie betont diesbezüglich den rein geistlichen Charakter der Beziehung zwischen der Heilsarmee und ihren Offizieren.

C. Würdigung durch den Gerichtshof

Der Gerichtshof erinnert daran, dass Art. 6 der Konvention jedem das Recht gewährt, dass über alle Streitigkeiten in Bezug auf zivilrechtliche Ansprüche und Verpflichtungen ein Gericht entscheidet und Art. 6 auf diese Weise das „Recht auf ein Gericht" postuliert, wobei das Recht auf Zugang, nämlich dasjenige, ein Gericht in Zivilsachen anzurufen, nur einen Aspekt darstellt (Golder ./. Vereinigtes Königreich, 21.2.1975, Rn 36, Serie A Bd. 18).

Art. 6 der Konvention sichert den zivilrechtlichen „Ansprüchen" jedoch keinen bestimmten materiellen Gehalt in der Rechtsordnung der Konventionsstaaten zu. Die Garantien gelten nur für die Ansprüche, bei denen anzunehmen ist, dass sie - zumindest in vertretbarer Weise - nach innerstaatlichem Recht anerkannt sind, unabhängig davon, ob diese darüber hinaus von der Konvention geschützt sind oder nicht (Roche, aaO, Rn 117, und Cudak ./. Litauen [GK] -Nr. 15869/02- Rn 45, 23.3.2010).

Im vorliegenden Fall bemerkt der Gerichtshof, dass, wenn nach Auffassung des Bundesgerichtshofs das Selbstbestimmungsrecht der Kirchen und Religionsgemeinschaften zwar jede staatliche Einmischung in die innergemeinschaftlichen Angelegenheiten der Kirchen in der Regel ausschließt, die staatlichen Gerichte gleichwohl die Vereinbarkeit einer innerkirchlichen Maßnahme mit den Grundprinzipien der deutschen Rechtsordnung zu überprüfen hätten, zumindest wenn es sich um Rechtstreitigkeiten handele, in denen die Frage in Bezug auf den Status eines Geistlichen nur als Vorfrage der Begründetheit des verfolgten Anspruchs (verkappte Statusverfahren) betrachtet würde. Weiterhin sei nach Auffassung des Bundesgerichtshofs diese Frage im Lichte des staatlichen Rechts zu beurteilen und falle daher in die ausschließliche Zuständigkeit der staatlichen Gerichte.

Somit kann im Gegensatz zu Rechtssachen, deren Gegenstand die Ablehnung einer gerichtlichen Beurteilung kirchlicher Maßnahmen durch die deutschen Verwaltungsgerichte war (EGMR, Entscheidungen vom 6.12.2011 KirchE 58, 409 und 421) im vorliegenden Fall behauptet werden, dass das Oberlandesgericht und der Bundesgerichtshof den Beschwerdeführern ein Recht zugestanden haben, das geeignet ist, Art. 6 der Konvention zur Anwendung zu bringen, der somit anzuwenden ist.

Der Gerichtshof ruft jedoch in Erinnerung, dass das Recht auf Zugang zu einem Gericht kein absolutes Recht ist, sondern rechtmäßigen Beschränkungen unterworfen werden kann. Ist der Zugang einer Person zu einem Gericht durch das Gesetz oder in der Sache beschränkt, prüft der Gerichtshof, ob die Beschränkung den Wesensgehalt des Rechts berührt, und insbesondere, ob sie ein legitimes Ziel verfolgt und ob die eingesetzten Mittel in einem angemessenen Verhältnis zu dem angestrebten Ziel stehen (Z u.a. ./. Vereinigtes Königreich [GK] -Nr. 29392/95- Rn 93, CEDH 2001-V, und Markovic u.a. ./. Italien [GK] -Nr. 1398/03- Rn 99, CEDH 2006-XIV).

Der Gerichtshof erinnert ebenfalls daran, dass er zwischen materiellen Beschränkungen und prozessualen Schranken eine Unterscheidung trifft, welche die Anwendbarkeit und ggf. die Reichweite der Garantien von Art. 6 der Konvention bestimmt, der im Grundsatz nur auf materielle Beschränkungen eines Rechts Anwendung finden kann, das in den innerstaatlichen Rechtsvorschriften verankert ist. Im Übrigen ruft er in Erinnerung, dass zur Bestimmung, wie die betreffende Beschränkung materiell oder prozessual zu beurteilen ist, als Ausgangspunkt auf die Bestimmungen des einschlägigen innerstaatlichen Rechts sowie dessen Auslegung durch die innerstaatlichen Gerichte abzustellen ist (Roche, aaO, Rn 118 und 120, Markovic und andere, aaO, Rn 94 und 95).

Im vorliegenden Fall stellt der Gerichtshof fest, dass die Beschwerdeführer den deutschen Gerichten vorwerfen, nicht über ihre Klage entschieden zu haben, obwohl sie diese für zulässig erklärt hatten.

Der Gerichtshof weist zunächst darauf hin, dass die Beschwerdeführer nicht daran gehindert wurden, ihre Beschwerdepunkte vor den Zivilgerichten und dem Bundesverfassungsgericht geltend zu machen. Zudem betrifft diese Rechtssache im Gegensatz zu anderen Rechtssachen, über die er zu entscheiden hatte (Z u.a., aaO; Roche, aaO; Pereira Henriques ./. Luxemburg -Nr. 60255/00-9.5.2006, und Markovic u.a., aaO), nicht die Entscheidung nationaler Gerichte, nicht den Weg für eine gerichtliche Überprüfung in Bezug auf eine neue Kategorie von Klagen zu eröffnen oder eine zuvor anerkannte Kategorie von Klagen einer solchen Überprüfung zu entziehen. Sie betrifft im Gegenteil die Entscheidung des Bundesgerichtshofs, für Rechtsuchende die Möglichkeit zu schaffen, kirchliche Entscheidungen im Bereich der innerkirchlichen Angelegenheiten sowie der Angelegenheiten der Religionsgemeinschaften einer Überprüfung durch die staatlichen Gerichte zu unterstellen. Diese Möglichkeit bestand zuvor nicht und scheint daneben weder durch die Rechtsprechung der Verwaltungsgerichte noch darüber hinaus vom Bundesverfassungsgericht zugelassen zu sein, was insbesondere seine Entscheidung vom 9.12.2008 offensichtlich bestätigt (siehe „Das einschlägige innerstaatliche Recht und die einschlägige innerstaatliche Praxis“).

Danach stellt der Gerichtshof fest, dass die Beschwerdeführer insbesondere und vor allem den beschränkten Charakter der Überprüfung durch die mit ihrer Sache befassten Gerichte rügen.

Diesbezüglich stellt der Gerichtshof fest, dass der Bundesgerichtshof ausgeführt hat, dass er zwar im Grundsatz für die Prüfung der Klage der Beschwerdeführer zuständig sei, dies jedoch nicht bedeute, dass er eine uneingeschränkte gerichtliche Überprüfung vornehmen könne. Das hohe Gericht vertrat nämlich die Auffassung, es könne lediglich prüfen, ob die Entscheidung der Heilsarmee mit den grundlegenden Prinzipien der Rechtsordnung in Einklang steht. Der Gerichtshof unterstreicht, dass diese Überprüfungsbeschränkung durch das Selbstbestimmungsrecht der Heilsarmee aufgrund von Art. 137 Abs. 3 WRV bedingt ist, wobei diese Bestimmung durch Art. 140 GG Bestandteil des Grundgesetzes ist. Er weist ferner darauf hin, dass der Bundesgerichtshof in seinem Urteil vom 11.2.2000 im Übrigen betont habe, das Selbstbestimmungsrecht der Kirchen und Religionsgemeinschaften sei neben der Religionsfreiheit und dem Grundsatz der Trennung von Staat und Kirche eine der drei Säulen der kirchenrechtlichen Ordnung im deutschen Verfassungsrecht.

Der Gerichtshof berücksichtigt die Tatsache, dass das Oberlandesgericht und der Bundesgerichtshof die konfligierenden Interessen gebührend abgewogen haben, nämlich einerseits die Interessen, die für die Möglichkeit einer Überprüfung der kirchlichen Entscheidungen wie die der Heilsarmee, die Beschwerdeführer zu entlassen, sprechen, und andererseits die Interessen, die für eine Beschränkung dieser Überprüfung zum Zwecke der gebührenden Berücksichtigung des Selbstbestimmungsrechts der Heilsarmee sprechen (siehe, mutatis mutandis, Z u.a., aaO, Rn 99). Er ruft in Erinnerung, dass die Religionsgemeinschaften traditionell und weltweit in Form organisierter Strukturen existieren; wenn die Organisation einer dieser Gemeinschaften in Rede steht, ist also Art. 9 im Lichte des Art. 11 der Konvention auszulegen, der die Vereinigungsfreiheit vor jeglichem ungerechtfertigten staatlichen Eingriff schützt. Die Autonomie solcher Gemeinschaften, die für die Pluralität in einer demokratischen Gesellschaft unverzichtbar ist, gehört nämlich zum Kernbestand des nach Art. 9 zugesicherten Schutzes. Der Gerichtshof legt ferner dar, dass das Recht auf Religionsfreiheit im Sinne der Konvention außer in extremen Ausnahmefällen jegliche Beurteilung seitens des Staates im Hinblick auf die Rechtmäßigkeit des religiösen Bekenntnisses oder die Art und Weise, in der es zum Ausdruck gebracht wird, ausschließt (Hassan und Tchaouch, aaO, Rn 62 und 78, siehe auch K. ./. Deutschland (Entsch.) -Nr. 47021/99- 23.3.2000 [KirchE 42, 397] und Dudová und Duda [KirchE 42, 476]). Der Gerichtshof stellt ebenfalls fest, dass der Bundesgerichtshof im vorliegenden Fall der Tatsache Bedeutung beigemessen hat, dass die Entlassung der Beschwerdeführer eine Disziplinarmaßnahme darstellte, gegen die sie die Untersuchungskommission der Heilsarmee hätten anrufen können, wobei er darauf hinweist, dass die diesbezügliche Unterlassung der Beschwerdeführer keine Ausweitung des Umfangs seiner eigenen Überprüfung zur Folge hatte. Das hohe Gericht hat im Übrigen hinzugefügt, es habe nicht über die Frage zu befinden, ob es für den Fall, dass die Beschwerdeführer kein innergemeinschaftliches Rechtsmittel zur Verfügung gehabt hätten, zwangsläufig zu einer anderen Schlussfolgerung gekommen wäre. Der Gerichtshof bemerkt, dass der Bundesgerichtshof nach Festlegung seines Prüfungsumfangs die Auffassung vertrat, dass weder die Stellungnahme der Beschwerdeführer vor den Vorinstanzen noch andere Anhaltspunkte den Schluss zulassen, dass die Entscheidung der Heilsarmee willkürlich war oder gegen die guten Sitten oder den ordre public verstößt.

Der Gerichtshof schließt hieraus, dass sich die Unmöglichkeit für die Beschwerdeführer, eine Überprüfung der Rechtmäßigkeit der Entscheidung der Heilsarmee, ihren Dienst als Offiziere zu beenden, zu erwirken, nicht aus einer Immunität ergebe, in deren Genuss die Kirchen und Religionsgemeinschaften nach deutschem Recht gelangen würden, sondern aus den Grundsätzen, welche das von der neuen Rechtsprechung des Bundesgerichtshofs definierte materielle Klagerecht (Markovic und andere, aaO, Rn 114, Roche, aaO, Rn 124, und Z und andere, aaO, Rn 100) regeln.

Daher sind die Beschwerdeführer nach Auffassung des Gerichtshofs nicht berechtigt zu behaupten, ihnen sei das Recht auf eine Entscheidung zur Begründetheit ihrer Klage vorenthalten worden

Somit ist die Beschwerde der Beschwerdeführer in Bezug auf den fehlenden Zugang zu einem Gericht nicht begründet und ist nach Art. 35 Abs. 3 Buchst. a und 4 der Konvention zurückzuweisen.

Aus diesen Gründen entscheidet der Gerichtshof mehrheitlich:
Er erklärt die Beschwerde für unzulässig.

46

Die Garantien aus Art. 6 Abs. 1 EMRK gelten nur für Ansprüche, deren zivilrechtlicher Charakter - zumindest in vertretbarer Weise - nach innerstaatlichem Recht anerkannt ist. Sie sind daher nicht anwendbar auf eine Klage, mit der sich ein evangelischer Pfarrer vor dem staatlichen Verwaltungsgericht gegen die im Rahmen des Pfarrerdienstverhältnisses erfolgte Versetzung in den Wartestand wendet. Ein eingeschränkte materielle Prüfung kommt nur in Betracht, wenn der Kläger substantiiert vorträgt, dass die streitgegenständlichen Maßnahmen gegen die Grundprinzipien der deutschen Rechtsordnung wie das Willkürverbot oder den Begriff der guten Sitten und des ordre public verstoßen.

Art./§ 140 GG, 137 WRV, 135 BRRG, 6 EMRK
EGMR, Entscheidung vom 6. Dezember 2011 -No. 38254/04-
(Baudler ./. Deutschland)[1]

SACHVERHALT

Der Beschwerdeführer B. ist amerikanischer Staatsangehöriger und wohnhaft in R. (Deutschland).

A. Die Umstände der vorliegenden Rechtssache

Die Umstände des Falles, so wie sie von den Parteien dargelegt worden sind, können wie folgt zusammengefasst werden.

1. Hintergrund der Sache

Nachdem der Beschwerdeführer nahezu zwei Jahre lang bei der Evangelischen Landeskirche in Württemberg (die „Kirche“) im sogenannten unständigen

1 HUDOC; BeckRS 2012, 08044; ZMV 2012, 52 (LS). Nichtamtl. Übersetzung aus dem Französischen.

Dienst gestanden hat, erfolgte am 1.5.1982 seine Ernennung auf die Pfarrstelle bei der evangelischen Kirche, der Christuskirche in B., unter Berufung in den ständigen Pfarrdienst.

Unstimmigkeiten zwischen dem Beschwerdeführer und dem Kirchengemeinderat führten am 21.4.1994 zu dem Beschluss des Kirchengemeinderats, demzufolge eine Vertrauensbasis ihrer Beziehungen nicht mehr gegeben und infolgedessen eine weitere Zusammenarbeit mit dem Beschwerdeführer nicht mehr möglich sei. Am 3.5.1994 bestätigte das Besetzungsgremium der Kirchengemeinde diese Feststellung und beantragte, den Beschwerdeführer in den Wartestand zu versetzen.

2. Die Entscheidungen der Kirchenbehörden

Nach Anhörung des Beschwerdeführers, des Besetzungsgremiums und des Dekans, nahm der Oberkirchenrat diesen Antrag auf Versetzung in den Wartestand am 1.6.1994 mit der Begründung an, dass jegliche weitere Zusammenarbeit unmöglich würde, da das Vertrauen zwischen dem Beschwerdeführer und dem Kirchengemeinderat zerstört sei. Er wies insbesondere auf die Missachtung des Betroffenen hinsichtlich des Kirchengemeinderates und die persönlichen Angriffe auf seine Mitglieder hin und befürchtete vor dem Hintergrund, dass die Leitung der Kirchengemeinde dem Pfarrer und dem Kirchengemeinderat gemeinsam obliege, eine Störung des Gemeindelebens. Nach § 57 Nr. 2 des Pfarrergesetzes der Kirche (siehe „Das einschlägige innerstaatliche Recht und die einschlägige innerstaatliche Praxis“) sei die Frage, wer dieses Zerwürfnis zu verantworten habe, unerheblich gewesen. Er war der Ansicht, eine einfache Versetzung könne deshalb nicht in Betracht gezogen werden, weil der Beschwerdeführer sich beharrlich geweigert habe, sich um eine andere Pfarrstelle zu bewerben, und folglich eine Wartezeit einzuhalten sei, bevor er für eine andere Stelle ernannt werden könne. Er führte schließlich aus, dass die Versetzung des Beschwerdeführers in den Wartestand insbesondere zur Folge habe, dass der Betroffene drei Monate nach der Zustellung des Beschlusses des Oberkirchenrats seine Dienstwohnung räumen müsse und nur noch ein Wartegeld in Höhe von 80% seiner zuletzt bezogenen Dienstbezüge und eine Mietzinsentschädigung erhalte.

Am 5.10.1994 wies der Landeskirchenausschuss im Anschluss an eine mündliche Verhandlung die Beschwerde des Beschwerdeführers gegen die Entscheidung des Oberkirchenrates zurück. Unter Bezugnahme auf die Rechtsprechung kirchlicher Verwaltungsgerichte erinnerte er daran, dass die Stellung eines Pfarrers in der Kirchengemeinde unhaltbar würde, wenn Umstände vorlägen, die ein gedeihliches Wirken in seinem Amt unmöglich machen würden. Er legte dar, dass bei einem Vertrauensbruch zwischen einem Pfarrer und einem

Kirchengemeinderat der Pfarrer die Kirchengemeinde verlassen müsse, da die Kirchengemeinde nicht versetzbar sei. Er fügte hinzu, dass das Verfahren zur Versetzung in den Wartestand objektiv sei; deshalb müsse nicht versucht werden nachzuweisen, wer die Spannungen ausgelöst habe und wer die Verantwortung dafür trage.

3. Die erste Entscheidung des Bundesverfassungsgerichts

Am 11.11.1994 legte der Beschwerdeführer beim Bundesverfassungsgericht Verfassungsbeschwerde ein, die sich unmittelbar gegen die kirchlichen Entscheidungen richtete, mit der Behauptung, dass nach ständiger Rechtsprechung die Verwaltungsgerichte nicht in einem Rechtsstreit zwischen einem Pfarrer und seiner Kirche entscheiden könnten.

Am 15.3.1999 erklärte das Bundesverfassungsgericht durch eine mit drei Richtern besetzte Kammer die Verfassungsbeschwerde für unzulässig (-2 BvR 2307/94- KirchE 37, 59), da der Rechtsweg zu den Fachgerichten nicht erschöpft worden sei.

4. Die Entscheidungen der Verwaltungsgerichte

Am 1.6.1999 wurde der Beschwerdeführer versetzt. Seitdem erteilt er für die Kirche Religionsunterricht an einer Schule.

Am 26.10.1999 reichte der Beschwerdeführer beim VG Stuttgart (-17 K 4775/99-) Klage ein, um die Aufhebung der kirchlichen Entscheidungen und Schadensersatz für den Vermögensschaden, der ihm durch die Versetzung in den Wartestand entstanden sei, zu erwirken. Das Verwaltungsgericht registrierte die Klage wegen des Vermögensschadens unter einem anderen Aktenzeichen (-17 K 2403/00-) und ordnete die Aussetzung dieses Verfahrens mit Zustimmung der beiden Parteien an.

Am 10.5.2000 erklärte das VG Stuttgart die Klage des Beschwerdeführers auf Aufhebung der kirchlichen Entscheidungen für unzulässig. In seiner Entscheidung vertrat es die Ansicht, dass nach ständiger Rechtsprechung des Bundesverwaltungsgerichts nämlich zur Kontrolle einer Maßnahme in innerkirchlichen Angelegenheiten, zu denen das kirchliche Dienstrecht rechne, der Rechtsweg zu den staatlichen Gerichten nicht gegeben sei. Es fügte hinzu, dass das nach Art. 137 Abs. 3 WRV gewährleistete Selbstbestimmungsrecht (siehe „Das einschlägige innerstaatliche Recht und die einschlägige innerstaatliche Praxis“) nicht nur das Recht beinhalte, kirchliche Ämter ohne staatliche Mitwirkung zu verleihen, sondern auch das Recht, zu bestimmen, welche Anforderungen an ein solches Amt zu stellen und welche Rechte und Pflichten damit verbunden sind. Es legte auch dar, das Bundesverfassungsgericht habe diese Rechtsprechung nicht beanstandet und kurze Zeit zuvor bestätigt, dass das Recht, Amt und Status ihrer Geistlichen festzulegen, zu den eigenen Angelegenheiten der Kirchen gehöre (Beschlüsse vom 18.9.1998 -2 BvR 69/93 und 1476/94- KirchE 36, 409).

Das Verwaltungsgericht gab sodann an, sich der Rechtsprechung anzuschließen, die das Bundesverfassungsgericht in seinem Beschluss vom 15.3.1999 (KirchE 37, 59) in der Rechtssache des Beschwerdeführers (siehe oben) als „gefestigt“ erachtet habe. Es legte dar, die im Schrifttum zum Ausdruck gebrachte Kritik sei weder in der Verwaltungsrechtsprechung, insbesondere des Bundesverwaltungsgerichts, noch vom Bundesverfassungsgericht aufgegriffen worden, wenn auch dem Beschluss des Bundesverfassungsgerichts vom 18.9.1998 (-2 BvR 1476/94- KirchE 36, 409) entnommen werden könne, dass nach Erschöpfung des insoweit gegebenen kirchlichen Rechtsweges die Anrufung staatlicher Gerichte nicht ausgeschlossen wird.

Das Verwaltungsgericht stellte fest, die Versetzung des Beschwerdeführers in den Wartestand gem. § 57 des Pfarrergesetzes gehöre eindeutig zum Bereich des kirchlichen Amtsrechts bzw. des Dienstrechts und falle damit in den Bereich der innerkirchlichen Angelegenheiten, weshalb eine Überprüfung durch die staatliche Gerichtsbarkeit ausscheide. Es vertrat die Auffassung, der Beschwerdeführer könne seine Klage auch nicht auf die Art. 2 Abs. 1 und 92 des Grundgesetzes stützen, wonach dem Staat eine Justizgewährleistungspflicht obliegt und somit sichergestellt wird, dass in jedem auf staatlichem Recht beruhenden Rechtsstreit die staatlichen Gerichte angerufen werden können. Es hob hervor, der vorliegende Rechtsstreit richte sich ausschließlich nach kirchlichem Dienstrecht und, selbst wenn die Kirchenbehörden grundlegende durch das Rechtsstaatsprinzip gebotene Verfahrensgarantien oder Grundprinzipien der Rechtsordnung zu beachten hätten, so würde es sich hier nur um Vorfragen bei der Anwendung und Auslegung kirchlichen Dienstrechts handeln. Dem Gericht zufolge bedeutete der mögliche Einfluss staatlichen Verfassungsrechts bei der Anwendung kirchlichen Rechts nicht, dass sich die Beurteilung dieses innerkirchlichen Rechtsstreits nach staatlichem Recht richte.

Das Verwaltungsgericht befand, dass anders als in der Rechtssache, die dem Urteil des Bundesgerichtshofs vom 11.2.2000 (KirchE 38, 60) zugrunde lag, der vorliegende Fall sich gerade nicht nach staatlichem Recht richtet. Es stellte im Übrigen fest, in der vorliegenden Sache würde nicht bestritten, dass die Kirche von der Möglichkeit, den Rechtsweg für eine gerichtliche Überprüfung gem. § 135 BRRG zu eröffnen, keinen Gebrauch gemacht hat (siehe „Das einschlägige innerstaatliche Recht und die einschlägige innerstaatliche Praxis“).

Mit Beschluss vom 12.2.2001 (KirchE 39, 24) lehnte der VGH Baden-Württemberg den Antrag des Beschwerdeführers auf Zulassung der Berufung ab.

5. Die zweite Entscheidung des Bundesverfassungsgerichts

Am 19.3.2001 legte der Beschwerdeführer erneut Verfassungsbeschwerde beim Bundesverfassungsgericht ein.

Am 27.1.2004 (-2 BvR 496/01- KirchE 45, 69) beschloss der Zweite Senat des Hohen Gerichts, die Verfassungsbeschwerde nicht zur Entscheidung anzunehmen.

B. Das einschlägige innerstaatliche Recht und die einschlägige innerstaatliche Praxis

1. Das Grundgesetz

(Der Gerichtshof referiert Art. 140 GG iVm Art. 137 Abs. 1-3 WRV)

2. Das Beamtenrechtsrahmengesetz

Nach § 135 Satz 2 des Rahmengesetzes zur Vereinheitlichung des Beamtenrechts (Beamtenrechtsrahmengesetz) idF vom 31.3.1999 bleibt es den öffentlich-rechtlichen Religionsgesellschaften überlassen, die Vorschriften des Kapitels II Abschnitt II dieses Gesetzes auf die Rechtsverhältnisse ihrer Seelsorger für anwendbar zu erklären. Daher war ein Rechtsstreit in diesem Bereich nach § 126 Abs. 1 des Rahmengesetzes der Verwaltungsgerichtsbarkeit unterworfen.

3. Kirchenrechtliche Bestimmungen

§ 57 Abs. 2 Nr. 2 des Pfarrergesetzes der Ev. Kirche in Württemberg bestimmt, dass die Versetzung eines Pfarrers in den Wartestand ohne das Einverständnis des Betroffenen angeordnet werden kann, wenn seine Stellung in der Gemeinde unhaltbar geworden ist und ein gedeihliches Wirken in einer anderen Gemeinde oder in einem anderen Arbeitsbereich nicht erwartet werden kann oder die Versetzung auf eine andere Stelle nicht möglich erscheint.

4. Die Rechtsprechung der innerstaatlichen Gerichte

a. Die Rechtsprechung des Bundesverfassungsgerichts

(Der Gerichtshof referiert BVerfG, Beschlüsse vom 18.9.1998 -2 BvR 1476/94- KirchE 36, 409 und 9.12.2008 -2 BvR 717/08- KirchE 52, 337).

b. Die Rechtsprechung des Bundesverwaltungsgerichts

(Der Gerichtshof referiert BVerwG, Urteile vom 28.2.2002 -7 C 7.01- KirchE 40, 140 und 30.10.2002 -2 C 23.01- KirchE 41, 148).

c. Die Rechtsprechung des Bundesgerichtshofs

(Der Gerichtshof referiert BGH, Urteile vom 11.2.2000 -V ZR 271/99- KirchE 38, 60 und 28.3.2003 -V ZR 261/02- KirchE 43, 201).

RÜGEN

Unter Berufung auf Art. 6 Abs. 1 der Konvention rügt der Beschwerdeführer, keinen Zugang zu einem Gericht gehabt zu haben. Obgleich die Verwaltungsgerichte der Auffassung waren, dass sie für die Überprüfung der streitigen Maßnahme nicht zuständig seien, hat das Bundesverfassungsgericht ihm zufolge nur eine sehr eingeschränkte hypothetische Überprüfung vorgenommen und sich auf eine reine Willkürkontrolle der Maßnahme beschränkt. Er behauptet, die einzige Institution, die sich mit der Begründetheit seiner Beschwerde befasst habe, sei der Landeskirchenausschuss gewesen, der seines Erachtens nicht als „unparteiisches Gericht" iSd Art. 6 Abs. 1 der Konvention angesehen werden kann. Er erinnert in diesem Zusammenhang daran, die Ev. Kirche in Württemberg sei die letzte Landeskirche gewesen, die (im Jahr 2002) ein Kirchengericht eingesetzt habe.

Der Beschwerdeführer rügt auch die Verfahrensdauer. Er behauptet insbesondere, das Bundesverfassungsgericht hätte bereits 1999 die hypothetische Überprüfung der Begründetheit seiner Verfassungsbeschwerde vornehmen können, statt ihn auf einen Rechtsweg ohne Aussicht auf Erfolg zu verweisen. Er nimmt hier auf die Tatsache Bezug, dass das Bundesverwaltungsgericht seine Rechtsprechung zu diesem Thema nur einige Monate vor seiner 1994 erhobenen ersten Verfassungsbeschwerde bestätigt hatte.

RECHTLCHE WÜRDIGUNG

Der Beschwerdeführer rügt die Weigerung der Verwaltungsgerichte, die Entscheidung der kirchlichen Stellen, mit denen seine Versetzung in den Wartestand angeordnet wurde, einer gerichtlichen Überprüfung zu unterziehen. Er beruft sich auf Art. 6 Abs. 1 der Konvention, dessen einschlägiger Passus wie folgt lautet:

> „Jede Person hat ein Recht darauf, dass über Streitigkeiten in Bezug auf ihre zivilrechtlichen Ansprüche und Verpflichtungen (...) von einem unabhängigen und unparteiischen, auf Gesetz beruhenden Gericht in einem fairen Verfahren (...) verhandelt wird."

A. Das Vorbringen der Parteien

1. Die Regierung

Die Regierung behauptet, Art. 6 der Konvention sei in der vorliegenden Sache nicht anwendbar. Sie verweist in diesem Zusammenhang auf die Rechtsprechung der Kommission (X. ./. Dänemark -Nr. 7374/76- Entscheidung vom 8.3.1976, DR 5, S. 157 [KirchE 42, 12] und X. ./. Deutschland -Nr. 9501/81- Entscheidung vom 7.12.1981) und diejenige des Gerichtshofs (Dudová und Duda ./. Tschechische Republik [Entsch.] -Nr. 40224/98- 30.1.2001 [KirchE 42, 476] und Ahtinen ./. Finnland -Nr. 48907/99- 23.9.2008 [KirchE 52, 146]). Nach Auffassung der Regierung hat der Beschwerdeführer zu keinem Zeitpunkt staatliches Recht, sondern nur kirchenrechtliche Bestimmungen geltend gemacht.

Die Regierung ist ferner der Ansicht, dass die neuere Rechtsprechung des Gerichtshofs in Bezug auf Angehörige des öffentlichen Dienstes, dargelegt in dem Urteil Vilho Eskelinen u.a. ./. Finnland ([GK] -Nr. 63235/00- CEDH 2007-II), nicht auf Rechtssachen übertragbar ist, in denen kirchliche Mitarbeiter betroffen sind. Der Regierung zufolge hat der Gerichtshof ausdrücklich darauf hingewiesen, dass sich die Gründe seines Urteils auf die Angehörigen des öffentlichen Dienstes beschränken. Die Regierung verweist im Übrigen darauf, es bestehe in Deutschland keine Staatskirche und die von den Kirchen und Religionsgemeinschaften getroffenen Maßnahmen seien keine Akte öffentlicher Gewalt. Sie fügt hinzu, dass selbst dann, wenn die Rechtsprechung aus der Sache Eskelinen auf den vorliegenden Fall angewendet würde, daraus eine Verletzung des Art. 6 der Konvention nicht abzuleiten sei.

Würde das in jenem Urteil verankerte erste Kriterium auf die vorliegende Sache angewandt, so stellt die Regierung fest, dass die kirchlichen Maßnahmen aufgrund einer gefestigten Rechtsprechung der Verwaltungsgerichte keiner verwaltungsgerichtlichen Überprüfung unterworfen werden können. Diese vom Bundesverwaltungsgericht am 30.10.2002 (KirchE 41, 148) bekräftigte Rechtsprechung sei vom Bundesverfassungsgericht in der vorliegenden Sache nicht in Frage gestellt worden. Die Regierung legt dar, das hohe Gericht habe den Beschwerdeführer in seiner ersten Entscheidung deshalb an die Verwaltungsgerichte zurückverwiesen, weil dieser selbst auf neue Entwicklungen in der diesbezüglichen Rechtsprechung hingewiesen hatte. In seiner zweiten Entscheidung habe das Bundesverfassungsgericht die neuere Rechtsprechung des Bundesgerichtshofs zwar nur hypothetisch angewendet, aber ausdrücklich offen gelassen, ob es dieser Rechtsprechung im konkreten Fall und zukünftig folgt. Die Regierung fügt hinzu, dass selbst der Bundesgerichtshof in seinem Urteil vom 28.3.2003 festgestellt hat, dass er von der Rechtsprechung des Bundesverwaltungsgerichts nicht abweiche, weil der ihm vorgelegte Fall nur vermögensrechtliche Ansprüche betreffe.

Im Hinblick auf das im Urteil Eskelinen u.a. verankerte zweite Kriterium behauptet die Regierung, dass der Ausschluss des Zugangs zu den Verwaltungsgerichten durch das verfassungsrechtlich verbürgte Selbstbestimmungsrecht der Kirchen und Religionsgemeinschaften gerechtfertigt sei. Dieses Recht sei neben der Religionsfreiheit und dem Grundsatz der Trennung von Staat und Kirche eine der drei Säulen der kirchenrechtlichen Ordnung und umfasse das Recht der Kirchen zur eigenständigen Ordnung und Regelung ihrer Angelegenheiten in Bezug auf ihre Bediensteten.

Hilfsweise behauptet die Regierung einerseits, dass der Landeskirchenausschuss den Anforderungen aus Art. 6 der Konvention an ein unabhängiges, unparteiisches und auf Gesetz beruhendes Gericht genügen würde, und andererseits, dass die Dauer des Verfahrens vor den staatlichen Kirchen die angemessene Frist nicht überschritten habe.

2. Der Beschwerdeführer

Der Beschwerdeführer ist der Ansicht, aus den Urteilen Pellegrin ./. Frankreich ([GK] -Nr. 28541/95- CEDH 1999-VIII) und Eskelinen (vorgenannt) gehe hervor, dass grundsätzlich jeder vor Gericht anhängig gemachte Anspruch einen zivilrechtlichen Anspruch im Sinne des Artikels 6 der Konvention darstellt. Diese Bestimmung sei demnach im vorliegenden Fall anwendbar. Die beiden Ausnahmen bei der Anwendung dieser Bestimmung, d.h. der Ausschluss - nach innerstaatlichem Recht - der gerichtlichen Überprüfung und das Vorliegen objektiver Gründe für die Rechtfertigung eines solchen Ausschlusses, lägen hier nicht vor. In diesem Zusammenhang fügt der Beschwerdeführer hinzu, es gäbe im deutschen Recht keine explizite Rechtsvorschrift, wonach der Zugang zu einem staatlichen Gericht ausgeschlossen und eine solche Einschränkung gerechtfertigt wäre.

Der Beschwerdeführer behauptet sodann, dass in der Rechtsprechung der Verwaltungsgerichte zwar zunächst die Auffassung vertreten wurde, die Überprüfung kirchlicher Maßnahmen durch die staatliche Gerichtsbarkeit sei nur dann möglich, wenn die Kirche oder die Religionsgesellschaft den Rechtsweg zu einer solchen Überprüfung eröffnet hat, dass dieser Ansatz aber in zunehmendem Maße auf Kritik stoße. Seines Erachtens spricht sich nicht nur das Schrifttum mehrheitlich für einen Rechtsschutz durch staatliche Gerichte in Kirchensachen aus, sondern in zunehmendem Maße auch die Rechtsprechung wie etwa der Bundesgerichtshof, der 7. Senat des Bundesverwaltungsgerichts und das OVG Koblenz (Urteil vom 28.11.2008 -2 A 10495/08- KirchE 52, 298). Da das innerstaatliche Recht eine gerichtliche Überprüfung nicht ausschließe, bedarf somit dem Beschwerdeführer zufolge das zweite Kriterium aus dem Urteil Eskelinen u.a. keiner Überprüfung.

Der Beschwerdeführer erinnert ferner daran, dass der Gerichtshof das Bestehen eines zivilrechtlichen Anspruchs in autonomer Weise auslegt. Seines Erachtens folgt hieraus, dass die Möglichkeit eines staatlichen Rechtsschutzes die Religionsfreiheit und das Selbstbestimmungsrecht der Kirchen und Religionsgemeinschaften nicht beeinträchtigt und dieser auf jeden Fall angesichts des Art. 9 Abs. 2 der Konvention gerechtfertigt wäre. Er bringt vor, dies treffe umso mehr zu, als die staatlichen Gerichte nur eine eingeschränkte Überprüfung vornähmen, da sie nicht die Rechtmäßigkeit eines kirchenrechtlichen

Akts, sondern einzig dessen Wirksamkeit prüfen würden, d.h. die Frage, ob der in Rede stehende Akt gegen die Grundprinzipien der Rechtsordnung verstößt. Diese eingeschränkte Prüfung respektiere die kirchliche Eigenständigkeit.

Der Beschwerdeführer behauptet schließlich, der Landeskirchenausschuss würde den Kriterien der Unabhängigkeit und Unparteilichkeit aus Art. 6 der Konvention nicht genügen und die Dauer des Verfahrens sei durch nichts gerechtfertigt, und zwar insbesondere nicht diejenige des Verfahrens vor dem Bundesverfassungsgericht.

B. Stellungnahme der Drittbeteiligten

Die Ev. Kirche in Württemberg und die Ev. Kirche in Deutschland unterstreichen, der Ausgang des Verfahrens vor dem Gerichtshof wirke sich auf nahezu 22.000 Geistliche aus, die von ihnen und den anderen regionalen evangelischen Kirchen in Deutschland beschäftigt werden. Unter Bezugnahme auf die Rechtsprechung des Gerichtshofs (Dudovà und Duda, o.a. Entscheidung) sind sie der Ansicht, dass Art. 6 der Konvention auf das vorliegende Verfahren nicht anwendbar ist. Sie weisen darauf hin, dass im Gegensatz zur Situation in England, wo das Kirchenrecht Bestandteil des Staatsrechts ist (Tyler ./. Vereinigtes Königreich -Nr. 21283/93- Entscheidung der Kommission vom 5.4.1994, DR 77, S. 81), die Kirchen und die Religionsgesellschaften mit dem Status einer juristischen Person öffentlichen Rechts nach deutschem Recht nicht Teil der öffentlichen Gewalt sind. Die deutsche Rechtsordnung würde es den Religionsgesellschaften mit Körperschaftsstatus überlassen, die gesetzliche Grundlage in Bezug auf ihre Geistlichen zu regeln. Das Staatsrecht würde kein Recht aufweisen, das als Grundlage für eine Rechtsstreitigkeit vor den staatlichen Gerichten dienen könnte.

Die beteiligten Kirchen heben ferner hervor, dass selbst wenn Art. 6 der Konvention hier anwendbar wäre, die vom Gerichtshof in seinem Urteil Eskelinen niedergelegten Grundsätze nicht ohne Änderungen angewendet werden könnten. Es stehe nämlich dem Staat nicht zu, darüber zu befinden, welche Bedeutung ein Geistlicher in einer Religionsgesellschaft hat, sondern es sei Aufgabe allein der Kirchen und der Religionsgesellschaften, in Ausübung ihres Selbstbestimmungsrechts das besondere Band des Vertrauens und der Loyalität zu bestimmen, das zwischen ihnen und ihren Kirchenbediensteten bestehen sollte (ibidem, Rn 62). Außerdem sei der Zugang zu einem Gericht nicht uneingeschränkt und der Zugang zu den Kirchengerichten gehöre zu den anderen „angemessenen Wegen", auf die der Gerichtshof in seinem Urteil W. und K. ./. Deutschland [GK] -Nr. 26083/94- Rn 68, CEDH 1999-I) verwiesen habe.

C. Würdigung durch den Gerichtshof

Der Gerichtshof erinnert daran, dass Art. 6 der Konvention jedem das Recht gewährt, dass über alle Streitigkeiten in Bezug auf zivilrechtliche Ansprüche und Verpflichtungen ein Gericht entscheidet, und Art. 6 auf diese Weise das „Recht auf ein Gericht" postuliert, wobei das Recht auf Zugang, nämlich dasjenige, ein Gericht in Zivilsachen anzurufen, nur einen Aspekt darstellt (Golder ./. Vereinigtes Königreich, 21.2.1975, Rn 36, Serie A Bd. 18).

Der Gerichtshof hält es jedoch für angezeigt, zunächst festzustellen, ob Art. 6 der Konvention im vorliegenden Fall anwendbar ist, und insbesondere, ob die deutschen Gerichte mit einer Streitsache befasst waren, die einen zivilrechtlichen „Anspruch" betraf, der dem Beschwerdeführer nach innerstaatlichem deutschen Recht zustand und geeignet ist, diesen Artikel zur Anwendung zu bringen (o.a. Entscheidung Dudovà und Duda). Er erinnert daran, dass Art. 6 den zivilrechtlichen Ansprüchen keinen bestimmten materiellen Gehalt in der Rechtsordnung der Konventionsstaaten zusichert und durch die Auslegung dieser Bestimmung kein materielles Recht begründen kann, das in dem betroffenen Staat keine Rechtsgrundlage hat. Er bekräftigt erneut, dass die Garantien aus dieser Bestimmung nur für die Ansprüche gelten, bei denen anzunehmen ist, dass sie - zumindest in vertretbarer Weise - nach innerstaatlichem Recht anerkannt sind, unabhängig davon, ob diese darüber hinaus von der Konvention geschützt sind oder nicht (Roche ./. Vereinigtes Königreich [GK] -Nr. 32555/96- Rn 117, CEDH 2005-X und Cudak ./. Litauen [GK] -Nr. 15869/02- Rn 45, 23.3.2010).

Der Gerichtshof erinnert ferner daran, dass für die Beurteilung der Frage, ob ein zivilrechtlicher „Anspruch" iSd Art. 6 der Konvention vorliegt, das einschlägige innerstaatliche Recht und seine Auslegung durch die innerstaatlichen Gerichte als Ausgangspunkt zu dienen haben (Markovic u.a. ./. Italien [GK] -Nr. 1398/03- Rn 95, CEDH 2006-XIV, o.a. Sache Roche, Rn 120, Masson und Van Zon ./. Niederlande, 28.9.1995, Rn 49, Serie A Bd. 327-A, und Ahtinen ./. Finnland -Nr. 48907/99- Rn 38, 23.9.2008 [KirchE 52, 146])

Der Gerichtshof stellt in dieser Sache zunächst fest, dass die Versetzung des Beschwerdeführers in den Wartestand auf § 57 Abs. 2 Nr. 2 des Pfarrergesetzes der Kirche gestützt war, der zum Kirchenrecht zählte und nicht Teil des Staatsrechts war, wie das Verwaltungsgericht hervorgehoben hat.

Er stellt sodann fest, das Verwaltungsgericht habe daran erinnert, dass nach ständiger Rechtsprechung des Bundesverwaltungsgerichts zur Kontrolle einer Maßnahme in innerkirchlichen Angelegenheiten, zu denen das kirchliche Dienstrecht rechne, der Rechtsweg zu den staatlichen Gerichten nicht gegeben sei. In diesem Zusammenhang legte das Gericht dar, dass das nach Art. 137 Abs. 3 der Weimarer Reichsverfassung gewährleistete Selbstbestimmungsrecht, das

Teil des Verfassungsrechts ist, nicht nur das Recht beinhalte, die kirchlichen Ämter ohne staatliche Mitwirkung zu verleihen, sondern auch das Recht zu bestimmen, welche Anforderungen an ein solches Amt zu stellen und welche Rechte und Pflichten damit verbunden sind (siehe sinngemäß die o.a. Entscheidung in der Sache Dudová und Duda).

Der Gerichtshof stellt fest, dass dem Verwaltungsgericht zufolge die Versetzung des Beschwerdeführers in den Wartestand eindeutig als eine Maßnahme zu verstehen ist, die zum Bereich der innerkirchlichen Angelegenheiten gehört und folglich keiner gerichtlichen Überprüfung durch staatliche Gerichte unterliegen kann; nach Ansicht des Gerichts konnte der Beschwerdeführer ferner auch nicht die Pflicht des Staates geltend machen, eine gerichtliche Kontrolle zu gewährleisten, weil der in Rede stehende Rechtsstreit nicht auf staatliches Recht gestützt sei, sondern ausschließlich dem Kirchenrecht unterliege. Der Gerichtshof hebt ferner hervor, das Oberverwaltungsgericht habe die Berufung nicht zugelassen mit der Begründung, dass keine ernstlichen Zweifel an dem Urteil gegeben seien und dass der Rechtssache keine grundsätzliche Bedeutung zukomme.

Der Gerichtshof stellt im Übrigen fest, dass das Bundesverwaltungsgericht als oberstes Verwaltungsgericht in seinem Urteil vom 30.10.2002 (KirchE 48, 148) seine ständige Rechtsprechung in einem mit dieser Rechtssache vergleichbaren Fall bekräftigt hat. Er unterstreicht schließlich, dass das Bundesverfassungsgericht seinerseits in seiner ersten in der vorliegenden Sache ergangenen Entscheidung diese Rechtsprechung als „gefestigt" betrachtet und seinen Ansatz später in der Entscheidung vom 9.12.2008 übrigens bestätigt hat (siehe „Das einschlägige innerstaatliche Recht und die einschlägige innerstaatliche Praxis"). Der Gerichtshof ist der Auffassung, dass im Gegensatz zum Vorbringen des Beschwerdeführers nicht behauptet werden kann, das hohe Gericht sei in seiner zweiten in dieser Sache getroffenen Entscheidung von dieser Rechtsprechung abgewichen, indem es eine hypothetische Prüfung der Begründetheit der vom Beschwerdeführer erhobenen Verfassungsbeschwerde im Licht der neueren Rechtsprechung des Bundesgerichtshofs vorgenommen hat. Der Gerichtshof ruft diesbezüglich in Erinnerung, dass er in einer Rechtssache betreffend die Versetzung eines Pfarrers der Ev. Kirche Finnlands der Ansicht war, dass die Möglichkeit, vor dem Obersten Verwaltungsgericht Finnlands einen außerordentlichen Rechtsbehelf zu erheben, nicht geeignet war, seine Schlussfolgerung zu beeinträchtigen, wonach der Betroffene seine Klage nicht auf ein nach finnischem Recht anerkanntes Recht stützen konnte (o.a. Sache Ahtinen, Rn 40).

Der Gerichtshof stellt übrigens fest, die Kirche habe den Rechtsweg für eine gerichtliche Überprüfung durch Verwaltungsgerichte gemäß § 135 des Beamtenrechtsrahmengesetzes nicht eröffnet.

Insoweit als der Beschwerdeführer die neuere Rechtsprechung geltend macht, insbesondere die des Bundesgerichtshofs, aber auch diejenige des 7. Senats des Bundesverwaltungsgerichts (siehe „Das einschlägige innerstaatliche Recht und die einschlägige innerstaatliche Praxis"), um das Bestehen eines nach deutschem Recht anerkannten Anspruchs zu bekräftigen, stellt der Gerichtshof fest, dass diese Rechtsprechung, so wie dies insbesondere aus den Urteilen des Bundesgerichtshofs vom 11.2.2000 (KirchE 38, 60) und 28.3.2003 (KirchE 32, 201) hervorgeht, in erster Linie Klagen zu betreffen scheint, bei denen der Status eines Geistlichen nur eine Vorfrage der Begründetheit des verfolgten Anspruchs darstellt (verkappte Statusklagen). Das Urteil des Verwaltungsgerichts betraf allerdings nur die Versetzung des Beschwerdeführers in den Wartestand als solche, wohingegen die Klage betreffend seinen materiellen Schaden im Einvernehmen mit den Parteien ausgesetzt worden ist. Selbst in der Annahme, dass diese Rechtsprechung auch für Statusklagen hätte gelten können, stellt der Gerichtshof im Übrigen fest, dass diese nur den Rechtsweg für eine eingeschränkte gerichtliche Überprüfung eröffnet hätte, weil die vom Selbstverständnis der Kirche getragene Maßnahme nicht auf ihre Rechtmäßigkeit, sondern lediglich auf ihre Wirksamkeit hin hätte überprüft werden können. Die staatlichen Gerichte hätten sich auf die Prüfung der Frage beschränken müssen, ob die streitgegenständlichen Maßnahmen gegen die Grundprinzipien der deutschen Rechtsordnung wie das Willkürverbot oder den Begriff der guten Sitten und des ordre public verstoßen. Aus den dem Gerichtshof vorgelegten Unterlagen geht allerdings nicht hervor, dass der Beschwerdeführer vor den innerstaatlichen Gerichten oder vor dem Gerichtshof behauptet hat, die streitgegenständlichen Maßnahmen würden gegen eines oder mehrere dieser Prinzipien verstoßen.

Unter diesen Umständen ist der Gerichtshof der Ansicht, es könne nicht behauptet werden, dass das Verfahren des Beschwerdeführers einen Anspruch betraf, der nach deutschem Recht in vertretbarer Weise für anerkannt erachtet werden kann. Demzufolge ist Art. 6 Abs. 1 der Konvention auf das in Rede stehende Verfahren nicht anwendbar.

Mithin ist die Beschwerde ratione materiae gem. Art. 35 Abs. 3 Buchst. a und Abs. 4 mit der Konvention unvereinbar und zurückzuweisen.

Aus diesen Gründen entscheidet der Gerichtshof mehrheitlich:
Er erklärt die Beschwerde für unzulässig.

47

Die Garantien aus Art. 6 Abs. 1 EMRK gelten nur für Ansprüche, deren zivilrechtlicher Charakter - zumindest in vertretbarer Weise - nach innerstaatlichem Recht anerkannt ist. Sie sind daher nicht anwendbar auf eine Klage, mit der sich ein evangelischer Pfarrer vor dem staatlichen Verwaltungsgericht gegen die Kürzung seines Diensteinkommens und hilfsweise gegen die Weigerung der Kirche, ihm das beantragte Urlaubsgeld zu zahlen, wendet. Eine eingeschränkte materielle Prüfung kommt nur in Betracht, wenn der Kläger substantiiert vorträgt, dass die streitgegenständlichen Maßnahmen gegen die Grundprinzipien der deutschen Rechtsordnung wie das Willkürverbot oder den Begriff der guten Sitten und des ordre public verstoßen.

Art./§ 140 GG, 137 WRV, 135 BRRG, 6 EMRK
EGMR, Entscheidung vom 6. Dezember 2011 -No. 39775/04-
(Reuter ./. Deutschland)[1]

SACHVERHALT

Der Beschwerdeführer ist deutscher Staatsangehöriger und in M. wohnhaft.

A. Die Umstände der vorliegenden Rechtssache

Im Jahr 1983 wurde der Beschwerdeführer als evangelischer Pfarrer ordiniert. Im Februar 1986 übernahm er die Leitung der evangelischen Kirchengemeinde U. Infolge von Unstimmigkeiten mit der Kirchengemeinde wurde er am 1.9.1992 beurlaubt. Am 1.7.1993 wurde er als Pfarrer aus der Kirchengemeinde abberufen. Seine Widersprüche gegen diese Entscheidung wurden in letzter Instanz durch Urteil der Verwaltungskammer der Evangelischen Kirche im Rheinland („die Kirche") vom 7.3.1994 zurückgewiesen, die die Geschehnisse, die zu dem Entschluss geführt haben, den Beschwerdeführer abzuberufen, detailliert nachvollzog.

1. Das Verfahren über die Versetzung des Beschwerdeführers in den Wartestand

a) Die kirchlichen Entscheidungen

Am 1.10.1994 ordnete die Kirche die Versetzung des Beschwerdeführers in den Wartestand an. Die Verwaltungskammer der Kirche hob diese Entscheidung wegen Nichteinhaltung der vorgeschriebenen Wartefrist auf. Am 19.6.1995 ordnete sie erneut die Versetzung des Beschwerdeführers mit Wirkung vom

1 HUDOC; *juris*. Nichtamtl. Übersetzung der Bundesregierung.

1.8.1995 in den Wartestand an. Ab diesem Zeitpunkt erhielt der Beschwerdeführer nur noch ein Wartegeld in Höhe von 75% seiner letzten Dienstbezüge. Am 20.11.1995 wies der Beschwerdeausschuss der Kirchenleitung den vom Beschwerdeführer eingelegten Widerspruch zurück. Er wies darauf hin, dass ein Pfarrer, der abberufen worden ist, insbesondere gem. § 53 Abs. 3 Pfarrerdienstgesetz (siehe „Das einschlägige innerstaatliche Recht und die einschlägige innerstaatliche Praxis") in den Wartestand zu versetzen sei, wenn er nicht innerhalb eines Jahres nach der Abberufung in eine neue Pfarrstelle berufen worden sei.

Am 22.4.1996 bestätigte die Verwaltungskammer der Kirche die angefochtene Entscheidung. Sie betonte, dass der Kirche bei dieser Frage kein Ermessen eingeräumt sei, da es sich bei der Versetzung eines Pfarrers in den Wartestand nach Ablauf eines Jahres nach dem Zeitpunkt, in dem er abberufen worden sei, um eine gebundene Entscheidung handele. Im Übrigen wies sie darauf hin, es habe keine Anhaltspunkte für die Behauptung gegeben, die Kirche sei dem Beschwerdeführer nicht dabei behilflich gewesen, eine neue Stelle zu finden.

b) Die erste Verfassungsbeschwerde des Beschwerdeführers

Am 16. August 1996 legte der Beschwerdeführer beim Bundesverfassungsgericht Verfassungsbeschwerde ein, die sich unmittelbar gegen die kirchlichen Entscheidungen und das Urteil der Verwaltungskammer richtete; er behauptete, dass die Verwaltungsgerichte nach ihrer ständigen Rechtsprechung nicht in einem Rechtsstreit zwischen einem Pfarrer und seiner Kirche entscheiden könnten.

Am 6.4.1999 erklärte das Bundesverfassungsgericht die Beschwerde des Beschwerdeführers für unzulässig (-2 BvR 1635/07-). Unter Bezugnahme auf seine Entscheidung vom 15.3.1999 (siehe „Das einschlägige innerstaatliche Recht und die einschlägige innerstaatliche Praxis") war es der Auffassung, dass der Beschwerdeführer den Rechtsweg zu den staatlichen Fachgerichten nicht erschöpft habe.

2. Die Verfahren in Bezug auf die Versetzung in den Ruhestand und die Anträge des Beschwerdeführers auf Urlaubsgeld

a) Die Entscheidungen der Kirchengerichte

aa) Das Verfahren über die Versetzung in den Ruhestand

Am 1.7.1998 ordnete die Kirchenverwaltung die Versetzung des Beschwerdeführers mit Wirkung vom 1.9.1998 in den Ruhestand an. Infolge dieser Entscheidung wurde das Wartegeld des Beschwerdeführers um 29,33% gekürzt, was sein Einkommen auf 53,67% seines Pfarrergehalts verringerte. Der Beschwerdeausschuss der Kirchenleitung wies den Widerspruch des Beschwerdeführers zurück. Am 3.5.1999 bestätigte die Verwaltungskammer der Kirche die vom Beschwerdeführer angefochtene Entscheidung.

Der Beschwerdeführer legte Berufung ein. Am 1.3.2002 wies der Verwaltungsgerichtshof der Evangelischen Kirche der Union die Berufung des Beschwerdeführers zurück und bestätigte die Schlussfolgerungen der Verwaltungskammer. Er führte aus, dass insbesondere nach § 91 Abs. 1 Pfarrdienstgesetz (siehe „Das einschlägige innerstaatliche Recht und die einschlägige innerstaatliche Praxis“) die Versetzung in den Ruhestand nach Ablauf von drei Jahren automatisch erfolge, unabhängig von den Gründen, aus denen der Betroffene keine neue Verwendung gefunden habe, und von der Frage, ob die Kirche ihn dabei unterstützt habe, eine neue Beschäftigung zu finden. Er wies darauf hin, dass eine Versetzung in den Ruhestand nur dann nicht automatisch erfolge, wenn die Kirche die Bemühungen des Betroffenen, eine Stelle zu finden, behindere und dass es im vorliegenden Fall keine Anhaltspunkte für ein solches Verhalten der Kirche gebe.

Der Verwaltungsgerichtshof kam zu dem Schluss, dass eine solche Versetzung in den Ruhestand mit einer - je nach Dienstalter - gegebenenfalls erheblichen Reduzierung der Bezüge nicht gegen das Persönlichkeitsrecht oder die Menschenwürde verstoße. Er wies darauf hin, dass ein Pfarrer zwar unabhängig davon abberufen werden könne, ob er selbst das zerrüttete Verhältnis (oder einen beachtlichen Teil davon) verschuldet habe, und dass, auch wenn der Pfarrer für diese Unstimmigkeiten keinesfalls verantwortlich sei, seine Abberufung im Interesse der Kirchengemeinde möglich sein müsse. Er räumte ein, dass eine solche Maßnahme zwar einen schweren Eingriff in die Lebenssituation eines Pfarrers darstelle, fügte jedoch hinzu, dass das kirchliche Recht Regelungen enthalte, die dem Ausgleich der Folgen der Abberufung dienten. Dem Verwaltungsgerichtshof zufolge behält somit ein Pfarrer ein Jahr lang seine Dienstbezüge, danach erhält er für weitere drei Jahre ein Wartegeld in Höhe von 75%. Der Verwaltungsgerichtshof legte dar, dass das Pfarrdienstgesetz davon ausgehe, dass es dem Betroffenen möglich sein müsse, in diesem Zeitraum von vier Jahren eine andere Stelle zu finden. Er fügte hinzu, dass die Versetzung in den Ruhestand nur erfolge, wenn er keine andere Stelle gefunden habe. Schließlich merkt er an, dass das Ruhegehalt zwar sehr gering ausfalle, wenn der Pfarrer nach nur wenigen Dienstjahren in den Ruhestand versetzt würde, er dieses jedoch lebenslang erhalte.

bb) Das Verfahren über die Anträge auf Urlaubsgeld

In der Folgezeit beantragte der Beschwerdeführer Urlaubsgeld für die Jahre 1996 und 1997. Die Versorgungskasse der Kirche lehnte den Antrag mit der Begründung ab, der Betroffene habe in diesem Zeitraum nicht im aktiven Dienst der Kirche gestanden. Der vom Beschwerdeführer eingelegte Widerspruch hatte keinen Erfolg. Mit Urteil vom 24.8.1998 wies die Verwaltungskammer der Kirche die vom Beschwerdeführer erhobene Klage ab.

Mit Beschluss vom 2.11.1999 bestätigte der Verwaltungsgerichtshof der Evangelischen Kirche der Union das vom Betroffenen angefochtene Urteil. Er wies darauf hin, dass die versorgungsrechtlichen Bestimmungen für Pfarrer im Wartestand kein Urlaubsgeld vorsähen. Er war der Auffassung, dass im Falle des Beschwerdeführers kein Verstoß gegen den Gleichbehandlungsgrundsatz vorliege, denn selbst wenn sein Status in Bezug auf einzelne Aspekte mit dem eines im Amt befindlichen Pfarrers vergleichbar sei, ähnele dieser insoweit stärker dem Status eines Pfarrers im Ruhestand, der keinen Anspruch mehr auf Urlaubsgeld habe. Dem Verwaltungsgerichtshof zufolge seien die streitigen Regelungen der Kirche daher nicht willkürlich, verstießen nicht gegen den Gleichheitssatz und hielten sich innerhalb der Grenzen des durch das Grundgesetz garantierten Rechts der Kirchen, ihre Angelegenheiten selbständig zu regeln.

b) Die Entscheidungen der staatlichen Gerichte

Am 23. Dezember 1999 erhob der Beschwerdeführer Klage beim VG Düsseldorf gegen die Kürzung seines Diensteinkommens um 25% und hilfsweise gegen die Weigerung der Kirche, ihm das beantragte Urlaubsgeld zu zahlen. In Bezug auf die Kürzung der Bezüge rügte er insbesondere den Automatismus, den seine Abberufung ausgelöst hätte, nämlich seine Versetzung in den Wartestand, die Kürzung seines Gehalts und die Einschränkungen anderer Rechte, schließlich später seine Versetzung in den Ruhestand. Er behauptete insbesondere, dass allein die Feststellung durch die Leitung einer Kirchengemeinde, in der ein gedeihliches Wirken nicht möglich sei, ausgereicht habe, seine Abberufung zu rechtfertigen, ohne dass seines Erachtens irgendeine Schuld oder Verantwortlichkeit festgestellt und diese Frage geprüft worden seien. Er behauptete, dass zwar die Entscheidung, ihn abzuberufen, zu den innerkirchlichen Angelegenheiten zähle und daher nicht durch das Verwaltungsgericht habe überprüft werden dürfen, es sich jedoch bei der Frage der Gehaltskürzung und der des Urlaubsgeldes anders verhalte, da diese Bereiche ihm zufolge wegen ihrer vermögensrechtlichen Folgen den innerkirchlichen Rechtskreis verließen.

aa) Das Urteil des Verwaltungsgerichts

Mit Urteil vom 19.4.2002 (-1 K 8559/99- KirchE 40, 252) erklärte das Verwaltungsgericht die Klagen des Beschwerdeführers für unzulässig, weil die staatlichen Verwaltungsgerichte nicht für die Entscheidung zuständig seien. (*Der Gerichtshof referiert die Entscheidung des VG Düsseldorf.*)

bb) Die Entscheidung des Oberverwaltungsgerichts

Am 3.7.2003 wies das Oberverwaltungsgericht für das Land Nordrhein-Westfalen (-5 A 2781/02-) den Antrag des Beschwerdeführers auf Zulassung der Berufung zurück, weil den aufgeworfenen Fragen keine grundsätzliche Bedeutung zukomme. Unter Berufung auf die Rechtsprechung des Bundesverwaltungsgerichts wies es darauf hin, dass Kirchen, dort, wo sie über das Recht zur Selbstbestimmung verfügten, nicht der staatlichen Gerichtsbarkeit unterlägen. Kirchliche Gewalt sei infolge der öffentlichen Rechtsstellung der Kirchen zwar öffentliche, aber nicht staatliche Gewalt. Das Gericht machte auch deutlich, dass Streitigkeiten wegen Maßnahmen, welche die Kirche in Ausübung des ihr verfassungsrechtlich garantierten Selbstbestimmungsrechts getroffen habe, nicht den Rechtsweg vor den Verwaltungsgerichten eröffneten. Es führte weiterhin aus: Bei innerkirchlichen Maßnahmen stünde den Religionsgesellschaften ein vor jeder staatlichen Einflussnahme geschütztes Selbstbestimmungsrecht zu. Erst wenn diese Maßnahmen sich unmittelbar auf die staatlichen Bereiche auswirken würden, gelte das uneingeschränkte Selbstbestimmungsrecht nicht. Das Dienstrecht der Geistlichen gehöre zum Bereich der innergemeinschaftlichen Angelegenheiten der Kirchen. Die in diesem Bereich getroffenen Entscheidungen der Kirchen seien von den staatlichen Gerichten hinzunehmen und zwar unabhängig von der Frage, ob die kirchlichen Stellen die fundamentalen Grundsätze der staatlichen Rechtsordnung eingehalten haben oder nicht.

In Anwendung dieser Grundsätze auf den ihm vorgelegten Fall vertrat das Oberverwaltungsgericht die Auffassung, dass der Beschwerdeführer nicht vor den Verwaltungsgerichten behaupten könne, die streitigen kirchlichen Regelungen hätten die Frage unberücksichtigt gelassen, ob er selbst die Wartestandsversetzung zu vertreten habe und ob andernfalls die Möglichkeit einer zumutbaren Weiterbeschäftigung gegeben sei oder ob einschlägige finanzielle Gründe einer Weiterbeschäftigung entgegenstünden. Dem Gericht zufolge betrafen diese Fragen unmittelbar das kirchliche Dienstrecht und waren der Überprüfung durch die staatlichen Gerichte entzogen, da das kirchliche Selbstbestimmungsrecht auch die Regelungskompetenz zur Festlegung der Voraussetzungen umfasse, unter denen ein Kirchenbeamter in den Wartestand versetzt werden könne und ein gekürztes Wartegeld erhalte.

Das Oberverwaltungsgericht gelangte zu folgendem Schluss: Sollte das Dienstrecht - im Sinne des Bundesverwaltungsgerichts - generell auch die unmittelbaren vermögensrechtlichen Folgen einer kirchlichen Entscheidung umfassen, so wäre dem Kläger der Zugang zu den Verwaltungsgerichten - wie das Verwaltungsgericht angenommen habe - verwehrt; sollte hingegen der Bereich der innerkirchlichen Angelegenheiten, der der staatlichen Gerichtsbarkeit entzogen sei, enger zu verstehen sein und folglich dem Betroffenen der Rechtsweg zu den staatlichen Gerichten offen stehen, um sich wegen der vermögensrechtlichen Wirkungen seiner Versetzung in den Wartestand zu beschweren, so wäre für eine Verletzung der relevanten rechtlichen Maßstäbe, die sich aus dem Willkürverbot und dem Sozialstaats-, Fürsorge- und Verhältnismäßigkeitsprinzip ergäben, nichts ersichtlich. Dem Oberverwaltungsgericht zufolge habe der Beschwerdeführer jedenfalls nicht dargelegt, dass die Gehaltsminderung und der Wegfall des Urlaubsgeldes die in Rede stehenden verfassungsrechtlichen Bestimmungen verletzt hätten.

cc) Die Verfassungsbeschwerde des Beschwerdeführers und die Entscheidung des Bundesverfassungsgerichts

Am 7.8.2003 erhob der Beschwerdeführer vor dem Bundesverfassungsgericht Verfassungsbeschwerde gegen die seit dem 19.6.1995 in seinem Fall durch die kirchlichen Gerichte und die staatlichen Gerichte ergangenen Entscheidungen. Er rügte insbesondere, dass die streitgegenständlichen kirchlichen Entscheidungen aufgrund ihrer Art und vermögensrechtlichen Wirkungen die Grenzen des Kirchenrechts überschritten hätten und somit in den Anwendungsbereich staatlichen Rechts fielen. Dies führte seines Erachtens dazu, dass die Kirche - zumindest mittelbar - staatliche Gewalt ausgeübt und das Selbstbestimmungsrecht der Kirche somit Einschränkungen erfahren habe. Der Beschwerdeführer behauptete beiläufig, dass der Automatismus der vom Pfarrerdienstgesetz vorgesehenen Maßnahmen, nämlich Abberufung, Versetzung in den Warte- und Ruhestand, einhergehend mit Gehaltskürzungen, gegen das Willkürverbot, das Sozialstaats-, Fürsorge- und Verhältnismäßigkeitsprinzip verstoße.

Das Bundesverfassungsgericht hat am 10.5.2004 die Verfassungsbeschwerde des Beschwerdeführers (-2 BvR 1327/03-) ohne Angabe von Gründen nicht zur Entscheidung angenommen.

B. Das einschlägige innerstaatliche Recht und die einschlägige innerstaatliche Praxis

1. Das Grundgesetz

(Der Gerichtshof referiert Art. 140 GG, 137 WRV.)

2. Das Beamtenrechtsrahmengesetz

Nach § 135 Satz 2 des Rahmengesetzes zur Vereinheitlichung des Beamtenrechts (Beamtenrechtsrahmengesetz) idF vom 31.3.1999 blieb es den öffentlich-rechtlichen Religionsgesellschaften überlassen, die Vorschriften des Kapitels II Abschnitt II dieses Gesetzes auf die Rechtsverhältnisse ihrer Seelsorger für anwendbar zu erklären. Daher ist nach § 126 Abs. 1 des Rahmengesetzes ein Rechtsstreit in diesem Bereich der Verwaltungsgerichtsbarkeit unterworfen.

3. Kirchenrechtliche Bestimmungen

§ 53 Abs. 3 des Pfarrerdienstgesetzes in der damals geltenden Fassung sah vor, dass ein abberufener Pfarrer in den Wartestand zu versetzen war, wenn er nach Ablauf eines Jahres nicht auf eine andere Pfarrstelle berufen worden ist. Die Versetzung in den Ruhestand hatte insbesondere zur Folge, dass das Gehalt des Betroffenen durch ein Wartegeld in Höhe von 75% dieses Gehaltes ersetzt wurde. Nach § 53 Abs. 1 des Gesetzes ist die Kirche verpflichtet, dem Betroffenen bei der Suche einer neuen Stelle behilflich zu sein.

Sollte ein Pfarrer im Wartestand bis zum Ablauf einer Frist von drei Jahren keine andere Stelle finden, war nach § 91 Abs. 1 dieses Gesetzes seine Versetzung in den Ruhestand anzuordnen.

Die vermögensrechtlichen Folgen waren in der Pfarrbesoldungs- und Versorgungsordnung und insbesondere den §§ 31 Abs. 3 und 23 Abs. 1 geregelt.

4. Die Rechtsprechung der innerstaatlichen Gerichte

a) Die Rechtsprechung des Bundesverfassungsgerichts

Mit Entscheidung vom 15.3.1999 (-2 BvR 2307/94- KirchE 37, 59, siehe B. ./. EGMR, Entscheidung vom 6.12,2011 -Nr. 38285/04. KirchE 58, 409) hat das Bundesverfassungsgericht die Verfassungsbeschwerde eines evangelischen Pfarrers für unzulässig erklärt, der von seiner Kirche in den Wartestand versetzt worden war, da er den Rechtsweg zu den Fachgerichten nicht erschöpft habe. (*wird weiter ausgeführt*)

In zwei Entscheidungen vom 27.1.2004 (-2 BvR 496/01- KirchE 45, 69 und -1978/00-) hat der Zweite Senat des Bundesverfassungsgerichts die Verfassungsbeschwerden der Betroffenen nicht zur Entscheidung angenommen, ohne sich zur Übereinstimmung der Rechtsprechung der Verwaltungsgerichte betreffend die Überprüfung kirchlicher Maßnahmen durch die staatlichen Gerichte zu äußern. Er war der Auffassung, dass selbst bei Anwendung der neueren Rechtsprechung des Bundesgerichtshofs die streitigen kirchlichen Maßnahmen nicht gegen die von diesem aufgestellten Maßstäbe verstießen (B., vorgenannte Entscheidung).

Mit Entscheidung vom 9.12.2008 (-2 BvR 717/08- KirchE 52, 337) hat das Bundesverfassungsgericht die Verfassungsbeschwerde eines evangelischen Pfarrers mit der Begründung für unzulässig erklärt, dass die angefochtenen kirchlichen Entscheidungen keine Akte der öffentlichen Gewalt seien. (*wird weiter ausgeführt*)

b) Die Rechtsprechung des Bundesverwaltungsgerichts

Nach ständiger Rechtsprechung des Bundesverwaltungsgerichts steht es den Verwaltungsgerichten nicht zu, kirchliche Maßnahmen im Zusammenhang mit

Statusklagen zu beurteilen. Solche Klagen müssten für unzulässig erklärt werden (z.B. Urteil vom 28.4.1994 -2 C 23/92- KirchE 32, 148).

Während der 7. Senat des Bundesverwaltungsgerichts in einer Rechtssache betreffend die Vergabe öffentlicher Mittel an jüdische Gemeinschaften sich der neueren Rechtsprechung des Bundesgerichtshofs angeschlossen hat (Urteil vom 28.2.2002 -7 C 7/01- KirchE 40, 140), hat der 2. Senat desselben Gerichts in einer Rechtssache betreffend die Versetzung eines evangelischen Pfarrers in den Warte- und Ruhestand seine ständige Rechtsprechung bekräftigt und das Urteil des Oberverwaltungsgerichts Rheinland-Pfalz vom 1.6.2001 (-2 A 12125/00- KirchE 39, 159) aufgehoben, das seinerseits dem Urteil des Bundesgerichtshofs vom 11.2.2000 KirchE 38, 60) gefolgt war (siehe unten). Das Bundesverwaltungsgericht hat dargelegt, dass das Dienstrecht der Geistlichen zum Kernbereich der innergemeinschaftlichen Angelegenheiten der Kirchen gehöre und die Exemtion kirchlicher Entscheidungen von der staatlichen Gerichtsbarkeit auch die Frage betreffe, ob die kirchlichen Stellen die fundamentalen Grundsätze der staatlichen Rechtsordnung eingehalten hätten (Urteil vom 30.10.2002 -2 C 23/01- KirchE 41, 148)

c) Die Rechtsprechung des Bundesgerichtshofs

Mit Urteil vom 11.2.2000 (-V ZR 271/99- KirchE 38, 60) hat der Bundesgerichtshof eine neue Rechtsprechung zum Thema gerichtliche Beurteilung kirchlicher Maßnahmen entwickelt. Die geprüfte Rechtssache betraf den Antrag einer jüdischen Gemeinschaft, der gegen eines ihrer Mitglieder gerichtet war, bestimmte Verhaltensweisen und Erklärungen zu unterlassen. Der Bundesgerichtshof hat daran erinnert, dass dem Staat nach Art. 2 Abs. 1 und Art. 92 GG die Pflicht obliege, sicherzustellen, dass alle Rechtsfragen, deren Beurteilung sich nach staatlichem Recht richte, der gerichtlichen Überprüfung unterworfen seien. Er hat darauf hingewiesen, dass das nach Art. 137 Abs. 3 WRV garantierte Selbstbestimmungsrecht der Kirchen und Religionsgesellschaften jede staatliche Einmischung - auch in Form einer Überprüfung durch staatliche Gerichte - in die innergemeinschaftlichen Angelegenheiten der Kirchen in der Regel ausschließe. Das Selbstbestimmungsrecht setze folglich dem staatlichen Rechtsschutz Grenzen. Er hat hinzugefügt, dass dieses Selbstverwaltungsrecht und die für alle geltenden Gesetze sowie deren Durchsetzung durch die staatlichen Gerichte abgewogen werden müssten, wobei aber dem Selbstverständnis der Kirchen und Religionsgemeinschaften besonderes Gewicht beizumessen sei.

In der Folge hat der Bundesgerichtshof in seinem Urteil vom 28.3.2003 (-V ZR 261/02- KirchE 43, 201) betreffend die Gehaltsklagen ehemaliger Offiziere der Heilsarmee (M. ./. Deutschland, Entscheidung vom 6.12.2011 -Nr. 12986/04- KirchE 58, 398) seine neue Rechtsprechung bekräftigt und dabei unterstrichen, dass sein Urteil vom 11.2.2000 sich nicht auf die Umstände des Einzelfalles beschränke, sondern allgemeiner Natur sei. (*wird weiter ausgeführt*)

Dieser Rechtsprechung war das OVG Rheinland-Pfalz (Urteil vom 1.6. 2001 -2 A 12125/00- KirchE 39, 159, anschließend aufgehoben durch das Bundesverwaltungsgericht - siehe oben -, und Urteil vom 28.11.2008 -2 A 10495/08- KirchE 52, 298) in Rechtssachen betreffend die Versetzung evangelischer Pfarrer in den Warte- bzw. in den Ruhestand gefolgt.

RÜGEN

Unter Berufung auf Art. 6 Abs. 1 der Konvention rügt der Beschwerdeführer, keinen Zugang zu einem Gericht gehabt zu haben. Ihm zufolge haben weder die Verwaltungsgerichte noch das Bundesverfassungsgericht seine Beschwerden geprüft; die Verwaltungsgerichte hätten zu Unrecht die Meinung vertreten, dass sie für die Überprüfung der streitigen Maßnahmen nicht zuständig seien.

Der Beschwerdeführer betont anschließend, dass allein die kirchlichen Rechtsinstanzen die Begründetheit seiner Anträge geprüft hätten, wobei diese Stellen seines Erachtens nicht als „unabhängiges und unparteiisches Gericht" iSd Art. 6 Abs. 1 der Konvention angesehen werden könnten. Er rügt ferner die Verfahrensdauer, die seines Erachtens gegen die Erfordernisse des Art. 6 Abs. 1 der Konvention verstößt. Er rügt schließlich die fehlende Begründung der zweiten Entscheidung des Bundesverfassungsgerichts, die ihm umso unverständlicher erscheint, da das hohe Gericht selbst ihn aufgefordert habe, zunächst die Verwaltungsgerichte mit der Rechtssache zu befassen.

RECHTLICHE WÜRDIGUNG

Der Beschwerdeführer rügt, keinen Zugang zu einem Gericht gehabt zu haben, um die gegen ihn getroffenen kirchlichen Maßnahmen überprüfen zu lassen. Er beruft sich auf Art. 6 Abs. 1 der Konvention, dessen einschlägiger Passus wie folgt lautet:

> „Jede Person hat ein Recht darauf, dass über Streitigkeiten in Bezug auf ihre zivilrechtlichen Ansprüche und Verpflichtungen (...) von einem unabhängigen und unparteiischen, auf Gesetz beruhenden Gericht in einem fairen Verfahren (...) verhandelt wird."

A. Das Vorbringen der Parteien

1. Die Regierung

Die Regierung behauptet, dass die Beschwerde im Hinblick auf das Verfahren über die Versetzung des Beschwerdeführers in den Wartestand zu spät erhoben worden sei. Dieses Verfahren sei am 6.4.1999 beendet worden, als die erste Entscheidung des Bundesverfassungsgerichts ergangen sei, da der Beschwerdeführer in der Folge nicht seine Versetzung in den Wartestand vor dem Verwaltungsgericht angefochten habe, sondern lediglich die daraus resultierende Gehaltskürzung und die Weigerung der kirchlichen Behörden, ihm Urlaubsgeld zu zahlen. Im Übrigen habe der Beschwerdeführer in seiner ersten Verfassungsbeschwerde nicht die Rügen vorgetragen, mit denen er den Gerichtshof befasst habe.

Angesichts dessen ist die Regierung der Meinung, dass Art. 6 der Konvention im vorliegenden Fall jedenfalls keine Anwendung findet. Sie verweist in diesem Zusammenhang auf die Rechtsprechung der Kommission (X. ./. Dänemark -Nr. 7374/76- Entscheidung vom 8.3.1976, DR 5, S. 157 [KirchE 42, 12] und X. ./. Deutschland -Nr. 9501/81- Entscheidung vom 7.12.1981) und diejenige des Gerichtshofs (Dudová und Duda ./. Tschechische Republik [Entsch.] -Nr. 40224/98- 30.1.2001 [KirchE 42, 476] und Ahtinen ./. Finnland -Nr. 48907/99- 23.9.2008, KirchE 52, 146). Der Beschwerdeführer habe zu keinem Zeitpunkt staatliches Recht, sondern nur kirchenrechtliche Bestimmungen geltend gemacht.

Die Regierung ist ferner der Ansicht, dass die neuere Rechtsprechung des Gerichtshofs in Bezug auf Angehörige des öffentlichen Dienstes, dargelegt in dem Urteil Vilho Eskelinen u.a. ./. Finnland ([GK] -Nr. 63235/00- CEDH 2007-II), nicht auf Rechtssachen übertragbar sei, in denen kirchliche Mitarbeiter betroffen seien. Ihr zufolge hat der Gerichtshof ausdrücklich darauf hingewiesen, dass sich die Gründe seines Urteils auf die Angehörigen des öffentlichen Dienstes beschränken. Die Regierung ruft in Erinnerung, es bestehe in Deutschland keine Staatskirche und die von den Kirchen und Religionsgemeinschaften getroffenen Maßnahmen seien keine Akte öffentlicher Gewalt. Sie fügt hinzu, dass selbst dann, wenn die Rechtsprechung aus der Sache Eskelinen auf den vorliegenden Fall angewendet würde, daraus eine Verletzung des Art. 6 der Konvention nicht abzuleiten sei.

Würde das in jenem Urteil verankerte erste Kriterium auf die vorliegende Sache angewandt, so stellt die Regierung fest, dass die kirchlichen Maßnahmen aufgrund einer gefestigten Rechtsprechung der Verwaltungsgerichte keiner verwaltungsgerichtlichen Überprüfung unterworfen werden können. Diese Rechtsprechung sei vom Bundesgerichtshof nicht in Frage gestellt worden, der in seinem Urteil vom 28.3.2003 ausgeführt habe, dass er nicht von der Rechtsprechung des Bundesverwaltungsgerichts abweiche, da der ihm vorgelegte Fall nur vermögensrechtliche Ansprüche betreffe. Im Hinblick auf das im Urteil Eskelinen u.a. verankerte zweite Kriterium behauptet die Regierung, dass der Ausschluss des Zugangs zu den Verwaltungsgerichten durch das verfassungsrechtlich verbürgte Selbstbestimmungsrecht der Kirchen und Religionsgemeinschaften gerechtfertigt sei. Dieses Recht sei neben der Religionsfreiheit und dem Grundsatz der Trennung von Staat und Kirche eine der drei Säulen der kirchenrechtlichen Ordnung und umfasse das Recht der Kirchen zur eigenständigen Ordnung und Regelung ihrer Angelegenheiten in Bezug auf ihre Bediensteten.

Hilfsweise behauptet die Regierung einerseits, dass der Landeskirchenausschuss den Anforderungen aus Art. 6 der Konvention an ein unabhängiges, unparteiisches und auf Gesetz beruhendes Gericht genügen würde, und andererseits, dass die Dauer des Verfahrens vor den staatlichen Kirchen die angemessene Frist nicht überschritten habe.

2. Der Beschwerdeführer

Der Beschwerdeführer behauptet, seine Beschwerde beziehe sich nur auf ein einziges Verfahren. Er legt dar, dass er sich, auch wenn er nicht seine Versetzung in den Wartestand als solche vor dem Verwaltungsgericht angefochten, sondern seine Beschwerde auf die vermögensrechtlichen Auswirkungen dieser Maßnahme (und seine Versetzung in den Ruhestand) beschränkt habe, dabei auf die ständige Rechtsprechung der Verwaltungsgerichte gestützt habe, der zufolge kirchendienstrechtliche Maßnahmen zu den inneren Angelegenheiten der Kirchen gehören und nicht bei staatlichen Gerichten anhängig gemacht werden könnten. Für den Beschwerdeführer endete daher das Verfahren erst mit dem zweiten Beschluss des Bundesverfassungsgerichts vom 10.5.2004; an diesem Zeitpunkt habe die Sechsmonatsfrist begonnen.

Der Beschwerdeführer behauptet ferner, dass es sich in seinem Fall nicht mehr um eine innere Angelegenheit gehandelt habe. In seinen Augen zählte zwar seine Abberufung als Pfarrer aus der Kirchengemeinde sicherlich zu den innerkirchlichen Angelegenheiten, doch galt dies nicht für seine Versetzung in den Warte- und in den Ruhestand. Er trägt vor, dass diese seines Erachtens nahezu automatisch erfolgten Maßnahmen nämlich zu einer deutlichen Minderung seines Gehalts geführt hätten. Es sei nie geklärt worden, wer schließlich für die in der Kirchengemeinde aufgetretenen Unstimmigkeiten verantwortlich war. Daher hätten die fraglichen Maßnahmen den innerkirchlichen Bereich überschritten und in den staatlichen Bereich hineingereicht. Der Beschwerdeführer ist der Meinung, dass die Kirche wegen dieser Maßnahme zumindest mittelbar öffentliche Gewalt ausgeübt habe und sich daraus Einschränkungen ihres Selbstbestimmungsrechts ergeben hätten. Dem Betroffenen zufolge hätte auch die Möglichkeit einer Überprüfung durch die Verwaltungsgerichte eröffnet sein müssen.

Der Beschwerdeführer betont, dass Art. 6 der Konvention auf seinen Fall anwendbar sei, mit dem die Rechtssachen Dudová und Duda sowie Ahtinen nicht vergleichbar seien. Er behauptet, nach seiner neueren Rechtsprechung wolle der Gerichtshof die Anwendbarkeit des Art. 6 nur in Ausnahmefällen ausschließen. Die durch die Rechtsprechung im Fall Eskelinen und andere entwickelten Ausnahmen seien in seinem Fall nicht gegeben, da der Zugang zu einem Gericht nicht ausgeschlossen sei. Nach Ansicht des Beschwerdeführers sollte hierbei als Ausgangspunkt nicht das Selbstbestimmungsrecht der Kirchen, sondern die Frage zum Tragen kommen, ob der Staat Rechtsschutz gewähren muss, wie der Bundesgerichtshof in seinem Urteil von 2000 ausgeführt habe.

B. Stellungnahmen der Drittbeteiligten

Die Ev. Kirche im Rheinland und die Ev. Kirche in Deutschland unterstreichen, dass der Ausgang des Verfahrens vor dem Gerichtshof Auswirkungen auf die nahezu 22.000 Geistlichen haben könne, die von ihnen und den anderen regionalen evangelischen Kirchen in Deutschland beschäftigt würden. Sie merken an, dass dem Selbstbestimmungsrecht der Kirchen in Deutschland aus historischen Gründen eine besondere Bedeutung im deutschen Verfassungsrecht zukomme und dass es neben dem Grundsatz der Trennung von Staat und Kirche und der Religionsfreiheit eine der drei Säulen der Beziehung von Staat und Kirche darstellt. Sie fügen hinzu, dass das kirchliche Dienstrecht zu den rein innergemeinschaftlichen Angelegenheiten der Kirchen und Religionsgesellschaften zähle, und behaupten, dass die herausragende Rolle der Seelsorger für die Religionsgemeinschaften im Übrigen vom Gerichtshof anerkannt worden sei (Hassan und Tchaouch ./. Bulgarien [GK] -Nr. 30985/96- Rn 62, CEDH 2000-XI, KirchE 42, 444).

Die Drittbeteiligten behaupten ferner, dass Art. 6 der Konvention nach der Rechtsprechung des Gerichtshofs im vorliegenden Fall nicht anwendbar sei. Sie führen aus, dass im Unterschied zur Situation in England, wo das Kirchenrecht Bestandteil des staatlichen Rechts ist (Tyler ./. Vereinigtes Königreich -Nr. 21283/93- Entscheidung der Kommission vom 5.4.1994, DR 77, S. 81), die Kirchen und Religionsgesellschaften mit dem Status einer juristischen Person öffentlichen Rechts nach deutschen Recht nicht Teil der öffentlichen Gewalt seien. Nach der deutschen Rechtsordnung sei es insgesamt den öffentlich-rechtlichen Religionsgesellschaften überlassen, die Rechtsstellung ihrer Geistlichen zu regeln. Das staatliche Recht enthalte kein Recht, das als Grundlage für eine Streitigkeit vor den staatlichen Gerichten dienen könnte.

Die beteiligten Kirchen heben ferner hervor, dass selbst wenn Art. 6 der Konvention hier anwendbar wäre, die vom Gerichtshof in seinem (vorgenannten) Urteil Eskelinen niedergelegten Grundsätze nicht ohne Änderungen angewendet werden könnten. Es stehe nämlich dem Staat nicht zu, darüber zu befinden, welche Bedeutung ein Geistlicher in einer Religionsgesellschaft habe, sondern es sei Aufgabe allein der Kirchen und der Religionsgesellschaften, in Ausübung ihres Selbstbestimmungsrechts das besondere Band des Vertrauens und der Loyalität zu bestimmen, das zwischen ihnen und ihren Kirchenbediensteten bestehen sollte (ibidem, Rn 62) Außerdem sei das Recht auf Zugang zu einem Gericht nicht uneingeschränkt und der Zugang zu den Kirchengerichten gehöre zu den anderen „angemessenen Wegen“, auf die der Gerichtshof in seinem Urteil W. und K. ./. Deutschland ([GK] -Nr. 26083/94- Rn 68, CEDH 1999-I) verwiesen habe.

C. Würdigung durch den Gerichtshof

Der Gerichtshof erinnert daran, dass Art. 6 der Konvention jedem das Recht gewährt, dass ein Gericht über alle Streitigkeiten in Bezug auf zivilrechtliche Ansprüche und Verpflichtungen entscheidet und Art. 6 auf diese Weise das „Recht auf ein Gericht“ postuliert, wobei das Recht auf Zugang, nämlich dasjenige, ein Gericht in Zivilsachen anzurufen, nur einen Aspekt darstellt (Golder ./. Vereinigtes Königreich, 21.2.1975, Rn 36, Serie A Bd. 18).

Im vorliegenden Fall stellt der Gerichtshof fest, dass die Regierung in Bezug auf das Verfahren zur Versetzung des Beschwerdeführers in den Wartestand zwei Unzulässigkeitseinreden vorträgt, darunter die verspätete Erhebung der Beschwerde. Er weist jedoch darauf hin, dass über diese Einreden nur zu entscheiden ist, wenn Art. 6 der Konvention auf die in dieser Sache geführten Verfahren Anwendung findet, insbesondere, wenn die deutschen Gerichte mit einer Streitsache befasst waren, die einen zivilrechtlichen „Anspruch“ betraf, der dem Beschwerdeführer nach innerstaatlichem deutschen Recht zustand und geeignet ist, diesen Artikel zur Anwendung zu bringen (o.a. Entscheidung Dudovà und Duda).

Der Gerichtshof ruft in Erinnerung, dass die Garantien des Art. 6 nur für die Ansprüche gelten, bei denen anzunehmen ist, dass sie - zumindest in vertretbarer Weise - nach innerstaatlichem Recht anerkannt sind, unabhängig davon, ob diese darüber hinaus von der Konvention geschützt sind oder nicht (Roche ./. Vereinigtes Königreich [GK] -Nr. 32555/96- Rn 117, CEDH 2005-X und Cudak ./. Litauen [GK] -Nr. 15869/02- Rn 45, 23.3.2010).

Der Gerichtshof erinnert ferner daran, dass für die Beurteilung der Frage, ob ein „zivilrechtlicher Anspruch“ iSd Art. 6 der Konvention vorliegt, das einschlägige innerstaatliche Recht und seine Auslegung durch die innerstaatlichen Gerichte als Ausgangspunkt zu dienen haben (Roche, aaO, Rn 120; Markovic u.a. ./. Italien [GK] -Nr. 1398/03- Rn 95, CEDH 2006-XIV; Masson und Van Zon ./. Niederlande, 28.9.1995, Rn 49, Serie A Bd. 327-A, und Ahtinen ./. Finnland -Nr. 48907/99- Rn 38, 23.9.2008).

Der Gerichtshof stellt in dieser Sache zunächst fest, dass die Versetzung des Beschwerdeführers in den Wartestand und die Versetzung in den Ruhestand sowie die damit verbundenen Kürzungen insbesondere auf die §§ 53 Abs. 3 und

91 Abs. 1 des Pfarrergesetzes der Kirche sowie die Pfarrbesoldungs- und Versorgungsordnung gestützt waren, d.h. Bestimmungen die, wie das Verwaltungsgericht hervorgehoben hat, nicht zur staatlichen Rechtsordnung zählten.

Er stellt auch fest, dass das Verwaltungsgericht die Anträge des Beschwerdeführers für unzulässig erklärt hat, weil die Entscheidung darüber nicht in seine Zuständigkeit gefallen sei. Er merkt an, dass einerseits dieses Gericht herausgestellt hat, dass die Kirche nicht von der Möglichkeit Gebrauch gemacht habe, den Rechtsweg einer Überprüfung ihrer kirchlichen Maßnahmen durch die Verwaltungsgerichtsbarkeit zu eröffnen, wie es § 135 des Beamtenrechtsrahmengesetzes vorsieht (siehe „Das einschlägige innerstaatliche Recht und die einschlägige innerstaatliche Praxis“); andererseits war es der Meinung, das von Art. 137 Abs. 3 der Weimarer Verfassung garantierte Selbstbestimmungsrecht der Religionsgesellschaften beziehe sich auch auf die Rechtssachen, die durch das kirchliche Dienstrecht geregelt seien, einschließlich der Fragen hinsichtlich der Versorgung der Geistlichen; es kam zu dem Schluss, dass die Anträge des Beschwerdeführers trotz ihres vermögensrechtlichen Charakters zu den innerkirchlichen Angelegenheiten zählten und somit einer Überprüfung durch die staatlichen Gerichte entzogen seien.

Der Gerichtshof stellt anschließend fest, dass das Oberverwaltungsgericht die Schlussfolgerungen des Verwaltungsgerichts bestätigt und die Berufung des Beschwerdeführers nicht zugelassen hatte. Er hebt hervor, dass das Oberverwaltungsgericht ebenso wie das Verwaltungsgericht seine Entscheidung auf die ständige Rechtsprechung der Verwaltungsgerichte, insbesondere des Bundesverwaltungsgerichts, gestützt hatte, das seine Rechtsprechung kurz zuvor bestätigt hatte (siehe „Das einschlägige innerstaatliche Recht und die einschlägige innerstaatliche Praxis“). Der Gerichtshof vertritt im Übrigen die Auffassung, dass das Bundesverfassungsgericht zwar den Beschwerdeführer in seiner Entscheidung vom 6.4.1999 zunächst implizit an die Verwaltungsgerichte verwiesen hat, doch nicht daraus gefolgert werden kann, dass es hierdurch von der erwähnten ständigen Rechtsprechung abgewichen ist: Das hohe Gericht hat nämlich auf seine Entscheidung vom 15.3.1999 verwiesen, in der es die Gründe dargelegt hatte, aus denen der Betroffene sich zunächst an die staatlichen Gerichte wenden sollte; es hat im Übrigen später die ständige Rechtsprechung der Verwaltungsgerichte bestätigt (siehe „Das einschlägige innerstaatliche Recht und die einschlägige innerstaatliche Praxis“).

Der Gerichtshof folgert daraus, dass die vom Beschwerdeführer vor dem Verwaltungsgericht vorgetragenen Argumente weder durch das deutsche staatliche Recht noch die Rechtsprechung der Verwaltungsgerichte gestützt wurden.

Er stellt jedoch fest, dass der Bundesgerichtshof seit seinem Urteil vom 11.2.2000 (KirchE 38, 60) eine neue Rechtsprechung entwickelt hat (siehe „Das einschlägige innerstaatliche Recht und die einschlägige innerstaatliche Praxis“). Nach dieser Rechtsprechung können die von den Kirchen und Religionsgemeinschaften getroffenen Maßnahmen grundsätzlich durch staatliche Gerichte überprüft werden, zumindest wenn es sich um Rechtssachen handelt, in denen die Frage des Status eines Geistlichen nur als Vorfrage zur Prüfung der Begründetheit des verfolgten Anspruchs (verkappte Statusklage) zu prüfen ist. Die Frage, ob und in welchem Umfang eine innerkirchliche Maßnahme der Kontrolle durch staatliche Gerichte unterfällt, ist dem Bundesgerichtshof zufolge keine Frage der Zulässigkeit des Rechtswegs, sondern der Begründetheit des Anspruchs.

Der Gerichtshof ist der Auffassung, dass es angesichts der Tatsache, dass es sich um eine neuere Rechtsprechung des Bundesgerichtshofs handelt, der ein Senat des Bundesverwaltungsgerichts und zumindest ein Oberverwaltungsgericht gefolgt sind (siehe „Das einschlägige innerstaatliche Recht und die einschlägige innerstaatliche Praxis“), nicht grundsätzlich ausgeschlossen zu sein scheint, dass diese Rechtsprechung angeführt werden konnte, um die Anträge des Beschwerdeführers im vorliegenden Fall in Bezug auf die Begründetheit prüfen zu lassen. In diesem Fall hätte davon ausgegangen werden können, dass der Beschwerdeführer ein nach innerstaatlichem Recht anerkanntes Recht iSd Art. 6 der Konvention geltend machte.

Der Gerichtshof weist jedoch darauf hin, dass der Beschwerdeführer nach den von ihm vorgelegten Unterlagen diese neuere Rechtsprechung nicht geltend gemacht hat, um seine Anträge zu untermauern, sondern dass er sich darauf beschränkt hat, vor den Verwaltungsgerichten zu behaupten, dass seine Anträge über den innerkirchlichen Bereich hinausreichten und sie aufgrund ihrer vermögensrechtlichen Auswirkungen der Überprüfung durch die Verwaltungsgerichte unterliegen müssten. Er stellt insbesondere fest, dass der Betroffene zu keinem Zeitpunkt in seiner Verfassungsbeschwerde vom 7.8.2003 auf diese Rechtsprechung oder die Urteile des Bundesgerichtshofs, der diesen neuen Ansatz festschreibt, Bezug genommen hat.

Der Gerichtshof merkt ferner an, dass diese Rechtsprechung nur den Rechtsweg zu einer eingeschränkten gerichtlichen Überprüfung eröffnet hat, da eine vom Selbstverständnis der Kirche getragene Maßnahme nicht auf ihre Rechtmäßigkeit, sondern lediglich auf ihre Wirksamkeit hin überprüft werden könnte. Die staatlichen Gerichte hätten sich auf die Prüfung der Frage beschränken müssen, ob die streitgegenständlichen Maßnahmen gegen die Grundprinzipien der deutschen Rechtsordnung wie das Willkürverbot oder den Begriff der guten Sitten und des ordre public verstoßen. Aus den dem Gerichtshof vorgelegten Unterlagen geht allerdings nicht hervor, dass der Beschwerdeführer vor den innerstaatlichen Gerichten oder vor dem Gerichtshof behauptet hat, die streitgegenständlichen Maßnahmen würden gegen eines oder mehrere dieser Prinzipien verstoßen. Der Gerichtshof hält die Tatsache, dass der Beschwerdeführer in seiner Verfassungsbeschwerde beiläufig behauptet hat - ohne jedoch seine diesbezüglichen Argumente zu begründen - dass die kirchlichen Maßnahmen auch gegen den Grundsatz des Willkürverbots nach Art. 3 des Grundgesetzes verstoßen würden, in diesem Zusammenhang nicht für ausreichend, um das Vorhandensein eines in der deutschen Rechtsordnung anerkannten Anspruchs auf Überprüfung der streitgegenständlichen Maßnahmen durch die staatlichen Gerichte zu bestätigen.

Unter diesen Umständen ist der Gerichtshof der Ansicht, dass die vom Beschwerdeführer angestrengten Verfahren keinen Anspruch betrafen, der nach deutschem Recht in vertretbarer Weise für anerkannt erachtet werden kann. Demzufolge ist Art. 6 Abs. 1 der Konvention im vorliegenden Fall nicht anwendbar.

Daher ist die Beschwerde nach Art. 35 Abs. 3 Buchst. a und Abs. 4 als ratione materiae unvereinbar zurückzuweisen.

Aus diesen Gründen entscheidet der Gerichtshof mehrheitlich:
Er erklärt die Beschwerde für unzulässig.

48

Dem Friedhofsträger steht es im Rahmen seiner Satzungsautonomie frei, bei der Einräumung von Nutzungsrechten an Gräbern aus Gründen der Praktikabilität, aber auch im Hinblick auf die Totenfürsorge einer „familienrechtlichen" Regelung gegenüber einer erbrechtlichen Regelung den Vorzug zu geben (hier: Vergabe des Nutzungsrechts an den Sohn statt an den Enkel der Verstorbenen und zugleich Testamentsvollstrecker).

§ 16 Abs. 1 BE.BestG
VG Berlin, Urteil vom 13. Dezember 2011 -21 K 215.10-[1]

Die Beteiligten streiten um das Nutzungsrecht an einer Grabstätte.

Der Kläger ist gemeinsam mit seiner Schwester A. und seinem Onkel B. Erbe nach der im September 2008 verstorbenen D. Die Erblasserin setzte im Erbvertrag ihren Sohn zu ½ und ihre beiden Enkel - den Kläger und A. - zu ¼ als Erben ein. Gleichzeitig ordnete sie über ihren gesamten Nachlass die Testamentsvoll-

1 Amtl. Leitsatz. BeckRS 2012, 47248; *juris*; FamRZ 2012, 1246; ZEV 2012, 562 (LS).

streckung an und setzte den Kläger als Testamentsvollstrecker ein. Das Amtsgericht Charlottenburg erteilte im November 2008 das Testamentsvollstreckerzeugnis.

Die Verstorbene war seit 1961 Nutzungsberechtigte der auf dem Luisen-Kirchfriedhof II der Beklagten (Ev. Luisen-Kirchengemeinde) gelegenen Doppelwahlgrabstelle. Im Oktober 2005 teilte die Friedhofsverwaltung dieser Kirchengemeinde der Verstorbenen mit, das Nutzungsrecht an der Grabstelle sei im Februar 2003 abgelaufen; im Falle einer Verlängerung seien die Gebühren ab dem Ablauf der Grabstelle fünf Jahre im Voraus zu entrichten, woraus sich ein Gesamtbetrag von 542 € ergebe. Nachdem die Verstorbene im Oktober 2005 den geforderten Betrag entrichtete hatte, verlängerte die Friedhofsverwaltung das Nutzungsrecht bis Mitte Februar 2008. Im September 2008 gab der Sohn der Verstorbenen deren Bestattung in Auftrag und veranlasste die Zahlung der ihm von der Friedhofsverwaltung mit Gebührenbescheid vom 22.9.2008 als Nutzungsberechtigten der Grabstelle in Rechnung gestellten Grabberechtigungsgebühren von 2.400 €. Mitte Oktober 2008 erfolgte die Beisetzung der Verstorbenen.

Im Mai 2009 beantragte der Kläger bei der Friedhofsverwaltung, die Nutzungsberechtigung für die Grabstelle auf die Erbengemeinschaft zu übertragen und die Übertragung in den Registern der Friedhofsverwaltung zu dokumentieren. Die Friedhofsverwaltung teilte ihm daraufhin mit, das Bestattungsinstitut habe die Beisetzung der Verstorbenen mit einem Bestattungsauftrag des Sohnes der Verstorbenen angemeldet. Nach dem Friedhofsgesetz sei er damit der Nutzungsberechtigte der Grabstelle. Eine Umschreibung des Nutzungsrechts komme deshalb nicht in Betracht. Mit einem hiergegen gerichteten anwaltlichen Schreiben wandte der Kläger ein, die Friedhofsverwaltung müsse das Nutzungsrecht an der Grabstelle nach der Anmeldung der Bestattung auf die Erben umschreiben, wenn sich nachträglich herausstelle, dass das Nutzungsrecht materiell rechtlich einem anderen - hier der Erbengemeinschaft - zustehe. Das Konsistorium der Ev. Kirche Berlin-Brandenburg-schlesische Oberlausitz teilte dem Kläger daraufhin mit, das Schreiben vom 11.6.2009 werde als Widerspruch gewertet. Die Nutzungsrechtsvergabe richte sich nach § 11 Abs. 6 des Friedhofsgesetzes, wenn die Verstorbene zum Zeitpunkt ihrer Beisetzung Nutzungsberechtigte gewesen sei. Für den Fall, dass ein Nutzungsrecht zu diesem Zeitpunkt nicht bestanden habe, richte sich die Nutzungsrechtsvergabe nach § 11 Abs. 1 des Friedhofsgesetzes. Danach sei der Person das Nutzungsrecht zu übertragen, die die Bestattung anmeldet. Die nachträgliche Umschreibung des Nutzungsrechts komme in Betracht, wenn einer anderen Person als der anmeldenden die Totenfürsorge zustehe, wobei die Totenfürsorgeberechtigung nicht von der Erbenstellung abhänge. Der Kläger erklärte daraufhin, der Widerspruch werde aufrechterhalten. Die Verstorbene sei zum Zeitpunkt ihres Todes Inhaberin der Grabstelle gewesen. Das Nutzungsrecht an der Grabstelle als öffentlich-rechtliches Sondervermögen habe zu ihrem Vermögen gehört und sei mit dem Tod in den gesamthänderisch gebundenen Nachlass gefallen und auf den Nachlass übergegangen und zwar mit der alleinigen Vertretungsbefugnis des Testamentsvollstreckers. Die Erben seien seit dem Tod der Verstorbenen als Gesamthand Inhaber des Nutzungsrechts an der Grabstelle und damit Antragsberechtigte hinsichtlich der Übertragung des Nutzungsrechts an der Grabstelle auf die Erbengemeinschaft. Gemeinsamer Vertreter der Erben und kraft Gesetzes (§ 2205 BGB) alleiniger Verfügungsbefugter über den Nachlassgegenstand „Nutzungsrecht Grabstelle" sei nach dem Willen der Erblasserin er als von ihr eingesetzter Testamentsvollstrecker. Zwar sei der Friedhofsträger berechtigt die Rechtsnachfolge an einem Nutzungsrecht beim Tode des Nutzungsberechtigten divergierend vom Erbrecht zu regeln. Die Anwendung des Friedhofsrechts dürfe indes nicht zur Folge haben, dass die Nutzungsberechtigung an einer Grabstelle entgegen dem erklärten oder ermittelbaren Willen des Erblassers übertragen werde. Die Regelung in § 11 Abs. 6 des Friedhofsgesetzes und damit die Vergabe des Nutzungsrechts in der dort vorgeschriebenen Reihenfolge sei nur dann anzuwenden, wenn der Nutzungsberechtigte sterbe, ohne einen Nachfolger benannt zu haben. Die Erblasserin habe aber durch die testamentarischen Verfügungen des Erbvertrages die Nachfolge in ihre Vermögenswerte bestimmt. Selbst im Falle einer fehlenden Anordnung der Erblasserin sei aber die Übertragung des Nutzungsrechts auf den Sohn der Verstorbenen rechtsfehlerhaft, vielmehr müsse eine Umschreibung auf die Erbengemeinschaft erfolgen. Der Verweis auf § 11 Abs. 1 des Friedhofsgesetzes gehe fehl, da dort die Vergabe eines Nutzungsrechts an einer Grabstätte geregelt werde. Die Erblasserin sei aber bereits seit 1961 Inhaberin der Grabstelle.

Der Kläger ergänzte seine Anträge dahingehend, die Nutzungsberechtigung an der Grabstelle auf den Testamentsvollstrecker umzuschreiben und diese Umschreibung in den Registern der Friedhofsverwaltung zu dokumentieren, höchst hilfsweise, ggf. verbunden mit der Auflage, die Friedhofsverwaltung über die vollzogene Erbauseinandersetzung nach deren Abschluss zu unterrichten und der Friedhofsverwaltung mitzuteilen, auf wen die Nutzungsberechtigung an der Grabstelle nach der Einigung der Erben nach der erfolgten Erbauseinandersetzung übergegangen ist. Das Konsistorium teilte dem Kläger mit, das Nutzungsrecht an einer Grabstätte falle nach herrschender Meinung in Lehre und Rechtsprechung nicht in die Erbmasse, sondern der Übergang des Nutzungsrechts vollziehe sich nach öffentlichem Recht. Da die Verstorbene als Nutzungsberechtigte geführt worden sei, richte sich der Übergang des Nutzungsrechts nach § 11 Abs. 5 und 6 des Friedhofsgesetzes. Die Verstorbene habe keine ausdrückliche Bestimmung über den Übergang des Nutzungsrechts getroffen. Die Übertragung des Nutzungsrechts auf den Sohn der Verstorbenen sei deshalb nach § 11 Abs. 6 des Friedhofsgesetzes zulässig gewesen. Enkel seien bei der Übertragung des Nutzungsrechts gegenüber den Kindern der Verstorbenen nachrangig. Das gelte auch für die Erben. Die Bestellung zum Testamentsvollstrecker rechtfertige keine andere Beurteilung, da es sonst dem Testamentsvollstrecker möglich wäre, ohne Mitwirkung des Friedhofsträgers über das Nutzungsrecht zu verfügen, was wegen des öffentlich-rechtlichen Charakters des Nutzungsrechts ausgeschlossen sein müsse. Die Uneinigkeit der Erben hinsichtlich des Nutzungsrechts an der Grabstätte sei eine Frage der Auseinandersetzung über das Totenfürsorgerecht, die als privatrechtliche Streitigkeiten den Zivilgerichten zur Entscheidung zugewiesen seien. Mit dem Bescheid vom 2.11.2009 lehnte die Friedhofsverwaltung die vom Kläger ergänzend gestellten Anträge ab.

Mit der nach erfolglosem Widerspruch erhobenen Klage begehrt der Kläger, die Beklagte zu verpflichten, die Nutzungsberechtigung an der Grabstätte auf ihn als Testamentsvollstrecker zu übertragen. Hilfsweise beantragt er, die Übertragung der Nutzungsberechtigung mit der Auflage zu verbinden, die Friedhofsverwaltung über die vollzogene Erbauseinandersetzung nach deren Abschluss zu unterrichten und der Friedhofsverwaltung mitzuteilen, auf wen das Nutzungsrecht an der Grabstätte nach der Einigung der Erben nach der erfolgten Erbauseinandersetzung übergegangen ist.

Er trägt im Wesentlichen vor: Die Verstorbene sei bis zum Zeitpunkt ihres Todes Nutzungsberechtigte der Grabstelle gewesen. Davon sei der Beklagte selbst ausgegangen, da er die Verstorbene nach Ablauf des Nutzungsrechts weiter als Nutzungsberechtigte geführt habe, obgleich die Nutzungsgebühren nicht bezahlt worden sein. Da er diese Praxis bereits in der Vergangenheit geübt habe, müsse er sich daran festhalten lassen. Das Nutzungsrecht als öffentlich-rechtliches Sondernutzungsrecht habe zum Vermögen der Erblasserin gehört und sei mit ihrem Tode in den Nachlass gefallen. Der Friedhofsträger sei an die Bestimmung des Erblassers hinsichtlich der Nachfolge des Nutzungsrechts in seiner letztwilligen Verfügung gebunden.

Das Verwaltungsgericht weist die Klage ab.

Aus den Gründen:

[12] Die Klage, von deren Zulässigkeit die Kammer zu Gunsten des Klägers ausgeht, ist unbegründet. Die angefochtenen Bescheide der Friedhofsverwaltung vom 5.6.2009 und 2.11.2009 in der Gestalt des Widerspruchsbescheides des

Konsistoriums vom 5.3.2010 sind rechtlich nicht zu beanstanden und verletzen den Kläger nicht in seinen Rechten; der Kläger hat keinen Anspruch auf die begehrte Übertragung des Nutzungsrechts an der Grabstätte ... auf ihn als Testamentsvollstrecker (§ 113 Abs. 5 Satz 1 VwGO).

[13] Es kann offen bleiben, ob einem solchen Anspruch bereits entgegensteht, dass das Nutzungsrecht an der Grabstätte bestandskräftig an den Sohn der Verstorbenen vergeben worden ist. Denn selbst wenn zu Gunsten des Klägers unterstellt wird, dass er mit seinem Antrag vom Mai 2009 auf Umschreibung des Nutzungsrechts inzident die zuvor erfolgte Vergabe des Nutzungsrechts an den Sohn der Verstorbenen angefochten hat, hat der Kläger keinen Anspruch auf Übertragung des Nutzungsrechts, weil die Friedhofsverwaltung zu Recht das Nutzungsrecht an den Sohn der Verstorbenen vergeben hat und die Voraussetzungen für eine Übertragung an den Kläger nicht vorliegen.

[14] Grundlage für die im Oktober 2008 erfolgte Vergabe des Nutzungsrechts an den Sohn der Verstorbenen ist § 11 Abs. 1 des Kirchengesetzes der Evangelischen Kirche in Berlin-Brandenburg über die Friedhöfe vom 7.11.1992 (KABl. S. 202), geändert mit Verordnung vom 24.4.1998 (KABl. S. 35) - Friedhofsgesetz -. Danach wird das Nutzungsrecht an einer Grabstätte nur nach den im Friedhofsgesetz aufgeführten Vorschriften an die Person vergeben, die die Bestattung anmeldet oder in deren Vollmacht sie angemeldet wird. Die Vorschrift regelt danach die erstmalige Vergabe eines Nutzungsrechts, während die Übertragung eines bestehenden Nutzungsrechts nach § 11 Abs. 5 und 6 des Friedhofsgesetzes erfolgt. Die Vorgaben von § 11 Abs. 1 des Friedhofsgesetzes sind erfüllt, insbesondere handelte es sich um eine erstmalige Vergabe des Nutzungsrechts, da das zuvor bestehende Nutzungsrecht der Verstorbenen nach § 14 Abs. 1 Buchst. a des Friedhofsgesetzes mit Ablauf der Zeit, für die es erworben war - also am 13.2.2008 -, erloschen war (vgl. Gaedke, Handbuch des Friedhofs- u. Bestattungsrechts, 10. Aufl. 2010, S. 178 Rn 48).

[15] Dagegen kann der Kläger nicht mit Erfolg einwenden, die Friedhofsverwaltung habe die (später) Verstorbene bis zu ihrem Tode als Nutzungsberechtigte geführt und das Nutzungsrecht schon in der Vergangenheit nach dessen zeitlichem Ablauf verlängert, was das Fortbestehen des Nutzungsrechts auch nach Ablauf der Nutzungsdauer voraussetze. Zunächst versteht sich von selbst, dass sich die Frage, ob ein Nutzungsrecht erloschen ist, nach der objektiven Rechtslage beurteilt und nicht danach, was die zuständige Behörde dafür hält. Die Regelung in § 14 Abs. 1 Buchst. a des Friedhofsgesetzes ist in dieser Hinsicht eindeutig. Die Register der Friedhofsverwaltung besitzen demgegenüber keine konstitutive Wirkung. Auf die Tatsache, dass die (später) Verstorbene dort auch nach Ablauf des Nutzungsrechts als Nutzungsberechtigte geführt

worden ist und die Friedhofsverwaltung sie deshalb im Zeitpunkt ihres Todes für nutzungsberechtigt hielt, kommt es deshalb nicht an.

[16] Keine andere Beurteilung rechtfertigt, dass die Friedhofsverwaltung in der Vergangenheit das bereits abgelaufene Nutzungsrecht an der Grabstätte rückwirkend verlängert hat. Daraus folgt nicht, dass ein Nutzungsrecht auf unbestimmte Zeit fortbesteht. Denn § 13 Abs. 2 Satz 2 des Friedhofsgesetzes sieht ausdrücklich die Möglichkeit vor, dass einem nach Ablauf des Nutzungsrechts gestellten Verlängerungsantrag (nur) entsprochen werden kann, wenn die Verlängerungsgebühr mit Wirkung vom Tage des Ablaufs gezahlt wird (vgl. Gaedke, aaO, S. 179 Rn 49). Das war zwar nach Ablauf des Nutzungsrechts am 13.2.2003 der Fall, als die (später) Verstorbene am 31.10.2005 die Nutzungsgebühren für den Zeitraum von 5 Jahren ab dem Erlöschen des Nutzungsrechts beglichen hatte, nicht aber nach dem erneuten Erlöschen des Nutzungsrechts am 13.2.2008. Der Sohn der Verstorbenen hat die Nutzungsgebühren ausweislich des Gebührenbescheides vom 22.9.2008 (erst) für die Zeit ab dem 12.10.2008 entrichtet, weswegen das Ende des Nutzungsrechts dort auf den 12.10.2028 festgelegt worden ist. Daran ändert nichts, dass der Sohn der Verstorbenen bereits im Bestattungsauftrag vom 22.9.2008 als Nutzungsberechtigter aufgeführt ist. Denn das vom Bestattungsinstitut verwandte Auftragsformular enthält nur vorgefasste Erklärungen, die ohne Prüfung der Rechtslage in allen Bestattungsfällen abgegeben werden, weshalb sich daraus keine Erkenntnisse für die Beantwortung der Frage ergeben, ob ein Nutzungsrecht verlängert oder erstmalig vergeben worden ist.

[17] Schließlich kann sich der Kläger nicht mit Erfolg darauf berufen, dass die Friedhofsverwaltung nach § 14 Abs. 2 Satz 2 des Friedhofsgesetzes verpflichtet ist, das Erlöschen des Nutzungsrechts durch Zeitablauf, sofern keine individuelle Mitteilung erfolgt, sechs Monate vorher durch Aushang am Friedhofseingang mit dem Hinweis bekanntzumachen, dass die Berechtigten die Grabmäler und sonstigen Grabausstattungsgegenstände bis zum Ablauf der Frist abholen können, was im Falle der Verstorbenen allem Anschein nach nicht erfolgt ist. Denn dabei handelt es sich um keine Voraussetzung für das Erlöschen des Nutzungsrechts. Vielmehr knüpft § 14 Abs. 2 Satz 3 des Friedhofsgesetzes an einen solchen Aushang allein die Ermächtigung der Friedhofsverwaltung, die Grabausstattungsgegenstände zu entfernen und darüber zu verfügen.

[18] Die in § 11 Abs. 1 Satz 1 des Friedhofsgesetzes getroffene Regelung ist entgegen der Auffassung des Klägers inhaltlich nicht zu beanstanden, insbesondere kollidiert sie nicht mit Erbrecht. Das Nutzungsrecht an einer Grabstätte fällt nicht in die Erbmasse, vielmehr vollzieht sich die Übertragung eines Nutzungsrechtes wegen des engen Zusammenhanges zwischen dem Nutzungsrecht und der öffentlich-rechtlichen Bestattungspflicht nach öffentlichem Recht. Es

muss deshalb grundsätzlich möglich sein, das Nutzungsrecht auf die Person zu übertragen, dem die Bestattungspflicht obliegt. Für die Bestattung sind aber nicht die Erben, sondern im Rahmen ihrer Totenfürsorgepflicht die Familienangehörigen verantwortlich, was seinen Niederschlag in den öffentlich-rechtlichen Vorschriften des Bestattungsgesetzes gefunden hat. Den Friedhofsträgern steht es deshalb im Rahmen ihrer Satzungsautonomie frei, bei der Einräumung von Nutzungsrechten an Gräbern aus Gründen der Praktikabilität, aber auch im Hinblick auf die Totenfürsorge, einer „familienrechtlichen" Regelung gegenüber einer erbrechtlichen Regelung den Vorzug zu geben (vgl. Gaedke, aaO, S. 180 Rn 55 ff.; Müller-Hannemann, Lexikon Friedhofs- und Bestattungsrecht, S. 280, 288 ff.).

[19] Selbst wenn aber zu Gunsten des Klägers unterstellt wird, das Nutzungsrecht der Verstorbenen an der Grabstätte sei zum Zeitpunkt ihres Todes nicht erloschen gewesen, hätte der Kläger keinen Anspruch auf die begehrte Übertragung des Nutzungsrechts. Entgegen seiner Auffassung wäre § 11 Abs. 5 des Friedhofsgesetzes - hiernach kann der Erwerber das Nutzungsrecht mit Zustimmung des Friedhofsträgers übertragen und für den Fall seines Ablebens einen Nachfolger bestimmen (Satz 1); alle Angehörigen sind an diese Entscheidung des Nutzungsberechtigten gebunden, wenn der Bestimmte mit der Nachfolge einverstanden ist (Satz 2) - nicht einschlägig. Denn die Verstorbene hätte ein Nutzungsrecht an der Grabstätte nicht übertragen. Der notarielle Erbvertrag vom 3.12.2007 enthält keine Bestimmung zur Übertragung des Nutzungsrechts an der Grabstätte auf einen Nachfolger für den Fall ihres Ablebens. Da das öffentlich-rechtliche Nutzungsrecht an einer Grabstätte nach dem Ableben des Nutzungsberechtigten nicht in die Erbmasse fällt (s.o.), berühren die im Erbvertrag getroffenen erbrechtlichen Regelungen den Übergang des Nutzungsrechtes nicht. Die Bestimmungen im Erbvertrag zur Erbeinsetzung, zu den Erbteilen und die Einsetzung eines Testamentsvollstreckers bieten auch keine hinreichende Grundlage für die Feststellung, die Erblasserin habe mit dem Erbvertrag nicht nur über ihr Vermögen, sondern zugleich über die Nachfolge in das Nutzungsrecht an der Grabstätte bestimmen wollen. Rechtsgrundlage für die begehrte Übertragung des Nutzungsrechts an der Grabstätte wäre danach für den Fall, dass das Nutzungsrecht der Verstorbenen an der Grabstätte zum Zeitpunkt ihres Todes nicht erloschen war, § 11 Abs. 6 des Friedhofsgesetzes. Danach ruht das Nutzungsrecht, wenn der Nutzungsberechtigte stirbt, ohne einen Nachfolger benannt zu haben, oder wenn der Bestimmte die Nachfolge ablehnt. In diesen Fällen wird das Nutzungsrecht für den Rest seiner Laufzeit auf Antrag in nachstehender Reihenfolge auf die Angehörigen des verstorbenen Nutzungsberechtigten übertragen: a) den Ehegatten oder diejenige Person, mit der der bisherige Nutzungsberechtigte mindestens die letzten 12 Monate vor seinem Tode

in eheähnlicher Gemeinschaft gelebt hat, b) die Kinder, c) die Eltern, d) die Stiefkinder, e) die Geschwister, f) die Enkel, g) die nicht unter a) bis f) fallenden Erben.

[27] Danach wäre die Übertragung des Nutzungsrechts auf den Sohn der Verstorbenen als einzigem Kind nicht zu beanstanden gewesen (§ 11 Abs. 6 Satz 2 Buchs. b des Friedhofsgesetzes). Damit korrespondiert zudem, dass der Sohn der Verstorbenen nach § 16 Abs. 1 Nr. 2 des Gesetzes über das Leichen- und Bestattungswesen vom 2.11.1973 (GVBl. S. 1830), zuletzt geändert mit Gesetz vom 19.5.2004 (GVBl. S. 215), „erstrangig" bestattungspflichtig war und ihm als dem nächsten Angehörigen der Verstorbenen das Totenfürsorgerecht zustehen dürfte.

49

Wo Bundesrecht Rechtsfolgen an die Eigenschaft als Körperschaft des öffentlichen Rechts knüpft und sie nicht ausdrücklich auf bundesunmittelbare Körperschaften beschränkt, gelten sie im ganzen Bundesgebiet für alle juristischen Personen des öffentlichen Rechts, die nach Bundes- oder Landesrecht (hier: als Religionsgemeinschaften) bestehen.

Art. 140 GG, 137 Abs. 5 WRV
OLG Zweibrücken, Beschluss vom 14. Dezember 2011 -3 W 126/11-[1]

Die Beteiligte zu 1) ist eine Religionsgesellschaft. Ihr wurden in Nordrhein-Westfalen durch Gesetz vom 15.5.1956, in Hessen durch Urkunde des hessischen Ministeriums für Erziehung und Volksbildung vom 12.10.1956 und in Hamburg durch Verordnung vom 1.9.1981 die Körperschaftsrechte verliehen. Mit notariellem Vertrag vom 15.7.2011 erwarb die Beteiligte zu 1) den im Rubrum bezeichneten Grundbesitz von der Beteiligten zu 2). Die Beteiligten beantragten die Eintragung der Eigentumsumschreibung auf den Käufer. Das Grundbuchamt vertritt die Rechtsauffassung, dass der Beteiligten zu 1) die Rechtsfähigkeit fehle. Die Verleihung der Körperschaftsrechte durch die Bundesländer Nordrhein-Westfalen, Hessen und Hamburg beschränke sich ausschließlich auf die Bereiche dieser Länder, nicht jedoch auf das gesamte Bundesgebiet oder Rheinland-Pfalz. Mit Zwischenverfügung vom 10.10.2011 forderte der Rechtspfleger die Beteiligte zu 1) auf, ihre Rechtsfähigkeit in Rheinland-Pfalz sowie die Vertre-

1 BeckRS 2012, 05455; *juris*.

tungsberechtigung der für sie handelnden Personen durch die Bestätigung der jeweiligen Aufsichtsbehörde nachzuweisen.

Dagegen richtet sich die von der Beteiligten zu 1) erhobene Beschwerde, die zur Aufhebung der Zwischenverfügung des Amtsgerichts führte.

Aus den Gründen:

[2] Die Beschwerde ist nach § 71 Abs. 1 GBO zulässig. Der Senat ist nach §§ 72, 81 Abs. 1 GBO,4 Abs. 2 Nr. 2a GerOrgG Rheinland-Pfalz, 23a Abs. 2 Nr. 8 GVG für die Entscheidung über die Beschwerde zuständig.

[3] Da die Beschwerde unmittelbar zum Pfälzischen Oberlandesgericht eingelegt wurde, ist dieses berechtigt, selbst zu entscheiden, ohne die Sache zunächst dem Grundbuchamt zur Prüfung der Abhilfe zuzuleiten (vgl. Demharter, GBO, 27. Aufl., § 75 Rn 1; OLG Köln Beschluss vom 3.1.2011 -2 Wx 197/10- *juris*).

[4] In der Sache führt das Rechtsmittel zum Erfolg. Das von dem Rechtspfleger angenommene Eintragungshindernis besteht nicht.

[5] Im Einzelnen gilt Folgendes:

[6] Nach Art. 140 GG, Art. 137 Abs. 5 Satz 2 WRV können Religionsgesellschaften Körperschaftsstatus beantragen. Zuständig für die Verleihung sind gem. Art. 30 GG die Länder. Demzufolge können Religionsgemeinschaften ihre aus dem Körperschaftsstatus folgenden hoheitlichen Körperschaftsrechte nur in dem Land wahrnehmen, in dem ihnen Körperschaftsstatus verliehen wurde. Eine Ausdehnung auf andere Bundesländer kommt in der Regel durch Anerkennung bzw. Verleihung des Körperschaftsstatus in weiteren Ländern in Betracht.

[7] Dagegen hat die in der Körperschaftsqualität enthaltene allgemeine Rechtsfähigkeit für die gesamte Rechtsordnung Bedeutung. Alle Behörden und Gerichte des Bundes und aller Länder müssen die in einem Bundesland bestehenden Religionsgesellschaften des öffentlichen Rechts als juristische Personen behandeln. Wo Bundesrecht Rechtsfolgen an die Eigenschaft als Körperschaft des öffentlichen Rechts knüpft und sie nicht ausdrücklich auf bundesunmittelbare Körperschaften beschränkt, gelten sie im ganzen Bundesgebiet für alle juristischen Personen des öffentlichen Rechts, die nach Bundes- oder Landesrecht bestehen. Dies gilt erst recht für Religionsgesellschaften, da diese entweder unmittelbar kraft Bundesverfassungsrechts Körperschaften des öffentlichen Rechts sind oder es aufgrund eines im Bundesverfassungsrecht verankerten Rechtsanspruchs geworden sind (Friesenhahn/Scheuner, Handbuch des Staatskirchenrechts in der Bundesrepublik Deutschland, Bd. 1, 1974, S. 576).

[8] Es bedarf auch nicht der Vorlage einer Bestätigung (*einer*) Aufsichtsbehörde zum Nachweis der Vertretungsberechtigung, da die Beteiligte zu 1) der staatlichen Aufsicht nicht unterliegt. Wegen der Pflicht des Staates zur weltanschaulichen Neutralität sind die religiösen Körperschaften des öffentlichen Rechts kein Teil der öffentlichen Gewalt.

[9] Einer kirchlichen Aufsichtsbehörde unterliegt die Beteiligte zu 1) ebenfalls nicht.

50

Kapellen und ähnliche Vorhaben einer Religionsgemeinschaft sind baurechtlich im Außenbereich nur privilegiert, wenn die Verwirklichung gerade dort geboten ist oder jedenfalls sinnvoll erscheint.

Art./§ 3 Abs. 1, 4 Abs. 1 u. 2 GG, 35 BauGB
VG München, Urteil vom 20. Dezember 2011 -M 1 K 11.4648-[1]

Im April 2011 beantragte der Kläger, ein Landwirt, die Genehmigung zur Errichtung einer Kapelle auf dem Grundstück N.N. Die Kapelle soll nahe der südwestlichen Grundstücksecke gebaut werden. Nach den Bauvorlagen soll sie eine Grundfläche von 3,5 qm haben; die Wandhöhe war mit 2,50 m und die Dachneigung mit 55° angegeben. Die Gemeinde A. erteilte mit Beschluss ihres Gemeinderats vom 14.4.2011 ihr Einvernehmen. In der Begründung ist ausgeführt, dass der Kläger die Kapelle aufgrund der Neugründung des Pfarrverbandes A. und B. errichten wolle. Das Bauvorhaben befinde sich im Außenbereich. Im Flächennutzungsplan sei das Gebiet als landwirtschaftliche Fläche dargestellt.

Im Laufe des Genehmigungsverfahrens hörte das Landratsamt C. u.a. die Autobahndirektion Südbayern. Diese nahm zu dem geplanten Bauvorhaben dahingehend Stellung, dass das Grundstück bei der geplanten Verlegung der Bundesautobahn A8 in Anspruch genommen werden solle. Das Bauvorhaben des Klägers kollidiere mit diesen Planungen. Die geplante Kapelle liege direkt im Bereich der künftigen Trassenführung sowie der im Zusammenhang mit der Nordumfahrung zu verlegenden Anschlussstelle Bad R.

Mit dem angefochtenen Bescheid lehnte das Landratsamt den Antrag auf Genehmigung des Kapellenbaues ab. Es verwies darauf, dass es sich bei der

1 BeckRS 2012, 46671; *juris*; KommunalPraxis BY 2012, 229 (red. LS); Der Antrag des Klägers auf Zulassung der Berufung wurde zurückgewiesen; BayVGH, Beschluss vom 2.4.2012 -1 ZB 12.142- n.v.

Kapelle um ein sonstiges Vorhaben iSd § 35 Abs. 2 BauGB handle. Eine Privilegierung gem. § 35 Abs. 1 Nr. 4 BauGB liege nicht vor. Bauliche Anlagen seien nicht allein schon deshalb privilegiert, weil sie aus religiösen oder weltanschaulichen Gründen für den Errichtungsort gefordert würden. Für die Kapelle sei es nicht erforderlich, sie wegen ihrer besonderen Zweckbestimmung - Neugründung des Pfarrverbandes A. und B. - nur im Außenbereich auszuführen. An der vorgesehenen Stelle beeinträchtige das Vorhaben öffentliche Belange. Es widerspreche den Darstellungen des Flächennutzungsplans und beeinträchtige außerdem die natürliche Eigenart der Landschaft. Außerdem befinde sich das Grundstück im Bereich der künftigen Trassenführung der Bundesautobahn A8.

Zur Begründung der hierauf erhobenen Anfechtungs- und Verpflichtungsklage wird im Wesentlichen ausgeführt, das Vorhaben sei nach § 35 Abs. 1 Nr. 4 BauGB privilegiert. Derartige Kapellen stünden zumindest in Bayern und insbesondere im Voralpenland typischerweise im Außenbereich. Öffentliche Belange würden nicht beeinträchtigt. Die Bebauung sei der freien Landschaft nicht wesensfremd. Hinzu komme, dass eine bauartgleiche Kapelle in der näheren Umgebung zugelassen worden sei. Damit sei das Gleichbehandlungsgebot verletzt. Dass das Vorhaben auf einem Grundstück im Bereich der künftigen Trassenführung der Bundesautobahn A8 gelegen sei, stelle keinen öffentlichen Belang dar. Es handle sich nur um ungesicherte Vorplanungen.

Der Beklagte vertritt die Ansicht, dass es sich um ein sonstiges Vorhaben iSv § 35 Abs. 2 BauGB handle, das öffentliche Belange beeinträchtige.

Das Verwaltungsgericht weist die Klage ab.

Aus den Gründen:

[12] Die Klage ist unbegründet. Der Kläger hat keinen Anspruch auf die Erteilung des von ihm begehrten Verwaltungsakts (§ 113 Abs. 5 Satz 1 VwGO).

[13] Nach Art. 68 Abs. 1 Satz 1 BayBO ist die Baugenehmigung zu erteilen, wenn dem Bauvorhaben keine öffentlich-rechtlichen Vorschriften entgegenstehen, die im bauaufsichtlichen Genehmigungsverfahren zu prüfen sind. Prüfungsgegenstand ist gem. Art. 59 Satz 1 Nr. 1 BayBO das Planungsrecht der §§ 29 bis 38 BauGB. Nach dem unstreitigen Vortrag aller Beteiligten, der durch die vorgelegten Pläne gestützt wird, liegt das Vorhaben im Außenbereich. Denn es existiert weder ein qualifizierter Bebauungsplan iSd § 30 Abs. 1 BauGB noch liegt das Baugrundstück innerhalb eines im Zusammenhang bebauten Ortsteils. Das Grundstück liegt vielmehr fernab jeder Bebauung in freier Flur.

[14] Zutreffend geht der Beklagte davon aus, dass es sich um ein sonstiges Vorhaben iSd § 35 Abs. 2 BauGB handelt. Eine Privilegierung iSd § 35 Abs. 1 Nr. 4

BauGB liegt nicht vor. Danach ist ein Vorhaben u.a. dann im Außenbereich vorrangig zulässig, wenn es wegen seiner besonderen Zweckbestimmung nur im Außenbereich ausgeführt werden soll. Es fehlt schon an einer besonderen Zweckbestimmung im Sinne der genannten Vorschrift. Unter diesen Begriff fallen im Wesentlichen Einrichtungen, die von ihrem Zweck her der natürlichen Funktion des Außenbereichs für die Allgemeinheit entsprechen, ohne besondere Anforderungen an die Umgebung zu stellen oder nachteilige Auswirkungen auf diese zu haben. Es handelt sich also um Anlagen, die nur im Außenbereich ihre Funktion sinnvoll erfüllen können. Zweck der Anlage soll nach Darstellung des Klägers sein, an den Zusammenschluss der Pfarrgemeinden A. und B. zu erinnern. Es liegt auf der Hand, dass diese Zweckbestimmung auch auf andere Weise als durch eine Kapelle im Außenbereich verwirklicht werden kann. Religiöse oder weltanschauliche Gründe gebieten die Errichtung der Kapelle an der beantragten Stelle nicht. Dabei kann offenbleiben, ob der Kläger überhaupt solche Gesichtspunkte zur Rechtfertigung seines Vorhabens in Anspruch nehmen kann. Wenn überhaupt, dürfte sich nur die Religionsgemeinschaft, die für den Zusammenschluss der Pfarrgemeinden verantwortlich ist, von Rechts wegen auf diesen Belang berufen (vgl. § 1 Abs. 6 Nr. 6 BauGB). Auch unter Berücksichtigung der verfassungsrechtlichen Religionsfreiheit (Art. 4 Abs. 1 GG) gibt es keinen rechtlichen Gesichtspunkt, der dem Kläger die Aufgabe zuweisen würde, durch Errichtung einer Kapelle an die Zusammenlegung von zwei Pfarrgemeinden zu erinnern. Mit Religionsausübung oder Glaubensfreiheit hat das nichts zu tun.

[15] Das Vorhaben soll auch nicht iSv § 35 Abs. 1 Nr. 4 BauGB im Außenbereich ausgeführt werden. Der Begriff des Sollens setzt eine Wertung voraus, dass das Vorhaben - seine Außenbereichstypik vorausgesetzt - in einer Weise billigenswert ist, die es rechtfertigt, es bevorzugt im Außenbereich zuzulassen (grundlegend BVerwG vom 14.3.1975 BRS 29 Nr. 53). Dabei ist nicht zu fordern, dass für das Vorhaben allgemeine oder gar öffentliche Interessen streiten; billigenswerte private - auch wirtschaftliche - Interessen reichen grundsätzlich aus (BVerwG vom 27.6.1983 BRS 40 Nr. 74). Diese müssten jedoch ein Gewicht haben, die die Zulassung im Außenbereich nach Lage der Dinge geboten erscheinen lassen. Der Begriff des Sollens ist dann nicht erfüllt, wenn der Bauherr trotz grundsätzlich billigenswerter Interessen auf die Außenbereichslage nicht angewiesen ist. Das wird regelmäßig dann der Fall sein, wenn die Möglichkeit einer Errichtung im Innenbereich bei annähernd gleicher Zweckerfüllung besteht und wenn dem Bauherrn zugemutet werden kann, den verfolgten Zweck auf andere, den Außenbereich schonendere Weise zu erreichen. Das wird auch durch die Überlegung bestätigt, dass der Gesetzgeber die privilegierten Vorhaben nach § 35 Abs. 1 BauGB in einer § 30 Abs. 1 BauGB vergleichbaren planähn-

lichen Art zugewiesen hat (BVerwG vom 25.10.1967 BVerwGE 28, 148); sie müssen also von der Intention des Gesetzgebers so ausgestaltet sein, dass sich ihre Lage im Außenbereich gleichsam aufdrängt. In der Rechtsprechung ist anerkannt, dass Kapellen und ähnliche Vorhaben einer Religionsgemeinschaft nicht im Außenbereich privilegiert sind, weil sie auf diese Lage nicht angewiesen sind; dass sie dort „besonders gut" ausgeführt werden könnten, reicht nicht aus (BVerwG vom 3.5.1974 BauR 1974, 328; OVG Rheinland-Pfalz vom 5.9.2006 NVwZ-RR 2007, 304). Vorliegend gibt es keine Gesichtspunkte, die die Verwirklichung des vom Kläger geplanten Vorhabens im Außenbereich im Sinne der genannten Rechtsprechung als im Außenbereich geboten oder jedenfalls sinnvoll erscheinen lassen würden. Die Außenbereichslage ist nicht erforderlich, um durch den Bau einer Kapelle an den Zusammenschluss der Pfarrgemeinden zu erinnern. Es wäre dem Kläger ohne weiteres möglich, sofern er meint, die Erinnerung an dieses Ereignis durch einen Kapellenbau wach halten zu müssen, diesen in Hofnähe zu realisieren. Hier wäre unter Berücksichtigung einer bäuerlich-religiösen Tradition eine Kapelle als Annex zu der im Außenbereich gem. § 35 Abs. 1 Nr. 1 BauGB bevorzugt zulässigen landwirtschaftlichen Nutzung anzusehen und deshalb wohl genehmigungsfähig. Der Umstand, dass die Hofstelle nicht im gleichen Umfang an der Grenze zwischen A. und B. liegt, steht dem nicht entgegen. Der Zusammenschluss der Pfarrgemeinden wird nicht nur an der gemeinsamen Grundstücksgrenze manifest, sondern im gesamten Gebiet der betroffenen Gemeinden. Hinzu kommt, dass die Gemeindegrenzen in der Natur nicht in Erscheinung treten und der Durchschnittsbetrachter einen Zusammenhang zwischen dem Standort der Kapelle und der kirchenorganisatorischen Vereinigung zweier Pfarrgemeinden überhaupt nicht herstellen kann.

[16] Im Übrigen kann der Zusammenschluss von zwei Pfarrgemeinden generell nicht als billigenswertes Interesse an der Errichtung eines Außenbereichsvorhabens anerkannt werden. Ein solcher Zusammenschluss hat - was offensichtlich ist und vom Kläger auch nicht bestritten wird - organisatorische Gründe, die in der personellen Ausstattung der betreffenden Kirche liegen. Derartige Zusammenschlüsse werden regelmäßig dann vorgenommen, wenn nicht ausreichend Priester zur Verfügung stehen, um jeder Gemeinde einen eigenen Seelsorger zuzuweisen. Ein Zusammenschluss von Kirchengemeinden ist unter diesen Umständen eher eine Notmaßnahme als eine solche, die eine so herausragende Bedeutung aufweisen würde, dass sie durch einen Kapellenneubau gewürdigt werden müsste. Dem entsprechend gibt es auch keine Stellungnahme der betreffenden Kirche, die den besonderen Charakter der Zusammenlegung betonen würde; jedenfalls hat der Kläger nicht in dieser Richtung vortragen können.

[17] Als sonstiges Vorhaben iSd § 35 Abs. 2 BauGB beeinträchtigt der geplante Bau öffentliche Belange iSd § 35 Abs. 3 BauGB. Eine Beeinträchtigung öffentlicher Belange liegt insbesondere vor, wenn das Vorhaben den Darstellungen des Flächennutzungsplans widerspricht (§ 35 Abs. 3 Satz 1 Nr. 1 BauGB). Nach Aktenlage weist der Flächennutzungsplan der Gemeinde A. für den vorgesehenen Standort der Kapelle landwirtschaftliche Nutzfläche aus; das schließt bauliche Anlagen, die keinem landwirtschaftlichen Zweck dienen, aus. Dass eine Feldkapelle möglicherweise traditionellem, religiös geprägtem bäuerlichen Denken entspricht, macht dieses Vorhaben noch nicht zu einer landwirtschaftstypischen Bebauung, so dass ein Widerspruch zum Flächennutzungsplan besteht. Eine Abwägungsentscheidung dergestalt, dass dem formalen Widerspruch zu den Darstellungen des Flächennutzungsplans das Interesse des Klägers an der Verwirklichung seines Vorhabens gegenüberzustellen wäre, ist ausgeschlossen. Das Gesetz bezeichnet in § 35 Abs. 3 BauGB absolute Schranken, bei deren Vorliegen eine Beeinträchtigung öffentlicher Belange anzunehmen ist, ohne dass es noch auf eine Abwägung zwischen öffentlichen und privaten Belangen ankäme (BVerwG vom 3.5.1974, aaO). Ebenso wenig bietet diese Vorschrift eine Handhabe dafür, die Beeinträchtigung eines bestimmten öffentlichen Belangs nachträglich noch gegen andere öffentliche Belange zu kompensieren (BVerwG vom 16.2.1973 Buchholz 406.11 § 35 BBauG Nr. 104). Deshalb vermag auch ein etwaiges öffentliches Interesse einer Religionsgemeinschaft - das vom Kläger noch nicht einmal behauptet wird und dessen Geltendmachung ihm nicht obliegt - nichts an der Beeinträchtigung des genannten öffentlichen Belangs zu ändern.

[18] Ob weitere öffentliche Belange beeinträchtigt sind, etwa das Gebot, die natürliche Eigenart der Landschaft zu erhalten oder hinreichend verfestigte Fachplanungen nicht zu beeinträchtigen, kann dahinstehen. Denn zur Unzulässigkeit eines sonstigen Vorhabens reicht es aus, wenn die Beeinträchtigung eines öffentlichen Belangs feststeht.

[19] Ohne Bedeutung ist, ob der Beklagte in der Umgebung des streitgegenständlichen Vorhabens andere Kapellen baurechtlich genehmigt hat. Selbst wenn das der Fall gewesen sein sollte und diese bauplanungsrechtlich unzulässig wären, würde das dem Kläger keinen Anspruch darauf geben, ebenfalls eine rechtswidrige Baugenehmigung zu erhalten. Gleichheit im Unrecht wird von Art. 3 Abs. 1 GG nicht gefordert.

51
Die Rechtsverordnung der Gemeinde Vaterstetten über die Offenhaltung der Verkaufsstellen an Sonn- und Feiertagen vom 3.2.2011 ist mit der Bayerischen Verfassung vereinbar.

Art./§§ 4, 140 GG, 139 WRV, 3 Abs. 1, 98, 101, 107,147 BV, 14 LadSchlG
BayVerfGH, Entscheidung vom 21. Dezember 2011 -Vf. 3-VII-11-[1]

Gegenstand der Popularklage ist die Frage, ob die Rechtsverordnung der Gemeinde Vaterstetten über die Offenhaltung der Verkaufsstellen an Sonn- und Feiertagen vom 3.2.2011 gegen Normen der Bayerischen Verfassung verstößt.

Diese Rechtsverordnung hat folgenden Wortlaut:

> § 1 Anlässlich der in der Gemeinde Vaterstetten stattfindenden Jahrmärkte in Parsdorf (Gewerbegebiet) am 10.4.2011, 24.7.2011, 9.10.2011 und 6.11.2011 dürfen die Verkaufsstellen im Gemeindegebiet in der Ortschaft Parsdorf an diesen Tagen in der Zeit von 13.00 Uhr bis 18.00 Uhr geöffnet sein.
> § 2 Die Vorschriften zum Schutz der Arbeitnehmer (§ 17 LadSchlG), die Bestimmungen des Arbeitszeitgesetzes, des Jugendarbeitsschutzgesetzes und des Mutterschutzgesetzes sind in der jeweils geltenden Fassung zu beachten.
> § 3 Es wird darauf hingewiesen, dass bei der Offenhaltung einer Verkaufsstelle an Sonn- und Feiertagen außerhalb der in § 1 freigegebenen Öffnungszeiten eine Ordnungswidrigkeit im Sinne des § 24 LadSchlG vorliegen kann.
> § 4 Diese Verordnung tritt am Tage nach ihrer Bekanntmachung in Kraft. Gleichzeitig tritt die Rechtsverordnung der Gemeinde Vaterstetten über die Offenhaltung der Verkaufsstellen an Sonn- und Feiertagen vom 4.6.2002 außer Kraft.

Anlass der Verordnung sind von der Firma S., einem Möbelhaus, in Parsdorf seit mehreren Jahren an jeweils vier Sonntagen im Jahr veranstaltete Jahrmärkte auf dem Firmengelände, die nach § 69 iVm § 68 GewO festgesetzt wurden. Während von 1999 bis 2001 nur Märkte stattfanden, wurde seit 2002 auch die Offenhaltung der Verkaufsstellen durch gemeindliche Verordnung gestattet. Auf den Märkten bieten etwa 70 Verkäufer ihre Waren an. Zusätzlich gibt es Gelegenheiten zum Essen und Trinken sowie Attraktionen, wie beispielsweise ein Kinderkarussell.

Für das Jahr 2011 beantragte die Firma S. neben der Festsetzung der Märkte wiederum auch die Offenhaltung der Verkaufsstellen an vier Sonntagen. Mit der Begründung, die inzwischen fest etablierten Märkte zögen einen im Verhältnis

---

1 BeckRS 2012, 45072; *juris*; VerfGHE 64, 224; AfkKR 181 (2012), 277; BayVBl 2012, 268; DÖV 2012, 486 (LS); GewArch 2012, 218; LSK 2012, 190279.

zur Einwohnerzahl von Parsdorf beträchtlichen Besucherstrom an, beschloss der Gemeinderat am 3.2.2011 nach Anhörung der betroffenen Träger öffentlicher Belange auf der Grundlage des § 14 LadSchlG den Erlass der Rechtsverordnung.

Mit der Popularklage beantragt der Antragsteller, die Nichtigkeit der Rechtsverordnung der Gemeinde Vaterstetten über die Offenhaltung der Verkaufsstellen an Sonn- und Feiertagen festzustellen. Er rügt, die Verordnung verstoße insbesondere gegen Art. 107 und 147 BV.

Die institutionelle Garantie des Sonn- und Feiertagsschutzes in Art. 147 BV sei entsprechend der Entscheidung des Bundesverfassungsgerichts vom 1.12.2009 in eine Grundrechtsposition „hineingewachsen". Die Gemeinde habe von der Ermächtigung des Ladenschlussgesetzes, die unter Beachtung des Art. 147 BV eng auszulegen sei, zu Unrecht Gebrauch gemacht. Entgegen der auf einer unzureichenden Meinungsumfrage beruhenden Annahme des Möbelhauses und der Gemeinde würden nicht die Märkte die Besucher anlocken, sondern die sonntägliche Öffnung des Möbelhauses. Eine Verordnung, die derartige Märkte zum Anlass für die Ladenöffnung nehme, werde dem Sonntagsgrundrecht, das auch als überpositive Rechtsnorm Geltung beanspruche, nicht gerecht, zumal ein Bedürfnis, am Sonntag Möbel zu erwerben, nicht erkennbar sei. Der Verordnungsgeber habe keine Abwägung der unterschiedlichen Belange und Interessen vorgenommen.

Darüber hinaus würden die an den Sonntagen eingesetzten Arbeitnehmer in der freien Entfaltung ihrer Persönlichkeit (Art. 101 BV) sowie in ihrem Grundrecht auf Arbeitsschutz verletzt. § 3 der Verordnung, wonach bei der Offenhaltung von Verkaufsstellen außerhalb der freigegebenen Zeiten eine Ordnungswidrigkeit vorliegen könne, sei zu unbestimmt.

Die Gemeinde Vaterstetten bezweifelt die Zulässigkeit der Popularklage. Art. 147 BV begründe kein Grundrecht, sondern enthalte eine institutionelle Garantie. Eine Rechtsverordnung, die sich im Rahmen ihrer Ermächtigungsgrundlage halte, könne nicht in Grundrechte der Arbeitnehmer eingreifen.

Die Popularklage sei auch unbegründet. Die angegriffene Rechtsverordnung beschränke keine Grundrechtspositionen. Vielmehr mildere sie die ansonsten unverhältnismäßigen Eingriffe in die Berufsausübungsfreiheit der Ladeninhaber sowie die allgemeine Handlungsfreiheit der Kunden ab, denen durch das Ladenschlussgesetz verboten werde, an Sonn- und Feiertagen die Läden zu öffnen bzw. dort einzukaufen.

Selbst wenn man die Rechtsprechung des Bundesverfassungsgerichts zum Berliner Ladenöffnungsgesetz auf die Regelungen der Bayerischen Verfassung übertrage, scheide im vorliegenden Fall ein Eingriff in die Religionsfreiheit aus. Die angegriffene Verordnung halte den Rahmen des § 14 LadSchlG ein, der seinerseits den Anforderungen des Art. 140 GG iVm Art. 139 WRV entspreche, weil auf besondere Anlässe wie Märkte oder Messen abgestellt werde und das verfassungsrechtlich gebotene System, wonach Sonntagsöffnungen die Ausnahme bleiben müssten, nicht infrage gestellt werde. Für die von der Gemeinde beschlossene Öffnung an vier nicht unmittelbar aufeinander folgenden Sonntagen bestehe ein Anlass von erheblichem Gewicht. Die Märkte mit rund 8.000 Besuchern stellten für den kleinen Ortsteil Parsdorf ein seltenes und außergewöhnliches Ereignis dar, das Ausnahmen vom Ladenschluss ohne weiteres rechtfertige. In Parsdorf finde selbst an den verkaufsoffenen Sonntagen keine „werktägliche Geschäftigkeit" statt, weil die Läden lediglich im Gewerbegebiet geöffnet seien, das räumlich vom Wohngebiet des Ortsteils getrennt sei. Damit stelle die angegriffene Verordnung ein der Religionsfreiheit gerecht werdendes Schutzniveau sicher.

Der Verfassungsgerichtshof weist den Antrag ab.

Aus den Gründen:

[17] IV. Gegen die Zulässigkeit der Popularklage bestehen Bedenken.

[18] 1. Ihrer Zulässigkeit steht allerdings nicht entgegen, dass zum Zeitpunkt der Entscheidung des Verfassungsgerichtshofs die Sonntage bereits verstrichen sind, an denen nach der angegriffenen Verordnung die Verkaufsstellen im Ortsteil Parsdorf geöffnet bleiben durften. (*wird ausgeführt*)

[19] 2. Die angegriffene Verordnung kann Gegenstand einer Popularklage sein. (*wird ausgeführt*)

[20] 3. Es erscheint jedoch zweifelhaft, ob der Antragsteller eine zulässige Grundrechtsrüge erhoben hat.

[21] Zu den prozessualen Voraussetzungen einer Popularklage gehört, dass der Antragsteller substantiiert darlegen muss, inwiefern die angefochtene Rechtsvorschrift nach seiner Meinung zu einer Grundrechtsnorm der Bayerischen Verfassung in Widerspruch steht (Art. 55 Abs. 1 Satz 2 VfGHG). Unzulässig ist die Popularklage, wenn und soweit eine als verletzt bezeichnete Norm der Verfassung kein Grundrecht gewährt. Sie ist weiter unzulässig, wenn zwar ein Grundrecht als verletzt gerügt wird, eine Verletzung der entsprechenden Norm nach Sachlage aber von vornherein nicht möglich ist, weil der Schutzbereich des angeblich verletzten Grundrechts durch die angefochtene Rechtsvorschrift nicht berührt wird (ständige Rechtsprechung; vgl. VerfGH vom 21.2.1986 VerfGHE 39, 17 [21]; VerfGH vom 12.4.1988 VerfGHE 41, 33 [36 f.]; VerfGH vom 21.7.2011).

[22] a) Der Antragsteller macht geltend, die Gemeinde habe bei der Festlegung der verkaufsoffenen Sonntage einseitig den Umsatzinteressen des Möbel-

hauses Rechnung getragen und damit gegen das „Sonntagsgrundrecht" verstoßen. Er beruft sich dabei auf das Urteil des Bundesverfassungsgerichts vom 1.12.2009 zum Berliner Ladenöffnungsgesetz (BVerfGE 125, 39), wonach die aus der Religionsfreiheit folgende Schutzpflicht des Staates durch Regelungen verletzt werden kann, die dem verfassungsrechtlich anerkannten Sonn- und Feiertagsschutz nicht ausreichend Rechnung tragen.

[23] In der Bayerischen Verfassung ist dieser Schutz durch die Institutsgarantie des Art. 147 BV gewährleistet (VerfGH vom 15.1.1996, VerfGHE 49, 1 [6]). Danach bleiben die Sonntage und staatlich anerkannten Feiertage als Tage der seelischen Erhebung und der Arbeitsruhe gesetzlich geschützt. Ob sich hieraus in der Zusammenschau mit der durch Art. 107 Abs. 1 und 2 BV garantierten Religionsfreiheit - entsprechend der genannten Entscheidung des Bundesverfassungsgerichts - eine von den staatlichen Organen zu erfüllende grundrechtliche Schutzpflicht ableiten lässt, kann offenbleiben. Die Popularklage ist insoweit jedenfalls unbegründet (vgl. unten V. 2.).

[24] b) Soweit der Antragsteller eine Verletzung des Art. 101 BV im Hinblick auf die betroffenen Arbeitnehmer rügt, verkennt er, dass die angegriffene Verordnung nicht in deren Rechtspositionen eingreift. § 2 der Verordnung setzt die Vorschriften zum Schutz der Arbeitnehmer nicht außer Kraft, sondern verpflichtet zu ihrer Beachtung.

[25] c) Auf eine Verletzung des Rechtsstaatsprinzips (Art. 3 Abs. 1 Satz 1 BV), das u.a. das Erfordernis der Normbestimmtheit umfasst (VerfGH vom 15.1.2007 VerfGHE 60, 1 [6], KirchE 49, 20), kann eine Popularklage für sich allein nicht gestützt werden, weil diese Verfassungsnorm kein Grundrecht verbürgt. Nur Regelungen, die mit zulässigen Grundrechtsrügen angefochten sind, prüft der Verfassungsgerichtshof auch daraufhin, ob sie gegen andere Normen des objektiven Verfassungsrechts verstoßen (ständige Rechtsprechung; vgl. VerfGHE 60, 1 [5]).

[26] V. Die Bedenken gegen die Zulässigkeit können jedoch dahingestellt bleiben, da die Popularklage jedenfalls unbegründet ist.

[27] 1. Das Rechtsstaatsprinzip (Art. 3 Abs. 1 Satz 1 BV) ist nicht verletzt.

[28] a) Im Hinblick auf die Vereinbarkeit der angegriffenen Verordnung mit der Ermächtigungsgrundlage des § 14 Abs. 1 Satz 2 LadSchlG lässt sich kein Verstoß gegen das Rechtsstaatsprinzip feststellen.

[29] Eine auf einer bundesrechtlichen Ermächtigung beruhende Vorschrift des Landesrechts verstößt gegen Art. 3 Abs. 1 Satz 1 BV, wenn der bayerische Normgeber offensichtlich den Bereich der Rechtsordnung des Bundes verlässt und Landesrecht eindeutig ohne Rechtssetzungsbefugnis schafft. Ein Verstoß gegen Art. 3 Abs. 1 Satz 1 BV kann demnach erst dann angenommen werden, wenn der Widerspruch zum Bundesrecht nicht nur offensichtlich zutage tritt,

sondern auch inhaltlich nach seinem Gewicht als schwerwiegender Eingriff in die Rechtsordnung zu werten ist (vgl. VerfGH vom 28.6.1988, VerfGHE 41, 59 [64] f.).

[30] Derartige offensichtliche Verstöße sind im vorliegenden Fall nicht zu erkennen. § 1 der Verordnung ermöglicht die Öffnung der Verkaufsstellen im Ortsteil Parsdorf aus Anlass eines gleichzeitig stattfindenden Marktes an vier Sonntagen des Jahres 2011 (§ 14 Abs. 1 Satz 1 LadSchlG), die nicht auf den Monat Dezember fallen (§ 14 Abs. 3 Satz 1 LadSchlG). Außerdem überschreiten die festgelegten Öffnungszeiten nicht fünf zusammenhängende Stunden, enden jeweils um 18 Uhr und liegen außerhalb der Zeit des Hauptgottesdienstes (§ 14 Abs. 2 Satz 3 LadSchlG). Nicht Gegenstand der verfassungsrechtlichen Prüfung ist dagegen, ob der Verordnungsgeber im Einzelfall die Voraussetzungen der bundesrechtlichen Ermächtigung, wie beispielsweise die Anziehungskraft des Marktes (vgl. BayVGH vom 31.3.2011 -22 BV 10.2367-), zutreffend ermittelt hat (vgl. VerfGH 41, 59 [65]). Im Übrigen sind hinreichende Anhaltspunkte dafür, dass den Märkten, die zunächst ohne begleitende Ladenöffnung veranstaltet wurden, keine eigenständige Bedeutung zukommt, weder dem Vorbringen des Antragstellers zu entnehmen noch sonst ersichtlich.

[31] Dass § 14 LadSchlG selbst gegen das Grundgesetz verstoßen und damit nichtig sein könnte, ist ebenfalls nicht erkennbar. Auch unter Berücksichtigung des Urteils des Bundesverfassungsgerichts vom 1.12.2009 (BVerfGE 125, 39, KirchE 54, 402) finden sich keine Anhaltspunkte dafür, dass § 14 LadSchlG das vom Grundgesetz geforderte Mindestniveau des Sonn- und Feiertagsschutzes unterschreiten könnte. Die Möglichkeit, die Öffnung von Verkaufsstellen an vier Sonn- oder Feiertagen im Jahr aus Anlass von Märkten, Messen oder ähnlichen Veranstaltungen freigeben zu können, stellt nicht infrage, dass die Arbeitsruhe an Sonn- und Feiertagen die Regel bleibt. Zugleich gewährleistet die Anknüpfung an die in der Vorschrift genannten besonderen Ereignisse, dass der Ausnahme ein dem Sonntagsschutz gerecht werdender Sachgrund zugrunde liegt (vgl. BVerfGE 125, 39 [87], KirchE 54, 402).

[32] b) Auch unter dem Gesichtspunkt der Normbestimmtheit ist das Rechtsstaatsprinzip nicht verletzt. Soweit der Antragsteller die mangelnde Bestimmtheit des § 3 der Verordnung rügt, berücksichtigt er nicht, dass dieser deklaratorischen Bestimmung kein eigenständiger Regelungsgehalt zukommt.

[33] 2. Art. 147 iVm Art. 107 Abs. 1 und 2 BV sind nicht verletzt.

[34] Bei der Erfüllung der Verpflichtung, die Sonn- und Feiertagsruhe in ausreichendem Umfang zu gewährleisten, kommt dem Normgeber ein weiter Einschätzungs-, Wertungs- und Gestaltungsspielraum zu, der auch Raum lässt, konkurrierende öffentliche und private Interessen zu berücksichtigen (vgl. VerfGH vom 11.11.1997 VerfGHE 50, 226 [247]). Eine Verletzung der Schutzpflicht

kann nur festgestellt werden, wenn überhaupt keine Schutzvorkehrungen getroffen werden oder wenn die getroffenen Maßnahmen gänzlich ungeeignet oder völlig unzulänglich sind, das gebotene Schutzziel zu erreichen, oder erheblich dahinter zurückbleiben (vgl. BVerfG vom 29.10.1987 BVerfGE 77, 170 [214 f.]; BVerfG vom 10.1.1995 BVerfGE 92, 26 [46]; BVerfGE 125, 39 [78 f.], KirchE 54, 402). Da der landesverfassungsrechtliche Schutz der Sonn- und Feiertagsruhe nicht über das in Art. 4 Abs. 1 und 2 iVm Art. 140 GG, Art. 139 WRV garantierte Mindestmaß hinausgeht, kommt bei Verordnungen, die sich im Rahmen der bundesrechtlichen Ermächtigung des § 14 LadSchlG halten, eine Verletzung der Art. 147, 107 Abs. 1 und 2 BV im Regelfall nicht in Betracht. Besondere Anhaltspunkte dafür, dass die vom Antragsteller angegriffene Verordnung gleichwohl keinen angemessenen und wirksamen Schutz gewährleisten und damit das Untermaßverbot verletzen könnte, sind nicht zu erkennen. Dafür genügt insbesondere nicht der Umstand, dass die Gemeinde den Umfang der bundesrechtlichen Ermächtigung im Hinblick auf die Anzahl der Tage sowie die Öffnungszeiten voll ausgeschöpft und die zur Öffnung berechtigten Handelszweige nicht beschränkt hat, zumal wegen des begrenzten örtlichen Anwendungsbereichs der angegriffenen Norm die Sonntagsruhe in der Gemeinde Vaterstetten an den betroffenen Tagen insgesamt nur in geringem Umfang beeinträchtigt wird.

52

Der Konflikt zwischen der Glaubensfreiheit des Schülers und seiner Eltern und dem Erziehungsrecht der Eltern einerseits und dem staatlichen Bildungs- und Erziehungsauftrag andererseits ist durch Erteilung einer Befreiung von einer für den Schüler verbindlichen Schulveranstaltung zu lösen, wenn sonst (objektiv) ein schonender Ausgleich nicht herbeigeführt werden kann und die Schule auch bei Beachtung ihrer Pflicht zur Neutralität und Toleranz Unterrichtsinhalte und -ziele durchsetzt, deren Gewicht hinter demjenigen der grundrechtlich geschützten Interessen einzelner Eltern und Schüler zurückbleibt.

Bei einem Glaubenskonflikt des Schülers und seiner Eltern und einer Beeinträchtigung des Erziehungsrechts der Eltern rechtfertigt gemessen am Maßstab praktischer Konkordanz und dem darin angelegten Grundsatz der Verhältnismäßigkeit nicht jede wünschenswerte und sinnvolle Intensität staatlicher Bildungs- und Erziehungsarbeit das Zurücktreten der widerstreitenden Glaubens- und Erziehungsrechte.

Die Teilnahme eines Schülers am Besuch des Films „Krabat" als Schulveranstaltung steht grundsätzlich mit dem staatlichen Bildungs- und Erziehungsauftrag in Einklang.
Der Schüler kann aber im Einzelfall einen Anspruch auf Befreiung von der Teilnahme an der Schulveranstaltung haben, wenn Teile des Films „Krabat" mit seinen Glaubensüberzeugungen nicht in Einklang stehen und die mit dem Besuch des Films verfolgten Unterrichtsziele der Schule jedenfalls teilweise dadurch erreicht werden, dass der Schüler an der unterrichtlichen Besprechung des Buchs „Krabat" und an der unterrichtlichen Nachbesprechung des Films teilnimmt.

Art./§§ 6 Abs. 2, 7 Abs. 1 GG, 43 Abs. 1 u. 3 NW.SchulG
OVG Nordrhein-Westfalen, Beschluss vom 22. Dezember 2011 -19 A 610/10-[1]

Die Kläger gehören den Zeugen Jehovas an. Ihr Sohn U. besuchte im Schuljahr 2008/2009 die Klasse 7d des N.-Gymnasiums in C. Im Rahmen des Deutschunterrichts wurde anhand des Schulbuchs „P.A.U.L. D." (Persönliches Arbeits- und Lesebuch Deutsch, Schöningh-Verlag) das 1971 erschienene Buch „Krabat" von Otfried Preußler besprochen, woran U. teilnahm. Die Deutschlehrer der 7. Klassen beschlossen mit Blick darauf, den am 9.10.2008 in den deutschen Kinos angelaufenen Film „Krabat" des Regisseurs Marco Kreuzpaintner zu besuchen. Der Beklagte genehmigte die verbindliche Schulveranstaltung für den 31.10.2008.

Mit undatiertem Brief schrieben die Kläger dem Deutschlehrer ihres Sohnes, Oberstudienrat A.: „Aus religiösen Gründen möchten wir nicht, dass unser Sohn U. den Film „Krabat" im Kinodrom ansieht. Wir möchten uns von bösen Geistermächten fernhalten, auch indem wir uns mystische Filme nicht ansehen." Der Beklagte erörterte die Angelegenheit in einem persönlichen Gespräch mit den Klägern und ihrem Sohn am 30.10.2008. Die Kläger bekräftigten unter Hinweis auf verschiedene Bibeltexte, sie könnten als Angehörige der Glaubensgemeinschaft der Zeugen Jehovas nicht zulassen, dass U. an der Filmvorführung teilnehme. Sie müssten alle Berührungspunkte mit Spiritismus und jeglicher Form von Magie meiden. Der Beklagte, der von einem Präzedenzfall ausging, wies die Kläger darauf hin, dass die Lektüre des Textes und die Filmanalyse

1 Amtl. Leitsätze. BeckRS 2012, 45091; *juris*; DÖV 2012, 323 (LS); DVP 2012, 476; JA 2012, 477; NWVBl 2012, 235. Auf die Revision des Beklagten hat das BVerwG (Urteil vom 11.9.2013 -6 C 12/12- JA 2014, 232; Buchholz 421.10 Schulrecht Nr. 5; NJW 2014, 804; NVwZ 2014, 237) den Beschluss des OVG Nordrhein-Westfalen vom 22.12.2011 geändert und die Berufung der Kläger gegen das Urteil des VG Münster vom 12.2.2010 -1 K 528/09- zurückgewiesen.

lehrplankonform seien und das Verlangen der Deutschlehrer daher berechtigt sei, dass alle Schüler der Jahrgangstufe 7 an der verbindlichen Schulveranstaltung teilnähmen. Er erklärte weiter, er sei nicht bereit, sich auf bibelexegetische Erörterungen einzulassen. Eine besondere Aufsicht von Seiten der Schule werde außerhalb dieser Schulveranstaltung nicht organisiert. Eine Befreiung lehnte er ab. Am 31.1o.2008 holten die Kläger ihren Sohn nach der 2. Stunde aus der Schule ab und beaufsichtigten ihn während der Filmvorführung (3.-5. Stunde) zu Hause. An der Nachbereitung des Films in den folgenden Deutschstunden nahm U. wieder teil.

Mit anwaltlichem Schreiben vom 7.1.2009 legten die Kläger Widerspruch gegen die Ablehnung der Befreiung von der Filmvorführung ein. Die Bezirksregierung Münster teilte darauf mit Schreiben vom 9.2.2009 mit, eine Entscheidung in der Sache sei unzulässig, da bereits zum Zeitpunkt des Widerspruches der Anlass durch Zeitablauf entfallen und somit Erledigung eingetreten sei.

Durch Bußgeldbescheide vom 24.2.2009 setzte die Bezirksregierung Münster auf Antrag des Beklagten gegen die Klägerin und den Kläger jeweils eine Geldbuße in Höhe von 50 € fest. Zur Begründung verwies sie jeweils darauf, sie hätten ihre Verpflichtung verletzt, durch geeignete Maßnahmen die Erfüllung der Schulpflicht sicherzustellen. Nach Einspruchseinlegung durch die Kläger stellte das Amtsgericht Münster die Bußgeldverfahren (-13 OWi-99 Js 387/09-102/09) am 10.9.2009 mit der Begründung ein, eine Ahndung erscheine nicht geboten.

Mit der Klage begehren die Kläger die Feststellung, dass die Ablehnung der Befreiung vom Unterricht am 31.10.2008 (Filmvorführung des Films „Krabat“) rechtswidrig war. Zur Begründung tragen sie vor, die Entscheidung, ihren Sohn nicht an der Filmvorführung teilnehmen zu lassen, beruhe auf ihren Glaubensüberzeugungen. Sie sei eine echte Gewissensentscheidung, die sie aus ihrer Verpflichtung gegenüber ihrem Gott hätten treffen müssen, vor dem sie andernfalls als willentliche Sünder dagestanden hätten. Sie seien aktive Zeugen Jehovas, besuchten die Gottesdienste, studierten in ihrer Freizeit als Familie regelmäßig die Bibel sowie die Publikationen ihrer Glaubensgemeinschaft und nähmen an Missionstätigkeiten teil. Der Kläger sei zudem Geistlicher und habe als sogenannter Ältester die (Mit-)Verantwortung für die Leitung seiner Ortsgemeinde. Das Ansehen des Films „Krabat“ sei mit ihren Glaubensüberzeugungen nicht vereinbar. Das Praktizieren von Magie sei Spiritismus, den die Bibel verurteile. Auch wenn sich die Hauptfigur am Ende davon distanziere, werde zunächst geschildert, wie sie schwarze Magie wolle und erlerne. Nach der Bibel sei demjenigen, der sich mit Dämonen, mit Spiritismus befasse, eine Teilhaberschaft an Gott und das Erleben des Königreiches Gottes nicht möglich. Sie mieden deshalb in ihrem Leben alle Bücher, Filme oder sonstigen Situationen, durch die sie mit Magie oder Spiritismus in Berührung kommen könnten. Diese Lebensanschauung, die sich auch aus dem Standardlehrbuch „Was lehrt die Bibel wirklich?" ergebe, vermittelten sie auch ihrem Sohn U., der sie im Übrigen teile. Die auszugsweise Besprechung des Buches hätten sie akzeptiert, da insoweit nur die Tatsache wiedergegeben werde, dass Krabat mit schwarzer Magie in Berührung gekommen sei. Im Film hingegen werde das Ausüben spiritistischer Praktiken vorgeführt und der Zuschauer unmittelbar damit konfrontiert. Die Ablehnung der Befreiung habe gegen ihre Grundrechte aus Art. 4 und 6 GG verstoßen. Gegenüber dem Grundrecht der Glaubensfreiheit und dem elterlichen Erziehungsrecht sei die als Begründung für das staatliche Erziehungsrecht genannte Wissensvermittlung im Bereich filmischer Darstellung nicht von überragender Bedeutung für die Heranbildung zu verantwortlicher Lebensführung anzusehen. Auch sei der Eingriff in den Ablauf des Schulalltags bei der hier lediglich stundenweisen Befreiung nicht erheblich. Das Erziehungsziel hätte auch durch das Ansehen anderer Filme im Deutschunterricht erreicht werden können. Der Beklagte habe das ihm im Rahmen der Befreiung eingeräumte Ermessen nicht ausgeübt, indem er die verschiedenen Rechtspositionen nicht gegenübergestellt und nicht einmal in Erwägung gezogen habe, es könne entsprechende Elternrechte geben. Eine Befreiung sei auch aufgrund der Rechtsprechung des EGMR zu Art. 2 des 1. ZP zur EMRK zwingend gewesen.

Der Beklagte macht demgegenüber im Wesentlichen geltend, die Befassung mit dem Stoff des Romans „Krabat", sei es in literarischer oder filmischer Version, verletze die Kläger nicht in ihren religiösen Rechten. Weder im fachlich allseits anerkannten Buch noch im ausgezeichnet rezensierten und kultusministeriell empfohlenen Film erfolge eine zielgerichtete Befassung mit Magie. Insbesondere werde nicht das Ziel verfolgt, den Leser oder Betrachter dafür einzunehmen. Vielmehr siege letztlich die Kraft der Liebe gegen die Macht der Magie als Metapher im Streit des Guten gegen das Böse. Das Werk stelle sich als Allegorie gegen den Totalitarismus dar, wobei sowohl Buch als auch Film mit dem Sieg der Freiheit über das Dunkle und Böse endeten. Bei der Bearbeitung von Buch und Film „Krabat" im Deutschunterricht sei es der Schule um das zeitgeschichtliche Thema der Verführbarkeit des Einzelnen durch totalitäre Versuchungen gegangen. Die Fähigkeit der Schüler zu selbständiger Entscheidung und rational reflektierter Lebensführung habe gefördert werden sollen. Der Stoff „Krabat" sei im Kontext von Sagen und Märchen und als Anschauungsbeispiel für mediale Bearbeitungen verwendet worden. Nach den Zielen der Unterrichtsreihe hätten die Schüler unter anderem die Unterschiede von Literatur und deren medialer Verarbeitung kennenlernen, die unterschiedlichen Wirkungen von Literatur und Medium reflektieren und unterschiedliche Wahrnehmungen begründet vertreten sollen. Nach dem Kernlehrplan Deutsch sei sowohl die

Behandlung von Sagen, Märchen, Mythen als auch die Behandlung filmischen Erzählens (Kameraeinstellung und -bewegung, Kameraperspektive, Schnitttechnik etc.) Unterrichtsinhalt. Mit dem Film „Krabat" werde weder eine Indoktrinierung der Schüler hin zu dunklen Mächten bewirkt noch sei die Behandlung mit Magie so intensiv, dass eine derartige Auswirkung ernsthaft angenommen werden könne. Die Verpflichtung der Schule zu Zurückhaltung, Toleranz und Offenheit für unterschiedliche Wertungen werde deshalb nicht verletzt und die Schüler würden nicht derart beeinflusst, dass die Erziehungsberechtigten nicht mehr im Sinne ihrer eigenen Überzeugungen auf ihre Kinder einwirken könnten. Die Benachteiligung in eigenen Glaubenspositionen in vertieftem Maße hätten die Kläger ferner bereits gegen die Textanalyse des Buches anführen müssen, um einen intensiven Eingriff in ihre Grundrechte überzeugend geltend zu machen. Schließlich habe er sein Befreiungsermessen richtig ausgeübt, insbesondere die wechselseitigen Rechtspositionen und ihr jeweiliges Gewicht gegeneinander abgewogen, dabei aber den Unterrichtsbelangen den Vorrang gegeben.

Das VG Münster (Urteil vom 12.2.2010 -1 K 528/09- DVBl 2010, 464 [LS], DÖV 2010, 449 [LS]) hat die Klage abgewiesen und im Wesentlichen ausgeführt: Die von den Klägern angeführten Glaubens- und Gewissensgründe seien kein wichtiger Grund für die Befreiung ihres Sohnes von der Vorführung des Films „Krabat". Die Filmveranstaltung halte sich im Rahmen des Erziehungs- und Bildungsauftrags der Schule, die das Neutralitäts- und Toleranzgebot beachtet und in ausreichendem Maße Rücksicht auf die religiösen Überzeugungen der Kläger genommen habe. Der Film „Krabat" beeinflusse auch unter Berücksichtigung der Szenen, in denen mit Computereffekten das Praktizieren schwarzer Magie gezeigt werde, die Schüler in keiner Weise dahingehend, Spiritismus und schwarze Magie zu befürworten. Die Kläger seien durch die Filmvorführung nicht gehindert gewesen, ihren Sohn U. in Glaubensfragen nach eigenen Vorstellungen zu erziehen.

Hiergegen wenden sich die Kläger mit der Berufung und tragen zur Begründung u.a. vor, die Ablehnung ihres Antrags auf Befreiung ihres Sohnes U. vom Besuch des Films „Krabat" habe auch angesichts der Verfolgung der Anhänger ihrer Glaubensgemeinschaft in Deutschland gravierende Spuren in ihrem Vertrauen in den Rechtsstaat hinterlassen. Gerade die Toleranz und der Respekt der Schulen gegenüber den religiösen Überzeugungen sei für viele Familien von Zeugen Jehovas ein Gradmesser dafür, wie sicher sie sich in diesem Staat fühlen könnten. Fälle, in denen der erforderliche Respekt nicht erkennbar sei, lösten bei den Mitgliedern der Religionsgemeinschaft tiefe Ängste und Unsicherheit aus. Für die Erziehung ihrer Kinder sähen sie sich vor die Frage gestellt, ob sie in ihren Kindern das Vertrauen in den Rechtsstaat stärken könnten oder ihre

Kinder zu Misstrauen und Distanz zu staatlichen Institutionen erziehen sollten. Das Verwaltungsgericht habe das sich aus den landesrechtlichen Vorschriften ergebende Gewicht religiöser Gründe bei der Befreiung von einer Schulveranstaltung verkannt. Nach der sog. Wanderrichtlinie sei zwingend eine Befreiung von der Teilnahme an mehrtätigen Schulveranstaltungen zu erteilen, wenn die Erziehungsberechtigten auch nach einem Gespräch über Ziele und Inhalte der Schulveranstaltung eine Befreiung aus religiösen Gründen wünschten. Derartige Gründe könnten deshalb grundsätzlich auch eine Befreiung von einer eintägigen Schulveranstaltung rechtfertigen. Das Verwaltungsgericht habe nicht berücksichtigt, dass nach der höchst- und obergerichtlichen Rechtsprechung bei der Herstellung der praktischen Konkordanz zwischen den Eltern- und Schülerrechten einerseits und dem staatlichen Bildungs- und Erziehungsauftrag andererseits stets eine Prüfung im Einzelfall erforderlich sei. Dagegen habe das Verwaltungsgericht einen Vorrang des staatlichen Erziehungs- und Bildungsauftrags schon dann angenommen, wenn und solange der Staat sich mit seinem Unterricht im Rahmen des Gebots der religiösen und weltanschaulichen Neutralität und Toleranz halte. Diese Auffassung laufe im Kern darauf hinaus, dass die gesetzlich vorgesehene Befreiung von Schulveranstaltungen auch aus religiösen Gründen praktisch weitgehend ins Leere liefe. Die Nichtteilnahme ihres Sohnes an der Filmvorführung habe die Funktionsfähigkeit der Schule nicht beeinträchtigt. Die Beeinträchtigung des staatlichen Erziehungs- und Bildungsauftrags sei nicht über das hinausgegangen, was die Schule auch aus anderen Gründen, z.B. im Falle der Erkrankung eines Schülers, als Einschränkung des Unterrichts zu bewältigen habe. Sie hätten durch Angabe von Bibelstellen und Literatur deutlich gemacht, dass das Befassen mit schwarzer Magie mit ihrem Glauben nicht vereinbar sei. Deshalb hätten sie die Teilnahme ihres Sohnes an der Filmvorführung gegenüber Gott in keiner Weise rechtfertigen können; ihr gelebtes Verhältnis zu Gott, das für sie existentiell sei, wäre gefährdet oder sogar zerstört worden. Die Teilnahme am Unterricht sei ihrem Sohn möglich gewesen, weil das Schulbuch „P.A.U.L. D.“ diejenigen Teile des Buches „Krabat“ ausspare, die sich mit dem Praktizieren schwarzer Magie beschäftigten. Mit der unterrichtlichen Teilnahme an der Besprechung der im Schulbuch abgedruckten Auszüge aus dem Buch „Krabat“ und der Teilnahme ihres Sohnes an der einstündigen Nachbesprechung des Films seien die von der Schule angeführten Lernziele der Aufklärung der Schüler über neuzeitliche Verführer und des Umgangs mit dem Mystischen erreicht worden. Ein schonender Ausgleich hinsichtlich des Besuchs des Kinofilms sei unmöglich gewesen. Ein Verzicht aller Schüler auf den Film sei nicht in ihrem Sinne gewesen, weil es grundsätzlich nicht in ihrer Absicht liege, dass sich die Mehrheit nach ihren Vorstellungen richte. Dass Verschließen von Augen und Ohren im Film bei den Szenen, in denen das mit ihrer Glaubensüberzeugung nicht in Einklang stehende Praktizieren schwarzer Magie gezeigt werde, sei nicht praktikabel und unzumutbar. Ein Nachdenken der Schule über die Herstellung praktischer Konkordanz etwa durch das Stellen von Ersatzaufgaben, wie z. B. das Heraussuchen von Filmkritiken und deren Analyse, habe bei dem Schulleiter nicht stattgefunden.

Der Beklagte trägt hierzu u.a. vor, er habe keine durchgreifenden Zweifel daran, dass bei den Klägern ein echter Glaubenskonflikt vorgelegen habe und vorliege. Mit dem Betrachten und der Analyse des Films „Krabat" seien zwei Unterrichtsfelder abgedeckt worden. Nach dem Kernlehrplan für das Fach Deutsch seien sowohl die Behandlung von Sagen, Märchen und Mythen als auch die Behandlung filmischen Erzählens Unterrichtsinhalt des Deutschunterrichts. Die Unterrichtsinhalte Medienanalyse und -gestaltung seien notwendig und hätten einen hohen Stellenwert. Filmschnitt, Suggestivwirkung von Bildern, das Zusammenwirken von Bildführung und musikalischer Untermalung ließen sich im reinen „Trockenkurs" mit Printmedien nicht so effektiv wie beim persönlichen Betrachten eines Films erkennen und einschätzen lernen. Daher sei es essentieller Unterrichtsbestandteil, dass der Erarbeitung der Themen in theoretischer Form anhand der im Lehrbuch „P.A.U.L. D." enthaltenen Ausschnitte aus dem Buch „Krabat" auch praktische Anschauungsbeispiele folgten. Hierfür sei der mehrfach unter anderem mit dem Prädikat „besonders wertvoll" ausgezeichnete und preisgekrönte Film „Krabat" besonders geeignet; auch das Schulministerium Nordrhein-Westfalen habe ihn für den Unterricht empfohlen. Die Unterrichtsziele, Kritikfähigkeit und aufgeklärte Distanz zu ermöglichen sowie die Wahrnehmung für Gefährdungen zu schärfen, seien nicht nur Unterrichtsziel, sondern unverzichtbar und von ganz elementarer Bedeutung für die Erziehung junger Menschen zur selbstbestimmten und eigenverantwortlichen Lebensführung in einer werteoffenen pluralistischen Gemeinschaft. Diese Zielsetzung von herausragendem Stellenwert sei mit der alleinigen Textanalyse und -besprechung nicht „in gleicher Güte und Intensität" erreichbar wie durch die Betrachtung des Films „Krabat". Dass gegenüber dem Buch „Krabat" der Film mit seinen sehr ausdrucksvollen, übersinnlichen Ereignissen und Filmszenen eine deutlichere und eindrucksvollere Wirkungsweise habe, werde nicht bestritten. „Genau aus diesem Grund" habe es der Schulleiter „für dringend angeraten erachtet, dass die Kinder den Film sahen, nur eben mit der Zielsetzung, die antitotalitären, politischen und zur kritischen Eigenverantwortung erziehenden Zielsetzungen des Films aufzunehmen". In dem Film seien mystische Szenen wie etwa das Verwandeln der Müllerburschen in Raben „insgesamt recht selten, wenn auch mit bemerkenswertem filmischen Aufwand im Gesamtwerk enthalten". Solche Szenen würden von der eigentlichen Zielsetzung des Films „deutlich überlagert" und könnten als „filmschaffende Hilfsmittel gewichtungsmäßig deutlich" gegenüber den Anliegen des Filmes „hintangestellt" werden. Der Film ziele nicht auf eine Indoktrinierung oder Beeinflussung der Schüler. Deshalb falle auch die im Rahmen der praktischen Konkordanz gebotene Abwägung zu Gunsten des staatlichen Bildungs- und Erziehungsauftrags aus. Die Eltern müssten sich diesem Auftrag umso eher fügen, je weniger sie oder ihre Kinder in ihren Individualbelangen betroffen seien und je (ge-)wichtiger die Unterrichtsinhalte seien. Ein auch nur ansatzweise intensiver Eingriff in die Religions- und Glaubensfreiheit der Kläger sei nicht erkennbar. Mit dem Anschauen des Films sei schon aus Zeitgründen „nur eine äußerst kurze und geringfügige Tangierung der Kläger und ihres Sohnes in persönlichen Glaubensangelegenheiten vorstellbar". Der staatliche Bildungs- und Erziehungsauftrag sei der verfassungsrechtlich gebotenen praktischen Konkordanz entsprechend ausgestaltet, wenn die Gebote der Zurückhaltung und Toleranz eingehalten und die Schüler inhaltlich nicht zu einer Ansicht oder Praxis hingeleitet und nicht dazu indoktriniert würden. Diese Voraussetzungen seien in Bezug auf die unterrichtliche Besprechung des Buches und das Anschauen des Films „Krabat" erfüllt, weil die Thematik nur im Kontext von Sagen und Märchen stünde und der Film lediglich als Anschauungsmaterial für mediale Bearbeitungen eines Buches als Unterrichtsmittel eingesetzt worden sei. Zu kurz greife die Auffassung der Kläger, jede ernsthafte Glaubensposition der Erziehungsberechtigten, die keinem schonenden Ausgleich zugeführt werde, erfordere das Zurückweichen des staatlichen Bildungs- und Erziehungsauftrags. Dies laufe letztlich auf einen Vorrang der Individualinteressen hinaus, wenn im Rahmen der praktischen Konkordanz kein Kompromiss gefunden werde. Bei grundsätzlich konsensual vertretenen Lernzielen, aber unterschiedlichen Ansichten über einzelne Unterrichtselemente oder Gestaltungsformen könne eine Schule in der Praxis nicht allen unterschiedlichen Individualbedenken hinreichend Rechnung tragen. Das Anschauen des Films sei auch für die weitere Mitarbeit von U. im Deutschunterricht erforderlich gewesen. Das curriculare Ziel der Filmanalyse betreffe nicht nur den einzelnen Film, sondern auch Quervergleiche mit anderen Filmen. Dieses Unterrichtsziel werde nachhaltig erschwert, wenn Schüler aus religiösen Gründen von der Teilnahme am Betrachten eines Films befreit würden. Diesen Schülern fehle für die vergleichende Analyse der nachfolgenden Filme ein wesentlicher Vergleichsstoff. Der Deutschunterricht mit dem Themenblock „Mediengestaltung/-analyse" sei insoweit auch nicht mit dem Schwimmunterricht als Teil der Sportausbildung der Schüler vergleichbar. Der genannte Themenblock im Deutschunterricht sei Teil eines spiral-curricularen Unterrichtsaufbaus. Diesem sei systemimmanent, dass immer wieder auf Ergebnisse/Erkenntnisse aus anderen Unterrichtseinheiten zurückgegriffen, sie mit Neuem abgeglichen und daraus der Kenntnisstand fortentwickelt werde. Zutreffend sei, dass der Schulleiter den Film vor seiner Ablehnungsentscheidung nicht gesehen habe. Dies sei nicht erforderlich gewesen, weil die sehr guten Kritiken, die Empfehlung des Films unter anderem durch das nordrhein-westfälische Schulministerium und die Auszeichnung des Films mit dem Prädikat „besonders wertvoll“ ihm „als hinreichende Belege dafür dienen durften, dass den Kindern der Kläger keine seelischen oder glaubensmäßigen Zumutungen auferlegt werden, vor denen sie bewahrt werden müssten“.

Die Berufung hatte Erfolg. Unter Abänderung des angefochtenen Urteils stellt das Oberverwaltungsgericht fest, dass die Ablehnung der Befreiung des Sohnes U. der Kläger vom Unterricht am 31.10.2008 (Vorführung des Films „Krabat“) rechtswidrig war.

Die Tochter B. der Kläger hat das N.-Gymnasium in C. zum Ende des Schuljahres 2009/10 verlassen. Sie und der Sohn U. der Kläger besuchen weiterhin Schulen im Zuständigkeitsbereich der Bezirksregierung X.

Aus den Gründen:

[11] Die Berufung der Kläger ist zulässig und begründet. Das Verwaltungsgericht hat die Klage zu Unrecht abgewiesen.

[12] 1. Die Klage ist zulässig.

[13] a) Das Verwaltungsgericht ist zutreffend davon ausgegangen, dass die Klage als Fortsetzungsfeststellungsklage in analoger Anwendung des § 113 Abs. 1 Satz 4 VwGO statthaft ist. Das Verpflichtungsbegehren der Kläger auf Erteilung einer Befreiung ihres Sohnes U. vom Besuch des Kinofilms „Krabat“ am 31.10.2008 hat sich bereits vor Klageerhebung erledigt.

[14] Die Klage ist mit dem zuletzt in der mündlichen Verhandlung vor dem Verwaltungsgericht gestellten Antrag auf Feststellung der Rechtswidrigkeit der mündlichen Ablehnung des Befreiungsantrags auch statthaft (BVerwG, Urteile vom 23.1.2007 -1 C 1.06- *juris*, Rn 16, vom 2.10.1986 -2 C 31.85- *juris*, Rn 16-18, vom 15.11.1984 -2 C 56.81- *juris*, Rn 23-25, vom 24.2.1983 -3 C 56.80- *juris*, Rn 13, und vom 4.11.1976 -II C 40.74- *juris*, Rn 20; Wolff, in: Sodan/Ziekow, VwGO, 3. Aufl., 2010, § 113 Rn 304; Kopp/Schenke, VwGO, 17. Aufl., 2011, § 113 Rn 109, jeweils mwN).

[16] Angesichts der insoweit für die Kläger geltenden Dispositionsmaxime hat der Senat davon abgesehen, auf eine andere, ebenfalls statthafte Antragstellung (vgl. BVerwG, Urteile vom 21.12.2010 -7 C 23.09- *juris*, Rn 53, vom 16.6.1999 -6 C 19.98- *juris*, Rn 16, Beschluss vom 2.10.1998 -4 B 72.98- *juris*, Rn 1, 6 und 8, Urteile vom 27.3.1998 -4 C 14.96- *juris*, Rn 14, und vom 25.7.1985 -3 C 25.84- *juris*, Rn 38 f.) hinzuwirken.

[19] b) Die Kläger haben ein berechtigtes Interesse an der von ihnen begehrten gerichtlichen Feststellung. Das Verwaltungsgericht hat insoweit zutreffend ausgeführt, dass bei Grundrechtseingriffen unabhängig von der Fortwirkung der Beeinträchtigung ein Fortsetzungsfeststellungsinteresse besteht, wenn effektiver Rechtsschutz (Art. 19 Abs. 4 GG) nur im Wege der Fortsetzungsfeststellungsklage gewährleistet werden kann (vgl. auch BVerfG, Urteil vom 27.2.2007 -1 BvR 538/06 u.a.- *juris*, Rn 69, und Beschluss vom 30.4.1997 -2 BvR 817/90 u.a.- *juris*, Rn 48; BVerwG, Urteil vom 21.11.1980 -7 C 18.79- *juris*, Rn 14 f., jeweils mwN).

[21] So liegt es hier. Die Klärung der Frage, ob die Kläger aufgrund ihrer religiösen Überzeugungen einen Anspruch auf Befreiung ihres Sohnes U. vom Besuch des Films „Krabat" als Schulveranstaltung hatten, ist aus den von ihnen insbesondere im Berufungsverfahren dargelegten und glaubhaften Gründen für ihre weitere Erziehungsarbeit und ihre geistige vor allem religiöse Auseinandersetzung mit ihren Kindern, aber auch für ihr Vertrauen in die Schule als Teil des Rechtsstaates von erheblicher Bedeutung. Auch der Schulleiter hat im Berufungsverfahren zugestanden, dass seine Entscheidung bei den Klägern einen Glaubenskonflikt ausgelöst hat, der bis heute andauert. Bei dieser Sachlage würde es dem Grundrecht der Kläger auf Glaubensfreiheit (Art. 4 Abs. 1 GG) und ihrem grundrechtlich geschützten Elternrecht nach Art. 6 Abs. 2 GG nicht entsprechen, wenn die Möglichkeit der gerichtlichen Klärung der von ihnen geltend gemachten Grundrechtsverletzungen mit der Beendigung der Schulveranstaltung am 31.10.2008 entfiele. Denn zwischen der Ablehnung ihres Befreiungsantrags am 30.10.2008 und dem Ende des Kinofilms verblieb ein Zeitraum, innerhalb dessen auch im Wege des Eilrechtsschutzes effektiver Rechtsschutz nicht zu erlangen war.

[22] Aus dem gem. § 47 Abs. 2 Satz 2 OWiG durch das Amtsgericht N. ohne Zustimmung der Staatsanwaltschaft am 10.9.2009 eingestellten Bußgeldverfahren ergibt sich nichts Anderes. In dem Bußgeldverfahren ist keine verbindliche Entscheidung über die Rechtmäßigkeit der Ablehnung des Befreiungsantrages der Kläger erfolgt. (*wird weiter ausgeführt*)

[23] 2. Die Klage ist begründet.

[24] Die Ablehnung des Antrags der Kläger auf Befreiung von U. vom Besuch des Kinofilms „Krabat" war rechtswidrig. Sie hatten einen Anspruch auf Befreiung ihres Sohnes von der vom Schulleiter genehmigten Schulveranstaltung iSd § 43 Abs. 1 Satz 1 SchulG.

[25] Anspruchsgrundlage für das Begehren der Kläger war und ist § 43 Abs. 3 Satz 1 SchulG. Danach kann der Schulleiter Schülerinnen und Schüler auf Antrag der Eltern aus wichtigem Grund von der Teilnahme an einzelnen Unterrichts- und Schulveranstaltungen befreien. Diese Voraussetzungen waren hier

erfüllt. Es lag ein wichtiger Grund vor (a) und das Ermessen des Schulleiters des N.-Gymnasiums in C. war auf null reduziert (b).

[26] a) Der unbestimmte Rechtsbegriff des wichtigen Grundes iSd § 43 Abs. 3 Satz 1 SchulG ist bei einem auf grundrechtlich geschützten Interessen gestützten Befreiungsantrag im Lichte der Grundrechte dahin auszulegen, dass jedenfalls dann ein solcher Grund anzunehmen ist, wenn die Durchsetzung der Pflicht zur Teilnahme an einer bestimmten Schulveranstaltung eine grundrechtlich geschützte Position des Kindes und/oder seiner Eltern unzumutbar verletzen würde (OVG NRW, Beschluss vom 20.5.2009 -19 B 1362/08 und 19 E 1161/08- *juris*, Rn 3 f., KirchE 53, 333, sowie Urteil vom 5.9.2007 -19 A 2705/06- *juris*, Rn 33 f., KirchE 50, 122, jeweils mwN).

[28] Das war hier der Fall. Die Teilnahme des Sohnes U. der Kläger hätte nicht nur sein Grundrecht auf Glaubensfreiheit, sondern auch das seiner Eltern und deren grundrechtlich geschütztes Elternrecht beeinträchtigt (aa). Der widerstreitende staatliche Bildungs- und Erziehungsauftrag (bb) musste angesichts des Gewichts der Rechte der Kläger und ihres Sohnes zurücktreten (cc).

[29] aa) Die in Art. 4 Abs. 1 GG verbürgte Glaubensfreiheit umfasst auch den Anspruch, nach eigenen Überzeugungen leben und handeln zu dürfen. IVm Art. 6 Abs. 2 Satz 1 GG, der den Eltern das Recht zur Pflege und Erziehung ihrer Kinder garantiert, gewährleistet Art. 4 Abs. 1 GG das Recht der Kindererziehung in religiöser und weltanschaulicher Hinsicht. Danach ist es Sache der Eltern, ihren Kindern Überzeugungen in Glaubens- und Weltanschauungen zu vermitteln und nicht geteilte Ansichten von ihnen fernzuhalten (vgl. nur BVerfG, Beschluss vom 21.7.2009 -1 BvR 1358/09- *juris*, Rn 13, KirchE 54, 54; BVerwG, Beschluss vom 8.5.2008 -6 B 64.07- *juris*, Rn 7, KirchE 51, 260; OVG NRW, Urteil vom 5.9.2007 -19 A 2705/06- aaO, Rn 41 f., KirchE 50, 122, jeweils mwN).

[31] Auch einfachgesetzlich ist die Schule zur Achtung des Erziehungsrechts der Eltern verpflichtet (§ 2 Abs. 3 Satz 1 SchulG).

[32] Nach Maßgabe dieser Grundsätze haben die Kläger ihrer Darlegungslast entsprechend (vgl. BVerwG, Urteil vom 25.8.1993 -6 C 8.91- *juris*, Rn 20, KirchE 31, 328; OVG NRW, Beschluss vom 27.6.2007 -19 E 409/04-) eine Beeinträchtigung ihrer insbesondere grundrechtlich geschützten Rechte substantiiert und nachvollziehbar vorgetragen. Die noch fortwirkende Beeinträchtigung liegt darin, dass die Teilnahme ihres Sohnes U. an der vom Schulleiter als Schulveranstaltung genehmigten Vorführung des Films „Krabat" mit ihrem Glauben nicht vereinbar ist und die verbindlichen Ge- und Verbote ihres Glaubens der Erfüllung der Schulpflicht entgegenstanden. Sie haben dies eindrucksvoll durch ihre Prozessbevollmächtigten und in eigenen persönlichen Stellungnahmen unter Angabe konkreter Bibelstellen und Schriften ihrer Glaubensgemeinschaft dargelegt. Danach lehnen sie und die Angehörigen der Glaubensgemeinschaft

der Zeugen Jehovas Spiritismus und Magie ab. Trotz unterschiedlicher individueller Einschätzungen der Zeugen Jehovas in der Beurteilung von Literatur und Filmen sei der Grundsatz eindeutig, sich nicht mit schwarzer Magie zu befassen und sich davon fernzuhalten. Auf der Grundlage dieser Glaubensüberzeugung ist es einleuchtend, dass die Kläger das im Buch „Krabat" beschriebene und in dem Film „Krabat" zur Anschauung gebrachte Praktizieren schwarzer Magie ablehnen. Dass U. an der Behandlung der im Schulbuch „P.A.U.L. D." und an der einstündigen Nachbesprechung des Films im Unterricht teilgenommen hat, ohne dass auch insoweit ein Befreiungsantrag gestellt worden ist, haben die Kläger nachvollziehbar damit begründet, dass sie im Sinne der Herstellung praktischer Konkordanz der Schule entgegenkommen wollten und konnten, weil in dem Schulbuch diejenigen Teile ausgespart seien, die sich mit dem Praktizieren schwarzer Magie beschäftigten. Letzteres trifft zu.

[35] Angesichts dieser Ausführungen der Kläger ist der Senat davon überzeugt, dass bei ihnen ein ernsthafter Glaubenskonflikt bestand und besteht. Auch der Schulleiter, der sich unter anderem in dem Gespräch mit den Klägern am 30.10.2008 und in dem Erörterungstermin am 31.8.2011 ein eigenes Bild von der Glaubhaftigkeit des Vortrags der Kläger machen konnte, geht davon aus, dass bei den Klägern ein Glaubenskonflikt bestand und besteht.

[36] bb) Der Schulleiter des N.-Gymnasiums ist bei seiner Entscheidung über den Befreiungsantrag der Kläger zu Recht davon ausgegangen, dass die Teilnahme an dem von ihm als Schulveranstaltung genehmigten Besuch des Films „Krabat" vom staatlichen Bildungs- und Erziehungsauftrag abgedeckt war.

[37] (1) Glaubensfreiheit und Erziehungsrecht sind nach dem Grundgesetz vorbehaltlos gewährleistet. Sie erfahren jedoch Einschränkungen, die sich aus der Verfassung selbst ergeben. Hierzu gehört unter anderem der dem Staat in Art. 7 Abs. 1 GG erteilte Bildungs- und Erziehungsauftrag. Dieser ist dem elterlichen Erziehungsrecht gleichgeordnet und berechtigt den Staat grundsätzlich, unabhängig von den Eltern eigene Bildungs- und Erziehungsziele zu verfolgen. Dabei muss er aber Neutralität und Toleranz gegenüber den abweichenden Vorstellungen und Überzeugungen der Eltern aufbringen (vgl. nur BVerfG, Beschluss vom 21.7.2009 -1 BvR 1358/09- aaO, Rn 14; BVerwG, Beschluss vom 8.5.2008 -6 B 64.07- aaO; OVG NRW, Urteil vom 5.9.2007 -19 A 2705/06- aaO, Rn 45 ff., jeweils mwN; vgl. ferner EGMR, Entscheidung vom 6.10.2009 -45216/07- *juris*, Rn 50 ff., KirchE 54, 254).

[39] Fehlt die gebotene Neutralität und Toleranz, so ist verfassungsrechtlich die Durchsetzung staatlicher Bildungs- und Erziehungsziele von vornherein nicht geeignet, die Glaubensfreiheit der Eltern und ihr Erziehungsrecht einzuschränken.

[40] Das ergibt sich auch aus den Vorschriften des Schulgesetzes NRW, das die Schule in zahlreichen Vorschriften zur Neutralität und Toleranz anhält. So ist die Schule nach § 2 Abs. 6 Satz 1 SchulG zur Wahrung von Offenheit und Toleranz gegenüber den unterschiedlichen religiösen, weltanschaulichen und politischen Überzeugungen und Wertvorstellungen verpflichtet. Sie vermeidet alles, was die Empfindungen anders Denkender verletzen könnte (§ 2 Abs. 6 Satz 3 SchulG) und darf Schülerinnen und Schüler nicht einseitig beeinflussen (§ 2 Abs. 6 Satz 4 SchulG). Die Schülerinnen und Schüler sollen im Rahmen des schulischen Bildungs- und Erziehungsauftrags (§ 2 Abs. 1 SchulG) insbesondere lernen, in religiösen und weltanschaulichen Fragen persönliche Entscheidungen zu treffen und Verständnis und Toleranz gegenüber den Entscheidungen anderer entwickeln (§ 2 Abs. 5 Nr. 4 SchulG).

[41] Die vom Schulleiter genehmigte Schulveranstaltung am 31.10.2008 genügte diesen verfassungsrechtlichen und einfachgesetzlichen Vorgaben. Der Film „Krabat“ zielt nicht auf eine bestimmte Beeinflussung oder Indoktrinierung der Schülerinnen und Schüler. Dies ist zwischen den Beteiligten unstreitig und bedarf deshalb hier keiner weiteren Erörterung.

[42] (2) Auch sonst bestanden keine rechtlichen Bedenken gegen die Einbeziehung des Films „Krabat“ in den Deutschunterricht. Sie stand insbesondere mit den verbindlichen unterrichtlichen Vorgaben in Einklang, die grundsätzlich den Grundrechten der Schüler und ihrer Eltern Grenzen setzen können. Die Beteiligten sind sich einig darüber, dass mit dem Betrachten und der anschließenden einstündigen Analyse des Films im Unterricht in zulässiger Weise zwei Unterrichtsfelder des Faches Deutsch abgedeckt werden. Sagen, Mythen und Märchen, in deren Kontext das Buch und der Film „Krabat“ stehen, gehören nach dem Vortrag des Beklagten zu dem im für die Schulen verbindlichen (§ 29 Abs. 1 und 2 SchulG) Kernlehrplan Deutsch für den verkürzten Bildungsgang des Gymnasiums - Sekundarstufe I (G8) in Nordrhein-Westfalen (http://www.standardsicherung.schulministerium.nrw/lehrplaene/upload/lehrplaene_download/gymnasium_g8/gym8_deutsch.pdf) vorgesehenen Bereich „Lesen Umgang mit Texten und Medien“. Angesichts des pädagogischen Gestaltungsspielraums für die Lehrerinnen und Lehrer, die der Kernlehrplan enthalten muss (§ 29 Abs. 3 SchulG) und auch tatsächlich enthält (S. 22 des Kernlehrplans), bestanden im Ausgangspunkt, obwohl das Erfassen elementarer Strukturen von Märchen und Sagen (bereits) für die Jahrgangsstufen 5/6 vorgesehen ist (S. 40 des Kernlehrplans), rechtlich keine durchgreifenden Bedenken dagegen, dass der Sohn U. in der im Schuljahr 2008/09 besuchten Jahrgangsstufe 7 den Film „Krabat“ anschauen sollte, zumal auch das für die Jahrgangsstufe 7 vorgesehene Arbeits- und Lesebuch „P.A.U.L. D.“ Ausschnitte aus dem Buch „Krabat“ zur Besprechung im Unterricht vorsieht. Das Themenfeld „sachangemessene Mittel des

filmischen Erzählens kennen und beschreiben - Kameraeinstellung und -bewegung, Kameraperspektive, Schnitttechnik etc. beobachten, untersuchen und evtl. erproben“ ist nach dem Kernlehrplan, S. 42, ausdrücklich für die Jahrgangsstufe 7/8 vorgesehen.

[45] cc) Das Gebot praktischer Konkordanz (1) erforderte eine Befreiung U.s von der Schulveranstaltung, weil ein anderer schonender Ausgleich unmöglich war (2) und die Rechte U.s und der Kläger größeres Gewicht hatten als der staatliche Bildungs- und Erziehungsauftrag (3).

[46] (1) Konflikte zwischen der Glaubensfreiheit der Eltern und ihres Kindes und dem Erziehungsrecht der Eltern einerseits sowie dem staatlichen Bildungs- und Erziehungsauftrag andererseits sind nach den Grundsätzen praktischer Konkordanz zu lösen (vgl. nur BVerfG, Beschluss vom 21.7.2009 -1 BvR 1358/09- aaO; BVerwG, Beschluss vom 8.5.2008 -6 B 64.07- aaO, Rn 7; OVG.NW, Beschluss vom 20.5.2009 -19 B 1362/08 und 19 E 1161/08- *juris*, Rn 3, KirchE 53, 333, jeweils mwN).

[48] Die Herstellung praktischer Konkordanz ist nicht gleichzusetzen mit einer schlichten Güter- oder Werteabwägung. Sie erfordert vielmehr am Grundsatz der Verhältnismäßigkeit zu messende Grenzziehungen der kollidierenden Rechte, damit möglichst beide verfassungsrechtlichen Rechtspositionen zu optimaler Wirksamkeit gelangen. Die notwendigen Grenzziehungen müssen geeignet, erforderlich und angemessen sein, um einen schonenden Ausgleich der widerstreitenden Rechte zu erreichen und die einseitige Bevorzugung und Durchsetzung einer Rechtsposition zu verhindern (BVerfG, Beschluss vom 31.5.2006 -2 BvR 1963/04- *juris*, Rn 12 f., KirchE 48, 209; BVerwG, Beschluss vom 7.10.2003 -6 B 41.03- *juris*, Rn 6, KirchE 44, 252, und Urteil vom 16.6.1999 -6 C 19.98- *juris*, Rn 35 und 37; Hesse, Grundzüge des Verfassungsrechts der Bundesrepublik Deutschland, Neudruck der 20. Aufl., 1999, Rn 318).

[50] Ist ein schonender Ausgleich in diesem Sinne nicht herzustellen, kommt ein wichtiger Grund für eine Befreiung von einer Schulveranstaltung in Betracht, wenn gemessen am Grundsatz der Verhältnismäßigkeit das Gewicht der Grundrechte der Eltern und ihres Kindes höher wiegt als die Durchsetzung des staatlichen Bildungs- und Erziehungsauftrags (OVG.NW, Beschluss vom 20.5.2009 -19 B 1362/08 und 19 E 1161/08- aaO, zur Teilnahmepflicht am Schwimmunterricht für eine minderjährige muslimische Schülerin).

[52] Anderseits kann die Pflicht der Schule zur Neutralität und Toleranz die Schwere der Beeinträchtigung der Grundrechte der Eltern und ihres Kindes so weit abmildern, dass die im Rahmen der Herstellung praktischer Konkordanz zu beachtende Unzumutbarkeitsschwelle nicht überschritten wird (BVerwG, Beschlüsse vom 8.5.2008 -6 B 64.07- aaO, Rn 9, und 7.10.2003 -6 B 41.03- aaO, jeweils zur Teilnahme an der schulischen Sexualerziehung).

[54] Das bedeutet entgegen der Auffassung des Beklagten allerdings nicht, dass bei Einhaltung der Pflicht zur Neutralität und Toleranz die Eltern- und Schülerrechte stets hinter dem staatlichen Bildungs- und Erziehungsauftrag zurücktreten müssten. Grundrechte gehören zu den Wesensbestandteilen der verfassungsmäßigen Ordnung und dürfen nicht mehr als notwendig eingeschränkt werden (BVerfG, Beschluss vom 26.5.1970 -1 BvR 83/69 u.a.- *juris*, Rn 58; BVerwG, Urteil vom 21.6.2005 -2 WD 12/04- *juris*, Rn 307).

[56] Die Pflicht aller öffentlichen Gewalt, die ernste Glaubensüberzeugung zu respektieren, muss etwa auch zu einem Zurückweichen des Strafrechts führen, wenn der konkrete Konflikt zwischen einer nach allgemeinen Anschauungen bestehenden Rechtspflicht und einem Glaubensgebot den Täter in eine seelische Bedrängnis bringt, der gegenüber sich die Bestrafung als eine übermäßige, seine Menschenwürde verletzende soziale Reaktion darstellen würde (BVerfG, Beschlüsse vom 31.5.2006 -2 BvR 1963/04- aaO, Rn 12 f., und 19.10.1971 -1 BvR 387/65- *juris*, Rn 28, KirchE 12, 294; vgl. auch Hesse, aaO).

[58] Auf der Grundlage dieser gefestigten Rechtsprechung ist der Konflikt zwischen der Glaubensfreiheit der Eltern und ihrem Erziehungsrecht einerseits und dem staatlichen Bildungs- und Erziehungsauftrag andererseits durch Erteilung einer Befreiung gem. § 43 Abs. 3 Satz 1 SchulG zu lösen, wenn sonst (objektiv) ein schonender Ausgleich nicht herbeigeführt werden kann und die Schule auch bei Beachtung ihrer Pflicht zur Neutralität und Toleranz Unterrichtsinhalte und -ziele durchsetzt, deren Gewicht hinter demjenigen der grundrechtlich geschützten Interessen einzelner Eltern und Schüler zurückbleibt. Das ist hier der Fall.

[59] (2) Ein schonender Ausgleich der widerstreitenden Rechtspositionen war unter Aufrechterhaltung der Teilnahmepflicht des Sohnes der Kläger unmöglich.

[60] (a) Ein Verzicht aller Schüler auf das gemeinsame Ansehen des Films wegen der Glaubenskonflikte der Kläger und ihres Sohnes hätte praktischer Konkordanz nicht entsprochen. Denn der Verzicht liefe auf einen mit dem Grundsatz praktischer Konkordanz nicht in Einklang stehenden Vorrang der Rechte der Kläger und ihres Sohnes hinaus; dies ginge nicht nur zu Lasten des staatlichen Bildungs- und Erziehungsauftrages, sondern auch der Mitschüler und deren Eltern als Grundrechtsträger, die eine Teilnahme an der Schulveranstaltung wünschten. Auch die Kläger haben von Beginn an zum Ausdruck gebracht, dass ein derartiger Verzicht nicht in ihrem Sinne gewesen wäre.

[61] (b) Das Anschauen eines anderen Films kam nicht in Betracht. Es ist schon nicht ersichtlich und wird auch von den Klägern nicht geltend gemacht, dass es überhaupt einen anderen Film gab (und gibt), der in gleicher Weise wie der Film „Krabat“ geeignet ist, die mit ihm verfolgten Unterrichtsinhalte und

-ziele zu erreichen. Abgesehen davon haben die Fachlehrer bei der Entscheidung über den Einsatz eines Films als Unterrichtsmittel und der Schulleiter bei der Genehmigung von verbindlichen Schulveranstaltungen einen Beurteilungsspielraum, soweit der Kernlehrplan für das Fach Deutsch den Einsatz konkreter Unterrichtsmittel nicht verbindlich vorgibt. Denn wie bei schulischen Bewertungen fließen in die Entscheidung über Unterrichtsmittel subjektive Erfahrungen der Lehrer ein, die sich nicht regelhaft erfassen lassen und deshalb vom Gericht auch mit Hilfe von Sachverständigen nicht in vollem Umfang nachvollzogen werden können. Auf der Grundlage des sich daraus ergebenden eingeschränkten gerichtlichen Überprüfungsmaßstabes ist die schulische Entscheidung für den Film „Krabat“ und das nach Aktenlage fehlende Erwägen eines anderen Films als Unterrichtsmittel weder willkürlich noch sonst zu bestanden. Dies folgt schon daraus, dass der Film „Krabat“ im Kontext mit der unterrichtlichen Behandlung der im Schulbuch „P.A.U.L. D.“ abgedruckten Auszüge aus dem Buch „Krabat“ stand und dass der Beklagte zu Recht auf die unter anderem in mehreren Auszeichnungen des Films und der Empfehlung des Schulministeriums, den Film als Unterrichtsmittel zu nutzen, zum Ausdruck kommende besondere - auch pädagogische - Qualität und Eignung des Films für den Unterricht verweist. Auch die Kläger haben diese Qualität und Eignung des Films nicht in Frage gestellt.

[62] (c) Eine Teilnahme des Sohnes der Kläger an dem Kinobesuch war auch nicht in der Weise möglich, dass U. bei denjenigen Filmszenen, die seinen Glaubensüberzeugungen und denen seiner Eltern widersprechen, entweder die Augen verschloss und sich die Ohren zuhielt oder den Kinosaal für die Dauer dieser Szenen verließ. Die Kläger weisen zu Recht darauf hin, dass dies unzumutbar und tatsächlich nicht effektiv umsetzbar sei. Hinzu kommt, dass U. den Film nicht kannte, also nicht verlässlich einschätzen konnte, welche Szenen mit seinen Glaubensüberzeugungen und denen seiner Eltern nicht in Einklang stehen und zu welchem, für ihn während des Films nicht vorhersehbaren Zeitpunkt er der Konfrontation mit solchen Szenen ausweichen musste. Zudem liegt auf der Hand, dass die Konzentration U.s auf eine solche „Vermeidungsstrategie“ das Betrachten des Films im Übrigen ebenso wie die kognitive und emotionale Verarbeitung des Gesehenen in hohem Maße beeinträchtigt hätte. Auch der Beklagte hat die mangelnde Praktikabilität eines Ausgleichs in dieser Weise nicht in Frage gestellt. Soweit er dem Vortrag der Kläger „entgegnet, dass es genauso wenig einen Sinn ergibt, wenn in der heutigen Gesellschaft Einzelne Augen und Ohren vor bedenklichen Lehren und Sichtweisen einfach nur verschließen wollen, obwohl sie objektiv an jeder möglichen Ecke im Stadtbild, in den Medien oder wo auch immer damit konfrontiert werden“, geht dieser Vortrag an der notwendigen Suche nach einem schonenden Ausgleich vorbei. Im

Kern zielt das Vorbringen des Beklagten auf ein mit dem Gebot praktischer Konkordanz nicht in Einklang stehendes einseitiges Zurücktreten der Grundrechte der Kläger und ihres Sohnes.

[63] (d) Eine Vorbereitung des Kinobesuchs durch vorhergehende Besprechung der mit den Glaubensüberzeugungen der Kläger und ihres Sohnes nicht in Einklang stehenden Filmszenen kam nach Aktenlage ebenfalls nicht in Betracht. Es ist schon nicht ersichtlich, dass ein Lehrer der Schule verlässlich einschätzen konnte, in welchem konkreten Umfang und an welchen konkreten Stellen des Films U. mit Szenen, die seinen Glaubensüberzeugungen und denen seiner Eltern widersprechen, konfrontiert wird. Aus der Akte geht nicht hervor, dass der U. unterrichtende Deutschlehrer oder ein anderer Lehrer vor der Schulveranstaltung am 31.10.2008 den erstmals am 9.10.2008 in deutschen Kinos gezeigten Film „Krabat“ gesehen hatte. Auch der Beklagte macht dies nicht geltend. Der Schulleiter hat vielmehr im Berufungsverfahren eingeräumt, dass er den Film im Zeitpunkt seiner Ablehnungsentscheidung am 30.10.2008 nicht gesehen hatte. Damit konnte er nicht verlässlich einschätzen, welche Konfrontation auf U. zukam. Soweit der Beklagte geltend macht, ein vorheriges Anschauen des Films sei nicht erforderlich gewesen, weil die sehr guten Kritiken, die Empfehlung des Films unter anderem durch das nordrhein-westfälische Schulministerium und die Auszeichnung des Films mit dem Prädikat „besonders wertvoll“ dem Schulleiter „bei seiner Entscheidung über den Befreiungsantrag als hinreichende Belege dafür dienen durften, dass den Kindern der Kläger keine seelischen oder glaubensmäßigen Zumutungen auferlegt werden, vor denen sie bewahrt werden müssten“, überzeugt dies nicht. Aus den vom Beklagten vorgelegten und in den Akten enthaltenen Filmkritiken und Berichten über den Film und dessen Inhalte geht lediglich die - unstreitige - besondere Qualität des Films auch als Unterrichtsmittel hervor. Die hier maßgebliche spezielle Frage, ob Kindern, die der Glaubensgemeinschaft der Zeugen Jehovas angehören und Teile des Films aus religiösen Gründen ablehnen, der Filmbesuch zugemutet werden kann, wird in den vorliegenden Kritiken und Berichten auch im Ansatz nicht angesprochen. Auch sonst ist nicht ersichtlich, dass diese spezielle Frage vor oder nach dem Start des Films in den deutschen Kinos bis zur Schulveranstaltung am 31.10.2008 in einer Weise fachkundig aufgearbeitet worden war, die es dem Schulleiter und den Lehrern des N.-Gymnasiums ohne eigenes Anschauen des Films ermöglichte, die Frage zu beantworten. Soweit der Beklagte in diesem Zusammenhang auch auf die dem Schulleiter vor seiner Entscheidung gemachten „Angaben der Deutschlehrer“, die im Schuljahr 2008/09 in der Jahrgangsstufe 7 unterrichteten, verweist, ist der Vortrag schon unsubstantiiert. Welche Angaben dem Schulleiter gemacht worden sind, ist nicht im Einzelnen dargelegt worden.

[64] (e) Aus den genannten Gründen kam als schonender Ausgleich auch nicht in Betracht, die sich durch das Anschauen des Films ergebende Glaubenskonfrontation mit U. und/oder seinen Eltern nach dem Besuch des Films zu besprechen. Da kein Lehrer der Schule die Wirkung des Films auf U. pädagogisch abschätzen konnte und dies auch den Klägern unmöglich war, hätten diese und ihr Sohn das nicht im Einzelnen abzuschätzende Risiko eines tiefgreifenden Glaubenskonflikts auf sich nehmen müssen. Es liegt auf der Hand, dass das Eingehen eines solchen Risikos mit den Grundrechten der Kläger und ihres Sohnes nicht vereinbar ist und zur Herstellung praktischer Konkordanz weder geboten war noch verlangt oder zugemutet werden konnte.

[65] (f) Sonstige Möglichkeiten eines schonenden Ausgleichs unter Aufrechterhaltung der Teilnahmepflicht am Kinobesuch sind weder erkennbar noch vorgetragen. Die Schule hat sich nicht um einen konkreten Ausgleich bemüht. Der Schulleiter hat vielmehr nach Aktenlage seine Ablehnung zunächst lediglich darauf gestützt, dass er einen Präzedenzfall verhindern und sich deshalb in dem Gespräch mit den Klägern am 30.10.2008 nicht auf „bibelexegetische Erörterungen“ einlassen wollte. Seine erst im weiteren Verlauf des Verfahrens differenziertere Begründung beruht auf der aus den bereits ausgeführten und noch darzulegenden Gründen unzutreffenden Auffassung, dass die Befreiung auch angesichts der schulischen Neutralität und Toleranz gegenüber den Glaubensüberzeugungen der Kläger und ihres Sohnes und dem unterrichtlichen wie lehrplanentsprechenden Kontext des Films „Krabat“ nicht in Betracht komme. Abgesehen davon, dass auch eine 11-jährige Mitschülerin von U., die ebenfalls Zeugin Jehovas ist, in Kenntnis des Schulleiters den ab 12 Jahren - womit offensichtlich entgegen der Mutmaßung des Beklagten ab Vollendung des 12. Lebensjahres gemeint ist - freigegebenen Film angeschaut hat oder anschauen musste, ist der Rechtsirrtum des Schulleiters im Übrigen zwar nicht vorwerfbar. Darauf kommt es jedoch für die Herstellung praktischer Konkordanz grundsätzlich nicht an. Die Frage nach Ausgleichsmöglichkeiten bestimmt sich grundsätzlich nach objektiven Kriterien.

[66] (3) Im vorliegenden Fall überwogen die Grundrechte U.s und der Kläger auf Glaubensfreiheit und Erziehung ihres Sohnes das Gewicht der mit dem Anschauen des Films „Krabat“ verfolgten Unterrichtsinhalte und -ziele. Der Entscheidung des Schulleiters und dem Vortrag des Beklagten im gerichtlichen Verfahren liegt ein dem Film „Krabat“ zugemessenes Gewicht zugrunde, das er angesichts der Teilnahme U.s an der Besprechung der Auszüge aus dem Buch „Krabat“ im Unterricht und seiner Teilnahme an der unterrichtlichen Nachbesprechung des Films nicht hat.

[67] (a) Der Beklagte verkennt das Gewicht der Grundrechte der Kläger. Unzutreffend ist sein Vortrag, das Anschauen des Films hätte U.s Rechte und die

seiner Eltern nur geringfügig beeinträchtigt, weil schon aus Zeitgründen „nur eine äußerst kurze und geringfügige Tangierung der Kläger und ihres Sohnes in persönlichen Glaubensangelegenheiten vorstellbar“ sei. Fehl geht auch sein Hinweis, die Beeinträchtigung der Rechte der Kläger sei auch deshalb nicht von erheblichem Gewicht, weil in dem Film mystische Szenen wie etwa das Verwandeln der Müllerburschen in Raben „insgesamt recht selten, wenn auch mit bemerkenswertem filmischen Aufwand im Gesamtwerk enthalten“ seien; solche Szenen würden von der eigentlichen Zielsetzung des Films „deutlich überlagert“ und könnten als „filmschaffende Hilfsmittel gewichtungsmäßig deutlich“ gegenüber den Anliegen des Filmes „hintangestellt“ werden.

[68] Das Gewicht einer Beeinträchtigung von Grundrechten bemisst sich nicht allein nach der Zeitspanne der Beeinträchtigung. Außerdem verliert sie ihr Gewicht nicht dadurch, dass die Beeinträchtigung im Kontext mit anderen Zielsetzungen steht, die nicht auf eine Grundrechtsbeeinträchtigung zielen; ebenso wenig muss sich eine Grundrechtsbeeinträchtigung stets solchen Zielsetzungen unterordnen. Für die Frage des Gewichts der Beeinträchtigung kommt es vielmehr auf eine Gesamtschau aller relevanten Aspekte an. Danach haben die in der Tat wenigen Filmszenen, die das Praktizieren schwarzer Magie zeigen und mit den Glaubensüberzeugungen der Kläger und ihres Sohnes nicht in Einklang stehen, auf der Grundlage der Glaubensüberzeugungen der Kläger und ihres Sohnes erhebliches Gewicht, weil diese das Praktizieren schwarzer Magie generell ablehnen und sich ihren Glaubensüberzeugungen gemäß davon vollständig fernhalten müssen. Bei der gebotenen Herstellung praktischer Konkordanz kommt entscheidend hinzu, dass eindringliche, mit Spezialeffekten gedrehte Filmszenen wie das Verwandeln der Müllerburschen in Raben eine ganz andere, wesentlich intensivere emotionale Nähe vermitteln als das textliche Beschreiben des Praktizierens schwarzer Magie, mithin die Konfrontation mit durch einen Film dargestellten, den eigenen Glaubensüberzeugungen widersprechenden Praktiken wesentlich nachhaltiger, zumal auf minderjährige Schüler, einwirkt. Letztlich stellt auch der Beklagte diese nachhaltige Wirkung der einzelnen Filmszenen nicht in Abrede. Nachdem der Schulleiter auf diesen Aspekt in dem Erörterungstermin am 30.8.2011 hingewiesen worden ist, hat dieser für den Beklagten ausgeführt, er bestreite nicht, dass der Film mit seinen sehr ausdrucksvollen, übersinnlichen Ereignissen und Filmszenen eine deutlichere und eindrucksvollere Wirkungsweise als das Buch habe. Darüber hinaus hat er bestätigt, dass mystische Szenen, etwa das Verwandeln der Müllerburschen in Raben „mit bemerkenswertem filmischen Aufwand“ gedreht worden seien, also auch auf eine entsprechende Wirkung zielen.

[69] (b) Demgegenüber haben die mit dem Betrachten des Films verfolgten Zielsetzungen der Schule untergeordnetes Gewicht.

[70] (aa) Der allgemeine und umfangreiche Vortrag des Beklagten zur elementaren Bedeutung der Unterrichtsziele, bei den Schülerinnen und Schülern Kritikfähigkeit und aufgeklärte Distanz zu ermöglichen sowie die Wahrnehmung für Gefährdungen zu schärfen, ist im vorliegenden Einzelfall im Hinblick auf die gebotene Herstellung praktischer Konkordanz weitgehend unergiebig. Der Sinn und die Bedeutung der Ziele sind unstrittig; die Kläger haben dies ebenfalls auch im Ansatz nicht in Frage gestellt. Entscheidend ist dagegen, dass diese Ziele bereits Gegenstand der unterrichtlichen Besprechung der in dem Schulbuch „P.A.U.L. D." enthaltenen Auszüge aus dem Buch „Krabat" waren und der Sohn der Kläger an dieser Besprechung wie auch an der einstündigen Nachbesprechung des Films teilgenommen hat, also insofern die Unterrichtsziele bei ihm erreicht worden sind.

[71] Für die Herstellung praktischer Konkordanz und die Notwendigkeit des Zurücktretens der Grundrechte der Kläger und ihres Sohnes ist damit allein entscheidend, ob das Anschauen des Films „Krabat" entsprechend dem Vortrag des Beklagten über die unterrichtliche Besprechung hinausgehend notwendig war, weil die genannten Unterrichtsziele mit der alleinigen Textanalyse und -besprechung nicht „in gleicher Güte und Intensität" zu erreichen seien. Dieser Vortrag ist schon unsubstantiiert. Es handelt sich um eine pauschale Behauptung, die nicht näher konkretisiert und aus sich heraus nicht nachvollziehbar ist. Denn bei einem Glaubenskonflikt und einer Beeinträchtigung des Erziehungsrechts der Eltern rechtfertigt gemessen am Maßstab praktischer Konkordanz und dem darin angelegten Grundsatz der Verhältnismäßigkeit nicht jede wünschenswerte und sinnvolle „Güte und Intensität" staatlicher Bildungs- und Erziehungsarbeit das Zurücktreten der widerstreitenden Glaubens- und Erziehungsrechte. Ein solches Ergebnis würde letztlich auf einen einseitigen Vorrang des staatlichen Bildungs- und Erziehungsauftrags hinauslaufen. Erforderlich ist deshalb, dass die staatlicherseits gewünschte „Güte und Intensität" unterrichtlicher Ziele und Inhalte derart notwendig sind, dass das Zurücktreten der Glaubens- und Erziehungsrechte der Eltern noch als angemessen erscheint. Hinreichende Anhaltspunkte dafür liegen hier nicht vor.

[72] Im dem Kernlehrplan Deutsch werden besonders wichtige und in jedem Fall intensiv zu bearbeitende einzelne Kompetenzen mit dem Zusatz „Schwerpunkt der unterrichtlichen Arbeit" hervorgehoben. Die vom Beklagten angeführten und als elementar bezeichneten Unterrichtsziele, bei den Schülerinnen und Schülern Kritikfähigkeit und aufgeklärte Distanz zu ermöglichen sowie die Wahrnehmung für Gefährdungen zu schärfen, werden dagegen in dem Kernlehrplan als Kompetenzerwartungen für die Jahrgangsstufe 7, die der Sohn der Kläger im Schuljahr 2008/09 besuchte, nicht ausdrücklich genannt und sind deshalb auch kein „Schwerpunkt der unterrichtlichen Arbeit". Selbst wenn

davon ausgegangen wird, dass die genannten Unterrichtsziele - für alle Fächer - derart selbstverständlich sind, dass sie nicht besonders in einem Kernlehrplan für ein bestimmtes Fach hervorgehoben werden müssten, rechtfertigt dies nicht das Zurücktreten der Rechte der Kläger. Denn nach den eigenen Vorgaben des Beklagten in dem Kernlehrplan Deutsch, S. 21, besteht ein Gestaltungsspielraum der Fachlehrerinnen und Fachlehrer bei der Entscheidung über die Intensität und den Umfang, mit denen im Unterricht Kompetenzen erarbeitet werden. Sie haben Freiheiten bei der inhaltlichen, thematischen und methodischen Gestaltung von Unterrichtsabläufen. Hier können die Lehrkräfte Schwerpunkte setzen, thematische Vertiefungen und Erwägungen vornehmen und dabei die Bedingungen der eigenen Schule und der jeweiligen Lerngruppe berücksichtigen. Bei der Auswahl der fachspezifischen Inhalte ist nicht nur die Relevanz der Themen und Gegenstände für die Lebenswirklichkeit, sondern auch im Hinblick auf den Entwicklungsstand (Denk- und Erfahrungshorizont) der Schülerinnen und Schüler angemessen zu berücksichtigen (Kernlehrplan Deutsch, S. 22). Angesichts dieses Gestaltungsspielraums der Fachlehrerinnen und Fachlehrer bei der Entscheidung über die Intensität und den Umfang, mit denen im Unterricht Kompetenzen erarbeitet werden, ist nicht erkennbar, dass die vom Beklagten angesprochene „Güte und Intensität" des Erreichens der genannten Unterrichtsziele durch das Anschauen des Films „Krabat" nicht nur wünschenswert und sinnvoll, wovon auch der Senat ausgeht, sondern derart notwendig ist, dass die Glaubensfreiheit der Kläger und ihr Elternrecht zurücktreten mussten.

[73] (bb) Gleiches gilt für das im Kernlehrplan, S. 42, vorgegebene Themenfeld „sachangemessene Mittel des filmischen Erzählens kennen und beschreiben - Kameraeinstellung und -bewegung, Kameraperspektive, Schnitttechnik etc. beobachten, untersuchen und evtl. erproben". Nach den eigenen Vorgaben des Beklagten in dem Kernlehrplan hat das Themenfeld für die Jahrgangsstufe 7 nicht den von ihm im Berufungsverfahren geltend gemachten hohen Stellenwert; erst Recht ist es für die von U. seinerzeit besuchte Jahrgangsstufe 7 nicht „essentieller" Unterrichtsbestandteil. Das folgt schon daraus, dass das Themenfeld für die Jahrgangsstufe 7 in dem Kernlehrplan Deutsch nicht die Wertigkeit „Schwerpunkt der unterrichtlichen Arbeit" erhalten hat. Ein derartiges Gewicht hat das Erfassen der Inhalte und Wirkungsweisen medial vermittelter jugendspezifischer Texte nach dem Kernlehrplan, S. 39, nur für die Jahrgangsstufen 5 und 6. Für sie ist nach dem Kernlehrplan das Themenfeld „z.B. Fernsehserien, Hörspiele; einen Überblick über das entsprechende Angebot der Medien gewinnen - ein Medientagebuch anlegen und auswerten; Vorlieben und Umgangsweisen mit Medien erörtern; Informations- und Unterhaltungsfunktion unterscheiden; die Handlungsführung und Figuren einer altersgemäßen Fernsehserie untersuchen; einfache Mittel der Gestaltung kennen - z.B. Kameraperspektive,

Zusammenwirken von Bild und Ton“ ein „Schwerpunkt der unterrichtlichen Arbeit“. Vor diesem Hintergrund ist nachvollziehbar, dass der Beklagte entgegen seinem Vortrag im Berufungsverfahren den Unterrichtsinhalten „Medienanalyse und -gestaltung“ in seinem Kernlehrplan für die Jahrgangsstufe 7 ein geringeres Gewicht zugemessen hat, weil sie bereits Gegenstand des Unterrichts in den Jahrgangsstufen 5 und 6 sind.

[74] (cc) Weiter ist nicht erkennbar, dass die Teilnahme an der Unterrichtsveranstaltung für die weitere Mitarbeit von U. im Deutschunterricht notwendig in dem Sinne war, dass seine abweichenden Glaubensüberzeugungen und die seiner Eltern hinter dem staatlichen Bildungs- und Erziehungsauftrag zurücktreten mussten.

[75] Soweit der Beklagte vorträgt, das curriculare Ziel der Filmanalyse betreffe nicht nur den einzelnen Film, sondern auch Quervergleiche mit anderen Filmen, lässt sich dies dem Kernlehrplan Deutsch nicht entnehmen. Er benennt ein solches Unterrichtsziel jedenfalls nicht ausdrücklich. Selbst wenn mit Blick darauf, dass die Themen „Mediengestaltung und -analyse“ nach dem Kernlehrplan für mehrere Jahrgangsstufen vorgesehen sind, davon ausgegangen wird, dass Quervergleiche mit anderen Filmen Teil des Unterrichts im Fach Deutsch sind, bilden sie jedenfalls nach den Wertungen des Kernlehrplans keinen „Schwerpunkt der unterrichtlichen Arbeit“.

[76] Auch der Hinweis des Beklagten darauf, dass die Themen anders als der Schwimmunterricht Teil eines spiral-curricularen Unterrichtsaufbaus seien und einem Schüler im Falle der Befreiung von dem Besuch eines Kinofilms aus religiösen Gründen für den späteren Unterricht wesentlicher Vergleichsstoff fehle, überzeugt in dieser Allgemeinheit nicht. Die Kläger weisen in diesem Zusammenhang zu Recht darauf hin, dass die Schule bei Schülern etwa auch krankheitsbedingten Unterrichtsausfall auffangen kann und muss. Dass Vergleichbares in Bezug auf den Film „Krabat“ unmöglich ist, ist nicht erkennbar. Der Beklagte hat weder konkret dargelegt, dass die Teilnahme U.s an der Nachbesprechung des Films einen völlig unzureichenden Ausgleich darstellt, noch geltend gemacht, dass U., der nach dem 31.10.2008 weiterhin die Schule besuchte und besucht, aufgrund der Nichtteilnahme an dem Kinobesuch Defizite im Deutschunterricht hatte, die nicht kompensiert werden konnten.

[77] (dd) Sonstige Gesichtspunkte, die dem staatlichen Bildungs- und Erziehungsauftrag ein die Rechte der Kläger überwiegendes Gewicht geben, sind nicht erkennbar. Mit dem Gebot praktischer Konkordanz ist die Ablehnung eines Befreiungsantrags, dem hinreichende Glaubensüberzeugungen zugrunde liegen, allein unter Hinweis auf die Vermeidung eines Präzedenzfalls nicht vereinbar, weil dies am geltend gemachten Glaubenskonflikt im konkreten Einzelfall vorbeigeht und auf ein einseitiges Zurücktreten der Eltern- und Schü-

lerrechte hinausliefe. Das weitere Argument des Beklagten, eine Schule könne in der Praxis nicht allen unterschiedlichen Individualbedenken Rechnung tragen, greift ebenfalls nicht durch. Um die Berücksichtigung unterschiedlicher Individualbedenken geht es hier nicht. Die Schule muss unterschiedlichen Glaubensüberzeugungen Rechnung tragen, soweit dies nach dem Gebot praktischer Konkordanz erforderlich ist. Darüber hinaus würde die Nichtberücksichtigung unterschiedlicher Individualinteressen allein aus praktischen Erwägungen heraus, d.h. ohne Berücksichtigung des Gewichts der vom staatlichen Bildungs- und Erziehungsauftrag abweichenden Individualinteressen im jeweiligen konkreten Einzelfall letztlich dazu führen, dass die gesetzliche Möglichkeit der Befreiung gem. § 43 Abs. 3 Satz 1 SchulG zumindest weitgehend leer liefe.

[78] b) Das Ermessen des Schulleiters gem. § 43 Abs. 3 Satz 1 SchulG war auf null reduziert.

[79] Mangels anderer Ausgleichsmöglichkeiten ist nicht ersichtlich, dass dem Gewicht der Rechte der Kläger und ihres Sohnes in anderer Weise als durch Befreiung vom Besuch des Films „Krabat“ Rechnung getragen werden konnte. Auch der Beklagte hat nicht dargelegt, dass dem Befreiungsantrag trotz Vorliegens der Tatbestandsvoraussetzungen des § 43 Abs. 3 Satz 1 SchulG unter Ermessensgesichtspunkten nicht zu entsprechen war.

[80] Ob eine uneingeschränkte Befreiung oder die Befreiung (nur) unter Nebenbestimmungen (§ 36 NW.VwVfG), etwa dem von den Klägern angesprochenen Heraussuchen von Filmkritiken und deren Analyse, in Betracht kam, bedarf hier keiner näheren Erörterung. Darauf kommt es für den statthaften Klageantrag auf Feststellung der Rechtswidrigkeit der vollumfänglichen Ablehnung des Befreiungsantrags der Kläger nicht an. Hinzu kommt, dass der Hinweis der Kläger auf das Heraussuchen von Filmkritiken und deren Analyse erkennen lässt, dass ihr Befreiungsantrag auch die Befreiung mit einer Nebenbestimmung umfasste, und weder der Beklagte noch der Schulleiter Nebenbestimmungen angeführt haben, die nicht mit dem Antragsziel der Kläger in Einklang stehen.

53

Eine kirchengesetzliche Regelung zum Dienstwohnungsausgleich bei einem Pfarrer-Ehepaar mit einem Dienstauftrag von zusammen mehr als 100 v.H. im Verhältnis zum Ausgleich bei ledigen Pfarrern oder solchen, deren Ehegatte nicht im Kirchendienst stehen (Beschränkung auf 100 v.H. des vollen Dienstwohnungsausgleichsbetrages entsprechend dem Umfang des Dienstauftrags des residenzpflichtigen Pfarrers), verstößt nicht gegen den Gleichheitssatz.

Art./§§ 3 Abs. 1, 140 GG, 137 Abs. 5 WRV, 2 Abs. 1, 19 Abs. 2 u. 3 PfarrBesG
BVerwG, Beschluss vom 29. Dezember 2011 -2 B 88/11-[1]

Der Kläger steht wie seine Ehefrau als Pfarrer im Dienst der Beklagten (Ev. Landeskirche in Württemberg). In Stellenteilung mit seiner Ehefrau wurde ihm im September 1998 ein auf einer gemeinsam zu versehenden Pfarrstelle auf die Hälfte eingeschränkter Dienstauftrag erteilt. Zeitgleich erhöhte die Beklagte den Dienstauftrag des Klägers für die Wahrnehmung weiterer dienstlicher Aufgaben (Vorsitzender der Pfarrvertretung) fiktiv um 50 v.H. und stellte ihn zugleich im Umfang von 25 v.H. frei. Damit war der Umfang seiner Beschäftigung stets größer als 50 v.H. (ab November 2005: 100 v.H.). Sowohl bei ihm als auch bei seiner Ehefrau wurde vom Grundgehalt ein Dienstwohnungsausgleich entsprechend dem Umfang des jeweiligen Dienstauftrags in Abzug gebracht. Den Antrag des Klägers, den Dienstwohnungsausgleich für beide Ehegatten gemeinsam auf den Betrag zu begrenzen, der sich bei einem Beschäftigungsumfang beider Ehegatten von insgesamt 100 v.H. ergäbe, lehnte die Beklagte ab. Das VG Stuttgart (Urteil vom 6.5.2009 -12 K 5782/08- n.v.) hat der Klage auf Rückzahlung des einbehaltenen Dienstwohnungsausgleichs stattgegeben. Die Berufung des Beklagten führte zur Aufhebung des angefochtenen Urteils und Klageabweisung (VGH Baden-Württemberg, Urteil vom 15.3.2011 -4 S 684/10- KirchE 57, 203).

Die auf § 132 Abs. 2 Nr. 1 VwGO gestützte Nichtzulassungsbeschwerde des Klägers blieb erfolglos.

Aus den Gründen:

[3] 2. Der Kläger sieht die grundsätzliche Bedeutung der Rechtssache in der Frage, ob es mit Art. 3 Abs. 1 GG vereinbar ist, dass gem. § 19 Abs. 2 und 3 PfarrBesG bei Eheleuten, die beide im Kirchlichen Dienst tätig sind und gemein-

---

1 BeckRS 2012, 46190; *juris*.

sam eine Dienstwohnung bewohnen, das Grundgehalt um den Dienstwohnungsausgleich gemindert wird und dabei die Höhe dieses Dienstwohnungsausgleichs an den Umfang des Dienstauftrags jedes Ehegatten anknüpft, ohne diesen der Höhe nach für beide Ehegatten gemeinsam auf 100 % zu begrenzen, sowie hilfsweise in der Frage, ob es mit Art. 3 Abs. 1 GG vereinbar ist, § 19 Abs. 2 und 3 PfarrBesG dahingehend auszulegen, dass bei residenzpflichtigen Ehegatten im Pfarrdienst eine getrennte besoldungsrechtliche Betrachtung zur, dem Grund und der Höhe nach, getrennten Betrachtung beim Dienstwohnungsausgleich führt und keine Koppelung des residenzpflichtigen Anteils des Dienstauftrags an die Höhe des Dienstwohnungsausgleichs erfolgen kann, so dass im Ergebnis dieser Sachverhalt zu einer Minderung des Grundgehalts beider Eheleute um mehr als 100 % führen kann.

[4] Grundsätzliche Bedeutung (§ 132 Abs. 2 Nr. 1 VwGO) hat eine Rechtssache nur dann, wenn sie eine - vom Beschwerdeführer zu bezeichnende - grundsätzliche, bisher höchstrichterlich nicht beantwortete Rechtsfrage aufwirft, die im Interesse der Einheitlichkeit der Rechtsprechung oder einer Weiterentwicklung des Rechts revisionsgerichtlicher Klärung bedarf und die für die Entscheidung des Revisionsgerichts erheblich sein wird (stRspr, u.a. Beschluss vom 2.10.1961 -BVerwG 8 B 78.61- BVerwGE 13, 90 [91 f.]). Das ist hier nicht der Fall.

[5] Im Bereich der Beklagten richtet sich die Besoldung der Pfarrer nach dem Kirchlichen Gesetz über das Dienstverhältnis der Pfarrer der Evangelischen Landeskirche in Württemberg (Württembergisches Pfarrergesetz - PfarrG) in der Fassung der Bekanntmachung vom 21.12.1989 (Abl. 54 S. 38), zuletzt geändert durch Kirchliches Gesetz vom 24.11.2010 (Abl. 64 S. 234, 240), nach dem Kirchlichen Gesetz über die Besoldung der Pfarrerinnen und Pfarrer (Pfarrbesoldungsgesetz - PfarrBesG) vom 25.11.1996 (Abl. 57 S. 171), zuletzt geändert durch Kirchliches Gesetz vom 25.11.2009 (Abl. 63 S. 568), sowie nach der Kirchlichen Verordnung zur Ausführung des Pfarrbesoldungsgesetzes (AusführungsVO) vom 8.8.1995 (Abl. 56 S. 419), zuletzt geändert durch die Kirchliche Verordnung vom 7.2.2011 (Abl. 64 S. 300).

[6] Dabei handelt es sich um revisibles Recht. Denn die Beklagte hat von der Ermächtigung des § 135 Satz 2 BRRG, der nach § 63 Abs. 3 Satz 2 BeamtStG weiterhin gilt, Gebrauch gemacht. In § 43 Abs. 3 Satz 2 PfarrG hat sie unter Hinweis auf § 135 BRRG für die vor den staatlichen Verwaltungsgerichten geltend zu machenden vermögensrechtlichen Ansprüche der Pfarrer die Vorschriften des Kapitels II Abschnitt II Beamtenrechtsrahmengesetz - und damit auch § 127 BRRG - für anwendbar erklärt.

[7] Entgegen der Auffassung der Beklagten kann die grundsätzliche Bedeutung der Rechtssache nicht unter Hinweis darauf verneint werden, bei den für das Urteil des Verwaltungsgerichtshofs maßgeblichen kirchenrechtlichen Rege-

lungen handele es sich um ausgelaufenes Recht (Beschlüsse vom 9.12.1994 -BVerwG 11 PKH 28.94- Buchholz 310 § 132 Abs. 2 Ziff. 1 VwGO Nr. 4 und vom 20.9.1995 -BVerwG 6 B 11.95- Buchholz 310 § 132 Abs. 2 Ziff. 1 VwGO Nr. 6). Denn die Neufassung des § 19 Abs. 2 Satz 1 PfarrBesG und die Anfügung des Satzes 2 in § 19 Abs. 3 PfarrBesG durch das Kirchliche Gesetz zur Änderung des Pfarrbesoldungsgesetzes vom 25.11.2009 (Abl. 63 S. 568) mit Wirkung ab dem 1.1.2010 hat für die hier vorliegende Fallkonstellation lediglich dazu gedient, die Auffassung der Beklagten im Gesetz deutlich zum Ausdruck zu bringen. Der Dienstwohnungsausgleich ist bei jedem Berechtigten individuell durchzuführen, ohne dass die Ausgleichsbeträge der beiden Berechtigten auf 100 v.H. des vollen Wohnungsausgleichsbetrages begrenzt werden.

[8] Die vom Kläger als rechtsgrundsätzlich bezeichneten Fragen rechtfertigen die Zulassung der Revision nicht, weil sie sich ohne Durchführung eines Revisionsverfahrens auf der Grundlage der vorliegenden Rechtsprechung zu Art. 3 Abs. 1 GG beantworten lassen.

[9] Es kann dahingestellt bleiben, ob und inwieweit die Grundrechtsbindung der Beklagten als Körperschaft des öffentlichen Rechts (Art. 140 GG iVm Art. 137 Abs. 5 Satz 1 WRV) bei der Rechtsetzung, soweit es nicht um die Ausübung der vom Staat übertragenen Hoheitsgewalt geht, über die mittelbare Drittwirkung der Grundrechte zwischen Privaten (vgl. Dreier, in ders.: Grundgesetz, 2. Aufl. 2004, Art. 1 Abs. 3, Rn 76 mwN) hinausgeht. Aus dem Umstand, dass die Beklagte als Körperschaft des öffentlichen Rechts in § 43 Abs. 3 PfarrG für vermögensrechtliche Ansprüche ihrer Pfarrerinnen und Pfarrer den Rechtsweg zu den staatlichen Gerichten eröffnet hat, folgt allerdings nicht, dass sie insoweit bei der Normgebung ohne Weiteres denselben rechtlichen Bindungen unterliegt wie der staatliche Gesetzgeber.

[10] Selbst wenn aber die Grundsätze zur Bedeutung des Art. 3 Abs. 1 GG bei der Festlegung der Beamtenbesoldung durch den staatlichen Gesetzgeber zugrunde gelegt werden, erweist sich die Regelung der Beklagten zum Dienstwohnungsausgleich bei einem Pfarrer-Ehepaar mit einem Dienstauftrag von zusammen mehr als 100 v.H. im Verhältnis zum Ausgleich bei ledigen Pfarrern oder solchen verheirateten Pfarrern, deren Ehegatte nicht bei der Beklagten beschäftigt ist (Beschränkung auf 100 v.H. des vollen Dienstwohnungsausgleichsbetrages entsprechend dem Umfang des Dienstauftrags des residenzpflichtigen Pfarrers), nicht als gleichheitswidrig.

[11] Dem Gesetzgeber kommt bei der Regelung der Beamtenbesoldung gem. Art. 3 Abs. 1 - und Art. 33 Abs. 5 GG - ein verhältnismäßig weiter Gestaltungsspielraum zu (vgl. u.a. BVerfG, Beschlüsse vom 11.6.1958 -1 BvR 1/52, 46/52- BVerfGE 8, 1 [22] und vom 22.3.1990 -2 BvL 1/86- BVerfGE 81, 363 [375 f.]; BVerwG, Urteile vom 13.11.1986 -BVerwG 2 A 2.85- Buchholz 235 § 19a BBesG Nr.

2 mwN, vom 27.8.1992 -BVerwG 2 C 41.90- Buchholz 240 § 40 BBesG Nr. 26 und vom 28.4.2005 -BVerwG 2 C 29.04- Buchholz 240 § 46 BBesG Nr. 3), innerhalb dessen sehr unterschiedliche Gestaltungen rechtlich möglich und allein politisch zu verantworten sind. Der Gesetzgeber hat die Grenzen der ihm zustehenden weitgehenden Gestaltungsfreiheit mit der Folge einer Verletzung des Art. 3 Abs. 1 GG erst dann überschritten, wenn die ungleiche Behandlung der geregelten Sachverhalte mit Gesetzlichkeiten, die in der Natur der Sache selbst liegen, und mit einer am Gerechtigkeitsgedanken orientierten Betrachtungsweise nicht mehr vereinbar ist; mit anderen Worten, wo ein vernünftiger, einleuchtender Grund für die gesetzliche Differenzierung fehlt, es sich also um Regelungen handelt, die unter keinem sachlich vertretbaren Gesichtspunkt gerechtfertigt erscheinen, so dass die Unsachlichkeit der getroffenen Regelung evident ist (vgl. BVerfG, Beschluss vom 15.10.1985 -2 BvL 4/83- BVerfGE 71, 39 [58] mwN; BVerwG, u.a. Urteile vom 25.2.1988 -BVerwG 2 C 65.86- Buchholz 240.1 BBesO Nr. 2 mwN und vom 25.4.1996 -BVerwG 2 C 27.95- BVerwGE 101, 116 [122]). Dabei kommt es nicht darauf an, ob der Gesetzgeber im Einzelnen die zweckmäßigste, vernünftigste oder gerechteste Lösung gefunden hat (vgl. u.a. Urteile vom 22.3.1990 -BVerwG 2 C 11.89- Buchholz 240 § 19a BBesG Nr. 10 mwN und vom 25.4.1996, aaO, S. 123).

[12] Nach diesen Rechtssätzen lässt sich ohne Durchführung eines Revisionsverfahrens feststellen, dass die Regelung des § 19 Abs. 2 PfarrBesG zur Durchführung des Dienstwohnungsausgleichs bei solchen Pfarrer-Ehepaaren, deren Dienstauftrag in der Summe größer als 100 v.H. ist, durch sachliche Gründe gerechtfertigt ist.

[13] Auch wenn beide Ehepartner als Pfarrer im Dienst der Beklagten stehen und sich eine Pfarrstelle teilen, besteht kein einheitliches Dienstverhältnis zwischen dem Ehepaar und der Beklagten. Vielmehr handelt es sich um zwei Dienstverhältnisse, die rechtlich getrennt zu behandeln sind. Hiervon ausgehend ist es im Hinblick auf den Gestaltungsspielraum des Gesetzgebers als sachgerecht zu bezeichnen, dass dem Pfarrer-Ehepaar, das sich eine Pfarrstelle teilt und dem eine Dienstwohnung zur Verfügung gestellt worden ist, keine Gesamtvergütung gewährt wird, sondern die beiden Bediensteten individuelle Bezüge erhalten. Diese umfassen das Gehalt, die freie Dienstwohnung und Zulagen (§ 2 Abs. 1 PfarrBesG). Rechtlich unbedenklich sieht § 19 PfarrBesG vor, dass der Vorteil einer dem residenzpflichtigem Pfarrer (§ 33 Abs. 1 und § 35 Abs. 2 PfarrG) zur Verfügung gestellten Dienstwohnung durch die Verminderung des Grundgehalts auszugleichen ist. Hintergrund hierfür ist, dass die Beklagte die Mietzinsentschädigung, die zuvor Pfarrerinnen und Pfarrern ohne freie Dienstwohnung zusätzlich zum Grundgehalt gewährt worden war, ab Mitte 1997 in die Grundgehaltsbeträge eingerechnet hat. Wird aber eine Dienstwohnung genutzt,

soll dieser Vorteil ausgeglichen werden, weil dieser Bedienstete auf den in seinem Grundgehalt enthaltenen Anteil „Mietzinsentschädigung“ nicht angewiesen ist. Sachlich gerechtfertigt ist es danach auch, den pauschalierten Dienstwohnungsausgleich vom Umfang des Dienstauftrags des jeweiligen Pfarrers mit Dienstwohnung abhängig zu machen. Der Bedienstete mit einem eingeschränkten Auftrag erhält mit seinen reduzierten Dienstbezügen (§ 3 Abs. 1 PfarrBesG) auch nur den verminderten Anteil der fiktiven Mietzinsentschädigung. Wird beiden Ehegatten wegen ihrer an ihren jeweils hälftigen Dienstauftrag als Gemeindepfarrer anknüpfenden Residenzpflicht (§ 33 Abs. 2 PfarrG) eine Dienstwohnung zur Verfügung gestellt, so ist es auch sachgerecht, beim Dienstwohnungsausgleich nicht zu berücksichtigen, dass der zusätzliche Dienstauftrag eines Ehegatten, der bezogen auf das Ehepaar zur Überschreitung der Grenze von 100 v.H. eines Dienstauftrags führt, keine Residenzpflicht begründet. Die Höhe der fiktiven Mietzinsentschädigung, die nunmehr in die Grundgehaltsbeträge eingerechnet ist, richtet sich gem. § 3 Abs. 1 PfarrBesG nach dem Gesamtumfang des Dienstauftrags des betreffenden Pfarrers und nicht lediglich nach dem Umfang des Dienstauftrags, der die Residenzpflicht und damit den Anspruch auf Dienstwohnung begründet.

[14] Diesem System entspricht es, dass der Dienstwohnungsausgleich zur Korrektur der Gewährung der fiktiven Mietzinsentschädigung bei jedem Bediensteten individuell im Hinblick auf den Umfang seines Dienstauftrags durchgeführt wird und bei einem Pfarrer-Ehepaar, dem die Dienstwohnung gemeinsam zur Verfügung gestellt worden ist, keine Gesamtbetrachtung vorgenommen wird. Ein Pfarrer-Ehepaar mit einem Dienstauftrag von zusammen mehr als 100 v.H. würde bei der vom Kläger geforderten Deckelung des Dienstwohnungsausgleichs auf den Betrag, der sich bei einem gemeinsamen Dienstauftrag von 100 v.H. errechnet, gegenüber einem solchen Pfarrer-Ehepaar ohne sachlichen Grund bevorzugt. Denn jenes Ehepaar behielte wegen der Deckelung neben der den Ehegatten wegen ihrer jeweiligen Residenzpflicht zur Verfügung gestellten Dienstwohnung auch noch teilweise den in die Grundgehaltsbeträge eingerechneten Mietzinsanteil ein, obwohl Aufwendungen für die Anmietung einer Wohnung tatsächlich nicht entstehen.

Sachregister

Die Seitenzahlen verweisen jeweils auf die erste Seite der Entscheidung.

Kolibri 360 GmbH
Ferdinand-Jühlke-Straße 7
99095 Erfurt, Deutschland
produktsicherheit@kolibri360.de